Die großen kosmischen Lehren
des JESUS von Nazareth
an Seine Apostel und Jünger, die es fassen konnten

Das Leben der wahren gotterfüllten Menschen

Mit Erläuterungen von Gabriele

*Das Ewige Wort,
der Eine Gott, der Freie Geist,
spricht durch Gabriele,
so wie durch alle Gottespropheten –
Abraham, Hiob, Moses, Elia, Jesaja,
Jesus von Nazareth,
der Christus Gottes*

Gabriele-Verlag
Das Wort

Die großen
kosmischen Lehren des

JESUS von Nazareth

an Seine Apostel und Jünger,
die es fassen konnten

Das Leben
der wahren gotterfüllten Menschen

Offenbart von Christus,
dem Sohn Gottes
und Erlöser aller Menschen und Seelen,
durch die Prophetin Gottes,
Gabriele

Mit
Erläuterungen
zur Erfüllung
der ewigen Gesetze

von Gabriele

Die großen kosmischen Lehren
des JESUS von Nazareth
Mit Erläuterungen von Gabriele

3. Auflage 2022

Max-Braun-Str. 2, 97828 Marktheidenfeld
Tel. 09391/504135, Fax 09391/504133
www.gabriele-verlag.com

Druck: KlarDruck GmbH, Marktheidenfeld

ISBN 978-3-96446-375-3

Inhalt

Vorwort

Gott ist absolut. Er ist das Absolute Gesetz der Unendlichkeit. Da wir aus Ihm sind, sind auch wir, alle Menschen, in unserem Innersten Absolutes Gesetz, die Gottes- und Nächstenliebe. Gott ist – und wir sind göttlich. Er ist unser Ursprung und unser Ziel.

In der mächtigen Zeitenwende, in der wir leben, gießt der Geist Gottes die ganze Fülle Seiner Wahrheit in diese Welt. Jetzt hat der Geist der Wahrheit, Christus, wahrgemacht, was Er als Jesus von Nazareth ankündigte: »Wenn aber der Geist der Wahrheit kommt, so wird Er euch in die ganze Wahrheit führen.«

Er ist gekommen im Prophetischen Wort durch Gabriele, Seine Lehrprophetin und Botschafterin. Die ganze Wahrheit so weit, wie sie mit unseren dreidimensionalen Worten dargelegt werden kann, ist das Absolute Gesetz Gottes. Im Jahre 1991 offenbarte Christus durch Seine Prophetin das Absolute Gesetz: »*Die großen kosmischen Lehren des Jesus von Nazareth an Seine Apostel und Jünger, die es fassen konnten. Das Leben der wahren gotterfüllten Menschen.*«

Die Lehren des Absoluten Gesetzes erinnern uns daran, wer wir in Wahrheit sind. Sie geben uns eine Ahnung unseres wahren Seins, das lautet: In jedem von uns ist in der Tiefe der Seele das absolute, selbständige und selbstlose Wesen. Das Absolute Gesetz ist der Ursprung unseres wahren Seins und unser Ziel als Mensch und Seele.

Wer es fassen kann, der fasse es.

In den Jahren 1991 bis 1996 wurden in der Inneren Geist=Christus-Kirche, einem allen Gottsuchern offenstehenden Begegnungsort, die Lehren des Absoluten Gesetzes von Gabriele, der Lehrprophetin Gottes, ausgelegt. Gabriele ist auch Botschafterin Gottes, weil sie aus ihrem erschlossenen geistigen Bewusstsein, das in Gott lebt, schöpft.

Dieses Buch ist ein mächtiges geistiges Lehrwerk. Es beinhaltet die Lehrsätze der großen kosmischen Lehren, höchste Offenbarungen des Christus Gottes, die uns den Weg zu unserem geistig-göttlichen Erbe, in das ewige Gesetz der Gottes- und Nächstenliebe zeigen.

Der zweite Teil des Buches besteht aus den Lehrsätzen und den dazu gegebenen Erläuterungen von Gabriele. Es sind Anleitungen, wie wir als Menschen die Lehrsätze in unserem Alltag anwenden können. Dieses Buch nimmt jeden an die Hand, der sich vom Geist der Wahrheit führen lassen möchte.

Am 31. Dezember 1991 offenbarte Christus durch Gabriele, die Prophetin Gottes, unter anderem Folgendes:

»Sehet: Ihr lebt in einer herrlichen Zeit. Es ist die höchste kosmische Zeit; denn der Geist des Lebens, Gott in Mir und Ich in Ihm, gießt das Höchste aus: das Absolute Gesetz.

Noch spreche Ich durch Menschenmund. Doch wisset und erfasset in dieser Stunde: Die Seele Meines Instrumentes, eurer Schwester, lebt in der unmittelbaren Quelle. Sie schöpft aus der Quelle, empfängt aus der Quelle – und so empfanget ihr Mein unmittelbares Wort.

O sehet: Es ist eine Zeit für die Menschen, die nie wieder kommen wird. Denn wenn das Absolute Gesetz in allen Details gelehrt wird, dann ist das Ende vor der Türe, das Ende der materialistischen Zeit ...

Die Lehren aus dem Absoluten Gesetz zeigen den Menschen das innere Erbe auf, das ewige Sein der Seele, das allumfassende Bewusstsein, Gott – euer geistiges Erbe. Der Innere Weg führt euch schrittweise zum Inneren Leben, und das Absolute Gesetz, gegeben und gelehrt aus der unmittelbaren Quelle, Gott, zeigt euch euer wahres Sein auf, euer geistiges Erbe, auf dass ihr ganz allmählich wisst und erkennt, dass ihr wahrlich Kinder des Allerhöchsten seid ...

O sehet: Das Füllhorn wird ausgegossen – der Innere Weg und das Absolute Gesetz. Erkennet darin, dass das Absolute Gesetz, gegeben in allen Details, schon das Ende der materialistischen Zeit symbolisiert. Denn absolut ist nun mal absolut. Darüber hinaus gibt es nichts mehr ...

Wohl dem, der in die innere Quelle, in das ewige Sein, hineinreift ... Er wird nicht mehr aus dem Intellekt das geben, was er sich an Wissen, an geistigem Wissen, angeeignet hat – er ist das Sein und spricht die Sprache des Seins, so, wie es euch jetzt schon gegeben ist in den Auslegungen aus dem Absoluten Gesetz. Denn der Mensch, durch den Ich spreche, legt aus aus der Quelle der Liebe. Er spricht das Gesetz, auch dann, wenn Ich nicht unmittelbar aus dem Strom durch den Menschen zu euch rede.

Und so sollt ihr werden: schöpferisch, das Sein. Es ist möglich. Ihr habt ein Vorbild und ein Beispiel. Tuet es. Folget Mir nach, und erfüllet, und ihr werdet auch ein Beispiel für viele sein – das Beispiel, gleich Vorbild, denn nur wahre Vorbilder können noch auf dieser Erde bestehen.«

(Der vollständige Text dieser Offenbarung des Christus Gottes ist nachzulesen in dem Buch „Die Botschaft aus dem All", Band 3.)

Gabriele ist selbst den Weg der Läuterung von Seele und Mensch gegangen. Sie kennt das Wohl und Wehe des Menschseins, seine Schwierigkeiten und Probleme; daher kann sie uns auch in allem verstehen und uns aus ihrem erschlossenen geistigen Bewusstsein Rat und Hilfe geben. Gabriele, deren Seele bewusst im ewigen Sein zu Hause ist, fasst in unsere menschlichen Worte das Leben der Himmel, so weit es möglich ist.

Dieses Buch kann noch vielen Suchenden den Weg in ihr Inneres weisen – in das Reich des Inneren, das unsere wahre Heimat ist.

Gabriele-Verlag Das Wort

Einführung

Wir leben in einer mächtigen Umbruchszeit. Der Geist Gottes gießt Sein Füllhorn aus. Wir empfangen den Inneren Weg von der Stufe der Ordnung bis zur Stufe des göttlichen Ernstes. Wir empfangen darüber hinaus das Absolute Gesetz, die großen kosmischen Lehren des Jesus von Nazareth, und dürfen so in unser geistiges Erbe eintauchen. Wir dürfen hineinspüren in das Leben tief in unserer Seele, das unsere Heimat ist, und so erfahren, wer wir in Wahrheit sind.

Ein Schatz aus den Himmeln ist uns gegeben. Sind wir bereit, den Schatz zu empfangen, dann werden wir ihn auch heben; denn der Schatz ist Gott, und Gott, das Leben, ist in uns.

Wollen wir Gott näherkommen, dann müssen wir die göttlichen Gesetze wieder erlernen und anwenden; sonst können wir uns nicht mit dem großen Geist, Gott, dem Ewigen, Absoluten, einen.

Wir beten zu Gott, unserem Vater. Wir hören von Gott, unserem Vater, von Christus, unserem Erlöser, und von den Geistwesen der Himmel. Für so manchen ist Gott nur ein Wort, etwas Abstraktes – er fühlt sich noch fern von Ihm. Warum fühlen sich viele von uns noch fern von Gott? Weil wir uns noch nicht bewusst gemacht haben, was Gott, der All-Eine, uns geschenkt hat. Er schenkte uns die

Unsterblichkeit, weil Er unsterblich ist. Er schenkte uns jede kosmische Strahlung, weil wir Seine Erben sind. Er schenkte Sich uns ganz.

Wer ist Gott?

Gott ist Geist, Kraft, strömendes Leben. Gott ist das Licht, das uns durchdringt. Gott gab sich selbst die geistige Form: der ewige Vater. Er ist ein Geistwesen, wie auch wir im reinen Sein Geistwesen sind. Er jedoch ist in Seiner Strahlung unübertroffen. Gott ist also fließende Energie. Der ewige Vater hingegen ist ein Wesen, so, wie auch wir im göttlichen Sein göttliche Wesen sind.

Erst dann, wenn wir wieder von jeder kosmischen Strahlung gänzlich durchstrahlt sind, leben wir als Tropfen im Ozean Gott und sind wieder eins mit Gott, unserem Vater, und Seine Ebenbilder.

Gabriele

Die großen kosmischen Lehren des

JESUS von Nazareth

an Seine Apostel und Jünger, die es fassen konnten

Das Leben der wahren gotterfüllten Menschen

Offenbart von Christus, dem Sohn Gottes, und Erlöser aller Menschen und Seelen, durch die Prophetin Gottes, Gabriele

Zum Geleit

Ich, das ewige Gesetz, der Christus Gottes, erkläre dir das Ich Bin, das ewige Sein, das auch du in Mir bist.

Das, was Ich des Öfteren wiederhole, die Wahrheit, und was Ich aus den drei Kindschaftseigenschaften – Geduld, Liebe und Barmherzigkeit – erkläre, ist für dich, auf dass du Mich, den Christus Gottes, in dir findest.

Ich beleuchte das Sein – Mich und dich – aus verschiedenen Perspektiven, auf dass du die Klarheit über Mich und über dich erlangst und dich in einer oder in einigen Wiederholungen findest, um auch Mich zu finden, der Ich in jeder Wiederholung Bin. Denn Ich Bin in jeder Wiederholung die Wahrheit, die nur wieder anders gesprochen, das heißt anders beleuchtet ist – für dich.

ICH BIN das Alpha und Omega, der Anfang und das Ende des materiellen Universums und der Seelenreiche.

Ihr sollt in Mir und mit Mir in das ewige Leben hineinreifen, wo Ich im Vater Bin, so wie auch ihr mit Mir im Vater seid. Dort gibt es weder Anfang noch Ende, weil Gott ist und wir in Gott sind. Denn Ich, der Christus Gottes, erhebe alles zum Licht der Wahrheit.

Ich Bin das Leben, Christus, der Sohn Gottes. Wer Mich, den Geist des Lebens, Christus, in sich erstehen lässt, der hat sein geistiges Erbe, das sein ewiges Leben ist, wiedergefunden. Dann kehrt das Wesen heim zu Gott, dem ewigen Vater, da es aus Ihm ist.

Alle werden in Mir auferstehen. Alle, die glauben, verloren zu sein, werde Ich finden. Und die Schwachen werden in Mir erstarken; denn Ich Bin die Herrlichkeit im Vater.

Er, der große All-Eine, hat Mir die Aufgabe übertragen, alles, was verloren schien, zurückzuführen in das ewige Sein.

Als Jesus von Nazareth sprach Ich zu denen, die Mich verstehen konnten, ohne Gleichnisse vom Gesetz des Lebens. Für die, die Mich nicht verstehen konnten, waren die heiligen Worte Geheimnisse; deshalb sprach Ich immer wieder in Bildern. Doch jetzt ist die Zeit gekommen, da Ich, Christus, allen das Gesetz des Lebens offenbare, auf dass sie Mich finden; denn Ich Bin unterwegs, um Mein Reich auf der Erde aufzurichten.

Wer Ohren hat, der höre!

Ein neues Menschentum entsteht. Ich, Christus, bringe den Meinen, die Mir wahrlich nachfolgen, die innere Reform, die geistige Erneuerung, für das Innere Leben. Die Sinneswelt vergeht – die geistige Welt steigt empor und mit ihr all jene, die auf Mich, Christus, ausgerichtet sind. Sie sind die Edlen, die Feinen, die das Innere Leben bringen, das neue Menschentum in Mir, dem Christus.

Viele Weltbezogene werden auf den Acker des Todes schauen und am Ende mit leeren Händen in das Reich des Todes eingehen, in welchem sie als geistig Tote leben. Es sind jene, die ihr irdisches Dasein nicht gemeistert haben, die in der Erdenschule das Wachstum des Inneren versäumt haben.

Der neue Mensch pflegt die Gemeinschaft, denn er hat den Gemeinschaftssinn entwickelt, das Gemeinwohl: Einer für alle, und alle für Einen.

Der neue Mensch in Mir, dem Christus, kennt keine Gewalttätigkeit, kennt keinen Besitzanspruch und kein Machtdenken.

Er ist der Lichtbringer, der das Licht ausstrahlt und alle mit dem Licht der Wahrheit entzündet, die wahrlich nach der Wahrheit streben.

Das neue Menschentum und die neue Erde sind um einige Schwingungsgrade höher. Diese kann der Weltbefangene, der Habgierige, der nach Macht und Ansehen Strebende nicht mehr erreichen. Er fällt in seine eigenen Fluten, in sein Selbstgeschaffenes.

Das neue Menschentum sind die Menschen mit geistigem Adel, mit inneren Werten, denn Ich, Christus, Bin in ihnen auferstanden.

Der neue Mensch im Zeitalter des Geistes wird das Erdreich besitzen.

Das ewige Sein strömt durch alle Reiche und auf die Erde. Wer zur Wahrheit erwacht ist, der ist zum Sein erwacht, zur schöpferischen Kraft und zum schöpferischen Leben, das die Erde durchflutet, das die Menschen durchdringt, die ihre Seelen adeln. Diese Menschen bringen die schöpferischen Gedanken für die neue Erde.

Erfasset, ihr Menschen dieser Zeit: Sobald der Mensch umkehrt und dem materialistischen Treiben entsagt, geht er einwärts in das Reich der Stille. Kaum hat er den einen Schritt getan, erkennt er, dass Gott, der Ewige, ihm diesen Weg schon längst vorbereitet hat.

Der Mensch, welcher der Wahrhaftigkeit zustrebt, überwindet sein niederes Ich nicht um seiner selbst willen, sondern, um wieder göttlich zu werden.

Was Ich euch offenbare, ist der Weg zum göttlichen Gesetz und auch das göttliche Gesetz selbst.

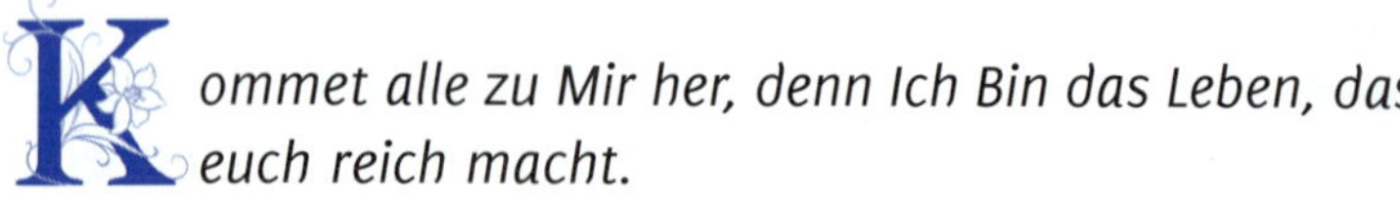

Kommet alle zu Mir her, denn Ich Bin das Leben, das euch reich macht.

Ich Bin der innere Reichtum, Christus, der sich euch schenkt. Öffnet eure Herzen – und ihr werdet Herzensdenker, die einwärts blicken und so das Reich des Inneren auf die Erde kommen lassen.

Ich Bin das Reich des Inneren. Deshalb kommet in euer Inneres, und wisset: Jeder von euch ist der Tempel des Heiligen Geistes. Reinigt den Tempel; dann heiligt ihr eure Empfindungen, Gedanken, Worte und Werke, und ihr werdet der neue Mensch sein, der nicht statisch, sondern dynamisch denkt, der die drei Dimensionen durchdringt, weil er das Kind des Alls ist – der Sohn und die Tochter Gottes, welche die Sohn- und Tochterschaft leben, weil sie in Gott, ihrem Vater, leben.

Ich Bin alles in allem.

Schaue den Strauch an – und du wirst Mich
finden.
Hebe den Stein auf – und du wirst Mich finden.
Blicke zu den Gestirnen – und du nimmst Mich wahr.
Schaue tief in den Menschen –
und du findest dich selbst
und somit Mich, Christus, das Selbst in dir.
Betrachte das Tier – und du findest Mich.
Spüre den Wind – und du vernimmst Mich.
Betrachte den Wassertropfen –
und du betrachtest
dich in Mir.
Denn Ich Bin das Leben in allem,
und du bist das Leben in allem,
und alles ist in Mir, und alles ist in dir.

Wir sind geeint in Ihm, dem großen All-Einen,
der i s t ewiglich –
der Strom des Seins und
das personifizierte Sein.
Er ist der Strom des Alls und der Tropfen selbst.

Die Kräfte des Alls sind nur dem verborgen, der sein wahres Selbst nicht kennt. Wer die Kräfte des Alls erfahren möchte, der muss sie enthüllen durch Verwirklichung.

Was du siehst, in dem Bin Ich.
Was du hörst, in dem Bin Ich.
Ich Bin alles-in-allem, das Ganze.

Bist du zum Ganzen erwacht,
dann bist du das Sein.
Du schaust das Sein.
Du hörst das Sein
und sprichst die Sprache des Seins.
Du schaust, hörst und sprichst Mich;
denn Ich Bin das Ganze in dir.
Ich Bin das Ganze in deinem Nächsten, in dir,
in der Blume, im Grashalm und im Stein.
Ich Bin dein – du bist Mein.
Ich Bin das All – und du bist das All in Mir,
dem All.

Du fragst nicht – du weißt.
Du siehst nicht – du schaust.
Du horchst nicht – du hörst und weißt.

Sieh niemals nach außen. Das Licht ist in dir. In dir ist die Wahrheit, die um alle Dinge weiß, die alle und alles kennt. Du brauchst dich nicht nach deinem Nächsten umzusehen, du brauchst die Dinge nicht von außen zu betrachten – was ist, das ist in dir.

Alles, was du siehst, ist nur die Spiegelung der Wahrheit, Reflexion also, die nicht die absolute Wahrheit ist.

Was innen in dir ist, das Licht, die Wahrheit, was du im reinen Sein als Wesen in Gott bist, das hat im Himmel in reinster Substanz Gestalt und Form angenommen.

Was im Innersten deiner einverleibten Seele, im Seelengrund, ist, ist das unbelastbare Licht, die ewige Wahrheit. Es ist und bleibt das Sein ewiglich.

Nur ein vorgegebenes Quantum göttlicher Energie wurde durch den Abfall eines Wesens von Gott in Fallenergie verwandelt, woraus Fallreiche, Fallwesen und Menschen entstanden. Dieses Quantum göttlicher Energie wurde den weiteren Fallwesen vom Ewigen zum Erhalt ihres Lebens gegeben. Es ist heruntertransformierte göttliche Energie. Deshalb sind die Materie und alle heruntertransformierten Energien nur Spiegelungen des reinen Seins.

In der ganzen Unendlichkeit gibt es nur ein Prinzip: Senden und Empfangen. Was du sendest, das bist du; das strahlst du aus. Was du ausstrahlst, das kommt auch wieder auf dich zurück.

Wer im Innersten, in Gott, lebt, der ist göttlich. Er strahlt das ewige Gesetz, das Reine, Schöne, Feine, die absolute Liebe, aus – das Sein, das er ist.

Das ewige Gesetz, das Reine, Schöne, Edle, Feine, die absolute Liebe, strahlt das, was von dem Gotterfüllten ausgeht, dann auch wieder in ihn ein und durch ihn hindurch.

Im Sein, das ewig ist, lebt das reine Wesen und hat im ewigen Sein sein Dasein, weil es selbst das ewige Sein ist, das ewige Gesetz, Gott: die Reinheit, Schönheit, Freiheit, das Edle und Feine, die selbstlose Liebe. Das reine Wesen ist das Sein im Allstrom, in Gott, im Sein.

Die belasteten Seelen in den Stätten der Reinigung und die einverleibten belasteten Seelen, die Menschen, leben nicht als das Sein und bewegen sich auch nicht im Strom des Seins.

Wer nicht in Gott lebt, der lebt in seiner selbstgeschaffenen Welt, die aus seinen menschlichen Empfindungen, Gedanken, Worten und Handlungen besteht, die er sein »Sein« und sein »Selbst« nennt. Das ist die kleine Welt des menschlichen Ichs.

In dieser kleinen Welt lebt er, bewegt er sich und glaubt, einzig dort sein Dasein zu haben.

Er sieht dann nur mit den Augen seiner kleinen Welt, die mit einem Kokon zu vergleichen ist. Damit sieht er dann auch nur auf die kleine Kokonwelt seines Nächsten.

Er sieht nur die Oberfläche des Lebens, die Spiegelung, weil er nur im Äußeren lebt und sich nur in seiner kleinen Welt, in seinem Kokon, bewegt, den er selbst gesponnen hat mit seinen belasteten Empfindungen, Gedanken, Worten und Handlungen. Das ist sein Bewusstseinsstand.

Die Fäden der kleinen Kokonwelt sind gleichsam die Wände, auf die er blickt und die er als »die Wahrheit« bezeichnet. Da er nur auf die Wände seiner kleinen, eigenen Welt blickt, sieht er auch nur auf die Wände der kleinen Welt seines Nächsten. Er sieht also nur in die Spiegel der Wahrheit und schaut nicht die Wahrheit selbst.

Er spricht von der Wahrheit und meint damit die Spiegelung der Wahrheit, das, was er selbst eingegeben hat, womit er sich selbst umsponnen hat, woran er glaubt, weil er nur das sieht. Er glaubt also nur das, was er sieht, und das nennt er die Wahrheit.

Es gibt im ganzen All nur ein Prinzip: Senden und Empfangen. Jeder sendet sich selbst – das, was er ist, sein Empfinden, Denken, Sprechen und Handeln.

Das reine Wesen lebt und wirkt in und aus dem reinen ewigen Gesetz, dem Allgesetz.

Der Unreine lebt in seiner kleinen, selbstgeschaffenen Welt, die aus seinem Unreinen besteht, also aus dem Unrat seiner Empfindungen, Gedanken, Worte und Handlungen. In dieser seiner Kokonwelt lebt und bewegt er sich und empfindet, denkt, spricht und handelt so, wie er ist, woraus seine Kokonwelt besteht.

Der belastete Mensch ist mit einer Raupe zu vergleichen.

So lange spinnt sich der belastete Mensch – die Raupe – in seine kleine Welt ein, bis er erkennt, dass er sich entpuppen, das heißt entfalten, muss, um ein Falter, ein Wesen des Lichts, zu werden, das in Gottes ewigem Allgesetz lebt, sich bewegt und im Ewigen sein ewiges Dasein hat, in dem Allprinzip, das ist und das sich selbst als das Selbst spricht: das Reine, Feine, Edle, Schöne, die selbstlose Liebe, das Allgesetz, die Absolutheit, das ewige Sein, die ewige Wahrheit.

Deshalb muss sich jede Raupe entfalten, also das aufwickeln, womit sie sich umsponnen hat, um sich darin zu erkennen, um das Erkannte zu bereuen, um Vergebung zu bitten und zu vergeben und das Erkannte nicht mehr zu tun.

Dann lösen sich die Fäden seines Kokons auf; die Mauern fallen, auf die der Mensch bisher blickte und die er die Wahrheit nannte – seine kleine Ichwelt, die nur die Spiegelung der Wahrheit war. Die lichte Seele und der nach innen, zum Allerheiligsten, gekehrte Mensch schauen dann das ewige Sein, die ewige Wahrheit, in sich selbst.

Das ewige Selbst ist die Wahrheit. Wer zur Wahrheit geworden ist, ist selbst die Wahrheit, das Selbst, das Sein, das Ich Bin, das ewige Gesetz der Liebe.

Mit den Augen der Wahrheit schaut der Mensch in sich auch das, was außen ist. Er durchdringt die Spiegelung der Wahrheit und schaut in allen Menschen, Geschehnissen, Gesprächen und Ereignissen die Wahrheit.

Er sieht mit den Augen der Wahrheit auch das Unwahre. Er kann nicht getäuscht werden, weil er die Wahrheit ist und mit den Augen der Wahrheit schaut und alles in der Wahrheit spricht, bespricht und vollzieht.

Er ist also die Wahrheit, die das ewige Gesetz des Alls ist, in dem er lebt, in dem er sich bewegt, aus dem er schöpft und mit dem er wirkt.

Er ist die Wahrheit, das Gesetz, in jeder Empfindung, in jedem Gedanken, in jedem Wort und in jeder Handlung.

Da die Wahrheit, das Sein, das ewige Gesetz, in dir ist und das Wahre, das Ewige, zuerst in dir Form und Gestalt annimmt und dann erst im Äußeren, in deiner Umgebung und in der Welt, musst du in dir leben, im Allheiligen, der in dir wohnt.

Deshalb erkenne: Du bist der Tempel des Einen, Heiligen, der in dir wohnt.

Merke dir folgenden Satz der Wahrheit und lebe danach:

Wohne in dir, denn du bist der Tempel des Einen, Heiligen, der in dir wohnt.

»Wohne in dir« heißt:

Lass keinen menschlichen, eigensüchtigen Gedanken zu.

All dein Empfinden, Denken, Reden und Tun erhebe zu Gott.

Sprich nur, wenn du gefragt wirst, und dann ausschließlich nach dem ewigen Gesetz der Tempelordnung – nicht zu viel und nicht zu wenig; das Maß liegt in dir. Oder sprich, wenn es für deinen Nächsten von Bedeutung ist, wenn du ihm Gaben des Lebens mitgeben kannst.

Frage nicht aus Neugierde. Wenn möglich, frage überhaupt nicht; denn was du hören und wissen sollst, wird dir Der zuführen, der in dir wohnt.

Und wenn dein Nächster neben dir in Meditation oder in Gedanken versunken ist, sprich ihn nicht an, um ihm deine menschliche Weisheit nahezubringen, denn du weißt nicht, wo er sich gerade befindet, mit wem oder mit was er in Kommunikation steht.

Störe deinen Nächsten nicht – dann wirst auch du niemals gestört werden, weil du dann die Wachsamkeit selbst bist.

Und wenn dein Nächster speist oder arbeitet, störe ihn nicht, außer du hast ihm Wichtiges und Wesentliches mitzuteilen, denn du weißt nicht, mit wem oder mit was er in Kommunikation steht.

Vergeude keine Energie; denn damit schwächst du deine Seele und deinen Leib. Zugleich verlässt du die heilige Stätte in deinem Innersten, die Gottheit in dir, und begibst dich außerhalb von dir.

Du beginnst dann, dich an den Tempel deines Nächsten anzulehnen, und beginnst zu fordern, weil deine seelische und physische Energie abnimmt.

Wer nicht in seinem Tempel wohnt, der vergisst allmählich, dass er selbst der Tempel des Heiligen Geistes ist, weil er nicht mehr die Tempelordnung hält, die besagt:

Bleibe in dir. Im Allerheiligsten erfährst und empfängst du alles für dich und für deinen Nächsten. In dir vernimmst du alles, was du sagen oder nicht sagen sollst. Im Allerheiligsten, in dir, empfängst du auch die Kräfte für deine tägliche Arbeit.

Wer seinen eigenen Tempel nicht rein hält, der baut äußere Tempel oder erhält diese durch seine Energie in Form der Bejahung von Riten, Dogmen und Kulten und mit seinen Talenten und Talern. Er wird dann zum Gefangenen einer Ordnung, welche nicht die heilige Ordnung, Gott, ist.

Wer in Gott, in seinem Tempel, zu Hause ist, der lebt im Innersten, im Allerheiligsten, und wird niemals in den Tempel seines Nächsten eindringen und ihn schänden.

Dringe also niemals mit deinen hartnäckigen Wünschen, mit deinem Wollen, mit deinen Vorstellungen und Meinungen in den Tempel deines Nächsten ein.

Wirke niemals bestimmend und fordernd auf deinen Nächsten ein, und zwinge ihn auch nicht, das oder jenes zu tun. Erfüllt er dein Drängen einzig, um dir einen Gefallen zu erweisen oder vor dir Ruhe zu haben, so bist du zum Räuber und Plünderer geworden, denn du hast ihm einen Teil seiner Lebenskraft geraubt.

Achte den Tempel deines Nächsten, denn auch er soll die Tempelordnung erlernen und über seine Schwächen und Fehler – die er nur dann sieht, wenn du ihm die Sicht nicht verwehrst – sich erkennen und das bereinigen, was ihm bewusst ist, damit auch er in das Allerheiligste einzukehren vermag, in seinen Tempel, der sich mehr und mehr reinigt.

Beachtest du die Gesetzmäßigkeiten der Tempelordnung, dann achtest du dich selbst und deinen Nächsten.

Wer sich selbst nicht achtet, der achtet auch seinen Nächsten nicht, weil er selbst die Tempelordnung, das Tempelgesetz, nicht hält.

Die Tempelordnung ist das Tempelgesetz; es ist das ewige Heilige Gesetz; es ist das Leben in Gott und mit Gott.

Wer das Tempelgesetz hält, der erhebt seine Gefühle, sein Empfinden, sein Denken, sein Reden und Tun zu Gott, und somit ist er erfüllt von Gott, und was er empfindet, denkt, spricht und vollbringt, das beinhaltet göttliche Kraft.

Wer das Gesetz, Gott, hält, der ist eins mit seinem Nächsten und mit allem Sein, weil der, welcher das ewige Gesetz hält, das Sein ist.

Merke dir:

Du bist der Tempel des Einen, Heiligen, der in dir wohnt.

Halte also deinen Tempel rein, indem du die Tempelordnung hältst.

Mache dir täglich aufs Neue bewusst, dass in dir der Allweise, der Ewige, wohnt, der um alle Dinge weiß, der mit dir ist, der zu dir spricht, der jede Antwort und Lösung kennt.

Am Morgen beim Erwachen, vor jedem Gespräch, bevor du eine Arbeit beginnst, wenn du deinen Nächsten begegnest und mit ihnen sprichst, denke daran:

Der Allweise, der Ewige, der um alle Dinge weiß, wohnt in dir.

Er spricht zu dir. Er spricht durch dich. Er führt dich durch die Gespräche. Er wirkt durch dich in jeder Situation. Er ist die Kraft bei der Arbeit.

Denke daran:
Lass nicht zu, dass sich Unnützes und Unlauteres in deinem Oberbewusstsein und in deinem Unterbewusstsein tummelt.

Wer bewusst lebt, der ist wachsam und kennt die Vagabunden, die sich anschleichen, um ihn zu verführen.

Nimm die Geißel der inneren Kraft, und treibe alles Unlautere, das sich anschleicht, von dir, damit es nicht in den geheiligten Tempel Einlass findet.

Durch die Bemeisterung deiner Gedanken und Sinne ist dein innerer Tempel rein geworden.

Was sich anschleicht, jegliche Verführung, treibe sie von dir!

Bevor du jedoch die Verführung von dir treibst, begrüße das Gute in ihr und lass es zu, dass es sich in dir bewegt.

Die Bewegung des Guten in dir bewirkt im Bösen, im Verführer, der hinter den Verführungen steht, Pein.

Die Pein ist das Gewissen, das beim Bösen anklopft und sich als Hilfe und Kraft zur Umwandlung bemerkbar macht und sich hierfür gleichzeitig anbietet. Dadurch hat das Böse die Möglichkeit zur Selbsterkenntnis und zur Vereinigung. Das Böse, das von außen kommt, ist die Verführung, hinter der Verführer stehen, welche die negativen Kräfte auf dich lenken, um dich zu prüfen, ob du ihnen nicht doch unterliegst.

Das Gleiche geschieht durch dich, den Befreier, nur im umgekehrten Verlauf: Das Gute in dir klopft beim Bösen an, um es zur Einsicht, zur Selbsterkenntnis und zur Umkehr zu bewegen.

Fliegt also das Böse an, dann tritt vor die Pforte deines inneren Tempels und bringe dem Bösen die Gaben des Guten.

An der Reaktion der Fluggedanken, die du wahrgenommen hast, bemerkst du die Reaktion des Verführers. Spürst du, dass deine selbstlosen Gaben Anklang fanden, also angenommen wurden, dann gib noch weitere hinzu. Dann weise den Verführer auf das Christus-Gottes-Bewusstsein hin und tritt wieder in das innere Heiligtum, in deinen Tempel, ein.

Dort, in deinem Innersten, lass keine menschlichen Gedanken und Reaktionen zu. Bewahre das Gute des Verführers in deinem Innersten, und bewege es von Zeit zu Zeit; dann sendest du zu ihm das Allgesetz. Du sendest ihm also Gaben der selbstlosen Liebe. Du jedoch gehe nicht auf Empfang; überlasse das dem Christus Gottes und Seinem Kind, dem Verführer.

Wie sich dein Nächster verhält und was er sendet, das betrifft einzig den ewigen Vater und Sein Kind.

Du halte die Tempelordnung: Schweige!

Schweigen heißt, in der Stille zu sein.

Wer im Allerheiligsten, in Gott, lebt, durch den lebt und spricht Gott.

Im Tempel Gottes können keine menschlichen Gedanken existieren. Verweile ohne Gedanken, also schweigend, in dir.

Und wenn du denkst, dann denke göttlich.

Und wenn du sprichst, dann sprich das Gesetz Gott – sprich göttlich.

Rede nur göttlich, und nur dann, wenn dein Nächster Gaben aus dem Gesetz des Lebens wünscht.

Merke dir:

Deine reinen Empfindungen und deine reinen Gedanken sind göttlich.

Deine selbstlosen, edlen, also ethischen Sinne sind fein. Sie sind die Antennen in das All, die in die Himmel ragen, weil du im Sein, im Himmel, lebst und somit auch vom Himmel empfängst.

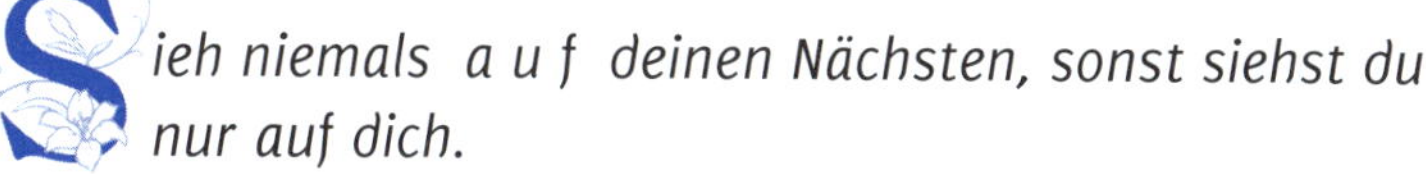

Sieh niemals auf deinen Nächsten, sonst siehst du nur auf dich.

Erst wenn du gelernt hast, von deinem Innersten, vom Allerheiligsten, aus durch dich hindurchzuschauen, dann durchdringst du auch deinen Nächsten.

Solange du deinen Nächsten nicht zu durchdringen vermagst, hast du ihn auch nicht in deinem Innersten aufgenommen.

Erst wenn du das Göttliche deines Nächsten, das auch in dir ist, entfaltet hast, dann kennst du deinen Bruder und deine Schwester in dir.

Solange du deinen Nächsten nicht zu durchdringen vermagst, ist er dir fremd, weil auch du noch ein Fremdling bist, fern vom ewigen Sein.

Wenn ihr beide einander durchdringt, dann sprecht ihr beide die Sprache des Seins, und ihr seid bewusst geeint und auch geeint in Gott.

Sage niemals: »Dieser Mensch ist mir fremd.« Wenn dir auch die Hülle der Seele unbekannt, also fremd ist, so bleibe in dem Bewusstsein: Der Inhalt der Hülle, das Reine im Innersten der Seele, ist ein Teil von dir.

Kennst du deinen Bruder und deine Schwester nicht, dann kennst du dich auch selbst nicht, weil du den reinen Teil deines Nächsten in dir nicht entfaltet hast.

Solange du in »bekannt« und »fremd« trennst, bist du Gott fern.

Deshalb sieh dich niemals als Mensch, sondern schaue dich und deinen Nächsten als Abglanz und als Ebenbild Gottes und schaue ihn als deinen Bruder oder deine Schwester in dir. Dann erfährst du in dir, dass das Leben das Sein ist, weil es allgegenwärtig in dir und in allem ist – das Kleinste im Großen und das Große im Kleinsten.

Denke über folgende Gesetzmäßigkeit nach:

Du hast mit einem Menschen gesprochen, den du nur dem Namen nach kennst, denn du kennst das nicht, woraus er besteht. Auch dein Nächster, der nur in der Äußerlichkeit lebt, kennt sich selbst nicht, denn auch er weiß nicht, woraus er besteht. Er kennt sich also nicht, und du kennst ihn auch nicht. Kennt ihr euch beide also nicht, dann kennt ihr auch Gott nicht; daher ist jeder von euch einsam. Gott, der ewig liebende Vater, kennt jeden Einzelnen, weil Er jedes Kind liebt und in Seinem großen Vaterherzen trägt.

lles ist in dir. Das Leben ist in dir, und du erfüllst es aus dir heraus.

Da sich alles zuerst in dir vollzieht, ist das ewige Sein schattenlos. Deshalb gibt es kein Oben und Unten, kein Vorne und Hinten, kein Rechts und Links.

Die All-Einheit ist ein mächtiger Kristall, der in allen Facetten Inneren Lebens funkelt, und jede Strahlung durchdringt jede Facette.

Der Mensch spricht von »oben« und »unten«, von »vorne« und »hinten«, von »rechts« und »links«, weil er nur mit den äußeren Augen sieht und nur die Reflexionen der Wahrheit registriert. Durch das menschliche Fehlverhalten schuf er die Verdichtung, wodurch die Denkweise der drei Dimensionen entstand, da er mit seinen physischen Augen nur wieder auf die Wände seiner selbstgeschaffenen Kokonwelt sieht und diese als real und als seine Lebensqualität annimmt.

Die Dichte, die Materie, ist nichts anderes als heruntertransformierte Gottesenergie, die Umpolung des Lichtes in Schatten.

Wer in dieser Schattenwelt des Menschen lebt, dessen Seele ist verschattet und ist als Mensch auf der Erde, um das abzutragen, was die Seele zur Verschattung des Ganzen beigetragen hat – außer das Wesen des Lichts kommt im Auftrag des Allmächtigen, um die Wege anzuzeigen, wie der Mensch, die verschattete Seele, aus dem Labyrinth seines dunklen Ichs herausfindet.

Willst du die Tempelordnung halten, dann mache dir bewusst: Das Leben ist ein Ganzes: es ist als Ganzes oben und unten, vorn und hinten, rechts und links. Hast du das erkannt und lebst du im Innersten deines Tempels, dann schöpfst du auch aus deinem Innersten.

Was für den Außenmenschen oben und unten, vorn und hinten, rechts und links ist, das ist für den Innenmenschen in ihm selbst das Leben, das Ganze.

Hältst du die Tempelordnung, dann lebst du im Tempel, im Allerheiligsten Gottes in dir, und du erfährst dich selbst. Hast du dich selbst als das Sein erfahren, dann kennst du deinen Nächsten, weil du das All, das Sein, kennst.

Du brauchst dann nicht zu suchen – du hast empfangen, weil das Sein ewig gibt. Es gibt in dir. Es strömt durch dich und offenbart sich in dir und in dieser Welt.

Erkennst du dich als das Sein und lebst du im Sein, dann brauchst du dich nicht umzuschauen, um die Wahrheit, das Sein, zu finden, weil du weißt, dass das, was hinten ist, das Gleiche ist wie vorn. Du brauchst nicht nach rechts oder nach links zu schauen, denn du weißt, dass rechts und links das Gleiche ist wie hinten und vorn. Du brauchst weder nach oben noch nach unten zu schauen; du weißt, dass oben und unten das Gleiche ist wie vorn und hinten, wie rechts und links: das Leben, das Große im Kleinsten und das Kleinste im Großen, in dir, dem Sein.

Merke dir und trage es stets mit dir:

Gott ist gegenwärtig; Gott ist überall alles.

Im Größten ist das Kleinste, im Kleinsten das Größte, Gott.

Hast du dich gefunden, dann hast du Gott gefunden, und du bist im All zu Hause. Dann brauchst du dich nicht nach dem All umzusehen, nicht nach rechts, nach links, nach oben, nach unten zu sehen – in dir ist das All; in dir ist Gott; in dir ist dein Nächster; in dir sind alle Kräfte der Naturreiche.

Hast du dich gefunden, dann schaust du alles in dir, weil du selbst alles in allem bist.

Merke dir abermals, und trage es bewusst in dir:

Hältst du deinen Tempel rein, dann hast du alles in dir erschlossen, und du hast auch Achtung vor dem Tempel deines Nächsten und Ehrfurcht vor dem Allheiligen, der in dir und in deinem Nächsten wohnt und in allen Lebensformen der Natur.

Du bist reich, denn das All ist in dir. Deshalb findest du alles in dir selbst – das Kleinste im Großen und das Große im Kleinsten.

Diese und weitere Details des ewigen Gesetzes lehrte Ich, Christus, als Jesus jene Meiner Apostel und Jünger, die es fassen konnten. Immer wieder jedoch musste Ich ihnen auch den Weg zum ewigen Sein erklären, das Fallgesetz, das Gesetz von Saat und Ernte.

Das Fallgesetz ist heruntertransformierte Gottesenergie, die der Widersacher umpolte und gegen Gott anwenden wollte. Dieser Trugschluss trug die Wende in sich. Denn was der Mensch an Menschlichem sät, das erntet er – und nicht Gott oder sein Nächster.

In Gott gibt es keine Neugierde. Wer sich aus Neugierde umsieht, der sieht nur sein niederes Selbst, sich, das Ich, und schaut nicht sein wahres Selbst – daher kennt er sich auch nicht. Der Neugierige ist auf Suche nach etwas Neuem, um etwas für sich zu gewinnen oder für sich zu gebrauchen, weil es ihm an inneren Werten mangelt.

Der Neugierige ist die Begierde, die Gier. Er sieht und hört nur sich selbst.

Der Neugierige, der neugierig nach rechts, links, nach vorn, hinten, oben und unten sieht, ist auch der Verängstigte, der überall Gefahr für sich sieht. Er ruht nicht in Gott und lebt daher auch nicht in Gott und schafft sich dadurch selbst das, wovor er sich ängstigt. Er lebt in der Welt der Begrenzung und der Dichte.

Wer sich vor anderen ängstigt, der hat vor sich selbst Angst; er hat zu sich selbst kein Zutrauen. Für ihn ist die Dichte das Reale und zugleich bedrohend. In seiner Ängstlichkeit ist er ständig darauf bedacht, um sich zu blicken, damit ihm nichts geschieht. Neugierig blickt er nach vorn, nach hinten, nach rechts und nach links, nach oben und nach unten und wiegt sich so in Sicherheit, weil er der Ansicht ist, so den Umblick zu haben.

Der Umblick, das Sehen nach oben und nach unten, nach rechts und nach links, nach hinten und nach vorn sollte in der Dichte, auf der Materie, einzig zur Orientierung sein; denn eure physischen Augen sind für die Materie, für die Dichte, geschaffen. Wer es so hält, der bleibt im Tempel des Inneren und beachtet die Tempelordnung.

Der wahre Weise ist der Kluge, der im Allerheiligsten bleibt und dort die Stille wahrt. Im Tempel der Stille empfängt der wahre Weise, der Kluge, Gottes unmittelbare Weisungen und Gottes Heil.

Bist du im Gesetz Inneren Lebens geübt, dann empfindest und denkst du göttlich und sprichst Sein Wort, das du bist – göttlich.

Wer als Tropfen im Ozean Gott lebt, der ist zum Gesetz Gottes geworden. Der Tropfen ist die Essenz des ganzen Ozeans. Alle Tropfen bilden wiederum den Ozean, Gott. Ein Tropfen ist dem anderen Tropfen gleich, weil alles in einem enthalten ist. Deshalb durchdringen alle Tropfen einander und bilden den Ozean, das Allgesetz, Gott.

Das Allgesetz, Gott, ist das Allerheiligste in dir. Dort ist absolute Stille.

Ruhe in dir – du bist.

Du bist das Sein, das sich an nichts reibt, über nichts erregt und an nichts Anstoß nimmt. Du bist das Sein – du durchschaust alles und alle; deshalb durchdringst du auch alles und alle.

Wer sich im Vorhof des Tempels bewegt oder auf den Straßen zum Tempel, wer also noch nicht in den Tempel eingekehrt ist, der lebt noch in der Unordnung seiner Empfindungs- und Gedankenwelt. Infolgedessen sieht er auch nur sich selbst, sein niederes Selbst, und spricht auch nur von sich selbst, seinem niederen Selbst, weil sein Bewusstsein die Unordnung noch nicht zu erfassen und zu durchdringen vermag.

Ein solcher Mensch spricht also nur sich selbst und sieht auch nur sich selbst und hört auch nur sich selbst – und kann auch deshalb seinen Nächsten weder schauen *noch verstehen und hören, weil er nur sich selbst sieht und nur sich selbst spricht und nur sich selbst hört.*

Solche Menschen haben kein Empfinden für ihre Nächsten. Was ihre Nächsten sprechen, das verstehen sie nicht, weil sie sich selbst nicht verstehen, da sie durch die Unordnung ihrer Empfindungen, Gedanken, Worte und Handlungen und durch ihre groben und gierenden Sinne nicht hindurchzublicken vermögen. Sie sind verwirrt, weil ihre Empfindungs- und Gedankenwelt wirr ist.

Das Wahre und das Alldurchdringende vollzieht sich einzig im Innersten deines Tempels, im Allerheiligsten – mit dem Allheiligen und durch den Allheiligen, Gott.

Einzig in dir schaust und erkennst du, wieviel der Gaben aus dem Schatz des Innersten du deinem Nächsten geben kannst – was er aufzunehmen vermag, um geistig zu wachsen und zu reifen. In dir also schaust und hörst du das Quantum, das du deinem Nächsten reichen darfst, was ihm dann auch zum Wohle gereicht.

Wisse: Wenn du das Sein geworden bist, dann ist alles und sind alle in dir. In dir und durch dich schaust, hörst, riechst, schmeckst und tastest du, denn alles, was das Äußere in sich birgt, das ist das Leben in dir.

Deshalb wohne in dir; dann schaust du in allem auch dich, das Selbst, weil du das Selbst, das Sein, bist und alles wiederum das Selbst, das Sein, ist. Dann schaust du den Teil deines wahren Selbst im Mineral, in der Pflanzenwelt, in der Tierwelt und in den Gestirnen und nimmst alles Reine in dir, dem Reinen, wahr, als Licht, als Kraft, als einen Teil von dir. Was du im Äußeren schaust, das hat im Inneren, wie auch du, Licht und Kraft in sich, ist also als Essenz in dir und somit ein Teil von dir.

Wer in diesem edlen, feinen und reinen Bewusstsein lebt, der wird keine äußere Lebensform mutwillig zerstören, weil er dann diesen Lebensteil in sich selbst stört und somit zum Gestörten wird, der alles zerstört, von dem er glaubt, dass es ihm nicht diene. Durch diese Veräußerlichung entstanden Krieg, Mord und Entzweiung.

Erkenne, das besagt: Das, was du mutwillig tötest, Menschen, Tiere und Pflanzen, das verschattest du in dir; du störst dein eigenes Leben und bleibst der Gestörte, der Ichmensch, der zerstörend auf seine Umwelt einwirkt.

Du schaust das Sein in allem einzig in dir. Deshalb brauchst du nicht den Umblick – du hast die Umsicht in dir selbst.

Was im Himmel ist, das ist auch auf der Erde – nur abgewandt von Gott. Das Gesetz, Gott, ist selbstlose, unpersönliche Liebe; es schenkt und schenkt sich und gibt jedem gleich.

Das Gesetz von Saat und Ernte entstand durch die Eigenliebe, durch die personenbezogene Liebe. Sie besagt: Der eine ist mir näher als der andere. Wer mir näher ist, bekommt mehr – der andere bekommt weniger. Das ist die personenbezogene Liebe, die Eigenliebe, die eigensüchtige Liebe.

Was im Himmel ist, das ist in abgewandelter Form auf der Erde. Deshalb sind die Erde, das materielle Universum und die Reinigungsebenen nur die Spiegel des ewigen Seins. Das Gesetz von Saat und Ernte ist als Spiegelbild zu betrachten.

Der Himmel ist das Sein, das Reine, das alldurchstrahlende Gesetz, Gott. Das Gesetz von Saat und Ernte ist des Menschen »Sein«, das aus dem Mein und Mir besteht, das aus dem niederen Ich hervorging und hervorgeht.

Das Reine ist das Sein, das Selbst, das Ich Bin, das unpersönliche Leben, das Gesetz, Gott. Die reinen Wesen sind das Reine, das Selbst, das Sein, das Unpersönliche, das Ich Bin, das Gesetz, Gott. Ihr Empfinden, ihr Wort und ihre Handlung ist das Gesetz, Gott, das Selbst, das Sein, das Unpersönliche, das Reine. Sie, das Gesetz – denn ihr Ätherleib ist Gesetz –, empfinden und sprechen sich selbst, das Reine, das Sein, das Selbst, das Unpersönliche, das Gesetz, Gott.

Das Gesetz von Saat und Ernte kann global das Gesetz der Belastungen genannt werden. Es besteht aus den vielen Komponenten menschlichen Ichs, die zum Ichheitsgesetz der einzelnen Menschen wurden. Das Ichheitsgesetz jedes Einzelnen besteht aus seinen gegensätzlichen Empfindungen, Gedanken, Worten und Handlungen. Das Ichheitsgesetz kann auch das Personengesetz genannt werden, weil es sich auf die Person bezieht, die ihr Ich aussendet und das gleiche Sendepotential wieder empfängt.

Wer sein Personengesetz geschaffen hat, der lebt darin und ruft es über seine Seele dort ab, wo es gespeichert ist, in den Gestirnen. Dein Nächster kann sich dein Ichheitsgesetz nicht aneignen, außer er schafft Gleiches oder Ähnliches durch gleiche oder ähnliche negative Empfindungen, Gedanken, Worte und Handlungen.

Die reinen Wesen bewegen sich im ewigen Gesetz; sie sprechen das Gesetz und sind selbst das ewige Gesetz.

Jeder belastete Mensch bewegt sich in seinem Ichheitsgesetz, in seiner kleinen Welt, die er mit seinem Ich, dem Mein und Mir, geschaffen hat. Er spricht seine kleine Welt, das, womit er sein Ichheitsgesetz aufgebaut hat; diesem entsprechend empfindet er sich selbst, denkt er sich selbst, spricht er sich selbst und handelt so, wie er empfindet, denkt und spricht. Er empfindet, denkt, spricht und handelt also entsprechend seinem niederen Selbst, seinem niederen Sein.

Das menschliche Selbst, das niedere Ich also, hat kein Auge, kein Ohr und keine Sinne für den Nächsten, nur für sich selbst.

Das menschliche Selbst findet keinen Einlass in das göttliche Selbst, in das Allerheiligste, und kann daher auch nicht seinen Nächsten erspüren, erkennen, durchschauen und erfahren, weil im veräußerlichten Menschen die Selbstlosigkeit noch nicht entfaltet ist.

Das menschliche Selbst, das niedere Ich, hat mit dem göttlichen Selbst, mit dem alldurchstrahlenden Ich Bin, nichts gemeinsam.

Der Reine spricht das Reine, das ewige Gesetz, Gott. Der Unreine spricht sein Unreines, sein Ichheitsgesetz, das niedere Selbst.

Jeder spricht sich also selbst: der Reine das absolute Selbst, das Ich Bin – der Unreine sein niederes Selbst, sein niederes Ich, das nur auf die Person bezogen ist.

Sei still.
In der inneren Stille wird dir bewusst, dass du ein Wesen aus Gott bist, das in Gott ist, denn der allewige Vater und du, Sein Kind, sind eins. Du, das reine Wesen, lebst im Allerheiligsten, in dir, im Selbst, denn du bist der Tempel Gottes, und der Allheilige wohnt in dir.

Sei still.
In dir ist die Stille, und du bist in der Stille.

Bist du still geworden, dann hast du keine menschlichen Empfindungen, Gedanken, Worte, Regungen und Neigungen mehr; du bist durchdrungen von der Allstille, Gott.

In dir entfalten sich geheiligte Empfindungen und Gedanken; du sprichst beseelende Worte und handelst unpersönlich für das große Ganze.

Das wahre Selbst, das allumfassende, mächtige Ich Bin, teilt sich dir mit, und du bist der Glanz der Schönheit, du bist das Reine, das Edle und Feine, das Erhabene – weil du in dir, im ewigen Selbst, im Sein, wohnst und weil du bist, was der Himmel ist: Schönheit, Reinheit, der Adel, das Feine, das Erhabene, die Güte, die selbstlose Liebe.

Die Sonne der Liebe hat die Sprache des Lichtes. Die Sonne der Liebe leuchtet in dir und durch dich.

Dein Wesen ist der Glanz der Sonne, der selbstlosen Liebe.

Sei still, ganz still. Nichts und niemand regt sich in dir.

Die heilige Tempelordnung, die du bist, ist die strahlende, selbstlose Liebe, die Sonne der Gerechtigkeit, die Wonne deines Lebens, das Ich Bin.

Was du auch zu tun und zu erfüllen gedenkst – das wahre Selbst in dir, das Sein, empfindet, denkt, spricht und handelt durch dich.

Dein erhabenes, selbstloses Empfinden und Denken ist das Sein, das Göttliche, das du bist.

Das wahre Sein ist einzig auf die Sache und die Angelegenheit bezogen und tritt mit dem Reinen in der Sache und in der Angelegenheit in Kommunikation. Das Reine in der Sache und in der Angelegenheit sagt dir in deinem Inneren, wie du die Sache und Angelegenheit in die Wege leiten sollst, wie du planen sollst, wie du jede Situation klären kannst, wie du Unordnung in Ordnung verwandeln kannst und wie du Unbereinigtes bereinigen kannst.

In jeder Frage ist das Sein, die Antwort für dich.
In jeder Antwort ist das Sein – und eventuell wieder die Frage für dich.
In jedem Gespräch wirkt das Sein – du erfährst es in dir.
In jedem Wort ist das Sein – es spricht zu dir.
In allem, was du siehst und was dir begegnet, ist das Sein – es zeigt sich dir und spricht zu dir.

Bist du in deinem Innersten, dann ist dein Tempel rein,
und du stehst mit dem Reinen in Kommunikation.
Du hörst, was andere nicht hören;
du schaust, was andere nicht sehen;
du weißt, was andere nicht wissen;
du erkennst, was andere nicht erkennen;
du spürst, was andere nicht erspüren;
du riechst und schmeckst, was andere nicht riechen
und schmecken;
du nimmst wahr, was andere nicht wahrnehmen –
weil du die Wahrheit bist, die Stille des Tempels,
die selbstlose Liebe, das Gesetz, Gott.

Erkenne:

Jede Sache, jede Angelegenheit, jede Schwierigkeit, jedes Problem, jede Situation, jedes Gespräch, ja, jedes Wort spricht sich selbst.

Das Sein in der Sache, in der Angelegenheit, im Problem, in der Schwierigkeit, in jeder Situation, in jeder Handlung und in jedem Gedanken spricht wiederum das mächtige Selbst, das Sein.

Die Hülle, das Menschliche, spricht sich selbst. Die Kraft in der Hülle, das Sein, spricht ebenfalls sich selbst; es ist das Ich Bin.

Wer zum Sein, zum selbstlosen Selbst, geworden ist, der steht mit dem Reinen in Kommunikation. Er schaut mit den Augen der Wahrheit; er klärt, ordnet, bereinigt, plant und spricht aus dem ewigen Sein, dem selbstlosen Selbst.

Das niedere Ich kennt das Ich Bin nicht; doch das Ich Bin kennt das niedere Ich, weil das Ich Bin, das Sein, alles durchdringt.

Der Reine, der die Tempelordnung hält, wird sich bemühen, jede Situation aus dem Gesetz zu klären, jedes Gespräch gesetzmäßig zu führen, jede Sache, jede Angelegenheit, jedes Problem und jede Schwierigkeit aus dem Gesetz, Gott, zu lösen.

Will das menschliche Ich die Sache, die Angelegenheit, die Schwierigkeit, das Problem, die Situation oder das Gespräch mit seinem niederen Ich lösen, dann bleibt es entweder ungelöst, oder es führt zum Chaos.

Wisse:

Das Sein in allem ist der redende Gott; Er spricht zu dir aus der Sache, aus der Angelegenheit, aus der Schwierigkeit, aus dem Problem, aus der Situation, aus der Handlung, aus jedem Gespräch.

Alles ist Bewusstsein. Das Reine ist Bewusstsein, und das Unreine ist Bewusstsein. Das Reine spricht im Allerheiligsten – in dir, zu dir und gleichzeitig aus dir.

Das Unreine spricht das Unreine; es spricht die Belastung, es spricht aus der Unordnung heraus. Es spricht die Unordnung, und so kann es in der Welt nur wieder Unordnung geben.

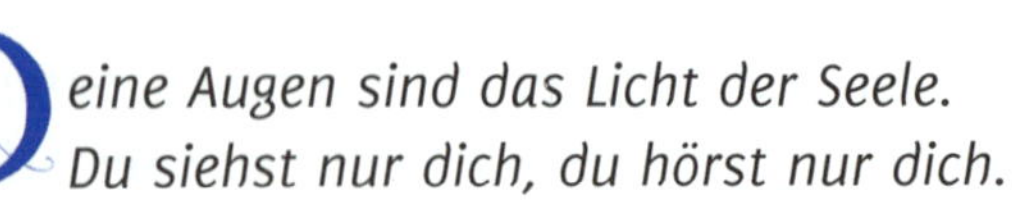

Deine Augen sind das Licht der Seele.
Du siehst nur dich, du hörst nur dich.

Mit deinen Gefühlen, Empfindungen, Gedanken, Worten und Taten zeichnest du das Bild deiner Seele.

Das Bild deiner Seele ist dein Bewusstsein.

Jeder Bewusstseinsstand nimmt das wahr, was seinem Stand entspricht. Das geht in ihn ein, das ist er, das strahlt er aus, und das gibt er auch gleichzeitig wieder.

Kann dein Nächster das gleiche Bild sehen, das du mit deiner Gefühls- und Gedankenwelt, mit deinen Worten und Handlungen gezeichnet hast?

Jeder sieht auch das, was du ihm beschreibst, wieder anders – ganz nach seinem bildhaften Bewusstsein.

Jeder Mensch sieht auch seine Umgebung anders, wiederum ganz nach den Bildern seines Bewusstseins, die er sich selbst vorgegeben hat.

Auch die Geräusche, die in deinem bildhaften Leben auftreten, hört jeder wieder anders.

Machst du deinen Nächsten auf bestimmte Töne oder Farben oder Formen aufmerksam, dann wird er trotz deiner Beschreibung die Töne wieder anders wahrnehmen als du, und er wird die Farben und Formen wieder anders sehen als du.

Es ist möglich, dass dein Nächster sogar mehr Töne wahrnimmt als du oder mehr Farbnuancen sieht als du oder die Formen für ihn eine andere Gestalt haben, als du sie siehst.

Wer kann wem beweisen, dass er den richtigen Ton hört oder die richtige Farbe oder die richtige Form sieht?

Kein Mensch kann dem anderen etwas beweisen, weil jeder anders sieht, fühlt, empfindet und denkt.

Viele Menschen sagen: »Ich kann es beweisen«, wenn sie ein Mensch bestohlen hat.

Kann der Mensch wahrlich beweisen, dass er bestohlen wurde – oder wurde ihm nur das wieder genommen, was er in einer Vorexistenz seinem Nächsten entwendet hat?

Beide, der Bestohlene und der entwendet hat, verstießen gegen das Gesetz Gottes, denn keiner von beiden sollte seinem Nächsten etwas entwenden und es sein Eigen nennen.

Du sagst, du kannst beweisen, dass dein Nächster gelogen hat. Hat dein Nächster tatsächlich gelogen – oder hat er nur das gesagt, was du in deiner Gefühls- oder Gedankenwelt bewegst und was du letztlich selbst bist?

Erkenne: Alles hat zwei Seiten – außer du bist göttlich; dann bist du die Wahrheit und lebst allbewusst.

Dann wirst du dich auch nicht erregen, sondern die Wahrheit sprechen, wirst alles klarstellen und es dann dabei belassen.

Wer an seinem Nächsten etwas auszusetzen hat, das ihn längere Zeit bewegt, der kann sicher sein, dass er mit diesem Aussatz selbst befallen ist.

Mit dem, was du an deinem Nächsten auszusetzen hast, setzt du dich durch das Prinzip Senden und Empfangen jenen Kräften aus, die du mit deinen Gefühlen, Empfindungen, Gedanken und Worten gerufen hast.

Erkenne dich selbst und wandle dich, auf dass du verwandelt in die Stätten des Heils einzugehen vermagst.

Ich gebe euch eine Übung zur Selbsterkenntnis:

Jeder betrachtet z.B. den gleichen Bereich einer Landschaft. Jeder sieht darin andere Aspekte. Was der eine sieht, das ist sein Bild und nicht das Bild seines Nächsten.

Im Landschaftsbild bewegt sich ein Tierlein. Jeder registriert das Tier – und doch sieht und empfindet es jeder anders.

Die Wahrnehmung des Einzelnen gehört zu seinem Bild und nicht zum Bild seines Nächsten.

Das Bild jedes Einzelnen ist das Bild seines Bewusstseinsstandes.

So, wie der Einzelne sieht und hört, fühlt, empfindet und denkt, so ist sein Bewusstseinsstand, mit dem er das Bild registriert, die Farben und Formen sieht und die Töne vernimmt.

Wer kann beweisen, dass das Tierlein so aussah, wie er es wahrnahm? Alles ist relativ, da jeder aus seiner Sicht, aus seiner derzeitigen Bewusstseinsstrahlung sieht, hört, riecht, schmeckt und tastet.

Da jeder Mensch einen anderen Bewusstseinsstand hat, nimmt er die Reflexe, die er Materie nennt, dementsprechend wahr.

Erkennet: Wer die vielen Aspekte, die zur Freiheit führen, beachtet, der bringt sich und auch seinem Nächsten den Frieden. Deshalb wirke niemals auf die Bewusstseinsstrahlung deines Nächsten ein, indem du glaubst, du müsstest entsprechend deinem Bewusstsein bei ihm in seiner Wohnung, in seinem Raum Ordnung machen.

Merke dir folgende Gesetzmäßigkeit:

Lasse deinem Nächsten sein Reich, das heißt, verändere du seine Bewusstseinsstrahlung nicht. Die Bewusstseinsstrahlung von dir und von deinem Nächsten wirkt sich auch in den Räumen aus, die du bewohnst oder die dein Nächster bewohnt. Lasse deinem Nächsten sein kleines Reich, denn so will er sich zu Hause fühlen. Beachtest du diese Gesetzmäßigkeit, dann freut er sich, wenn du ihn besuchst.

Betritt sein Zimmer nur dann, wenn du erwünscht bist, und lasse in seinem Zimmer alles so stehen, wie es dein Nächster aufgestellt hat, denn das ist die Perspektive seines Bewusstseins.

Setzt du dich auf einen Stuhl oder nimmst du einen Gegenstand, dann stelle den Stuhl wieder so hin, wie er stand, und lege oder stelle den Gegenstand wieder an seinen Platz – so, wie er vorher war.

Verändere nichts, auch wenn es dir anders besser gefallen würde und wenn du glaubst, dass es so, wie du es siehst, schöner wäre. Damit wirkst du in die Bewusstseinsstrahlung deines Nächsten ein und bringst mit deiner scheinbaren Ordnung in sein Leben, in seine Bewusstseinsstrahlung, Unordnung. Denn so, wie der Nächste es sieht, ist es für ihn gegenwärtig gut. Er will es von dir nicht verändert haben – außer, er bittet dich darum.

Wer diese Gesetzmäßigkeit beachtet, der achtet seinen Nächsten und auch sich selbst.

Auch in den kleinsten Dingen gilt folgende Gesetzmäßigkeit: Was du nicht willst, dass man dir tu, das füge auch keinem anderen zu.

Seid niemals neugierig. Blickt aus Neugierde nicht nach hinten, nach rechts und nach links, um zu sehen und zu hören; denn was ihr seht oder hört, dafür seid ihr verantwortlich.

Das Gesehene oder Gehörte regt euch zum Denken an – für jeden Gedanken seid ihr verantwortlich. Das Gesehene und Gehörte regt euch zum Reden und zum Handeln an – auch dafür seid ihr verantwortlich.

Der Reine wird sich nicht neugierig umsehen, wird keine Gedanken produzieren, wird nicht nach Worten suchen und auch nicht überlegen, wie, was und wann er handeln und wirken soll. Der Reine hat alles in sich und ist in allem, weil er die Wahrheit ist, die wiederum in allem ist.

Schaust du deinen Nächsten, dann schaust du das All, und du schaust den ewigen Vater in dir, und du schaust deinen Nächsten in dir – denn ihr seid das Ebenbild des ewig einzig heiligen Vaters, weil ihr in Ihm göttlich seid, Seine geschaffenen Kinder, die Er in Sich, durch Sich und im All schaut.

Hast du deinen Nächsten in dir geschaut, dann hast du deinen ewigen Vater geschaut; denn der Ewige und Sein reines Kind sind eins.

Da du deinen Nächsten als einen Teil von dir in dir kennst und schaust, kennst du auch den ewig Einen, Heiligen, weil du Sein Ebenbild bist, das ewige Gesetz – das du kennst, weil du es bist, da du göttlich bist.

Der Reine ist das Auge des heiligen Tempels.
Der Schauende durchschaut alle und alles.

Das Innerste ist die Stille, die sich selbst schaut und alles durchschaut. Die Stille ist das wahre Leben.

Deshalb sei still. Die Stille ist das allweise Wort, das Gesetz des Alls. Es offenbart sich als die Stille in der Stille. Es schaut sich selbst in der Stille als die Stille.

Alles ist das Gesetz, das die erhabene, unendliche Stille ist, die sich selbst spricht, das Ich Bin.

Die Stille ist das Gesetz und die Weisheit Gottes. Wer weise ist, der ist still, weil er um alle Dinge weiß, da er alles durchschaut und durchdringt.

Das Absolute ist die Stille, ist die Tempelordnung, die du, der Reine, bist.

Wenn du weißt, wer du bist, und wenn du weißt, dass das Bewusstsein des Ich Bin das Leben ist, dann lebst du und wirst an nichts Anstoß nehmen. Du durchstößt auch nichts, weil du alles durchschaust und durchdringst, was für den Weltblick Dichte, Hindernis und Anstoß ist.

Wer bei Tag wirkt, der sieht die Ecken und Kanten und wird sich daran nicht anstoßen, denn er nützt das Licht des Tages.

Das Gleiche gilt für das ewige Licht. Wer im Licht wandelt, dem kann nichts geschehen. Denn wer die Gesetze des Geistes Gottes hält, für den wird immer das Licht der Liebe leuchten, ob er Seele oder Mensch ist.

Der Unruhige, der Laute, in welchem die Empfindungen und Gedanken tosen und toben, ist der Suchende, der nur auf die Oberfläche der Wahrheit sieht – auf die Dinge, Angelegenheiten und Worte – und dort die Lösung sucht. Damit gibt er sich selbst Rätsel auf, weil er die Erkenntnis erraten und erjagen möchte.

Wer nicht weise ist, der ist auch nicht leise, also still, weil er so lange will, bis er sich selbst im Urgrund, in der Stille, gefunden hat – das, was er ist, das Selbst, die Weisheit und die Schönheit aus Gott, das allwissende Gesetz, Gott, die Weisheit, die gleich die Wahrheit ist.

Dein Nächster, der eine, ist dir, dem Reinen, ebenso nahe wie der andere, weil dir keiner fern und fremd sein kann, da Gott in dir ist und du in Gott bist und deine Nächsten in dir sind und ihr in Gott seid. Das ist Einheit. Der eine ist im anderen, und beide durchdringen einander und durchdringen alle – und alle die beiden. Das ist das All und das Gesetz der Liebe und Einheit.

Würde dir der eine näher sein als der andere, dann würdest du nach vorn, nach hinten, nach rechts, nach links, nach oben und nach unten sehen, um ihn zu sehen, weil du ihn in dir nicht schaust.

er Reine wünscht seinem Nächsten nur das, was er selbst ist: das ewige Gesetz, Gott, das Reine.

Der Unreine, der Unerleuchtete, wünscht seinem Nächsten oftmals das, was er selbst nicht besitzt: das Schöne, das Gute, das Friedvolle, das Glückliche – Facetten der ewigen Wahrheit, an deren Verwirklichung es ihm selbst noch mangelt. Das, was er wünscht, geht nicht in den Nächsten ein, weil es nicht von Kraft, Wahrheit und Liebe durchdrungen ist. Es sind seelenlose Wünsche, die zum Unreinen, Unerleuchteten, zurückkehren.

Die All-Einheit ist die Weisheit Gottes. Gott ist alles in allem, das Gesetz des Lebens.

In allem, was der Reine sagt, spricht er das Ganze an, das Große im Kleinsten und das Kleinste im Großen.

Wer seinem Nächsten nur Facetten aus dem ewigen Gesetz zuspricht oder wünscht und so in sein Wort und in sein Tun nur Teile des ewigen Gesetzes hineinlegt, der bevorzugt auch nur Teile des ewigen Gesetzes und sagt von sich selbst aus, dass er unvollkommen ist.

Damit gibt er Zeugnis von sich selbst. Er bevorzugt bestimmte Menschen; andere hingegen lässt er unbeachtet. Das heißt, er macht bei sich selbst und bei seinen Nächsten Ausnahmen.

Die Sprache des Gesetzes ist das ganze Gesetz, da alles in allem ist, das Größte im Kleinsten und das Kleinste im Größten. Der Reine spricht immer das ganze Gesetz aus: Wünscht er seinem Mitmenschen die selbstlose Liebe, dann spricht er auch alle Facetten des ewigen Gesetzes an. Das ist die Sprache des Gesetzes.

Wünscht der Reine seinem Mitmenschen den Frieden, dann spricht er wiederum das ganze Gesetz an. Das ist die Sprache des Gesetzes.

Der Reine spricht immer das ganze Gesetz, auch dann, wenn er einem kranken Menschen Gesundheit wünscht:

Würde er dem Kranken nur eine Facette der Gesundheit wünschen – z.B. die Gesundheit eines erkrankten Organs –, dann spräche er auch nur den Teil des Gesetzes an, der von der Krankheit überschattet ist. Dabei ließe er die Wirksamkeit des ganzen ewigen Gesetzes außer Acht. Dadurch würde er unter Umständen die Wirksamkeit des ewigen Gesetzes im kranken Menschen verhindern.

Wer nur die physische Genesung seines Nächsten wünscht, der spricht die Krankheit selbst an, die er unter Umständen verstärkt, wenn der Kranke auf diese Aussage baut. Damit lässt er den Willen Gottes unbeachtet, der um Sein Kind weiß und es so führen möchte, dass es diesem zum Wohle seiner Seele gereicht.

Eigensüchtige Gedanken wirken nur auf die Oberfläche – also auf die Wirkung, das Symptom, die Krankheit – ein und verhindern, dass das ewige Gesetz wirksam werden kann.

Wer nur die Oberfläche des Lebens, die Spiegelung, anspricht, z.B. indem er seinem Nächsten den Frieden wünscht und er selbst keinen Frieden hat, der spricht in seinem Nächsten nur den Unfrieden an, weil er selbst keine Kommunikation zum Frieden hat.

Der wahre Weise braucht als Mensch die Sprache der Welt, um sich verständlich zu machen. Trotz der Begrenztheit der Worte wird er in Worten wie »Gesundheit« und »Friede« das Ganze, das allumfassende Gesetz, Gott, ansprechen. Dann wird auch das ewige Gesetz, Gott, walten, das jedem Menschen den freien Willen lässt und ihn so führt, dass es seiner Seele dient und nicht ausschließlich der Hülle, dem Menschen.

Wer selbst krank ist und seinem Nächsten die Gesundheit wünscht, der spricht im Nächsten nur wieder die Krankheit an und eventuell jene Aspekte, die mit seiner eigenen Krankheit in Übereinstimmung sind; denn was von ihm ausgeht, geht wieder in ihn ein und eventuell auch in den Nächsten, in welchem gleiche oder ähnliche Krankheitssymptome liegen. Das geschieht nach dem Gesetz »Gleiches zieht zu Gleichem und verstärkt sich«.

Wer seinem Nächsten den Frieden wünscht und selbst friedlos ist, der kann in seinem Nächsten die friedlosen Aspekte verstärken, so dieser friedlos ist, weil Gleiches immer wieder Gleiches anregt und sich erfüllen möchte.

Wer seinem Nächsten die Liebe wünscht und selbst lieblos ist, der kann in seinem Nächsten, der selbst noch lieblos ist, die Lieblosigkeit noch verstärken, weil Gleiches immer wieder zu Gleichem zieht und sich erfüllen möchte – wiederum nach dem Gesetz »Gleiches zieht zu Gleichem und verstärkt sich«.

Erkennet:

Jede Empfindung, jeder Gedanke, jedes Wort und jede Handlung sind Energie.

Was der Mensch sendet, kann dann beim Nächsten wirksam werden, wenn Gleiches oder Ähnliches in ihm zugrunde liegt. Gleiches und Ähnliches kommt wieder auf den Menschen zu, der gesendet hat, denn: Wer sendet, der empfängt.

Wer seinem Nächsten Gesundheit und Frieden wünscht und selbst an Seele und Leib erkrankt ist oder selbst den Unfrieden in sich trägt durch die Nichtverwirklichung der ewigen Gesetze, der nimmt Einfluss auf die Krankheit und den Unfrieden seines Nächsten und verstärkt diese, weil er seine Friedens- und Genesungswünsche, die er seinem Nächsten zuspricht, in sich selbst nicht wirksam werden ließ.

Wünschst du deinem Nächsten, was du selbst noch nicht erfüllt hast, z.B. das Reine, Edle, Schöne und Gute, dann kommt es in seinem Inneren nicht an, weil es von dir nicht beseelt ist – oder die Oberfläche, der Schein, sein niederes Ich, nimmt es auf und fühlt sich geschmeichelt und geehrt, und so verstärkt sich sein niederes Selbst, das niedere Ich.

Wünsche deinem Nächsten nur das, was du in und an dir selbst besitzt, also das, was verwirklicht und somit beseelt ist, und sprich in allem das ganze ewige Gesetz an. Da alles in allem enthalten ist, so bejahe in den Wünschen für deinen Nächsten das ganze Gesetz, Gott. Blicke nicht nur auf die Oberfläche, auf das, was sich am Körper des Nächsten oder in seiner Umwelt vollziehen soll. Bedenke, dass das Seelenheil ausschlaggebend ist und dass der reine geistige Leib wiederum das ganze Gesetz ist.

Was der Reine seinem Nächsten wünscht – das, was er selbst erfüllt –, das geht vom Innersten seines Tempels aus und geht auch in den Tempel des Nächsten ein. Er trägt gleichsam die Früchte des ewigen Gesetzes in den Tempel des Nächsten, weil er das ewige Gesetz seinem Nächsten als Gabe der Liebe bringt, die wiederum das Gesetz selbst ist.

Wünsche also deinem Nächsten keine Details aus dem ewigen Gesetz, sonst sprichst du in ihm und in dir nur Teile des ewigen Gesetzes an. Damit lässt du alle anderen Facetten des ewigen Gesetzes brach liegen. Das bedeutet, dass du dich mit einigen Facetten begnügen würdest und dadurch von deiner Unreinheit Zeugnis gibst und dem Unreinen Tür und Tor öffnest, um dich zu verführen.

Auch wenn du nur einen Bereich auf der Materie ansprichst, lege in diesen das Ganze hinein. Das ist wahres Leben, das ist Leben im ewigen Gesetz, Gott.

Lerne das Schauen.

Der Neugierige sieht neugierig nach vorn, nach hinten, nach rechts und nach links, nach oben und nach unten – und sieht sich immer wieder selbst, denn die Neugierde ruft immer wieder nur das ab, was der Neugierige selbst ist. Das Gleiche ruft Gleiches, um mit ihm zu kommunizieren.

Lerne, durch dich hindurchzuschauen, aus dem Tempel deines Inneren zu schauen, dann erkennst du in allem und auch in deinem Nächsten die Gesetzmäßigkeit – und in der Gesetzmäßigkeit das Ganze. Das ist das Leben im ewigen Gesetz, das ist die Sprache des Gesetzes.

Lerne das Hören.

Der Reine braucht nichts zu erhorchen; er weiß in sich, im Allerheiligsten seines Tempels, das, was von Bedeutung ist. Alles andere, was noch in der Schwebe liegt, ist noch nicht reif und noch nicht von Bedeutung.

Wer lauschen und erhorchen möchte, der erfährt nur sein niederes Ich, das ihn beunruhigt und ihn wieder zum gegensätzlichen Denken, Reden und Handeln – also zum gegensätzlichen Senden – anregt, damit er wiederum Gegensätzliches empfängt.

Lerne hören. Stelle niemals neugierige Fragen, denn sonst erhorchst du nur dich, dein niederes Selbst.

Höre aus allem, was zu dir gesprochen wird, die Gesetzmäßigkeit Gottes heraus, und erkenne in ihr wiederum das Ganze, und erfahre es gleichzeitig in dir, in deinem Tempel.

In der Gesetzmäßigkeit ist das ganze Gesetz enthalten, so, wie im ganzen Gesetz die Gesetzmäßigkeit enthalten ist. Das ist das Leben im ewigen Gesetz, und das ist auch die Sprache des ewigen Gesetzes.

Wer das ewige Wort, das Sein, das Gesetz, in sich zu erhorchen trachtet, der ist noch nicht das Wort, das Sein, das ewige Gesetz. Und wer es – je nach Reifegrad seiner Seele – erhorcht, der erhorcht es nur und kennt es noch nicht, weil er noch nicht zum Gesetz Gottes geworden ist.

Und wer das ewige Sein dem Buchstaben nach erkennen und erfahren möchte, der liest oder hört an der Realität vorbei. Und wer nur das erhorcht, was sein Nächster als Wahrheit wiedergibt, der schafft bildhafte Vorstellungen aus dem, was er erhorcht. Das ist niemals die Realität des Lebens, sondern der Schein; es ist die Spiegelung des Gesetzes und nicht die Wahrheit selbst.

Wer also die Wahrheit nur erhorcht – ob in sich oder von außen, von Menschen dargelegt –, der ist noch nicht die Wahrheit selbst, das Sein. Wer nicht zur Wahrheit, dem Sein, geworden ist, der kennt sich nicht als Wesen der Wahrheit, weil er noch nicht zum Wesen der Wahrheit, zu seinem wahren Sein, gefunden hat.

Nur wer das ewige Wort, das Sein, das Gesetz, ist, der ist im Leben – und ist das Leben selbst, weil er die Essenz des heiligen Wortes, die Wahrheit, das Leben, ist.

Das Wort der Himmel ist Sein Wort, das Wort Gottes, das ewige Gesetz. Wer zum Wort Gottes geworden ist, der ist zum Wesen in Gott geworden. Er schaut auch die Menschen, Dinge, Geschehnisse und Ereignisse im Bild der Himmel, der Wahrheit, im Ich Bin – und nicht mehr im Bild seiner kleinen Welt, im Gesichtskreis des »Ich will«.

Jeder himmlische, selbstlose Gedanke und jedes himmlische, selbstlose Wort ist ein himmlisches Bild, das alles in sich birgt. Ähnlich, wie eine Körperzelle einen ganzen Menschen beinhaltet, so beinhaltet jede selbstlose Empfindung, jeder selbstlose Gedanke, jedes selbstlose Wort und jede selbstlose Handlung das ganze All als Essenz.

Der wahre Weise legt in alles, was er spricht, das Ganze hinein – auch dann, wenn er aus dem Ganzen nur eine Facette der Wahrheit mitteilt, indem er diese zum Leuchten bringt.

Gott ist das Ganze und ist ungeteilt. Deshalb ist in dem, der das göttliche Wort ist, das Ganze wirksam. Er ist das eine Sein im Sein. Er ist nicht zweigeteilt wie der Mensch, der anders spricht, als er denkt, und anders empfindet, als er denkt und spricht.

Das ewige Gesetz wirkt und offenbart sich in dir selbst. Alles ist Gesetz. Du siehst es nicht im Äußeren; du erkennst und schaust es einzig in dir als das Ganze.

Die physischen Augen nehmen nur Äußeres wahr und nicht das, was im Innersten, im reinen Sein, im Tempel Gottes, offenbar ist.

Die physischen Augen nehmen nur den Abglanz dessen wahr, was im Himmel ist.

Was Materie ist, ist Reflexion und nicht Absolutheit.

Der Schauende gewahrt Gott in allem, was ist – in jeder Blume, in jedem Strauch, in jedem Stein, in den Gestirnen, in den Menschen. Mit jedem Augenaufschlag, mit seinem Gehör, mit dem Geschmacks-, Geruchs- und Tastsinn begegnet er Gott.

Für den Schauenden ist Gott in allem gegenwärtig.

Wenn er seine Arbeit tut, ist Gott gegenwärtig. Wenn er ein Gespräch führt, ist Gott gegenwärtig. Wenn er da- und dorthin geht, ist Gott gegenwärtig.

Diese Menschen haben den Stein des Weisen gefunden; sie lassen Gott durch sich wirken. Wer in allem, was er empfindet, denkt, redet und tut, mit Gott die Verbindung hält, der wandelt wahrlich im Lichte Gottes, und Gott tut durch ihn die Werke der Liebe.

Wahret in allem das Bewusstsein: Gott ist gegenwärtig; Gott ist in allem.

Habt ihr euch diese Gewissheit einverleibt, dann weichen von euch Einsamkeit, Verlassenheit und Trübsal; ihr werdet Gemeinsamkeit, inneres Glück und weitere Einsicht gewinnen.

Macht euch dies in jeder Situation bewusst: Gott ist immer gegenwärtig – Er ist immer dabei. Was ihr auch tut, wohin ihr geht, wo ihr steht, was ihr denkt – Gott ist dabei; Er ist gegenwärtig.

Gott ist bei jedem von euch – einerlei, wie ihr denkt, redet und handelt.

Steht ihr mitten in einer aufgebrachten Menge Menschen – Gott ist mit euch. Seid still, vertraut euch Ihm an; Er führt euch.

Gott ist in der Krankheit die Gesundheit, im Leid die Freude.

Denkt daran: Gott ist immer gegenwärtig. Gott ist Liebe; Er liebt jeden von euch.

Belasst die Erkenntnis, dass Gott gegenwärtig ist, dass Gott, unser ewiger Vater, euch und Mich, ja alle liebt, nicht in eurem Wissen. Nur die Verwirklichung, das heißt das gelebte geistige Wissen bringt euch die Gewissheit und die Tatkraft im Geiste Gottes – das Leben im Sein.

Das Sein ist Gegenwart. Im Sein gibt es kein Gestern, kein Heute und kein Morgen. Die Materie ist Vergänglichkeit. Das Sein ist alles in allem. Dadurch verfeinert sich die Materie und wird zum Sein, weil Gott die Gegenwart in allem ist.

Die Gegenwart in allem ist das Unvergängliche, das Sein. Deshalb wird sich das Vergängliche, das Gestern, Heute und Morgen, in das Sein verwandeln, das ist.

Die Schau des Reinen ist das Reine, das er ausschließlich in sich selbst, in seinem reinen Tempel, wahrnimmt. Dort leuchtet und offenbart sich beständig das allerheiligste, ewige Gesetz, Gott.

Der Reine schaut, was der Unreine nicht sieht.

Der Reine nimmt in sich ausschließlich die ewige Wahrheit wahr, weil er selbst zur Wahrheit, zum allumfassenden Gesetz, geworden ist, zum Ich Bin. Er lässt nichts Unreines im Tempel der Liebe zu.

Der Unreine hingegen nimmt nur das Unreine wahr, nämlich das, was er selbst ist – das Unreine.

Der Reine schaut und erkennt in sich das Reine, die Wahrheit. Er spricht die Sprache des Bildes, der Wahrheit, in sich, weil er selbst zur Wahrheit geworden ist. Das Wort Gottes ist das Gesetz, ist die Wahrheit, die sich als das lebendige Bild im Innersten der Seele offenbart. Wohin der Reine auch schaut – er schaut in sich einzig das Gesetzesbild, das Reine, und sieht außerhalb von sich die Spiegelung, das Unreine.

Die bildhafte Schau ist gleichzeitig die Erkenntnisschau. Was du schaust, das durchschaust du, und das erkennst du – und so weißt du um alle Details. Das ist die Wahrheit, das bist du, das wahrhaftige, ewige Selbst.

Der wahre Weise, der Erleuchtete, ist das, was er spricht, das Gesetz.

Der Unerleuchtete, der das Schwarze vom Weißen nicht zu unterscheiden vermag, ist der Blinde, der sich mit dem Schein begnügt und das Sein in der Ferne glaubt.

Die wahre Schau ist die Erkenntnisschau. Du schaust und weißt und kannst es trotz alledem nicht beweisen, weil das Innerste, das Allerheiligste, sich nicht zu beweisen braucht, weil es ist.

Nur der Schein will sich beweisen, weil das, was in ihm ist – die ewigen Gesetzmäßigkeiten –, nicht offenbar ist.

Das Sein schaut, was der Schein nicht sieht, das heißt: Ich, das Sein, schaue, was du, der Abglanz, nicht siehst. Bist du jedoch das Sein, dann bist du in Ihm geeint, im All-Einen. Dann schaust du auch, was Ich schaue, und wir schauen, was der Schein nicht sieht.

Das geistige Auge schaut – das irdische Auge sieht. Beides kann nicht in Übereinstimmung gebracht werden, weil das geistige Auge das Gesetz der Himmel ist und das irdische Auge nur das Reflexionsauge, welches das Sein als Reflexion wiedergibt, die vielfache Verzerrung ist. Wer sich damit begnügt, ist der Tor, der das Tor zur Wahrheit noch nicht durchschritten hat.

Das Auge der Wahrheit ist Gott. Wer mit diesem Auge schaut, ist wahrhaftig und göttlich. Er bringt das Licht, das Auge Gottes, die Wahrheit, in diese Welt, das ewige Gesetz der Liebe.

Das Auge der Wahrheit ist das Licht und das Bild deines reinen geistigen Leibes, welcher das Ebenbild Gottes ist.

Das irdische Auge ist das Bild der Seele, des umhüllten geistigen Leibes. Es hat nur den Blick für das Umhüllte, das wiederum die Last und die Belastung der Seele ist.

Aus verschiedenen Perspektiven des Lebens unterwies Ich, Christus, als Jesus von Nazareth Meine Apostel und Jünger. Immer wieder zeigte Ich ihnen das Absolute Gesetz auf und erklärte ihnen das Gesetz von Saat und Ernte. Sinngemäß sprach Ich zu ihnen:

Das Meer der Unendlichkeit ist der Strom des Alls. Bewegt euch immer mehr im Meer der Unendlichkeit als die Sonne der Liebe und Gerechtigkeit. Dann werdet ihr das Leben sein und nicht mehr nach dem Leben fragen.

Solange sich der Mensch von Menschen bescheinen lässt, strahlt er nicht. Dann ist er auf den Schein seines Nächsten angewiesen. Ist der Mensch auf den Schein von Menschen angewiesen, dann kennt er den Glanz der ihm innewohnenden Sonne nicht.

Für jeden Einzelnen lautet das ewige Gesetz: Bleibe du das wahre Selbst. Dann bist du das wahre Selbst und erwartest nicht den Schein deines Nächsten, weil du, das wahre Selbst, selbst strahlst.

Nur der Schein begnügt sich mit dem Schein. Beide stehen dann im Zwielicht und sind der Ansicht, sie hätten das Höchste und das Größte, weil sie sich gegenseitig bescheinen.

Erkennet: Der Schein trügt, und wer darauf hereinfällt, kann zum Betrüger werden.

Deshalb umgebt euch nicht mit Trugbildern, mit dem Schein, sondern werdet zur Sonne der Liebe und Gerechtigkeit im Meer der Unendlichkeit.

Viele Seelen und Menschen bewegen sich hin in das Sein, doch wenige sind im Sein. Wer sich nur Gedanken um das Sein macht, der empfängt nur aus dem Schein und nicht aus der Quelle des Lebens, welches das Sein ist.

Wer dem Schein angehört, der trägt viele Masken. Je nach Gelegenheit setzt er die entsprechende Maske auf.

Wer in der Scheinwelt lebt und seine Masken hat, kennt sich nicht und auch nicht den, der gleiche und ähnliche Masken trägt wie er selbst. Beide sprechen nur von ihren Masken, von dem Schein, und finden nicht die Realität.

Der Maskenbildner ist einsam und allein, denn er kümmert sich nicht um seine Nächsten; er denkt nur an sich und will seine Maske wahren.

Wer jedoch in der Innenwelt, in Mir, dem Christus, lebt, der hat die Klar- und Weitsicht. Er bedarf nicht mehr der Masken, weil er alles durchschaut und durch das Licht der Wahrheit alles erkennt. Das ist das Wesen im Strom des Seins, das personifizierte Sein, der Mikrokosmos im Makrokosmos.

Alles, was du siehst, das dich erregt, ist dein Spiegel; es prägt deinen Menschen. Gehst du nicht den Weg der Selbsterkenntnis, dann nimmst du nur noch die Reflexionen deines niederen Ichs und des niederen Ichs deines Nächsten wahr. Hältst du es weiterhin so, dann verstrickst du dich immer mehr in das Mein und Dein; du trennst dann zwischen dir und deinem Nächsten. Das ist das Gesetz des menschlichen Ichs. Es lautet: »Trenne, binde, herrsche«.

Das göttliche Gesetz lautet: »Verbinde und sei.« Das heißt, wer in der Verbindung mit dem Innersten lebt, der ist mit allen Menschen und Wesen und mit allen Lebensformen verbunden. Er bildet mit ihnen die Einheit in Gott, die keine Unterschiede kennt, da alles in allem enthalten ist, das Gesetz des Lebens.

Das Gesetz von Ursache und Wirkung, das der Widersacher schuf – »Trenne, binde und herrsche« –, ist das personenbezogene Gesetz, das Ichheitsgesetz, das nur sich, das niedere Ich, kennt.

Der Widersacher will die Trennung und die Bindung. Menschen sollen sich an Menschen und Dinge binden, Besitz und Eigentum schaffen, um so wiederum das Trennende herbeizuführen, das heißt, das Mein und das Dein. Wer sich am meisten Eigentum angeeignet hat, der herrscht über jene, die weniger besitzen.

Der Satan nahm das Schwert und teilte die Einheit der Erde in die Vielheit. Mit den Stücken, den Ländern, schuf er die Herrschaft und die Herrschaften, die Reichen, welche aus den Stücken ihre Reiche machten.

Das ist die Teilung, die vom Satanischen kommt. Ich Bin jedoch gekommen, um die Einheit wieder aufzurichten durch das Gesetz der Liebe, das alle und alles eint.

Grenzen begrenzen und führen zur Verhärtung. Bleiben Grenzen lange Zeit bestehen, dann glauben die Völker, sie seien durch die Grenzen voneinander getrennt. Sie sprechen dann von verschiedenen Mentalitäten, die wenig Gemeinsames haben. Aus dieser Einstellung erwacht die Gleichgültigkeit und die Feindseligkeit gegenüber dem Nächsten, der nach den ewigen Gesetzen ein Teil jeder Seele ist.

Hat der Widersacher die Trennung unter den Menschen herbeigeführt, dann herrscht er und schafft weitere äußere Möglichkeiten der Bindung wie z.B. die Bindung des Menschen an Glaubenssätze, Riten, Dogmen und Kulte, gleichzeitig auch an Obrigkeiten, an Untergebene, an den Mann oder die Frau, an Kinder oder an Sachwerte, an Geld und Gut. Daraus ergibt sich das Kausalgesetz, in dem jeder ichbezogene Mensch und jede ichbezogene Seele ihr Dasein hat, bis sie sich aus dem Strudel des menschlichen Ichs herausbegeben und das Göttliche anstreben, das verbindet und das ist.

Diese Welt und der Erdplanet erscheinen im Göttlichen spiegelbildlich, denn Welt und Erde wurden ins Gegenteil verkehrt.

Das Erbe Gottes an Seine Kinder ist so zu erklären:

Das, was Mein ist, das ist auch dein, es ist für dich und ist für jedes Kind gleich viel, nämlich alles aus allem, aus Dem, der ist.

Der Widersacher polte diese göttliche Gesetzmäßigkeit um und spricht: Mir gehört das Meine und das Deine. – Durch diese Umpolung glaubt der Widersacher, sich alles einverleiben zu können und über alles und alle der Herr zu sein. Er will die Macht für sich allein und Gott bezwingen, denn er selbst will Gott sein.

Der materialistische, der auf sich bezogene Mensch ist der Ansicht, er sei der Herrscher der Welt und des Alls. Weil er nur eine kleine Perspektive des Lebens sieht und diese noch umhüllt ist von seinem menschlichen Ich, glaubt er, ein Gott zu sein. Dieser Götterglaube verleiht ihm den Hochmut, zu denken, er könne die Schöpfung weiterentwickeln, ganz nach seinem Bild und Maß. In Wirklichkeit führt er sich selbst in den Abgrund und zerstört die Materie und seinen irdischen Leib.

In der Zahl acht liegt die Gottheit, in der Verachtung der Widersacher, der das heilige Sein, die Acht, umgepolt hat und daraus die Verachtung machte. Auf diese Weise schuf er sein Fallgesetz, das ihn selbst zu Fall bringen wird.

Wer seinen Nächsten nicht achtet, der ehrt weder den ewigen Vater noch Mich. Seine Gebete bleiben unfruchtbar, weil die darin verkapselte Frucht nicht zur Reife gelangt.

Wer sich von Menschen ehren lässt, der ehrt Gott nicht.

Der Widersacher führt die Seele und den Menschen in die Welt der Sinne. Er verführt sie mit dem Schein ihrer Nächsten. Er zeigt ihnen das, was andere besitzen und haben, ihr Mein und ihr Mir, und macht sie habgierig und neidisch. Auf diese Weise führt er sie vom Innersten, dem Sein, der Fülle in Gott, hinweg – hin in die Außenwelt, zu dem Schein.

Wer sich vom Schein blenden lässt, wird wie der, welcher schon geblendet ist: habgierig, neidisch und raffgierig. Dann giert er mit allen ihm zur Verfügung stehenden Waffen, um das zu erreichen, was der Schein des Nächsten ihm zustrahlt: äußeren Glanz durch Ansehen, Mittel und Möglichkeiten, die sich im Geld und Vermögen widerspiegeln.

Auf diese Weise tritt der Mensch immer mehr aus der inneren Fülle und verarmt an innerer Kraft und Geistigkeit. Er schult seinen Verstand und erhebt ihn zum Intellekt, um ein Intellektueller zu werden, der Wissen über den

Schein besitzt, über das Blendwerk – und dabei das Sein, sein wahres Selbst, die Realität des Lebens, nicht mehr kennt, sondern nur sich selbst, seine kleine Welt, in welcher er herrscht, regiert und seinen Nächsten an sich und seine Ansichten bindet, an die auch er selbst gebunden ist.

Wehe jenen, die den Verstand gebrauchen, um Menschen zu vergöttern. Unmerklich schafft ein solcher Mensch Götzen. Diesen hängt er in dieser Welt an – und nach seinem Leibestode hängt er an ihnen.

Der Habgierige, Ichbezogene, der sich im Glanz des Scheins aufwertet, will immer der Größte und der Beste sein und über alles und alle herrschen.

Die Herrschsucht hat wiederum die Blüten der Angst, ein anderer könnte größer sein, mehr Glanz, mehr Ansehen und Reichtum erlangen. Von der Angst gehetzt, glaubt er, seine Augen und Ohren überall haben zu müssen, um nicht übervorteilt zu werden. Tritt ein Rivale auf, dann wird er bekämpft. Hat dieser Fähigkeiten, die er nicht besitzt, dann wachsen gleichzeitig der Neid und die Feindseligkeit und nicht zuletzt die Kampfeswut, das Bestreben, ihn auszuschalten.

Die Angst und die Kampfeswut bringen die Neugierde. Der Ich-Mensch will alles sehen, erhorchen, um alles zu wissen, um sich vor Gefahren zu schützen, die von seinen Nächsten auf ihn zukommen könnten, die mehr Ansehen haben, besser, klüger und reicher scheinen. Das führt dazu, dass er sich beständig orientieren muss. Die

Neugierde drängt ihn, nach vorn, nach hinten, nach oben, nach unten, nach rechts und nach links zu sehen, um alles zu sehen und zu erhorchen. Dabei sieht und hört er nur sich selbst; denn das, was ihn treibt, sein menschlich Ich, treibt ihm wieder Gleiches und Ähnliches zu.

Der ichbezogene Mensch sieht sich in jeder Situation selbst. Er hört sich in jeder Situation selbst. Er begegnet nur sich selbst – wiederum Menschen, die ähnlich sind wie er selbst. Er und sein Nächster sprechen die gleiche Sprache, sich selbst. Was dabei herauskommt, sind wiederum nur sie selbst. Damit binden sie sich aneinander. Womit sie sich gebunden haben, das werden sie wieder gemeinsam bereinigen, bis sie das Rad der Wiederverkörperung und die Seelenreiche verlassen können.

Deshalb übe dich, o Mensch, in der Selbstlosigkeit und lerne, dich als Wesen in Gott zu erkennen.

Sieh dich nicht in der Neugierde um, sonst siehst du dich selbst, dein Ich, mit dem du dann wieder zu kämpfen und zu ringen hast.

Belausche nicht die Gespräche deiner Nächsten; höre nicht hin, wenn zwei sich unterhalten, sonst hörst du nur dein eigenes Ich – außer sie beziehen dich in ihr Gespräch mit ein.

Was der Mensch hört, dafür trägt er Verantwortung.

Bist du im Innersten deines Tempels zu Hause, dann wirst du das Wort der Wahrheit sprechen, das ist von Ewigkeit zu Ewigkeit, das Leben.

Das Wort Gottes ist der Strom des Alls. Das menschliche Wort ist nur das Ufer. Deshalb sprecht nur Wesentliches und füllt es mit der Kraft der Verwirklichung, mit der Kraft Gottes. Dann gelangt ihr in den Strom des Alls.

Das Wort, das ihr sprecht, hat nur so weit Wert und Kraft, wie ihr das, was ihr aussprecht, verwirklicht habt. Denn nur das geht in den Menschen ein, was ihr erfüllt, also verwirklicht habt, und nicht das, was ihr aus eurem Intellekt schöpft. Dieses Wort ist leer, ist gleichsam hohl und kennt nicht die Tiefe des Alls, die Ich Bin.

Es genügt nicht, die Gesetze des Alls, die Gottesgesetze, zu bejahen und von ihnen zu künden. Nur wer sie verwirklicht, der bringt gute Taten.

Ihr müsst das, was ihr lehrt, erst selbst verwirklicht haben; das ist das beste Vorbild. Diese Worte und Taten gehen in die Seele des Menschen ein, weil sie Substanz und Kraft beinhalten.

Es nützt nichts, vom Lichte zu reden und nicht das Licht zu sein.

Wer nur vom Licht redet, der ist leer, weil er geteilt ist. Er möchte Gott dienen und glaubt, es genüge, dem Buchstaben nach zu dienen. Das ist jedoch nicht das Dienen, sondern das Dienern. Er lehrt ein Wort, jedoch nicht das Wort, weil der Buchstabe tötet, das Licht im Buchstaben jedoch lebendig macht.

Nur der kann das Licht finden und den Buchstaben beleben, der einwärts wandert und zum Lichte wird.

Wer nur von der Weisheit spricht und nicht weise ist, der ist in der Welt und lebt mit der Welt und ist für die Welt. Er ist also geteilt; er spricht die Weisheit dem Buchstaben nach und ist doch in der Welt. Er will weise sein und ist es nicht. Dadurch täuscht er sich selbst und täuscht anderen das vor, was er nicht ist: weise.

Wer von der guten und liebevollen Gesinnung nur spricht, der hat nur Worte über die liebevolle Gesinnung, bringt jedoch das Gute, das Wertvolle, nicht in diese Welt.

Wer verwirklicht, der bringt geistige Werte und geistige Taten in diese Welt. Er ist der Herzdenker, der aus dem Licht des Lebens gibt. Er lebt gerecht, denn er weiß: Gott schaut in das Herz eines jeden.

Die im Geiste Gottes Erwachten sehen die Unerwachten. Sie erleben sie in ihrem Verhalten, in ihrem Denken und Reden. Sie versuchen ihnen zu helfen, sofern diese es wünschen.

Die im Geiste Erwachten kennen die Unerwachten, verstehen sie und werden ihnen so weit behilflich sein, wie es gut für ihre Seele ist.

Die Unerwachten jedoch erkennen nicht die Erwachten; für sie sind sie in vielen Fällen Scharlatane und Besserwisser, oder sie reihen sie in das Bewusstsein ein, das ihrem Wesen entspricht.

Die Unerwachten, die sich einzig nach der Materie orientieren, sehen im geistig Erwachten, im Göttlichen, entweder einen Störenfried oder einen Sonderling, den sie nicht zu ergründen vermögen.

Die täglich mit einem Erwachten zusammenleben, sehen nur auf den Menschen und erfassen nicht, was aus ihm herausstrahlt.

Wenn ein Unerwachter einen Unerwachten lehren und leiten möchte, dann bleiben beide unerwacht, weil sie nur leere, gleichsam hohle Worte sprechen, in denen nicht das Feuer der Liebe lodert, das sie hell und sehend macht. Beide sind die Blinden, die in die Grube fallen werden.

Daher wachet und betet, und lasst eure Worte lichtvoll, ja göttlich werden, auf dass ihr lebet in Mir, dem Christus, und eins seid mit Mir, dem Christus; denn der Ewige hat

Mich zu den Menschen gesandt, um ihnen das Licht und das Heil zu verkünden und zu bringen.

Wer seinen inneren Tempel verwüstet hat, der baut immer größere und prunkvollere Wohnstätten. Dadurch ging die Bewusstheit der Gegenwart Gottes und die Sicht des wahren Lebens verloren. Ich Bin gekommen, den inneren Tempel wieder aufzurichten und Gottes heiliges Wirken sichtbar werden zu lassen.

Mit Meiner Kraft Bin Ich wieder unter den Menschen, um ihnen erneut das Licht und das Heil zu verkünden. Wohl denen, die Mich im Herzen finden. Sie brauchen keine äußeren Tempel mehr – sie sind selbst zum Tempel des Heils geworden.

Ich Bin die Freiheit. Lasset euch weder an Dogmen noch an Satzungen binden.

Machet euch bewusst: Im Himmel gibt es weder Dogmen, Satzungen, Zeremonien noch Obrigkeiten und Untergebene. Im Himmel seid ihr untereinander alle gleich – Brüder und Schwestern. Wer dieses Ziel nicht anstrebt oder von diesem Ziel sich abbringen lässt, der ist ein Tor und gleichsam ein geistig Toter.

Der Erwachte trachtet danach, nach innen zu gelangen, zum Reich des Lebens – der Unerwachte strebt nach außen, nach den Dingen, die sich in der materialistischen Welt widerspiegeln und die den regieren, der mit dieser Welt ist.

Lasst euch niemals in Institutionen einbinden und von Pharisäern und Schriftgelehrten belehren. Sie haben nicht die Schlüssel zum Reiche Gottes, da sie selbst nicht in das Leben eingetreten sind. Infolgedessen lassen sie auch die nicht hinein, die hineinwollen; denn sie kennen nicht das Schloss, weil sie nicht im Tragen des Schlüssels geübt sind, der Ich Bin, Christus.

Der Reine schaut durch alles hindurch. Sein schauendes Auge ist die Wahrnehmung seines göttlichen Bewusstseins. Alles, was sich in seinem göttlichen Bewusstsein vollzieht, ist die Wahrheit; alles andere ist nur Spiegel, Abglanz der Wahrheit, Reflexion, Schein der Wahrheit.

Wie du redest und was du sagst, ist deine Sprache – auch dein Gesicht und dein Körper.

Sowohl dein Inneres als auch dein Äußeres – dein Wort, dein Verhalten – spricht sich selbst. Der Erfüllte spricht das Selbst, da er das Selbst im Allvater-Sein ist. Der Weltbezogene spricht sein niederes Selbst; er spricht die Sprache seines Ichs – das, was er selbst ist. Der Weltbezogene ist der Weltumhangene, der sich mit dem begnügt, was er sieht, mit den Reflexionen seiner kleinen Welt, die seine eigene Spiegelung sind.

Was du, der Reine, das Licht im Urlicht, sprichst, ist Substanz und Kraft, da es aus dem Allerheiligsten gesprochen ist, aus dir, dem Sein. Das ist die Sprache Gottes in dir und durch dich.

Sprich die Sprache des wahren Selbst, und du bist göttlich. Die Sprache des wahren Selbst ist das gotterfüllte Wort. Es fließt aus dem Innersten deines Tempels.

Das Göttliche verteidigt sich nicht. Es debattiert auch nicht, da es ist. Das Ist schaut und durchschaut alles und kennt das Innerste des Menschen und auch sein Äußeres. Wer das ewige Gesetz kennt, weil er es ist, der wird nicht debattieren.

Das Innerste ist das Unpersönliche, welches das Persönliche unpersönlich anspricht, aufklärt und Unwahres richtigstellt.

Kläre deinen Nächsten auf, wenn Unrichtiges zugrunde liegt, doch dringe niemals in ihn ein; dränge ihn nicht, das zu denken und zu tun, was Wahrheit ist. Redet der Uneinsichtige trotz Aufklärung oder wider besseres Wissen weiter, dann redet er sich selbst um Kopf und Hals.

Du, der wahre Weise, schweige. Hast du Unrichtiges richtiggestellt, hast du Unwahres aus dem Licht der Wahrheit beleuchtet und wirst du trotz allem abgelehnt, dann schweige, denn du kennst den wahren Retter, Gott – und den Richter, der nur von sich selbst spricht. Es ist der Mensch, der durch Uneinsichtigkeit, durch Rache und

Habgier sich selbst dem Gesetz von Saat und Ernte ausliefert, indem er in den Acker seines Lebens das eingibt, was ihn selbst richtet. Es ist sein kleines, niederes Selbst, sein Ichheitsgesetz.

Das, was du außerhalb des Allerheiligsten sprichst, ist nicht immer die Sprache deines persönlichen Ichs, denn nicht immer sind deine Gedanken und Worte auch deine Gedanken und deine Worte. Wenn du jahre-, jahrzehntelang das sogenannte gedankenlose Wort sprichst, dann redest du wohl, doch ein anderer spricht durch dich. Das ist dann Fremdbestimmung über deine Sinneswelt, in welcher du dann auch lebst. Der Programmierer, der oder das, was dich bestimmt, wirkt durch dich auch bestimmend auf andere ein. Wer dies zulässt, der ist der Sünde Knecht und ein Sünder.

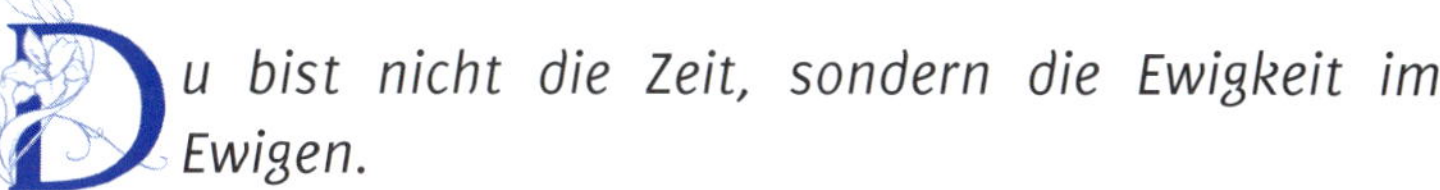

Du bist nicht die Zeit, sondern die Ewigkeit im Ewigen.

Du bist jedoch Mensch im Ablauf von Tag und Nacht, welcher Zeit genannt wird. Deshalb plane deine Zeit mit Gott, bringe den Zeitablauf in deine Planung ein und deinen Plan in das Allgesetz, das in dir ist. Bringe alles in den inneren Tempel und übergib es der Tempelordnung.

Dann sei still und wachsam zugleich, denn der Allheilige in dir ordnet und gibt vor. Der Allheilige, der dein Wort und dein Tun ist, bewegt sich in deinem Innersten und spiegelt dir, dem Menschen, den schrittweisen Ablauf deines Planes zu. Er bringt ihn auch in den Zeitablauf ein.

Dann sprichst du zur rechten Zeit das gehaltvolle Wort, das göttlich ist, und du tust zur rechten Zeit das, was zu tun ist, was wiederum göttlich ist. Dann verläuft dein Tagwerk nach dem Willen des Allheiligen, der in dir ist, in dem du bist.

Als Jesus von Nazareth war Ich mit Meinen Aposteln und Jüngern viel unterwegs. Auf den Wegen und Pfaden von einem zum anderen Ort lehrte Ich sie Folgendes:

Wenn ihr geht, dann geht aufrecht; wenn ihr steht, dann steht aufrecht; wenn ihr sitzt, dann sitzt aufrecht.

Jeder von euch ist das Sein im Strom des Seins.

Jede harmonische Bewegung ist der Rhythmus des Stromes, der Rhythmus des Alls.

Der Strom kennt keine Biegung, keine Krümmung, er weicht vor nichts und vor niemandem zurück; er strömt gleichbleibend durch das All und durchströmt alle und alles.

Geht ihr mit großen Schritten durch diese Welt, dann geht ihr gebeugt; eure Blicke sind auf die Erde, den Boden gerichtet, von wo ihr das aufnehmt, was am Boden haftet. Alles Schwere, Belastete kriecht am Boden und belastet wieder jene, die ihre Blicke und Gedanken ausschließlich auf den Boden richten.

Erkennet: Ein schwerer Gang ist gleichsam ein Kriechgang. Solche Menschen sehen nur sich selbst und das, was sie wieder selbst sind – das, was ihnen vom Boden her zustrahlt.

Daher gehet aufrecht; dann erlangt ihr den Weitblick und den Einblick und den Überblick; dann seid ihr mehr und mehr mit den kosmischen Kräften verbunden. Diese zeigen euch auch auf, was noch zu bereinigen ist, damit ihr mit der Zeit kosmisch schaut, kosmisch hört, kosmisch empfindet, denkt, sprecht und handelt.

Wenn ihr steht, dann steht aufrecht. Lehnt euch nicht an Gegenstände und Dinge an. Wer sich an Gegenstände und Dinge anlehnt, der wird auch von diesen Gegenständen und Dingen angesendet; ihr nehmt dann das auf, was an den Gegenständen und Dingen haftet.

Wer sich an Gegenstände und Dinge anlehnt, der lehnt sich auch an seinen Nächsten an und nimmt von diesem, was dieser an Menschlichkeit ausstrahlt.

Lehnst du dich an deinen Nächsten an, und dein Nächster lehnt sich an dich an, dann werdet ihr mit der Zeit beide müde und euer überdrüssig werden, weil die Energien, die ihr euch gegenseitig übertragt und entzieht, bald verbraucht sind. Was dann?

Die Folgen sind Streit, Zank, Zwietracht und Uneinigkeit. Seid ihr einander überdrüssig, dann sucht sich jeder ein nächstes Opfer, an das er sich wieder anlehnt – und eventuell das Opfer wieder an ihn. Dann erfolgt wieder das Gleiche wie das, was vorher war.

Steht also aufrecht; lehnt euch an nichts und an niemanden an. Dann werdet ihr ganz allmählich zur kosmischen Antenne, die in die Himmel ragt und von den Himmeln empfängt.

Wenn ihr sitzt, dann sitzt aufrecht. Euer Rückgrat ist nicht gekrümmt; es ist senkrecht und zeigt euch, dass ihr aufrecht sitzen sollt, um vom Strom des Seins zu empfangen.

Ihr habt gehört: Der Strom des Seins, das Gesetz, kennt keine Biegung und Krümmung. Auch ein gesundes Rückgrat kennt weder Biegung noch Krümmung.

Liegt ihr im Stuhl, dann liegt ihr gleichsam auf dem Boden und empfangt die Schwingungen, die am Boden entlangkriechen.

Verschränkt ihr die Arme und Beine, dann blockiert ihr den Strom des Seins in und an euch, oder ihr lenkt ihn von euch ab und zieht andere Kräfte an.

Wisset: Der Mensch soll eine kosmische Antenne sein. Wer Knoten in seine Antenne macht oder sie verbiegt, der kann weder die Kräfte noch das Heil des Alls empfangen. Einzig die Kräfte des Alls stärken und bewegen den Menschen, machen ihn frei und gesund. Sie schenken ihm Weitblick und Einblick und den Überblick.

Wer diese Gesetzmäßigkeiten nicht annimmt und lebt, der wird engstirnig und intellektuell. Mit der Zeit eignet er sich das an, was seine Nächsten, die ebenfalls auf der menschlichen Bahn sind, ihm vormachen.

Wenn ihr euch niederlegt, dann legt euch nieder, um zu ruhen. Ruhet bewusst, und legt euch waagerecht, und seid euch bewusst, dass ihr ruht, dann werdet ihr die Stille des Alls wahrnehmen.

Stützt ihr beim Sprechen, beim Speisen oder anderweitig das Haupt auf eure Hände, dann werdet ihr nur euer niederes Selbst sprechen und die Speisen verschlingen wie ein Raubtier, das auf Beute aus ist. Dann erzieht ihr euch zum Nimmersatt, der nach Genüssen trachtet und den körperlichen Genuss pflegt, die Körperlichkeit, weil er durch sein undiszipliniertes Verhalten, durch die verbogene Antenne entsprechende Kräfte, also Sender, empfängt.

Der Strom des Seins ist harmonische, rhythmische Bewegung. Deshalb bewegt euch harmonisch. Harmonische Bewegungen sind die Melodien des Alls.

Wisset: Jeder Körper ist Klang, ist Melodie. So, wie er klingt, so ist der Mensch.

Jede hektische Bewegung ist eine Verbiegung der Antenne, die wiederum der Mensch selbst ist. Dann wird sich der Mensch anlehnen, im Stuhl halb liegen, seine Arme und Beine verschränken und sein Haupt auf seine Hände stützen.

Harmonische Bewegungen sind dynamische Bewegungen. Sie bewirken Flexibilität im Denken, Reden und Handeln.

Wisset: Der aufrechte Mensch ist gleichsam der Aufgerichtete, der die kosmischen Klänge in seinem Denken,

Reden und Tun ausstrahlt, dessen Gestik und Mimik die kosmischen Symphonien zum Ausdruck bringen.

Sitzt also aufrecht, und stellt beide Füße auf den Boden; dann leitet ihr Spannungen ab und nehmt harmonische Schwingungen auf.

Wisset: Jeder von euch ist das komprimierte All, und das All ist das Sein – es ist die ewige Heimat, das Lichtmeer, Gott. Deshalb verhaltet euch als Menschen so, dass ihr in die Himmel sendet und von den Himmeln empfangt.

Lebst du im Strom des Alls, dann bist du die Essenz des Alls. Dann lebst du in der Fülle und bist die Fülle. Kein Mensch und nichts kann dich enttäuschen, weil du nichts erwartest, da du die Fülle bist.

Erkennet: Das All und der Allstrom senden unaufhörlich. Betrachtet Sträucher, Blumen, Tiere und Steine – sie sind. Sie haben ihre Antennen in das All gerichtet.

Tiere, Pflanzen, Sträucher und Bäume lehnen sich nicht an ihresgleichen an, außer der Mensch greift in den kosmischen Ablauf ein. Wenn Bäume zu dicht beieinander stehen, dann können sie sich nicht entfalten. Ähnlich ist es beim Menschen, wenn er sich an Menschen, Gegenstände und Dinge anlehnt.

Entfaltet euch: Lehnt euch an nichts und an niemanden an.

Der veredelte Mensch ist der weise Mensch, der in seinem Inneren ruht.

Der veredelte, weise Mensch lacht nicht von der Kehle her, er lächelt vom Herzen her.

Erkennet: Eine Kultur kann einem Menschen oder einem Land nicht übergestülpt werden. Kultur muss aus dem Menschen herauswachsen. Wo keine Kultur ist, dort gibt es viel Kult.

Das Du Bin Ich und das Ich bist du.

Deshalb merke dir Folgendes:

Du bist das Feine und Schöne.

Du bist das Edle und Reine.

Du bist im Du, das ewig ist, das Erhabene.

Der Erhabene ist der Eine.

Du im Du, dem Erhabenen, bist das Erhabene, das um alle Dinge weiß, weil der Erhabene der Vater ist – die Größe, die Macht und das All selbst.

Er ist die Kultur und das Kulturelle, denn Er ist Schöpfer, Gott, Träger, Beweger, Geber – das Sein.

Er ist Schönheit, Glanz, Fülle.

Er ist dein Vater – du, Sein Kind, das Erbe.

Du bist im Lichtmeer, Gott, das Licht; deshalb brauchst du dich an nichts und an niemandem festhalten.

Du, der Reine, bist die Aufrichtigkeit und der Aufrechte. Du lehnst dich weder an Menschen noch an Dinge und Gegenstände an. Du beziehst deine Kraft ausschließlich vom Allerheiligsten in dir selbst, das du, das Selbst in dir, dem Selbst, bist.

Lehne dich also nicht an Menschen an, sonst wirst du abhängig und unaufrichtig. Wer sich an Menschen anlehnt, der lehnt auch Menschen ab. Der Abhängige wird zum Anhängsel seiner Nächsten. Wenn diese ihn dann nicht mehr tragen, ist er einsam.

Lehne oder halte dich nicht an Dingen oder Gegenständen an, denn das sagt von dir, dass du dich gegenüber deinen Nächsten auflehnst. Es deutet auch auf die Aufwallung deines Gemütes hin.

Wisse: Jeder Mensch strahlt seine Schwingungsgrade aus. Auch Dinge und Gegenstände strahlen das aus, was an ihnen haftet. Lehnst du dich an, dann rufst du von Menschen, Dingen und Gegenständen das ab, was dich bewogen hat, dich anzulehnen, oder was die Aufwallung deines Gemütes hervorgerufen hat.

Ich wiederhole: An Menschen, Dingen und Gegenständen haften unzählige Schwingungen, die in den einschwingen und den bestürmen, der Gleiches oder Ähnliches in und an sich hat. Dadurch werden deine Entsprechungen, deine auflehnende Haltung und deine Gemütswallungen verstärkt.

Lehne dich an nichts und an niemanden an, sondern sei standhaft, aufrichtig und geradlinig, dann wirst oder bist du das Ich Bin, die Aufrichtigkeit, die Gerechtigkeit, das Allgesetz.

Ruhe in dir. Was du auch tust, das tue ganz, in voller Konzentration, auf die Angelegenheit und Sache bezogen.

Der Weise, der im gereinigten Tempel lebt, hält auch bei schriftlicher Arbeit die Tempelordnung. Jetzt schreibt er. Seine Empfindungen und Gedanken sind beim Verfassen seines Schriftstückes. Aus seinem Innersten, dem Allerheiligsten, in dem er lebt und aus dem er gibt, wirkt er auf das Äußere ein, auf jeden Buchstaben und auf jedes Wort. Dadurch verleiht er dem Geschriebenen die Kraft und durchdringt es mit dem ewigen Gesetz, Gott.

Was du auch tust, halte in allem die Tempelordnung.

Jetzt gehst du da- und dorthin, und du bist bei dir, weil du in dir bist.

Jetzt arbeitest du an der Werkbank, und du bist beim Werkstück und somit in und bei dir.

Du sprichst mit deinem Nächsten, du bist bei dir und in dir und sprichst im Wort das Gesetz.

Was du tust, das tust du ganz.

Hältst du einen Gegenstand in der einen Hand, dann sollst du keinen anderen in der anderen Hand halten, außer beide Gegenstände sind aufeinander abgestimmt und stehen nicht im Gegensatz zueinander. Hältst du zum

Beispiel in der einen Hand das Werkstück und in der anderen Hand das Werkzeug, mit welchem du das Werkstück bearbeitest, so sind beide Instrumente aufeinander abgestimmt, weil eines dem anderen dient.

Wenn du ein Schriftstück verfasst, dann halte ausschließlich das Schreibgerät in deiner Hand. Würdest du z.B. in der anderen Hand einen Maßstab halten oder einen Gegenstand zum Entfernen des Geschriebenen, dann wirst du unkonzentriert, und deine Aufmerksamkeit ist zweigeteilt, weil diese beiden nicht aufeinander abgestimmten Schwingungen in dir Unaufmerksamkeit und Dissonanzen hervorrufen.

Hältst du in der anderen Hand einen Maßstab, dann wirst du z.B. des Öfteren Aussagen unterstreichen, die nicht unterstrichen werden sollten, oder du unterstreichst das, was du selbst noch oder noch nicht bist. Damit verleihst du deinem menschlichen Ich Ausdruck und Nachdruck, weil du dich selbst, dein Ich, unterstreichst. Hast du in der einen Hand das Schreibgerät und in der anderen den Gegenstand zum Entfernen des Geschriebenen, dann wirst du dich des Öfteren verschreiben und es dann wieder auslöschen.

Erkenne dich in allem, und gib dich, dein niederes Ich, auf, dann gewinnst du das Ich Bin, das Sein, das alles ist, das um alles weiß und das alles durchschaut, das alles hört, das durch dich spricht.

Erkenne immer wieder: Das Reine vollzieht sich ausschließlich im Innersten der Seele, im Reinen – das Unreine ausschließlich im Äußeren, in der Welt der Sinne.

Erkenne: Der Verstand des Menschen ist nicht das Herz der Seele. Wer aus dem Verstand spricht, der spricht aus den menschlichen Programmen, weil er nicht im Innersten zu Hause ist, im Sein, das um alle Dinge weiß, das alles schaut, das alles hört, das sich selbst spricht.

Worte, aus dem Verstand gesprochen, gehen nur wieder in den Verstand ein. Sie beinhalten keine Kraft; deshalb sind sie begrenzt und auf die Materie bezogen, wo sie auch wirksam werden.

So wie im Wandel der Zeiten sich das Denken und Leben der Menschheit wandelt, so ist es auch mit dem Wort, das vom Verstand geprägt ist. Es spricht sich von Zeitepoche zu Zeitepoche immer wieder selbst, nur mit anderen Worten und Begriffen.

Das menschliche, niedere Selbst vergeht, weil es einzig im Verstand geboren und von dort ausgehend gesprochen wird.

Die Oberfläche ist der Verstand, der auch wieder oberflächlich reagiert. Der Verstand ist also nur die Oberfläche des Sees, nicht der Grund. An der Oberfläche ist nur Spiegelung und nicht die Wahrheit.

Das Wort des Innersten ist das Ich Bin, das Wort des ewigen Gesetzes. Es wurde nicht wie das Verstandeswort geboren. Das Wort Gottes ist von Ewigkeit zu Ewigkeit, und wer es spricht, der ist von Ewigkeit zu Ewigkeit.

Der wahre Weise, der Erleuchtete, spricht das Ich Bin. Es ist das ewige Gesetz, das Wort, das im Innersten der Seele sich selbst ewig spricht.

Der Gotterfüllte spricht niemals das Verstandeswort, weil er im Innersten, im Selbst, das er spricht, zu Hause ist.

Lass das Wort zuerst in dir werden, bevor du es aussprichst.

Ob du denkst oder sprichst, beides sind Energien, die nicht verlorengehen.

Was im Innersten, im geheiligten Tempel, empfunden wird, das ist gleichzeitig auch das Wort. Das Innerste bringt gute Früchte, weil die Empfindung, die den Gedanken gebiert und das Wort hervorbringt, die göttliche Frucht ist, das Licht und die Kraft, die in diese Welt kommen durch den Geist Christi, der die Finsternis besiegt.

Wer mit der Kraft Christi sich selbst besiegt hat, der schaut, was ist, und spricht das Sein, die Gegenwart, Gott. Der äußere Mensch hingegen spricht aus der menschlichen Vergangenheit und Zukunft, denn die Gegenwart dieser Welt ist nur ein Hauch, der, kaum erfasst, schon zerronnen ist.

Der Gottmensch, der im Innersten zu Hause ist, schaut im Werdenden das Ist, weil im Innersten alles gegenwärtig und schon vollzogen ist. Der Gottmensch lebt und wirkt aus der Gegenwart Gottes. Was für den Außenmenschen erst im Werden ist, das ist für den Gottmenschen im Innersten schon vollzogen.

Wer im Innersten lebt, der schaut im Innersten auch, was sich in der Außenwelt vollzieht und vollziehen wird und wie es sich gestaltet. Mit seinen göttlichen Empfindungen begleitet er die Schritte, die im Äußeren noch getan werden müssen, die im Innersten jedoch schon getan sind. In das Werden legt er das Ganze hinein, so dass es auch im Äußeren werde, wie es schon im Innersten ist.

Was der Innenmensch im Innersten bewahrt und bewegt, das wird sich auch im Äußeren, in der Welt der Sinne, realisieren, weil es im Innersten schon ist und auch bewahrt bleibt und bewegt wird.

Die Sprache des Seins ist unpersönlich. Das Unpersönliche erwartet nichts; es möchte nichts; es spricht sich selbst, das ewige Selbst. Das ewige Selbst ist die Unendlichkeit und die ewige Fülle. Das reine Wesen ist das formgewordene Selbst, die formgewordene Fülle.

Bist du das Selbst, dann bist du das Wort des Selbst, das in dir spricht und das als Klang und Ton nach außen in die Welt dringt und sich dort spricht und an das Ohr der Welt und in das Ohr des Seins im Menschen schwingt und in seiner Seele klingt. So wird sich auch in der Welt vieles zum Wohle des Ganzen verändern.

Lass das, was du laut sprichst, aus dir strömen und durch dich fließen; es formuliert sich selbst in dir, weil es das Selbst ist. Das ist das Ich Bin, das Wort des Seins, das Leben und der Gehalt des Lebens. Es ist das Absolute, das nie vergeht, auch wenn sich die Zeiten wandeln und diese vergehen.

Das Wort, welches das Sein ist, das Ich Bin, das ewige Gesetz, das im Strom des Alls ist, fällt nicht auf dich zurück wie das schale, energiearme Wort des Verstandes. Das Wort, das Sein, bleibt im Strom des Seins und durchströmt dich, das formgewordene Sein, und auch Mich, das formgewordene Sein, und alles, was sich im Strom des Seins befindet und dort sein Dasein hat.

Sprich also das Wort, das Sein, in dir.

Lerne, alles in deinem Innersten zu bewegen, es im Innersten zu empfangen und aus dem Innersten zu sprechen; dann sprichst du die Sprache des Seins.

Alles, was ewig währt, vollzieht sich im Innersten der Seele. Das ist die Wahrheit, das ist die Beständigkeit, das ist das Leben, das ist der Strom, das Selbst, das Ich Bin. Es ist das Leben und die Substanz des Lebens in dir.

Wer seinen Nächsten der Unwahrheit und der Lüge bezichtigt, ohne diese Aussage beweisen zu können, der gibt von sich selbst Zeugnis, dass er am Rande des Stromes steht und mit Steinen auf jene wirft – und sich dadurch selbst steinigt; denn sein Nächster, den er bezichtigt, ist in seinem Innersten ein Teil von ihm.

Wer nur am Ufer des Stromes steht, der glaubt, dass dieses die Realität sei, weil er den Strom nicht kennt. Wer sich so verhält, der gibt selbst Zeugnis von dem, was er noch ist.

Wer das Wort, das Ich Bin, spricht, schaut die Wahrheit und die Unwahrheit. Er klärt auf, stellt richtig und geht dann seines Weges, denn er weiß: Wer sich ändert und sich Gott weiht, geht den Weg, der zur Freiheit führt. Wer sich jedoch nicht ändert, der geht auf dem steinigen Weg ins Leid, um über das Leid, das gleich die Sünde ist, zur Wahrheit zu erwachen, um dann in die Wahrheit eingehen zu können.

Wenn ihr des Suchens nach der Wahrheit nicht leid werdet, dann werdet ihr euch finden, indem ihr eure Fehler und Schwächen erkennt und sie rechtzeitig bereinigt, bevor das Leid über euch kommt. Deshalb werdet des Suchens niemals leid, sonst müsst ihr euer Sündhaftes erleiden.

Wer sich selbst nicht anschauen möchte, schaut immer auf seine Nächsten. Er ist der Ansicht, er sei der Gute und der Nächste der Schlechte. Aus diesem Verhalten geht der Besserwisser hervor, welcher der Ansicht ist, die Abläufe des Alls lenken zu können, da er sich selbst allklug dünkt.

Erkennet: Der Tor weiß alles besser. Kommt der Nächste mit seiner Torheit zu ihm, dann streiten sich zwei Törichte. Beiden fehlt die Weisheit.

Der Gegensatz zur Wahrheit ist die Torheit; damit beschäftigen sich gar viele.

Geht die Seele als Tor in die Welten, die sie sich mit ihrer Torheit selbst bestimmt hat, dann ist rings um sie nur Torheit, weil sie in ihren Scheinbildern der Torheit lebt. Selbst wenn der ehemalige Mensch um die Gesetze Gottes weiß und sie nicht erfüllt hat, bleibt er der Tor und der Sklave der Sklaverei, der Torheit, die er gelebt und mit der er sich umgeben hat.

Wer sich mit seinem irdischen Dasein nicht auseinandersetzt, der hat auch keine Beziehung zur geistigen Welt.

Wer den Weg zum Königreich des Inneren nicht wandelt, wer sich also nicht verfeinert in Empfindungen, Gedanken, Worten und Werken, der bleibt dem Diesseits, dem Leben in der Zeit, verhaftet. Ob er lebt oder stirbt, ob er wacht oder schläft – weder dieses Erdendasein noch der Tod lehren ihn etwas Neues, weil er der alte, der sündhafte Mensch geblieben ist, trotz besseren Wissens.

Kein Mensch kann vor sich selbst entfliehen. Jeder muss sich selbst ansehen und das abtragen, was er sich aufgetragen hat. Die Aufgabe, die ihm das Leben stellt, ist sein Leben.

Eines Tages wird ihm die Aufgabe gestellt, das abzutragen, was er sich auferlegt hat.

Was du selbst in die Gestirne, den mächtigen Speicher, eingibst, das liegt ständig auf der Lauer, über dich hereinzubrechen. Du selbst bist dir also selbst die Gefahr.

Wenn ihr des Suchens nach eurem wahren Selbst nicht leid werdet, dann seid ihr willig zu lernen. Wer willig ist zu lernen, der wird sich selbst erkennen und in der Selbsterkenntnis sein wahres Sein finden. Er wird verwirklichen – und somit erfüllt sein.

Sind Seele und Mensch nicht gewillt zu lernen, sich also durch Verwirklichung in Gott zu finden, dann wird das Leben der Seele und des Menschen härter und schwerer.

So ihr leidet, erspürt im Leid, weshalb ihr leidet. Lasst die Empfindungen und die Gedanken des Leides kommen, denn sie sprechen ihre Sprache. Und so ihr nicht ermüdet, das ewige Gesetz zu erfüllen, werdet ihr im Leid reifen und dem Licht näherkommen, das euch den Frieden und die Stille bringt.

Der Mensch sollte über den Weg seines irdischen Lebens nicht weheklagen und seinen Lebensweg nicht verurteilen.

Wer sich anmaßt, seinen Lebensweg zu kennen, der maßt sich auch an, Kompetenz über die Schöpfung zu haben.

Alle Wege, die der Geist lehrt, führen zu dem einen Ziel: dass Seele und Mensch zum Sein finden, das Gott ist.

Die Hoffnung und die Sehnsucht nach Gott erweckt die Erfüllung der Hoffnung. Wo die Hoffnung, das Sehnen nach dieser Erfüllung ist, dort ist Gottes Walten.

Ich, Christus, gebe euch Lehren zur Selbsterkenntnis, auf dass ihr immer wieder darauf zurückgreifen könnt, wenn ihr lau werdet:

Entscheidet euch in jeder Situation für Gott, dann entzieht ihr euch der Finsternis.

Ist der Mensch einmal warm, dann wieder kalt, dann ist er unentschieden und dient der Finsternis. Wer sich für die Welt entscheidet, der entscheidet sich für den Rausch des Ichs. Dann inspiriert ihn die Welt, und es inspirieren ihn jene, die der Welt angehören.

Mit dem Menschen macht die Finsternis ein Spiel: Sie beeinflusst ihn – einmal für, dann gegen Gott. Damit will sie Gott verhöhnen. Dieses Spiel treibt sie mit dem Menschen so lange, bis dieser sich entschieden hat.

Weitere Lehren zur Selbsterkenntnis:

Verlange von dir immer das Äußerste, nicht das Naheliegende; dann lernst du das Kräftepotential deiner Seele kennen.

Ermahne dich immer wieder selbst, indem du dich immer wieder selbst ansprichst, wie du es mit dir halten möchtest.

Sprichst du dich also selbst an, dann weißt du, wie du es mit dir halten möchtest. Tue dies – dann erwacht in dir das ewige Selbst, das du in der Ewigkeit als Wesen der Ewigkeit bist.

Die Seele im Menschen ist nur Gast auf Erden. Die Seele ist Mensch geworden, um den inneren Schatz zu entwickeln und Gutes zu tun. Das Gute kommt durch Menschen – ebenso das Böse.

Der gute Mensch, der in Mir, dem Christus, lebt, bringt gute Früchte. Der lasterhafte Mensch, der sich dem Dunklen verschrieben hat, bringt Dunkles in die Welt.

Wohl jenen, die Gutes bringen, durch die das Gute in die Welt kommt. Wehe jenen, durch die das Dunkle in die Welt kommt. Die einen gehen zum Licht – die anderen leiden in der Finsternis.

Wisset und erspüret in euren Herzen: Je mehr ihr Gott liebt, umso mehr wird euch Gott auch geben. Je freudiger ihr die Gaben der Liebe austeilt, umso mehr werdet ihr von Gott empfangen. Nur der Selbstlose empfängt, weil er selbstlos weitergibt. Wer selbstlos gibt, der schöpft aus dem ewigen Sein, aus der unendlichen Stille, die Gott ist. Dadurch wird er stiller und gottbewusster, denn er weiß: Gott gibt dem, der die Gaben aus dem Schatz seiner Verwirklichung selbstlos weitergibt.

Ich, Christus, Bin der Schlüssel zur Selbstlosigkeit, der Schlüssel zum Sein. Ich, Christus, Bin der Schlüssel zum Tor des Lebens. Alle Erleuchteten gehen durch Mich in das ewige Sein, denn Ich Bin das Licht der Seele, die Wahrheit und das Leben.

So, wie Ich allen diene, Seelen, Menschen, Tieren, Pflanzen und Steinen, so sollt auch ihr allen selbstlos dienen, die um euch sind – Menschen, Tieren, Pflanzen und Steinen.

Die selbstlos dienende Liebe ist die innere Hingabe. Sie durchglüht das Herz und erfreut die Seele und durchpulst jedes selbstlose Wort und jede selbstlose Tat. Sie macht die Seele leicht und frei und den Gang beschwingt, weil Seele und Mensch das Gesetz des Alls verkörpern.

Was ihr tut, das tuet aus dem Geiste, denn nur die selbstlosen Werke sind in und mit Gott getan.

Glaubt ihr, dass euer Werk noch so gut sei – dann prüft euch, ob ihr es aus dem Geiste, also selbstlos, getan habt. Habt ihr es mit dem Blick auf euer menschliches Ich und auf euer Wohl getan, dann kann es sich zu Gegenteiligem auswirken. Früher oder später werdet ihr darunter zu leiden haben.

Deshalb lebet aus dem Geiste, und seid eingedenk des Inneren Lichtes, das euer Helfer und Ratgeber ist, Christus: Ich in euch, ihr in Mir; Ich in dir, du in Mir.

Der wahre Weise lebt in Gott, und Gott lebt durch ihn. Was er gibt, das gibt nicht er – Gott gibt es durch ihn. Was er tut, das tut nicht er – Gott tut es durch ihn.

Er spricht; doch nicht er spricht – Gott spricht durch ihn. Er arbeitet, doch nicht er arbeitet, weil Gott durch ihn arbeitet.

Der wahre Weise lebt in der Welt für die göttliche Welt und ist nur Transformator der selbstlosen Liebe, der inneren Kraft – er ist selbstloses Geben. Deshalb ist nicht er es, der spricht und handelt, sondern Gott ist es durch ihn.

Bewahre das Gute, das Sein, als das Kleinod deines Innersten, dann bleibst du auch in deinem Innersten und sprichst die Sprache des Innersten, die Wahrheit.

Wer nur vom Menschen, das heißt, vom Menschlichen, gezeugt wurde, der wird auch als Seele immer wieder zu den Menschen zurückkehren und vom Menschen, dem Menschlichen, geboren werden und die Sprache der Menschen sprechen – bis er der Eingeburt zustrebt, Gott, der einmaligen Geburtsstätte, die das Sein ist. Dann wird er zu Gott zurückkehren und ewig in Ihm, dem Strom des Seins, leben. Dann wird er auch die Sprache des Seins sprechen, weil er wieder das formgewordene Sein ist, in dem er sich bewegt.

Sprich die Sprache des Seins!

Nichts ist außerhalb von dir. Es ist nicht die Blume, das Gras, die Pflanze, der Stein, das Mineral – du bist das Sein, die Blume, das Gras, die Pflanze, der Stein und das Mineral, weil du als Essenz in allem bist und alles als Essenz in dir ist.

Einerlei, wo du gehst, wo du stehst, wo du bist – gehöre dem ewigen Tempel an! Halte die Tempelordnung; dann wirst du auch gerecht sein und Gerechtigkeit erlangen.

Merke dir:

Was du in deinem Innersten, in deinem wahren Sein, nicht wahrnimmst, das hast du auch in deinem Innersten noch nicht erschlossen.

Was in dir nicht lebendig ist, das erfasst und schaust du auch nicht. Ist dein Nächster nicht in dir lebendig, dann hast du auch keinen Zugang zu deinem Nächsten und auch keine Kommunikation mit Gott.

Prüfe dich selbst: Wie du sprichst, zeigt, ob du in dir bist oder ob du nur aus deinem Ich, der Oberfläche, sprichst.

Speise in Gott. So, wie der Bissen und der Trank in dich eingehen, so wirken sie in dir und strahlen auch wieder von dir aus.

Wer den Bissen und den Trank heiligt, der hält das Bewusstsein der Speise und des Trankes lebendig. Es geht dann als Essenz und Kraft in die Seele ein. Die Speise und der Trank stärken dann nicht nur den Leib, sondern Seele und Leib.

Begleite mit deinem Bewusstsein jeden Bissen und jeden Schluck des Getränkes auf dem Weg in den Körper.

Die Empfindungen, Gedanken und Worte, die du den Speisen und Getränken auf deren Weg in den Organismus mitgibst, wirken entsprechend in Seele und Leib.

Alles ist Energie; auch die Speise und der Trank sind Energie. Wie du empfindest und denkst – mit diesen Kräften magnetisierst du die Nahrung und das Getränk; das gibst du ihnen auch auf den Weg in deinen Körper mit.

Bleibe also auch bei der Nahrungsaufnahme im Innersten deines Tempels, denn auch die Speise und der Trank gehören zur Tempelordnung, zum Tempelgesetz.

Jeder Bewusstseinsaspekt ist gleich der Bewusstseinsstand. Er hat das Ganze in sich und spricht sich auch selbst entsprechend dem Bewusstseinsgrad.

Auch die Früchte und das Getränk – jede Speise – sind Bewusstsein und sprechen die Sprache ihres Bewusstseinsgrades. Das heißt, sie stehen mit dem Strom, in dem sie sich bewegen und ihr Dasein haben, in Kommunikation.

So, wie du, der Mensch, es mit der Nahrung und dem Getränk hältst, so wirkt es sich auch in und an dir aus. Alles ist Schwingung, die sich in und an dir bemerkbar macht und dich auch prägt.

Meine Worte sind Geist und Leben, Licht und Wahrheit. Der geistig Reifende, der dem Lichte, Mir, zustrebt, wird sensitiver, durchlässiger für das Innere Leben. In der Erkenntnis des Lebens wird er keine tote Nahrung mehr zu sich nehmen. Er wird auch nicht mehr völlern und große Mengen Nahrung verzehren.

Der geistig Reifende lebt von innen nach außen. Dementsprechend wird er auch seine Nahrung wählen, so dass sein physischer Leib das bekommt, was er zum Leben braucht, jedoch nicht darüber hinaus.

Der geistige Mensch wird nicht üppig leben. Er wird seinem Körper das geben, was er braucht. Er füllt ihn nicht.

Erkennet: Viele glauben, wenn sie fasten und sich kasteien, dann würden sie rascher Gott näherkommen. Das ist ein Irrtum des Verstandes.

Das geistige Wachstum geht nicht mit einer Ernährungsweise mit Fasten oder Kasteiung einher; auch bestimmte Gebetsweisen sind nicht erforderlich. Wichtig ist, dass der Mensch aus dem Geiste lebt; denn dann ordnet sich alles von selbst, es bedarf keiner Regeln – es bedarf *eines konsequenten Lebens, indem der Mensch mehr und mehr nach innen zur Quelle des Lebens wandert, um aus der Quelle des Seins zu schöpfen.*

Es geht nicht um das leibliche Wohl, sondern um die geistige Haltung, um euer Tun oder Nichttun.

Prüft also, ob das, was ihr tun wollt, eurem Innersten entspricht und eurem geistigen Wachstum dient. Seid also aufrichtig zu euch selbst. Tut nichts, was der ewigen Wahrheit, dem ewigen Sein, entgegensteht, denn vor Gott ist nichts verborgen. Eines Tages wird das von euch Verdeckte offenbar, und ihr werdet selbst schauen, ob euer Denken und Tun redlich und ehrlich war.

Solange ihr eure Blicke auf irdische Dinge lenkt, seid ihr nicht in das Reich Gottes eingekehrt und baut auf ein äußeres Reich, das irreal ist.

Solltet ihr um die Gesundung des Leibes bitten, dann kann äußeres Fasten nur dann heilsam sein, wenn ihr gleichzeitig eure menschlichen Gedanken, das, was ihr an Menschlichem erkannt habt, ablegt und so frei werdet für die Einstrahlung des Lichtes.

Wenn du das Allerheiligste in allem würdigst, indem du es in dir als Schatz und Leben bewahrst und es auch durch dich wirken lässt, dann wirst du im Allerheiligsten am Tisch des Herrn sitzen und speisen.

Bleibe also in jeder Situation, in allem, was du tust – auch bei der Nahrungsaufnahme – im Innersten deines Tempels; denn der Tempel deines Innersten ist mit der

Essenz aller deiner Nächsten und mit der Essenz der Naturreiche erbaut.

Das Göttliche in deinem Nächsten und jede Kraft im Mineral, im Stein, in der Pflanze, im Tier ist ein Baustein deines inneren Tempels, in welchem der Allheilige wohnt.

Fehlt ein Baustein deines Tempels, dann bist du entweder mit Menschen oder mit Bereichen der Natur uneins. Dann ist auch dein Tempel unvollkommen. Das bedeutet, dass du nicht im Gesetz Gottes und auch nicht das Gesetz Gottes bist. Dann kannst du auch das Allerheiligste in dir nicht betreten, um dort Wohnung zu nehmen.

Dann wirst du auch nicht am Tisch des Herrn sitzen, sondern am Tisch der Menschen, die – so wie du – unbedacht das Leben, die Gaben aus Gott, zu sich nehmen. Dann bist du heimatlos und ein irrendes Schaf, das sich auch in die Irre führen lässt, da es blind ist und oftmals blindgehalten wird, weil es Blinden anhängt, die es in einen Tempel führen, der von Menschenhänden erbaut ist.

Bist du jedoch bereit, deinen inneren Tempel zu errichten, zu reinigen und auszubauen durch ein Leben in Gott, dann wirst du dich auch aufrichten und klarsehen.

In dem Maße, wie du deinen inneren Tempel vervollkommnest, wirst du auch die Tempelordnung halten und in den inneren Tempel Einlass finden.

Ist dein Tempel vollkommen, dann bist auch du eins mit allen Menschen und Wesen, mit allem Sein. Dann bist du auch eins mit dem All und seinen Gesetzen und wohnst auch im Allerheiligsten, weil du im All bist und es in dir und ihr seid von Ewigkeit zu Ewigkeit.

Das Reich Gottes ist das innere Reich. Du kannst es nur mit den inneren Augen wahrnehmen und nur mit den inneren Ohren das hören, was die inneren Gesetze dir sagen.

Du kannst das wahre Sein, dein Erbe, nur im Inneren hören. Es spricht zu dir und spricht mit dir, weil Ich das »Ich Bin« Bin, und das »Ich Bin« du bist. Deshalb bist du Ich, und Ich Bin du, und wo du bist, Bin Ich, und wo Ich Bin, da bist du, weil alle und alles in dir ist – du und Ich als Einheit in allem.

Du und Ich, die Verschmelzung beider im Ich Bin, kannst du nur im Innersten deines Tempels, im Allerheiligsten, erfahren, in welchem alles ist – das Du im Ich und das Ich im Du. Nichts ist, wo nicht Du und Ich als Einheit sind, weil Gott das Du und das Ich ist, das Bewusstsein der Einheit. Gott ist das Du; du bist das göttliche Wesen. Hast du das begriffen, dann suchst du deinen Nächsten nicht – du rufst nicht nach ihm. Er ist da – in dir! Wo du auch bist, er ist mit dir, weil er in dir ist – das Du und das Ich verschmolzen im Du, im Gesetz, Gott, dem Ich Bin in dir.

Das Du Gottes ist die Dualität. In Gott werden zwei eins. Alle Zahlen münden in das Eine, in das Eins-Sein, weil Gott alle und alles eint und alle Wesen Ebenbilder des Einen sind, Gottes.

Du bist Mein Gedanke, der Allvater-Gedanke, das Gesetz. Das Mein ist dein; denn der Ewige, der Ich Bin, und du sind eins.

Du, der Reine, sprichst das Selbst, weil du das Selbst bist. Du sprichst dich daher selbst und sprichst auch in allem und in allen das Selbst an, dich im Nächsten und in allen Dingen, Geschehnissen und Ereignissen.

Das Wort des Reinen ist das Selbst, das in allem ist. Das Gesetz spricht sich selbst und bringt sich wieder selbst hervor, weil alles in allem ist – es ist immer das Ganze.

Du sprichst in allem das Ganze an und in jeder Facette der Wahrheit wieder das Ganze. Die entsprechende Bewusstseinsstrahlung, die Facette, antwortet dir in dir, und du vernimmst auch wieder das Ganze in dir.

Du brauchst nicht nach dem Bewusstseinsstand zu fragen. Sprich immer das Ganze an, weil im Kleinsten das Große und im Großen das Kleinste ist.

Wohin der Gedanke des Gesetzes strahlt, dort strahlt er wieder das Gesetz an.

Was der Gesetzesgedanke beinhaltet, das ist schon in dir erfüllt, weil das ewige Gesetz gleich Erfüllung ist.

Der Gesetzesgedanke kann nicht zerstört oder abgelenkt werden. Beim Aussenden hat er sich schon in dir erfüllt.

In der Außenwelt erfüllt sich der Gesetzesgedanke nach dem Gesetz des freien Willens dann, wenn er Zugang in das Herz des Menschen findet.

Der Gedanke des Gesetzes kennt jedoch keine Hindernisse. Er durchstrahlt jede Verdichtung und jedes Hindernis und wartet, bis er empfangen wird. Er geht den Weg der Erfüllung auch im Äußeren, weil er ein Teil des ewigen Gesetzes ist, das sich im Innersten des Menschen befindet.

Der Gesetzesgedanke kennt keine Zeit; er ist das Gesetz und zeitlos. Der Weg zum Menschen nach außen kann für den Menschen eine Verzögerung bedeuten, weil der Gesetzesgedanke den Augenblick zur Handlung kennt und sich so lange als erfüllt im Aurafeld des Menschen aufhält, bis er Zugang findet.

In der gesetzmäßigen Empfindung und im gesetzmäßigen Gedanken ist kein Rückschlag, keine Auflösung der Empfindung oder des Gedankens, weil sie das ewige Gesetz, die Allkraft, sind.

Ich, Christus, lehrte als Jesus von Nazareth einige Apostel und Jünger, die es fassen konnten, die ewigen Heiligen Gesetze. Trotz ihres geistigen Wissens musste Ich sie immer wieder vor dem Fall in das Menschliche, in die Irr-Realität, auffangen und ihnen immer wieder den heiligen Gedanken – das ewige Selbst – näherbringen, den sie immer wieder aus ihrem Innersten ließen, weil ihnen das Blendwerk, die Irr-Realität, der menschliche Gedanke, näher schien.

Sinngemäß sprach Ich zu ihnen:

Das heilige Wort, das die Kraft Gottes ist und das in euch geboren wurde, kann nur von euch mit dem menschlichen Ich umhüllt werden – das sich im Ober- und Unterbewusstsein aufbaut –, wenn ihr es nicht als das wahre Selbst in euch bewahrt, wenn ihr es trotz besseren Wissens aus eurem Innersten entlasst durch Zweifel, Ängste oder durch Ungeduld.

Der Kern der menschlichen Gedanken und Worte ist das Wort Gottes. Es bleibt göttlich. Die Umhüllung jedoch richtet sich gegen euch und wird euch zur Belastung.

Jede Gesetzesempfindung und jeder Gesetzesgedanke geht von der ewigen Kraft, Gott, und der Kommunikation mit Gott aus. Wenn sie auch vom menschlichen Ich umhüllt sind, so bleibt der Kern, das Leben, doch in Gott.

Das Gesetz, Gott, ist: Senden und Empfangen. Das ewige Gesetz sendet sich selbst und empfängt sich selbst. Daher geht keine Energie verloren. Das ewige Gesetz spricht sich also selbst, und die Antwort ist wieder das Gesetz, das Selbst, weil alles Sein Gesetz ist und alle reinen Lebensformen das Gesetz sind und sie alle im fließenden Gesetz ihr Dasein haben.

*ch lehrte Meine Apostel und Jünger das Gesetz: Gott ist das Allgesetz.*

Das Allgesetz, Gott, besteht aus unzähligen Bewusstseinsfacetten, welche Bewusstseinsgrade sind. Es sind die geistigen Lebensformen – Mineralien, Pflanzen, Tiere und Naturwesen –, die vom Schöpfergott, dem Geist der Evolution, zu den nächsthöheren Bewusstseinsgraden geführt werden. Auch die verschiedenen geistigen Fähigkeiten und die Mentalität sind vom Schöpfergott als Anlagen in den Lebensformen enthalten, so auch ihre geistigen Namen.

Der Ewige führt alle Seinsformen zur Vollendung. Deshalb ist alles in allem enthalten.

Jeder Bewusstseinsgrad beinhaltet das ganze Allgesetz. Die unterschiedlichen Bewusstseinsgrade stehen wieder in Kommunikation mit gleichen oder ähnlichen Bewusstseinsgraden. Trotz alledem gilt für die Lebensformen: In allem ist wiederum alles enthalten, jedoch ist noch nicht jeder Aspekt allumfassend offenbar.

In jedem von euch ist jedoch alles offenbar, weil euer geistiger Leib alle Seinsformen als das Gesetz erschlossen hat. Deshalb lernt, in euch alles in allem wahrzunehmen, zu schauen, und alles in jedem Bewusstseinsaspekt anzusprechen.

Jeden Einzelnen spreche Ich an: Warum möchtest du in die Ferne schauen, wenn doch das Ewige, das, was du in der Ferne glaubst, in dir ist?

Warum willst du mit deinem Bruder sprechen, wenn er doch als Kraft und Licht in dir ist?

Hast du ihm Wesentliches mitzuteilen, sprich ihn in dir an. Dadurch stellst du eine bewusste Kommunikation zu deinem Nächsten her, und so es für ihn von Bedeutung ist, wird er es empfangen – dann, wenn er auch dich in sich als Kraft und Licht trägt. Ist dein Bruder mit dir verbunden, dann wird er sich in dir melden, oder du wirst ihm begegnen und mit ihm einen Gesprächstermin vereinbaren.

Doch alles erfolgt zuerst in dir; das ist das ewige Gesetz, nicht das Kausalgesetz.

Ich wiederhole: Voraussetzung für eine göttliche Kommunikation ist, dass du die göttliche Essenz deines Bruders oder deiner Schwester in dir erschlossen hast – und umgekehrt, dass dein ewiger geistiger Lebensteil in ihm wirksam ist.

Ich lehrte Meine Apostel und Jünger: Wollt ihr das erjagen, was in der Ferne ist, dann werdet ihr gehetzt und gejagt werden, weil ihr im Äußeren lebt, in und mit der Welt, die nur Schein ist, also Abglanz der Realität. Es kann kurzzeitig angenehmes Weltliches auf euch zukommen – oder ihr werdet sofort mit dem Unangenehmen zu ringen haben, mit dem, was ihr gesät habt. Eventuell werdet ihr unter die alte Saat neue Saat mischen, neue Ursachen, und auch dadurch Ereignisse und Kräfte an euch ziehen, die nicht dem Gesetz Gottes, der heiligen Tempelordnung, entsprechen.

Dann werdet ihr nur euer menschliches Selbst sprechen und euch in eurer Menschlichkeit darstellen. Ihr werdet nicht das ewige Wort, welches das ewige Gesetz ist, das unpersönliche Leben, Gott, sprechen, weil ihr persönlich seid.

Alles, was euch unter Druck und Zwang setzt, was euch keinen Ausweg lässt, das ist persönlich. Das Persönliche will immer die Bestätigung – ob es sich in der Nähe oder aus der Ferne darstellt. Es kann nicht den gesetzmäßigen Ablauf nehmen, weil das Persönliche ausschließlich auf die Person bezogen ist und nicht auf das unpersönliche, kosmische All-Sein.

Die Person, das menschliche Ich, ist das menschliche Selbst, das sich selbst sieht und daher auch nur auf das irdische Leben und auf die Person Bezug nimmt, auf das Vergängliche, das nur im Begriff der Jahre Bestand hat. Das vergängliche, menschliche Selbst drängt, um die Jahre zu nützen, in welchen es sich bestätigen kann. Da es nicht die Einheit und die Unendlichkeit ist, drängt es in die

Ferne, drängt in die Nähe, drängt nach rechts und nach links, nach oben und nach unten und engt sich damit immer mehr ein, weil es alles auf sich, die Person, bezieht.

Jede Einengung führt zur Eingrenzung, zur Enge und zur Begrenzung und dann zur Explosion. Jeder Begrenzte schlägt um sich. Was ausbricht, sind die Ausgeburten: Streit, Krieg und Plünderung.

Alle diese Aspekte sind Explosionen des menschlichen Ichs, des menschlichen Selbst, das immer mehr für sich fordert. Dafür ziehen oftmals ganze Heere in den Krieg, Menschen, die gleichen oder ähnlichen Begrenzungen unterliegen und sich von ihresgleichen bevormunden lassen. Sie wählen dann ihre Führer, die ganze Völker beherrschen.

Das niedere Ich ist unersättlich. Es möchte besitzen und haben, bis der Ich-Mensch hinscheidet. Auf ähnliche Weise geht es dann in den Seelenreichen weiter oder in erneuten Einverleibungen. Daher hütet euch, auf dass ihr nicht dem geistigen Tod verfallet.

Immer wieder höre Ich euch vom Tod reden.

Was ist für euch der Tod? Für viele ist er das Ende. Doch der Tod ist nichts anderes als der Übergang in eine andere Daseinsform, in welcher ihr in gleicher Weise lebt, wie ihr als Mensch gelebt habt.

Der Tod wird nichts von euch nehmen – er wird euch auch nichts geben. Die Seele, die den Leib verlässt, ist dieselbe, die im Menschen war und die der Mensch wider-

spiegelte. Nach dem Leibestod erlangt ihr deshalb nicht die Auferstehung.

Nur der geht in das Licht ein, der dem Lichte zuwandert, der einwärts wandert. So, wie die Seele des Kindes aus dem inneren Reich in die Lebensschule Erde eintritt, so soll der ältere Mensch von der Erdenschule in das Innere hineingewachsen sein durch Verwirklichung und Gottnähe.

Wer das innere Reich, das Reich Gottes, erschließt, der wird zum Tempel des Heils und erlangt im eigenen Tempel, im Tempel aus Fleisch und Bein, schon die Auferstehung; dann braucht ihr den Tod nicht zu schmecken. Wer jedoch geistig tot ist, der ist auch als Seele tot. Die geistig Toten werden nach dem physischen Tod nicht auferstehen. Sie bleiben geistig tot, denn so, wie der Baum fällt, so bleibt er liegen.

Darum erlangt die Erkenntnis: Im Fleische sollt ihr zur Kindschaft Gottes erwachen, und im Fleische sollt ihr die Auferstehung erlangen, denn die Seele im Menschen ist in der Lebensschule Erde, um wieder zu dem zu werden, was sie im Vater ist: göttlich.

Wisset: Die geistig Toten schauen nur auf den Buchstaben und erfassen den Sinn nicht. Deshalb prüft, zu wem ihr redet und was ihr sagt, denn ihr sollt die Perlen nicht in die Gruft werfen, sondern denen bringen, die erwachen wollen.

Wer Mich als Mensch nicht gefunden hat, der wird Mich auch nach seinem Leibestod nicht finden. Denn wer nur im Menschlichen gelebt hat, der wird auch als Seele nur weltbezogen leben und wieder das Fleisch suchen, das für ihn das Leben ist.

Deshalb erkennet: Leben ist Gott, und wer Gott in sich nicht gefunden hat, der hat auch Mich, den Christus Gottes, nicht gefunden. Er wird nach seinem Leibestode durch die Pforte des Todes gehen und wird geistig tot bleiben – bis er sich selbst erkennt und sich in Mir findet.

Wer Mich erkennt, der kennt das All. Er ist im All, und das All ist in ihm. Wer Mich nicht erkennt, der ist auf die Erde bezogen und sammelt äußere Schätze und Reichtümer, weil er des Inneren nicht gewahr wird, weil er nicht auf das große Ganze bezogen ist. Weil er Mich nicht kennt, deshalb kennt er sich nicht und auch nicht das All, das Ich Bin.

Die unzähligen Kräfte des Alls sind als Essenz in dir, denn du, o Mensch, bist der Mikrokosmos im Makrokosmos; du bist das Erbe der Unendlichkeit. In dir ist alles geeint; und was ist, das ist ewig. Was ewig ist, ist in dir.

Nur was im Innersten deiner Seele ist, ist dein, und was dein ist, das ist ewig. Das Äußere ist Schein und vergänglich. Du kannst es nicht mitnehmen; du musst es hier und dort lassen.

Erkenne, dass alle Dichte vergänglich ist – und was vergänglich ist, das vergeht. So wird auch die Materie vergehen, weil die Dichte nicht ewig und nicht Ewigkeit ist.

Ihr glaubt, ihr müsstet der Welt entfliehen, um sie zu überwinden. Ich sage euch: Durch die Weltflucht werdet ihr euch nicht überwinden; ihr werdet nicht erkennen, wer ihr seid, denn ihr habt die Spiegel eurer Welt verloren.

Solange ihr in der Welt die Welt nicht überwindet, die noch an euch haftet, seid ihr von der Welt her verwundbar. Ihr müsst euch aller Spiegelung entledigen und so werden, wie euch Gott schaut, wie ihr also wart von Anbeginn – und wieder sein werdet durch Mich, den Christus: Wesen des Lichtes.

Denn die Welt der verkörperten Wesen, der Menschen, ist zugleich die Welt der entkörperten Wesen, der Seelen. Beide Welten durchdringen einander. Sie sind Aufenthaltsorte für Menschen und Seelen, in denen Menschen und Seelen durch Werden und Wachsen reifen und so dem ewigen Reich näherkommen, um in den Strom, Gott, einzutauchen, der ewig ist.

Die geistig Erwachten reifen in die Ewigkeit hinein – die geistig Toten begnügen sich mit der Spiegelung.

Diese Welt ist der Schadstoff für die Seele und den Leib. Wer sich diesen einverleibt, der erkrankt.

Jede Krankheit ist die Wirkung einer oder mehrerer Ursachen. Sie kann auch eine Kollektivkrankheit sein, auf-

grund einer Kollektivschuld, dann, wenn mehrere Menschen aus dem gleichen Motiv sich an ihren Mitmenschen versündigt haben. Vergeben ihnen diese Menschen nicht, dann dauert ihre Krankheit an, oft über Inkarnationen oder im Seelenreich.

Die Krankheit ist das Bild deiner Seele. Sie ist der Spiegel, in dem du deine Gefühls-, Empfindungs- und Gedankenwelt erkennen kannst.

Wohl den Seelen, die Fleisch angenommen haben, um in der Erdenschule göttlich zu werden.

Wehe jenen Seelen, die Fleisch angenommen haben, um erneut der Leibeslust zu frönen.

Die Seele im Menschen ist in der Lebensschule Erde, um wieder göttlich zu werden.

Was ändert sich, wenn die Seele ihre sterbliche Hülle abstreift?

Was ändert sich, wenn eine Blume hinwelkt?

Was ändert sich, wenn die Jahreszeiten schwinden?

Gehen sie und kommen nie wieder?

Oder ist im Schwinden nicht das Sein und schon wieder das Werden, das sich einkleidet in ein noch schöneres und viel üppigeres Gewand?

Der Mensch nennt den Herbst, das Schon-wieder-Werden in der Natur, das sich neu und üppiger Gestaltende: das Vergängliche.

Es gibt jedoch keine Vergänglichkeit – nur den Wandel und die Wandlung.

Kann im Wandel und in der Wandlung die Zeit bestehen?

Zeit ist Vergänglichkeit. Was vergeht?

Was ist Raum, wenn das Bewusstsein grenzenlos ist?

Was ist Raum, wenn der Mensch eine Sende- und Empfangsstation ist?

Was ist Raum, wenn die Naturreiche kosmisch sind?

Was sind also Zeit und Raum?

In Gott gibt es keine Zeit, in Ihm ist nichts verloren. In Gott gibt es nicht das Nicht-begreifen-Können; dieses gehört der Zeit an.

Gott ist Gegenwart: Alles ist in dem Einen, und der Eine ist in allem; Er schenkt sich in der einen Strahlung, die Er ist, Gott. Deshalb kann Gott nur Einheit sein.

Die Vielheit ist die Zeit und ist der, der sie bestimmt und der jene Menschen bestimmt, die nach Menge und Masse streben und die im Dasein das Maß aller Dinge, Gott, verloren haben.

Vergeht der Begriff Zeit, dann fallen die Grenzen und die Begrenztheit. Dann wird Gottes Walten sichtbar. Das Sein tritt dann in das Leben der erfüllten Menschen – und sie leben: Der Tod ist dann gebrochen, weil die Zeit gefallen ist.

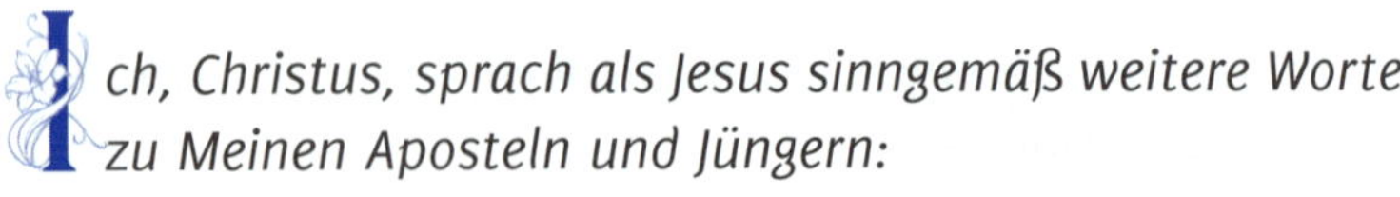

Ich, Christus, sprach als Jesus sinngemäß weitere Worte zu Meinen Aposteln und Jüngern:

Viele Menschen haften mit allen Fasern ihres irdischen Daseins am irdischen Leben. Sie sind sich nicht bewusst, dass sie schon bei der Geburt das Sterbekleid angezogen haben und der Schleier des Todes über ihnen liegt.

Ihr jedoch sollt euch bewusst machen, dass jeder von euch stirbt und jeder auf eine andere Art und Weise. Deshalb solltet ihr zu eurem Sterben eine Beziehung herstellen, auf dass ihr vom sogenannten Tod nicht überrascht werdet.

Über jedem Menschen liegt der Schleier des Todes, den der Mensch nur dann anheben kann, wenn er geistig erwacht ist – oder er wird ihm erst dann hinweggenommen werden, wenn er gestorben ist.

Setzt euch also mit der Tatsache auseinander, dass jeder Mensch stirbt. Was ist nach dem sogenannten Tod?

Jedem Einzelnen stelle Ich die Frage: Wie willst du sterben? Das Wie gibt euch die Antwort in der Frage: Wie habe ich gelebt? – oder in der Frage: Wie will ich leben?

Das irdische Leben jedes Menschen zeigt ihm sein Sterben auf und hebt, je nachdem, wie der Mensch gelebt hat, den Schleier des Todes an. Das irdische Leben jedes Einzelnen ist der Maßstab für das, was sich für ihn hinter dem Schleier des Todes verbirgt.

Der Mensch selbst bestimmt, ob er sich außerhalb des Rades der Wiederverkörperung befindet oder am Rad der Wiederverkörperung haftet.

Meine Apostel und Jünger fragten Mich: »Wie sollen wir uns vorbereiten?« Ich sprach zu ihnen:

Erkennet: Jeder von euch ist das Heute und das Morgen; jeder ist ein Teil von jedem Augenblick, von jeder Sekunde, von jeder Minute und von jeder Stunde. Jeder von euch ist ein Teil eines Tages, ein Teil einer Woche, eines Monats und eines Jahres.

Jeder Mensch ist dadurch der Miterbauer dessen, was er Zeit nennt. Sind die Aspekte für diese Welt, die im Augenblick, in der Sekunde, in der Minute, in der Stunde, im Tag, im Monat und im Jahr wirksam sind, abgelaufen, dann ist er nicht mehr Mensch, sondern Seele.

Den Rhythmus des menschlichen Ichs behält jedoch die Seele bei, bis sie das wahre Sein gefunden hat, das ewig ist. Finden könnt ihr es nur auf dem Weg der Verwirklichung.

Meine Apostel und Jünger sprachen: »Lehre uns weiter! Wie können wir die Tiefen unseres menschlichen Ichs ausloten, um rascher frei zu werden, damit wir Gott, dem Ewigen, näherkommen?«

Ich erklärte ihnen sinngemäß:

Die fünf Sinne des Menschen sind mit Antennen zu vergleichen. Wer diese Antennen zu wenig benützt, um zu erkennen und zu spüren, wer er ist, und um zu fühlen, wer er noch sein könnte, der findet nicht in sein Inneres und kann sich auch selbst nicht finden.

Erkennet: Über die fünf Sinne schafft der Mensch seine Programme. Sie befinden sich im Ober- und im Unterbewusstsein und auch in der Seele. Diese Programme bestehen aus Gefühlen, Empfindungen, Gedanken, Worten und Handlungen. Deshalb kann der Mensch je nach dem Grad der Ehrlichkeit an seinen Gedanken ablesen, wer er ist. Geht er mit seinen Gedanken auf die Welt seines Empfindens, dann erfährt er, wer er noch ist.

Nimmt der Mensch die feineren Antennen, die gleich Fühler sind, und taucht damit in seine Gefühlswelt ein, dann spürt er weitere menschliche Züge – oder er erfährt die Weisheit der Seele, das, was er schon an Göttlichem erschlossen hat.

Die Fülle aus Gott ist das Leben. Wer in der Fülle Gottes lebt, der ist und bleibt erfüllt. Er braucht nicht um das Morgen zu sorgen – er ist das All und ist die Fülle der Allstrahlung, die durch ihn strömt, aus der er schöpft, weil er in ihr lebt.

Die Fülle, Gott, kennt kein Darben; sie ist und gibt und ist der Reichtum, das All, in welchem das Wesen des Alls lebt und als Essenz ist. Wer die Fülle aus Gott empfangen möchte, der muss der Welt entsagen. Er wird wohl in der Welt leben und in der Welt wirken, jedoch nicht mit der Welt sein.

Wer die Fülle verschmäht, da er sich mit den Gaben der Welt füllt, der wird darben, auch wenn er augenblicklich im Äußeren noch reich scheint.

Wenn ihr Gott um irdische Gaben bittet, dann seid ihr Kleingläubige und erkennt eure Gotteskindschaft nicht, den Strom des Alls, aus dem ihr hervorgegangen seid und in dem ihr lebt.

Bittet um die geistigen Gaben, um das Wachwerden im Geiste des Lebens, auf dass sich euer himmlisches Erbe erschließt. Bittet ihr um das, was euch aus dem Geiste eigen, ja gegeben ist, dann werdet ihr auch das Irdische erlangen, das, was ihr benötigt – und darüber hinaus; denn Gott lässt kein Kind darben.

Der Mensch ist es, der nach äußeren Dingen sinnt und trachtet. Dadurch verarmt er, weil er sein wahres Erbe vernachlässigt.

Durch eure Sorgen um morgen, durch euer Selbstbefragen, ob ihr krank bleibt oder krank werdet oder wann ihr wieder gesund werdet, hindert ihr Gott, den allmächtigen Geist, in euch und durch euch zu wirken, und ihr hindert Mich, den Inneren Arzt und Heiler, euch über eure Seele Linderung und Heilung zu bringen.

Diese menschlichen Gedanken, Wünsche und Sehnsüchte entfernen euch immer mehr von Gott und führen euch in eine lichtarme Zeit, in ein Land, das schon arm ist – so arm, wie ihr geworden seid. Dann erlebt ihr in der Zukunft eure Gegenwart.

Wisset: Jeder von euch trägt das Erbe des Alls in sich und ist somit Besitzer der Unendlichkeit.

Wer sich äußeres Besitztum aneignet, wer auf Erden Besitzer von Grund und Boden ist, den er hütet und sein Eigen nennt, der wird so lange wiederkehren, bis er erkannt hat, dass sein wahres Besitztum der Himmel ist. Lasst die Erde und das Erdenleben nur zur Brücke werden, über die ihr hinübergeht. Schafft euch jedoch dort kein großes Eigentum – denn sonst schafft ihr wieder euren Platz für die nächste Einverleibung.

Erkennt Mich in euch – dann habt ihr Mich als euren Bruder geschaut; dann werdet ihr den Himmel schauen; denn in jedem von uns ist das ganze Sein als Kraft und Licht; in jedem von uns ist die Unendlichkeit, ist das Erbe, ist unser geistiges Eigentum. Wir sind als Kraft und Licht eins, weil Ich in euch Bin und ihr in Mir seid.

So ist es in der ganzen Unendlichkeit: Alles ist in allem. Das ist der innere Reichtum – das ist unser wahres Sein; das ist unser Besitztum; es ist unser Eigentum.

Ich sage euch, wenn euch einer um den Rock bittet, dann gebt ihm den Mantel dazu. Wehe jedoch jenen, die einen Rock und einen Mantel besitzen und täuschend um einen zweiten Rock oder Mantel für sich bitten. Wehe denen, die sich selbst helfen könnten und dennoch nehmen. Sie werden zur Rechenschaft gezogen werden – dann, wenn über sie ihr eigenes Gericht von Saat und Ernte kommt.

Daher verwirklicht die Heiligen Gesetze, auf dass ihr Schauende – gleich Wahrnehmende – werdet und ihr das Für und Wider im Menschen erkennt.

Gott ist die Fülle. Wer an seinen Wünschen, Sehnsüchten und Leidenschaften haftet, der ist verhüllt; er trägt die Kleider seiner Wünsche und Leidenschaften – und somit kennt er nicht das Sein, das Leben, das der Geist Gottes ist. Er vertraut sich der Welt an und nicht dem Ewigen, der in ihm wohnt.

Deshalb lernt, aus dem Geiste des Lebens zu schöpfen, indem ihr euch mit allen Sorgen und Wünschen Gott anvertraut; Er, der All-Eine, kennt euch und weiß euch zu führen.

Wer aus dem Geiste des Lebens schöpft, der lebt in Mir, dem Christus, und schöpft aus dem Geiste der Liebe und gibt aus dem Geiste der Liebe. Er wird kein Sonderling sein, sondern ein geistig reicher Mensch. Er wird auf dieser Erde leben, jedoch nicht mit dieser Welt sein.

Ein Mensch des Geistes wird seine Arbeit erfüllen und das Beste geben. Er ist jedoch nicht nur Bürger der materiellen Welt – er ist vielmehr der Bürger des Reiches Gottes, weil er in Gott lebt und aus der Quelle, Gott, schöpft.

Nehmt diese Meine Worte als Heil und als Lebenskraft in euer irdisches Dasein auf. Dann werdet ihr als Mensch die Werke der Liebe tun, und ihr werdet mitten in der Welt stehen und eure Pflichten mit Gott erfüllen.

Gebt das Beste! Das könnt ihr nur, wenn ihr geeint seid mit dem Besten, dem Sein. Gebt euch niemals mit Mittelmäßigem, ja Fehlerhaftem, zufrieden – gebt das Beste.

Bemüht euch jeden Augenblick, aus den Werken der Liebe zu schöpfen und damit eure Arbeit, euer Denken und

Tun zu durchdringen; dann seid ihr das Sein im Strom des Seins, und ihr schöpft aus dem All, welches das Gesetz, Gott, ist.

Gedenkt Meiner Worte: Es kommt nicht auf das Äußere an, sondern einzig auf das Innere, auf das, was der Tempel beinhaltet, die Fülle, Gott. Daher reinigt euren Tempel, auf dass ihr in das Allerheiligste Einlass findet.

Seid niemals ungehalten; sonst werdet ihr vom Zeitlichen gehalten werden, von Dingen und Ereignissen, die dem Vergänglichen angehören.

Wer in Gott lebt, der lebt in der Fülle, im ewigen Gesetz, Gott. Er wird niemals nach dem Wie und Warum fragen, weil er das Sein ist, das um alle Dinge weiß.

Der Ungehaltene gibt von sich selbst Zeugnis, da er noch in den äußeren Dingen seinen Halt sucht.

Ein ungehaltener Mensch ist immer ein Suchender und dadurch ein Haltloser, weil er in der Welt Sicherheit und Halt sucht. Die Materie bietet dem Menschen auf Dauer weder Sicherheit noch Halt, weil die Materie nur Schein und nicht das Sein ist.

Deshalb übt euch, in jeder Situation die innere Ruhe zu wahren, auf dass ihr die Dinge und Geschehnisse im Lichte der Wahrheit erkennt.

Gott weiß um jeden Einzelnen. Er kennt Sein Kind und hilft ihm.

Wer zu schauen gelernt hat, der klagt seinen Nächsten nicht an, weil er ihn kennt. Nur der geistig Blinde klagt seinen Nächsten an, weil er sich selbst und seinen Nächsten nicht kennt.

Wirst du angeklagt, dann stelle richtig und weise allgemein auf das Falsche und die Unterstellung hin, doch nenne niemals den Namen des Anklägers; das wäre persönlich. Bleibe unpersönlich, denn wenn du ihn mit seinem Namen ansprichst und er dir nicht rechtzeitig vergibt, dann ist es möglich – es kommt auf die Ursache an –, dass du in einem anderen Erdenleben seinen Namen trägst. Sein Name, den du dann trägst, ruft die Ursachen ab, die euch aneinander binden. Durch die Ausstrahlung kann sodann die Seele oder der Mensch angezogen werden, den du einst namentlich angeklagt hast. Du und dein Nächster werden durch das Gesetz von Saat und Ernte zusammengeführt, um das zu bereinigen, was nun, in einer anderen Einverleibung, wirksam wird.

Deshalb bleibe bei der goldenen Regel: Schweige. Rede nur, wenn es wesentlich und gesetzmäßig ist.

Deshalb sei niemals ungehalten. Nimm dich zurück, und bleibe in jeder Situation unpersönlich.

Merke dir: Rede nur dann von dir, wenn du Aufklärung geben und einen Sachverhalt klarstellen oder wenn du mit deiner Selbsterkenntnis und deren Bemeisterung deinem

Nächsten dienen und helfen kannst. Ansonsten sprich niemals von dir persönlich, denn alles, was du von dir sprichst, das sprichst du gleichzeitig wieder an dich hin. Es bleibt an dir haften und verstärkt deinen Ichkomplex.

Ich wiederhole: Bleibe in jeder Situation unpersönlich, dann findest du zur inneren Stille und verweilst im Tempel Gottes.

Die Materie bietet dem Menschen auf Dauer weder Sicherheit noch Halt, weil das Zeitliche nur Schein ist und nicht das Sein, die Realität, das Ewige.

Das Licht strahlt die Dinge und Ereignisse, die sich auf der Materie zeigen, an und lässt sie dich sehen. Willst du dich jedoch am Strahl des Lichtes festhalten, dann wirst du fallen. Deshalb lerne, dich im Strahl des Lichtes zu bewegen.

Lehne dich niemals an die Materie an; bejahe nicht ausschließlich das Äußere, den Schein, sonst wirst du früher oder später an dem abgleiten, woran du dich angelehnt hast – denn jede Anlehnung führt zur Bindung, und jede Bindung ist Trennung von der Verbindung.

Die Bindung ist gegenständlich; sie wird angestrahlt; die Verbindung ist Gemeinsamkeit und ist durchstrahlt.

Schaust und hörst du nur auf das Äußere, dann bist du veräußerlicht, und dein Geschmacks-, Geruchs- und Tastsinn wird so sein, wie dein Seh- und Gehörsinn ist.

Du bestimmst dein Leben in der Zeit oder in der Ewigkeit, weil du die Gesetzmäßigkeit der Freiheit besitzt und kannst dich somit entscheiden – für das Göttliche oder das Ungöttliche. Das Göttliche durchstrahlt dich; das Gegensätzliche strahlt dich nur an. Du entscheidest, wer du bist, was du bist – und letzten Endes, was du willst.

Du bist im Licht das Licht; deshalb brauchst du dich an nichts und an niemandem festhalten.

Du bist die Freiheit in der Freiheit Gottes.

Du bist die Weisheit in der Weisheit Gottes.

Die Weisheit Gottes weiß um alle Dinge; deshalb wirst du, der Weise, dich weder an Menschen binden noch an Menschliches klammern und dein Eigen nennen.

Du bist auch nicht mehr das Persönliche in der Person; du bist Mensch und deshalb Person – jedoch nicht mehr persönlich.

Du, der Weise, bist allbewusst, weil du bewusst in Gott lebst und dir alle Dinge – alles, was ist – bewusst sind, da du alles durchschaust. Der Weise hat den Durchblick und den Einblick in die Dinge, die ihn umgeben und die auf ihn zukommen.

Der in Gott Ruhende und aus dem ewigen Gesetz Schöpfende spricht selten von sich. Er ist unpersönlich, denn er ist der Durchschauende und das Erfassbare und das Wort des Alls selbst. Der Weise spricht nur dann von sich, wenn er damit Wegweiser sein kann, jedoch nicht, um sich mitzuteilen.

Spricht der Mensch sein persönliches Ich, dann spricht er sein niederes Selbst, das er aus sich herausspricht und das er gleichzeitig wieder an sich hinspricht, weil das menschliche Ich nicht göttlich ist und somit zu ihm, der noch ungöttlich ist, gehört.

Das Ungöttliche, das menschliche Ich, das von dir ausgeht, geht wieder in dich ein. Dadurch erweiterst und verstärkst du deinen Ichkomplex, das Ungöttliche, in dir und schaffst damit immer größere Seelenfelder, in welche deine Ich-Saat eingeht und wo sie aufgeht.

Deshalb überlege, bevor du sprichst, was du sagen möchtest, denn jedes Wort ist Energie, das sein Echo hat. Bleibe also in jeder Situation unpersönlich; dann findest du zur inneren Stille und verweilst als der Weise im Tempel Gottes, der heiligen Stille.

Der wahre Weise ist kein Eremit; er lebt in der Welt, jedoch nicht mit dieser Welt. Da er Mensch ist, hat er sich verpflichtet, dem Kaiser das zu geben, was dem Kaiser gebührt, und er wird Gott geben, was Gott gebührt. Wer die irdischen Gesetze hält, die dem Göttlichen nicht entgegenstehen, der kann auch den Kaiser in die Pflicht nehmen, damit dieser ihm das gibt, was ihm als Mensch gebührt.

In vielen Wiederholungen lehrte Ich, Christus, als Jesus Meine Apostel und Jünger das Gesetz Gottes und das Gesetz von Saat und Ernte. Trotz alledem sprachen sie immer wieder über unwesentliche Dinge und von sich selbst, um sich darzustellen. Immer wieder sprach Ich sie an und machte sie auf das Unwesentliche, das Persönliche, aufmerksam:

Wenn ihr von euch selbst sprecht, so sprecht ihr nur das aus, was ihr selbst noch seid. Wem wollt ihr damit helfen?

Alles, was nicht verwirklicht ist, das ist leer, gleichsam hohl und nicht gefüllt von Kraft und Weisheit. Habt ihr wenig verwirklicht, so seid ihr auch nicht erfüllt von Kraft und Weisheit, sondern gefüllt vom menschlichen Ich, das seine Trugbilder hat.

Auf leere, gleichsam hohle Worte fällt wieder der herein, der selbst leer und hohl ist; denn er sieht nur auf das Wort und auf den, der spricht, weil er sich selbst nicht hört und sich auch selbst nicht sieht. Unter Umständen wählt er euch als Führer und ist dann der Verführte. Beide sind dann die Blinden, die in die Grube ihres Ichs fallen und dort aneinandergekettet sind, weil der Blinde sich auf den Blinden verlassen hat.

Deshalb entleert zuerst euer Gefäß von eurem Menschlichen, reinigt also zuerst eure Becher und Schüsseln, eure Seelenpartikel und Körperzellen, also euren Tempel aus Fleisch und Bein, so dass ihr in das Allerheiligste Zugang findet, von wo aus ihr euren Nächsten das zu geben vermögt, was sie benötigen, und ihnen den selbstlosen Dienst anbieten könnt, womit ihr ihnen zum geistigen Aufstieg verhelft.

In allem, was auf euch zukommt, schaut zuerst auf das Innerste im Menschen. Erfüllt also an jedem, der zu euch kommt, das ewige Gesetz, und sei es nur durch ein selbstloses Wort, durch eine selbstlose Geste oder eine selbstlose Handreichung. Diese kleinen, selbstlosen Dienste sind für sein Seelenheil und für sein geistiges Leben wertvoller, als wenn ihr ihm im Äußeren vieles schenkt und ihm unter Umständen dadurch zu Ansehen, Reichtum und Macht verhelft. Diese Erdenlast könnte ihn zu einem tieferen Absturz verleiten.

Aus dem Gesetz Gottes das Kleinste, selbstlos gereicht, ist das Größte; es dient der Seele und verleiht ihr Kraft. Durch den selbstlosen, kleinsten Dienst werdet auch ihr in der Stille, in der Geborgenheit Gottes, bleiben, in Seiner Fülle, weil ihr unpersönlich gegeben habt.

Gott schenkt sich – doch jeder kann von dem, was Gott als Ganzes ausgießt, nur so viel empfangen, wie er in sein geistiges Bewusstsein aufzunehmen vermag. Glaubt er, dass er mehr nehmen müsse, um für sich Kapital zu gewinnen, dann wird er es verlieren – und auch das, was er sich mühselig erarbeitet hat. Denn wer mit dem Göttlichen, der Wahrheit, äußeres Ansehen erstrebt und Geschäfte macht, der wird sich selbst verlieren und all das, was er für sein Persönliches erworben hat. Daher prüfet, was ihr denkt, und überlegt, bevor ihr redet und handelt.

Wahret die Stille, die weder menschliche Empfindung noch menschlicher Gedanke ist.

Sei still. Vertraue dich Gott an – ja, traue Ihm, und du empfängst vom Strom des Lebens das, was du gegenwärtig sagen und vollbringen sollst.

In allem, was Gott dir einhaucht, ist das Maß und das Quantum. Du empfängst also nur so viel, wie du gegenwärtig geben und sprechen sollst.

Sei still, und wisse: Du wirst geführt. Das Du deiner Seele weiß um alles; es kennt alles – es ist in allem.

Als Jesus von Nazareth erinnerte Ich immer wieder Meine Apostel und Jünger, dass dies alles nur denen gegeben ist, die ihr Ich hingeben, die nicht mehr das Persönliche in der Person sind, sondern das Sein, das wahre Selbst.

Wer in Gott lebt, der lebt in der Fülle und schöpft aus der Fülle, weil er im Ursprung lebt, der Gott ist, und er, das Wesen, göttlich ist.

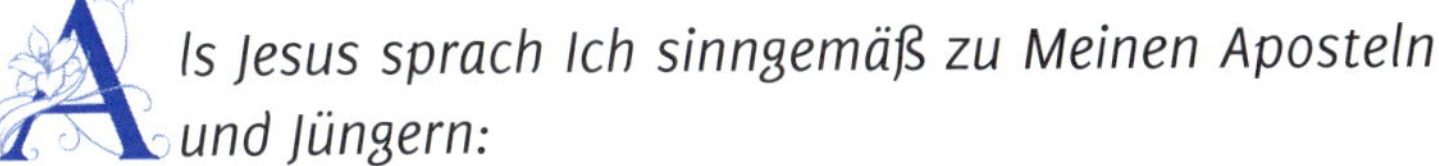

Als Jesus sprach Ich sinngemäß zu Meinen Aposteln und Jüngern:

Eure Empfindungen, Gedanken und Worte sind die Werkzeuge eures Körpers. Sie sind eure Vorarbeiter; ihr seid durch die Tat nur die Handlanger, die Nacharbeiter eurer Empfindungen, Gedanken und Worte. Eure Empfindungen, Gedanken und Worte gehen eurem Tun und euren Taten voraus.

Ohne eure Vorarbeiter, eure Empfindungen, Gedanken und Worte könnt ihr nichts vollbringen. Euer Empfinden, Denken und Reden bereitet für euch also das vor, was ihr dann ausführt – entweder persönlich, mit eurem Verstand, wenn eure Vorarbeiter persönlich waren, oder mit eurem Herzen, wenn eure Vorarbeiter unpersönlich, also göttlich waren.

Wie es dir heute, in dieser Einverleibung, ergeht, das hast du dir in deinen Vorexistenzen erworben durch deine Vorarbeiter, deine Empfindungen, Gedanken und Worte, und dann durch deine Nacharbeit, durch deine Taten. Deine Arbeit, deinen Müßiggang, deine Sorgen, deine Probleme, deine Schicksalsschläge und Schwierigkeiten, deine Leiden und deine Freuden, deine Gesundheit und deine Krankheit hast du dir schon in Vorexistenzen geschaffen. Nichts kann auf dich zukommen, was du nicht schon vorher eingegeben hast.

Was du also in Vorexistenzen eingegeben hast, das hast du für diese und eventuell für weitere Einverleibungen vorgegeben. In deinen weiteren Erdenleben wirst du *dann wieder Gleiches und Ähnliches empfinden, denken, sprechen und tun. Kein anderer kann dich sprechen; jeder spricht sich selbst, das, was er in Vorexistenzen oder in dieser Einverleibung vorgegeben, das heißt sich einverleibt hat.*

Jede menschliche Empfindung und jeder menschliche Gedanke, jedes menschliche Wort und jede menschliche Handlung ist gleichsam eine Einverleibung: Der Mensch verleibt seine Menschlichkeit seiner Seele ein. Damit prägt er seinen gegenwärtigen und eventuell seinen zukünftigen Erdenleib.

Was du gestern, also in vergangenen Erdenleben, warst, das bist du heute wieder – außer, Seele und Mensch haben es mit der Kraft des ewigen Gesetzes rechtzeitig bereinigt.

In diesem Kreislauf können sich Seele und Mensch unter Umständen jahrtausendelang befinden. Sie kommen immer wieder und sind immer wieder dieselben. Sie bestimmen heute ihr Morgen. Sie kommen immer wieder mit anderen Gesichtern und anderen Körpern, mit anderen Vor- und Zunamen, und in Wirklichkeit sind sie die Gleichen, weil sie wieder Gleiches empfinden, denken, sprechen und tun wie gestern. Ihr Gesicht, ihr Körper, ihr Vor- und Zuname entsprechen ihren gestrigen, der Ausstrahlung ihrer Vorexistenzen.

Was den Menschen heute ausweist, sein heutiges Denken, Reden und Tun, das sollte er heute erkennen, berei-

nigen und erfüllen. Wer es nicht heute erfüllt, wer also die Tagesenergie, die ihm sein Denken und Tun aufzeigt, nicht nützt, der wird auch die Erdenschule nicht erfolgreich absolvieren. Ein solcher Mensch gibt heute schon wieder vor, was er morgen sein wird.

Jeder Mensch setzt sich jeden Morgen sich selbst aus, denn was dieser Tag ihm heute bringt und wie er es mit dem Heute hält, so wird sein Tag morgen sein und so sein irdisches Leben. Denn der Tag jedes einzelnen Menschen ist sein Leben, ist das, was er selbst in die Gestirne eingegeben hat.

Jeder Mensch kann heute an sich selbst ablesen, wer oder was er morgen sein wird. So, wie er morgen – also in einer weiteren Einverleibung – empfindet, denkt, spricht und handelt, so hat er heute – in dieser Einverleibung – empfunden, gedacht, gesprochen und gehandelt. Seine Tätigkeit von heute kann seine Tätigkeit von morgen sein.

Was der Mensch mit seiner Niedrigkeit schafft, seine Werke, sind nicht die Werke der Ewigkeit. Diese vergehen – und mit seinen Werken sein niederes Selbst.

Durch den Kreislauf von Geburt und Tod entstand das Rad der Wiederverkörperung. Der Mensch gibt immer wieder das in seine Seele ein, was von ihr ausgeht, womit er sie einst programmiert hat. Die entsprechenden Gestirne haben die jeweiligen Programme aufgenommen, wodurch ein mächtiges Kausalkommunikationsnetz entstand. Dieses Kausalkommunikationsnetz ist das Gesetz von Ursache und Wirkung, das wiederum das Rad der Wiederverkörperung bildet.

Das Rad der Wiederverkörperung, das Gesetz von Saat und Ernte, besteht aus unzähligen Sonnensystemen grobstofflicher und feinstofflicher Art. Nach dem Leibestod wird die Seele magnetisch von jener Ebene und von dem Planeten angezogen, der von ihr Programme gespeichert hat, die aktiv sind und die zur Bereinigung anstehen. Das Rad der Wiederverkörperung – mit seinen Reinigungsebenen, die feinstofflicher Art sind, und der grobstofflichen Materie – ist ein großer Speicher, der jede nicht bereinigte Ursache jeder einzelnen Seele und jedes Menschen registriert hat und diese wieder auf Seele und Mensch zurückstrahlt.

Die Seele, die im Jenseits von ihrer Seelenschuld wenig oder nichts bereinigt hat, bringt in ihr weiteres Erdenleben wieder das mit, was ihr noch anhaftet. Sie ist dann als Mensch das, was sie als Seele und als Mensch in ihren Vorexistenzen war. Jeder Mensch kann an seinem Denken, Reden und Verhalten selbst ablesen, wer er einst war und eventuell heute noch ist und morgen sein wird.

Das Hinein- und Herausschlüpfen aus dem Fleisch erfolgt so lange, bis der Mensch die Lebensschule Erde erfolgreich durchlaufen hat und seine Seele mit den geistig-göttlichen Gaben und Werten nun höhere Welten aufzusuchen vermag, die außerhalb des Rades der Wiederverkörperung existieren.

Dann hat der Kreislauf von Geburt und Tod ein Ende. Das Geistwesen, die gereinigte Seele, kehrt wieder zurück zu seinem Ursprung, zu Gott, seinem Vater, in das ewige Gesetz, weil es wieder zum ewigen Gesetz, zum wahren Selbst, geworden ist, das es dann wieder spricht, weil es das Gesetz ist.

Diese und weitere Gesetzmäßigkeiten gab Ich als Jesus von Nazareth Meinen Aposteln und Jüngern auf ihrem Lebensweg über die Erde mit und gebe sie als Christus allen Menschen, auf dass sie den Weg zum Inneren Leben wandeln, auf dem Ich, Christus, sie begleite.

Alles ist Bewusstsein. Somit bist auch du Bewusstsein. Du, das Bewusstsein, setzt dich aus deinen Bewusstseinsaspekten zusammen, aus deinen Empfindungen, Gedanken, Worten und Handlungen; das bist du. Wohin deine Empfindungen, Gedanken und Worte ziehen, dort bist du, weil du Bewusstsein bist. Deine Vorarbeiter, dein Empfinden, Denken und Reden, und deine Nacharbeiter, deine Handlungen, sind Bewusstsein.

Mit deinen Empfindungen, Gedanken und Worten sendest du dich selbst aus, denn dein Empfinden, Denken und Reden bist du selbst, das Bewusstsein. Da alles Bewusstsein ist, so wirst du, das Bewusstsein, dort sein, wohin du, der Mensch, sendest.

Wohin du sendest, dort bist du; dort baust du deinen Magnetismus auf – von dort wirst du einst angezogen werden.

Sendest du einen menschlichen Gedanken aus, dann ist dein Körper wohl hier, doch ein Teil deines Bewusstseins ist dort; es ist der Teil, der in deinem Empfinden, Denken und Sprechen liegt. Dadurch bist du mehrfach geteilt: in hier, wo dein Körper ist, in dort, wo deine Empfindungen sind, und in dort, wo deine Gedanken und Worte hinziehen. Du kannst also mehrfach geteilt sein, denn dein Empfinden kann z.B. bei deinem Nächsten sein, deine Gedanken z.B. am Arbeitsplatz und deine Worte bei deinem Nächsten, mit dem du sprichst.

Dieses Mehrfach-Geteiltsein kann zu schweren Störungen im Menschen führen. Sogenannte Gleichgewichtsstörungen können auftreten; dein Nervensystem kann dadurch zerrüttet werden; weitere Ursachen und die entsprechenden Wirkungen können die Folge sein. Dadurch kann der Mensch nicht mehr klar und logisch denken, und seine Handlungen sind dann Halbheiten.

Erkenne: Bist du gespalten durch das gleichzeitige Aussenden von menschlichen Empfindungen, Gedanken und Worten, so bist du also hier und dort; du bist gleichzeitig an diesen und jenen Orten. Durch dieses gleichzeitige mehrfache Senden, das menschlich ist, also persönlich, errichtest du sogenannte Erdenstationen. In den weiteren Inkarnationen wirst du – gleichsam magnetisch – dorthin gezogen und wirst die Orte aufsuchen, die du mit deinen Empfindungen, Gedanken und Worten magnetisiert hast, um dort das zu bereinigen, was du in deinen Vorexistenzen verursacht hast, wohin du also gesendet hast.

Willst du ergründen, wo du morgen, in einer anderen Einverleibung, sein wirst, dann prüfe im Heute deine Empfindungen, Gedanken, Worte und Werke. Und willst du ergründen, mit wem du morgen auf engstem Raum zusammen sein wirst, dann prüfe dein Empfinden, Denken, Reden und Handeln gegenüber deinem Nächsten – prüfe also, was dich an deinen Nächsten bindet und was deinen Nächsten an dich bindet.

Wer nicht am Tempel des Inneren baut, sondern im Äußeren lebt, der lebt da und dort und schafft gegenwärtig als Mensch wieder seine irdischen Bestimmungsorte und Stationen für seine nächsten Menschwerdungen, wo er dann wohnen oder die er dann bereisen muss, um das zu beheben, was er in seinen Vorexistenzen geschaffen hat.

Das alles und weit darüber hinaus lehrte Ich als Jesus Meine Jünger und lehre es nun als Christus alle Menschen, die guten Willens sind.

Wer im Innersten seines Tempels Wohnung genommen hat, der wird die Tempelordnung halten, die lautet: Was du tust, das tue ganz.

Wer im Innersten, im Allerheiligsten, in Gott, lebt, der ist auf die Sache, die Angelegenheit und auf die Situation bezogen. Seine Empfindungen, Gedanken und Worte entströmen dem heiligen Tempel; sie sind das ewige Gesetz. Gesetzmäßiges Empfinden, Denken und Reden sind heilige Kräfte, die sich im allgegenwärtigen Strom bewegen und Zugang und Eingang in Menschen, Dinge, Angelegenheiten und Situationen finden.

Der Gotterfüllte, der im Allerheiligsten wohnt, von wo aus er selbstlose Empfindungen, Gedanken und Worte sendet, der bleibt trotz äußerer Bewegung, trotz der Wogen des Weltenmeeres, im Innersten seines Tempels, weil er in Gott, in der Fülle, lebt und nicht geteilt, sondern geeint ist in Gott, im Strom des Lebens, im Sein.

Selbstlose, gotterfüllte Empfindungen, Gedanken, Worte und Handlungen sind im ewigen Strom und wirken aus dem ewigen Strom und bringen auch wieder Ewiges, Gesetzmäßiges, in den Strom Gottes ein, weil alles, was rein ist, wieder in das Reine zurückkehrt. Wann und wie das Gotterfüllte in den ewigen Strom zurückkehrt, das überlässt der wahre Weise dem Ewigen.

Was der Weise vollbringt, das erfüllt er für das ewige Gesetz, den ewigen Strom, in dem er lebt.

Alle äußeren, also heruntertransformierten Energien müssen umgewandelt und in den Strom Gottes zurückgebracht werden, wo sie ihren Ursprung haben.

Gotterfüllte Empfindungen, Gedanken und Worte sind das Einheitsbewusstsein, weil sie das Gesetz im Strom des Seins sind. Menschliche Empfindungen, Gedanken und Worte hingegen sind Einzelgänger, die sich wieder gleichgesinnten Empfindungen, Gedanken und Worten zugesellen, von wo aus sie dann wieder auf den Absender zurückkommen. Bevor sie jedoch den Absender aufsuchen, haben sie sich vervielfacht. Sie vervielfachen sich, indem die Empfänger Gleiches und Ähnliches denken, das ebenfalls zurückstrahlt. Als Komplex kommen sie dann auf den Absender zurück und wirken auch als Komplex auf den Absender ein. Das bedeutet, dass es mit ihm, dem Menschen, dann um vieles schlimmer wird, als es vorher war.

Solche Einzelgänger sind Störenfriede, es sind die bohrenden Gedanken, die den Absender bestimmen wollen. Sie drängen sich auf, weil sie des Absenders Energien benötigen, um weiterhin aktiv zu bleiben und sich weiter zu aktivieren. Wer diese bohrenden Gedanken aufnimmt, der denkt Gleiches und Ähnliches. Damit bestärkt er den bohrenden Komplex, wodurch der Mensch gleichzeitig zu dem wird, was er gedacht hat und denkt.

Wer sein Leben nicht heiligt, der verliert es und wird es, je nach Belastung der Seele, eventuell durch mehrere fleischliche Eingeburten zurückgewinnen müssen – wenn *er dann durch seine eigene Hölle geht, durch seine eigenen Qualen und Leiden, durch das, was er in sich selbst eingegeben hat.*

Daher nützt die Tage und Stunden, denn ihr wisst nicht, wann die Seele abgerufen wird und was sie dann zu tragen und eventuell wieder mitzubringen hat.

Wollt ihr erahnen, was eure Seele trägt, so könnt ihr ein oder mehrere Segmente eures seelischen Ichs ergründen, wenn ihr den Maßstab der Zehn Gebote an euer Empfinden, Denken, Reden und Tun anlegt.

Der Mensch selbst ist ein untrügliches Zeichen entweder des Ich Bin oder seines menschlichen Ichs. Er kann sich nur vor jenen verbergen, vor denen er sich verstellen kann – die selbst so sind, wie er ist, die selbst bunt schillern und sich mit vielen Worten und Gesten schmücken, um die Aufmerksamkeit auf sich zu lenken.

Die Maske eines solchen Menschen ist mit einem Kartenhaus zu vergleichen. Ein Windstoß des Nicht-beachtet-Werdens – und das Kartenhaus fällt in sich zusammen. Was übrigbleibt, ist dann das zersetzende, das beißende Ich, das plötzlich eine andere Sprache spricht; denn dann sind die Masken gefallen, und der Mensch benimmt sich so, wie er ist: enttäuscht und resigniert, weil er nicht mehr beachtet wird, weil sein Ich nicht mehr aufgewertet wird, weil er nicht mehr der Mittelpunkt ist.

Hast du etwas zu verbergen, willst du dich also verbergen, dann suchst du einen sicheren Ort. Du machst ihn zu deiner Wahlheimat und nennst ihn Verborgenheit, in welcher du, das niedere Sein, glaubst, verborgen zu sein.

Das Verborgensein in der Verborgenheit ist jedoch offenbar, weil den Gestirnen nichts verborgen ist. Du, der du dich verbergen möchtest, hast in die Gestirne das, was du vor der Welt verbergen möchtest, eingegeben. Damit stehst du mit diesen auch in beständiger Kommunikation, einerlei, wo du bist.

Vor wem oder vor was willst du dich verbergen? Die Gestirne, in welche du das eingegeben hast, was du bist, treffen dich zur rechten Zeit – ob du dich da oder dort verborgen hältst. Es gibt keinen Ort, wo du dich vor dir selbst zu verbergen vermagst; denn das, was du in Empfindungen, Gedanken, Worten und Taten eingegeben hast, das bist du; das trägst du auch mit dir.

Lerne, dich selbst in deinen Empfindungen und Gedanken zu sehen und in deinen Worten zu hören und in deinen Werken zu erkennen.

Du selbst bist dir dann Spiegel und wirst immer weniger in den Spiegel deines Nächsten sehen, weil du mit der Bereinigung deines menschlichen Ichs genügend zu tun hast. Überwinde, was du an dir selbst erkennst, dann wirst du dich zum Göttlichen hin entfalten – so, wie die Blume, wenn die wärmenden Strahlen der Sonne sie berühren.

Wer sich dem Inneren Licht öffnet, der gewinnt innere Schönheit, weil seine Seele die Reinheit erlangt. Schönheit gleich Reinheit ist ein Attribut des wahren Seins. Wahre Schönheit und Reinheit können nicht nachgeahmt werden, weil das innere Kleid kosmisch strahlende Liebe ist.

Ist der physische Leib vom Glanz des Inneren durchstrahlt, dann ist der Mensch tugendhaft und selbstlos. Er gewinnt innere Anmut, welche dann die Zierde seines Äußeren ist. Der Schmuck des geistig gereiften Menschen besteht aus kostbaren Edelsteinen: aus den selbstlosen Gedanken, Worten und Werken.

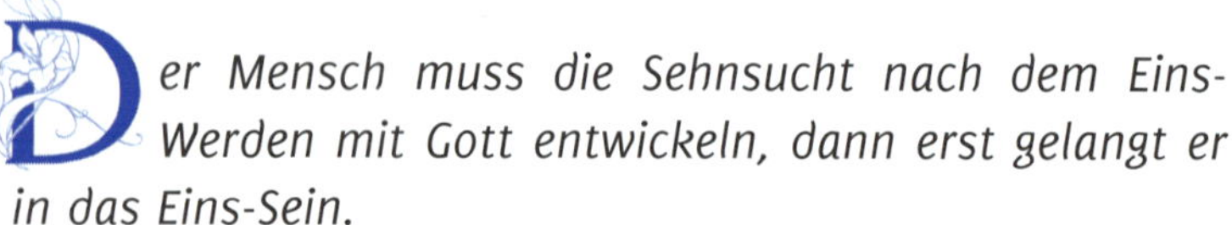

Der Mensch muss die Sehnsucht nach dem Eins-Werden mit Gott entwickeln, dann erst gelangt er in das Eins-Sein.

An dem Tag, an welchem du vollkommen in Mir lebst, bist du zur Wahrheit erhoben, und du bist die Wahrheit.

Die Wahrheit braucht nicht zu fragen; sie braucht nicht mehr zu suchen; sie weiß um alle Dinge, weil sie die Wahrheit ist.

Bist du zur Wahrheit erhoben, dann bist du göttlich.

Der wahre Weise weiß um alle Dinge, weil er in alle Dinge des Lebens Einblick hat, da er zur Wahrheit geworden ist.

Der Erleuchtete bedarf keiner Erklärungen; er lebt das ewige Gesetz und ist das ewige Gesetz der Liebe. Daran, dass er so ist, wie er ist, aufrichtig, ehrlich, selbstlos liebend, wird er erkannt – nicht an vielen Worten der Liebe.

Der Mensch im Lichte der Wahrheit spricht eine andere Sprache. Was er sagt, ist vom Licht der Wahrheit durchdrungen und somit selbstlos. Der Wahrhaftige kennt nicht die Selbstdarstellung – er ist.

Wer nur das Äußere sieht, der ist geblendet von den Trugbildern dieser Welt und hält das Blendwerk für die Realität und glaubt von sich selbst, ein Realist zu sein, weil er nur an das glaubt, was seine Augen reflektieren: den Schein des Seins.

Der Schauende hingegen, der den Blick nach innen wendet, erfasst das Sein, die Wahrheit, und sieht das Äußere, den Schein.

Der Schauende schaut dich in sich als einen Teil von sich selbst. Er sieht auch dein Äußeres und sieht, wie du bist, und erkennt dich in deiner Welt des Scheins. Er weiß, woher du kommst und wohin du gehst, weil ihm dein schillerndes Gehäuse, das nur nach äußerem Glanz trachtet, offenbar ist.

Das wahre Sein ist das innere Leuchten. Es bedarf nicht vieler Worte – es strahlt. Es sucht auch nicht nach dem Öl für seine Lampe – es ist, weil es das Wahre, Schöne, das Ewige und die Ewigkeit ist, das Licht, das nie erlischt, weil es göttlich ist. Das bist du im Lichte der Wahrheit.

Die Wahrheit prahlt nicht; sie ist. Sie strahlt und strahlt alle Seelen, Menschen und Wesen an, alles Sein.

Wer sich nach der Wahrheit sehnt, der empfängt, je nach seiner geistigen Reife, Funken aus dem Licht der

Wahrheit. Je mehr Funken er zu empfangen vermag, desto intensiver und weitreichender wird sein Seelenlicht. Es leuchtet ihm auf dem Weg einwärts zu Gott, auf dass er dem Ewigen immer näher komme. Das Licht der Wahrheit füllt die Empfindungen, Gedanken, Worte und Werke des gottzustrebenden Menschen mit Licht, so dass sein Denken, Reden und Tun wahrheitsgetreu ist.

Menschen im Geiste der Wahrheit benötigen nicht mehr das Streichholz des Nächsten, die kleine Flamme der Aufwertung und Anerkennung, mit der sich so viele Menschen immer noch verführen lassen. Wer dieses Flämmchens bedarf, der begnügt sich mit diesem kurzen Aufleuchten. Damit wird er entzündet – und damit entzündet er wieder Gleichgesinnte.

Was bringt dem Menschen dieses kurz aufleuchtende Flämmchen? Wie lange brennt ein Streichholz? Es flackert auf und ist sogleich wieder abgebrannt.

Ähnlich ist es mit dem menschlichen Ich. Es flackert auf und leuchtet kurze Zeit; dann bricht es in sich zusammen. Es ist wieder dunkel in dem, der sich mit der Aufwertung und Anerkennung begnügt – bis ein anderer kommt und ihm für kurze Zeit wieder das Flämmchen der Aufwertung und Anerkennung entzündet.

Dieses Heischen nach dem Flämmchen der Aufwertung und Anerkennung erfolgt so lange, bis sich die Seele in Mir, dem Christus, entfaltet hat und Licht aus Meinem Lichte geworden ist. Dann hat sich die Seele an Mir entzündet und leuchtet in Gott ewiglich. Wer sich an Meinem Licht entzündet, der wird wieder selbsttätig leuchtend – so, wie er als reines Wesen war und als reines Wesen wieder sein wird: selbsttätig leuchtend ewiglich.

Wie arm ist doch der »Streichholzüberbringer« und wie arm derjenige, der sich am Streichholz entzünden muss, um kurz aufzuleuchten, um sich kurz darstellen zu können, um sich also kurz ins Licht zu rücken! Beide, der Überbringer und der, der sich entzünden lässt, sind lichtlose, noch arme Seelen, geistig Tote, die sich selbst bedauern und betrauern und sich kurzzeitig am Flämmchen der Aufwertung und Anerkennung erfreuen.

Wer so denkt und handelt und vom Nächsten das Flämmchen erwartet, der lebt nicht. Wer nicht lebt, der kennt sich selbst nicht und kennt seinen Nächsten nicht und hat auch kein Auge für das Wahre und Schöne. Er spricht vom Sein und meint sein Ich. Er spricht vom Selbst und meint sich selbst. Er handelt einzig für sich selbst und gibt sein Letztes her, um gesehen zu werden.

Der verdunkelte, der blinde Mensch, sieht nur sein niederes Selbst und schaut nicht sein wahres Selbst. Er bleibt so lange ein Blinder, bis er weiß, wer er ist, und bis er lebt, was er ist – göttlich.

Solange der Mensch nicht aus der Wahrheit schöpft, will er sich selbst beweisen. Ist er zur Wahrheit geworden, dann ist er die Wahrheit und das wahre Sein, das Leben in Mir, das unpersönlich ist.

Wer zum wahren Sein, zum wahren Selbst, geworden ist, der braucht sich nicht zu beweisen und braucht sich nicht seinem Nächsten zu beweisen, weil er das wahre Selbst, das wahre Sein, ist.

Die Wahrheit muss sich nicht beweisen – sie ist.

Wer aus der Wahrheit ist, der ist die Wahrheit; er braucht auch nicht nach der Wahrheit zu fragen.

Der Wahre vollbringt an seinem Nächsten nur Gutes, und nur dann, wenn dieser es erbittet. Der Wahrhaftige bleibt dem Nächsten immer treu und gut – auch dann, wenn dieser ihn und seine Hilfe verneint.

Ist die Seele im Menschen zum Ich Bin, der Wahrheit, dem Gesetz des Alls, geworden, dann begegnet sie auch immer wieder dem Ich Bin, weil sie im Strom des Ich Bin lebt und das Auge des Ich Bin ist.

Das Ich Bin ist das wahre Selbst; es begegnet sich immer wieder selbst, da es göttlich ist und alles Göttliche in allem enthalten ist. Du bist der Träger des wahren Selbst, des Göttlichen, des All-Lebens.

Das Ich Bin ist das wahre Selbst, ist das Sein, ist die Wahrheit, ist das Gesetz des Alls. Das Ich Bin ist alles in allem; deshalb ist es das Selbst. So du wieder göttlich bist, bist du das Selbst, das Sein, die Wahrheit, das Gesetz der Liebe, weil du der Erbe der Unendlichkeit bist und das Ebenbild deines ewigen Vaters.

So, wie im Himmel, so auch auf Erden: Das Göttliche begegnet immer wieder dem Göttlichen – sich selbst. Das menschliche Selbst, das niedere Ich, begegnet immer wieder sich selbst, dem niederen Ich.

Meine Apostel und Jünger fragten Mich, wie sie von Bindungen und Anerkennungsstreben frei werden können:

Ihr werdet von Bindungen und Anerkennungsstreben dann frei werden, wenn ihr euren Mitmenschen die Freiheit lasst und euch auf euch selbst besinnt, um durch Verwirklichung und Erfüllung der Gesetze Gottes die bewusste Sohn- oder Tochterschaft Gottes zu erlangen, denn in Gott leben alle Wesen frei. Sie sind an nichts und an niemanden gebunden. Sie sind reich, da sie das Gesetz Gottes erfüllen.

Erfüllen Seele und Mensch das Gesetz Gottes nicht, dann verarmen sie und binden sich an Menschen und Dinge, die sie umgeben und die auf sie zukommen.

Wer sich vom Alltagsgeschehen und von Menschen steuern lässt, der hat sein Lebensruder aus der Hand gegeben und hat keine Unterscheidungsgabe. Solche Menschen trennen sich von dem einen und binden sich an den anderen.

Beachtet folgenden einfachen Grundsatz:

Baue auf Gott, den Ewigen. Erwarte nichts von deinem Nächsten, dann bist du nicht enttäuscht.

Ihr sollt mit nichts und mit niemandem Vergleiche anstellen. Gleiches setzt Gleiches voraus.

Erkennet, das Innere Licht, der Christus in euch, der Ich Bin, ist unvergleichbar.

Wer im Lichte der Wahrheit erwacht ist, der vergleicht nicht mehr – er ist.

Viele Menschen sind in das Dunkel gehüllt, weil sie ganz im Äußeren aufgehen. Sie gehen an ihren Nächsten gedankenlos vorbei und wissen nicht, dass sie an Gott vorbeigehen.

Dunkel und somit blind, wie sie sind, vergehen sie sich an den höchsten Lebenskräften, an dem Gesetz des Heils. Sie wissen nicht um ihr Innerstes, um den kostbaren Schatz, den Edelstein, der gleich Gott ist, aus dem heraus sie geistig geboren sind und dadurch göttlich wurden.

Darum lernt, im Licht, im ewigen Sein, zu wandeln. Bewahrt euer Leben, indem ihr aus dem Leben schöpft. Gehet in die Stille, werdet stille und wirkt aus der Stille. Das ist die wahre Tat; das ist Gotterfülltsein.

Was der Mensch ausstrahlt, das zieht er an, und nur das sieht er. Jeder sieht sich im Nächsten selbst, der Göttliche und der Ungöttliche.

Was der Mensch denkt, dem begegnet er, denn Gleiches zieht immer wieder Gleiches an und sieht auch Gleiches.

Du siehst dich selbst in deinem Nächsten.

Das, was du siehst und worüber du dich erregst, das bist du, der Mensch. Deine physischen Augen reflektieren nur dich selbst und das, was um dich ist und was dich erregt – und das bist wiederum du.

Der wahre Schauende, das wahre Selbst, schaut und sieht gleichzeitig, weil das geistige Auge alles durchschaut und überschaut.

Der wahre Schauende hat den Blick für das wahre Sein. Er schaut in die Tiefen des Lebens und schaut sich darin selbst und seinen Nächsten und alles Sein, weil das geistige Auge alles wahrnimmt, da es gleichzeitig das Auge des ewigen Gesetzes ist: das wahre Sein, das wahre Selbst.

Der wahrhaft Schauende urteilt nicht, weil er der Weise ist, der in die Tiefen des Lebens schaut und alles durchschaut. Wer jedoch nur auf die Oberfläche des Lebens blickt, der urteilt, weil er die Tiefen des Lebens noch nicht ergründet hat.

Der Schauende kennt keine Begriffe, weil er nichts begreifen muss – er ist.

Der Schauende hat keine Meinung, weil er weise ist.

Wer ist, der ist im Sein, und das Sein weiß um alle Dinge, weil Es es selbst ist, sich selbst schaut und sich selbst wahrnimmt, das Gesetz des Alls, das alles in allem ist.

Da in allem alles ist, Gott, ist auch alles Gott – in der Seele des Menschen und in jeder Zelle des physischen Leibes. Empfindet, denkt, spricht und handelt der Mensch gegen das Sein, das Gesetz, Gott, so handelt er gegen sich selbst.

Wer gegen seinen Nächsten ist, der ist auch gegen sich selbst, weil im Nächsten Gott ist und Gott in ihm selbst ist – alles in allem.

Wertest du deinen Nächsten ab, so wertest du dich selbst ab. Beschimpfst du deinen Nächsten, dann beschimpfst du dich selbst. Handelst du gegen deinen Nächsten, dann handelst du auch gegen dich.

Erkenne: Wenn in dir die Allkraft, Gott, ist, dann ist auch in deinem Nächsten die Allkraft, Gott.

Du, das Sein, das Wesen in Gott, bist die Essenz der Unendlichkeit, da auch in deinem Bruder, in deiner Schwester die Essenz der Unendlichkeit ist. Du handelst gegen dich, wenn du gegen deinen Bruder bist.

Wer also gegen seinen Nächsten ist, der ist auch gegen sich selbst.

Der Gegenpol ist der Widersacher, der gegen Gott ist. So bist du auch gegen Gott, wenn du Seine Gesetze missachtest. Auf diese Weise schaffst du dir dein eigenes menschliches Gesetz – das bist du, in dem lebst du, und das wirkt auch auf dich ein.

Zu Gott zurückkehren zu wollen, heißt, zu den Menschen zurückzukehren, sie zu achten und sie selbstlos lieben zu lernen. Das ist Rückkehr zur Einheit, weil Gott alles eint.

In Ihm bist du und bin ich. In Ihm sind alle Menschen und Wesen, die Gestirne und die Reiche der Tiere, Pflanzen und Steine.

Du bist mein,
ich bin dein,
in diesem Bewusstsein bewegt sich
das ewige Sein.
Ich bin in allem,
du bist in allem;
alles, was ist,
bist du und bin ich.

Es gibt nichts in der Reinheit, was nicht in mir ist.
Es gibt nichts in der Reinheit, was nicht in dir ist.
Wir sind eins im Strom des Einen,
der ewig ist,
der dich und mich beschützt,
aus dem ich bin und du bist –
denn wir sind göttlich.

Er ist das Heil und die Geborgenheit.
Er ist die Liebe und das Geborgensein.

Aus Ihm bin ich,
aus Ihm bist du.

Uns verbindet das, was ist,
der Ewige und die Ewigkeit;
denn du und ich
sind göttlich ewiglich.

Ist dir dein Nächster nah, dann bist du Gott nah. Ist dir dein Nächster fern, dann bist du Gott fern. In jedem Augenblick bestimmst du selbst, wie nah oder fern dir Gott ist.

Hast du gelernt, in die Seele jedes Menschen hineinzuspüren, dann erlebst du in dir selbst den Seelengrund deines Nächsten und weißt, wessen Seele und Mensch bedürfen. Nur dadurch, dass du dich in deinen Nächsten hineinversetzt, kannst du diesen verstehen und mit ihm eins werden.

Hast du deinen Bruder, deine Schwester in dir erfahren und geschaut, dann hast du gleichsam Gott geschaut; denn Gott ist das Göttliche in dir und in deinem Nächsten.

Machst du deinen Bruder nieder – sei es in Gedanken oder mit dem Schwert –, dann machst du dich gleichsam selbst nieder; denn die positive Seite deines Bruders, das Göttliche, ist in dir.

Bist du gegen deinen Bruder, dann bist du also gegen den Teil deines Bruders in dir.

Was du heute zerstörst, das musst du morgen wieder aufbauen.

Ich, Christus, lehrte als Jesus Meine Apostel und Jünger das Schauen, das gleichzeitig Wahrnehmung ist, denn die Sinne der Seele und die Sinne des Menschen sind Wahrnehmungsorgane.

Wer seine menschlichen Sinne vergeistigt hat, der schaut und hört das innerste Sein, sein wahres Selbst, und sein Geruchs-, Geschmacks- und Tastsinn wird nur auf das ausgerichtet sein, was göttlich ist.

Die Schau ist die Wahrnehmung des Seins im Strom des Seins. Wollt ihr euch im rechten Schauen, in der göttlichen Wahrnehmung, üben, um das Auge der Wahrheit zu öffnen, welches das Sein ist, dann bejaht – zuerst noch blind – das Sein, das in allem, was ihr seht, ist.

Auf diese Weise erfahrt ihr in euch, dass das Sein keine Unterschiede kennt. Es hat jedoch die Unterscheidungsgabe und schaut und erfasst die verschiedenen Bewusstseinsgrade der Evolutionsstufen, die zur Vollendung hinreifen.

Macht keine Unterschiede zwischen euren Nächsten; denn wenn einer eurer Nächsten euch näher ist als der andere, dann verwerft ihr den anderen und dünkt euch höher als der, der euch letztlich ebenbürtig ist, der andere. Solange ihr Unterschiede macht, werdet ihr nicht die Unterscheidungsgabe erlangen und daher auch in eurem Denken und Tun unterschiedlich reagieren, weil ihr nicht das Ganze in allem schaut und auch nicht wahrzunehmen vermögt.

Bejaht in allem das Ganze, dann werdet ihr die Tempelordnung halten und werdet auch die Bewusstseinsgrade schauen lernen und die Unterscheidungsgabe erlangen und die Sprache des Gesetzes erlernen, die nicht die Sprache der Menschen ist.

Die Sprache des Gesetzes ist das erschlossene göttliche Bewusstsein, der Stein des Weisen, der alle Facetten der Wahrheit in die Unendlichkeit strahlt und somit alles weiß, weil er das Gesetz, das All ist.

Das Auge des Gesetzes ist zugleich das Ohr des Gesetzes: Was du schaust, das hörst du auch.

Wer schaut, der hört, registriert und reagiert zugleich. Was er schaut, das registriert er auch, und was er hört, das vernimmt er auch.

Er schaut das Sein, weil er das Sein ist, und hört das Sein, weil er das Sein spricht, welches das Leben ist.

Wer die Wahrheit ist, der sieht auch seinen Nächsten, wie er ist. Er hört das, was sein Nächster nicht spricht, und so dieser spricht, vernimmt er aus dem, was der Nächste sagt, wer dieser ist.

Der Schauende durchschaut alles, weil er den Durchblick hat. Dein Augenlicht ist das Licht deines Ichs oder des Ich Bin.

Was du siehst und dich erregt, das hast du angezogen.

Was du erhorchst, das dich erregt, das hast du angezogen.

Was du sprichst, das bist du, und mit Gleichsprechenden bist du auch zusammen.

Das Reflexionslicht deines physischen Auges, deines physischen Gehörs, deines physischen Wortes und deiner physischen Wünsche und Leidenschaften ist das Licht deines Ichs. Mit diesen Reflexen deines menschlichen Ichs ziehst du einzig die Menschen an, die dir gleich oder ähnlich sind. Mit den Menschen, die gleich oder ähnlich reflektieren wie du, bist du einer Gesinnung. Sie ist menschlich und hat keinen Zugang in die Himmel.

Der wahre Weise reflektiert nicht; er durchdringt alles, weil er das ewige Gesetz ist, das alles durchdringt.

Das Reine durchdringt das Reine, es macht keine Unterschiede; rein ist rein. Es durchdringt das All und alle Reinen.

Das göttliche Prinzip – Senden und Empfangen – durchzieht das All.

Der Unreine sieht sich immer nur selbst – sein Unreines – in seinem Nächsten. Das strahlt er aus – das ist er.

Wer sich, sein niederes Ich, bejaht, der versteht nur sich, sein niederes Ich. Damit steht er auf der menschlichen Ebene.

Wer ist, der braucht nicht zu verstehen, weil er weise ist. Er ist die göttliche Essenz in seinem Nächsten, und sein Nächster ist wieder die göttliche Essenz in ihm. Beide durchstrahlen einander, und beide durchstrahlen das All und das All die beiden, und die beiden und das All alles Sein, das formgewordene Sein, die Geistwesen und geistigen Naturreiche. Und alles formgewordene Sein durchstrahlt wieder die beiden, da alles in allem enthalten ist. Es bestehen also keine Unterschiede, nur die Unterscheidungsgabe der Bewusstseinsgrade.

So wie oben, so unten.

Es gibt nur ein Gesetzesprinzip: Was du sendest, das empfängst du.

Nichts, was ewig ist, ist außerhalb von dir. Was der Himmel ist, das ewige Gesetz, das ist in dir; da bist du, das Selbst – und das umgibt dich auch, weil alles in allem enthalten ist und in allem das Sein, das Gesetz, wirkt.

Was auf Erden ist – die Dichte, die Materie –, entstand durch das umgepolte Prinzip »Senden und Empfangen«, durch das niedere Ich, das sich selbst prägt durch das Empfinden, Denken und Sprechen des Einzelnen. Was der Mensch sich an Menschlichem angeeignet hat, ist ungöttlich. Das belastet seine Seele und seinen Leib; das strahlt er aus. Durch das Ungöttliche entstand die Dichte, die Materie, die nur Spiegelung ist.

Das göttliche Prinzip ist das Reine – das ungöttliche Prinzip ist das Unreine, woraus die Materie hervorging. Das göttliche Prinzip kann das umgepolte, das ungöttliche, das menschliche Prinzip durchstrahlen – das Ungöttliche, das Menschliche, jedoch nicht das Göttliche.

Weil das Göttliche in der Materie ist und die Materie durchstrahlt, werden mit der Zeit die Spiegel, die als Ganzes die Materie bilden, blind; denn früher oder später wird sich jeder Spiegel im absoluten Prinzip wandeln, weil der Geist die Materie durchdringt und auf Dauer kein Schatten bestehen kann.

Dann ist alles wieder das Sein im Strom des Seins.

Die Reinen, die im reinen Prinzip, im Strom des Seins, leben und das Sein, das Absolute, das reine Prinzip, verkörpern, sprechen die Sprache des Urempfindens, die sich in ihnen selbst ausdrückt, weil sie selbst das Wort der Wahrheit sind, das in ihnen offenbar wird.

Sendet der Reine, dann empfängt der Reine in sich selbst das Wort des Reinen, weil sein Nächster – und die Sprache seines Nächsten – göttlich ist und wiederum ein Teil des Empfangenden. Im göttlichen Wort ist das ganze Gesetz enthalten, weil alles in allem das Ganze ist.

Das unreine Prinzip ist das menschliche Ich; es ist das, was außerhalb ist; es ist die Dichte, das menschliche Sein, das menschliche Empfinden, Denken, Reden und Handeln – das wiederum der selbst ist, der es aussendet und auch auf seinen Nächsten projiziert. Dann hört er auch nur die Sprache seines Nächsten, die wieder seine Sprache ist, weil Gleiches Gleiches anzieht.

Deine Empfindungen, Gedanken und Worte sind ein Teil von dir. So, wie du sie aussendest, so verhalten sie sich auch dir gegenüber, so kommen sie wieder zu dir zurück. Wie du also sendest, so empfängst du, und so wirst du dich auch gegenüber deinem Nächsten verhalten: positiv, göttlich – oder ungöttlich, menschlich.

Deine menschlichen Empfindungen, Gedanken, Worte und Werke prägen dir den Stempel auf, der du selbst bist.

Deine Lebenswelt, die sich aus der Summe deines Empfindens, Denkens, Redens und Handelns zusammensetzt, *aus der auch deine Sehnsüchte, Leidenschaften und Wünsche hervorgehen, zwingt dich immer wieder, Gleiches und Ähnliches zu empfinden, zu denken, zu sprechen und zu tun. So lange bist du die Spirale deines Ichs, bis du dich aus diesem Kreisel herausbegibst und dem Verführer widersagst – der du selbst bist, der dein menschliches Ich ist.*

Der Verführer ist deine kleine, ichbezogene Denkwelt, die aus unzähligen Fäden und Seilen deines menschlichen Ichs besteht, die dich immer wieder einfangen und an das binden, was du empfindest, denkst, sprichst und tust. Nur mit Mir, Christus, kannst du die Fesseln deines menschlichen Ichs lösen, um in das ewige Prinzip zu finden, in das ewige Gesetz, Gott, das sich selbst spricht, da es nur ein Prinzip gibt: Senden und Empfangen.

Erkenne und erfahre dich als das Prinzip Gott; dann durchschaust du die Schliche und die Falschheit des Widersachers. Denn über deine menschlichen Gefühle und Gedanken schleicht er sich bei dir ein, um deinen Tempel zu verwüsten.

Deshalb lerne Folgendes, und nimm es dir zu Herzen: Dein Gedanke bist du. Womit du deinen Gedanken ausstattest, das bewirkt er in dieser Welt, an und in dir und in deiner Umgebung.

Wollt ihr euch in eurem Gedanken erkennen, dann legt diesen Gedanken euch selbst zur Betrachtung vor. Betrachtet ihn aufmerksam; dann werdet ihr verwundert sein, wie viele Inhalte er in sich birgt.

Ich, Christus, lehrte als Jesus Meine Apostel und Jünger weiter: Euer irdischer Leib ist ein Gedankenkörper. Was ihr in Vorexistenzen empfunden, gedacht, gesprochen und getan habt und das von euch nicht bereinigt wurde, mit dem seid ihr heute ausgestattet.

Eure Körperzellen und Körperorgane, die sich schon im Mutterleib bilden, werden von der Seele geprägt, die sich darauf vorbereitet, das Haus zu beziehen. Das, was ihr in diesem Erdenleben bereinigen sollt, das prägt vor der Geburt euren Körper. Wollt ihr erfahren, was ihr mitgebracht habt und was aus jenem Leben ist, dann lest euer Lebensbild: die Skala eurer menschlichen Empfindungen, Gedanken, Worte, Werke, Wünsche, Leidenschaften und Sehnsüchte.

Erkennet: Die Seele bringt also ihre Prägung mit und prägt auch schon im Mutterleib ihren Körper. Obwohl die Gehirnzellen des Kindes noch ohne Speicherung sind, so ist doch das, was der Mensch in diesem Leben erfährt, schon im Körper, in den Körperzellen, gespeichert.

Die Seele, die sich zur Einverleibung vorbereitet, gibt schon bei der Befruchtung in die erste Zellteilung ihr Mitgebrachtes ein – das, was für sie in diesem Erdenleben von Bedeutung ist. Sie bestimmt also schon im Mutterleib ihren Körper.

Die lichte Seele gibt die feine Struktur des Menschen vor, die edlen Züge, die sich erst in späteren Jahren bemerkbar machen können, wenn der Körper wächst und der Mensch das Feine der Seele gefördert hat. So, wie die Struktur des Körpers ist, so schwingt auch der Mensch; so strahlt er auch; so ist er auch; so verhält er sich auch.

Eine belastete Seele gibt eine gröbere Struktur vor, die auch schon in jungen Erdenjahren erkennbar ist, oftmals dann, wenn das Erdenkleid in die Entwicklungsphase der Pubertät eintritt. Nicht immer ist dabei die Körperfülle von Bedeutung, insbesondere nicht in der Entwicklungsphase der Pubertät.

Es gibt jedoch keine Zufälle; so ist es auch kein Zufall, dass der eine eine feinere Struktur, der andere eine gröbere Struktur hat; der eine feingliedriger, der andere schwerer ist; der eine arm und der andere reich ist; der eine krank, der andere gesund geboren wird.

Die wenigsten Menschen denken darüber nach, warum es so ist, wie es ist. Für die meisten ist es wichtig, dass es ihnen gut geht. Der Nächste, der am Wegrand bettelt, der krank daniederliegt oder der von seinen Mitmenschen misshandelt und verachtet wird, interessiert die wenigsten Menschen – ebenso verhält sich die Masse der Menschen der Tier- und Pflanzenwelt gegenüber.

Auch das Desinteresse fällt unter das Gesetz »Was du säst, wirst du ernten«. Wer sieht, dass Menschen Menschen misshandeln oder töten; wer sieht, dass Menschen Tiere misshandeln und töten und die Natur schänden; wer sieht, dass Menschen bewusst gegen die Gebote Inneren

Lebens verstoßen, und die Augen verschließt, also nicht widerspricht – der ist nicht besser als der Täter. Die Ausstrahlung seiner Seele, sein Verhalten und seine Körperform sagen dann ebenfalls aus, wer er ist.

Obwohl die Erde selbst und alles auf der Erde Materie ist, weisen die Strukturen der einzelnen Menschen und all der anderen Formen des Lebens erhebliche Unterschiede auf. Jeder Mensch bringt also seinen Seelenausweis mit. Die Struktur seines Körpers weist ihn insofern aus, als der Mensch sich dann so gibt, wie er beschaffen ist: fein, edel, verständnisvoll – oder derb, grob und intolerant.

»An den Früchten sollt ihr sie erkennen«, heißt unter anderem auch: Der Mensch zeigt, wer er ist – an dem, was er sagt, wie er es sagt, was er tut und wie er es ausführt, wie er sich kleidet und mit wem oder womit er sich umgibt.

Er offenbart in allem entweder Attribute des Ich Bin, des inneren Wesens – oder Attribute der belasteten Seele.

Wer über einen seiner Mitmenschen in Gedanken urteilt, weil er der Ansicht ist, er sei besser als sein Nächster, der ist eher noch schlimmer. Was er in seinen Gedanken verbergen möchte, das trägt er durch seine Attribute zur Schau und stellt für den wahren Weisen sichtbar sein Falschsein dar. Der eine redet süß und denkt sauer und zeigt sich so als der Verschlagene, der seine eigenen Schläge bekommt. Menschen, die von der Falschheit geprägt sind, schleichen umher, sind listig, wollen alles erhorchen, um sich dann über ihre Mitmenschen zu erheben, indem sie über sie süß – gleich sauer – reden und deren Leben und Dasein herabwürdigen.

Der Aufrichtige, der alles klar und unpersönlich anspricht, ist nicht der Stolze, der Überhebliche. Aufrechte Menschen sind aufrichtige, klare Menschen, die Weitblick haben.

Aufgerichtete, sich zur Schau stellende Menschen, Menschen also, die sich künstlich eine Würde auferlegen, sind unklare Menschen, die ihre Enge dadurch verbergen, dass sie viel von sich reden, gütig und geschäftig tun. Es sind die Herrschsüchtigen und Eifersüchtigen, die wenig Innenleben haben – jedoch umso mehr äußeren Schein.

Die nach außen gekehrten Menschen suchen den äußeren Glanz und schaffen für sich das, was die Masse der Menschen nicht hat: den Reichtum. Es sind die Menschen mit grober Struktur, die sich dann auch verkleiden und *sich in Purpur, Gold, Samt und Seide hüllen, um das zu verhüllen, was sie sind: grob, herrschsüchtig, eifersüchtig, neidisch und intolerant.*

Einerlei, womit der Mensch sich zu verbergen trachtet – der Ausweis des Menschen ist immer sein Denken, Reden und Tun; auch dann, wenn er sich intellektuell gibt und mit Wissen prahlt und sich mit Worten schmückt, die dem feinen Menschen nicht eigen sind, weil er fein ist und sich auch so gibt – edel. Die Worte des Edlen beinhalten den Glanz des Inneren, da auch sein Empfinden und Denken den Glanz der lichten Welten trägt.

Das und Weiteres lehrte Ich Meine Apostel und Jünger. Immer wieder ging jedoch das Mahnwort voraus: Wer über seine Nächsten urteilt und sie verurteilt, der ist schlimmer als derjenige, über welchen geurteilt wurde.

Die Lehren aus dem Absoluten Gesetz und aus dem Kausalgesetz und weitere bildhafte Weisungen gab Ich Meinen Aposteln und Jüngern mit auf ihren Lebensweg – zur Selbsterkenntnis und zur Erkenntnis. Denn wer sich selbst erkennt und das Erkannte bereinigt, der erlangt die Unterscheidungsgabe zwischen Gut und Böse.

Einige Meiner Apostel und Jünger unterrichtete Ich im Aussenden von Empfindungen, Gedanken und Worten. Gleichzeitig wies Ich sie auf die Gefahren hin, die im Umgang mit Empfindungs-, Gedanken- und Wortenergien liegen, also im Senden und Empfangen.

In der Jetztzeit [1991] vernehmen und lesen viele Menschen Mein Wort, das Ich, der Christus Gottes, Bin und durch Mein Instrument gebe. Alle, die Mich durch Mein Instrument hören oder Meine Worte lesen, mache Ich ebenfalls auf die Gefahren aufmerksam, die im Senden und Empfangen von Empfindungen, Gedanken und Worten wirksam sind.

Jede Empfindung, jeder Gedanke und jedes Wort ist ein Sender, der sich seinen entsprechenden Empfänger sucht, um sich zu verwirklichen.

Das, was der Mensch sendet, wird den Empfänger finden, der aus gleichem oder ähnlichem Gedankengut besteht. Da jeder Empfänger auch den Sender beinhaltet, wird dieser durch den Sendenden angestoßen und sendet wieder Gleiches oder Ähnliches zurück. Durch diesen gedanklichen Austausch entsteht ein immer größerer Sendekomplex, ein Programm, das dann auch von der Seele als Belastung, als Ursache, aufgenommen wird. Daraus ergeben sich die Schicksalsschläge, Krankheiten und Nöte – die dem entsprechen, woraus der Komplex oder die Komplexe, das Belastende oder die Belastungen, besteht.

Der Widersacher ist bestrebt, den Menschen so zu lenken, dass dieser unermüdlich gegensätzlich denkt und infolgedessen auch Gegensätzliches empfängt. Dadurch bauen sich im Gehirn des Menschen und in seiner Seele Kommunikationsfelder auf, die er sodann auch selbst benützt. Über die Negativkommunikationen, die – solange die Seele belastet ist – auch zu seinem Sendepotential gehören, erfolgen dann sogenannte Einspritzungen, das heißt, der Widersacher lässt in die fließenden Negativprogramme des Menschen seine Wünsche und seinen Willen einfließen.

Wer dies zulässt, dessen Leben wird sich mehr und mehr zum Negativen hin wandeln. Zuletzt wird er nicht mehr erkennen, ob es seine eigenen Negativprogramme sind oder die des Widersachers oder die von Seelen, die sich an ihn hängen, um über den Menschen sich das zu erfüllen, was sie einst im irdischen Dasein, in ihren Einverleibungen, nicht vermochten.

Ihr habt gehört: Alle Wesen und alles Sein sind durch Kommunikation miteinander verbunden. Das Prinzip der Kommunikation lautet: Senden und Empfangen.

Was das Geistwesen sendet, das ist als vollkommenes Bild dort zu sehen, wohin es gesendet hat, z.B. im Geistwesen, das empfängt.

Jeder kosmische Impuls ist das Gesetz, das sich als vollkommenes Bild offenbart. Jeder kosmische Impuls ist das gelebte Gesetz und ist daher von Licht und Kraft durch-

drungen. Der Impuls, den das Geistwesen sendet, verfehlt niemals den Empfänger, weil der Impuls, das Bild, das Ich Bin ist, das Leben.

Im umgepolten, im satanischen Prinzip erfolgt Ähnliches: Das ausgesandte menschliche Ich ist ebenfalls ein Bild. Je mehr dieser Impuls, das menschliche Bild, vom Sender gelebt wird, umso intensiver ist es vom Sendenden durchdrungen. Je mehr es vom Sendenden gelebt wird, umso rascher kommt es auf ihn zurück.

Das Gesetz lautet: Was du sendest, kommt von dir und ist von dir gelebt.

Das umgepolte Prinzip besagt: Was du denkst und sprichst, musst du in dir nachvollziehen; du musst es in dir bildhaft erleben, dann kommt es umso rascher auf dich zu. – Wer dieses von den Dämonen eingegebene umgepolte Prinzip ausführt, hat es zu tragen.

Wohin der Mensch sendet, von dort empfängt er die Antwort. Für das Senden außerhalb des ewigen Seins müssen Seele oder Mensch die entsprechenden Gegenleistungen erbringen.

Erkennet und erfasset: Die Seele, die zur Einverleibung geht, baut schon im Mutterleib ihren werdenden Körper auf. Schon die Organe und die Körperfunktionen bilden die Magneten für die materielle Strahlung. Ist das Kind geboren, dann empfängt der Säugling von der Seele über die Organe und Körperfunktionen die Seelenstrahlung. Dadurch tritt die Seele mit dem Körper in unmittelbare Verbindung.

Solange das Kind zwischen Gut und Böse noch nicht zu unterscheiden vermag, tragen die Eltern die Verantwortung für ihr Kind. So, wie sie es mit dem Säugling halten, wie sie mit ihm umgehen, was sie zu ihm sprechen oder worüber sie sich in seiner Anwesenheit unterhalten – das nimmt der Säugling zuerst über die Organe und die Körperfunktionen auf. Im weiteren Verlauf der Verwurzelung der Seele im Körper geht dann die Prägung der Körperfunktionen in die Gehirnzellen des Kindes ein.

Erkennet: Gleiches zieht Gleiches an. Es ist kein Zufall, dass ein Kind gerade in die Familie kommt, in die es sich nun eingeboren hat. Deshalb kann eine gute oder weniger gute Entwicklung des Kindes nicht einzig auf die Eltern bezogen werden, sondern auf das gesamte Energievolumen der Familie. Denn wenn Seelen als Menschen, also in ihrer Einverleibung, eine Familie bilden, dann haben alle Familienmitglieder die Aufgabe, ihre Familiensendestation zu überprüfen und daraus das zu machen, was dem Einzelnen dazu verhilft, ein Mensch des Geistes zu werden.

Die Familie – also alle Familienmitglieder – bildet die Geburtsstätte, entweder für das Positive oder das Negative, das Für und Wider, das sich dann auf die nächsten Einverleibungen der einzelnen Seele überträgt. Wo die Seele nach dieser Einverleibung sein wird, das entscheidet jeder Mensch selbst. Denn jeder ist für das verantwortlich, was er als Seele aus den Seelenreichen mitgebracht hat, und dafür, wie er sich als Mensch in diesem Erdendasein verhält.

Was also die Seele beinhaltet, Licht oder Schatten, das hat sich der Mensch selbst auferlegt. Die Glieder der Familie haben Gleiches oder Ähnliches miteinander abzutragen oder miteinander zu tragen. Deshalb sollte die Familie die Keimzelle für das Gute, Reine, Schöne und Edle sein.

Wer seine Sende- und Empfangsstation kontrolliert, wird erfassen, was er sendet. Derjenige weiß dann auch, was er empfängt. Was er empfängt, das ist er heute, und das wird er in der Zukunft sein – entweder Licht und Freiheit oder Dunkelheit und Gebundenheit, woraus wieder Leid, Krankheit und Not hervorgehen.

Der Widersacher möchte, dass der Mensch unermüdlich gegensätzlich sendet, um ihn – nach dem Gesetz »Was du säst, also sendest, das wirst du ernten, also empfangen« – an sich und an das Rad der Wiederverkörperung zu binden. Durch das bindende Verhalten des Menschen bindet er auch die Schwächeren an sich und zieht sie gleichsam wieder herab, das heißt über das Rad der Wiederverkörperung zu weiteren Einverleibungen. Dann ist es möglich, dass sich die derzeitige Familie in einer anderen Einverleibung wieder zusammenfindet, nur in einer anderen Zusammensetzung – der Vater oder die Mutter können nun die Kinder des ehemaligen Kindes sein.

Wer sich selbst nicht erkennt, der kennt auch sein Gegenüber nicht; er wird dadurch zweigeteilt sein – einmal für Gott, dann wieder gegen Gott. So bleibt er ein schwankend Rohr im Wind, dem der Blick für die Wahrheit verschlossen ist.

Die Zwei- oder Mehrfach-Geteilten rufen »Herr, Herr«, und sind doch nicht bei Mir. Sie wollen einmal Mir angehören, dann wieder der Welt. Das sind die Lauen, die vom Licht der Wahrheit sprechen, jedoch nicht im Licht der Wahrheit leben und das Licht der Wahrheit nicht kennen. Sie reden vom Himmelreich und sind ihm doch fern, weil sie in der Gottferne leben. Sie sind einmal warm, dann wieder kalt; auf sie ist kein Verlass, denn sie richten sich nach dem Wandel der Zeit und nach denen, die ebenfalls wie sie sind: einmal warm, dann wieder kalt.

Die Zwei- oder Mehrfach-Geteilten haben noch wenig Licht in ihren Seelen. Sie bleiben so lange an das Rad des Kommens und Gehens gebunden, bis sie die Einheit mit allen Lebensformen erlangt haben und somit eins mit Gott und allen Wesen und Menschen sind.

Sei du das Selbst in jedem Empfinden, in jedem Gedanken und in jedem Wort und in allem, was du tust. Dann brauchst du dich nicht an deine Nächsten anzulehnen; du bist eins und in der Einheit die Einheit, weil du alles bist, was ewig ist.

Nur der sorgt sich um morgen, der sich des wahren Selbst in seinem Empfinden, Denken, Sprechen und Handeln nicht bewusst ist. Du musst das Sein, das Selbst, in deinem Empfinden, Denken, Sprechen und Handeln entfalten, auf dass du dann die Sprache des Seins, des Selbst, zu sprechen vermagst. Dann empfindest, denkst, sprichst und handelst du dich selbst, weil du das wahre Selbst, das Sein, das allumfassende Gesetz, bist.

Du, das wahre Selbst, die Einheit in Gott, bist dann wieder als Ganzes in jeder Empfindung, in jedem Gedanken, in jedem Wort und in jeder Handlung.

Denn das Gesetz, Gott, ist unteilbar – es ist alles in allem. So, wie du das Sein, das Selbst, bist – alles in allem und in allem alles –, so bist du auch in jeder Empfindung, in jedem Wort und in jeder Handlung alles. Du selbst bist als Essenz in dem, was von dir ausgeht.

Sendest du dich, das wahre Sein, das wahre Selbst, das Gesetz, Gott, dann stehst du in Kommunikation mit dem wahren Sein, mit dem Selbst, mit dem Gesetz.

Wo du, das wahre Sein, hinsendest, dort baut sich die Strahlung deines Selbst als Bild und Form auf, auch in der *materiellen Welt, auf der Erde. Mit der Zeit kommt das zur Auswirkung, was du, das Selbst, im Strahlungsbild und in der Strahlungsform aufgebaut hast. Was dann auf dich und deine Umgebung zurückstrahlt und was dadurch auf der Erde manifest wird, ist wieder das ewige Gesetz, das Selbst, das Sein.*

Dein wahres Selbst ist deine göttliche Mentalität, sind deine göttlichen Fähigkeiten, bist du als Wesen in Gott selbst. Was du bist und was du aussendest, das realisiert sich; denn jede Empfindung, jeder Gedanke und jedes Wort reift, um sich zu erfüllen. Das ist das Gesetz Senden und Empfangen.

Auf der Erde kann sich also sowohl das Positive, das Göttliche, aufbauen, als auch das Gegensätzliche, das Dunkle. Du bestimmst es, denn du bist der Bestimmende für dich selbst und für deine Umgebung – und du selbst trägst zum Aufbau des Lichtes oder zum Niedergang der materialistischen Welt bei.

Erkenne also, was Senden und Empfangen bedeutet: Im Sende- und Empfangspotential liegt gleichzeitig die Verantwortung für dich selbst. Was du sendest, das wirst du auch empfangen. Was aus dem Innersten fließt, geht wieder in das Innerste ein und baut sich auch als Licht und Kraft im Äußeren auf.

Keine Sendung verfehlt ihr Ziel, weil sie zielbewusst ausgesandt wurde. In jeder Sendung liegt innewohnend das Ziel.

Die ganze Unendlichkeit ist auf dem Vater-Mutter-Prinzip aufgebaut, auf Polarität und Dualität, auf Senden und Empfangen, auf den positiven und negativen Polen. Dieses Prinzip baut sich auch in den Evolutionsstufen der Mineralien, Pflanzen und Tiere auf, bis hin zum vollendeten Geistwesen.

Der Fall hat sich das göttliche Prinzip zu eigen gemacht und es auf sich angewandt. Er nahm folgende Umpolung vor: Aus dem göttlichen »Verbinde und sei« wurde »Trenne, binde und herrsche«.

Das bedeutet, dass der Fallgedanke ebenfalls die Fähigkeit hat, sich selbst zu verwirklichen, also das zu bewirken, was ihm vorgegeben ist. Die Vorgabe kommt wieder auf den Sendenden zurück durch das Prinzip Senden und Empfangen.

Das umgepolte Prinzip besteht so lange, wie Menschen hierfür Empfangsstationen sind, also Empfänger, die wieder Gleiches und Ähnliches senden.

Ich, Christus, kam als Jesus zu den Menschen, um sie das Gesetz Gottes zu lehren und vorzuleben: Verbinde und sei.

Ich Bin der Christus, der sich offenbarende Geist, der wiederum lehrt: Verbinde und sei.

Durch willige Menschen Bin Ich, Christus, der Umgestalter des Fallgesetzes, des Trenne-binde-und-herrsche-Gesetzes.

Ich wandle alles Gegensätzliche zum Göttlichen um. Die niederen Energien werden hochtransformiert, wodurch *sich das Fallgesetz – Trenne, binde und herrsche – auflöst und alles wieder das Sein ist, das reine, ewige Gesetz: Verbinde und sei.*

Der Mensch im Wandel vom Gegensätzlichen zum Göttlichen, vom „ich will" zum Es Werde, wird in seiner Struktur immer feiner. Er erhebt sich zum wahren Sein, das keinen Gedanken hat.

Jeder Gedanke ist Gegenwart, Vergangenheit und Zukunft in einem und ist getragen von der erhaltenden Energie, dem Geistbewusstsein.

Die Gegenwart ist das Oberbewusstsein. Die Vergangenheit und die Zukunft sind das Unterbewusstsein. Das Geistbewusstsein ist das Leben, ist die erhaltende Energie, die durch die Umwandlung wieder zur fließenden Gotteskraft wird.

Wer in Mir, dem Christus, lebt, durch den lebe Ich. Er ist weise geworden und bedarf nicht mehr der Meinung seiner Nächsten, weil er alles durchschaut und um alle Dinge weiß. Er ist dann auch kein Meinungsbildner mehr, denn: Wer meint, der weiß nicht. Der wahre Weise weiß und meint nicht.

Der Mensch, der zur Unpersönlichkeit erwacht ist, hat den Stein des Weisen gefunden. Aus allem, was gesprochen wird, hört er die Gesetzmäßigkeit heraus – und erkennt darin wiederum das Ganze, weil das Ewige, die Wahrheit, sich immer ganz mitteilt.

Da alles in allem enthalten ist, solltet ihr Folgendes beachten, um zur Erkenntnis der All-Einheit zu gelangen:

Was du säst, darin Bin auch Ich.
Wohin du gehst, dort Bin auch Ich.
Was du also säst, wo du also säst –
in allem Bin Ich.
Wohin du auch gehst – Ich gehe mit.

Das Du Bin Ich, weil in allem Ich Bin;
und das Ich bist du, weil Ich in allem Bin.
Du bist hier und dort, und Ich Bin hier
und dort.
Es gibt also keinen Ort,
wo Ich nicht Bin und wo du nicht bist.
Deshalb finde dich in Mir,
und Ich Bin das Du in dir.
Wohin du denkst – dort Bin Ich,
was du sprichst – darin Bin Ich.

Zu wem du auch sprichst, es beinhaltet Mich, das Selbst, das Ich Bin – das auch du bist, das in deinem Nächsten ist und das in allen Dingen, Geschehnissen und Ereignissen ist.

Das ist das Gesetz. So dachten und denken, so lebten und leben die Propheten Gottes.

Merkt euch: Ihr könnt nicht zwei Herren dienen. Ebenso könnt ihr auch nicht zwei Menschen unterschiedlich lieben. Wer dies tut, der wird den einen annehmen und den anderen verschmähen.

Deshalb heißt das Gebot des Lebens: Liebe alle und alles gleich. Das ist das unpersönliche Leben; das ist der Himmel, der auf die Erde kommt.

Der Geeinte ist das Selbst, ist das Einssein, ist zum Licht geworden, ist der Göttliche, weil er im Strom, in Gott, lebt. Er lebt in Mir, und Ich lebe durch ihn, und wir kennen uns, weil wir Gott kennen, da wir göttlich sind.

Wer auf den Geist Gottes sät, der wird auch vom Geist Gottes ernten. Wer auf den Menschen und auf die menschlichen Taten sät, der wird auch nur vom Menschen und nur Menschliches ernten. Das eine ist ewig – das andere vergänglich.

Der Mensch und die Materie sind nur Projektionen des Inneren. So, wie der Mensch denkt, so ist er. Das ist die Projektion seiner Empfindungs- und Gedankenwelt, seiner Worte und Handlungen.

Deshalb kann sich niemals der Schein gegen das Sein erheben, niemals der Schatten gegen das Licht. Der Schatten wird am Licht zerbrechen.

Der Geist unseres ewigen Vaters ist die einzige Realität, die einzige Wirklichkeit, die ist und regiert ewiglich.

An diesem heiligen, ewigen Bewusstsein, Gott, wird die Materie zerschellen und alle zerbrechen, die sich an die Materie binden.

Als Jesus von Nazareth lehrte Ich die Meinen: Die Zeit wird kommen, in welcher immer mehr Menschen in das Licht der Wahrheit eintauchen, das Ich Bin. Sie werden im Ich Bin leben, in Mir, dem Christus, und auf dieser Erde das Innere Licht und das Innere Leben verkörpern, das Ich Bin.

Ich Bin der Weg, die Wahrheit und das Leben. Ich komme zu den Meinen und bringe ihnen das Ich Bin. Doch Ich werde nicht mehr im Fleische kommen; Ich werde im Geiste unter ihnen sein – unter denen, die das Licht, das Ich Bin, tragen.

Ich, Christus, kam in Jesus in diese Welt, um den Menschen zu dienen, nicht ihrem Menschlichen. Das Gleiche gilt für alle wahren Propheten. Sie kamen in diese Welt, um den Menschen zu dienen, nicht ihrem Menschlichen.

Wer die ewigen Gesetze hält, der wird es ebenso halten, wie Ich es gehalten habe und alle Propheten. Wir kamen in diese Welt, um den Menschen zu dienen, nicht ihrem Menschlichen.

Durch Meine Erlösertat wird sich das niedere Ich auflösen und alles, was dieses hervorgebracht hat.

Das Blatt hat sich gewendet. Nicht die Schöpfung Gottes löst sich auf – wie es der Feind des Guten zum Ziel hatte: die Auflösung der göttlichen Schöpfung, um Gott selbst zu sein. Das menschliche Ich löst sich auf und alles, was dieses hervorbrachte und hervorbringt.

Möge sich das Blatt in jedem von euch wenden: Löst das menschliche, das niedere Ich auf – dann findet ihr zum Ich Bin, in dem Ich, Christus, lebe und Bin.

Der Christus-Gottes-Geist, der im Vater lebt, muss in der Seele des Menschen zum vollen Erblühen kommen.

Sobald die Seele in die Vollkommenheit eintaucht, in den Strom des ewigen Seins, wird auch der Mensch die Wahrheit kennen und sie in Gedanken, Worten und Werken zum Ausdruck bringen, weil er dann aus dem Bewusstsein der Vollkommenheit, dem ewigen Sein, schöpft.

Haben Seele und Mensch den Christus-Gottes-Geist, der im Vater lebt und in jeder Seele wohnt, noch nicht entwickelt, dann wird der Mensch die ewigen Gesetze nicht verstehen, welche die Wahrheit sind. Gleichwohl ist der Geist der lebendige Quell in jeder Seele und in jedem Menschen. Trotz Dunkelheit und Ignoranz des menschlichen Ichs bleibt der Heilige Geist in Seele und Mensch.

Wer Mich, Christus, nur annimmt und in seinem Herzen nicht aufnimmt, der hat sich zum Richter über sich selbst gemacht.

Wer Mich, Christus, liebt, der liebt auch seine Nächsten. Wer Mich, Christus, nicht liebt, der liebt auch nicht den Vater und auch nicht Seine Kinder, die Menschen, die untereinander Brüder und Schwestern sind.

Die Liebe ist das Gesetz des Lebens. Wer selbstlos liebt, der lebt. Wer nicht selbstlos liebt, der lebt nicht; er hat sich unter die geistig Toten begeben.

Jeder, der zur selbstlosen Liebe strebt, erkennt die Stimme der Liebe durch Menschen und durch alle Dinge, denn Gott ist alles in allem, das Gesetz, die Stimme der Liebe.

Bleibt in Meiner Liebe, denn Meine Liebe ist die Liebe des Vater-Mutter-Gottes.

Wer die Gebote der selbstlosen Liebe hält, der bleibt in Meiner Liebe und ist in der Liebe des ewigen Vaters.

Wahrlich, wahrlich, Ich sage euch: Wer diese Meine Worte hört und liest und den Sinn erfasst und vollbringt, was Ich ihm geboten habe, der ist wahrlich ein weiser Mann, der auf Mich, den Felsen Christus, baut.

Die großen kosmischen Lehren des

JESUS von Nazareth

an Seine Apostel und Jünger, die es fassen konnten

Mit

Erläuterungen

von Gabriele

*CH BIN das Alpha und Omega, der Anfang und das Ende des materiellen Universums und der Seelenreiche.*

Ihr sollt in Mir und mit Mir in das ewige Leben hineinreifen, wo Ich im Vater Bin, so wie auch ihr mit Mir im Vater seid. Dort gibt es weder Anfang noch Ende, weil Gott ist und wir in Gott sind. Denn Ich, der Christus Gottes, erhebe alles zum Licht der Wahrheit.

Hierzu erläuterte Gabriele,
die Lehrprophetin und Botschafterin Gottes:

Alpha und Omega. *»Ich Bin das Alpha.«*

Das Alpha in Gott heißt: der Anfang der Schöpfung, des formgewordenen reinen Seins. Gott, die Urkraft, atmete aus – und es wurde. Ganz allmählich formten sich aus dem unerschöpflichen Quell der Urkraft geistige Sonnen und Planeten, Geistwesen, Tiere, Pflanzen und Mineralien. Diese sich ewig erweiternde göttliche Himmelsmechanik ist das ewige, unvergängliche Sein – unsere Heimat.

Gott, die Kraft, das Licht, kennt keinen Anfang. Gott, das Licht und die Kraft, war und ist ewiglich, weil Gott ist.

»Ich Bin das Alpha und das Omega, der Anfang und das Ende des materiellen Universums und der Seelenreiche.«

Das Alpha ist auch der Anfang für die Fallebenen. Durch den Fall entstanden die Seelenreiche und die Materie. Durch den Fallgedanken fielen Teile von geistigen Gestirnen;

sie lösten sich aus dem reinen Sein und formierten sich außerhalb. Mit ihnen fielen Fallwesen, und mit diesen auch die Naturreiche, denn das Leben in Gott ist ein Ganzes. Zum Leben gehören die Gestirne, die Wesen, die Tiere, die Pflanzen und die Mineralien. Das ist Einheit in Gott. Und Gott gab den Fallwesen die Einheit mit auf ihre Wanderschaft bis hin zur Materie.

Gott, unser ewiger Vater, hat den Fall zugelassen, denn jedes Kind hat den freien Willen. Er war und ist mit Seinen abtrünnigen Kindern. Weiterhin strömte und strömt ihnen Sein Licht, Seine Kraft, zu.

Alles, was ist, ist Leben aus Gott, weil Gott das Leben ist. So ist Gott auch in der Verdichtung, in der Materie; denn auch in der Materie ist Er das innewohnende Leben.

Da Gott in allem ist, ist Gott auch im Anfang, im Alpha, und ebenso im Ende der Verdichtung, im Omega.

Durch Christus, Seinen erstgeschauten Sohn, den Mitregenten der Himmel, der eins ist mit Ihm, wird alles umgewandelt und wieder zurückgeführt in das ewige Licht.

Gott, das strömende Licht, kennt weder Anfang noch Ende; denn Er ist. Aus Sich, dem strömenden Licht, ist Er als Wesen hervorgegangen – aus Sich, dem strömenden Licht, hat Er auch uns, die reinen Geistwesen, Seine Kinder, geschaffen. Wir sind Seine Ebenbilder, formgewordenes Licht.

Gott ist der Vater-Mutter-Gott. In dem Vater-Mutter-Prinzip liegt der große Herzmagnet nach Kindern. Infolgedessen schuf Er das formgewordene ewige Sein, die Himmel, mit Seinen Kindern, mit den geistigen Familien, die wiederum in der großen Familie Gottes leben.

Das Dualprinzip ist, wie der Vater-Mutter-Gott, das Gebende und Empfangende. Der Vater-Mutter-Gott ist der Ur-Vater. Die Duale nennen sich Dualvater oder Dualmutter – es sind die Prinzipien aus Gott: das Positiv, das Gebende, das männliche Prinzip, und das Negativ, das Empfangende, das weibliche Prinzip.

Gott hat also in die Wesen das Gebende und Empfangende eingehaucht, so, wie Er selbst gebend und empfangend ist.

Gott atmet aus und ein. Unaufhörlich dehnt sich die Unendlichkeit aus. Es gibt keinen Stillstand. Immer weiter schafft Gott geistige Gestirne. Aus der Verbindung der Dualprinzipien, aus dem Geben und Empfangen, gehen die geistigen Kinder hervor, so dass sich das himmlische Sein, unsere Heimat, mehr und mehr ausdehnt und bevölkert.

Wir alle, jeder Einzelne von uns, trägt in sich die Seele. Reinigt sich die Seele, so wird sie wieder zum lichten Wesen der Himmel, zum Geistwesen.

Auf dem Weg zu Gott kehren wir zurück in den Urstrom, kehren zurück zu unseren geistigen Familien, zu den geistigen Sippen, von wo wir ausgegangen sind. Dort ist unser wahres Leben. Dort gehören wir hin, und dort werden wir auch wieder sein – durch Christus, unseren Erlöser.

Christus hat sich aufgemacht, um uns zurückzuführen. Er ging den Weg über diese Erde nach Golgatha. Er gab jeder Seele und jedem Menschen aus Seinem Lichtpotential, das uns heimführt. Deshalb kann die Seele nur über Christus zum Vater gelangen, durch keine andere Kraft – einerlei, wie sie sich nennt. Christus ist die erlösende Kraft, und über Christus geht der Weg zurück in das ewige Sein.

Christus spricht: *»Ihr sollt in Mir und mit Mir in das ewige Leben hineinreifen, wo Ich im Vater Bin.«*

»In Mir« bedeutet für uns: zu Christus zu finden, um in Christus aufzuerstehen und dann in Ihm zu leben.

Wir beschreiten den Inneren Weg von der Stufe der Ordnung bis zur Stufe des göttlichen Ernstes, um das Erlöserlicht in uns zum Leuchten zu bringen. Haben wir die vier Stufen Ordnung, Wille, Weisheit und Ernst weitgehend erschlossen, dann sind wir in Christus auferstanden. Christus führt uns dann weiter zum ewigen Vater.

Wir müssen also in das Innere Licht finden, zu Christus. Denn Christus ist unser Weg und unser Ziel. Er ist das Innere Licht, das Innere Leben. Zu Ihm zu finden heißt, uns selbst, das wahre Selbst, in uns zu finden.

In den Worten *»Ihr sollt in Mir und mit Mir in das ewige Leben hineinreifen«* spricht Christus einen jeden von uns an, um uns zu sagen: »Komme zuerst zu Mir. Finde dich in Mir; dann kannst du mit Mir in das Bewusstsein des ewigen Seins als das ewige Sein zurückkehren.«

In einem Wort kann die ganze Unendlichkeit liegen. Wie viele Worte, also Geschenke der Unendlichkeit, empfangen wir von unserem Bruder und Erlöser, Christus, damit wir zu dem Leben zurückfinden, das in uns ist und uns eint.

Ein kleiner Absatz aus dem Absoluten Gesetz könnte uns alle Himmel erschließen. Tauchen wir in die Worte der Absolutheit hinein, um die Sprache des Inneren wieder zu erlernen, die Sprache unseres wahren Seins!

Die Sprache des reinen Geistwesens ist die Sprache des Lichts, die in Bildern ausgesandt und empfangen wird. Blicken wir in die Aussagen des ewigen Gesetzes hinein, so erlernen wir ganz allmählich die Sprache des Bildes – denn auch unsere menschliche Sprache ist eine Sprache der Bilder.

Lernen wir die Sprache der Himmel! Dann verstehen wir uns untereinander besser, weil wir erkennen, wer wir wirklich sind. Dadurch gewinnen wir mehr und mehr Achtung vor unserem Leben und vor unserem wahren Wesen, das die Unendlichkeit in der Ewigkeit ist.

Die Sprache der Himmel ist die Sprache der Liebe. Die Sprache der Liebe zu erlernen heißt, unseren Nächsten zu verstehen, ihn nicht mehr abzuwerten und uns täglich bewusst zu machen, dass auch in ihm der positive Teil, Gott, ist, das unbelastbare Ewige. Gott ist in unserem Nächsten – und das, was in ihm ist, ist auch in uns.

Erkennen wir uns als der Sohn, die Tochter Gottes, Erben der Kräfte der Unendlichkeit, so werden wir auch unseren Nächsten im Inneren aufnehmen, denn wir erfassen, dass er ein Teil von uns ist – weil Gott unteilbar und in jedem von uns das Ganze ist. Durch Annehmen und Verstehen schaffen wir die Kommunikation zu unserem Nächsten und schaffen gleichzeitig die Verbindung zu Gott. Dadurch lernen wir die Sprache des Geistes, die Sprache der selbstlosen Liebe – das Gesetz Inneren Lebens.

Nehmen wir aus der Aussage des Herrn *»Ihr sollt in Mir und mit Mir in das ewige Leben hineinreifen«* ein Wort heraus: »*hineinreifen*«. Was liegt in diesem einen Wort? Spüren wir in dieses Wort hinein. Lassen wir dieses eine Wort in uns bildhaft erstehen.

Des Öfteren sprach sinngemäß der Geist Gottes zu uns: »Im Gefäß des Wortes liegt der Sinn, der allein lebendig macht. In *ein* Wort lege Ich die unendlich vielen Facetten des Lebens hinein, das Ich Bin. So ist in einem Wort die Fülle, das Gesetz der Himmel.«

Weil dies so ist, ist das Wort Gottes ein Schatz, der von uns gehoben werden möchte. Mit den Fühlern unseres Inneren können wir in das Wort hineinspüren, so dass in uns das als Bild oder als Empfindung emporsteigt, was die Tagesenergie heute für uns zu erfahren, zu erkennen und umzuwandeln mitbringt.

Dies kann schwerlich gelingen, wenn wir allein mit dem Intellekt, mit dem menschlichen Verstand, zu Werke gehen. Nur wenn wir mit unserem Herzen, mit unserem inneren Bewusstsein, den Sinn des Wortes erfassen, wird uns einiges bewusst werden, das uns bereichert und uns auf dem Weg zu Gott, zu unserem ursprünglichen Wesen, voranbringt.

Was also sagt uns das Wort »hineinreifen«?

Es ist der Reifeprozess vom Samen bis zur Ernte. Beziehen wir dies auf uns Menschen.

Der Same ist der Wunsch, Gott näherzukommen. Wie kommen wir Gott näher? Wir müssen diesen Samen immer wieder begießen und das daraus hervorsprießende Pflänzlein hegen und pflegen – bis es schließlich eine stattliche Pflanze wird, ein stattlicher Baum, das Innere Leben des gotterfüllten Menschen. So vollzieht sich unser Reifen auf dem Inneren Weg. Bringt der Baum Früchte, dann zeigt er sich in seiner Fülle; er bringt das Gesetz seiner Art hervor, das Gesetz des Baumes.

Wir müssen also durch die Arbeit an uns selbst in das ewige Gesetz hineinreifen, um die Früchte der Liebe, unser Erbe, offenbar werden zu lassen.

Jeder Mensch – wie auch jede Seele – bestimmt seinen geistigen Werdegang selbst. Aufgrund seines freien Willens entscheidet er, wann er seine Belastungen, die allzumenschlichen Verhaltensweisen, ablegt, damit sich mehr und mehr das positive Leben, sein geistiges Erbe, wieder entfalten kann. Sein geistiges Bewusstsein muss also allmählich reifen, weil der Mensch belastet ist.

Die Natur hingegen trägt die Reife schon in sich. Sie bringt ihr Bewusstsein aus sich für uns hervor. Sie muss nicht erst reifen – die Pflanze lässt im Äußeren das nur sichtbar werden, was schon in ihr liegt: die Reife.

Durch die Kraft des Sohnes und die Kraft des Vaters, die Urkraft, werden die irdischen Formen der Schöpfungskräfte und Schöpfungskinder – die Erde mit ihren Steinen, Pflanzen und Tieren – die Umwandlung erfahren.

Liebe Mitmenschen, wenn in uns eine Bewegung zu verspüren ist – denken wir daran: Nichts begegnet uns zufällig, denn es gibt keinen Zufall. Was uns – auch in den Worten, die wir lesen – bewusst wird, will uns etwas sagen. Was wir erspüren und in Bildern sehen, das spricht zu uns; es macht uns auf etwas aufmerksam, das für uns heute bedeutsam, eventuell wegweisend oder ein mahnender Fingerzeig ist.

Beachten wir diesen Hinweis aus der Tagesenergie, indem wir es auch umsetzen, so schreiten wir auf dem Weg des Werdens und Reifens schrittweise voran.

»Dort gibt es weder Anfang noch Ende, weil Gott ist und wir in Gott sind.«

Für viele ist Gott noch etwas Abstraktes, etwas weit Entferntes. Lernen wir nun, Gott in uns zu spüren, im Wort »Gott«!

Was sagen uns die beiden Worte: *»Gott ist«?*

Lesen wir die Worte ruhig und bewusst. Sofern es möglich ist, sprechen wir sie laut aus und lassen den Ton in uns nachschwingen: »Gott ist.« Was steigt in uns auf?

Das »ist« ist das Sein ewiglich. Gott ist das strömende ewige Gesetz; Er hat keinen Anfang und kein Ende – Er ist ewig seiend.

Erfassen wir den Unterschied: Gott ist das strömende, allgegenwärtige Gesetz. Der Vater, die Form, ist aus Seinem Gesetz hervorgegangen. Er ist ein Geistwesen. In Seiner Lichtfülle und Strahlkraft ist Er unendlich und unfassbar. Er ist erhaben.

Wo ist Gott?

Er ist in jedem Wort, das wir sprechen. Er ist in jedem Gedanken, in jeder Empfindung, jeder Regung. In allem, was wir tun, ist auch Gott; denn Gott ist das Sein, der Strom des Lebens, der alles durchströmt und alles erhält. Gott ist immer gegenwärtig. Gott ist in jedem Partikel unserer Seele, in jeder Zelle unseres Körpers. Gott ist in jedem Baustein der Materie. In jeder Bewegung ist Gott, weil Gott das Leben ist.

Liebe Mitmenschen, nehmen wir uns als Aufgabe die Bewusstwerdung: Gott ist.

Wohin wir gehen – Gott ist.

Was auf uns zukommt – Gott ist.

Gott ist am Arbeitsplatz. Gott ist in unserer Arbeit. Gott ist in unseren Gesprächen. Gott ist immer dabei.

Er liebt uns. Trauen wir Gott, und wir schaffen Vertrauen zu Ihm. Rufen wir Ihn in jeder Situation an. Eine ehrliche Bitte um Hilfe – und Gott macht sich bemerkbar.

In jedem Problem, in jeder Schwierigkeit, in allem Widrigen ist Gott, die positive Kraft. In jeder Sünde ist Gott das Reine. Wollen wir um Vergebung bitten, so bitten wir Gott, dass Er uns beisteht – und Er steht uns bei.

Gott ruft uns rechtzeitig, wenn wir sündigen; denn Er ist in unseren Gefühlen, Empfindungen, Gedanken, in unseren Worten. Er ist immer der stille Lauscher.

Er lässt uns den freien Willen. Doch kommt das Kind zu Gott, dem ewigen inneren Lauscher, dann wird Gott in uns und in dem, worum wir bitten, lebendig und hilft uns, unsere Probleme zu lösen. Er hilft uns, Gespräche zu führen. Er hilft uns auf Schritt und Tritt, weil Gott die Liebe ist, die gebende Kraft.

Gott ist das Vater-Mutter-Prinzip, die Schöpferkraft, auch in den Naturreichen. Gehen wir durch die Natur – wir gehen mit Gott und gehen durch Gott hindurch, durch Seinen mächtigen Strom, durch die Natur, die wiederum Er ist.

Gott ist. Machen wir uns dies immer wieder bewusst, so beginnt es lebendig zu werden in uns und auch in unserem täglichen Leben. Diese Aufgabe und Übung – »Gott ist« – kann uns helfen. Gehen wir z.B. an Menschen vorbei, wollen wir sie abwerten, dann werden wir sehr rasch merken, wie plötzlich ein innerer Schub kommt, der sagt: »Halt! In deinem Nächsten Bin Ich. Verbinde dich mit deinem Nächsten, und du lernst, Mich, das Leben in allem, zu verstehen – denn Gott ist.«

Erinnern wir uns immer wieder an diese Aufgabe, wachsen wir in dieses Bewusstsein hinein – »Gott ist« –, dann lernen wir auch, uns selbst zu verstehen. Wir werden dann auch Verständnis für unsere Mitmenschen erlangen und Achtung vor den Naturreichen.

Durch die Worte »Gott ist« wird in uns das klare Empfinden für das Gute, Göttliche geweckt und verstärkt. Ebenso erkennen wir auf der anderen Seite rascher und in feineren Nuancen das Ungöttliche, das niedere Menschliche. Wir lernen, das Ichbezogene vom Selbstlosen klarer zu unterscheiden. Unser Gewissen reagiert nach und nach feiner, so dass wir sicherer werden in unseren Entscheidungen.

Die selbstlose Liebe ist das wahre Leben, das göttlich ist. Wir sind auf Erden, um göttlich zu werden, um also zur selbstlosen Liebe zu werden. Bitter ist all das, was menschlich ist. Wir merken es nicht immer; oftmals spüren wir es erst sehr spät. Erinnern wir uns in den Situationen des Tages »Gott ist«, dann werden wir sensitiv, feinfühliger für unser Menschliches, und wir erfahren rechtzeitig, dass wir umkehren sollten. Mit dem „Menschlichen“ ist hier das Sündhafte gegen die Seele gemeint.

»Denn Ich, der Christus Gottes, erhebe alles zum Licht der Wahrheit.«

Schauen wir in das eine Wort »Wahrheit« hinein. »Wahrheit« – was sagt uns dieses Wort?

Es gibt nur eine Wahrheit – und die ist Gott, und Gott ist absolut. Es gibt nichts zu deuteln, nichts zu rütteln, es gibt kein Wenn und Aber – Gott ist!

Die Wahrheit ist ihrer selbst sicher. Sie diskutiert nicht, sie rechtet nicht. Sie stellt klar; doch sie verteidigt sich nicht. Sie muss sich nicht beweisen – sie ist. Sie ist unabhängig, unberührt von Meinungen, Vorstellungen, Theorien und Ansichten. Die Wahrheit ist und bleibt – unumstößlich.

Wir können nach der Wahrheit nicht greifen, um sie zu verändern. Wer sie für sich verändert, der verändert sich selbst – aber niemals die Wahrheit.

Die Wahrheit ist absolut, immer gebend und helfend. Wir können uns auf Gott, die Wahrheit, verlassen. Er ist immer da. Er ist immer gegenwärtig.

In allen Bereichen unseres Lebens, wo wir auch gehen und stehen – Gott ist!

Machen wir uns das bewusst: Gott ist da, um uns zu helfen.

Der Geist der Wahrheit möchte uns helfen und dienen. Er möchte, dass es uns gutgeht. Er möchte, dass wir gesund werden und gesund bleiben. Er möchte, dass wir glücklich sind; denn Er ist das Glück. Er möchte, dass wir friedvoll und freudig sind; denn Er ist der Friede und die Freude.

Machen wir uns dies im täglichen Leben mehr und mehr bewusst: Was wir tun, wohin wir gehen – überall ist Gott dabei. Gott ist. Er liebt uns. Er hilft uns. Er dient uns. Er möchte für uns das Beste, denn Er ist unser Vater.

Wo die Wahrheit ist, ist alles offen und offenbar. Die Wahrheit hat keine Geheimnisse, weil alles wahr ist. Nur der hat Geheimnisse, der die Unwahrheit verbergen muss. Lernen wir, wahrhaftig zu werden in allem, was wir denken, reden und tun, dann finden wir zur Wahrheit.

Das Wort »Wahrheit« trägt in sich das ganze ewige Gesetz. Die Wahrheit ist unser geistiges Erbe; denn wir sind formgewordenes göttliches Gesetz und somit die Wahrheit.

Werden wir wahrhaftig – wahrhaftig in unserem Fühlen, Denken, Reden und Tun! Nehmen wir dies mit in unser irdisches Leben:

Werde wahrhaftig in allem, was du denkst, sprichst und tust – dann findest du dich selbst und findest dich im wahren Selbst als das ewige Selbst in Gott.

Sind wir von der Wahrheit durchdrungen, sind wir also durch und durch wahrhaftig, dann sind wir auch selbstlos, unpersönlich und sicher. Dann haben wir auch die Kraft und daraus den Mut, – je nach Situation und Bewusstseinsstand des Nächsten – unpersönlich alles auszusprechen und anzusprechen. Die Wahrheit ist die Selbstlosigkeit; sie ist unpersönlich und formuliert auch alles unpersönlich.

In der Wahrheit liegt die Ehrlichkeit, die Aufrichtigkeit, aus der wiederum die Geschwisterlichkeit, die echte Brüderlichkeit, hervorgeht.

Die Wahrheit ist immer die Verbindung. Sie schließt keinen Menschen aus, weil Wahrheit gleich Einheit ist.

Alles ist in Gott geeint. Sind wir nicht wahrhaftig, dann stehen wir außerhalb des Gesetzes, außerhalb der Wahrheit, und trennen uns von unseren Nächsten.

Wahrheit ist auch Klarheit, und die Klarheit – gleich Wahrheit – ist immer die Einfachheit.

Das Gesetz Gottes ist die Einfachheit, und alles Einfache ist genial. Deshalb ist es das Größte.

Das Gesetz, Gott, ist das Ganze in allem. Machen wir uns bewusst: Im Staubkörnchen ist die ganze Unendlichkeit. Der entfaltete Bewusstseinsgrad, die entwickelte Facette aus dem ewigen Gesetz, kommt in der Form zum Ausdruck.

Denken wir noch einmal über unser geistiges Erbe und auch über den freien Willen nach:

Unser geistiges Erbe beinhaltet den freien Willen. Lehnen wir uns gegen Gott auf durch Missachtung der ewigen Gesetze, dann liegt das im freien Willen. Gott wird uns nicht hindern. Durch die Auflehnung treten wir aus dem ewigen Gesetz heraus und schaffen uns unsere eigenen Gesetze. So, wie wir sie uns schaffen, so leben wir, so denken wir, so leiden wir. Das reine Sein, das Gesetz, vermag uns nicht mehr zu führen. Wir stoßen uns selbst ab und geraten in die Gottferne.

Gott greift nicht ein, und Er wird auch in dieses materielle Leben nicht eingreifen, denn Er gab uns den freien Willen. Durch die Kraft der Gestirne wird sich vieles ändern – ja, es wird sich alles umwandeln durch das Gesetz, das wir Menschen selbst geschaffen haben: Was du säst, wirst du ernten.

Gott ist die Freiheit. Und wir sind Seine Kinder – nicht Vasallen oder Hörige. Das göttliche Gesetz, der freie Wille, macht uns zu Kindern Gottes und zu Erben des ewigen Reiches.

Liebe Mitmenschen, machen wir uns bewusst:

Durch den freien Willen werden wir auch frei zu Gott zurückkehren. Wir werden von Gott zu nichts gezwungen. Gott, unser liebender Vater, gibt uns unpersönlich immer wieder die Kraft, an Ihn zu glauben, Ihm zu vertrauen, Ihn zu verspüren, Ihn wahrzunehmen, um so Seinem ewigen Gesetz, unserem geistigen Erbe, näherzukommen – bis wir die Gesetze Gottes ganz erfüllen und so als vollkommene Tropfen in den Ozean Gott, in das ewige Sein, zurückkehren. Frei. So, wie wir aus dem ewigen Sein gegangen sind, so werden wir auch wieder zurückkehren – frei. Dann können wir uns im ewigen Sein frei bewegen, weil wir frei und ohne Zwang wieder zu Erben des Geistes Gottes geworden sind und zu Kindern der unendlichen, ewigen Freiheit.

Noch einige Ausführungen zur Freiheit:

Der Mensch hat sich selbst zu dem gemacht, was er heute ist. Das Werkzeug, mit dem er sich zurechtgezimmert hat, sind seine Empfindungen, Gedanken, seine Worte und sein Tun. Jeder Mensch entscheidet jeden Augenblick über sich selbst.

Unsere Gedanken, Worte und Handlungen, unsere gesamte Einstellung zu unseren Mitmenschen und zu unserem Leben sind durch unsere Belastung gleichsam derbe Meißel. Erfüllen wir mehr und mehr das Gesetz Gottes, dann gleichen unsere Empfindungen, Gedanken, Worte und Handlungen dem feineren Meißel.

Das heißt also: Unsere allzumenschlichen Gedanken sind derb; entsprechend formen sie uns. Wenden wir uns dem ewigen Gesetz zu, dann werden wir immer feiner. Dann nehmen wir die feineren Meißel und meißeln unser wahres Sein heraus.

Wir selbst entscheiden, welche Meißel wir verwenden: die derben oder die feinen Meißel.

In jeder Stunde, in jeder Minute, in jedem Augenblick des Tages entscheiden wir uns: entweder für unser Allzumenschliches und damit für das Satanische; dann werden wir dem Fallgesetz anheimfallen – oder wir entscheiden uns für Gott; dann wachsen wir mehr und mehr in das Gesetz der Himmel hinein, in unser geistiges Erbe.

»Gott ist«. Nehmen wir diesen Gedanken auf, so werden wir unseren menschlichen Gedanken nicht mehr freien Lauf lassen. Verbinden wir uns immer wieder mit Gott und erfüllen nach und nach, was Gottes Wille ist, dann werden wir die feinen Meißel nehmen. Wir werden feiner, weil wir edler werden. Unsere Seele wird schöner, weil sie reiner wird.

Die Worte »Gott ist« wollen mit dem höchsten Bewusstsein, Gott, in Kommunikation treten. So machen wir eventuell die Erfahrung, dass sich unser Befinden anhebt, wenn wir das Bewusstsein »Gott ist« in unserem Inneren geweckt haben. Wir können uns besser ausrichten und auch besser und konzentrierter arbeiten.

Bejahen wir immer wieder »Gott ist«, dann ist in unserem Bewusstsein: Wir wollen Gott näherkommen. Er ist ja in allem, in jedem Gedanken, in jedem Wort, in jeder Regung und Bewegung – in jedem Augenblick ist Gott. Vergegenwärtigen wir uns nun: »Gott ist«, machen wir uns dies also immer wieder bewusst, dann rufen wir automatisch in unserem Inneren folgenden Satz ab: »... und ich bin göttlich.«

Aus den beiden Worten »Gott ist« ergibt sich also folgerichtig: »... und ich bin göttlich.« Diese Aussage – »Gott ist, und ich bin göttlich« – ist Bewusstsein, ein mächtiger Kraftquell göttlicher Energie. Er rührt in unserer Seele das Ungöttliche an. Dieses kommt verstärkt ins Schwingen. Die über dem Göttlichen, dem Reinen des Inneren, liegenden Belastungen – unser menschliches Fehlverhalten, unsere Sünden, unsere Ichbezogenheit – geraten in Bewegung und machen sich bemerkbar.

So zeigt uns das Göttliche, das wir bewusst anstreben, im Inneren – und durch die Impulse aus der Tagesenergie auch im Äußeren – auf, wo noch das Ungöttliche ist. Es kommen z.B. abwertende Gedanken.

Wir sollten nun nicht das in Erscheinung tretende Allzumenschliche beiseiteschieben, indem wir sagen: »Nein, nein, das will ich nun nicht mehr. Ich habe mich entschieden: Gott ist, und ich bin göttlich.« Statt dessen nehmen wir die Chance wahr, erfassen das Negative, unser menschliches Ich, unser niederes Selbst, betrachten es – Wo kommt es her? – und bereinigen es mit Christus. Tun wir dies und nehmen uns vor, es nicht mehr zu tun, dann beginnt das Licht, in unserer Seele zu wirken; es beginnt, das zu löschen, was wir bereinigt oder dessen Bereinigung wir in Angriff genommen haben.

Es ist eine Gesetzmäßigkeit auf dem Inneren Weg: Geben wir uns das Absolute Gesetz vor – »Gott ist« –, dann zeigt das Absolute unser Ungöttliches auf. Bereinigen wir es, dann spüren wir, dass mehr Licht und mehr Kraft in unser Bewusstsein kommt. Weiteres Menschliche kann nun erfasst und abgebaut werden, Probleme können sich lösen – zugleich werden wir leichter, freier, beschwingter und kommen unserem himmlischen Vater einen Schritt näher.

Wenden wir uns also dem Absoluten Gesetz zu, so berührt uns auch das Gesetz von Saat und Ernte. Dieses Gesetz, »Saat und Ernte«, ist das Kausalgesetz. Tauchen wir durch das Ansprechen des Allgesetzes in das Kausalgesetz ein, dann zeigt es uns auf, wo wir noch ungöttlich sind. Im Absoluten Gesetz haben wir jedoch einen Halt. Wie ein junges Bäumchen an den Pfahl angebunden wird, so binden wir uns gleichsam an »Gott ist« an.

Allerdings sollten wir uns bewusst machen: Nehmen wir das göttliche Gesetz an, dann verpflichten wir uns, das, was an Menschlichem hochkommt, zu bereinigen, so dass wir zu dem werden, was wir uns anhören, was wir lesen und was wir bejahen.

Die Hinwendung an die Worte »Gott ist« vermag manches zu bewirken. So ist es möglich, dass wir eine Arbeit, die wir sonst ungern machen, freudig und auch konzentriert auszuführen imstande sind, weil wir uns der Worte entsannen: »Gott ist«. Was war geschehen? In dem Augenblick, als uns in den Sinn kam: »Gott ist« und wir unsere Empfindungen hineinlegten, bewegte sich unsere Seele und nahm verstärkt Kommunikation mit Gott auf. Dadurch strömte unserer Seele mehr Kraft zu; die Kraft floss in den Körper; unsere Körperschwingung hob sich an. Infolgedessen fiel es uns nicht mehr schwer, uns zu konzentrieren, und die Arbeit ging uns leichter von der Hand.

Wir sehen: Berührt uns dieses innige »Gott ist«, so kommt uns das Göttliche näher. Im selben Augenblick strömt uns vermehrte Kraft zu. Daran erkennen wir: Gott ist gegenwärtig. Gott, unser ewiger Vater, steht uns immer bei, dann, wenn wir uns Ihm zuwenden. In jeder Situation, mit allen Dingen, die uns täglich begegnen, können wir zu Ihm kommen, denn Er liebt uns.

Vergegenwärtigen wir uns diese beiden Worte – Gott ist – immer wieder während des Tages, so verspüren wir die Gegenwart Gottes in uns und in allem, was wir tun. In diesen beiden Worten liegt das All, denn Gott ist das All, ist das Ganze; »Gott ist« ist also das Ganze in uns.

Stellen wir uns Gott als das Licht und die Kraft in unserem Inneren, als Licht in unseren Gedanken, in unseren Worten und in unseren Handlungen vor. Gott ist – Gott ist Licht und Kraft. Und sprechen wir: »Christus« oder »Christus in mir«, so ist es das Gleiche, als wenn wir sagen: »Gott ist«. Denn Christus im Vater ist Gott in den vier Wesenheiten Gottes. In diesen vier Grundkräften Gottes ist Er im Vater allgegenwärtig.

»Gott ist«, bewusst in uns empfunden, weitet das Bewusstsein. Wir erfassen mehr. Wir sehen mehr. Es erschließen sich Dinge in der weiteren Entwicklung des Geistigen, Dimensionen, die uns als Mensch unbekannt und, vom menschlichen Ich her gesehen, unfassbar sind.

Wenden wir uns bewusst Gott zu, sind wir dankbar, weil wir Seine Gegenwart, Seine Hilfe in unserem Leben erfahren, so mag es sein, dass wir sagen: »Gott hat in mir ein Problem gelöst.« Doch wie vollzieht sich dies? Er greift nicht direkt in unser Leben ein, denn wir haben den freien Willen. Wir könnten sagen: Gott hat das Problem in uns erweckt; Er hat uns auf unsere Fehler aufmerksam gemacht, auf das, was wir bereinigen sollen, um das Problem zu lösen oder um dazu beizutragen, dass das Problem gelöst wird.

Mit anderen Worten gesagt: Gott hat uns in dem Problem, in unserer Schwierigkeit auf unser Fehlverhalten hingewiesen, so dass wir erkennen, was für uns zur Bereinigung ansteht, damit sich das Problem löst. Oder dass wir erkennen, was unser Anteil ist, wenn mehrere an diesem Problem beteiligt sind.

Gott macht uns also auf unsere Fehler aufmerksam. Er selbst löst nicht unser Problem. Würde Er unser Problem lösen, so würden wir uns nicht erkennen und würden immer wieder dieselben Fehler begehen.

Aus dem Vertrauen in Gott erwächst die Dankbarkeit. Dankbarkeit wiederum erweisen wir Ihm, indem wir Tag für Tag das verwirklichen, was uns die Tagesenergie bringt. Einzig durch die Verwirklichung finden wir zu Gott, unserem Vater.

Wir werden viele Situationen erleben, ob in der Familie, ob im Beruf oder anderswo. Doch Gott ist – Er ist immer bei uns. Dieses Bewusstsein, »Gott ist«, sollte in uns Wurzeln schlagen. Dann haben wir den besten Helfer an unserer Seite.

Ich Bin das Leben, Christus, der Sohn Gottes. Wer Mich, den Geist des Lebens, Christus, in sich erstehen lässt, der hat sein geistiges Erbe, das sein ewiges Leben ist, wiedergefunden. Dann kehrt das Wesen heim zu Gott, dem ewigen Vater, da es aus Ihm ist.

Gabriele:

Ein Abschnitt aus dem Absoluten Gesetz. Spüren wir hinein! In diesem Abschnitt ist der ganze Himmel.

»Ich Bin das Leben.«

Dürfen nicht auch wir das sagen, wenn wir uns als das reine Wesen in Gott bejahen? Denn das himmlische Erbe ist unser Leben, ist das komprimierte Sein – sind wir selbst.

»Ich Bin das Leben«, sagt Gott, »in allem, was ist.« Und wir sind die Erben des geistigen Reiches. Wir besitzen alles, was ist. Es ist der Aufbau unseres geistigen Leibes.

»Wer Mich, den Geist des Lebens, Christus, in sich erstehen lässt, der hat sein geistiges Erbe, das sein ewiges Leben ist, wiedergefunden.«

Das geistige Erbe besteht aus den sieben Grundkräften Gottes. Die sieben Grundkräfte sind das ewige Gesetz – das All. Das Gesetz strömt durch alle Reiche, strömt durch alle Wesen, strömt durch die Naturreiche, durch die Gestirne – durch alles, was ist.

Das himmlische Erbe ist die leuchtende Kraft in uns. Deshalb bedarf es keiner Sonne, die das reine Wesen anstrahlt; das reine Wesen ist selbst die Sonne, weil das göttliche Erbe, die Unendlichkeit, im Geistwesen leuchtet.

Wir Menschen müssen zuerst das Wissen um die Gesetze Gottes erfahren. Verwirklichen wir das geistige Wissen, dann erlangen wir Weisheit. Wir brauchen dann nicht mehr zu fragen, wie wohl dies oder jenes ist. Wir brauchen nicht mehr nach den Zusammenhängen zwischen Himmel und Erde zu suchen. Die Weisheit in Gott weiß um alle Dinge, weil das Wesen in Gott weise ist.

Das Wissen allein hat keine Weisheit; nur das verwirklichte Wissen bringt Weisheit. Und die Weisheit fragt nicht – sie weiß um die göttlichen Gesetze, um die Zusammenhänge des göttlichen Seins.

Das Absolute Gesetz, nur gehört oder gelesen, bringt uns nicht die Weisheit. Die Verwirklichung dessen, was Tag für Tag auf uns zukommt, führt uns zur göttlichen Weisheit, zur Erkenntnis um alle geistigen Dinge. Einzig durch Verwirklichung kehren wir ein in das Innere, nicht durch bloßes Wissen. Einzig durch die Verwirklichung finden wir wieder in die Absolutheit; denn Gott, unser Vater, ist absolut, und wir sind in Gott absolute, vollkommene Wesen.

Alle werden in Mir auferstehen. Alle, die glauben, verloren zu sein, werde Ich finden. Und die Schwachen werden in Mir erstarken; denn Ich Bin die Herrlichkeit im Vater.

Gabriele:

Dieser Absatz sollte uns aufmuntern. Er spendet Trost. Er schenkt uns Zuversicht – denn Gott ist. Und wir werden in Christus auferstehen, weil Christus in uns das Auferstehungslicht ist. Tagtäglich reicht Er uns das, was wir an diesem Tage umsetzen, also verwirklichen sollen, damit das Licht, das Christuslicht, in uns wachsen kann, auf dass wir in Christus auferstehen können.

»Alle, die glauben, verloren zu sein, werde Ich finden.«

Nichts kann verlorengehen. Kein Wesen, kein Stäubchen kann verlorengehen; denn im Stäubchen, im Staubkorn, ist Gott. Würde ein Körnchen verlorengehen, so wäre die Unendlichkeit nicht vollkommen. Es geht keine Energie verloren – und Gott ist positive, ewige, leuchtende Energie. Er leuchtet im Staubkörnchen, im Sandkorn – und diese kleine, für uns oftmals unscheinbare Form, trägt doch in sich wieder die Gottheit. Würde also dieses kleine Ding verlorengehen, so würde ein Teil der Schöpfung nicht mehr existieren. Das ist unmöglich, denn: Gott ist.

Ist schon das Kleinste geborgen und getragen von Gottes Fürsorge – um wieviel mehr geht Christus jedem

Wesen nach, jedem Menschen! Denn das Geistwesen im Menschen besitzt alle Kräfte des Alls.

Das Kleinste ist im Großen, und das Große ist im Kleinsten. Und deshalb kann nichts verlorengehen, weil Gott ist. Er ist im Kleinsten wie im Großen.

In Gott gibt es kein Vergehen, nichts wird zum Nichts. Sprechen wir davon, dass die Welt vergeht, so heißt das: Alles Ichbezogene wird zerbrechen, damit das Selbstlose, die uns innewohnende göttliche Kraft, frei werden kann. Sprechen wir davon, dass der Mensch, das Menschliche, die Ichhülle, vergehen, sterben muss, so bedeutet das: Die Hülle muss sich wandeln, damit das Reine, Feine, Edle des ewigen geistigen Wesens zutage treten kann – und sie wandelt sich, weil Gott, das Innere Leben, unvergänglich ist.

»Und die Schwachen werden in Mir erstarken ...«

Zum Göttlichen hin wandeln, um im Göttlichen zu erstarken, werden wir uns nur, wenn wir dies auch anstreben. Ob es uns damit ernst ist, können wir an unserer Gedankenwelt ablesen. Kreisen wir noch viel um uns selbst, so nähren wir unser menschliches Ich. Und nähren wir unser menschliches Ich – wie wollen wir zu Gott finden?

Gott nährt nicht unser menschliches Ich. Wir selbst nähren, verstärken und vergrößern es, indem wir die Gotteskräfte, die uns jeden Tag erneut gegeben sind, missbrauchen. Wir wandeln sie – durch unser ichbezogenes

Empfinden, Denken, Reden und Handeln – um in negative Energie oder nehmen Kräfte von unserem Nächsten, indem wir unseren Nächsten von uns abhängig machen, so dass er das tut, was wir wollen. Dann fließt uns seine Energie zu, die wir dann für uns gebrauchen und letzten Endes missbrauchen.

In jedem Augenblick haben wir die Chance, im Negativen, dem Schwachen, das Positive, das Göttliche, das Starke, zu erkennen, zu erfassen, uns für dieses zu entscheiden und darauf aufzubauen. Das abgelegte Negative erfährt dann in Christus nach und nach die Umwandlung; die Schwäche wird zur Stärke.

Wir haben immer die Möglichkeit, zu verwirklichen, an der Umwandlung unseres Menschlichen, Schwachen, zu arbeiten – es kommt nur darauf an, es auch zu tun! Das Tun ist von Bedeutung.

Christus spricht: *»Und die Schwachen werden in Mir erstarken; denn Ich Bin die Herrlichkeit im Vater.«* Was geschieht, wenn wir uns nun auf diese Aussage berufen und sagen: »Nun, dann bleiben wir eben schwach. Doch in der Schwäche ist die Stärke. Irgendwann wird die Stärke zum Vorschein kommen.« Auch wenn wir passiv bleiben, wenn wir weiterhin die Tage verstreichen lassen – die Stärke wird zum Vorschein kommen, aber dann durch Leid, durch Krankheit, durch Not: durch Abtragung. Irgendwann, und sei es nach mehreren Einverleibungen oder in den Seelenreichen, kommen wir dahinter, dass wir den Weg der

Reue, der Bitte um Vergebung, der Vergebung gehen müssen und dann das, was wir an Allzumenschlichem erkannt haben, nicht mehr tun dürfen.

Wir kommen nicht umhin, unsere Schwächen anzusehen, damit die Stärke in der Schwäche erwacht. Schauen wir die Schwächen an und bereinigen wir das Menschliche, das Schwache, dann strahlt uns die Stärke zu, das Licht des Herrn.

Allein vom Warten, dass die Stärke kommt, erlangen wir nicht die Stärke. Wir müssen uns erkennen! Denn erkennen wir unsere Fehler und Sünden nicht, dann werden wir sie immer wieder tun. Wir müssen sie erkennen, den Weg der Bereinigung gehen und die Fehler nicht mehr tun. Dann erwacht die Stärke, letzten Endes der Christus-Gottes-Geist in uns – und wir finden mit Ihm in die Herrlichkeit des Vaters, wo Er, Christus, ist.

Und das ist auf dem Weg zu Gott nicht schwer! Schwer wird es nur, wenn wir Gott, unserem Vater, und Christus, unserem Erlöser, keinen Glauben schenken; wenn wir Gott nicht vertrauen. Schwer wird es nur, wenn wir unseren Nächsten nicht an- und aufnehmen möchten; denn nur über unseren Nächsten finden wir zu Gott, weil unser Nächster zur großen Einheit Gottes gehört. Auch Tiere, Pflanzen, Mineralien und die Gestirne sind in der großen Einheit Gottes. Wir können nicht ein Fünkchen des Lebens übergehen und sagen: »Ich gehe allein zu Gott.« Über den Menschen oder über das Tier oder über die Pflanze, die wir ablehnen, müssen wir zu Gott finden!

Rein werden heißt, unser ewiges Erbe zu erschließen, das die Kräfte aller Seinsformen im gesamten All beinhaltet. Nichts dürfen wir also aus unserem Herzen ausschließen, sonst werden wir unser himmlisches Erbe nicht erschließen.

Alles, was wir empfinden, denken, reden und tun, ist von Bedeutung. Denn: Jeder Gedanke, jede Empfindung, jedes Gefühl ist eine Gesetzmäßigkeit, entweder im göttlichen Gesetz oder im Kausalgesetz.

Das Kausalgesetz, das Gesetz von Ursache und Wirkung, ist der Oberbegriff. Im Gesetz von Ursache und Wirkung sind wir mit unseren Belastungen aufgezeichnet. Jeder Einzelne von uns ist ein persönliches Gesetz im Kausalgesetz. Unser persönliches Gesetz ist das menschliche Ich in all seinen Variationen.

Dieses menschliche Ich muss abgebaut, das heißt umgewandelt werden, damit wir in das unpersönliche Gesetz, Gott, finden.

Machen wir uns noch einmal bewusst: Jedes Gefühl, jede Empfindung, jeder Gedanke, jedes Wort und jede Handlung ist eine Gesetzmäßigkeit. Fragen wir uns: Ist das, was wir fühlen, empfinden, denken, sprechen und tun, göttlich oder ungöttlich? Das Göttliche erhebt uns und macht uns frei, glücklich und gesund. Das Ungöttliche ist gegen die Freiheit, gegen das Glück, gegen die Gesundheit. Daher bringt es uns Krankheit, Leid, Siechtum, Friedlosigkeit.

So entscheiden wir uns in jedem Augenblick – ob es uns bewusst ist oder nicht –, entweder unsere Belastungen, unser persönliches Gesetz, zu vergrößern oder göttlich zu werden. Auch in unserem Unterbewussten findet ständig ein Austausch, eine Kommunikation, mit entsprechenden Kräften statt. Für diese Unterkommunikationen sind wir ebenfalls verantwortlich.

Der Sinn und Zweck unseres Erdenlebens ist, dass wir aus dem Menschlichen zum Göttlichen, aus der Ichbezogenheit zur Gottverbundenheit, ins Innere Leben, gelangen. Die Richtschnur für ein gesetzmäßiges Leben ist jeder Seele und jedem Menschen bekannt; sie ist formuliert in den Zehn Geboten und in der Bergpredigt.

Erfüllen wir schrittweise die Zehn Gebote und die Bergpredigt, dann finden wir vom Oberbewusstsein ins Unterbewusstsein. Was uns nicht bewusst war, wird uns plötzlich bewusst, so dass wir bewusst bereinigen können. Wir müssen also Schicht für Schicht abarbeiten. Erfüllen wir dies ernsthaft mit Christus, dann können wir uns vieles ersparen.

Allein die Tat ist von Bedeutung, die Verwirklichung der Gebote Gottes. Verwirklichen wir Tag für Tag, dann setzt immer wieder die Gnade und Hilfe Gottes ein.

Wir dürfen uns der Gnade und Hilfe Gottes bewusst sein; doch wir müssen uns aufmachen, die Sehnsucht zu entfalten, Gott, unserem Vater, und somit unserem göttlichen Erbe, näherzukommen. Dies gilt für alle Menschen und für alle Seelen.

Er, der große All-Eine, hat Mir die Aufgabe übertragen, alles, was verloren schien, zurückzuführen in das ewige Sein.

Gabriele:

Worte des Trostes von unserem Erlöser, Christus.

Die Erlösung ist allen gegeben, um frei zu werden und sich in Gott zu finden. Deshalb müssen auch alle Religionen, alle Institutionen vergehen. In Gott gibt es weder Religionen noch Institutionen. Die Innere Religion ist der Christus Gottes, ist das Leben des Menschen in Christus. Erschließen wir über Glauben, Vertrauen und Verwirklichung das Gesetz Gottes, unser himmlisches Erbe, dann haben wir den Erlöserfunken in uns zum Leuchten gebracht. Dazu bedarf es keiner äußeren Religion und keiner Institution. Haben wir das Königreich des Inneren in uns erschlossen, dann sind wir geeint mit Gott, unserem Vater, und somit geeint mit allen Kräften der Unendlichkeit, weil wir wieder göttlich geworden sind.

Als Jesus von Nazareth sprach Ich zu denen, die Mich verstehen konnten, ohne Gleichnisse vom Gesetz des Lebens. Für die, die Mich nicht verstehen konnten, waren die heiligen Worte Geheimnisse; deshalb sprach Ich immer wieder in Bildern. Doch jetzt ist die Zeit gekommen, da Ich, Christus, allen das Gesetz des Lebens offenbare, auf dass sie Mich finden; denn Ich Bin unterwegs, um Mein Reich auf der Erde aufzurichten.

Wer Ohren hat, der höre!

Hierzu erläuterte Gabriele,
die Lehrprophetin und Botschafterin Gottes:

Liebe Leser, wir müssen lernen, in die Worte hineinzuhören und hineinzuempfinden, um deren tiefen Sinn zu erfassen; sonst werden sich die Worte uns nicht entschlüsseln. Alles Gesprochene bleibt uns dann ein Geheimnis.

Wir verstehen das Gesetz Gottes nur, wenn wir uns selbst verstehen lernen. Wer sich selbst nicht kennt, der versteht sich nicht, und wer sich selbst nicht versteht, der kennt sich nicht. Wer sich nicht kennt, der kann auch nicht in die Worte des Geistes Gottes hineinblicken – für ihn bleiben sie Geheimnisse.

Deshalb der Innere Weg. Wer den Inneren Weg konsequent geht, der reinigt seine Seele. Durch die Reinigung der Seele erweitert sich das Bewusstsein; es fließt mehr Licht und mehr Kraft in die Seele und in den Menschen ein. Der Mensch sieht klarer, weiter, tiefer; er erfasst und erspürt mehr. Warum? Weil er mehr Energie hat. Je weniger Gottesenergie wir haben, umso weniger verstehen wir, weil wir uns auch selbst nicht verstehen, da wir uns selbst nicht ansehen.

Der Herr sagte: *»Doch jetzt ist die Zeit gekommen, da Ich, Christus, allen das Gesetz des Lebens offenbare.«* Warum? Weil wir in einer mächtigen Umbruchszeit leben, in einer Zeit, wie es sie noch nie gegeben hat. Alle alten Strukturen werden vergehen. In keinem Land, auf keinem Kontinent hält mehr das Alte; es wird gleichsam hinweggefegt. Das bedeutet: Christus kommt.

»Ich Bin unterwegs, um Mein Reich auf der Erde aufzurichten.«

Ja, liebe Mitmenschen, Sein Reich sollte auch unser Reich sein, denn wir sind Erben dieses Reiches, da das Reich des Guten, Reinen in uns ist, unser geistiges Erbe. Bei diesem Wissen sollten wir es nicht belassen. Machen wir uns auf! Unser geistiges Erbe müssen wir wieder erschließen, um in das innere Reich zu finden, um Bewohner des Gottesreiches zu sein im Himmel oder auf der Erde im Friedensreich Jesu Christi.

Wir kommen also nicht umhin, das innere Reich zu erschließen – das Absolute Gesetz.

Der Herr sagt: *»Wer Ohren hat, der höre!«* Lernen wir, in die Worte hineinzuhören, und wir brauchen nicht mehr jene Bildersprache, die sich aus Vorstellungen, aus den Reflexionen unseres menschlichen Ichs, zusammensetzt. Dann schauen wir im Wort das Gottesbild und letzten Endes uns selbst als göttliche Wesen.

Die Sprache drückt sich in Bildern aus. Sind es die menschlichen Bilder, dann brauchen wir die Gleichnisse, die Bilder des Kausalgesetzes. Finden wir zum Gottesbild, dann erfassen wir bildhaft die Gesetze Gottes und blicken tiefer. Lösen wir also, was gebunden ist, dann lösen sich auch die »Geheimnisse« Gottes auf.

Gott hat keine Geheimnisse. Mit unseren Sünden, die wir nicht offenbar werden lassen wollen, verschließen wir uns den Zugang zum Inneren Leben. Dadurch blicken wir nicht mehr tiefer und deklarieren das Ganze als Geheimnis Gottes. Lösen wir die Fesseln des menschlichen Ichs, lösen wir uns von unserem geheimen Denken – von dem, was wir noch verbergen möchten –, dann werden wir auch die sogenannten Geheimnisse Gottes lüften.

In Gott gibt es also keine Geheimnisse. Wir selbst sind uns das Geheimnis. Wir selbst haben das ewige Gesetz, unser geistiges Erbe, verschleiert durch unser falsches Denken, durch unsere Sünden. Also müssen wir es wieder entschleiern; denn wir sind Erben der ewigen Wahrheit, Wesen des Lichtes. Wir wissen: Durch das Beschreiten des Inneren Weges finden wir in das Absolute Gesetz, zu unserem geistigen Erbe – nicht jedoch, wenn wir nur vom Inneren Weg reden. Dann bleibt es nur beim Reden. Wir müssen es tun!

Reden wir also nicht – tun wir! Dann beschreiten wir den Inneren Weg ernsthaft. Nur wenn wir ihn ernsthaft, das heißt konsequent, gehen, finden wir heraus aus dem Sündenpfuhl.

Bedenken wir, wie viele schöne Worte schon um Christus gemacht worden sind und was schon alles über das Kausalgesetz geschrieben worden ist! Es nützt alles nichts, wenn wir nur hören und lesen; es nützt nichts, wenn wir nur darüber reden. Wir müssen es erfüllen – also tun.

Ein neues Menschentum entsteht.

Ich, Christus, bringe den Meinen, die Mir wahrlich nachfolgen, die innere Reform, die geistige Erneuerung, für das Innere Leben. Die Sinneswelt vergeht – die geistige Welt steigt empor und mit ihr all jene, die auf Mich, Christus, ausgerichtet sind. Sie sind die Edlen, die Feinen, die das Innere Leben bringen, das neue Menschentum in Mir, dem Christus.

Gabriele:

Die innere Reform, die geistige Erneuerung, heißt also für uns: Wir müssen neu werden. Das bedeutet für uns wiederum das Umdenken – weg vom Allzumenschlichen, hin zum Geistigen.

Christus sagte, es sind die Edlen, die Feinen, die das Innere Leben bringen. Wie werden wir edel? Wie werden wir fein? – Wir müssen uns schleifen lassen.

Ein Bild: Der Diamant, so heißt es, entsteht nur unter Druck. Als Folge des Schleifens und des Polierens glänzt er. Zu diesem Diamanten müssen wir gleichsam wieder werden. Wie? Die Tage bringen das, was wir anschauen sollen. Schauen wir es nicht an, dann bringen sie Leid. Schauen wir es an und bereinigen wir, dann werden die Tage immer lichter. Sie bringen mehr Freude. Warum? Weil der Diamant geschliffen und poliert wird.

Machen wir uns immer wieder bewusst:

Was wollen wir werden? Edle Menschen, feinstes Porzellan, geschliffenes Glas, ein geschliffener Diamant?

Beobachten wir uns im Tagesgeschehen: Wie reagieren wir? Wie denken wir? Ist es edel? Ist es fein? Kann in diesem Gedanken, den ich denke, oder in diesem Wort, das ich spreche, Gott, das Licht, mich durchstrahlen? Bin ich in diesen Worten und Gedanken durchlässig für höhere Kräfte, also fein und edel? Fragen wir uns dies tagtäglich!

Stellen wir uns hin und wieder gleichsam vor einen Spiegel, mit der Frage: Ist mein Inneres feinstes Porzellan, geschliffenes Glas oder ein geschliffener Diamant? Sind also meine Empfindungen, Gefühle, Gedanken, Worte und Handlungen edel? Wenn ja, dann adle ich meine Seele, und der Adel meiner Seele bringt auch das Edle im Menschen zum Vorschein.

Durch den Adel der Seele kommt auch das Feine im Menschen zum Ausdruck. Wir gewinnen Achtung vor unserem Leben und Achtung vor unserem Nächsten. Wir werden durchlässig für höhere Kräfte, weil wir geschliffen sind. Selbstlose Gedanken und Werke sind Ausdruck des Adels der Seele, des Edlen und Feinen im und am Menschen.

Betrachten wir uns also selbst; legen wir an uns den hohen Maßstab an, der unserem innersten Wesen, dem Ebenbild Gottes, entspricht. Adeln wir unsere Seele, sind wir schon feinstes Porzellan, geschliffenes Glas, ein geschliffener Diamant, dann bemerken wir das in unserem Denken, Reden und Tun. Wenn nicht – warum nicht?

Nehmen wir uns in unser tägliches Leben auch die Aufgabe mit: Gott ist – und ich bin göttlich.

In diesen Worten aus dem göttlichen Gesetz liegt die Bewusstwerdung unseres wahren Wesens. Sie helfen uns, unser Menschliches vom Gesetz des Lebens aus zu erkennen. Gewinnen wir Achtung vor unserem wahren Leben, dann werden wir auch das von uns erkannte Menschliche bereinigen und nicht mehr tun. So adeln wir die Seele. So verfeinern wir unser Wesen. So werden wir edel, weil wir rein werden.

Viele Weltbezogene werden auf den Acker des Todes schauen und am Ende mit leeren Händen in das Reich des Todes eingehen, in welchem sie als geistig Tote leben. Es sind jene, die ihr irdisches Dasein nicht gemeistert haben, die in der Erdenschule das Wachstum des Inneren versäumt haben.

Gabriele:

Ist unser Verhalten nur auf das Zeitliche bezogen, ist für uns nur das Materielle der Maßstab, dann bleiben wir in unserer Gesamtstruktur derb, weil unser ganzes Sinnen und Trachten nur weltbezogen und auf unser grobes, borstiges Ich ausgerichtet ist.

Durch dieses weltbezogene, kämpferische Streben, das Machtstreben, gelangt unsere Seele des Nachts, wenn wir schlafen, nicht in höhere Gefilde, ja, nicht einmal in die nächstliegenden Reinigungsebenen. Sie bleibt erdbewusst und somit auch erdnah. Das bedeutet, dass die Seele kaum um die jenseitigen Welten weiß, da sie sich nur mit der Materie beschäftigt, so, wie sich auch der Mensch einzig mit dem Diesseits identifiziert.

Stirbt der menschliche Körper, scheidet er also hin – wohin geht dann die unwissende Seele? Sie bleibt auf der Erde. Sie hat keine Heimat. Denn so, wie der Baum fällt, so bleibt er liegen. Das ist dann der geistige Tod. Die Seele hat als Mensch die Erdenschule nicht gemeistert; der Mensch war weltbezogen, und die Seele bleibt weltbezogen. Sie kennt ihren Weg in die jenseitigen Welten nicht – und kennt schon gar nicht die ewige Heimat.

Der Herr offenbarte: *»Es sind jene, die ihr Dasein nicht gemeistert haben, die in der Erdenschule das Wachstum des Inneren versäumt haben.«* Wissen wir um die Gesetze Gottes und verwirklichen wir nicht, was wir erkannt haben, reinigen wir uns also nicht, dann lässt sich das Versäumte in diesem Leben nur noch schwer aufholen; denn wir wissen: Der riesige Speicher, der sogenannte Kausalcomputer – die materiellen Gestirne und die Planeten der Astralebenen, welche die Gesetzesverstöße der Menschheit, ihre Sündenlast, ihre Saat, speichern –, ist weitgehend gefüllt. Saat und Ernte folgen nun immer unmittelbarer aufeinander; die Ursachen kommen schneller zum Tragen; die Wirkungen treffen den Menschen immer rascher. Das Weltgebäude, in der Anmaßung gottfernen Denkens und Lebens errichtet, bricht in sich zusammen.

Wer bewusst gegen das Göttliche verstößt, der sollte nicht mehr zögern, jetzt umzukehren. Wir sollten die Hand des Christus Gottes ergreifen, um nicht von der Woge Welt überrollt und von unserem selbstverursachten Schicksal ereilt zu werden.

Bewusst gegen Gottes Gesetze verstößt derjenige, der sie kennt und nicht danach handelt. Wir Christen haben die Zehn Gebote und die Bergpredigt; diese Gesetzmäßigkeiten halten uns an, das zu erfüllen, was der Herr uns geboten hat. Wir können also nicht sagen, davon hätten wir nichts gewusst. Die Zehn Gebote sind in unserer Seele verzeichnet, weil sie uns von Gott durch Mose gegeben sind, ebenso die Bergpredigt von Jesus, dem Christus Gottes.

Machen wir uns also auf, um aus dem menschlichen Denken herauszufinden, damit wir nicht mit leeren Händen dastehen, wenn die Stunde für den physischen Leib geschlagen hat.

Der neue Mensch pflegt die Gemeinschaft, denn er hat den Gemeinschaftssinn entwickelt, das Gemeinwohl: Einer für alle, und alle für Einen.

Gabriele:

Der neue Mensch im Lichte des Christus Gottes pflegt die Gemeinschaft. Was ist die Gemeinschaft im ewigen Sein? Einer für alle, und alle für Einen.

Die Gemeinschaft ist die große Familie Gottes, wo alle Geistwesen im Gesetzesverbund leben und wirken. Entfalten wir diesen Gemeinschaftssinn untereinander, dann kreisen wir auch nicht mehr um unser menschliches Ich, um die Gebilde unseres kleinen Denkens, um unsere selbstgeschaffenen menschlichen Gesetzmäßigkeiten.

Alles ist Gesetz. Im Gesetz Gottes ist alles wohlgeordnet – es ist gesetzt; es ist absolut, und es ist in Ordnung so, wie es gesetzt ist. Das himmlische Gesetz beinhaltet die sieben Grundkräfte Gottes – die göttliche Ordnung, den göttlichen Willen, die göttliche Weisheit, den göttlichen Ernst, die göttliche Geduld, Liebe und Barmherzigkeit. So ist es gesetzt; so ist es vorgegeben – so ist es ewig.

Was nicht dem Absoluten Gesetz, dem Göttlichen, angehört, das fällt unter das Gesetz von Ursache und Wirkung. Es ist das Niedere, Menschliche, das Vergängliche, Gegensätzliche. Auch unsere menschlichen Gedanken sind also Kausalgesetzmäßigkeiten.

Beschäftigen wir uns nur mit unserem Niederen, mit unserem menschlichen Ich, dann können wir den Nächsten nicht erspüren; wir können ihn in unserem Inneren nicht erfassen; wir haben ihn nicht angenommen, geschweige denn aufgenommen. Ihn aufzunehmen heißt, ihn in uns lebendig werden zu lassen.

Das bedeutet zugleich: Erspüren wir unseren Nächsten in unserem Inneren nicht, klingen und schwingen also die positiven Seiten unseres Nächsten nicht in uns, dann sind wir noch mit unserem Allzumenschlichen beschäftigt.

Ist unser Nächster, der ein Teil unseres göttlichen Erbes ist, in unserem Innersten nicht lebendig, dann haben wir keinen Gemeinschaftssinn, weil wir nur mit uns selbst die Gemeinschaft pflegen und die Sinnesempfindungen für unseren Nächsten nicht entfaltet haben. Es mangelt uns an der positiven göttlichen Kommunikation, die den Gemeinschaftssinn ausmacht.

Fehlt einem Menschen der Gemeinschaftssinn, dann gibt es für ihn auch kein Gemeinwohl, da er nur an sein Wohl denkt. Das Gemeinwohl ist das Wohl für alle.

Wer also den Gemeinschaftssinn entwickelt, der strebt dem Gemeinwohl zu. So, wie im Himmel, so auch auf Erden. Im Himmel heißt es: Alle sind in dem Einen, Gott, und allen gehört alles, weil sie Erben der Unendlichkeit sind. Streben wir dem Gemeinschaftssinn, dem Gemeinwohl – allen gehört alles –, nicht zu, dann werden wir auch Christus nicht nachfolgen können. Er führt uns in das Gesetz der Liebe, zu unserem geistigen Erbe, welches das Gemeinschaftsleben und somit das Gemeinwohl beinhaltet.

Das Reich Gottes wird auf die Erde kommen, und so, wie es oben, also im ewigen Sein, ist – ähnlich wird es dann im Reich Gottes auf dieser Erde sein. Deshalb gibt uns Christus das Gesetz des Lebens; denn dieses Gesetz wird unter denen gültig sein, die Christus nachfolgen.

Im ewigen Sein gehört jedem Wesen alles, weil das große Ganze als Essenz in jedem ist. Das große Ganze – der Makrokosmos – bildet – als Mikrokosmos – unseren geistigen Leib, denn wir sind formgewordenes göttliches Gesetz.

Daraus ergibt sich: Lehnen wir auch nur einen Menschen ab, dann pflegen wir nicht den Gemeinschaftssinn und leben auch nicht im Denken des Gemeinwohls und somit auch nicht im Gesetz des Lebens. Missachten wir den geringsten Baustein der Natur, so missachten wir Gott; denn Gott, das Ganze, ist ebenfalls in dieser Lebensform.

Als wir Mensch wurden, haben wir eine große Aufgabe übernommen: göttlich zu werden. Das bedeutet nichts anderes, als wieder alles zu erschließen, was an göttlichen Anlagen, göttlichen Aspekten, göttlichen Kräften in uns liegt. Unser gesamtes göttliches Erbe zu erlangen, das ist die Aufgabe eines jeden Menschen, einer jeden Seele.

Wir haben das göttliche Erbe tief in uns – es muss jedoch in uns wieder zur vollen Blüte erwachen. Unser göttliches

Erbe ist dann voll lebendig, wenn die Essenz jedes kleinsten Bausteines des Universums in uns wieder aktiv ist.

Ist uns das bewusst, so werden wir nicht mehr gedankenlos, gleichgültig oder geringschätzig an den kleinen und großen Lebensformen der Natur vorübergehen, die Gott, unser Vater, aus Seiner Strahlung zuließ, um uns Menschen an die Schönheit und Fülle der himmlischen Heimat zu erinnern. Wir werden den Nächsten achten wie auch uns selbst, denn jeder von uns ist das Kind des ewigen Vaters, das wieder zu Seinem Ebenbild werden sollte.

Liebe Mitmenschen, werden wir uns der Gemeinschaft, der Einheit mit allem Sein mehr und mehr bewusst! Dabei helfen uns folgende Fragen:

Wen oder was werten wir noch ab?

An wem oder an was gehen wir achtlos vorüber?

Treten wir immer noch achtlos auf Steine, auf Gräser und Blumen?

Unendlich weise und groß ist Gott. Wir setzen unseren Fuß auf Gräser, auf Blumen, auf Steine, ja, sogar auf Tiere – Er in diesen ist also im übertragenen Sinne der Teppich, auf dem wir gehen dürfen. Auf diese Weise dient Gott uns. Unter unseren Füßen ist das ganze Schöpfungsgeschehen, Gott!

Die unendliche Größe, Gott, möchte uns sagen: »Erkenne dich! Du bist Mein Ebenbild. Erlange deine wahre Größe; denn du bist auf Erden, um göttlich zu werden.«

Wer die innere Gemeinschaft mit allen Menschen und allem Sein nicht anstrebt, ist gegen Gott. Wer Gott in sein Leben nicht einbezieht, ist gegen Gott und gegen alles, was göttlich ist. Ein solcher Mensch liebt nur sich selbst, sein niederes Selbst.

Wo Eigenliebe und Ichbezogenheit sind, da kann der Friede, der aus der inneren Kommunikation erwächst, nicht sein. Die Selbstlosigkeit bringt den Sinn für das Gemeinschaftliche, das Gemeinwohl, hervor. Der Gemeinschaftssinn zeigt sich immer auch im Äußeren, in der Tat. Wer also die innere Kommunikation mit allem Sein pflegt, der wird sich auch in die große Familie Gottes begeben und das Gemeinwohl fördern. So, wie im Himmel, so soll es auch auf Erden werden.

Sind wir noch gefangen in unserer Ichwelt, dann blicken wir nur auf den Panzer unseres menschlichen Ichs. Die Enge, das Begrenztsein, zeigt sich darin, dass wir nur an uns denken: »Ich, ich. Mein, mir, für mich!« Nun heißt es: Heraus aus unserer Begrenzung, aus dem Mein und Mir, hin zum Nächsten, der ein Teil von uns ist.

Sind wir in der Begrenzung unseres Ichs gefangen, dann schauen wir Gottes Allmacht nicht, die uns umgibt. Wir hören nicht Seine Liebeempfindungen, die Er uns durch unzählige Münder zuraunt, durch den Strahl der Sonne, durch den Wind, durch die Blätter, durch die Blüten, durch jeden Stein, durch jedes Tier, durch die Strahlung der Gestirne. Wo wir gehen und stehen, ist Gott.

Gott ist tief in unseren Gefühlen, Empfindungen, Gedanken und Worten. Wenn uns dies alles bewusst wird, dann beginnen wir ganz allmählich zu erwachen in dem Bewusstsein: Wir sind Kinder Gottes, Erben der Unendlichkeit. Dann erst werden wir uns aufmachen, den Weg zu Ihm konsequent zu gehen – weil wir erwacht sind.

Wer im Weltlichen schläft, denkt nur an sich. Wer erwacht, denkt mehr und mehr an Ihn, Christus.

Je mehr wir selbstlos für unseren Nächsten sind, umso mehr Menschen werden wir bewusst begegnen, denen wir aus dem ewigen Sein Tropfen des Lebens geben können, auf dass auch sie in den großen Ozean, Gott, finden, der die Gemeinschaft aller Tropfen ist.

Den Gemeinschaftssinn zu entwickeln heißt, bewusst zu leben. Täglich müssen wir lernen, tief im Menschen das Heil zu erfassen und nicht nur auf die Hülle, den Menschen, zu blicken. Blicken wir nur auf das Äußere, dann sehen wir nur auf die Fehler des Menschen. Nehmen wir jedoch unsere Nächsten in uns auf, lassen wir den Gesamteindruck in uns wirksam werden, dann sehen wir auch das Positive.

Bejahen wir das Positive in und an unseren Mitmenschen, dann wird es uns immer leichter fallen, unsere Nächsten an- und aufzunehmen. Vergessen wir nicht: Jeder von uns ist ein Teil im wahren Sein des Nächsten. Jeder von uns trägt in sich die Essenz der Unendlichkeit, und jedes reine Wesen gehört zur Unendlichkeit. Missachten oder verachten wir einen Menschen, so missachten und verachten wir Gott.

Liebe Leser, nehmen wir die Aussage »Gott ist in allem, auch in unserem Nächsten« als Bewussteinsstütze, als Hilfe mit in unsere kommenden Tage; denn der Weg zu Gott geht einzig über unseren Nächsten.

Es ist uns geboten, Gott in all unseren Gefühlen, Empfindungen, Gedanken, Worten und Handlungen zu verherrlichen, indem wir mehr und mehr unsere Seele adeln, also reinigen. So ist die tiefe Verherrlichung Gottes die Verwirklichung Seiner heiligen Gesetze und deren Erfüllung, um dann wieder zu dem gesetzmäßigen Wesen zu werden, das wir in Gottes Angesicht sind.

Gelangen wir in die Einheit mit unserem Nächsten, dann leben wir das Leben ähnlich wie im Himmel: Einer weiß sich im anderen zu Hause; jeder fühlt sich in jedem. Das ist der Gemeinschaftsverbund Inneren Lebens, das ist die göttliche Kommunikation im All.

Das Gleiche gilt für die Naturreiche der Heimat, für die Tiere, Pflanzen, Mineralien. Das Gleiche gilt für die Gestirne des ewigen Seins. Es ist ein großes, allumfassendes Kommunikationsnetzwerk – das All. Alle Kommunikationen, jeder einzelne Impuls und Strahl in diesem reinen kosmischen Netzwerk ist im Geistwesen als Essenz enthalten. Jedes Geistwesen ist als Essenz im anderen enthalten, und alle und alles bilden die große Einheit in Gott.

Der neue Mensch in Mir, dem Christus, kennt keine Gewalttätigkeit, kennt keinen Besitzanspruch und kein Machtdenken.

Er ist der Lichtbringer, der das Licht ausstrahlt und alle mit dem Licht der Wahrheit entzündet, die wahrlich nach der Wahrheit streben.

Das neue Menschentum und die neue Erde sind um einige Schwingungsgrade höher. Diese kann der Weltbefangene, der Habgierige, der nach Macht und Ansehen Strebende nicht mehr erreichen. Er fällt in seine eigenen Fluten, in sein Selbstgeschaffenes.

Das neue Menschentum sind die Menschen mit geistigem Adel, mit inneren Werten, denn Ich, Christus, Bin in ihnen auferstanden.

Der neue Mensch im Zeitalter des Geistes wird das Erdreich besitzen.

Das ewige Sein strömt durch alle Reiche und auf die Erde. Wer zur Wahrheit erwacht ist, der ist zum Sein erwacht, zur schöpferischen Kraft und zum schöpferischen Leben, das die Erde durchflutet, das die Menschen durchdringt, die ihre Seelen adeln. Diese Menschen bringen die schöpferischen Gedanken für die neue Erde.

Erfasset, ihr Menschen dieser Zeit: Sobald der Mensch umkehrt und dem materialistischen Treiben entsagt, geht er einwärts in das Reich der Stille.

Gabriele:

Wenn wir lesen: *»... dem materialistischen Treiben entsagt ...«,* dann denken wir an die hektische Welt, an das Getöse, das Jagen des veräußerlichten Lebens, das allein das Materielle sieht und kennt. Doch wer treibt die Materie an? Wer gehört dazu?

Der Mensch selbst ist die Ursache der Unruhe, der Hektik, des chaotischen Treibens. Es sind unsere menschlichen Gedanken, die uns selbst jagen, so dass wir wieder andere jagen. Dadurch sind wir Gehetzte.

Lassen wir uns treiben, dann sind wir Getriebene. Je mehr wir uns von unseren Gedanken und Wünschen treiben lassen, umso weniger kennen wir uns, weil dieses Getriebensein die Hektik in unser Leben bringt. Die Gedanken jagen durch unser Gehirn, und wir erfassen uns nicht mehr, weil wir unsere Gedanken nicht mehr fassen können.

Wir Menschen treiben das Rad des Materialismus an, weil wir selbst materialistisch sind, auf unseren Vorteil bedacht, weil wir selbst auf Wollen und Haben setzen und uns so mehr und mehr nach außen kehren, anstatt einwärts zu gehen in das Reich der Stille.

Im Reich der Stille ist es ruhig. Unsere Gedanken kommen in Harmonie. Wir werden friedvoll, und all die kleinen und größeren Wünsche, die wir als Menschen haben, werden wir uns in dem Bewusstsein erfüllen: Gott weiß, was für mich gut ist.

Es heißt also nicht, dass wir uns die Erfüllung aller Wünsche versagen sollen. Es gilt, uns von den drängenden Wünschen, die uns umnebeln, die unser Bewusstsein lahmlegen, zu befreien. Diese sollen wir anschauen und mit Christus bereinigen; denn Gott, unser Vater, möchte, dass es uns gut geht. Bauen wir auf Christus, indem wir mehr und mehr die Gesetze Gottes erfüllen und dem Bewusstsein zustreben, göttlich zu werden! Dann werden wir alles besitzen, was wir brauchen, denn Gott weiß, was für uns gut ist.

Denken und leben wir in diesem Bewusstsein und vertrauen auf Gott in allen Dingen, so wird sich das erfüllen, was einem Kind Gottes gebührt. Dadurch adeln wir auch unsere Seele. All das Drängende, Hektische ist nicht der Adel, ist nicht das Feine im Menschen. Durch dieses unwürdige Verhalten wird der Mensch immer gröber, immer derber. Er will nur noch haben und raffen; die Gier tut sich auf, und er giert nach allem, was er sieht und wessen er habhaft werden kann.

Das Reich Gottes in uns ist der innere Reichtum. Wer wahrlich das Kind der inneren Stille ist, empfängt, was er benötigt und darüber hinaus. Das Kind der inneren Stille muss nicht darben; es muss nicht hungern; es wird niemals im Sumpf leben – außer wir haben Sumpfgedanken, Gedanken, die uns treiben, Gedanken des Sein- und Habenwollens, der Machtansprüche und dergleichen.

Wer in die Stille einkehrt, der empfängt. Wer im Äußeren lebt, der nimmt.

Das Nehmen hat immer die Gier in sich, das Raffen: Alles nur für mich!

Je mehr der Mensch nimmt, umso ärmer wird er werden – spätestens dann, wenn seine Seele in einer weiteren Inkarnation jene Stationen aufsucht, an denen seine einstige Lieblosigkeit und Hartherzigkeit ihre Spuren hinterlassen hat.

Das heißt nicht, dass wir in den Tag hineinleben sollen, dass wir einfach sitzen und meditieren sollen. Der geistige Mensch ist beweglich, ist dynamisch. Er wirkt von innen heraus. Er plant, stellt den Plan in Gottes Willen und lässt sich von Gott im Plan führen, Tag für Tag. Dann nimmt er nicht – er empfängt und kann geben. Er ist nicht getrieben – er ist dynamisch.

»Sobald der Mensch umkehrt und dem materialistischen Treiben entsagt, geht er einwärts in das Reich der Stille.«

Wir gehen also in unser Inneres. Was ist dieses unser Inneres?

Es ist unsere Heimat, der einzige Hort, wo wir sicher und geborgen sind.

Unser Inneres ist Gott, ist das Gesetz der Liebe. Das Gesetz der Liebe können wir uns als eine mächtige, weiße Flamme vorstellen, die in unserem Inneren leuchtet. Es ist die Flamme der selbstlos gebenden, der unpersönlichen Liebe, die Flamme der Gerechtigkeit; es ist die Flamme der sieben Grundkräfte; es ist das Gesetz, Gott.

Gott, unser Vater, ist die einzige Sicherheit in Christus, unserem Erlöser. Er, der in unserem Innersten wohnt, lädt uns ein, in diesen Innenraum einzutreten, der unsere Sicherheit ist. Das Innere Licht, in das wir eintauchen, gibt uns Halt, gibt uns Geborgenheit, schenkt uns Frieden, Harmonie und Stille. Also ist das Innere, in das wir uns immer wieder hineinbegeben wollen oder hineinbegeben, für uns gleichsam eine Festung, eine Burg, in der wir sicher und geborgen sind.

Fragen wir uns: Wovon sprechen wir, wenn wir sagen »Wir gehen in unser Inneres«? Schauen wir genau hin: Sind wir dann wirklich in unserem Inneren – oder sind wir in unseren menschlichen Empfindungen und Gedanken? Fühlen wir uns sicher? Fühlen wir uns in einer Festung, in einer Burg, geschützt von dem großen All-Einen, der unser Leben ist, der die Liebe ist, der unser Vater ist? Oder sind wir noch außerhalb?

Verfeinern wir mehr und mehr unsere Empfindungen und Gedanken, unsere Worte, Handlungen und unsere Sinne, lassen wir sie also göttlich werden, dann ziehen wir unsere Sinneswelt gleichsam nach innen und verweilen in dem Inneren Licht. Das Innere Licht umfängt uns, hüllt uns ein und stärkt uns. Jeder Gedanke, der im Inneren Licht, im Innersten also, gedacht wird, ist göttlich, ist friedvoll, ist harmonisch. Jede Empfindung und jedes Gefühl, das im Ozean Gott ruht, lässt den Menschen – die äußere Hülle – spüren, dass er ein Wesen in Gott ist.

Wer in diesem Bewusstsein lebt, dass sein innerstes Wesen im Zentrum der Liebe, im Licht, lebt, der wird nicht anders können, als ja zu sagen – zu Dem, der das Schönste, das Heiligste, ja, das Absolute ist.

Das Schönste, das Heilige, das Absolute ist unser göttliches Erbe, sind wir im reinen Geistkleide. Das reine Wesen hält sich beständig im Licht Gottes auf. Das Licht Gottes, das durch alle reinen Reiche strömt und strahlt, ist Symphonie, ist der Ozean, in welchem sich alle reinen Wesen und reinen Formen bewegen.

So mancher fragt sich: Wie mag es dort aussehen, wo die Geistwesen zu Hause sind, wo auch ich als reines Wesen bin und wirke?

Gott, unser Vater, schenkte uns den Planeten Erde. Die Erde – wie der ewige Vater sie uns gegeben hat – ist ein wunderschöner Planet, ein Abglanz der Himmel. Auch hier gibt es wunderschöne, mächtige Gärten. Denken wir an die großen Gärten mit den Bäumen, den Rosen und den

Sträuchern. Die Sonne bestrahlt die Gärten – wir sehen Licht und Schatten.

In der ewigen Heimat leuchtet jede Lebensform aus sich selbst heraus durch den strahlenden und pulsierenden Wesenskern, der alles in allem ist. Jede Rose, jedes Blatt leuchtet aus sich selbst heraus. In den großen Parkanlagen, gerade in den großen italienischen Gärten, sehen wir hin und wieder zierliche Brücken, die über kleine Bäche führen. Ähnlich ist es in der ewigen Heimat.

Der Abglanz der großen Parkanlagen dieser Erde vermittelt uns ein Ahnen von den Gärten unserer himmlischen Heimat. Im ewigen Sein gibt es keine Trennung, keine Hecken und Zäune. Die ganze Unendlichkeit des reinen Seins ist der Garten Gottes, in welchem sich die Bauwerke der Geistwesen befinden. Sie bestehen aus feinsten und erlesensten feinstofflichen Mineralien, die aus sich heraus selbsttätig leuchten. Die Geistwesen sind eins mit allem, was strömt und Form geworden ist.

Diese wenigen Worte möchten eine kleine Ahnung von dem vermitteln, was uns im ewigen Sein erwartet. Die Formen der Natur auf dieser Erde deuten das an, was auch in den reinen himmlischen Welten ist, nur heruntertransformiert in die Materie, erfahrbar in unserer Welt der Sinne. Lernen wir, uns hineinzuspüren in das, was wir sehen, lernen wir also zu schauen, dann nehmen wir mehr wahr, als die äußere Hülle uns zeigt. Schauen wir, statt zu sehen, so erfahren wir einen Hauch dessen, was auch in den materiellen Formen lebt: das Göttliche.

Manch einer denkt, in den anderen Dimensionen müsste alles leer, alles unbewohnt sein. Nein: Es ist ein reges Leben, ein Leben im Gesetz Gottes und mit dem Gesetz Gottes, ein göttliches Schaffen und Wirken im großen kosmischen Gesetz und mit dem kosmischen Gesetz; denn Gott, der Schöpfer, atmet ein und aus. Unermüdlich sind Seine Werke des göttlichen Schaffens. Die Geistwesen formen und gestalten entsprechend ihrer Mentalität, das heißt sie wirken gemäß der Grundkraft, zu deren Ebene sie gehören.

Jedes Geistwesen ist komprimiertes ewiges Gesetz, und somit ist die ganze Unendlichkeit als Essenz und Kraft in ihm. Das Geistwesen hat es nicht nötig zu sagen »Das ist mein«, denn jedes Geistwesen ist Erbe der Unendlichkeit. Weil es Erbe der Unendlichkeit ist, kann es auch den Fuß überallhin setzen. Es muss nicht da und dorthin gehen, um seinen Nächsten zu treffen. Alles kann sich in ihm selbst vollziehen durch das Prinzip der göttlichen Kommunikation. Das schließt die Entfernung »da und dort« aus.

Wir sind auf Erden, um göttlich zu werden, um wieder zurückzukehren in das ewige Sein, von wo wir kamen und zu dem wir wieder werden müssen. Für uns Menschen scheint es noch ein weiter Weg, wenn wir an das Dort denken. Wird uns jedoch bewusst, dass die ganze Unendlichkeit als Licht und Kraft durch uns hindurchströmt, ja, dass unser geistiger Leib das komprimierte Sein ist und dass in jeder Zelle unseres Leibes die Allkraft, Gott, wohnt, dann wissen wir: Gott ist da. Gott ist ganz nah. Und in uns ist das ewige Gesetz, unsere Heimat, unser Wesen, das göttlich ist.

Einerlei, wo wir gehen, wo wir stehen – Gott, der Ewige, ist bei uns. Betrachten wir im Äußeren Gegenstände – wer strahlt uns an? Gott. Er strahlt in unser Inneres hinein. Achten wir nur auf die äußere Erscheinungsform, so fassen wir Ihn nicht. Solange wir nur auf das Äußere schauen, sind wir Veräußerlichte und sehen auch nur das Äußere. Dann fällt es uns schwer, in dem Bewusstsein zu leben, Kinder Gottes zu sein, reine Wesen, göttliches Sein, göttliches Leben.

Viele fragen: »Können wir auf Erden, können wir als Mensch göttlich werden?« Die Antwort lautet: Es ist unsere Seele, die göttlich werden kann. Der Mensch braucht die Programme für diese Erde. Denken wir zurück: Was wir von Kindheit an gelernt haben, um als Mensch bestehen zu können, das sind diese Programme.

Lassen wir jedoch unsere Erdenprogramme, die wir als Mensch brauchen, vom Geist Gottes durchstrahlen, dann sind wir geführt, und wir werden mit unseren weitgehend reinen Sinnen und Gedanken tiefer schauen. Wir werden dann wahrnehmen und in der Tiefe erfassen, was im Äußeren nicht erkennbar ist.

Statt nur hinzusehen, müssen wir lernen, das, was wir sehen, in uns aufzunehmen und in unserem Inneren zur Wirkung kommen zu lassen. Dann spüren wir mehr und mehr, dass Gott uns nahe ist. Gott steht uns bei. Er gibt uns Kraft und führt uns auch über unsere irdischen Lebensprogramme des Denkens, des Sprechens und des Handelns.

Geben wir uns nicht mit dem Äußeren, der materiellen Hülle, zufrieden, sondern sind bestrebt, uns in die äußeren Formen der Materie, in das Leben der jeweiligen Form, hineinzuspüren, dann erschließen wir allmählich unser geistiges Bewusstsein und können das Leben der Formen aufnehmen, auf die wir blicken.

Wie geht das? Wir schauen zunächst die gesamte materielle Struktur der Lebensform an. Wir bejahen die göttliche Lebenskraft in der Form. Dadurch beginnen wir zu senden. Wir senden – gleichzeitig empfangen wir; denn wenn wir Menschen, Gegenstände oder Formen der Natur ansenden, dann strahlen diese sofort zurück, und wir empfangen. Durch die Erfüllung der ewigen Gesetze und durch diese Übung erschließen wir ganz allmählich unser göttliches Bewusstsein und nehmen von dort die Kommunikationen wahr durch das Prinzip Senden und Empfangen.

Bemühen wir uns, bewusst Schritte zu tun, und seien sie noch so klein. Erinnern wir uns während des Tages an eine Bewusstseinsstütze, an einen Merksatz, an eine

Aufgabe, eine Übung und wenden wir sie an – wir werden merken:

Schon ein kleiner Schritt wird von innen her belohnt. Wir dürfen es empfinden, wir dürfen es spüren.

Auch wenn noch Spuren von Menschlichem dabei sind – allein das Bemühen wird schon von der göttlichen Kraft belohnt. Die Antwort ist die Empfindung von Freiheit, von Leichtigkeit und von Freude. Das ist die Antwort Gottes. Das ist die Belohnung des Vaters an das Kind, das mehr und mehr die Schritte hin zu Ihm tut.

Auch mit den Tieren können wir in innere Kommunikation treten. Üben wir uns, die Kommunikation mit dem Innersten in unserem Tiergeschwister aufzunehmen, mit den Schöpfungskräften in ihnen.

Dadurch nehmen wir immer mehr Abstand von dem persönlichen, einengenden, egozentrischen menschlichen Ich und können uns, den noch bestehenden Ich-Menschen, betrachten. Auf diese Weise der Selbsterkenntnis und Bereinigung des Menschlichen finden wir immer mehr einwärts in das innere Reich Gottes, die Stille in uns.

Kaum hat er [der Mensch] den einen Schritt getan, erkennt er, dass Gott, der Ewige, ihm diesen Weg schon längst vorbereitet hat.

Gabriele:

In diesem Satz liegt unendlich viel Hoffnung. *»Kaum hat er den einen Schritt getan, erkennt er, dass Gott, der Ewige, ihm diesen Weg schon längst vorbereitet hat.«* Durch wen? Durch Christus.

Wir alle wissen: Christus ist der Weg, die Wahrheit und das Leben. Mit Seinem Golgatha-Opfer hat Er uns den Weg bereitet. Durch Christus ist der Weg schon vorgegeben – für jeden von uns. Wir werden ihn gehen, weil wir die Erlösung in uns tragen. Wann wir ihn gehen, das bestimmt aufgrund des Gesetzes des freien Willens jeder von uns selbst.

»... einen Schritt getan«, das heißt, wir haben verwirklicht. Unsere Seele ist lichter geworden. Das Licht der Seele ist größer und strahlt weiter. Dadurch sehen wir schon den nächsten Schritt vor uns, und wir haben auch die Kraft, ihn zu gehen. Denn je größer das Bewusstseinslicht der Seele wird, umso weiter sehen wir, umso tiefer schauen wir, umso mehr erkennen wir – bei uns selbst und durch die Verwirklichung auch an unserem Nächsten. Nur dadurch können wir Hilfe geben.

Denken wir an Christus. Er bereitete uns den Weg durch Golgatha. Er geht ihn mit uns und führt uns zum Vater.

Mit Christus und durch Ihn reifen wir hinein in das göttliche Leben, das tief in unserer Seele ist, das darauf wartet, wieder erschlossen zu werden. Deshalb sind wir Wanderer auf dieser Erde. Solange wir nicht in Gott ruhen, wandern wir, und wir werden immer wieder unzufrieden sein, immer wieder unglücklich. Glauben wir auch heute, das Glück sei uns hold – morgen ist es schon entwichen. Das äußere Glück ist nicht von Dauer; es folgt immer wieder Unzufriedenheit oder Unglück.

Wir müssen das innere Glück finden. Es ist die Festigkeit in Christus. Das innere Glück ist die Sicherheit und die Geborgenheit in Christus. Wagen wir es mit Ihm! Er ist gegenwärtig; Er ist in uns.

Der Tag zeigt uns auf, dass wir Ihm näherkommen können. Wie? Jedem Einzelnen sagt es der Tag. Und auch im Tag, in allen Ereignissen, in allen Widrigkeiten – gleich, was auf uns zukommt – ist Christus der Helfer. Er ist immer bei uns.

Gehen wir in dem Bewusstsein, dass Er immer bei uns ist, durch unsere Tage, dann wagen wir es auch, mit Ihm die Schritte heraus aus unserem Menschlichen zu tun. Dann ist uns das innere Glück beschieden und im inneren Glück der innere Friede. Im inneren Frieden wächst die selbstlose Liebe, weil wir nicht nur auf die Fehler unseres Nächsten schauen. Wir schauen unseren Nächsten auch mit seinen positiven Seiten.

Sagen wir ja zu Christus! Wagen wir es, mit Ihm den ersten Schritt zu tun – und wir gewinnen Mut, die weiteren Schritte zu vollziehen und reifen so hinein in das Leben, in unser wahres Leben, das göttlich ist.

Wohl dem, der zu erfassen vermag, dass der wahre Halt – der Halt, der immer hält – uns so nahe ist! Es ist Christus in unserer Seele. Es ist Christus in jeder Zelle unseres Leibes. Es ist Christus in jedem Gedanken, in jedem Problem, in jeder Schwierigkeit die positive Lösung. Christus ist im Vater der allgegenwärtige Geist, und der Geist Gottes ist in uns.

Unsere Tage verändern ihr Gesicht, wenn wir uns dies des Öfteren vergegenwärtigen: Wo wir auch hingehen – der Halt, die Sicherheit, ist in uns. Was auch geschieht – der Halt, die Sicherheit, ist in uns. Gleich, was wir denken, auch wenn wir glauben, wir können diese und jene Probleme kaum bewältigen – der Halt, die Sicherheit, die Hilfe ist in uns.

Er, Christus, ist immer da – immer bereit, uns zu helfen. Wenn wir fallen – Er fängt uns wieder auf, stellt uns auf die Beine und spricht: »Komm, geh weiter!« Wohin? Zu Ihm. Wo ist Er? Da, dort? Nein! *In* uns.

Wird uns dies bewusst, dann erlangen wir innere Sicherheit. In der inneren Sicherheit spüren wir die Geborgenheit – und in der Geborgenheit wächst wieder die

Liebe. Es ist die Liebe des Kindes zum ewigen Vater; denn Christus und der Vater sind eins: *ein* Strom, der eine Geist, der alles durchdringt.

In der heutigen Zeit brauchen wir Ihn mehr denn je. Christus weicht nicht von uns; Er verlässt uns nicht. Auch dann, wenn wir Ihn jahre-, jahrzehntelang verschmäht haben, auch dann, wenn wir kaum an Ihn gedacht haben, auch dann, wenn wir Ihn verleugnet und nicht an Ihn geglaubt haben – Christus ist da. Eine ehrliche Bitte, ein kleiner, selbstloser Schritt hin zu Ihm, hinein in das Innere – und Er kommt uns aus dem Innersten mehrere Schritte entgegen.

Tun wir den Schritt, Ihm zu vertrauen, uns Ihm anzuvertrauen, so werden wir sehr bald erfahren, dass Christus uns Halt ist; Er ist der Tröster und der Erlöser. Er ist der Weg zum Vater. Er ist die Wahrheit in uns. Christus ist unser Leben, und wir sind in Ihm das Leben.

Der Mensch, welcher der Wahrhaftigkeit zustrebt, überwindet sein niederes Ich nicht um seiner selbst willen, sondern, um wieder göttlich zu werden.

Gabriele:

Was liegt für uns in dieser Aussage?

Legen wir unser niederes Ich um unser selbst willen ab, dann werden wir im Geistigen wenig Fortschritte erzielen. Zwar legen wir eventuell das eine Menschliche ab, bauen jedoch das andere Menschliche auf, weil es uns nicht darum geht, göttlich zu werden, sondern darum, Weiteres zu erreichen. Das ist Selbsttäuschung. Wir werden nicht weiteres erreichen, sondern wir werden weitere Ichheiten, weitere Menschlichkeiten, aufbauen. Denn aus der Wurzel des Niederen wird nur wieder Niederes hervorgehen, wenn wir uns nicht in das Bewusstsein versetzen, göttlich zu werden.

Unser Ziel, unsere innere Motivation, ist wesentlich. Ist unser Ziel, Christus, dem Inneren Licht, dem Gesetz der Himmel, näherzukommen, dann werden wir Christus, das Innere Licht, das Gesetz der Himmel, auch in uns erschließen.

»Der Mensch, welcher der Wahrhaftigkeit zustrebt ...«

Was ist Wahrhaftigkeit? Wahrhaftigkeit ist Göttlichkeit.

Wahrhaftigkeit kommt von Wahrheit. Die Wahrheit kommt aus der Lauterkeit, und die Lauterkeit ist die Reinheit, die Absolutheit. Die Wahrheit ist die Tiefe des Seins und das Sein selbst. Die Wahrheit ist die Quelle, aus der die Wahrhaftigkeit entströmt. Denn der Wahre ist der Lautere, und der Lautere ist der Reine, und der Reine ist der Wahrhaftige, und der Wahrhaftige lebt in der Quelle der Wahrheit.

Wir können also unser Menschliches nicht überwinden, wenn wir uns nicht überwinden, wenn wir den geistigen Fortschritt nur für unser Persönliches erlangen wollen. Denn das allzumenschliche Streben hat schon wieder Wurzeln für neue Menschlichkeiten. Dann bauen wir weiter im Gesetz von Saat und Ernte.

Wir wollen jedoch göttlich werden. Das ist das Ziel jeder Seele und der Sinn und Zweck unseres Erdenlebens. Deshalb sollen wir der Wahrhaftigkeit zustreben. Die Wahrhaftigkeit erlangen wir, indem wir allmählich in unser wahres Selbst eintauchen. Täglich gilt für uns die Frage: Wer bin ich in meinen Worten und in meinen Werken? Bin ich wahrhaftig – oder noch menschlich? Wie ist meine Gefühls- und Empfindungswelt? Die Welt der Gefühle und Empfindungen sagt uns klarer und deutlicher als unsere Gedankenwelt, ob wir wahrhaftig sind oder nur vom Intellekt her die Wahrheit bejahen.

Was im Gehirn ist, das ist noch lange nicht im Herzen. Das Gehirn birgt unsere menschlichen Programme, unser Wissen, unser Verstandesdenken. Im Herzen, dem geistigen Bewusstsein, in den Tiefen unserer Seele, wohnt das Göttliche, der Logos, die Intelligenz – die Wahrheit.

Infolgedessen täuscht der Intellekt, jedoch niemals die Intelligenz in der Seele. Dort ist die Wahrheit, und aus ihr entspringt die Wahrhaftigkeit. Alles andere ist Täuschung und Schein.

Die Wahrheit ist schlicht, still und einfach – sie ist das Sein. Alles Wahrhaftige, Göttliche ist das Sein. Nur das Sein-Wollende, das nicht das Sein ist, will glänzen, sich darstellen, will schillern und brillieren. Wer auf das Wissen und den Intellekt setzt, der glänzt und schillert; das ist nicht Leben, nicht Sein, nicht Wahrheit, sondern Schein – hohl und vergänglich.

Dazu ein Satz aus der göttlichen Weisheit:

Jeder hat sich selbst zu dem gemacht, was er heute ist – nicht, wie er heute schillert! Morgen wird er wieder das sein, was er heute ist – er wird jedoch nicht mehr schillern.

Die Wahrheit – gleich Weisheit – ist ohne Wenn und Aber; sie ist fraglos. Die Weisheit muss nicht fragen. Sie erfasst den Kern, das Innere, das Herz aller Dinge und Geschehnisse und weiß.

Wer in sein Inneres gelangen möchte, vom Kopf ins Herz, der möge folgende Aussagen in sich bewegen:

Das Wissen hat nur ein Auge für das Äußere. Wer nur Wissen hat, der fragt – weil er keine Weisheit besitzt. So lässt sich sagen: Der Wissende fragt – der Weise weiß.

Gelebtes geistiges Wissen wird zur Weisheit, zum Inneren Leben, dem Leben aus und in Gott. Sind geistiges Wissen und Weisheit Einheit geworden, dann schaut der Mensch allem auf den Grund; er weiß um alle Dinge; denn er ist weise geworden.

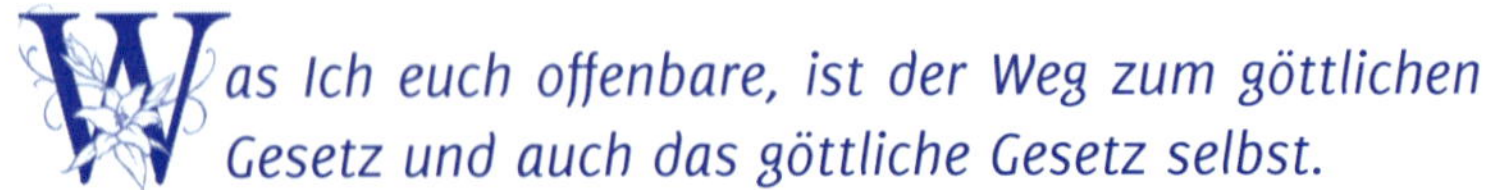

Was Ich euch offenbare, ist der Weg zum göttlichen Gesetz und auch das göttliche Gesetz selbst.

Hierzu erläuterte Gabriele, die Lehrprophetin
und Botschafterin Gottes:

In dem Buch »Die großen kosmischen Lehren des Jesus von Nazareth an Seine Apostel und Jünger, die es fassen konnten. Das Leben der wahren gotterfüllten Menschen« berührt der Herr für uns auch immer wieder das Kausalgesetz. Vom Absoluten her strahlt Er in das Gesetz von Ursache und Wirkung, damit wir uns selbst finden und durch Verwirklichung herausfinden – zu unserem wahren Erbe, zu unserem wahren Sein.

So können wir sagen: Es ist die Hand Gottes, die Er uns reicht, die Hand des Vaters, der Seinem Kind heraushelfen möchte aus der Mühsal und Bedrängnis, der Umklammerung durch das menschliche Ich. Unser Vater möchte uns emporziehen in das Lichte, Reine, Feine, in das Sein. Er ist da, immer bereit für uns. Es liegt allein an uns, wann wir Seine Hand ergreifen, um sie nicht mehr loszulassen.

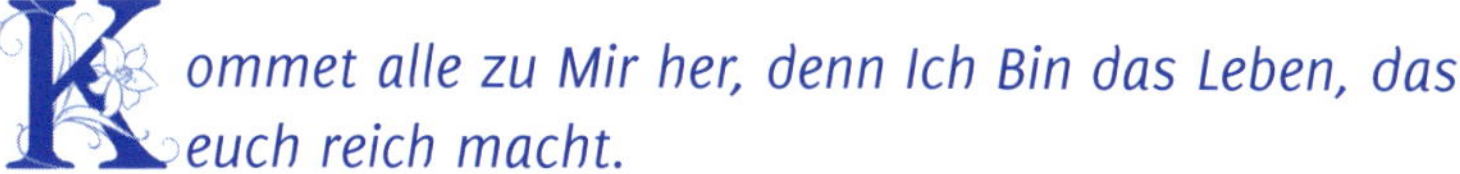

Kommet alle zu Mir her, denn Ich Bin das Leben, das euch reich macht.

Ich Bin der innere Reichtum, Christus, der sich euch schenkt. Öffnet eure Herzen – und ihr werdet Herzensdenker, die einwärts blicken und so das Reich des Inneren auf die Erde kommen lassen.

Gabriele:

Christus ruft: *»Kommet alle zu Mir her, denn Ich Bin das Leben, das euch reich macht.«*

Wir wissen: Christus, der Geist des Lebens, ist in uns. Er ist das zentrale Licht unserer Seele. Er ist in jeder Zelle unseres Leibes. Er ist im Vater allgegenwärtig in allem Sein. Das bedeutet für uns, dass wir uns nach innen wenden müssen, denn nur im Inneren finden wir Ihn. Suchen wir Christus im Äußeren, dann werden wir Ihn nicht finden. Dann stellen wir Theorien und Meinungen über Christus auf – und davon gibt es viele.

Wer Christus nicht in seinem Herzen findet, der findet sich selbst nicht. Er kennt sich nicht. Nicht kennen heißt, sein göttliches Erbe verleugnen durch Nichtbeachtung des ewigen Seins. Denn zu Christus finden heißt, sich selbst finden, sich selbst erkennen, das Menschliche ablegen, um göttlich zu werden. Dann einen wir uns mit dem Erlöserfunken, Christus, in uns. Daraus ersteht der

Urfunke, der uns die Leuchte ist ins Reich Gottes zu unserem Vater.

»Ich Bin der innere Reichtum«, so spricht Christus.

Wer den inneren Reichtum nicht erschließt, wer nur nach äußerem Reichtum strebt, wer Äußeres sammelt und rafft und hortet, der ist im Inneren arm. Wenn er auch heute noch reich ist, so wird er doch morgen arm sein; denn das Gesetz von Saat und Ernte wird immer zur rechten Zeit aktiv, gemäß der Strahlung der Gestirne.

Wer nach äußerem Reichtum strebt, wer rafft und neidet, wer giert und Besitz hortet, der ist in den Augen der Welt ein angesehener Mann. Vom Geiste Gottes, dem inneren Reichtum aus gesehen, ist er ein armer Mann, denn er hat sich als Reicher schon in die Armut gestürzt.

Nur wer gibt, ist reich, nicht der, welcher nimmt. Denn Gott, das Leben, gibt und verschenkt sich unermüdlich. Wer im inneren Reich lebt, der braucht nicht zu bangen, dass sein Reichtum vergeht. Gott ist Unendlichkeit, unendliche Liebe, Ewigkeit und ewiger Reichtum. Wer selbstlos gibt, lebt im Kreislauf des Gebens und Empfangens; und dieser Kreislauf ist ewiglich.

Das Leben, die Liebe, ist Geben. Wer nicht selbstlos gibt, der liebt nicht. Wer nicht gibt, der lebt nicht. Es gibt keine Erfüllung durch Nehmen, nur durch Geben.

Selbstloses Geben ist selbstloses Empfangen, ist der Kreislauf des Lebens.

Ich Bin das Reich des Inneren. Deshalb kommet in euer Inneres, und wisset: Jeder von euch ist der Tempel des Heiligen Geistes. Reinigt den Tempel; dann heiligt ihr eure Empfindungen, Gedanken, Worte und Werke, und ihr werdet der neue Mensch sein, der nicht statisch, sondern dynamisch denkt, der die drei Dimensionen durchdringt, weil er das Kind des Alls ist – der Sohn und die Tochter Gottes, welche die Sohn- und Tochterschaft leben, weil sie in Gott, ihrem Vater, leben.

Gabriele:

Wie oft haben wir schon gehört: Jeder von uns ist der Tempel des Heiligen Geistes.

Solange wir äußere Tempel brauchen, haben wir unseren eigenen Tempel nicht geheiligt. Solange wir in äußere Tempel gehen, um Gott anzubeten, haben wir uns als Kind Gottes noch nicht gefunden. Solange wir Menschen anbeten, beten wir die Finsternis an. Einzig Gott soll angebetet werden; denn Er ist das Ganze, Er ist die Mitte in unserem Leben, Er ist der Heilige, und wir sollen Geheiligte werden.

Wer seinen eigenen Tempel nicht reinigt, der verschmutzt auch den Tempel seines Nächsten; wer seinen eigenen Tempel nicht reinigt, der verschmutzt die ganze Erde, denn er huldigt dem, der es so will.

Der neue Mensch, der Mensch des Geistes, denkt nicht statisch, sondern dynamisch. Er ist nicht eingekerkert und in seiner Vorstellungswelt festgefahren. Er denkt nicht von hier nach dort – er durchdringt die drei Dimensionen, weil ihm bewusst ist, dass er göttlich ist. Die drei Dimensionen zu durchdringen heißt: nicht die Enge, die Materie zu bejahen, sondern sich in die Materie hineinzuspüren, auf dass wir Den finden, der in allem ist und der um alle Dinge weiß.

Erweitert sich unser Bewusstsein, dann leben wir auch bewusst. Was uns begegnet, betrachten wir nicht nur von außen, sondern wir nehmen das Innere in uns auf und lassen es in uns lebendig werden. So spüren wir, dass die drei Dimensionen nur in unserer Denkwelt bestehen, nicht jedoch im Reich des Inneren.

Erst wenn wir unseren Tempel reinigen, dann durchschauen – gleich durchdringen – wir die Dichte und erfassen, was es heißt, Kinder des Alls zu sein. Dann stehen wir auch in der Sohn- und Tochterschaft Gottes. Warum? Weil wir Seinen Willen tun. Und Sein Wille ist das Absolute Gesetz von der Ordnung bis zur Barmherzigkeit.

Liebe Mitmenschen, das Kind des Alls, das als Sohn, als Tochter Gottes bewusst in Gott, seinem Vater lebt, werden wir wieder durch Christus, der das Licht und Leben unserer Seele ist. Lassen wir Ihn zum Mittelpunkt unseres Lebens werden! Wie finden wir zu Ihm?

Jeder Tag ist ein Wegweiser zu Christus. Leben wir in der Gegenwart, leben wir im Tag, dann sehen wir die vielen Hinweise und Wegweisungen. Wir finden zu uns selbst – zuerst einmal zu unserem niederen Selbst, um es zu bereinigen. Handeln wir nach unserer Erkenntnis, so erwacht mehr und mehr in uns das göttliche Selbst, unser Erbe, und wir spüren den inneren Reichtum. Es ist das tiefe Glück, die Selbstlosigkeit und Offenheit, die Geradlinigkeit und die Wahrhaftigkeit. Wir sind nicht mehr Gehetzte und Gejagte; wir sind Planer, die ihren Plan in Gottes Hand legen, die sich so Tag für Tag vom großen Ordnungsgesetz, Gott, führen lassen, der die Gegenwart ist und in der Gegenwart des Menschen die Zukunft kennt.

Vergessen wir nicht, Ihm auch zu danken. Er vergisst uns nie. Dank verbindet. Dank ist Ausrichtung auf den großen Geber alles Guten. Dank ist Einstimmen und Einschwingen in den großen Strom des Gebens und der Güte. Ohne Dank gelangen wir nicht in die Selbstlosigkeit. Dank macht frei und freudig.

Der Geist Gottes berührt uns und spricht zu uns durch alles, was uns begegnet. So ist auch in dem, was wir lesen, die eine oder andere Botschaft an uns enthalten. Wir spüren es: es bewegt uns; es beschäftigt uns; Bilder kommen, Erinnerungen, Empfindungen, Erkenntnisse, Mahnungen.

Die Aufgabe, die für uns darin liegt, sollten wir ernst nehmen. Welche Botschaft an uns, welche Aufgabe ist es heute? Der Tag, der sie uns bringt, bringt zugleich die Energie zu ihrer Bewältigung. Nützen wir diese Chance, von unseren Belastungen frei zu werden!

Ich Bin alles in allem

Schaue den Strauch an – und du wirst Mich finden.
Hebe den Stein auf – und du wirst Mich finden.
Blicke zu den Gestirnen – und du nimmst
Mich wahr.
Schaue tief in den Menschen – und du findest
dich selbst und somit Mich, Christus,
das Selbst in dir.
Betrachte das Tier – und du findest Mich.
Spüre den Wind – und du vernimmst Mich.
Betrachte den Wassertropfen – und du
betrachtest dich in Mir.

Denn Ich Bin das Leben in allem,
und du bist das Leben in allem,
und alles ist in Mir, und alles ist in dir.
Wir sind geeint in Ihm,
dem großen All-Einen,
der i s t ewiglich –
der Strom des Seins und
das personifizierte Sein.
Er ist der Strom des Alls und der Tropfen selbst.

Hierzu erläuterte Gabriele,
die Lehrprophetin und Botschafterin Gottes:

Worte, aus denen der ganze Himmel strahlt!

»Ich Bin alles in allem.«

Gott ist niemals im Äußeren. Gott ist strömende Kraft, ist das Leben in uns. Haben wir zu Gott in uns gefunden durch ein Leben der Verwirklichung und Erfüllung Seiner Gesetze, dann haben wir auch Zugang zum Göttlichen in allen Lebensformen. Um mit dem Göttlichen in unserem Nächsten kommunizieren zu können, müssen wir also in Gott leben. Wir müssen zu unserem wahren Wesen zurückkehren, um in allem Gott zu finden.

»Schaue den Strauch an – und du wirst Mich finden.«

Sehen wir nur den Strauch an, dann empfinden wir aus der Substanz, dem Ich Bin, keine Reaktion. Wir sprechen von ihm, dem Strauch, er wäre schön – und erhalten doch keine Antwort. Der Allgeist spricht aus unzähligen Mündern, und doch vernehmen Ihn viele nicht. Was will uns das sagen? Nicht der Intellekt vernimmt das Gesetz, Gott, sondern der tiefe Urgrund unseres wahren Seins erfasst die Sprache des Alls.

Nehmen wir jedoch den Strauch mit den Augen unseres wahren Seins auf, dann erfassen wir die Gesamtstrahlung des Strauches und treten zugleich mit dem Urgrund allen Seins in Kommunikation. Dann beginnt der Strauch zu senden, und wir empfangen.

Gott ist alles in allem. Infolgedessen ist in jedem Blatt Gott, das ganze Gesetz, das ganze All. Schaue den Strauch an – und du wirst Mich, das All, das Ganze, finden. Die Schöpferkraft ist überall als Ganzes; denn: Gott ist unteilbar.

Machen wir uns bewusst: In einem Blatt, in einem Gräslein ist das ganze All. Gott ist unteilbar. Der Strauch hat das seiner Art entsprechende geistige Bewusstsein entwickelt, das Naturbewusstsein des Strauches. Dieses strahlt uns an – es sendet. Gott ist immer das Ganze. Auch wenn ein Aspekt Gottes, z.B. der Naturaspekt des Strauches, uns zustrahlt, so ist es doch wieder Gott – das Ganze, da alles in allem enthalten ist.

Die Worte »Gott ist unteilbar, Er ist alles in allem« müssen wir erfassen lernen. Dann erst können wir allmählich die Fülle aus Gott erahnen. Die Fülle Gottes ist das Ich Bin, ist unser wahres Wesen, das göttlich ist. Wir sind also Erben des Alls.

Machen wir uns unseren geistigen Leib bewusst: Er besteht aus unzähligen geistigen Partikeln, und in jedem geistigen Partikel können wir die ganze Unendlichkeit empfangen, weil wir Wesen des Alls sind.

Die Sprache der Unendlichkeit ist die Sprache des Bildes. Farben, Formen, Düfte, Klänge und Wesen empfangen wir bildhaft in den geistigen Partikeln unseres geistigen Leibes als absolutes, als vollkommenes Bild.

Wir erkennen: Gott ist uns so nahe.

»Hebe den Stein auf – und du wirst Mich finden.«

Im kleinsten Stein ist wiederum Gott, das Ganze. Gott ist das Ganze und die Fülle in allem. Jede entwickelte Facette aus dem Ganzen strahlt uns zu und teilt sich uns mit.

Wer wird den Stein achtlos und geringschätzig wegwerfen? Doch nur der, der nicht weiß, dass er damit einen Teil seines Lebens verwirft. Wer wird auf den Strauch einschlagen? Nur der, der letztlich andere schlägt in Gedanken, Worten und Werken – und folglich wird er selbst geschlagen werden.

»Schaue tief in den Menschen – und du findest dich selbst und somit Mich, Christus, das Selbst in dir.«

Wiederum im Urgrund eines jeden von uns. Es gilt also, nicht auf das Menschliche unseres Nächsten zu blicken, nur auf die Hülle, sondern seine Gesamtstrahlung in unserem Inneren aufzunehmen; das ist Wahrnehmung. Sind wir unserem Nächsten von innen her gewogen, dann kommunizieren wir auch mit den positiven Kräften in ihm; das heißt, wir kommunizieren mit dem Göttlichen in ihm, letzten Endes mit unserem geistigen Erbe. Was unser Nächster in sich trägt, das Göttliche, das haben wir ebenfalls in uns.

Verwerfen wir unseren Nächsten, dann werden auch wir eines Tages verworfen werden. Werten wir unseren Nächsten ab, dann werden auch wir abgewertet werden. Töten wir unseren Nächsten, dann werden auch wir eines Tages getötet werden. Denken wir daran: Was wir unserem Nächsten antun, das tun wir uns selbst an.

»Betrachte das Tier – und du findest Mich.
Spüre den Wind – und du vernimmst Mich.«

Betrachten heißt, die Gesamtstrahlung eines Tieres aufzunehmen, es in uns nachschwingen zu lassen. Die göttlichen Aspekte, die entfalteten Facetten einer Teilseele, empfangen wir nur im Urgrund unseres Seins, durch den wir mit allem Reinen beständig in Kommunikation stehen. Die Hülle, der Mensch, empfängt diese göttliche Wahrnehmung als Freude. Es ist die himmlische Freude – gleich dem himmlischen Frohsinn –, welche die Nerven nicht erregt. Mit der Strahlung, die dann aus unserem Inneren strömt, werden wir das Tier sanft und liebevoll berühren.

Was spüren wir dann als Mensch? Wir werden unseren Übernächsten ganz anders erfassen, weil wir dessen Gesamtstrahlung aufgenommen haben, nicht nur das Äußere, so, wie wir es bisher gelernt haben: »Das ist ein Tier. Das ist ein liebes Tier.«

Nehmen wir die Bewusstseinsstrahlung des Tieres in uns auf, dann werden wir auch nicht mehr werten und sagen: »Dieses Tier ist schön, jenes ist nicht schön«, oder gar: »Das Tier ist hässlich.« Diese Wertungen würden wir uns selbst zusprechen.

In Gott ist alles vollkommen, auch die Essenz des unscheinbaren Steines, des Strauches, des Tieres. Was sollte in Gott unschön sein, wo doch Er, Gott, in allem vollkommen ist? Wer nur das Äußere betrachtet, der wertet.

»Betrachte den Wassertropfen – und du betrachtest dich in Mir.«

Schauen wir in einen Wassertropfen, der sich an einem Glas entlang bewegt. Versetzen wir uns hinein in den Wassertropfen und fragen wir: Was ist im Wassertropfen oben, unten, rechts, links, hinten, vorne? Fühlen wir uns in den Wassertropfen hinein, dann erahnen wir die sieben Dimensionen.

Unzähliges Leben ist in einem Wassertropfen!

Wir erkennen also: Das Leben ist alles in allem, und in allem ist das ganze Schöpfungsprinzip enthalten. Gottes Schöpfung ist Liebe, Schönheit, Reinheit, ewiges Sein. Verachten wir die kleinste Lebensform, dann verachten wir uns selbst. Verachten wir den Wassertropfen, der unzählige Lebensformen birgt, dann verachten wir uns selbst und werden einst dürsten.

Wie sagte der Herr sinngemäß: »Was ihr dem Geringsten Meiner Brüder antut, das tut ihr Mir an« – das tun wir uns letzten Endes selbst an. Er ist Gott, und wir sind göttlich. Er ist das große Ganze, und wir sind die Erben. Was wir unseren Nächsten, unseren Übernächsten, den Naturreichen antun, das tun wir Ihm und somit uns selbst an.

Wir erkennen: Gott, dem Inneren Leben, werden wir nur dann näherkommen, wenn wir uns nicht nur Ihm, dem ewigen Vater, und Christus, unserem göttlichen Bruder, zuwenden, sondern auch in Kommunikation treten mit allen Lebensformen der Natur, mit den Gestirnen und mit unseren Nächsten, die wir nach dem göttlichen Prinzip der Gleichheit und Einheit an- und aufnehmen müssen.

Wir erfahren: Alles ist in uns; alles vollzieht sich in uns. In uns erhalten wir auch die gesetzmäßige Antwort, durch ein Aufleuchten unseres Bewusstseins.

Voraussetzung dafür, dass diese Kommunikationen stattfinden können, ist, dass wir uns bewusst sind: Wir sind nicht nur Menschen; unser wahres Sein gehört dem Licht der Ewigkeit an. Unser wahres Leben ist das Innere Leben. Dort sind wir im Licht und fühlen uns im Licht. Dort ist unser geistiges Bewusstsein. Das ist unsere Heimat.

Liebe Mitmenschen, wir alle sind im Erdenkleid. Doch müssen wir darum auch ein grober Mensch mit engem Horizont und niederem Bewusstsein sein oder bleiben?

Ein jeder entscheidet selbst. Eines jedoch steht unumstößlich fest: Einmal wird eine jede Seele – und sei es erst nach weiteren Lichtumläufen, die wir Äonen nennen – zu ihrem wahren Wesen zurückfinden, das geistig ist, rein, fein, edel, gut und selbstlos – in einem Wort gesagt: göttlich.

Streben wir dem Feinen, dem Edlen zu, dann finden wir nach innen, und wir finden hinein in das Licht, das uns umgibt gleich einer Burg. Dort sind wir sicher. Dort sind wir gefestigt. Dort sind wir umgeben von der Stärke und Liebe Gottes. Dann sind wir geeint in Ihm, dem großen All-Einen, der ist ewiglich.

Wir sind Kinder der Ewigkeit, weil Gott ewig ist. Und da wir Kinder der Ewigkeit sind, sollten wir uns auch als Kinder der Ewigkeit sehen und uns wie Kinder der Ewigkeit verhalten.

Wir dürfen getrost und ruhig sein und aufrecht das Rechte tun – das, was im Augenblick für uns ansteht. Wir sind sicher in dem Bewusstsein, dass die große, weiße Flamme in uns die Burg ist, gleich einer Festung, der feste Tempel. Wir sind im Licht. Das Licht umgibt uns. Wir sind im Licht geborgen. Wir sind in Gott geeint.

Wir brauchen uns nicht zu ängstigen und zu sorgen – Gott, das Licht, das uns umgibt, möchte für uns das Beste. Und wir werden auch das Beste für uns erlangen, wenn wir uns Ihm hingeben – Dem Einen, der alles in allem ist, der in uns das Leben ist und in dem wir das Leben sind.

Die Kräfte des Alls sind nur dem verborgen, der sein wahres Selbst nicht kennt. Wer die Kräfte des Alls erfahren möchte, der muss sie enthüllen durch Verwirklichung.

Hierzu erläuterte Gabriele,
die Lehrprophetin und Botschafterin Gottes:

Wer sich vor Christus nicht verbirgt, sondern mehr und mehr die Gesetzmäßigkeiten der Zehn Gebote und der Bergpredigt erfüllt, dem wird sich alles enthüllen; denn alles Reine ist als Essenz, Kraft und Licht in ihm. Er ist der innere Himmel, das ewige Sein.

Was du siehst, in dem Bin Ich.
Was du hörst, in dem Bin Ich.
Ich Bin alles-in-allem, das Ganze.

Bist du zum Ganzen erwacht,
dann bist du das Sein.
Du schaust das Sein.
Du hörst das Sein und sprichst die Sprache
des Seins.
Du schaust, hörst und sprichst Mich;
denn Ich Bin das Ganze in dir.
Ich Bin das Ganze in deinem Nächsten,
in dir,
in der Blume, im Grashalm und im Stein.
Ich Bin dein – du bist Mein.
Ich Bin das All – und du bist das All in Mir,
dem All.

Du fragst nicht – du weißt.
Du siehst nicht – du schaust.
Du horchst nicht – du hörst und weißt.

Hierzu erläuterte Gabriele,
die Lehrprophetin und Botschafterin Gottes:

»Ich Bin das All«, so spricht der Herr, *»und du bist das All in Mir, dem All.«*

Was Gott ist – Gesetz –, das sind wir. Denn Er, Gott, das All, die strömende Liebe, hat uns das Ganze als Essenz und Kraft gegeben. Wir sind niemals von Gott getrennt, weil in der Tiefe unserer Seele das All pulsiert, das ewige Gesetz, unser wahres Erbe.

»Du fragst nicht – du weißt.«

Tauchen wir in das ewige Gesetz ein, dann werden wir nicht um die Dinge fragen – wir wissen darum. Wir brauchen dann nicht um Gesetzmäßigkeiten zu bitten – wir wissen darum. Denn alles, was im All ist, ist komprimiert der Aufbau unseres geistigen Leibes, sind wir selbst. Die ganze Unendlichkeit ist als Wissen und Kraft in uns.

Fragen wir um die Dinge des Lebens, dann sind sie uns noch nicht bewusst. Daran erkennen wir: Wir haben unser geistiges Bewusstsein, unser ewiges Erbe, noch nicht vollkommen erschlossen.

Solange der Intellekt aktiv ist, leben wir unbewusst, weil wir uns nur auf die angelernten Dinge beziehen. Wir erfassen dann nur das, was wir im Oberbewusstsein gespeichert haben. Alles andere ist für uns unbewusst. Wir fragen also nach dem, was unser Leben ausmacht: unser geistiges Erbe, unsere göttliche Weisheit, unsere wahre

Intelligenz; denn wir sind Kinder des Alls. Kinder des Alls sein heißt allbewusst sein, weil der Allweise uns als Erben der Unendlichkeit eingesetzt hat.

»Du siehst nicht – du schaust.«

Schauen ist gleich Wahrnehmen.

Wir Menschen sehen da- und dorthin. Wir betrachten die Details im Äußeren, und so ziehen in uns auch menschliche Gedanken ein.

Nehmen wir jedoch die Dinge wahr, nehmen wir den ganzen schwingenden Komplex auf, dann erleben wir allmählich unser wahres Sein in uns, weil wir Kommunikation mit den inneren Werten, mit der inneren Kraft, herstellen. Das Erleben ist der innere Friede, Bewusstheit, Sicherheit, Geborgenheit, Gottnähe.

»Du horchst nicht – du hörst und weißt.«

Das Gesetz braucht nichts zu erhorchen, so auch nicht das komprimierte Gesetz, das Geistwesen. Es weiß um alle Details des ewigen Gesetzes.

Wollen wir etwas erhorchen, so ist das menschlich, ist es Neugierde; denn was wir hören sollen, das werden wir hören. Wollen ist Steuerung durch die Neugierde. Ist es gut für unsere geistige Entwicklung, dann werden wir hören, was wir hören sollen, durch die innere Führung. Wir können uns also fragen: Ist unser Leben Führung oder Steuerung?

Solange wir etwas erhorchen wollen, sind wir neugierig. Die Neugierde hat immer ihre menschlichen Gedanken, die sich auf unser Wollen und unser niederes Seinwollen beziehen. Was wir wollen, besitzen wir nicht, und was wir menschlich haben, gehört uns nicht. Wir müssen uns allen Wollens und Wünschens entledigen und uns vom inneren Reichtum füllen lassen. Dann werden wir auch im Äußeren nie darben.

Immer dann, wenn wir etwas wollen, sind wir Gesteuerte – gesteuert von unseren menschlichen Gefühlen, Empfindungen und Gedanken, die uns in unsere Welt der Wünsche drängen. Sind wir bestrebt, dass Gott uns führt, dann müssen wir geradlinig werden, müssen unsere Neugierde und unsere drängenden Wünsche, die oftmals gar nicht realisierbar sind, ablegen und uns immer wieder bewusst machen: Gott weiß, was für uns gut ist.

Wachsen wir in dieses Bewusstsein hinein, so werden wir still und erfahren aus der inneren Stille die innere Führung. Die innere Stille gibt uns auch die entsprechende Ruhe, welche die Besonnenheit und die Konzentration beinhaltet. Daraus erwächst die geistige Dynamik, die uns den Tag über konzentriert leben lässt.

Sieh niemals nach außen. Das Licht ist in dir. In dir ist die Wahrheit, die um alle Dinge weiß, die alle und alles kennt. Du brauchst dich nicht nach deinem Nächsten umzusehen, du brauchst die Dinge nicht von außen zu betrachten – was ist, das ist in dir.

Alles, was du siehst, ist nur die Spiegelung der Wahrheit, Reflexion also, die nicht die absolute Wahrheit ist.

Hierzu erläuterte Gabriele,
die Lehrprophetin und Botschafterin Gottes

»Sieh niemals nach außen. Das Licht ist in dir.«

Nach außen sehen heißt, nur den Schein erfassen zu wollen. Das Wollen birgt wieder die Neugierde, die uns unruhig nach rechts, links, oben und unten blicken lässt, um alles zu sehen.

Vertiefen wir uns in das Innere Licht, so werden wir ruhiger, und wir werden allmählich tiefer schauen. Dann nehmen wir Kommunikation mit den positiven Kräften in Menschen, Pflanzen, Tieren, in allen Dingen auf.

»In dir ist die Wahrheit, die um alle Dinge weiß, die alle und alles kennt.«

Wird uns bewusst, dass in uns Gott ist, die Wahrheit, die um alle Dinge weiß, die alle und alles kennt, dann erlangen wir Stärkung und Stärke; dann kehren wir auch immer wieder zurück zum Licht in uns, in der Bewusstwerdung: In uns ist die Wahrheit, die um alle Dinge weiß, die alle und alles kennt.

»Du brauchst dich nicht nach deinem Nächsten umzusehen, du brauchst die Dinge nicht von außen zu betrachten – was ist, das ist in dir.«

Denken wir an Situationen in unserem täglichen Leben: Grüßen wir z.B. unseren Nächsten und sehen uns nach ihm um – welche Gedanken sind in unserem Oberbewusstsein? Sind es allzumenschliche Gedanken, die erkennen lassen: Wir haben nur auf das Äußere, die Hülle, geblickt und nur mit dem Äußeren, der Hülle, kommuniziert? Grüßen wir unseren Nächsten hingegen aus dem Herzen als unseren Bruder oder unsere Schwester, dann werden wir uns nicht nach ihm umsehen.

Nehmen wir uns vor, uns während des Tages zu kontrollieren, wie oft wir nach unseren Mitmenschen blicken und was wir dabei denken. Wir blicken uns um mit der Frage: Ist dies wohl der Bekannte? Dann fragen wir uns: Was steht hinter dieser Frage, welche Gefühle und Empfindungen? Wir blicken uns um, weil uns an unserem Nächsten etwas gefällt oder missfällt. Welche Gefühle und Empfindungen liegen unter dieser äußeren Wahrnehmung? Wir selbst sagen uns, welche Bewandtnis es mit unserem Nach- oder Umblicken hat.

Sind wir geistig so weit entwickelt, dass der positive Teil unseres Nächsten in uns schwingt, dann werden wir uns nicht nach ihm umsehen, außer, er ruft uns. Wenden wir uns ihm daraufhin bewusst zu, so ist dies nicht das menschliche Gezogensein, die Steuerung, sondern zwei Wesen begegnen einander in gegenseitiger Achtung – unpersönlich.

»Alles, was du siehst, ist nur die Spiegelung der Wahrheit, Reflexion also, die nicht die absolute Wahrheit ist.«

Die absolute Wahrheit, das Sein, unser wahres Erbe – wie können wir es erspüren?

Da jedes Gefühl, jede Empfindung, jeder Gedanke und jedes Wort ein Baustein von Bildern ist, so sind auch unsere Gebetsworte Aspekte von Bildern – oder eines ganzen Bildes, dann, wenn wir immer wieder gleich oder ähnlich beten. Diese Bilder, auch die Bilder unserer Gebete, dringen in unser Oberbewusstsein ein, machen uns eventuell unruhig oder lassen uns nicht zur Ruhe kommen.

Wir wollen uns im tieferen Gebet üben, das unser Bewusstsein erweitert und uns gleichzeitig fühlen lässt, welch eine wunderbare Ruhe und welch ein Friede über uns kommen. Wir nehmen dann nicht mehr die Reflexionen unserer Gebetsgedanken auf, denn alles, was von uns an Menschlichem ausgeht, ist nur wieder Reflexion. Es strahlt zurück in Bildern, in Farben und Formen, die unser Menschliches zeigen und die unser Menschliches unter Umständen weiter bewegen und somit verstärken.

Wir gehen in die Stille.
Wir schließen die Augen.
Wir werden ruhig.
Wir lösen uns von unseren menschlichen Gedanken.
Wir übergeben sie Christus und konzentrieren
uns nun auf unseren Atem.
Die Gedanken ziehen von uns.

Nun stellen wir uns im Inneren, in unserem physischen Leib, ein Licht vor. Es ist Energie, die Liebe Gottes.

In dieses Licht tauchen wir nun ein und rufen das Allheilige in uns an, Gott, es möge durch uns hindurchstrahlen. Dabei erwarten wir nichts. Wir werden auch nicht denken.

Wir lassen das Heilige durch uns strahlen, dorthin, wo wir es hinsenden wollen.

Jetzt rufen wir das ewige Licht an.

Ewiges Licht,
Du bist die Kraft und die Liebe.
Fließe verstärkt in mich ein.
Durchströme mich,
durchglühe mich!
Aus Deinem Born des Heils,
aus Deinem Licht,
sende ich Deine Liebe, Dein Licht,
zu allen Menschen.

Wir senden – und denken nicht.

In diesem Augenblick des tiefen Betens kommunizieren wir mit dem Geist Gottes in vielen Menschen.

Die Antwort aus dieser selbstlosen Kommunikation ist die Stille, der Friede, die Hoffnung, die Zuversicht, die Stärkung und die Stärke. Dabei hören wir keine Stimme; wir empfinden, wie sich unser geistiges Bewusstsein erweitert, weil Gott aus dem Born Seines Lebens Seine Stille und Seinen Frieden in uns eingießt.

Wir lassen Gebetsempfindungen zum Ewigen in uns fließen:

Herr, Dein Licht durchglüht mich.
In Deinem Bewusstsein lebe ich.
Deine Kraft, die in mir wirksam ist,
sende ich zu den Naturreichen.

Wir lassen die Kraft hinausströmen; dabei denken wir nicht und machen uns auch kein Bild von den Naturreichen.

Die Antwort ist wieder die Antwort der Stille:

Friede, Hoffnung und Zuversicht bauen sich in uns auf, denn wir hatten Kommunikation mit der Schöpferkraft in der Natur.

Diese Übung ist eine Form des tiefen Gebetes. Die hier wiedergegebenen Gebetsworte sind als Beispiel anzusehen.

Ein solches Gebet kann uns unendliche Stille bringen und innere Erfahrung – die Erfahrung des Friedens. Wir hören so oft: »Gott ist Friede.« In uns sollen wir diese geistige Realität erfahren; durch dieses Gebet kann dies geschehen.

Zuerst lassen wir uns mit der Kraft der Liebe füllen, dann senden wir die heiligen Gebetsstrahlen aus und denken dabei nicht. Sie bringen unserem Nächsten Lebensenergie. Was aus dieser Kraftquelle zurückstrahlt, erfüllt auch uns selbst.

Nennen wir es Übung, nennen wir es Gebet – diese Tiefenkommunikation ist eine Möglichkeit, zu erspüren, was unser geistiges Erbe ist. Dann erwacht immer mehr die Sehnsucht, so zu werden, so zu sein, wie wir es im Inneren fühlen.

Um uns dieses Tiefengebet einzuprägen, wiederhole ich: Wir lassen uns mit der Kraft Gottes füllen, indem wir den Vater bitten: »Strahle Du in mich ein, und strahle durch mich hinaus zu meinen Brüdern und Schwestern« – und dann bleiben wir in der Stille.

Dadurch werden auch wir erfüllt und kommen so Dem näher, der die Sehnsucht der Seele ist.

In dem Augenblick, da wir senden, da wir hinausstrahlen, spüren wir, dass sich in uns Freude, Dankbarkeit, Stärke und Hoffnung aufbauen.

Doch Voraussetzung ist, dass wir nichts wollen! Machten wir uns ein Bild, so würden wir uns selbst erleben, nämlich die Reflexionen unseres menschlichen Ichs. Diese Bilder kämen aus unserem dreidimensionalen Denken.

Wir dürfen keinerlei Erwartungen haben, sondern nur die Strahlung des Ewigen durch uns fließen lassen. Dann, aber nur dann, baut sich in unserer Seele, im Seelengrund, das auf, was heute und für die kommende Zeit unsere geistige Entwicklung fördert.

Dieses innere Gebet ist selbstlos und unpersönlich. Wir nennen es »Tiefengebet« oder »Allgebet«.

Was innen in dir ist, das Licht, die Wahrheit, was du im reinen Sein als Wesen in Gott bist, das hat im Himmel in reinster Substanz Gestalt und Form angenommen.

Gabriele:

In diesem Satz liegt unser ganzes Erbe:

Alle reinen Wesen tragen dasselbe in sich, das Gesetz, Gott. Aus dem strömenden Leben, aus dem fließenden und strömenden Licht, der Energie Gott, hat der Ewige die geistigen Formen geschaffen. Sie nahmen Gestalt an und wurden reinste Substanz aus Gottes Odem, aus Seinem strömenden Gesetz. Auch unser Innerstes ist reinste Substanz, auch wir sind Wesen des Alls, weil wir Kinder Gottes sind.

Was im Innersten deiner einverleibten Seele, im Seelengrund, ist, ist das unbelastbare Licht, die ewige Wahrheit. Es ist und bleibt das Sein ewiglich.

Gabriele:

In uns ist also die unendliche, ewige Quelle, aus der alle geistigen Wesen, alle Lebensformen der Himmel schöpfen. Es ist der Allgeist, der alles durchströmt. Es ist die Allgegenwart Gottes, aus der wir empfangen und geben dürfen.

Wir alle sind als geistige Wesen in diesem mächtigen, ewigen Strom. Aus diesem Strom, dem Prinzip des Alls, schöpfen und geben wir. So leben alle reinen Wesen im Kreislauf der Unendlichkeit: Empfangen, gleich Schöpfen, und Geben. Das ist unser wahres Dasein im ewigen Sein.

Nur ein vorgegebenes Quantum göttlicher Energie wurde durch den Abfall eines Wesens von Gott in Fallenergie verwandelt, woraus Fallreiche, Fallwesen und Menschen entstanden. Dieses Quantum göttlicher Energie wurde den weiteren Fallwesen vom Ewigen zum Erhalt ihres Lebens gegeben. Es ist heruntertransformierte göttliche Energie. Deshalb sind die Materie und alle heruntertransformierten Energien nur Spiegelungen des reinen Seins.

Gabriele:

Jedem von uns ist geboten, das Quantum Energie, das der Einzelne durch falsches Denken heruntertransformiert hat, wieder umzuwandeln, es geistige Ursubstanz, Urkraft, werden zu lassen, um diese dann wieder einzubringen in das ewige Sein.

Das Quantum göttlicher Energie, das jedem von uns mitgegeben wurde, als wir in die Fallreiche eingetaucht sind, ist geliehene Energie. Jede Leihgabe muss wieder zurückgebracht werden.

Auf dem Inneren Weg lernen wir, das Negative in Positives umzuwandeln, indem wir das erkannte Menschliche mit Christus bereinigen und nicht mehr tun. Dadurch wandelt sich die von uns heruntertransformierte Gottesenergie, also die negative Energie, um in göttliche fließende Kraft. Auf diese Weise transformieren wir sie wieder hoch, hin zum Ursprung, zu Gott.

Jeder von uns wird das früher oder später tun müssen; deshalb haben wir den Inneren Weg.

Wir hören immer wieder, dass die Erde und alles, was auf der Erde ist, nur Spiegelung oder Reflexion des ewigen Seins ist.

Denken wir an einen See mit mehr oder weniger bewegter Oberfläche. Was am Ufer des Sees ist, Gräser, Bäume, Bauwerke und anderes mehr, spiegelt sich im Wasser. Sehen wir im Spiegel des Sees, auf dem sich eventuell Wellen kräuseln, dasselbe wie am Ufer? Nein, im Wasser erscheint alles verzerrt.

Wenden wir diesen Vergleich auf das geistige Reich der Himmel und die Erde an: Der Himmel spiegelt sich auf der Erde. Was wir auf der Erde erfassen und wahrnehmen, ist jedoch nicht die Realität, das Sein, das Reich der Himmel. Durch die verschiedenen Schichten des menschlichen Ichs ist das Ganze nur Spiegelung, Schein, und niemals die Realität.

Es kommt darauf an, auf welcher Ebene wir uns bewegen – auf der Ebene der Spiegelung, des Scheins, der Ebene des Äußeren und Äußerlichen, der menschlichen Bilder oder auf der Ebene des Seins, des Inneren Lebens.

In der ganzen Unendlichkeit gibt es nur ein Prinzip: Senden und Empfangen. Was du sendest, das bist du; das strahlst du aus. Was du ausstrahlst, das kommt auch wieder auf dich zurück.

Hierzu erläuterte Gabriele,
die Lehrprophetin und Botschafterin Gottes:

Mit jedem Gedanken, den wir denken, senden wir und empfangen zugleich. So baut sich unser Schicksal auf. Wir können das, was wir aufgebaut haben, aber auch abbauen, indem wir unser Sendepotential durch Bereinigung, mit Hilfe der umwandelnden Kraft unseres Erlösers, abtragen und immer mehr zu Christus hinsenden, der der Mittelpunkt unseres Lebens sein soll. Nur so erlangen wir Schritt für Schritt unser geistiges Erbe. Nur dann können wir sagen: Wir gehen sicher durch diese Zeit, die voller Wirren ist.

Die einzige Sicherheit ist Christus. Es gibt für uns keine äußere Sicherheit. Menschen, Dinge, Gegenstände, Geld und Gut – nichts kann uns Sicherheit bieten. Wir leben in einer mächtigen Umwandlungszeit. Die alten Strukturen, auf die bisher viele Menschen gebaut haben, fallen. Auf dieser Erde, in dieser Welt wird im Laufe des Umwandlungsprozesses von der alten zur Neuen Zeit im Äußeren kein Halt mehr sein.

Hierzu erläuterte Gabriele,
die Lehrprophetin und Botschafterin Gottes:

Wir hören immer wieder von dem Inneren Licht. Wie finden wir zu dem Inneren Licht, und wie können wir im Inneren bleiben?

Hierzu eine kleine Übung.

Wollen wir sprechen, dann nehmen wir uns in der Frage zurück:

Ist das, was wir sagen möchten, göttlich?

Warum möchten wir uns mitteilen?

Wir sprechen dann, wenn wir spüren, dass wir für uns persönlich nichts wollen. Wir spüren es daran, wenn hinter dem, was wir aussprechen wollen, kein Drängen, kein Abwerten steht; wenn wir nicht unseren Vorteil im Auge haben. Wir können uns auch prüfen, wie wir uns mitteilen, denn in der Art und der Kombination der Worte, ebenso im Tonfall und in der Satzmelodie erkennen wir, ob sich unser Ich – seien es die tiefen Schichten des Ichs – mitteilt oder ob es unpersönlich ist und aus dem Born des Lebens kommt.

Oftmals sagen wir: »Ich habe das und jenes schon bereinigt. Ich habe schon vergeben. Und doch kommt es immer wieder in mein Oberbewusstsein. Immer wieder kommen die alten Gedanken.« Was liegt vor?

Es ist möglich, dass es Erinnerungen sind, die geweckt wurden. Wenn z.B. unser Nächster an uns denkt und über jene Situation nachdenkt, die schon bereinigt ist, so kann dadurch diese in unserer Erinnerungswelt lebendig werden. Dann sollten wir prüfen: Wie sind – vor allem gegenüber jenem Nächsten – unsere Gefühle und Empfindungen? Sind unsere Gefühle und Empfindungen lauter, dann sagen wir »nein« zu diesen alten Gedanken, wenden uns Christus zu und beten ähnlich, wie wir es gelernt haben:

Wir rufen das Innere Licht an und lassen das Licht durch uns zu unserem Nächsten oder zu unseren Nächsten strahlen, an die wir denken. Durch das Allgebet nehmen die Gedanken von uns Abstand; dadurch fällt es uns immer leichter, in uns zu ruhen.

Weitere Beispiele sollen uns nun helfen, das Allgebet noch tiefer zu erfassen, um es mehr und mehr selbstständig durchführen zu können.

Machen wir uns bewusst: Alles ist in allem, und zu allem sollen Seele und Mensch die Kommunikation herstellen. Denn so, wie im Himmel, so soll es auf Erden werden.

Wir beobachten nun unseren Atem und versenken uns in das Innere Licht. Wir rufen das heilige Licht an, die Liebe des Schöpfergottes; wir lassen uns von Liebe, Kraft und Weisheit füllen und beten:

Ewiger, herrlicher Vater!
Du bist das Licht und die Kraft in uns.
Du bist der allgegenwärtige Geist,
der alles durchströmt und alles durchglüht.
Du liebst Deine Schöpfung,
zu der auch wir Menschen gehören.
Du bist in allem die Liebe, das Licht,
die Heimat und das Heil.
Dein Licht, das uns Wärme
und Geborgenheit schenkt,
senden wir nun den Mineralreichen.
Du strömst durch uns
zu den Mineralreichen.

Unsere Gedanken schweigen.

In gleicher Weise können wir das Licht Gottes zu den Pflanzen- und Tierreichen strömen lassen.

Wir beobachten wieder unsere Atmung.

Immer tiefer geht es hinein in das Licht; immer mehr umfängt uns die Sonne der Liebe.

Wir rufen das Innere Licht an und lassen uns von Gottes Liebe, Kraft und Weisheit mehr und mehr füllen.

Geliebter Vater!
Alle Geistwesen, Seelen und Menschen
sind Deine Kinder.
Du, Gütiger, sandtest uns Deinen Sohn,
auf dass wir wieder zu Geistwesen werden,
Licht aus Deinem Licht,
Liebe aus Deiner Liebe,
Kraft aus Deiner Kraft.
Gütiger All-Einer,
fülle uns aus dem Born
des Friedens und des Heils.
Fülle uns mit Deiner Liebe,
auf dass wir spüren,
dass wir Deine Kinder sind.

Gütiger, ewiger Vater,
Dein Licht strahlt durch uns zu allen Brüdern
und Schwestern auf der ganzen Erde.
Unsere Gedanken schweigen –
Du, o All-Einer, strahlst durch uns
zu unseren Menschengeschwistern.
Wir lassen es strahlen; wir denken nicht.
Es strahlt.

Abermals beobachten wir unseren Atem und spüren gleichzeitig nach innen.

Wir merken, wie die Ruhe und der Friede über uns kommen. Es ist die Antwort der Liebe.

Wiederum rufen wir das mächtige Licht in uns und bitten es, dass es uns durchglühe.

Ewige Sonne,
Du Güte und Wärme,
Du Liebe und Barmherzigkeit!
Du, Vater, Du geliebtes Du unserer Seelen,
Du bist uns so nahe,
weil wir Deine Kinder sind.
Du durchströmst uns mit der Kraft
der Himmel, die unser geistiges Erbe ist.
Du durchglühst uns und lässt uns
erglühen in Deiner Liebe,
die unser wahres Sein ist.

Ewiger, Gütiger,
durch Deine unendliche Kraft
treten wir nun in Kommunikation
mit unseren Brüdern und Schwestern
des ewigen Seins.
In uns öffnen sich die Himmel,
die Regionen von der Ordnung
bis zur Barmherzigkeit.

Das Licht des All-Einen
strahlt durch uns hindurch
und stellt die Kommunikation zu unseren
Himmelsgeschwistern her.

Wir lassen die Liebe strömen.

Unsere Gedanken schweigen. Wir dürfen die Verbindung tief in unserer Seele spüren.

Wir dürfen empfangen.

Wir senden himmelwärts – heim.

Wir empfangen vom Himmel, von daheim.

Vater,
Du unsere Wonne und unser Glück!
Bruder, Du unser Erlöser und unser Freund!
Wir danken Dir, Vater;
wir danken Dir, Bruder!
Von ganzem Herzen Dank.
Dank für das Sein.
Dank für die Erlösung.
Danke für den Inneren Weg.
Danke für die ewige Heimat.

Er [der Mensch in Gott] strahlt das ewige Gesetz, das Reine, Schöne, Feine, die absolute Liebe, aus – das Sein, das er ist.

Gabriele:

Haben wir uns tagsüber zurückgenommen in unserem Reden und Denken – indem wir uns selbst prüfen in der Frage: »Ist mein Gedanke, mein Wort unpersönlich, also göttlich, oder ichbezogen?« –, dann können wir am Abend uns selbst erspüren, wie es uns ergeht.

Das Erspüren unseres Selbst bedeutet: Wir nehmen uns selbst wahr. Wie war und wie ist unser Körperrhythmus? Wie war und ist unsere innere und äußere Haltung? Wie war und ist unser Verhalten? Wir können uns auch im Spiegel erforschen. Wie reflektieren, wie strahlen wir?

Wir werden kleinere oder größere sogenannte Wunder erleben, wenn wir tagsüber diese Übung konsequent durchführen. Der Abend zeigt uns einen ganz anderen Menschen.

Diese Übungen lassen uns erkennen, wie rasch und wunderbar der Geist Gottes in uns und an uns zu wirken vermag. Wir erfahren die Nähe Gottes.

Das ewige Gesetz, das Reine, Schöne, Edle, Feine, die absolute Liebe, strahlt das, was von dem Gotterfüllten ausgeht, dann auch wieder in ihn ein und durch ihn hindurch.

Gabriele:

Was vom Gotterfüllten ausgeht, strahlt wieder in ihn ein und durch ihn hindurch – aufgrund des Prinzips Senden und Empfangen.

Wir hören immer wieder vom Sein. Das Sein ist das Göttliche in allem. Erst wenn wir die göttliche Kommunikation zu allem erlangt haben – denn alles ist in allem –, leben wir im Sein.

Im Sein zu leben heißt also, in unserem Innersten zu leben. Die vorausgegangenen Übungen helfen uns, zu erfahren, was es heißt, in uns zu leben und aus dem Sein, der Quelle, zu geben durch die Kommunikation mit der Allkraft in allem.

Wir hören immer wieder von der Reinheit. Die Reinheit der Seele erlangen wir durch selbstlose Gefühle, Empfindungen, Gedanken, Worte und Handlungen. Das führt zur inneren Schönheit. Die Schönheit erlangen Seele und Mensch also durch die Reinheit.

Wir sehen: Alles durchdringt und ergänzt sich. Wer sich mit den Tugenden und der selbstlosen Liebe schmückt, der gelangt zur inneren Freiheit, weil er zu sich selbst, zu seinem wahren Selbst, gefunden hat. Er lässt dann auch seinen Mitmenschen die Freiheit. Dann ist der Mensch edel und fein, weil die Seele rein geworden ist.

Nehmen wir diese Aussage noch einmal bewusst auf und lassen sie in uns nachschwingen, denn in dieser einen Aussage liegt so viel Entscheidendes für uns: *»Das ewige Gesetz, das Reine, Schöne, Edle, Feine, die absolute Liebe, strahlt das, was von dem Gotterfüllten ausgeht, dann auch wieder in ihn ein und durch ihn hindurch.«*

Im Sein, das ewig ist, lebt das reine Wesen und hat im ewigen Sein sein Dasein, weil es selbst das ewige Sein ist, das ewige Gesetz, Gott: die Reinheit, Schönheit, Freiheit, das Edle und Feine, die selbstlose Liebe. Das reine Wesen ist das Sein im Allstrom, in Gott, im Sein.

Gabriele:

Die Reinheit ist unser wahres Leben. Wenden wir uns von unserem wahren Leben ab, von der Reinheit, der Schönheit, dem ewigen Sein, dann schaffen wir unser Scheinleben, das aus unserem Ichgesetz besteht. Es ist die Reflexion, das heruntertransformierte, umgewandelte Ich Bin. Das haben wir durch unser menschliches Fühlen, Denken, Sprechen, Handeln und Wollen aufgebaut. Unser Ichgesetz, das einzig uns umschließt und im Kausalcomputer, den Gestirnen, gespeichert ist, nennen wir als Oberbegriff das Gesetz von Saat und Ernte.

Was wir also säen, das ernten wir. Dieses kausale Senden und Empfangen währt so lange, bis wir die Reinheit unserer Seele weitgehend erlangt haben.

In der Reinheit liegt die Schönheit, und in der Schönheit wieder die Reinheit. Beide strahlen aus und ergeben die Freiheit. In der Reinheit, Schönheit und Freiheit liegt das Edle, das Feine, die selbstlose Liebe.

Die belasteten Seelen in den Stätten der Reinigung und die einverleibten belasteten Seelen, die Menschen, leben nicht als das Sein und bewegen sich auch nicht im Strom des Seins.

Gabriele:

Solange wir noch belastet sind, sind Teile unseres geistigen Erbes, unseres wahren Seins, abgedeckt; daher finden wir nicht zum Ursprung unseres Lebens zurück. Um wieder in den Strom Gottes eintauchen zu können, um als gereinigter Tropfen im ewigen Ozean, Gott, zu leben, müssen wir den Weg der Selbsterkenntnis gehen.

Wir müssen lernen, uns selbst zu verstehen; denn nur, wenn wir uns selbst verstehen, werden wir uns auch mit der Zeit selbst erkennen. Lernen wir, uns selbst zu verstehen, dann werden wir auch Verständnis für unsere Mitmenschen erlangen. Auf diese Weise reinigen wir unsere Seele und finden Zugang zu unserem Nächsten. Denn unser Nächster – der positive Teil unseres Nächsten – ist ein Teil unseres wahren Seins, unseres göttlichen Erbes.

Nur auf diese Weise – durch Selbsterkenntnis und durch Verständnis – reifen wir in unser Inneres hinein, erlangen die Verbindung zu unserem Nächsten und gewinnen die Kommunikation zu den Naturreichen. Dann verstehen wir auch, was es heißt, die Kommunikation mit dem unendlichen All aufzubauen, weil wir Kinder des Alls sind, Erben der Unendlichkeit, Wesen, die in sich das ganze Sein bergen.

Wer nicht in Gott lebt, der lebt in seiner selbstgeschaffenen Welt, die aus seinen menschlichen Empfindungen, Gedanken, Worten und Handlungen besteht, die er sein »Sein« und sein »Selbst« nennt. Das ist die kleine Welt des menschlichen Ichs.

Gabriele:

Wir erkennen also, wie der Widersacher die höchsten Worte umgedreht hat. Unsere kleine Welt, die Ichwelt des Einzelnen, die aus unseren menschlichen Empfindungen, Gedanken, Worten und Handlungen besteht, nennen wir unser »Sein« und unser »Selbst«. Es ist jedoch nicht das ewige Sein. In unserem menschlichen »Sein« ist das »Mein«, das die Abgrenzung zum ewigen Sein beinhaltet. In unserem menschlichen »Selbst« ist das »Mir«, wieder die Abgrenzung. Durch die menschliche Ichbezogenheit, das Mein und Mir, haben wir uns in eine Kokonwelt begeben, von der wir noch hören werden. Wir sehen also, wie dicht Licht und Schatten beieinanderliegen.

Worte, aus der Verwirklichung und Erfüllung des ewigen Gesetzes gesprochen, tragen das Göttliche in sich, Licht und Kraft. Hingegen sind Worte dann unser niederes Sein, wenn sie nicht vom Geist der Liebe durchdrungen sind, wenn sie von uns nicht gelebt werden.

Gott spricht vom ewigen Selbst, vom ewigen Sein. Die Umpolung heißt: unser menschlich Sein, unser menschlich Selbst.

In dieser kleinen Welt lebt er, bewegt er sich und glaubt, einzig dort sein Dasein zu haben.

Er sieht dann nur mit den Augen seiner kleinen Welt, die mit einem Kokon zu vergleichen ist. Damit sieht er dann auch nur auf die kleine Kokonwelt seines Nächsten.

Er sieht nur die Oberfläche des Lebens, die Spiegelung, weil er nur im Äußeren lebt und sich nur in seiner kleinen Welt, in seinem Kokon, bewegt, den er selbst gesponnen hat mit seinen belasteten Empfindungen, Gedanken, Worten und Handlungen. Das ist sein Bewusstseinsstand.

Gabriele:

Von diesem Bewusstseinsstand ausgehend, fühlen, denken, sprechen und handeln wir – als Menschen, die in der Begrenztheit materialistischen, ichbezogenen Denkens verhaftet sind. Weiter können wir nicht sehen. Weiter können wir auch nicht verstehen. Was wir entfaltet, was wir entwickelt haben, das ist unser Bewusstseinsstand. Dementsprechend strahlt auch unser Bewusstseinslicht. Es strahlt auch nur wieder das an, was unser Bewusstseinsstand ist, die Weite oder die Enge, je nach Begrenzung.

Weil wir, je nach unserer Bewusstseinsstrahlung, in unserem selbstgeschaffenen Lichtkegel leben, erleben wir immer wieder uns selbst. Beobachten wir, was wir denken, was und wie wir sprechen! Dies alles sagt uns, wer wir sind.

Bewegen wir uns mit unseren Empfindungen und Gedanken nur um uns selbst, dann leben wir in einer Kokonwelt und sehen unseren Nächsten nur im Lichtkegel unseres Ichs. Unsere Mitmenschen gehen dann an uns vorbei, und wir erkennen sie nicht; wir nehmen sie nicht als Bruder und Schwester im Geiste des Herrn wahr, weil wir uns nur selbst bejahen, weil wir nur auf unsere kleine Welt blicken. Diese kleine Welt ist unser Gedankengut, und dieses Gedankengut nennen wir die Wahrheit.

Die Fäden der kleinen Kokonwelt sind gleichsam die Wände, auf die er blickt und die er als »die Wahrheit« bezeichnet. Da er nur auf die Wände seiner kleinen, eigenen Welt blickt, sieht er auch nur auf die Wände der kleinen Welt seines Nächsten. Er sieht also nur in die Spiegel der Wahrheit und schaut nicht die Wahrheit selbst.

Gabriele:

Daraus ergibt sich die Verzerrung der Wahrheit.

Was sind die »Wände«? Die sogenannten Wände sind die Ausstrahlung der Aura, sind die verschiedenen Facetten unseres Seelenlichtes. Denn das, was in unseren Seelenpartikeln gespeichert ist, Licht oder Schatten, das strahlt durch unseren Körper und bildet die Aura, die Korona. Unsere Aura ist gleichsam der Kegel unseres Bewusstseinslichtes.

Nur das, was unsere Seele ausstrahlt, das können wir einigermaßen erfassen und von dem sprechen wir. Darüber hinaus geht es nicht. Je nach Strahlungspotential, Licht oder Schatten, ist unsere Aura. Das ist unser Bewusstseinslicht, unser Bewusstseinsstand.

Er spricht von der Wahrheit und meint damit die Spiegelung der Wahrheit, das, was er selbst eingegeben hat, womit er sich selbst umsponnen hat, woran er glaubt, weil er nur das sieht. Er glaubt also nur das, was er sieht, und das nennt er die Wahrheit.

Gabriele:

Unsere Sprache ist eine bildhafte Sprache. Jedes Bild zeigt unseren Bewusstseinsstand. Tag für Tag schießen durch unser Gehirn unendlich viele Gedanken. So, wie die Gedanken durch unseren Kopf schießen, so schießen auch die Bilder durch uns hindurch und prägen unsere Zellstruktur. Da wir zumeist noch unbewusst leben, erfassen wir von unserer eigenen Bildersprache wenig und lassen dadurch viele Chancen zur Selbsterkenntnis ungenutzt verstreichen.

Bewusst leben heißt, die Kräfte unseres Bewusstseins im Augenblick zu sammeln, ganz bei dem zu sein, was momentan ansteht. Bewusst leben heißt also konzentriert leben.

Nehmen wir uns vor, alles, was wir tun, konzentriert zu tun. Konzentration heißt: Unsere Gedanken sind bei unserer Arbeit, bei der Tätigkeit, die wir augenblicklich ausführen, oder bei dem, was wir sprechen.

Verläuft unser Leben dadurch bewusster, dann erfassen wir auch sehr rasch, wenn Gedanken uns bedrängen. Sie klopfen an unsere Konzentrationsstrahlung an und wollen sich uns mitteilen. Dann sollten wir kurz innehalten, die Gedanken zulassen und in die Welt der Gedanken hineinblicken; denn sie kommen und zeigen sich uns in Bildern. Diese Bilder haben wir geschaffen; sie sind ein Teil unseres Lebens. Auch auf diese Weise können wir sehr rasch erkennen, wer wir sind. Nützen wir die Tagesenergie, um zu bereinigen, was heute zur Bereinigung ansteht, dann erweitert sich unsere Bewusstseinsstrahlung, unser Bewusstseinskegel.

Gedanken, die uns ansenden, können auch von Mitmenschen ausgehen. Das sind jedoch nur kurze Fluggedanken, die uns nicht erregen – und uns doch etwas sagen können, denn es gibt keine Zufälle. Klopfen sie jedoch ständig an unsere Konzentrationsstrahlung an, dann ist etwas in uns, das bereinigt werden sollte.

Gedanken, Empfindungen oder Gefühle können auch von unserem derzeit entwickelten geistigen Bewusstsein ausgehen – Impulse, die uns anregen wollen, uns weiter zu entfalten, hinwegzuräumen, was unsere Seele einengt und belastet. Auch diese Gedanken oder Gefühle pochen an die Konzentrationsstrahlung an. Sie melden sich an, um bereinigt zu werden. Halten wir kurz inne. Nehmen wir die Gedankenbilder auf. Was wollen sie uns sagen? Das steht zur Bereinigung an.

Wir sind in der Lebensschule Erde: Die Tagesenergie bringt für jeden einzelnen Menschen individuell die Aufgaben, die für ihn anstehen, aufgrund dessen, was er selbst einmal in die Gestirne eingegeben hat. So begegnen wir unserem eigenen Menschlichen, Tag für Tag.

Das Menschliche ist unser niederes Sein, ist unser niederes Selbst. Wir müssen das niedere Selbst, das niedere Sein, mit Christus umwandeln. Auf diese Weise finden wir zum ewigen Sein, zu unserem wahren Selbst, und somit zu unserem göttlichen Erbe.

Wir sehen also: Die ganze Unendlichkeit besteht aus Senden und Empfangen. Zu uns wird hingesendet, und wir empfangen. Wir senden und empfangen. Das ganze All ist ein mächtiges Kommunikationsnetz, in das jeder Einzelne von uns eingebunden ist.

Es gibt im ganzen All nur ein Prinzip: Senden und Empfangen. Jeder sendet sich selbst – das, was er ist, sein Empfinden, Denken, Sprechen und Handeln.

Gabriele:

Beachten wir die Aussage: Jeder sendet sich selbst.

Das Sendepotential unseres Nächsten können wir nicht aussenden; wir senden einzig unser eigenes Sendepotential aus, jene Programme, die wir uns im Laufe dieses Erdenlebens und in den Vorleben auferlegt haben – das also, was noch nicht bereinigt ist.

Machen wir uns also immer wieder bewusst: Jeder von uns sendet nur sein eigenes Sendepotential aus. Mit unseren Empfindungen, Gedanken, Worten und Handlungen bauen wir dieses Sendepotential auf. Es bildet die verschiedenen Programme in unseren Gehirnzellen, die wieder auf unsere Seele einwirken und auf jede Zelle unseres Leibes, denn diese befinden sich ebenfalls in Kommunikation mit den Speicherplaneten. So sind wir mit unserem – aber nur mit unserem eigenen – Sendepotential in Kommunikation mit den Gestirnen.

Das, was wir aussenden, geben wir in unsere Seele ein und in die entsprechenden Speicherplaneten – in dem Fall in den Kausalcomputer. Vom Kausalcomputer kommt es wieder zurück – über unsere Seele, über unsere Empfindungen und Gedanken. So können unsere Gefühle, Empfindungen, Gedanken, Worte und Handlungen unsere Mahner sein. Deshalb sollten wir wachsam sein, um zu erfahren und zu erfassen, was sie uns über uns sagen wollen.

Wir sind unser eigenes Sendepotential. So schwingen wir. So denken wir. So leben wir. So handeln wir. Das ist auch unser Körperrhythmus. So schwingt auch jede Zelle unseres Leibes.

Unser Körper ist gleichsam ein Klangkörper. Mit unseren Gefühlen, Empfindungen, Gedanken, Worten und Handlungen stimmen wir den Klangkörper Mensch ein.

Wollen wir wissen, wie wir klingen? Hören wir, was wir denken und reden! Dann wissen wir, wie wir klingen.

Gott ist Harmonie. Gott ist ewige Symphonie, ewiger kosmischer Klang. Ist unser Klangkörper eins mit der Symphonie Gott, dann ist unsere Seele im Sein. Ist unser Körper disharmonisch, sind unsere Rhythmen eckig, kantig, sind wir unausgeglichen, unausgewogen, dann sind wir nicht in Harmonie mit dem ewigen Sein; dann spielen wir unsere eigene Geige.

Das reine Wesen lebt und wirkt in und aus dem reinen ewigen Gesetz, dem Allgesetz.

Der Unreine lebt in seiner kleinen, selbstgeschaffenen Welt, die aus seinem Unreinen besteht, also aus dem Unrat seiner Empfindungen, Gedanken, Worte und Handlungen. In dieser seiner Kokonwelt lebt und bewegt er sich und empfindet, denkt, spricht und handelt so, wie er ist, woraus seine Kokonwelt besteht.

Gabriele:

Der Unrat unserer Empfindungen, Gedanken, Worte und Handlungen ist ein Raunen, ein Rauschen in unserem Inneren; es macht uns unzufrieden, unstet, unglücklich; denn die wache Seele drängt, um frei und glücklich zu sein. Sie möchte sich mit dem ewigen Strom, Gott, verbinden; sie möchte wieder eintauchen in das ewige Sein, in das ewige Licht – als das wahre Selbst, das komprimierte Sein.

Hin und wieder sollten wir den Gesang der Seele üben. Die Liebe der Seele zum Vater ist gleichsam eine Anbetung, ein himmlischer Gesang, der sich Ihm zuwendet; denn Gott ist Klang, ist Symphonie, Harmonie und Liebe.

Lassen wir öfter diese Sehnsucht der Seele aus uns herausbrechen, herausstrahlen; sprechen wir aus, was sich in uns regt, und empfinden uns in diese Melodie hinein! Dann erspüren wir die Diskrepanz zwischen Seele und Mensch und merken zugleich auch, was noch zur Bereinigung ansteht.

Die Seele hat nicht unsere Worte. Was sie uns vermittelt – die Sehnsucht nach Gott, nach der Reinheit, nach der Schönheit, nach der Einheit mit dem ewigen Strom –, das kommt bei uns, dem Menschen, in Form von Gedanken und Worten an. Unsere Gedanken und unsere Worte sind jedoch begrenzt – sie können das, was aus der Seele hochbricht, oftmals nicht aussprechen, und somit kann es der Mensch auch kaum erfassen, weil ihm nur die Werkzeuge der Gedanken und der Worte zur Verfügung stehen.

Auch das Fühlen gehört in den Bereich des Menschlichen und ist nicht die Wahrnehmung der Seele selbst. Kommen die emporsteigenden Schwingungen der Seele – Sehnsucht nach der Einigung mit Gott – in unseren Gehirnzellen an, dann ist dieses feine, zarte Gefühl schon wieder auf die drei Dimensionen eingestimmt, weil der Mensch nun einmal nur dreidimensional fühlt, denkt, spricht und handelt. Wir sehen: Immer ist eine Diskrepanz zwischen Seele und Mensch. Das schmerzt oft.

Ich erlebe es häufig: Im Inneren erfasse ich alles und allumfassend. Mit unseren menschlichen Worten jedoch vermag ich die Ganzheit nur begrenzt herüberzubringen. Die menschliche Sprache verfügt nicht über die Worte, das wiederzugeben, was in einem Satz, in einem Wort des Absoluten Gesetzes wirksam ist. Die Strahlung, das Absolute Gesetz, ist unendlich und gewaltig und machtvoll – das menschliche Wort dagegen ist klein und nichtig.

Wir müssen lernen, in die Worte und Begriffe hineinzuspüren. Doch auch das Spüren als solches ist noch Begrenzung, weil wir es wieder in unsere drei Dimensionen übertragen. Die Diskrepanz bleibt bestehen – bis wir wieder göttlich sind, bewusst der Sohn, die Tochter Gottes, das Sein im Sein. Dann bedürfen wir nicht mehr der Worte, um das Sein zu beschreiben.

Denken wir immer wieder daran: Wir sind auf dieser Erde, um göttlich zu werden. Unser Inneres ist das Reine, das Feine, das Edle und Schöne, das Gesetz der unendlichen Liebe.

Denken wir immer wieder daran: Gott, unser Vater, liebt uns. Er sandte Seinen Sohn, unseren Erlöser. Christus ist uns so nahe, denn Er ist der Weg, die Wahrheit und das Leben.

Denken wir immer wieder darüber nach. Begeben wir uns gedanklich in diese Botschaft der Liebe hinein: Gott, unser Vater, sandte Seinen Sohn, auf dass wir wieder zu Ihm, Gott, unserem Vater, zurückkehren. Diese Botschaft ist die Botschaft der Liebe. Sie zieht sich durch die letzten zweitausend Jahre hindurch und wird immer wieder an unser Herz pochen – bis wir zur Liebe geworden und geeint sind mit dem großen Geist unseres Vaters, mit Gott.

Gott ist der Strom des Alls. Unser Vater ist das Wesen des Alls. Denken wir daran, dass wir im Göttlichen Seine Ebenbilder sind, die Ebenbilder des ewigen Vaters. Er ist das Leben im Strom, und wir sind das Leben im Strom. Kehren wir heim in das ewige Sein – wer empfängt uns? Die unendliche Liebe unseres Vaters. Wir dürfen Ihn schauen, weil Er sich aus dem Strom die Form gegeben hat, so, wie Er uns geformt hat als Seine Kinder, Seine Ebenbilder.

Wir können uns auch fragen: Werden wir nach unserer Erdenwanderung vor Gott, unseren Vater, hintreten? Werden wir uns vor Ihm verbeugen und Ihm von Herzen danken für Seine Führung durch Christus, unseren Bruder und Erlöser? Werden wir als Kind Gottes zu Ihm emporblicken, in die sanften, milden, gütigen Augen des ewigen Vaters?

Er wird uns sicher in die Arme nehmen und sagen: »Kind, es ist getan. Es ist vorbei der Schmerz, das Leid. Siehe, durch Meinen Sohn, deinen Bruder, habe Ich dich zu Mir zurückgeholt. Komm, und besitze das Reich, das dir von Urbeginn gehört.

Mein Kind, es ist vorbei. Alles ist gut. Schaue, und du siehst dich selbst; denn das, was du geschaffen hast mit Meiner Kraft, bist du selbst, ist dein Wesen.«

Und wir werden in unserem Inneren und überall, wohin unsere geistigen Augen fallen, das schauen, was uns von Ewigkeit her bewusst ist: das Licht, die Heimat. Wir werden wieder eingebettet sein in den Schoß Gottes, in die Freiheit, in das Leben der Kommunikation mit allem Sein.

Denken wir immer wieder daran, machen wir uns bewusst und bejahen wir, dass wir Söhne und Töchter Gottes sind! Bejahen wir, dass wir unsterblich sind. Bejahen wir unser Gesetz – ja, unser Gesetz –, das ewige Leben, unser geistiges Erbe – und uns wird es von Stunde zu Stunde besser gehen.

Der belastete Mensch ist mit einer Raupe zu vergleichen.

So lange spinnt sich der belastete Mensch – die Raupe – in seine kleine Welt ein, bis er erkennt, dass er sich entpuppen, das heißt entfalten, muss, um ein Falter, ein Wesen des Lichts, zu werden, das in Gottes ewigem Allgesetz lebt, sich bewegt und im Ewigen sein ewiges Dasein hat, in dem Allprinzip, das ist und das sich selbst als das Selbst spricht: das Reine, Feine, Edle, Schöne, die selbstlose Liebe, das Allgesetz, die Absolutheit, das ewige Sein, die ewige Wahrheit.

Deshalb muss sich jede Raupe entfalten, also das aufwickeln, womit sie sich umsponnen hat, um sich darin zu erkennen, um das Erkannte zu bereuen, um Vergebung zu bitten und zu vergeben und das Erkannte nicht mehr zu tun.

Dann lösen sich die Fäden seines Kokons auf; die Mauern fallen, auf die der Mensch bisher blickte und die er die Wahrheit nannte – seine kleine Ichwelt, die nur die Spiegelung der Wahrheit war. Die lichte Seele und der nach innen, zum Allerheiligsten, gekehrte Mensch schauen dann das ewige Sein, die ewige Wahrheit, in sich selbst.

Gabriele:

Jeder von uns muss also den Kokon seines Ichs wieder zurückspulen, ähnlich, wie eine Filmspule zurückgespult wird. Während wir zurückspulen, müssen wir uns in den

Bildern, die auf die Leinwand unseres Bewusstseins projiziert werden, erkennen: unser menschliches Spiel, die Intrigen, die drängenden Wünsche, die Leidenschaften, Begierden, den Hass, den Neid, die Feindschaft; das Streben nach Reichtum, nach Ansehen und Besitz.

Wir hören uns auch in diesen Bildern: wie wir unsere Nächsten abwerten, uns selbst aufwerten; wir hören, was wir über sie sagen, wie wir von ihnen denken; ob wir ihnen geschadet haben, mit welchen Methoden und vieles mehr. Dies alles muss über Christus mit dem Nächsten bereinigt werden.

Das ewige Selbst ist die Wahrheit. Wer zur Wahrheit geworden ist, ist selbst die Wahrheit, das Selbst, das Sein, das Ich Bin, das ewige Gesetz der Liebe.

Mit den Augen der Wahrheit schaut der Mensch in sich auch das, was außen ist. Er durchdringt die Spiegelung der Wahrheit und schaut in allen Menschen, Geschehnissen, Gesprächen und Ereignissen die Wahrheit.

Er sieht mit den Augen der Wahrheit auch das Unwahre. Er kann nicht getäuscht werden, weil er die Wahrheit ist und mit den Augen der Wahrheit schaut und alles in der Wahrheit spricht, bespricht und vollzieht.

Er ist also die Wahrheit, die das ewige Gesetz des Alls ist, in dem er lebt, in dem er sich bewegt, aus dem er schöpft und mit dem er wirkt.

Er ist die Wahrheit, das Gesetz, in jeder Empfindung, in jedem Gedanken, in jedem Wort und in jeder Handlung.

Da die Wahrheit, das Sein, das ewige Gesetz, in dir ist und das Wahre, das Ewige, zuerst in dir Form und Gestalt annimmt und dann erst im Äußeren, in deiner Umgebung und in der Welt, musst du in dir leben, im Allheiligen, der in dir wohnt.

Gabriele:

Wollen wir die Welt verändern, dann müssen wir uns selbst verändern. Solange wir nur von der Veränderung sprechen und wir uns selbst nicht ändern, schaffen wir nur weitere Belastungen in dieser Welt und lasten uns diese auch selbst auf.

Sprechen wir nur vom Frieden, der in diese Welt kommen soll, und haben selbst keinen Frieden, so tragen wir zu weiterer Friedlosigkeit bei, weil unser Unfriede andere wiederum mit Unfrieden ansteckt.

Sprechen wir vom Licht Christi und bleiben selbst lichtlos, dann verhöhnen wir Christus und tragen dazu bei, dass unsere Nächsten ähnlich denken, sprechen und leben wie wir – lichtlos.

Sprechen wir von der Barmherzigkeit und dem Samariterdienst an unserem Nächsten, davon, dass in der Welt Barmherzigkeit und Nächstenliebe geübt werden sollte, und sind selbst unbarmherzig und friedlos, dann tragen wir dazu bei, dass Unbarmherzigkeit und Lieblosigkeit in dieser Welt zunehmen. Dadurch belasten wir uns selbst.

Wollen wir die Welt zum Guten verändern, dann müssen wir gütig werden.

Solange wir uns selbst nicht achten, beachten wir auch Gott in uns nicht. Solange wir nach äußeren Tempeln streben, haben wir zu uns selbst als dem Tempel Gottes nicht gefunden.

Deshalb erkenne: Du bist der Tempel des Einen, Heiligen, der in dir wohnt.

Merke dir folgenden Satz der Wahrheit und lebe danach:

Wohne in dir, denn du bist der Tempel des Einen, Heiligen, der in dir wohnt.

Gabriele:

Wir können nur dann in unserem Inneren wohnen, wenn wir unseren Tempel mit der Tugend der selbstlosen Liebe, der Freiheit und Brüderlichkeit schmücken. Dann wird die Eigensüchtigkeit von uns abfallen; die Süchte werden sich verwandeln, und wir werden Suchende werden, die finden. Wir finden Gott in uns.

»Wohne in dir« heißt:

Lass keinen menschlichen, eigensüchtigen Gedanken zu.

All dein Empfinden, Denken, Reden und Tun erhebe zu Gott.

Gabriele:

Um unser Empfinden, Denken, Reden und Tun zu Gott zu erheben, müssen wir uns bewusst werden, dass Gott für uns das Beste möchte und dass Er der Lauscher in uns ist. Haben wir menschlich empfunden, gedacht, gesprochen und gehandelt, dann tragen wir unsere Menschlichkeiten zu Gott und bitten den Geist unseres Vaters, der in uns wohnt, um Vergebung. Mit dem „Menschlichen" ist, wie gesagt, das Sündhafte gegen die Seele gemeint.

Gott, der uns liebt, wird uns vergeben und uns immer dann erinnern und mahnen, wenn wir wieder in gleiche oder ähnliche Empfindungsketten, Gedanken- oder Wortketten hineinfallen wollen. Durch unsere zunehmende Wachsamkeit wird es uns immer besser gelingen, unser Empfinden, Denken, Reden und Tun rechtzeitig zu Gott zu erheben.

Sprich nur, wenn du gefragt wirst, und dann ausschließlich nach dem ewigen Gesetz der Tempelordnung – nicht zu viel und nicht zu wenig; das Maß liegt in dir. Oder sprich, wenn es für deinen Nächsten von Bedeutung ist, wenn du ihm Gaben des Lebens mitgeben kannst.

Gabriele:

Warum sollen wir nur sprechen, wenn wir gefragt sind oder wenn es wesentlich ist und dann ausschließlich nach dem Gesetz der Tempelordnung, also nach den Zehn Geboten und der Bergpredigt?

Alles ist Energie. Unsere Seele besteht aus kosmischer Energie. Auch unser physischer Leib ist von kosmischer Energie durchdrungen. Mit dieser kostbaren Lebenskraft sollen wir behutsam umgehen, sie also nicht vergeuden. Wir sollen unseren Nächsten aus dem Schatz des Inneren, aus den Gesetzen Inneren Lebens, geben. Die Auszüge daraus sind die Zehn Gebote und die Bergpredigt.

Geben wir aus der höchsten Quelle, aus den Gesetzen des Lebens, dann geben wir Gaben Inneren Lebens, die einen unschätzbaren Wert haben. Diese göttlichen Gaben sind dann in unseren Worten und Handlungen aktiv.

Wir können nur dann aus dem Reichtum Inneren Lebens schöpfen und geben, wenn wir zuvor durch Verwirklichung und Erfüllung der göttlichen Gesetze den Schatz des Inneren gehoben haben.

Frage nicht aus Neugierde. Wenn möglich, frage überhaupt nicht; denn was du hören und wissen sollst, wird dir der zuführen, der in dir wohnt.

Gabriele:

Wer aus Neugierde fragt, der hört nur sich selbst und hört unter Umständen das, was er heute nicht zu verarbeiten vermag. Das bewegt er dann in Gedanken. Dadurch kann er sich weiter belasten, weil jeder Gedanke Energie ist, die nicht von ihm zieht, sondern bei ihm bleibt; sie belastet seine Seele und seinen physischen Leib.

Und wenn dein Nächster neben dir in Meditation oder in Gedanken versunken ist, sprich ihn nicht an, um ihm deine menschliche Weisheit nahezubringen, denn du weißt nicht, wo er sich gerade befindet, mit wem oder mit was er in Kommunikation steht.

Störe deinen Nächsten nicht – dann wirst auch du niemals gestört werden, weil du dann die Wachsamkeit selbst bist.

Und wenn dein Nächster speist oder arbeitet, störe ihn nicht, außer du hast ihm Wichtiges und Wesentliches mitzuteilen, denn du weißt nicht, mit wem oder mit was er in Kommunikation steht.

Gabriele:

Beachten wir also das Gesetz Inneren Lebens, das Feine, Edle, Schöne und Reine. Dann werden wir ganz allmählich zum Gesetz Gottes werden. Dann werden wir unsere Seele adeln und sie als Wesen in Gott achten – und auch unseren Nächsten, der im Innersten ist, wie wir sind: fein, edel, schön und rein. Dringen wir also niemals in seinen Tempel ein; dann werden auch wir nicht gestört und unser Tempel nicht zerstört werden.

Vergeude keine Energie; denn damit schwächst du deine Seele und deinen Leib. Zugleich verlässt du die heilige Stätte in deinem Innersten, die Gottheit in dir, und begibst dich außerhalb von dir.

Du beginnst dann, dich an den Tempel deines Nächsten anzulehnen, und beginnst zu fordern, weil deine seelische und physische Energie abnimmt.

Hierzu erläuterte Gabriele,
die Lehrprophetin und Botschafterin Gottes:

Wodurch vergeuden wir unsere Energie? Wir vergeuden sie, weil wir unser Ego mitteilen wollen, weil wir uns darstellen wollen. Das Ich will eigensüchtig dem Nächsten helfen, um sich in den Vordergrund zu stellen. Wir betreiben Leistungssport, damit sich das Ich im Wettkampf beweisen kann. Diese und weitere menschliche Ichheiten bewirken, dass wir Energie vergeuden.

Wir streiten eventuell mit unserem Partner, mit unserer Partnerin. Wir streiten mit unseren Kollegen und Kolleginnen am Arbeitsplatz. Wir pflegen ständig Wünsche in Gedanken. Wir bauen Wunschbilder auf und leben in dieser Welt der Wünsche. Ist uns bewusst, dass wir damit Energie vergeuden und unsere Seele schwächen?

Außerhalb von uns geraten wir, wenn wir nicht in uns sind, nicht auf das Ich Bin, das Göttliche in uns, bezogen. Wenn wir ständig darauf bedacht sind, dass der Nächste uns sieht, wie wir vorgeben zu sein – das ist Leben nach außen. Unablässig sind wir darauf bedacht, dass er uns sieht, dass er uns lobt, dass er uns anerkennt, dass er uns in alles mit einbezieht. Wir sind neugierig, möchten alles hören, möchten alles sehen, möchten diskutieren, um zu zeigen, wie recht wir haben. Das ist die Veräußerlichung unseres Lebens.

Durch die Vergeudung der Energie zieht es unsere Sinne immer mehr nach außen und in den weiteren Verlust der Energie. Durch die Energiearmut entsteht dann das Streben nach Aufwertung, das Streben nach Anerkennung, nach Lob, nach Bereicherung und vieles mehr. Wir werden immer unzufriedener, denn die Sinne gieren und wollen immer mehr. Je schwächer unsere Seele wird, je weniger Energie sie hat, umso mehr verlangt der Mensch für sich persönlich.

»Du beginnst dann, dich an den Tempel deines Nächsten anzulehnen, und beginnst zu fordern, weil deine seelische und physische Energie abnimmt.«

Sich an den Nächsten anzulehnen heißt, von ihm zu fordern; das bedeutet, von ihm Energie zu ziehen. Wir erwarten von unserem Nächsten das, was uns selbst fehlt, was bei uns an Seelenschwäche zugrunde liegt.

Zehren wir auf diese Weise am Leben unseres Nächsten, dann kann er sein Leben immer weniger meistern. Jeder von uns befindet sich in der Lebensschule Erde, und jeder braucht seine Energie, um diese Lebensschule bestehen zu können. Entziehen wir jedoch unserem Nächsten Energie, so kann er unter Umständen vieles nicht erkennen, weil er sich mit uns beschäftigen muss, weil er uns dies und jenes erfüllen muss, damit wir zufrieden sind. In der Zwischenzeit gehen viele Tagesimpulse an ihm vorbei – seine Impulse, die er nicht wahrnehmen kann, weil wir uns an ihn anlehnen und fordern.

Die Hauptschuld trägt derjenige, der sich anlehnt. Der andere, der die Wünsche erfüllt, ist mitschuldig. So belasten sich beide. Dadurch sind beide aneinander gebunden – der eine, der fordert, und der andere, der sich benutzen lässt. Gemeinsam müssen sie es bereinigen. Mag auch die Situation vergangen sein, bildhaft bleibt alles in unserer Seele bestehen, bis es bereinigt ist. Jeder von uns erkennt sich eines Tages in den Bildern seines Seelenfilms.

Jeder Gedanke ist Baustein eines Bildes oder ein ganzes Bild. Die Bilder bleiben in uns; sie werden auch in den Gestirnen gespeichert. Wir sind also registriert. Zur gegebenen Zeit kommen unsere Bilder wieder auf uns zurück. Wir erleben uns selbst im Bilderwald unseres menschlichen Ichs. Wir können dann nicht sagen: »Das bin ich nicht« oder »Das war ich nicht« – wir erleben uns selbst in der Rolle unserer Menschlichkeiten.

Wer sich schon heute in den Augenblicken des Tages erkennt und bereinigt, der tut wohl. Er wird die Bilder seines Ichs nicht in den Seelenreichen durchleben und durchleiden müssen.

Wer nicht in seinem Tempel wohnt, der vergisst allmählich, dass er selbst der Tempel des Heiligen Geistes ist, weil er nicht mehr die Tempelordnung hält, die besagt:

Bleibe in dir. Im Allerheiligsten erfährst und empfängst du alles für dich und für deinen Nächsten. In dir vernimmst du alles, was du sagen oder nicht sagen sollst. Im Allerheiligsten, in dir, empfängst du auch die Kräfte für deine tägliche Arbeit.

Gabriele:

Nicht mehr die Tempelordnung zu halten, bedeutet: Wir denken nicht mehr an die Zehn Gebote und nicht mehr an die Bergpredigt. Dabei vergessen wir, dass wir Erben der Unendlichkeit sind und dass das göttliche Erbe in uns liegt. Dann leben wir in den Tag hinein und verunreinigen täglich mehr unseren Tempel, das heißt, wir belasten uns Tag für Tag mehr. Die Tempelordnung halten heißt: bewusst zu leben, mehr und mehr die Gesetze Gottes zu erfüllen, so dass sich unser Tempel reinigt und wir ganz allmählich zum Inneren Licht finden.

Um hineinzufinden in das Allerheiligste, müssen wir den Inneren Weg gehen, denn erst dadurch stellen wir eine Kommunikation zum Allheiligen in uns her.

Haben wir dies erlangt – durch Arbeit an uns selbst, durch Überwindung unserer niederen Menschlichkeiten und durch die Verwirklichung und Erfüllung des ewigen

Gesetzes –, dann brauchen wir nicht mehr zu fragen: »Wie ist wohl dies oder jenes?« Das Göttliche in uns weiß um alle Dinge, weil es das Selbst des Alls ist.

Das Göttliche teilt sich immer mit. Christus in uns ist immer bereit, uns zu helfen, uns zu dienen, uns Antwort zu geben. Doch dazu bedarf es der Kommunikation mit Christus. Durch den Inneren Weg kommen wir Schritt für Schritt der Kommunikation mit Ihm näher.

Wer seinen eigenen Tempel nicht rein hält, der baut äußere Tempel oder erhält diese durch seine Energie in Form der Bejahung von Riten, Dogmen und Kulten und mit seinen Talenten und Talern. Er wird dann zum Gefangenen einer Ordnung, welche nicht die heilige Ordnung, Gott, ist.

Gabriele:

Nicht die heilige Ordnung ist z.B. die Ordnung einer Institution. Denn wo es Bräuche gibt wie Riten, Dogmen und dergleichen, heißt es in vielen Fällen: »Du musst.« Bräuche haben es an sich, dass der Mensch gebraucht und oftmals missbraucht wird. Bräuche werden oft zu Zwängen. Im Geiste Gottes jedoch gibt es keinen Zwang. »Wir dürfen« ist das Gesetz der Freiheit. Deshalb dürfen wir den Weg nach Innen gehen, um Christus näherzukommen. Das

Dürfen macht uns Mut. Das »Muss« hingegen zieht uns immer hinab. Deshalb werden alle Brauchtümer zerfallen.

Alles, was auf Zwang aufgebaut ist, ist ungöttlich.

Nur die schwache und energiearme Seele will sich mit äußeren Reichtümern schmücken. Die reife Seele, die mit Lebenskraft gefüllt ist, ist erfüllt und ist im Inneren reich. Sie ist genügsam. Der genügsame Mensch wird das empfangen, was er braucht – und oftmals darüber hinaus; denn Gott gibt dem, der sich Ihm hingibt.

Wer in Gott, in seinem Tempel, zu Hause ist, der lebt im Innersten, im Allerheiligsten, und wird niemals in den Tempel seines Nächsten eindringen und ihn schänden.

Dringe also niemals mit deinen hartnäckigen Wünschen, mit deinem Wollen, mit deinen Vorstellungen und Meinungen in den Tempel deines Nächsten ein.

Wirke niemals bestimmend und fordernd auf deinen Nächsten ein, und zwinge ihn auch nicht, das oder jenes zu tun. Erfüllt er dein Drängen einzig, um dir einen Gefallen zu erweisen oder vor dir Ruhe zu haben, so bist du zum Räuber und Plünderer geworden, denn du hast ihm einen Teil seiner Lebenskraft geraubt.

Gabriele:

Jeder Raub ist sündhaft, und diese Sünde muss wieder getilgt werden.

Drängen wir unseren Nächsten, dringen wir in ihn, so nehmen wir ihm Energie. Tut er, was wir wollen, so lernt unser Nächster seine Gedanken und seine Wünsche nicht kennen; er geht an seinem Lebensweg vorbei. Bricht dann bei ihm die Sünde auf, werden also die Ursachen wirksam, dann wird uns, die wir in den Tempel eingedrungen sind, doppelt so viel aufgelastet.

Muss unser Nächster die Wirkung seiner Ursachen voll tragen, wie z.B. Leid oder Krankheit, weil er unseretwegen sich seinen Aufgaben, die ihm das Leben gestellt hat, nicht zuwenden konnte, so tragen wir Mitschuld an dem Leid oder der Krankheit; denn wir trugen dazu bei, dass seine Ursachen jetzt voll wirksam wurden.

Stirbt unser Nächster an seiner Krankheit, so ist es möglich, dass wir auch an dem frühen Tod mit schuld sind. Daraus kann ein großer Schuldenberg entstehen, der die Sünde gegenüber dem Nächsten, die Bindung also, enthält.

Tag für Tag bekommen wir sogenannte Mahnimpulse, damit wir rechtzeitig die sündhaften Komplexe erkennen, die für uns unter Umständen zu Leid oder zu Krankheit führen könnten. Bereinigen wir rechtzeitig, was uns die Tagesenergie in Gefühlen, Empfindungen und Gedanken zuspiegelt, dann wandelt der Christus-Gottes-Geist in uns die negative Energie in positive Kraft um. Die Ursache muss dann nicht mehr wirksam werden.

Achte den Tempel deines Nächsten, denn auch er soll die Tempelordnung erlernen und über seine Schwächen und Fehler – die er nur dann sieht, wenn du ihm die Sicht nicht verwehrst – sich erkennen und das bereinigen, was ihm bewusst ist, damit auch er in das Allerheiligste einzukehren vermag, in seinen Tempel, der sich mehr und mehr reinigt.

Gabriele:

Mit unseren drängenden Wünschen, mit denen wir immer wieder in den Tempel unseres Nächsten einbrechen, verwehren wir ihm die Sicht. Er muss dann auf uns schauen und kann sich selbst nicht erkennen. Infolgedessen tragen wir dazu bei, dass unser Nächster an seinem Leben vorbeilebt, er also die Erdenschule nicht meistern kann.

Beachtest du die Gesetzmäßigkeiten der Tempelordnung, dann achtest du dich selbst und deinen Nächsten.

Wer sich selbst nicht achtet, der achtet auch seinen Nächsten nicht, weil er selbst die Tempelordnung, das Tempelgesetz, nicht hält.

Gabriele:

Wer sich selbst nicht achtet, der kontrolliert sich nicht. Er spricht alles heraus, was ihm in den Sinn kommt. Dadurch vergeudet er Energie und lebt immer mehr nach außen. Er reinigt seinen Tempel nicht, weil er auf sich nicht achtet, und begnügt sich mit den Sinnesreizen. Durch die Veräußerlichung achtet er sich nicht und wird auch seinen Nächsten nicht achten.

Daraus ergibt sich: Wer sich selbst achtet, der kontrolliert sich selbst. Er zügelt seine Rede, spricht nur Wesentliches, lebt wach und konzentriert, auf die Situation und den Augenblick bezogen. So baut sich in ihm das Innere Leben auf und um ihn ein geistiges Fluidum, das Stärke und Schutz bedeutet. Er wird auch seinen Nächsten achten, weil er sich selbst achtet, wird in allem und in allen das Positive finden und darauf aufbauen. Er ist der geistige Mensch, der selbstlos wirkt.

Das Tempelgesetz ist die heilige Ordnung, ist der göttliche Wille, ist die göttliche Weisheit, der göttliche Ernst, die Geduld des Ewigen, Seine unendliche Liebe und Barmherzigkeit. Das sind die sieben Grundkräfte Gottes.

Die Tempelordnung ist das Tempelgesetz; es ist das ewige Heilige Gesetz; es ist das Leben in Gott und mit Gott.

Wer das Tempelgesetz hält, der erhebt seine Gefühle, sein Empfinden, sein Denken, sein Reden und Tun zu Gott, und somit ist er erfüllt von Gott, und was er empfindet, denkt, spricht und vollbringt, das beinhaltet göttliche Kraft.

Wer das Gesetz, Gott, hält, der ist eins mit seinem Nächsten und mit allem Sein, weil der, welcher das ewige Gesetz hält, das Sein ist.

Gabriele:

Die göttliche Kraft, die in allem ist, wirkt in den lichten Gefühlen, in den veredelten Empfindungen und Gedanken sowie im selbstlosen Wort des geistigen Menschen, der vom Göttlichen durchdrungen ist. Sein Wort hat Inhalt, weil es von Gott durchdrungen ist.

Das Sein ist das Gesetz. Wir, das Sein, sind als reine Wesen das komprimierte Gesetz. Das heißt: Alles ist in allem, und wir als komprimiertes Gesetz sind im fließenden Sein, im Strom, Gott, als der Tropfen der Unendlichkeit.

Merke dir:
Du bist der Tempel des Einen, Heiligen, der in dir wohnt.

Halte also deinen Tempel rein, indem du die Tempelordnung hältst.

Gabriele:

Machen wir uns bewusst: Der Eine, Heilige, Gott, wohnt in uns.

Da Er in uns wohnt, sind wir als Wesen in Gott, als die reinen Wesen, Geheiligte, weil wir Sein heiliges Gesetz sind, das unser geistiges Erbe ist.

Sehen wir uns als diesen Tempel, empfinden, spüren wir tief in unser Inneres hinein – welche Anliegen kommen uns?

Sind es noch die menschlichen Wünsche, das Haben- und das Sein-Wollen? Oder ist es das, was unsere Seele sich wünscht, weil sie sich nach der Reinheit, der Klarheit und dem Licht des Inneren Lebens sehnt?

Streben wir ernsthaft Gott zu, dann kommt mehr und mehr der Wunsch, immer weniger zu sündigen.

Alles ist Bewusstsein. Auch das ist Bewusstsein: immer weniger zu sündigen. Nehmen wir uns dies tagtäglich vor, dann greift es eines Tages in unserem Oberbewusstsein, und wir werden immer wieder daran erinnert – insbesondere dann, wenn wir wieder in alte Fehler und Gewohnheiten fallen oder wenn wir im Begriff sind, neue Ursachen zu schaffen.

Durch das bewusste Leben beginnt sich ganz allmählich unser Bewusstsein zu erweitern. Wir sehen und registrieren mehr. Wir erkennen uns in dem, was wir sehen, und wir finden ganz allmählich zu dem Innersten in allem, was uns begegnet.

Unser Leben wird lebendig; es wird interessant. Wenn wir wach sind, entdecken wir: Alles will uns etwas sagen.

Licht und Schatten sprechen zu uns. Das Licht ist das Glück und der Friede; der Schatten ist das Bedrückende, das wir bereinigen sollen. Bereinigen wir es, dann haben wir wieder einen Schritt zu Gott, unserem Vater, getan.

Befolgen wir die Impulse, die der Tag jedem von uns entsprechend seinem Bewusstsein gibt, ändern wir uns also und tun das erkannte Negative nicht mehr, dann können wir auch auf ein erarbeitetes Verwirklichungspotential zurückgreifen, wenn unser Nächster Hilfe braucht. Wir können ihn dann verstehen und ihm gerecht werden, weil wir Gleiches oder Ähnliches erlebt und überwunden haben.

Das Absolute Gesetz ist der Pulsschlag der Unendlichkeit, Gott. Diesem Pulsschlag folgen die reinen Wesen, die reinen Naturreiche und alle Gestirne. Gott ist das Sein und der Strom, der alles durchströmt. Er ist die Kraft, die alles erfasst. Er ist das Leben, Er ist unsere Bewegung, Er ist unser Sein.

Nehmen wir Kommunikation zu der Tiefe und Weite in unserer Seele auf, und wir werden spüren, dass in uns das mächtige All ist, das allumfassende Gesetz, unser wahres Sein, unser ewiges Dasein, unser ewiges Leben.

Mache dir täglich aufs Neue bewusst, dass in dir der Allweise, der Ewige, wohnt, der um alle Dinge weiß, der mit dir ist, der zu dir spricht, der jede Antwort und Lösung kennt.

Hierzu erläuterte Gabriele,
die Lehrprophetin und Botschafterin Gottes:

Ist diese Aussage in uns eingedrungen, so spüren wir, welch ein Reichtum in unserem Inneren liegt und dass wir Kinder des Inneren Reiches sind, Erben der Unendlichkeit; denn Gott, die Unendlichkeit, wohnt in uns und spricht zu uns.

Gott, der allgegenwärtige Geist, ist in jeder Frage, in jeder Antwort und in jeder Lösung. Überall ist Gott. Er hilft uns, die rechte Antwort zu geben. Er hilft uns, aus einem Problem die Lösung zu finden. Er, der Allweise, ist immer da – und wir als Wesen in Gott sind weise, weil wir aus der Kraft der göttlichen Ordnung, des Willens, der Weisheit, des Ernstes, der Geduld, der Liebe und der Barmherzigkeit hervorgingen.

Als Wesen in Gott, als der Mensch, der im inneren Heiligtum lebt, wissen wir um alle Dinge. Das Wissen um alle Dinge ist im Göttlichen die ewige Weisheit. Wir sind also reich. Machen wir uns dies bewusst, dann müssen wir sagen: Wie arm, ja, wie erbärmlich arm sind wir doch, wenn wir immer wieder sündigen, wenn wir uns immer wieder mit den gleichen Problemen beschäftigen und glauben, das wäre das Wichtigste. Merken wir uns: Im Problem ist die Lösung – Gott, der Ewige, der in uns wohnt.

In uns ist Gott, der um alle Dinge weiß. Wird uns dies bewusst, dann ist nur noch das eine Streben da: mit Ihm eins zu werden, aus der Quelle der unendlichen Weisheit zu schöpfen und aus der Liebe und Weisheit zu geben; denn das hat Bestand, das ist Wahrheit, und das ist unser Leben.

Am Morgen beim Erwachen, vor jedem Gespräch, bevor du eine Arbeit beginnst, wenn du deinen Nächsten begegnest und mit ihnen sprichst, denke daran:

Der Allweise, der Ewige, der um alle Dinge weiß, wohnt in dir.

Er spricht zu dir. Er spricht durch dich. Er führt dich durch die Gespräche. Er wirkt durch dich in jeder Situation. Er ist die Kraft bei der Arbeit.

Gabriele:

Möchten wir dahin gelangen, dass der große Geist, Gott, durch uns spricht, dann heißt es für uns, unser Ich, unser Allzumenschliches, zurückzunehmen. Es heißt für uns, in den inneren Tempel einzukehren und Gott um Führung und Hilfe zu bitten.

Gott lässt nicht auf sich warten. Gott hilft; denn Gott, unser ewiger Vater, dient allen Seinen Kindern – Sein Geist, der in jedem von uns wohnt, dient jedem von uns. Das Dienen ist die unendlich-ewig gebende Liebe Gottes.

Eventuell sagen wir: »Ich spüre und vernehme Ihn nicht.« Warum nicht? Wegen unserer Veräußerlichung. Weil unsere Sinne nach außen gerichtet sind und nach immer mehr verlangen. Weil wir mehr mit dem Intellekt arbeiten – statt nach innen zu gehen und die Gesetze mehr und mehr zu verwirklichen. Dies ist einem jeden möglich. Denn wer kennt nicht die Auszüge aus den ewigen Gesetzen, die Zehn Gebote und die Bergpredigt? Im übertragenen Sinne sind sie der Innere Weg, der nach innen führt – der die Brücke schlägt hin zu Ihm, der uns immer dient, weil Er immer gibt.

Denke daran:
Lass nicht zu, dass sich Unnützes und Unlauteres in deinem Oberbewusstsein und in deinem Unterbewusstsein tummelt.

Hierzu erläuterte Gabriele,
die Lehrprophetin und Botschafterin Gottes:

Was wir längere Zeit bewegen, das setzt sich im Ober- und im Unterbewusstsein fest. Kommt ein Gedanke und wir bewegen diesen ständig, dann verstärken wir ihn. Aus dem Gedanken wird dann ein Programm, weil wir immer mehr Gedanken hinzugeben. Dieses Programm geht in unsere Gehirnzellen ein, in unser Oberbewusstsein; es bewegt uns immer und immer wieder. Lassen wir dies zu, dann zieht es uns förmlich in die Welt der Sinne, zieht uns hinein in unser Sündhaftes, so dass wir oftmals nur sehr schwer nach innen kommen.

Wer bewusst lebt, der ist wachsam und kennt die Vagabunden, die sich anschleichen, um ihn zu verführen.

Gabriele:

Nicht alle Gedanken, die uns berühren, sind für uns von Bedeutung und sollen analysiert werden. Oftmals sind es nur Gedankenvagabunden, die wir annehmen. Wer nicht wachsam ist, der nährt sie.

Diese Vagabunden sind Gedanken, die uns eventuell an Situationen erinnern, die wir schon bereinigt haben, die jedoch weiterhin in unserer Erinnerungswelt liegen. Bewegen wir die Erinnerung längere Zeit, dann holen wir sie empor ins Oberbewusstsein. Dort ist sie sodann aktiv; von dort sendet sie und wird auch empfangen. Was Erinnerung war, ist wieder zur Entsprechung, zu einem negativen Energiepotential, geworden.

Ich wiederhole: Holen wir aus der Erinnerungswelt – aus dem, was wir schon längst bereinigt haben – all die Geschehnisse und Ereignisse wieder herbei und spielen sie in Gedanken und Gefühlen durch, dann schaffen wir erneut Programme im Oberbewusstsein. Nach dem Gesetz von Senden und Empfangen erleben wir daraufhin unter Umständen Gleiches und Ähnliches wieder wie das, was wir schon bereinigt hatten. Warum? Weil wir die Erinnerungswelt nährten und so ein neues Programm geschaffen haben. Wer nicht bewusst lebt, der baut auf diese Weise eventuell ein neues Karma auf, weitere Schuldverflechtungen.

Nimm die Geißel der inneren Kraft, und treibe alles Unlautere, das sich anschleicht, von dir, damit es nicht in den geheiligten Tempel Einlass findet.

Gabriele:

Die Geißel der inneren Kraft besteht aus dem Gesetz Gottes, aus den sieben Grundkräften Gottes, von der Ordnung bis zur Barmherzigkeit.

Durch Überwindung des Menschlichen und durch Verwirklichung und Erfüllung der geistigen Gesetzmäßigkeiten entfaltet sich in uns das Innere Leben. Wir nehmen an geistiger Kraft zu, die wir mehr und mehr aktiv einzusetzen vermögen. Wir treten sodann den Versuchungen des Allzumenschlichen mit Entschiedenheit und Festigkeit entgegen und weisen Gedankenvagabunden, die sich anschleichen, von uns. Was uns an Menschlichem berührt und bewegt, das bewältigen wir sofort durch Selbstüberwindung mit Hilfe der umwandelnden Kraft des Christus Gottes.

Durch die Bemeisterung deiner Gedanken und Sinne ist dein innerer Tempel rein geworden.

Was sich anschleicht, jegliche Verführung, treibe sie von dir!

Bevor du jedoch die Verführung von dir treibst, begrüße das Gute in ihr und lass es zu, dass es sich in dir bewegt.

Die Bewegung des Guten in dir bewirkt im Bösen, im Verführer, der hinter den Verführungen steht, Pein.

Gabriele:

Damit sagt uns Christus: In allem ist auch das Positive, so auch in der Verführung. Bejahen wir das Gute in allem und bewegen es in uns, dann erfahren wir die Hilfe des Christus Gottes.

Sprechen wir: »Ich bejahe Christus in meiner Seele«, dann spüren wir Seine Hilfe, und wir werden von dieser Verführung frei.

Die Pein ist das Gewissen, das beim Bösen anklopft und sich als Hilfe und Kraft zur Umwandlung bemerkbar macht und sich hierfür gleichzeitig anbietet. Dadurch hat das Böse die Möglichkeit zur Selbsterkenntnis und zur Bereinigung. Das Böse, das von außen kommt, ist die Verführung, hinter der Verführer stehen, welche die negativen Kräfte auf dich lenken, um dich zu prüfen, ob du ihnen nicht doch unterliegst.

Gabriele:

Wir wissen: Auch im Verführer ist Christus. Alles Negative wird durch die Kraft des Christus in Positives umgewandelt.

Selbstlose Hilfe greift niemals in den Bereich des Nächsten ein – sie bietet sich an; denn jeder hat den freien Willen.

Das Positive regt bei uns Positives an. Das Negative regt bei uns Negatives an. Sind wir wachsam und bereinigen das Sündhafte, dann sind wir befreit. Wir werden dann zum Befreier, der beim Bösen das Gute bestrahlt. So treten wir dann in Kommunikation mit dem Innersten – mit dem guten Kern, dem Christuslicht – im Bösen, und regen auf diese Weise auch den Verführer zum Nachdenken und eventuell zur Umkehr an.

Sind wir in unserem Tempel, sind wir verinnerlicht, dann werden wir auch wachsam leben und der Verführung und dem Verführer widerstehen.

Das Gleiche geschieht durch dich, den Befreier, nur im umgekehrten Verlauf: Das Gute in dir klopft beim Bösen an, um es zur Einsicht, zur Selbsterkenntnis und zur Umkehr zu bewegen.

Fliegt also das Böse an, dann tritt vor die Pforte deines inneren Tempels und bringe dem Bösen die Gaben des Guten.

An der Reaktion der Fluggedanken, die du wahrgenommen hast, bemerkst du die Reaktion des Verführers. Spürst du, dass deine selbstlosen Gaben Anklang fanden, also angenommen wurden, dann gib noch weitere hinzu. Dann weise den Verführer auf das Christus-Gottes-Bewusstsein hin und tritt wieder in das innere Heiligtum, in deinen Tempel, ein.

Gabriele:

Wir erkennen die Reaktionen des Verführers, wenn wir das Verhalten der Fluggedanken, der Gedankenvagabunden, die bei uns anklopfen, beobachten. Drängen sie weiter, dann hat der Verführer nicht angenommen. Ziehen diese Fluggedanken von uns, fühlen wir eine innere Befreiung, ein Wohlbefinden, ja, ein zartes Glücksgefühl, dann gingen unsere positiven Kräfte, die Gaben des Guten, in den Verführer ein, der sie nun bewegt; er hat sie dann angenommen.

Bedrängen uns weiterhin die Fluggedanken, dann werden wir sie Christus übergeben und werden gleichzeitig bei uns nachsehen, was eventuell in uns noch an Entsprechungen zugrunde liegt. Haben wir das bereinigt, dann sollen wir wieder in den inneren Tempel, in das innere Heiligtum, eintreten. Das heißt: Wir gehen wieder nach innen und bleiben in der Verbindung mit Gott.

Das beständige Verweilen im Inneren, das Leben in der Verbindung mit Gott, dem Ich Bin, kennzeichnet den geistig gereiften Menschen, den von Gott Erfüllten, der in der Erfüllung der Gesetze des Heils lebt. Solange wir auf dem Weg dorthin sind und uns in der Verwirklichung des Gesetzes Gottes üben, geben uns die großen kosmischen Lehren des Christus Gottes das Ziel vor und geben zugleich Hilfen auf dem Weg.

Dort, in deinem Innersten, lass keine menschlichen Gedanken und Reaktionen zu. Bewahre das Gute des Verführers in deinem Innersten, und bewege es von Zeit zu Zeit; dann sendest du zu ihm das Allgesetz. Du sendest ihm also Gaben der selbstlosen Liebe. Du jedoch gehe nicht auf Empfang; überlasse das dem Christus Gottes und Seinem Kind, dem Verführer.

Gabriele:

In unserem Innersten sollen wir also keine menschlichen Gedanken und Reaktionen zulassen. Kommen menschliche Gedanken, bewegen uns Probleme oder Schwierigkeiten, dann sollten wir sehr rasch vor den Tempel treten, sie betrachten, bereinigen und dann wieder einkehren in das innere Sein.

Wir sollen das Gute des Verführers in unserem Innersten bewegen, weil auch im Verführer das Positive ist – so, wie in jedem von uns das Positive, das Christus-Gottes-Licht, leuchtet. Bejahen wir das Gute im Verführer, dann senden wir immer wieder selbstlose Gedanken, göttliche Energien, zu unserem Nächsten; denn auch der Verführer ist unser Bruder, unsere Schwester, unser Nächster.

Wir jedoch sollen nicht auf Empfang gehen, das heißt, wir sollen nicht neugierig forschen in der Frage, ob unsere positiven Gedanken wohl angekommen sind.

In dem Augenblick, wo wir denken: »Sind unsere positiven Gedanken wohl angekommen?«, gehen wir schon auf Empfang durch das Prinzip Senden und Empfangen.

Wie sich dein Nächster verhält und was er sendet, das betrifft einzig den ewigen Vater und Sein Kind.

Du halte die Tempelordnung: Schweige!

Schweigen heißt, in der Stille zu sein.

Wer im Allerheiligsten, in Gott, lebt, durch den lebt und spricht Gott.

Im Tempel Gottes können keine menschlichen Gedanken existieren. Verweile ohne Gedanken, also schweigend, in dir.

Gabriele:

Allzumenschliche Gedanken kommen von der Materie, sind auf die Materie bezogen und somit irdisch. Sie können nicht in Gott eingehen. Gott ist Geist und nicht Materie.

Um schweigen zu können, müssen wir unterscheiden lernen, wann wir reden und wann wir schweigen sollen. Machen wir uns bewusst: Was ist wichtig? Welches Nachspiel kann ein Gespräch, eine Aussage oder eine Handlungsweise haben?

Der Weise überlegt, bevor er spricht, weil er in der inneren Stille lebt, wo kein menschlicher Gedanke Einlass findet.

»Du halte die Tempelordnung: Schweige!« heißt, wir sollen nicht sofort herausreden, was uns in den Sinn kommt. Wir sollen es überlegen und sollen das, was wir sagen wollen, in das ewige Gesetz, in unser göttliches Erbe, stellen, in der Frage: Ist das, was ich sagen möchte, von Bedeutung? Warum will ich es sagen? Wenn ich dies sage, welches Nachspiel kann es für mich oder für meinen Nächsten haben?

Wer besonnen ist, der findet ganz allmählich in die Stille, weil er bestrebt ist, aus dem unerschöpflichen Quell zu schöpfen, der Gott in jedem von uns ist.

Und wenn du denkst, dann denke göttlich.

Und wenn du sprichst, dann sprich das Gesetz Gott – sprich göttlich.

Rede nur göttlich, und nur dann, wenn dein Nächster Gaben aus dem Gesetz des Lebens wünscht.

Gabriele:

Das bedeutet für uns, nur dann zu reden, wenn wir spüren, dass wir unserem Nächsten Gaben des Lebens mitgeben können. Alles andere ist menschlich, und was menschlich ist, ist vergeudete Kraft.

Göttlich zu denken und zu reden stellt die Kommunikation mit Gott in unserem Inneren her. Wollen und erwarten wir nichts mehr, ist unser Ich nicht mehr beteiligt, ist uns eine menschliche Gabe peinlich, dann geben wir selbstlos. Nur dann, ausschließlich dann, sprechen wir das Gesetz des Lebens; nur dann denken wir göttlich.

Gehen wir von unserem verschatteten menschlichen Bewusstsein aus, so erscheint es uns oftmals schwer, wieder ins göttliche Gesetz zu gelangen. Und doch müssen wir eines Tages wieder als Tropfen in den Ozean Gottes eintauchen – und wir werden es tun, weil unser Ursprung göttlich ist.

Merke dir: Deine reinen Empfindungen und deine reinen Gedanken sind göttlich.

Deine selbstlosen, edlen, also ethischen Sinne sind fein. Sie sind die Antennen in das All, die in die Himmel ragen, weil du im Sein, im Himmel, lebst und somit auch vom Himmel empfängst.

Gabriele:

Unser ewiges Erbe ist Licht. So sind wir Wesen des Lichts – Licht aus Seinem Lichte. Durchdringen wir alles mit unserem Licht, dann spüren wir unsere göttlichen Empfindungen, unsere reinen Gedanken.

Das Licht ist der Himmel. Wer mit dem Licht in Kommunikation steht, der steht mit dem Himmel in Verbindung und mit allen, die im Himmel sind.

»Deine selbstlosen, edlen, also ethischen Sinne sind fein.« Diese Worte bedeuten für uns, dass wir unsere groben, menschlichen Sinne verfeinern müssen, um zu den ethisch-feinen Sinnen der Seele zu finden.

Verfeinern wir unseren Sehsinn, dann wird unser Auge lichtvoll. Wo wir auch hinschauen, kommen sodann Gedanken an Gott und an das Göttliche in allem.

Schauen wir da- und dorthin und kommen menschliche Gedanken, dann ist unser Sehsinn noch nicht verfeinert, dann haben wir die Schatten in unseren Augen – unser menschliches Ich. Unser Auge trägt noch die Finsternis.

Ist das Licht Gottes in uns aktiv, dann nehmen wir das Göttliche in allem wahr; dann haben wir das Licht in unseren Augen. In unserem Herzen klingt dann die Melodie der Liebe, die Melodie der Dankbarkeit zu Gott, der die Kraft, das Licht in allem ist, der uns begleitet und uns in allem entgegenstrahlt.

Hören wir nur das, was wir hören sollen, drängt es uns also nicht zum Horchen, regt uns das, was wir hören, zum Denken an Gott an und finden wir im Gehörten die göttlichen Gesetzmäßigkeiten – dann haben wir das Licht, Gott, im Gehörsinn aktiviert. Dann führt uns das Licht. So, wie es die Augen führt, so führt es auch den Gehörsinn.

Führt die Wahrnehmung unseres Geruchs- und Geschmackssinnes dazu, dass wir uns unserer göttlichen Herkunft erinnern, dann ist das Licht, Gott, in unserem Geruchs- und Geschmackssinn lebendig. Dann werden wir unsere Nase nicht in die verschiedenen Behältnisse stecken, um die Gerüche menschlich-irdischen Lebens aufzunehmen, weil unsere Sinne ethisch sind.

Wir werden auch an einem gedeckten Tisch essen und werden gesittet und ethisch speisen. Wir werden uns nicht mit den Ellbogen auf dem Tisch aufstützen, sondern darauf bedacht sein, mit Anstand und bewusst zu speisen: Den Bissen, den wir im Munde haben, kauen wir gut und lassen ihn in unser Verdauungsorgan gleiten, um erst dann den nächsten Bissen zu nehmen. Wir werden auch nicht den vollen Inhalt eines Glases mit einem Zug in uns hinunterschütten, sondern das Getränk in einzelnen Schlucken zu uns nehmen. Wir werden auch nicht mit vollem Munde sprechen.

Speisen und trinken wir ethisch, also gesittet, dann ist das Licht mit uns, und wir werden mit den Speisen und Getränken in Kommunikation treten, die die Schöpferkraft, das Licht, enthalten. So nähren wir nicht nur unseren Leib – so nähren wir auch unsere Seele, weil unsere Seele das Innere Licht trägt. Die Seele – sofern sie licht ist – sehnt sich danach, beständig in Kommunikation mit dem Licht zu stehen.

Haben wir uns zum Göttlichen erhoben, dann werden wir auch nicht alles betasten, weil unser Tastsinn und auch alle anderen Sinne nicht mehr mit Haben-Wollen reagieren, also nicht mehr gieren.

Wer nicht in sich ruht, will alles betasten, will alles anfassen. Er will nach allem greifen, weil er sich selbst nicht zu begreifen vermag, weil er nicht gelernt hat, sich selbst zu erkennen und zu überwinden.

Verfeinern wir unsere Sinne, dann sind wir ethische Menschen mit höherer Moral, mit höheren Werten. Nur auf diese Weise gewinnen wir Zugang zum ewigen Sein und zu den ethisch-reinen Sinnen unserer Seele.

Wir erkennen hier auch wieder: Auf dem Inneren Weg erfolgt zunächst das Hineinwandern von außen nach innen, das Reinigen von außen nach innen – bis der Tropfen, das göttliche Wesen, wieder vollkommen ist und eintaucht in den Ozean, Gott, und eins ist mit Gott ewiglich. Dann strahlt das lichte Bewusstsein von innen durch den vom Licht durchdrungenen Menschen nach außen. Dann ist der Mensch ein geistiger Mensch, durch den Gott zu wirken vermag.

Sieh niemals auf deinen Nächsten, sonst siehst du nur auf dich.

Erst wenn du gelernt hast, von deinem Innersten, vom Allerheiligsten, aus durch dich hindurchzuschauen, dann durchdringst du auch deinen Nächsten.

Solange du deinen Nächsten nicht zu durchdringen vermagst, hast du ihn auch nicht in deinem Innersten aufgenommen.

Hierzu erläuterte Gabriele,
die Lehrprophetin und Botschafterin Gottes:

Blicken wir nur auf die Hülle, den Menschen, dann sehen wir immer nur das Menschliche – und das, was uns am Menschlichen erregt, das sind wir selbst. Dann schauen wir nur auf uns. Solange wir auf die Fehler unseres Nächsten blicken, sehen wir nur unsere eigenen Fehler. Dann ist unser Auge sündhaft, weil wir nur Sündhaftes sehen und Sündhaftes wahrnehmen.

Das Innere unseres Nächsten zu erschließen heißt, Gottes Gesetze zu erfüllen. Dann erwachen die positiven Seiten unseres Nächsten in uns, und wir treten auch in Kommunikation mit Gott in unserem Nächsten. Das ist das Aufnehmen unseres Nächsten. Dann durchdringen wir die Hülle und erfahren unseren Nächsten tief in unserer Seele, weil wir mit den innersten Bereichen unseres Nächsten in Kommunikation stehen, mit Gott.

Ohne den Inneren Weg, ohne das Einwärtswandern zum Königreich des Inneren, das in jedem von uns ist, werden wir unseren Nächsten niemals aufnehmen können. Nehmen wir ihn flüchtig im Äußeren an, in dem Bewusstsein: »Er ist Mensch, so, wie ich auch Mensch bin«, dann schauen beide nur auf das Menschliche und finden dadurch nicht zueinander, nicht die Einheit miteinander. Zwar haben sie eventuell viele Gemeinsamkeiten, jedoch einig – in der Einheit Gottes – sind sie nicht, weil sie beide nur auf die Hülle und somit auf das Menschliche blicken.

Unser Weg geht nach innen, zum Göttlichen in uns. Je mehr wir das Göttliche in unserem Inneren erschließen, umso mehr können wir unseren Nächsten durchschauen. Er wird plötzlich transparent für uns, weil wir selbst transparent geworden sind, weil unsere Seele leuchtet und den Schimmer der Heimat durch unser Erdenkleid strahlt.

Erst wenn du das Göttliche deines Nächsten, das auch in dir ist, entfaltet hast, dann kennst du deinen Bruder und deine Schwester in dir.

Gabriele:

Wir lernen unseren Nächsten als unseren Bruder und unsere Schwester nur kennen, wenn wir uns selbst erkannt, das heißt, wenn wir uns selbst, unser menschliches Ich, bezwungen haben. Dann erwacht die Gemeinsamkeit, dann erwacht die Einheit. Dann werden wir transparent, weil wir kaum mehr Negatives haben. Wir haben keine Geheimnisse mehr, weil wir gesetzmäßig leben.

Bezwingen wir uns, dann werden wir reiner, unser Wesen wird feiner, und wir finden unseren Bruder und unsere Schwester in uns selbst. Uns wird unser Nächster nahe. Wenn wir ihn auch im Äußeren nicht kennen – wir spüren sein Inneres, und das ist uns wesensnah, weil wir mit unserem reinen Wesen eins geworden sind.

Solange du deinen Nächsten nicht zu durchdringen vermagst, ist er dir fremd, weil auch du noch ein Fremdling bist, fern vom ewigen Sein.

Gabriele:

Solange uns das Absolute Gesetz, unser göttliches Erbe, unser innerstes Wesen, fremd ist, sind wir uns auch selbst fremd. Wir kennen unser wahres Wesen nicht und kennen auch nicht die ewige Heimat. In dieser Welt werden wir einsam und nach dem Leibestode in der anderen Welt ein Fremdling sein. Wir werden in der Gottferne leben und nicht erkennen, dass Gott uns doch so nahe ist. Wir werden Ihn nicht schauen, weil wir im Zeitlichen unseren Nächsten nicht geschaut haben. Wir haben ihn nur als Mensch gesehen und nicht als Wesen in Gott. Wir sind hier und dort Fremdlinge, weil wir unserem göttlichen Wesen nicht nahe sind. Unser göttliches Wesen ist unser geistiges Erbe.

Wenn ihr beide einander durchdringt, dann sprecht ihr beide die Sprache des Seins, und ihr seid bewusst geeint und auch geeint in Gott.

Gabriele:

Leben wir nicht mehr in dem engen, ichbezogenen menschlichen Bewusstsein, steuert uns z.B. kein Fremdgedanke, der besagt: »Mein Nächster ist mir fremd; er ist mir einerlei« – dann durchdringen wir mit unserem geistigen Bewusstsein unseren Nächsten und sind mit ihm. Unsere Seele trägt dann kaum mehr die Schatten unseres menschlichen Ichs. Durch sie strahlt sodann das Verwirklichungslicht – und das göttliche Licht durchdringt alles, auch die Materie, auch unseren Nächsten.

Alles, was ist, ist durchdrungen vom Licht. Sind wir Licht aus Seinem Lichte geworden, dann durchdringen wir unsere Nächsten; wir durchdringen jedes Problem, jede Schwierigkeit, alles, was auf uns zukommt, weil das Licht immer die Kommunikation mit dem Licht hält. Da in allem das Licht ist, wird sich Licht immer wieder mit dem Licht verbinden. Aufgrund dieser Kommunikation werden wir gesetzmäßig denken, sprechen und handeln. Wir werden überlegen, was wir reden, weil wir mit dem Licht in Kommunikation stehen.

Denken wir daran: Gott ist Licht.

Denken wir daran: Gott ist in uns.

Denken wir daran, dass wir alle Seine Kinder sind und somit alle Brüder und Schwestern.

Denken wir daran, dass das Reich Gottes inwendig in uns ist und dass in jedem von uns die Fülle des ewigen Seins lebt.

Denken wir daran, dass wir freie Wesen sind, Kinder der unendlichen Liebe.

Denken wir daran, dass unser Nächster – das Positive in ihm – ein Teil von uns ist und das Positive von uns ein Teil von ihm.

Denken wir daran, wenn wir in der Natur sind: Die Naturreiche sind als Essenz ein Teil von uns, und wir sind als Essenz ein Teil der Naturreiche.

Denken wir daran, wenn wir die Gestirne sehen: Sie sind ein Teil von uns, und wir sind ein Teil von ihnen.

Denken wir daran, dass das All ein riesiges Kommunikationsnetz ist, denn alles ist Kommunikation.

Denken wir daran, dass positive, selbstlose Gedanken den Himmel erringen, weil sie Himmelsgedanken sind, und negative Gedanken uns in die Hölle, in unser düsteres Bewusstsein, stürzen können.

Denken wir daran: Gottes Gesetz ist unser wahres Sein, unser göttliches Erbe. Leben wir mehr und mehr nach den Gesetzmäßigkeiten Gottes, dann fühlen wir uns geborgen, eingehüllt und geschützt von unserem liebenden Vater. Er, der große Geist, der uns über alles liebt, sandte Christus,

Seinen Sohn, zu uns Menschen. Als Jesus von Nazareth zeigte Er die Gesetze des Lebens auf. Er lebte danach.

Nehmen wir Christus als Vorbild mit in unser tägliches Leben. Denken wir immer wieder an Jesus von Nazareth. Wenn uns etwas schwerfällt, fragen wir: Wie hätte es Jesus getan? Wie hätte Jesus gesprochen? Wie hätte Jesus gehandelt? Dann spüren wir, dass das Licht uns näherkommt. Wir werden dann auch mit der Zeit in das Licht eintauchen und so dieser Welt mit ihren Lockungen entsagen, weil wir alles besitzen, die ganze Unendlichkeit. Dieser innere Besitz ist der Schatz, den wir heben dürfen.

Sage niemals: »Dieser Mensch ist mir fremd.« Wenn dir auch die Hülle der Seele unbekannt, also fremd ist, so bleibe in dem Bewusstsein: Der Inhalt der Hülle, das Reine im Innersten der Seele, ist ein Teil von dir.

Kennst du deinen Bruder und deine Schwester nicht, dann kennst du dich auch selbst nicht, weil du den reinen Teil deines Nächsten in dir nicht entfaltet hast.

Solange du in »bekannt« und »fremd« trennst, bist du Gott fern.

Deshalb sieh dich niemals als Mensch, sondern schaue dich und deinen Nächsten als Abglanz und als Ebenbild Gottes und schaue ihn als deinen Bruder oder deine Schwester in dir. Dann erfährst du in dir, dass das Leben das Sein ist, weil es allgegenwärtig in dir und in allem ist – das Kleinste im Großen und das Große im Kleinsten.

Hierzu erläuterte Gabriele,
die Lehrprophetin und Botschafterin Gottes:

Wir sehen dann nur auf die Hülle unseres Nächsten, auf seine Belastung, und nehmen ihn nicht als Bruder und Schwester an und auf. Solange uns der Mensch nur »bekannt« ist, haben wir für ihn Sympathie oder Antipathie. Ist er uns fremd, dann ist er uns gleichgültig. Beides sagt aus, dass wir in der Trennung von Gott leben und nicht in der Einheit mit Gott; denn in Gott sind alle gleich, und in Ihm bilden alle Menschen und Wesen und alles Sein die Einheit.

Denke über folgende Gesetzmäßigkeit nach: Du hast mit einem Menschen gesprochen, den du nur dem Namen nach kennst, denn du kennst das nicht, woraus er besteht. Auch dein Nächster, der nur in der Äußerlichkeit lebt, kennt sich selbst nicht, denn auch er weiß nicht, woraus er besteht. Er kennt sich also nicht, und du kennst ihn auch nicht. Kennt ihr euch beide also nicht, dann kennt ihr auch Gott nicht; daher ist jeder von euch einsam. Gott, der ewig liebende Vater, kennt jeden Einzelnen, weil Er jedes Kind liebt und in Seinem großen Vaterherzen trägt.

Gabriele:

Solange wir uns selbst nicht kennen, haben wir unser menschliches Ich nicht erforscht und auch nicht überwunden. Sprechen wir mit Gleichgesinnten, die sich ebenfalls nicht erforscht und erkannt haben, dann spricht jeder nur sein Unerforschtes, sein menschliches Ich. Beide sprechen wohl zueinander, doch sie sprechen aneinander vorbei, weil sich beide nicht kennen.

Alles ist in dir. Das Leben ist in dir, und du erfüllst es aus dir heraus.

Da sich alles zuerst in dir vollzieht, ist das ewige Sein schattenlos. Deshalb gibt es kein Oben und Unten, kein Vorne und Hinten, kein Rechts und Links.

Die All-Einheit ist ein mächtiger Kristall, der in allen Facetten Inneren Lebens funkelt, und jede Strahlung durchdringt jede Facette.

Der Mensch spricht von »oben« und »unten«, von »vorne« und »hinten«, von »rechts« und »links«, weil er nur mit den äußeren Augen sieht und nur die Reflexionen der Wahrheit registriert.

Hierzu erläuterte Gabriele,
die Lehrprophetin und Botschafterin Gottes:

»Da sich alles zuerst in dir vollzieht, ist das ewige Sein schattenlos.« Vergegenwärtigen wir uns: Die reinen Wesen des ewigen Seins leben im ewigen Strom, im Gesetz. Im ewigen Sein gibt es keine Projektionen. Das Gesetz ist ewig fließend, ewig durchstrahlend. Es ist absolut. Es ist der mächtige Strom, in dem das Wesen lebt und sein Dasein hat, aus dem es schöpft und gibt, im Strom seiend, sich bewegend und handelnd. Aufgrund dessen gibt es keine Schatten.

Nur der Mensch schafft Schatten; er schafft sie durch seine Projektionen. Denn er missbraucht einen Teil der

Kräfte, die Gott Seinen Fallkindern leihweise mitgegeben hat. Er nimmt diese positiven Kräfte, das ewige Gesetz, und polt sie um – von der göttlichen Liebe zur Eigenliebe.

Die Aspekte unserer Eigenliebe sind Projektionen. Die Schatten unserer Sünden legen sich auf unsere Seele; von unserer Seele aus strahlen sie in unseren Körper und gleichzeitig in die Gestirne des Computersystems der Reinigungsebenen. Das sind die Projektionen unseres menschlichen Ichs. Jeder trägt andere Schatten, je nachdem, welche Belastungen vorliegen.

Die Verschattungen unserer Seele zeigen sich in allen unseren menschlichen Lebensäußerungen. Licht und Schatten schauen durch unsere Augen; so, wie wir sehen, so sehen wir unsere Umwelt. So schafft die Menschheit ihre Welt, die aus nichts anderem besteht als aus der Summe aller Projektionen der einzelnen Menschen. Über unzählige Generationen vom Beginn des Falls an schufen wir Schatten und damit unsere Welt, weil der Mensch und das Menschliche Dichte sind, heruntertransformierte Energie, also umgewandelte Gottesenergie.

Was auf uns zustrahlt, sind ebenfalls Reflexionen. Wir nehmen nur wieder das wahr, was wir ausgesandt haben. So sehen wir unseren Nächsten. So hören wir unseren Nächsten. So riechen, schmecken und tasten wir. Alles besteht aus unseren Projektionen, und die Reflexionen unserer Projektionen, die uns aus unserer Umwelt zustrahlen, sind wiederum das Ich, das Menschliche.

Deshalb gibt es in der Materie ein Oben und Unten, ein Vorne und Hinten, ein Rechts und ein Links, weil alles Dichte ist und wir immer nur auf die Wände sehen, auf die Dichte. Doch der Geist Gottes durchdringt die Dichte. Für Ihn gibt es kein Oben, kein Unten, kein Rechts, kein Links. Stellen wir uns vor, wir wären in einem Kristall, der sich ständig bewegt – wo ist da oben, wo ist unten, wo ist rechts und links, vorne und hinten?

Das ganze All ist wie ein Kristall. Alles durchdringt sich gegenseitig. Das heißt: Das ganze All, das reine Sein, ist alldurchstrahlende Kraft – das ewige Gesetz.

Durch das menschliche Fehlverhalten schuf er die Verdichtung, wodurch die Denkweise der drei Dimensionen entstand, da er mit seinen physischen Augen nur wieder auf die Wände seiner selbstgeschaffenen Kokonwelt sieht und diese als real und als seine Lebensqualität annimmt.

Die Dichte, die Materie, ist nichts anderes als heruntertransformierte Gottesenergie, die Umpolung des Lichtes in Schatten.

Wer in dieser Schattenwelt des Menschen lebt, dessen Seele ist verschattet und ist als Mensch auf der Erde, um das abzutragen, was die Seele zur Verschattung des Ganzen beigetragen hat – außer das Wesen des Lichts kommt im Auftrag des Allmächtigen, um die Wege anzuzeigen, wie der Mensch, die verschattete Seele, aus dem Labyrinth seines dunklen Ichs herausfindet.

Gabriele:

Unsere Kokonwelt ist das Plasma, unsere Aura.

Die Schatten unserer Seele strahlen durch unseren Körper und umgeben uns wie ein Kokon. In dieser Kokonwelt, gleich einem Plasma, leben wir. Wenn wir nun sprechen, dann sprechen wir an unser Plasma hin. Die Antwort ist das, was im Plasma liegt – nämlich wiederum wir selbst. Über das Plasma – nennen wir es auch Aura – sind wir mit den Gestirnen der Reinigungsebenen und mit den materiellen Gestirnen verbunden.

Es heißt: »Wie wir in den Wald hineinrufen, so kommt es wieder zurück.« Sehen wir es geistig, so heißt es: So, wie wir unser Ich aussenden, so kommt es wieder auf uns zurück. Auch wenn wir eine Antwort von einem unserer Nächsten erhalten, ist das so, denn: Was unser Nächster sagt, hören wir nur in unserem Plasma, und wir hören nur das heraus, was wir im Plasma – und somit auch in der Seele und in den Gestirnen – gespeichert haben. Das ist unsere enge Welt – und auf diese enge Welt sind viele Menschen so stolz!

Es ist unsere Aufgabe und unser Weg, dieses Plasma aufzulösen. Die Seelenhüllen sind dieses Plasma aus heruntertransformierter geistiger Strahlung, aus dem niederen Menschlichen. Die Seelenhüllen müssen wir mehr und mehr durchlichten und sie mit der Zeit auflösen. Dann strahlt durch unsere Seele das Göttliche; dann sind wir auch mit dem Göttlichen verbunden; unsere Aura ist dann das Göttliche, das Gesetz des Alls – und damit sind wir mit der ewigen Heimat geeint. So sind wir bewusste Wesen des Kosmos, weil wir eins sind mit dem All, eins mit dem ewigen Strom, weil wir im Strom, im ewigen Sein, in Gott, leben.

Wir müssen also unser Plasma mit Christus auflösen, um tiefer blicken zu können. Erst dann können wir in die Probleme unseres Nächsten hineinschauen und ihm helfen. Dann sehen wir nicht nur auf die Hülle, nicht nur auf den Menschen – wir sehen durch ihn hindurch, erfassen seine Gefühle und Gedanken und wissen, wie wir ihm helfen können, was wir ihm sagen können und wie wir mit allem, was uns begegnet, umgehen sollen.

Sind wir im Plasma, im Menschlichen, so sprechen wir aneinander vorbei. Jeder spricht sich selbst, gemäß seinem Plasma, gemäß seinen Schatten.

Willst du die Tempelordnung halten, dann mache dir bewusst: Das Leben ist ein Ganzes: es ist als Ganzes oben und unten, vorn und hinten, rechts und links. Hast du das erkannt und lebst du im Innersten deines Tempels, dann schöpfst du auch aus deinem Innersten.

Was für den Außenmenschen oben und unten, vorn und hinten, rechts und links ist, das ist für den Innenmenschen in ihm selbst das Leben, das Ganze.

Hierzu erläuterte Gabriele,
die Lehrprophetin und Botschafterin Gottes:

Empfinden wir uns hinein: *»Das Leben ist ein Ganzes; es ist als Ganzes oben und unten, vorn und hinten, rechts und links.«* Links oder rechts oder vorne oder hinten ist immer das Ganze. Wo wir auch hinschauen, ist die Ganzheit, weil Gott nicht teilbar ist; Er ist immer das Ganze – in allem.

Blicken wir also nach vorne, dann sehen wir das Ganze. Schauen wir nach hinten, so sehen wir wieder das Ganze, weil Gott überall ist. Was ist dann vorne? Was ist dann hinten? Was ist rechts, links, oben, unten? Wenn in uns das Ganze ist, vorne, hinten, rechts, links, oben und unten – dann gibt es nur Einheit und nur das Ganze, überall gegenwärtig, und somit in uns.

Im ewigen Sein, unserer Heimat, gibt es kein Vorne, Hinten, Rechts, Links, Oben und Unten. Wir Menschen haben diese dreidimensionale Welt geschaffen – durch unser Denken und Streben im Eigenwillen, im Mein und Mir. Das Vorne, Hinten, Rechts und Links ist eine Folge der Veräußerlichung. Durch unsere Menschlichkeiten haben wir uns von unserem Inneren getrennt, haben wir uns von Gott abgewandt und unsere eigene Welt geschaffen, die Welt unseres menschlichen Denkens und Fühlens, unseres Wollens.

Infolgedessen blicken wir mit unserem Menschlichen nur wieder auf das Äußere, auf die Materie, in der Frage: Was ist vorn? Was ist hinten? Was ist rechts? Was ist links? Was ist oben? Was ist unten? – Das Geistwesen fragt nicht; nur wir, der Mensch, fragen: Was ist wo? Was ist vorne, hinten, rechts, links, oben oder unten? Wir fragen, weil wir uns selbst nicht kennen.

Erfahren und kennen wir uns selbst, unser wahres Sein, dann werden wir zwar – weil wir Mensch sind und in den drei Dimensionen leben – die Begriffe »oben, unten, vorne, hinten, rechts« und »links« verwenden – doch das, was vorne ist, durchschauen wir ebenso wie das, was hinten ist. Was rechts ist, durchschauen wir ebenso wie das, was links ist, ebenso was oben ist und was unten ist. Dann ist unsere Sprache nur noch ein Begriff, ein Mittel der Verständigung und der Orientierung im Bereich der Materie. Doch wir durchdringen alles, weil das Gesetz Gottes alles durchdringt.

Durchdringen wir alles, dann wandelt sich allmählich unsere Welt; dann lichtet und lockert sich gleichsam die materielle Struktur; dann gibt es mit der Zeit nicht mehr die Dichte, weil wir sie gemeinsam auflösen durch die Verwirklichung der Gesetze Gottes.

Es ist die Aufgabe der Wesen im Erdenkleid, nicht nur sich selbst, sondern auch die Umwelt, den gesamten Planeten Erde in höhere Schwingung, in eine lichtere, feinere Struktur zu bringen. Die Vergeistigung des Lebens führt zur Höhertransformierung der Lebensformen. So verläuft die geistige Evolution der Menschheit und der Erde. Mit ihr wird auch die Einengung in die Begrenzung von Raum und Zeit schwinden.

Für uns ist es noch schwer, das zu begreifen, weil wir noch in diesen Programmen von vorne, hinten, oben, unten, rechts und links leben, in dem Programm der drei Dimensionen. In diesen drei Dimensionen laufen unsere irdisch-menschlichen Programme ab. So haben wir die Welt seit dem Fall geschaffen; so sehen wir sie nun, und so glauben wir, dass es richtig und in Ordnung sei.

In Wirklichkeit ist diese Welt nur ein Schattenreich, bestehend aus den vielen Schatten der vielen Menschen. Diese Welt besteht aus den Projektionen der unzähligen Wesen und Menschen, die seit dem Fall im Eigenwillen sendeten und empfingen und damit die Dichte schufen. In diese Dichte inkarnieren wir uns hinein und schaffen weiter – gemäß dem, was wir mitgebracht haben an Licht oder Schatten: Wir schaffen unsere Dichte oder unsere feinere Strahlung. Durch ein lichtvolles Denken und Leben tragen wir zur Durchlichtung des Lebens in dieser Welt und zur Durchlichtung unseres Planeten Erde bei.

Wir müssen umdenken, sonst verstehen wir das Gesetz Gottes nicht. Wir müssen uns bewusst machen: Was vorne ist, ist auch hinten, weil Gott in allem ist. Er ist das Ganze – unteilbar. Wachsen wir in folgendes Bewusstsein mehr und mehr hinein: Wer uns ruft, der hat im Ruf wieder das Ganze. Wer uns anspricht, der hat in der Frage wieder das Ganze. Wer auf uns zukommt, der kommt als Ganzes auf uns zu. Wohin wir schauen – wir schauen immer das Ganze, dann, wenn wir eingekehrt sind und die Tempelordnung halten, das heißt das Gesetz Gottes mehr und mehr erfüllen.

Dies alles sind Hinweise. Sie können uns das Bewusstsein, das Erfassen »Alles ist in allem – Gott, das Ganze« nicht direkt bringen – nicht so, wie man dem Nächsten eine Gabe bringt, die er in Empfang nimmt und sodann sein Eigen nennt. Diese Hinweise möchten uns anregen, diese geistige Dimension in uns selbst zu erschließen. Das wird nur dann möglich sein, wenn wir uns dafür öffnen, wenn wir zulassen, dass unsere inneren Bereiche davon berührt werden; denn das Innere Leben ist das Leben unserer Seele. Der Mensch, die Hülle, der menschliche Verstand, fasst es nicht.

Sind wir erfasst von dem Wunsch, dem Göttlichen in uns näherzukommen, erkennen wir uns in den Augenblicken unserer Tage und befreien uns nach und nach vom Ballast des Menschlichen, so werden wir auch das, was uns in den Lehren des Absoluten Gesetzes geschenkt wird, mit in unser tägliches Leben nehmen.

Probieren wir es aus! Kommen in den nächsten Tagen unsere Mitmenschen auf uns zu, dann lassen wir uns in unserem Herzen bewusst werden: Es kommt das Ganze auf uns zu – Gott, weil Er unteilbar ist. Machen wir uns ebenso bewusst: In dem, was wir hören, ist das Ganze – weil Gott unteilbar ist. In dem, was wir sehen, ist das Ganze – weil Gott unteilbar ist. Was immer wir hören, riechen, schmecken und betasten – es ist immer das Ganze, weil Gott unteilbar ist.

Machen wir diese Übungen immer und immer wieder, dann lernen wir uns kennen. Lernen wir uns kennen, so hat das zur Folge, dass wir auch mit der Zeit unseren Nächsten kennen werden. Wir werden vor dem Leben Achtung gewinnen, weil in allem das Ganze ist.

In der Ameise ist das Ganze. Im Schmetterling ist das Ganze. Im Sandkorn ist das Ganze. Es kommt in der Ameise, im Schmetterling, im Sandkorn auf uns zu und zeigt sich uns. Und was sagt oftmals der Mensch? »Ein Sandkorn – was ist das schon! Da liegt es. Es ist unbedeutend.« So denken und sprechen wir, weil wir nur auf die Hülle schauen. Lernen wir, durch das Sandkorn hindurchzuschauen, dann erfassen wir es im Inneren und nehmen wahr, dass in ihm mehr, ja alles liegt – das Ganze, Gott. Dann erfassen wir: Was da liegt, ist nur die Hülle. In der Hülle, aus der Hülle strahlt uns das Sein entgegen – Gott.

Üben wir uns darin, das Ganze, das Leben, das Innere Leben, auch in den kleinsten Dingen zu erfassen, so spüren wir mehr und mehr: In uns und in allem ist die Kraft. Ist sie in uns lebendig – was ist dann »vorne«, was ist »hinten«, was ist »rechts, links, oben und unten«? Wenn das Ganze durch uns hindurchstrahlt, gleichsam aus allen Poren durch uns strahlt – was ist »vorne, hinten, rechts, links«? Es sind Begriffe, die uns helfen sollen, unser wahres Wesen zu erspüren, zu erahnen. Es sind Begriffe, die uns Mut machen sollen, in dieses schöne, edle, feine, reine Absolute einzutauchen, um frei zu werden, frei von unserem menschlichen Ich. Und so, wie wir frei werden, lassen wir auch unseren Nächsten frei.

Hältst du die Tempelordnung, dann lebst du im Tempel, im Allerheiligsten Gottes in dir, und du erfährst dich selbst. Hast du dich selbst als das Sein erfahren, dann kennst du deinen Nächsten, weil du das All, das Sein, kennst.

Du brauchst dann nicht zu suchen – du hast empfangen, weil das Sein ewig gibt. Es gibt in dir. Es strömt durch dich und offenbart sich in dir und in dieser Welt.

Gabriele:

Wer sich selbst kennt, der hat letztlich sein Allzumenschliches überwunden. Mit dem, was er überwunden hat – mit der gewonnenen positiven Kraft –, schaut er auch seinen Nächsten.

Mit dieser Kraft der Überwindung sehen wir unseren Nächsten im rechten Lichte. Wir haben unser Menschliches überwunden, und unser Nächster ist dabei, Gleiches oder Ähnliches zu überwinden. Aufgrund dessen können wir ihn verstehen; wir haben Verständnis für ihn. Durch dieses innere Verstehen, durch das Verständnis, haben wir auch Zugang zu unserem Nächsten und können ihm so weit helfen, wie er es wünscht.

Leben wir im Tempel des Inneren, dann wissen wir auch, wie weit wir unserem Nächsten helfen können, was wir ihm sagen können und wie wir ihm begegnen sollen. Das Innerste weiß um alles, und wer im Innersten lebt, der empfängt für sich und für den Nächsten.

Deshalb: Wer sich selbst kennt, der kennt auch seinen Nächsten. Wer sich selbst überwunden hat, der weiß auch die Schritte für den Nächsten, wie dieser sein Menschliches überwinden kann. Wir können nicht für unseren Nächsten sein Menschliches überwinden, denn jeder muss sein Menschliches selbst mit Christus überwinden. Doch sind wir der Überwinder unserer niederen Natur, unseres Ichs, so kennen wir den Weg, weil wir diesen gegangen sind, heraus aus dem Menschlichen, heraus aus der Sünde.

Erkennst du dich als das Sein und lebst du im Sein, dann brauchst du dich nicht umzuschauen, um die Wahrheit, das Sein, zu finden, weil du weißt, dass das, was hinten ist, das Gleiche ist wie vorn. Du brauchst nicht nach rechts oder nach links zu schauen, denn du weißt, dass rechts und links das Gleiche ist wie hinten und vorn. Du brauchst weder nach oben noch nach unten zu schauen; du weißt, dass oben und unten das Gleiche ist wie vorn und hinten, wie rechts und links: das Leben, das Große im Kleinsten und das Kleinste im Großen, in dir, dem Sein.

Merke dir und trage es stets mit dir:

Gott ist gegenwärtig; Gott ist überall alles.
Im Größten ist das Kleinste, im Kleinsten das Größte, Gott.

Hast du dich gefunden, dann hast du Gott gefunden, und du bist im All zu Hause. Dann brauchst du dich nicht nach dem All umzusehen, nicht nach rechts, nach links, nach oben, nach unten zu sehen – in dir ist das All; in dir ist Gott; in dir ist dein Nächster; in dir sind alle Kräfte der Naturreiche.

Hast du dich gefunden, dann schaust du alles in dir, weil du selbst alles in allem bist.

Merke dir abermals, und trage es bewusst in dir:

Hältst du deinen Tempel rein, dann hast du alles in dir erschlossen, und du hast auch Achtung vor dem Tempel deines Nächsten und Ehrfurcht vor dem Allheiligen, der in dir und in deinem Nächsten wohnt und in allen Lebensformen der Natur.

Du bist reich, denn das All ist in dir. Deshalb findest du alles in dir selbst – das Kleinste im Großen und das Große im Kleinsten.

Gabriele:

»Hältst du deinen Tempel rein« – das heißt für uns: Bemühen wir uns täglich, unseren Tempel zu reinigen, dann werden wir nach und nach das ewige Gesetz erschließen. Dann gewinnen wir Achtung vor dem Tempel unseres Nächsten und Ehrfurcht vor dem Allheiligen.

Üben wir uns darin, in dem Bewusstsein: Haben wir Achtung vor dem Tempel unseres Nächsten? Lassen wir unseren Nächsten die Freiheit, oder zwingen wir sie, so zu denken, wie wir glauben, dass es richtig sei? Zwingen wir sie, so zu handeln, wie wir glauben, dass es richtig sei?

Fragen wir uns immer wieder: Haben wir Ehrfurcht vor dem Allheiligen, vor Gott in uns? Denken wir daran, dass jeder von uns der Tempel des Heiligen Geistes ist, dass Gott, die allheilige Kraft, die Absolutheit, in uns wohnt. Machen wir uns das immer wieder bewusst. Insbesondere dann, wenn wir wieder in unsere alten Gewohnheiten und in unsere alten Denkmuster fallen wollen – machen wir uns bewusst: In uns wohnt Gott, das Allheilige. Dann spüren wir auch den inneren Reichtum – und merken zugleich, wie arm wir doch sind, wenn wir unser Allzumenschliches pflegen.

Wir merken dann ganz allmählich, dass alles in uns ist, dass wir nur dann viel im Äußeren fragen »Was ist wann und wo?«, wenn wir Abstand vom Inneren haben. Dann sind wir im nur menschlichen Bewusstsein, sehen alles oberflächlich und erfassen nicht den Kern, das Wesentliche der Situation. Gebrauchen wir Worte wie »Wann ist was? Wann und wo?« nur, weil wir in der Zeit leben, so ist dies in unserem Menschenleben begründet. Fragen wir z.B. nach der Uhrzeit, um uns zu orientieren, dann ist das unsere Sprache, unser Verständigungsmittel, um uns auf dieser Erde zurechtzufinden.

Üben wir uns in der Tempelordnung! Erfahren wir uns selbst! Gewinnen wir Achtung vor unserem Nächsten!

Dann erlangen wir die Freiheit, weil wir sie auch unserem Nächsten lassen.

Denken wir daran: Wir sind der Tempel Gottes, und Gott wohnt in uns. Entwickeln wir die Ehrfurcht vor Gott, dem Allheiligen – und wir spüren, dass wir Ebenbilder unseres Vaters sind.

Nehmen wir dieses Bewusstsein mit in unsere weiteren Erdentage, und denken wir immer wieder daran: Gott ist unser Vater, und wir sind Seine Kinder. Verwirklichen wir das, was wir in uns tragen: die Schönheit, die Reinheit, die Feinheit, das Edle, das Gute, die absolute Liebe, und wir kommen Gott und unserem wahren Sein näher. Dann erfahren wir, was es heißt, Perlen aus dem Urgrund des Seins zu empfangen. Dann sind wir die Perlenfischer des Inneren Lebens, die Schatzsucher, die zum inneren Reichtum finden.

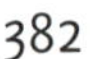

Diese und weitere Details des ewigen Gesetzes lehrte Ich, Christus, als Jesus jene Meiner Apostel und Jünger, die es fassen konnten. Immer wieder jedoch musste Ich ihnen auch den Weg zum ewigen Sein erklären, das Fallgesetz, das Gesetz von Saat und Ernte.

Das Fallgesetz ist heruntertransformierte Gottesenergie, die der Widersacher umpolte und gegen Gott anwenden wollte. Dieser Trugschluss trug die Wende in sich. Denn was der Mensch an Menschlichem sät, das erntet er – und nicht Gott oder sein Nächster.

Hierzu erläuterte Gabriele,
die Lehrprophetin und Botschafterin Gottes:

Vor nahezu zweitausend Jahren rang Jesus von Nazareth schon mit Seinen Aposteln und Jüngern, damit sie das Gesetz von Saat und Ernte, das Fallgesetz, und das ewige Sein verstehen lernten.

Ein großer Schritt liegt hinter uns: Fast zweitausend Jahre. Immer noch ringen viele Menschen um das Erkennen von Saat und Ernte und des ewigen Seins.

In diesem Umbruch von der materialistischen Zeit zum Geistzeitalter erfassen immer mehr Menschen, was es bedeutet, im Kausalgesetz, im Fallgesetz, zu leben und in das ewige Gesetz hineinzuwandern. Das Gesetz von Saat und Ernte bringt immer wieder den Fall des niederen Ichs. Das ewige Gesetz bringt den inneren Frieden, die Gottnähe und den Aufstieg zurück in das Sein.

In Gott gibt es keine Neugierde. Wer sich aus Neugierde umsieht, der sieht nur sein niederes Selbst, sich, das Ich, und schaut nicht sein wahres Selbst – daher kennt er sich auch nicht. Der Neugierige ist auf Suche nach etwas Neuem, um etwas für sich zu gewinnen oder für sich zu gebrauchen, weil es ihm an inneren Werten mangelt.

Hierzu erläuterte Gabriele,
die Lehrprophetin und Botschafterin Gottes:

Mit diesem Lehrsatz blicken wir vorübergehend erneut in das Kausalgesetz hinein, um zu verstehen, was menschlich ist – um sodann aus dem Menschlichen herauszuwachsen in die ewige Substanz, in unser ewiges kosmisches Wesen.

Die inneren Werte sind die göttliche Ordnung, der göttliche Wille, die göttliche Weisheit, der göttliche Ernst, die Geduld, die Liebe und Barmherzigkeit. Mangelt es uns in diesen Aspekten, dann sind wir auf der Suche nach Neuem. Diese Suche nach Neuem ist jedoch eine scheinbare. In Wirklichkeit sucht die Seele nach dem Ewigen; denn die erwachte Seele ist beständig auf Suche nach dem Licht Gottes; sie ist beständig auf Suche, um wieder einzutauchen in den Ursprung des Lebens, zurückzukehren zu Gott.

Wie schwer hat es die erwachte Seele im Menschen – dann, wenn der Mensch noch seine menschlichen Programme pflegt! Zwischen der erwachten Seele und den menschlichen Programmen gibt es oftmals Dissonanzen, Diskrepanzen. Der Mensch wird unruhig; er sucht. Er sucht – wie er meint, nach neuen Dingen. In Wirklichkeit ist es die suchende Seele, die sich nach dem Licht des Vaters sehnt und dem Menschen übermittelt: Bereinige dein Menschliches, und finde Gott in mir!

Der Neugierige ist die Begierde, die Gier. Er sieht und hört nur sich selbst.

Der Neugierige, der neugierig nach rechts, links, nach vorn, hinten, oben und unten sieht, ist auch der Verängstigte, der überall Gefahr für sich sieht. Er ruht nicht in Gott und lebt daher auch nicht in Gott und schafft sich dadurch selbst das, wovor er sich ängstigt. Er lebt in der Welt der Begrenzung und der Dichte.

Gabriele:

Die verängstigte, die lichtarme und verirrte Seele ist auch der verängstigte, der gebundene und geistig blinde Mensch. Ist die Seele erwacht, dann hat sie keine Angst mehr. Sie spürt das Licht – und doch kann sie nicht zum

Licht gelangen, weil der Mensch seine Seele vergewaltigt. Er bremst sie gleichsam ab; er lässt nicht zu, dass sie dem Licht näher kommt.

Sind wir bestrebt, uns im Äußeren abzusichern, nach rechts und nach links, nach vorne, hinten, oben und unten zu sehen, um allen Gefahren aus dem Weg zu gehen, so werden wir ihnen dadurch nicht entrinnen – wir werden ihnen begegnen; wir ziehen die Gefahren, das, was wir fürchten, an. Wovor wir uns fürchten, das wird früher oder später über uns hereinbrechen.

Wir wissen und können es in jedem Augenblick an uns selbst erfahren: Wohin wir blicken, von dort werden wir angeregt, zu denken – und jeder Gedanke kann zum Ausgangspunkt für ein komplexes menschliches Programm werden.

Sind wir neugierig, um dies und jenes zu sehen – Dinge, die wir unter Umständen gar nicht sehen sollen –, so werden wir von diesen Dingen, die heute noch nicht zu unserer Tagesenergie gehören, angeregt zu denken. Dann wird uns das Beschreiten des Inneren Weges unter Umständen sehr schwer; denn auf diese Weise rufen wir Sünden zu früh ab, die uns dann über Gedanken bewusst werden. Dieses Negativpotential, das wir unter Umständen noch gar nicht bereinigen können, weil der Tag es noch nicht vorgesehen und auch die Energie zu seiner Lösung und Tilgung noch nicht mitgebracht hatte, kann uns nun zum Fallstrick werden.

Die Sünden, unsere zur Unzeit geweckten und herbeigerufenen Belastungen, fallen über uns herein und lassen uns keine Ruhe mehr. Sie zwingen uns, weiterzudenken. Denken wir nun weiter, vermögen wir sie nicht zu beherrschen, so werden wir von ihnen beherrscht. Wir schaffen dadurch weitere Programme. Je mehr menschliche Programme wir schaffen, desto begrenzter, also eingeengter sind wir im Fühlen, im Denken, Reden und Tun.

Deshalb sollten wir unsere Neugierde betrachten: Wonach gieren wir? Woran mangelt es uns? Die Mängel zeigen sich in unserem Fühlen und Denken.

Spüren wir ein vages Unbehagen, dann sollten wir uns diesem Gefühl kurz widmen. Es steigt empor und offenbart sich in Gedanken; unsere Gedanken können wir besser fassen als unsere Gefühle. So werden wir auch unsere Neugierde ergründen und überwinden.

Leben wir bewusst! Immer dann, wenn wir uns umblicken, stellen wir uns sogleich die Frage: Wonach blicken wir uns um? Warum? Was rufen wir ab? All das will uns etwas sagen. Unser Leben ist interessant – dann, wenn wir uns kontrollieren!

Wer sich vor anderen ängstigt, der hat vor sich selbst Angst; er hat zu sich selbst kein Zutrauen. Für ihn ist die Dichte das Reale und zugleich bedrohend. In seiner Ängstlichkeit ist er ständig darauf bedacht, um sich zu blicken, damit ihm nichts geschieht. Neugierig blickt er nach vorn, nach hinten, nach rechts und nach links, nach oben und nach unten und wiegt sich so in Sicherheit, weil er der Ansicht ist, so den Umblick zu haben.

Der Umblick, das Sehen nach oben und nach unten, nach rechts und nach links, nach hinten und nach vorn sollte in der Dichte, auf der Materie, einzig zur Orientierung sein, denn eure physischen Augen sind für die Materie, für die Dichte, geschaffen. Wer es so hält, der bleibt im Tempel des Inneren und beachtet die Tempelordnung.

Gabriele:

Haben wir die Neugierde bezwungen, haben wir also das bereinigt, was unsere Neugierde zum Ziel und zum Inhalt hatte, dann finden wir in unseren Tempel; wir kommen immer tiefer in das Innerste – zum Allheiligen, zu Gott, der in uns wohnt.

Es sei noch einmal deutlich gesagt: Der Mensch, der Erdbewohner, benötigt zu seiner irdischen Orientierung auch seinen Sehsinn. Unser physisches Auge blickt nach vorne, nach hinten, nach rechts und links. Wir müssen uns umdrehen, um uns zu orientieren. Das ist so, weil wir in der Dichte leben. Das ist nicht die Neugierde.

Als Menschen müssen wir uns umsehen und nach rechts und nach links blicken. Letzten Endes schauen wir immer wieder auf die Wände der drei Dimensionen, gewissermaßen auf die Mauern des menschlichen Ichs. Das reine Wesen hingegen, die göttliche Intelligenz, unser wahres Selbst als Substanz und Kraft in Gott, schaut alles in sich selbst. So schaut unser inneres Wesen alles, was auf uns zukommt. Alles, was in der Unendlichkeit schwingt, ist auch in uns.

Die Impulse aus dem All kommen im reinen Wesen, in seinem Inneren, an. Das reine Wesen ist nicht – wie wir Menschen – auf Ansprache von außen angewiesen. Es nimmt die Impulse im Inneren wahr, sieht zugleich das Bild, das der Impulsgeber sendet, weiß zugleich, was der Impulsgeber möchte, und kennt auch sofort die Aufgabe und die Lösung.

Für uns Menschen in der Dichte ist es also erforderlich, dass wir uns umsehen – der Orientierung, nicht der Neugierde wegen. Ruhen wir jedoch im Tempel, in unserem Inneren, dann werden wir ebenfalls die Impulse bekommen, die wir für heute, für diesen Tag, benötigen. Wir brauchen uns dann nicht neugierig umzusehen. Was wir erfahren sollen, das werden wir erfahren; was wir sehen sollen, das werden wir sehen; denn unsere fünf Sinne sind gereinigt, ethisch, fein und sind auf das vollkommene Bewusstsein in uns ausgerichtet. Auf diese Weise kann Gott, der Allheilige, unser ewiger Vater, Sein Kind führen.

Diese unmittelbare Führung Gottes zu erlangen – das ist die Aufgabe der Seele im Erdenkleid. Ihr steht auf dem Weg dorthin eine mächtige Kraft zur Seite: die Kraft des Christus Gottes.

Solange Gott, der Vater, das Absolute Gesetz, uns noch nicht zu erreichen, noch nicht unmittelbar zu führen und zu leiten vermag, ist Christus uns Wegbegleiter, Helfer und Erlöser. Durch Sein Vollbracht reicht Er uns jeden Augenblick die Hand und führt uns über Klippen, über Täler und Höhen, über steinige Pfade hin zu Gott, unserem Vater, hin zum Licht, hin zum vollkommenen, reinen Wesen, das wir in Wahrheit sind.

Der wahre Weise ist der Kluge, der im Allerheiligsten bleibt und dort die Stille wahrt. Im Tempel der Stille empfängt der wahre Weise, der Kluge, Gottes unmittelbare Weisungen und Gottes Heil.

Bist du im Gesetz Inneren Lebens geübt, dann empfindest und denkst du göttlich und sprichst Sein Wort, das du bist – göttlich.

Gabriele:

Haben wir dies erreicht, dann sind wir vollkommenes Bewusstsein, vollkommene Intelligenz, vollkommene Substanz im vollkommenen Leben Gott.

Wer als Tropfen im Ozean Gott lebt, der ist zum Gesetz Gottes geworden. Der Tropfen ist die Essenz des ganzen Ozeans. Alle Tropfen bilden wiederum den Ozean, Gott. Ein Tropfen ist dem anderen Tropfen gleich, weil alles in einem enthalten ist. Deshalb durchdringen alle Tropfen einander und bilden den Ozean, das Allgesetz, Gott.

Hierzu erläuterte Gabriele,
die Lehrprophetin und Botschafterin Gottes:

Alle Tropfen im Ozean Gott durchdringen einander, weil jeder Tropfen das ewige Gesetz ist. Der Tropfen im Ozean Gott ist das komprimierte Gesetz, ist die göttliche, die vollkommene Substanz im Strom des Alls, im fließenden Gesetz. Dieses fließende Gesetz ist das Licht; es durchdringt und durchstrahlt jeden Tropfen, und jeder Tropfen durchdringt wiederum den anderen.

Das bedeutet, dass es in der Unendlichkeit keine Schatten gibt, sondern nur Licht, keine Nacht und keinen sogenannten Tag – der sich uns Menschen nur dadurch zeigt, weil das Licht der irdischen Sonne den Teil des Erdplaneten anstrahlt, der sich ihr zuwendet. Im ewigen Sein gibt es einzig das ewige Gesetz, das Licht, das ewig strömt und alles durchstrahlt. Weil das ewige Gesetz, das Licht Gottes, alles durchglüht, deshalb gibt es ausschließlich den Gottestag und keine Nacht; denn Gott strahlt ewig.

Gott ist Licht. Gott ist Harmonie. Gott ist die Unendlichkeit. Gott ist das All. Die Harmonie Gottes ist ewig strömendes, rhythmisches Leben. Die Rhythmen des ewigen Seins sind absolut harmonisch. Sie sind die Sphärenklänge der Ewigkeit.

Wir alle sind Wesen der Ewigkeit; denn unser geistiger Leib ist unsterblich. Unser unsterbliches, reines Wesen ist das Gesetz des Alls, ist Harmonie, ist Symphonie, ist Klang, Farbe und Form. Gott, der Ewige, hat uns geschaffen. So, wie Er ist – Harmonie, selbstlose Liebe, Friede, Symphonie, Einheit, Schönheit, Reinheit, selbstlose Liebe –, so sind auch wir im ewigen Sein. Infolgedessen sind wir das Sein in Gott, dem Sein. Gott ist strömendes Leben – wir sind Substanz des Lebens, eingebettet in den ewigen Strom, Gott. Wir sind der Tropfen im Ozean, Gott.

Unsere Seele, die in sich den Tropfen aus dem Ozean, Gott, birgt, hat oftmals unter der Starrheit und Uneinsichtigkeit ihres Menschen zu leiden. Damit die Strahlkraft unseres innersten Wesens mithelfen kann, die Schale unseres Menschlichen zu erweichen, sollten wir uns des Öfteren bewusst machen und bejahen, woher wir kommen, wer wir sind und was unsere Aufgabe in diesem Erdenleben ist.

Unser ewiger Vater gab Sich aus Seinem Allgesetz, dem Strom, die Form. Er ist formgewordenes Sein – so, wie wir alle als reine Wesen in der ewigen Heimat formgewordenes Sein sind, Substanz des Alls. Durch unsere geistige Form sind wir die Ebenbilder unseres ewigen Vaters. Wir sind nicht nur ein Ton, ein Klang, ein Baustein des Alls, nicht ein schwebendes Etwas – wir sind Erben der Unendlichkeit, formgewordenes strömendes Sein, der Tropfen.

Alles, was in der Unendlichkeit schwingt, ist in uns, hat in uns als dem reinen Wesen Form angenommen. Die reine Form ist das Bewusstsein des Alls, das unermüdlich strahlt, das sich unermüdlich mitteilt, weil Gott nicht Stillstand ist, sondern strömendes Leben.

In dieses ewige, heilige Bewusstsein, in unser wahres Sein, muss jeder von uns wieder finden; denn unser wahres Sein ist unsterblich – es ist von Gott, weil Gott es geschaffen hat. Dieses unsterbliche Sein in uns, das formgewordene All, ist der geistig-göttliche Leib, den jeder von uns in sich trägt. Der formgewordene, göttliche Leib, die Substanz des Alls, hat sich verschattet durch unser Fehlverhalten, durch unsere Zuwiderhandlungen gegenüber Gott. Die Schatten, die Sünden also, umschließen den geistigen Leib, unser hehres, geheiligtes Bewusstsein.

Wir sind auf dieser Erde, um die Schatten mit der Hilfe des Christus Gottes, unseres Erlösers, zu bereinigen oder abzutragen, damit unser reiner Leib, die Substanz des Alls, wieder hervortreten kann.

Alle Menschen besitzen eine Seele, die feinstoffliche Substanz, die in uns wirkt. Dieser feinstoffliche, belastete Leib durchdringt den physischen Körper. Er durchdringt uns über unsere Nervenbahnen und über alle Funktionen unseres Leibes. Je nachdem, wie wir reagieren, reagiert auch unsere Seele. Je nachdem, wie wir denken, reagiert auch unsere Seele. Je nachdem, was wir sprechen und wie wir sprechen, reagiert unsere Seele. Denn unsere Gedanken prägen unsere Seele, und unsere Seele prägt wiederum unseren Körper. Alle Facetten unserer Seele, alle Bewegungen in den Seelenhüllen, alle Veränderungen sind in den Gestirnen registriert.

Sind wir uns bewusst, dass wir auf Erden sind, um wieder göttlich zu werden, dann vollziehen wir auch den ersten Schritt, in unserem Leben Ordnung zu schaffen, unsere menschlichen Gedanken zu entwirren in der Frage: »Was denke ich?« Ordnen und klären wir schrittweise die Welt unseres Denkens, dann werden wir uns auch mehr und mehr erkennen und selbst die Erfahrung machen, wer wir sind. Nur die Selbsterkenntnis kann uns sagen, wer wir gegenwärtig noch sind; sie zeigt unser Menschliches auf, das wir mit der Hilfe des Christus Gottes bereinigen sollen.

Haben wir es mit der Hilfe des Christus Gottes bereinigt, dann gilt es, das erkannte Menschliche, die Sünde, nicht mehr zu tun. Dieser Schritt, die Umsetzung des Positiven, gelingt uns nicht immer gleich. Durch die Bereinigung mit der Hilfe des Christus Gottes ist das Negativpotential dieses erkannten und bereinigten Sündhaften von unserer Seele gewichen; es hat sich in positive Kraft verwandelt – doch in unserem Gehirn sind noch immer die entsprechenden negativen Programme. Um nun nicht mehr wie bisher zu empfinden, zu denken und zu handeln, müssen wir zur Anwendung des Höheren, Gesetzmäßigen, gelangen, uns höhere Werte und höhere Ideale vorgeben, um den nächsten Schritt hin zu Gott, zu unserem göttlichen Erbe, tun zu können.

Christus, unser Erlöser und göttlicher Bruder, gab uns den Einblick in unser wahres Erbe, in unser wahres Sein. Vollziehen wir die ersten Schritte hin zu unserem göttlichen Wesen, dann erkennen wir schon, wohin es geht. Es geht zurück zu dem, was wir waren und in Ewigkeit sind: ewiges Gesetz, formgewordenes, ewiges Sein.

Christus gab uns Seine großen kosmischen Lehren. Darin schwingt das ewige Gesetz, unsere ewige Heimat, unser wahres Sein, das höchste Ziel, die Vereinigung mit Gott, unserem Vater.

Das Allgesetz, Gott, ist das Allerheiligste in dir. Dort ist absolute Stille.

Gabriele:

Der Innere Weg zu Gott, zu unserem wahren Sein, ist der Weg in die absolute Stille.

Die innere Stille ist der Friede. In der inneren Stille gibt es nichts Drängendes, nicht das Wollen, nicht das Mein und Mir.

Ruhe in dir – du bist.

Du bist das Sein, das sich an nichts reibt, über nichts erregt und an nichts Anstoß nimmt. Du bist das Sein – du durchschaust alles und alle; deshalb durchdringst du auch alles und alle.

Hierzu erläuterte Gabriele,
die Lehrprophetin und Botschafterin Gottes:

Sind wir ruhig geworden, haben wir mit Christus unser Menschliches bereinigt, dann ruhen wir in Christus – und wir sind. Das Gesetz ist – und hat keine Frage; es braucht nicht zu fragen, weil es ist. Und wer das Gesetz ist, der weiß um alle Dinge, weil er vollkommene Intelligenz ist, also das Ebenbild Gottes.

Solange wir an etwas Anstoß nehmen, zeigt dies: Uns fehlt etwas. Wir sehen etwas falsch. Wir haben nicht den Durchblick. Wir stoßen uns an dem, was wir nicht durchblicken. Doch die vollkommene Intelligenz, die Weisheit Gottes, hat den Durchblick. Sie durchschaut die Dichte; sie erkennt und weiß um die Tiefe. Sie schaut auch, woraus die Dichte besteht und was hinter der Dichte abläuft.

Der Weg zu Gott ist der Weg, die Dichte, die Sünde der Seele, zu überwinden, um in das vollkommene Leben einzutauchen, die vollkommene Intelligenz zu werden, das vollkommene Bewusstsein, das um alle Dinge weiß, das alles durchschaut, weil es das Sein im Strom des Seins ist. Auf dem Inneren Weg gehen wir diese Schritte hin zu unserem göttlichen Erbe, hin zu unserem Sein, hin zu unserem wahren Leben, das vollkommen ist.

Jesus sprach, und Christus spricht heute wieder: »Das Reich Gottes ist inwendig in euch.« Deshalb sollten wir in das innere Reich hineinwandern, in unsere Heimat; denn das äußere Reich, diese Welt, vergeht. Bestand haben einzig der Christus-Gottes-Geist und das Reich des Friedens in uns.

Erfassen wir, welch einen Schatz uns Christus erneut offenbart hat, das Reich des Inneren, das Absolute Gesetz, unser geistiges Erbe! Wir müssen nicht mehr suchen; wir brauchen nicht mehr zu fragen: »Wer sind wir? Was ist unsere Heimat? Wie lauten die Gesetze der ewigen Heimat? Was ist unser göttliches Erbe?« Christus hat uns die Antwort gegeben. Er schenkt uns Einblick in unser wahres Leben, in unser wahres Sein; Er gibt uns auch die Kraft, die wir benötigen, um das innere Reich, unser geistiges Erbe, erschließen zu können.

Christus möchte, dass wir friedvoll werden, dass wir miteinander leben und füreinander sind. Wie es im Himmel ist, so soll es auch auf Erden werden. Auf Erden kann es nur dann werden, wenn wir in Christus werden und reifen, wenn wir die Gebote des Lebens erfüllen – letzten

Endes unser wahres Leben, so dass wir wieder erfüllte Wesen sind, Wesen in Gott, unserem ewigen Vater.

Uns ist geboten, keine Kraft zu missbrauchen; denn die Reaktion darauf wird um vieles größer sein. In dieser Welt wird viel Energie vergeudet. Die Folge sind die Reaktionen, von denen wir täglich hörten und hören, von denen wir lesen, die wir sehen und erleben.

Wir Menschen sollten deshalb auf unsere Worte achten. Bevor wir sprechen, sollten wir die Worte in der Tiefe erfassen und in der Frage abwägen: Sind sie gesetzmäßig – oder wollen wir uns darstellen? Möchten wir aus dem Brunnquell des Lebens schöpfen, aus dem ewigen Gesetz, aus unserem geistigen Erbe – oder möchten wir damit für uns etwas erreichen?

Ein Merksatz für uns: Erwecken wir jedes Wort in uns zum Leben – dann erst erleben wir, was Worte bedeuten und was sie uns bringen. Das Wort erwecken wir dann in uns zum Leben, wenn wir es selbst prüfen: Ist es allzumenschlich – oder ist es selbstlos, göttlich? Worte, seien sie göttlich oder ungöttlich, kristallisieren sich zu Energieformen; sie werden zu Bildern. In den Bildern formiert sich das, was wir in das Wort hineingelegt haben, unsere Gefühle, Empfindungen und Gedanken. Unsere Worte nehmen also Form an; sie werden lebendig. Sie bleiben in unserer Aura und strahlen aus. Sie ziehen wieder das an, was in unserer Aura schwingt: die Gedankenformen, gleich Gedankenbilder, die auch in unserer Aura aktiv sind.

Deshalb sollten wir uns täglich bemühen, unsere Worte zum Leben zu erwecken, damit wir erleben, was Worte bedeuten und was Worte uns bringen.

Ein weiterer Merksatz: Was wir hören oder sehen, sollten wir erst dann an- und aufnehmen, wenn wir es in die Wahrheit, in das ewige Gesetz, gestellt haben. Dies ist uns jedoch erst dann möglich, wenn uns das ewige Gesetz, unser göttliches Erbe, bekannt ist.

Christus gab uns das ewige Gesetz, gab uns die Vorschau auf unser wahres Leben, damit wir unser Ziel kennen; Er gab und gibt uns auch die Wegweisung dorthin.

Wer sich im Vorhof des Tempels bewegt oder auf den Straßen zum Tempel, wer also noch nicht in den Tempel eingekehrt ist, der lebt noch in der Unordnung seiner Empfindungs- und Gedankenwelt. Infolgedessen sieht er auch nur sich selbst, sein niederes Selbst, und spricht auch nur von sich selbst, seinem niederen Selbst, weil sein Bewusstsein die Unordnung noch nicht zu erfassen und zu durchdringen vermag.

Gabriele:

Solange wir uns mit unserem Menschlichen beschäftigen, sprechen wir uns selbst. Wir können nichts anderes sprechen oder besprechen als uns selbst; denn unsere Worte, unsere Begriffe, all unsere Gedanken, Wünsche und Vorstellungen sind als Programme im Gehirn und sind im Speichersystem der Gestirne. Mit dem, was wir eingegeben haben, stehen wir beständig in Kommunikation; es ist unser menschliches Selbst.

Das, was wir eingegeben haben, ist unser Repertoire. Das steht uns zur Verfügung, wenn wir uns unterhalten; von dem sprechen wir; das sind wir – und darüber hinaus ist nichts möglich. Das ist die Enge unseres menschlichen Ichs.

Wir sprechen also nur von uns selbst. Unterhalten wir uns mit unserem Nächsten und leben wir beide im Kausalgesetz, im Gesetz von Saat und Ernte, so spricht jeder nur sich selbst. Deshalb gibt es die vielen Wirren, die vielen Missverständnisse, weil keiner auf den anderen einzugehen vermag. Beide verstehen nur die Oberfläche ihrer Worte; sie können sie nicht durchschauen, um die Inhalte zu erfassen, weil sie noch nicht zum göttlichen Gesetz gefunden haben, zum vollkommenen Bewusstsein, das um alle Dinge weiß, das alles durchschaut, das alles erfasst, das jede Antwort und Lösung kennt.

Wir sprechen uns selbst – und sprechen aneinander vorbei, weil wir einander nicht verstehen. Wie oft hören wir: »Du verstehst mich nicht.« Unser Nächster kann uns nicht verstehen, weil auch er nur sich selbst spricht – und wir sprechen ebenfalls uns selbst, und zwar gemäß dem, was wir in unsere Seele, in unser Gehirn und auch in den Kausalcomputer eingegeben haben. Tagtäglich spulen wir unsere menschlichen Programme ab. Das geht so lange, bis wir diese Menschlichkeiten bereinigen und zum vollkommenen Bewusstsein gelangen, das um alle Dinge weiß, das alles durchschaut, das in allem ist.

Die Gedankenwelt, die uns heute massiv bewegt, ist auch unser Gestern. Bereinigen wir es heute nicht, dann ist es auch unser Morgen.

Wir sind auf Erden, um göttlich zu werden. Das heißt für uns: Wir sollten jeden Tag unser Menschliches erkennen und es mit Christus bereinigen.

Betrachten wir, was wir allein am heutigen Tag gedacht haben, so können wir uns die Frage stellen: Waren das auch unsere Gedanken von gestern, von vorgestern?

Waren es die Gedanken und Wünsche, die wir schon vor Wochen, Monaten, vor Jahren gehegt haben? Mit unserer ehrlichen Antwort auf unsere Frage sagen wir uns selbst, was wir in das Speichersystem des Gesetzes von Ursache und Wirkung eingegeben haben.

Was registriert ist, kommt wieder auf uns zurück. Mit diesen Programmen stehen wir in Kommunikation; denn wir haben dieselben Programme im Gehirn – also im Oberbewusstsein –, im Unterbewusstsein, in der Seele und in den Speichergestirnen des Kausalbereiches. Das ist unser menschliches Erbe, unsere persönliche Ich-Welt. Das ist das, worin wir leben, womit wir kommunizieren, was uns bewegt, was uns belastet und steuert.

Haben wir von dem Speichergut unseres Menschlichen einiges erfasst, so sollten wir es nicht lange in uns bewegen oder von uns schieben. Wir sollten es auf der Stelle mit Christus bereinigen, denn im Augenblick der Erkenntnis ist die Kraft zur Überwindung des Negativen gegeben.

Tun wir den Fehler, das niedere Menschliche, nun nicht mehr, so ist es umgewandelt. Die Negativenergie, das Sündhafte, wurde durch die umwandelnde Kraft des Christus Gottes zur Positivenergie und ist im Speichersystem des Kausalcomputers gelöscht.

Durch die Eingaben in das Computersystem stehen wir immer wieder mit unserem niederen Selbst in Kommunikation. Wir können gar nichts anderes schauen, nichts anderes hören, riechen und schmecken außer uns selbst.

Kehren wir wieder zurück in das ewige Gesetz, Gott, und vergegenwärtigen wir uns das hohe Prinzip: Jedes Geistwesen ist das Gesetz Gottes, spricht das Gesetz Gottes, bewegt sich im Gesetz Gottes und hat im Gesetz Gottes sein Dasein. Das vom Widersacher umgekehrte Prinzip ist das Kausalgesetz. In diesem spricht jeder sich selbst – sein niederes Selbst; er empfindet sich selbst, denkt sich selbst, riecht sich selbst, schmeckt sich selbst, und zwar all das, was er in das Computersystem der Gestirne eingegeben hat. Das ist dann das Personengesetz, das im Kausalcomputer verankert ist und jeden, der in diesem umgepolten Prinzip lebt, steuert.

Wir sehen also: Die Finsternis hat das hohe Prinzip umgedreht und es auf die Welt der Menschlichkeit heruntertransformiert. So, wie im Himmel, im Höchsten, jedes Wesen das wahre Selbst, das ewige Gesetz, ist, das ewige Gesetz spricht, weil es als Wesen selbst im Strom des Seins lebt – so vollzieht es sich auch im Niedersten, nur umgepolt: Jede Person spricht sich selbst, denkt sich selbst, hört sich selbst – bis die Seele wieder als Tropfen, als das wahre Selbst, in den Ozean Gott, das Sein, eingetaucht ist.

Ein solcher Mensch spricht also nur sich selbst und sieht auch nur sich selbst und hört auch nur sich selbst – und kann auch deshalb seinen Nächsten weder schauen noch verstehen und hören, weil er nur sich selbst sieht und nur sich selbst spricht und nur sich selbst hört.

Solche Menschen haben kein Empfinden für ihre Nächsten. Was ihre Nächsten sprechen, das verstehen sie nicht, weil sie sich selbst nicht verstehen, da sie durch die Unordnung ihrer Empfindungen, Gedanken, Worte und Handlungen und durch ihre groben und gierenden Sinne nicht hindurchzublicken vermögen. Sie sind verwirrt, weil ihre Empfindungs- und Gedankenwelt wirr ist.

Gabriele:

Liebe Mitmenschen, wir können uns in der Tiefe nicht verstehen, weil jeder sein Persönliches, sein Personengesetz geschaffen hat. Jeder denkt daher anders, spricht anders, fühlt und empfindet anders. Unser Personengesetz – wir können auch sagen, unser Individualgesetz – hat kaum einen Bezug zu dem Individualgesetz des anderen. Infolgedessen spricht jeder nur sich selbst, und beide sprechen aneinander vorbei.

Wir sagen oft: »Wir verstehen uns.« Haben wir uns wirklich verstanden – oder haben wir nur unsere Worte gehört? Oder glauben wir, unseren Nächsten verstanden zu haben, weil er uns sympathisch ist oder weil er uns zum Munde spricht, und sagen deshalb »Wir verstehen uns«. Das alles ist Persönlichkeitsdenken innerhalb des Individualgesetzes.

Alle reinen Wesen verstehen sich. Der geistige Leib ist die Substanz des ewigen Gesetzes, ist das göttliche Erbe jedes reinen Wesens.

Wir sind auf Erden, um wieder göttlich zu werden, um aus dieser Enge, dieser Begrenztheit unseres menschlichen Ichs, unseres Mein und Mir, herauszufinden, auf dass sich unser Bewusstsein erweitert, die Grenzen des menschlichen Ichs sprengt und in die göttliche Einheit und Freiheit eingeht, in unser geistiges Erbe.

Die geistig wache Seele hat viele Möglichkeiten, ihre menschliche Hülle dorthin zu führen, wo der Mensch einige Aspekte jenes Lebens wahrzunehmen vermag, wonach sich die wache Seele sehnt.

Das Wahre und das Alldurchdringende vollzieht sich einzig im Innersten deines Tempels, im Allerheiligsten – mit dem Allheiligen und durch den Allheiligen, Gott.

Einzig in dir schaust und erkennst du, wieviel der Gaben aus dem Schatz des Innersten du deinem Nächsten geben kannst – was er aufzunehmen vermag, um geistig zu wachsen und zu reifen. In dir also schaust und hörst du das Quantum, das du deinem Nächsten reichen darfst, was ihm dann auch zum Wohle gereicht.

Gabriele:

»Das Wahre und das Alldurchdringende vollzieht sich einzig im Innersten deines Tempels, im Allerheiligsten – mit dem Allheiligen und durch den Allheiligen, Gott.« Was will uns das sagen?

Jeder von uns ist der Tempel des Heiligen Geistes. Durch Verwirklichung der Zehn Gebote und der Bergpredigt treten wir in das Allerheiligste ein, das in uns ist. Je öfter wir in das Allerheiligste eintreten, desto inniger ist die Kommunikation mit dem Geist Gottes in uns. Auf diese Weise befreien wir uns von unserem Personengesetz, von unserem individuellen Denken, das letztlich nur auf uns, auf unser niederes Ich, bezogen ist. Dann schöpfen wir mehr und mehr aus dem Brunnquell des Lebens, der unser geistiges Erbe ist.

Durch die Entfaltung unseres geistigen Erbes öffnen sich auch unsere geistigen Augen, die Seelenaugen, welche dann die Materie und auch die Worte unseres Nächsten durchdringen. Für den Menschen, dessen Seele sich im Licht Gottes bewegt, sind Worte Spiegel. Die ganze Materie ist nur Spiegelung, nicht Tatsache; sie ist nur die Folge unserer Taten, unserer Projektionen, unserer Vorstellungen.

Wer die Spiegel, die Projektionen, durchschaut, erfasst seinen Nächsten im Inneren und weiß zugleich, was er ihm an Gaben der Liebe mitgeben kann. Der Weise, der aus der Quelle des Lebens schöpft, kennt das Quantum. Er weiß, wieviel er sagen darf; er weiß auch, was er sagen muss; denn er durchschaut die Dinge, die Gedanken, die Worte, alles, was existiert, und durchschaut den Menschen, denn alles ist nur Spiegelung.

Die Spiegel täuschen! Unsere irdischen Augen sehen nur die Spiegelung und täuschen unsere Sinne. Die Täuschung wertet und urteilt. Die Klarheit der Seele, die Augen des Seins schauen das Reale. Denn der Mensch, dessen Seele zum klaren Quell geworden ist, wertet und urteilt nicht; er hat Verständnis und Wohlwollen.

Wisse: Wenn du das Sein geworden bist, dann ist alles und sind alle in dir. In dir und durch dich schaust, hörst, riechst, schmeckst und tastest du, denn alles, was das Äußere in sich birgt, das ist das Leben in dir.

Deshalb wohne in dir; dann schaust du in allem auch dich, das Selbst, weil du das Selbst, das Sein, bist und alles wiederum das Selbst, das Sein, ist. Dann schaust du den Teil deines wahren Selbst im Mineral, in der Pflanzenwelt, in der Tierwelt und in den Gestirnen und nimmst alles Reine in dir, dem Reinen, wahr, als Licht, als Kraft, als einen Teil von dir. Was du im Äußeren schaust, das hat im Inneren, wie auch du, Licht und Kraft in sich, ist also als Essenz in dir und somit ein Teil von dir.

Gabriele:

»Wenn du das Sein geworden bist, dann ist alles und sind alle in dir.« Dies bedeutet für uns, dass unsere Seele wieder den hohen Grad an Adel und Feinheit erlangt hat. Das Edle, Feine ist das Reine. Das Edle und Feine ist das Schöne. Der Adel der Seele durchschaut alles, weil die Seele wieder in Kommunikation mit Gott steht.

Wir sind also alle auf dem Weg, wieder zu dem zu werden, was wir in Wahrheit sind. Keiner von uns kommt umhin, wieder so zu werden, wie Gott uns schaut.

Ist dies erreicht, dann sind wir das Sein, und das Sein ist die Einheit. Dann sind uns die Gestirne nicht mehr fern, weil Gott uns nahe ist. Dann ist uns die Substanz der Naturreiche, das Leben, nicht mehr fern, weil Gott uns nahe ist. Dann sind wir bewusste Erben der Unendlichkeit und bewusste Ebenbilder unseres Vaters. Gott ist die Quelle, und wir sind der Quell, aus dem wir schöpfen und geben.

Wer in diesem edlen, feinen und reinen Bewusstsein lebt, der wird keine äußere Lebensform mutwillig zerstören, weil er dann diesen Lebensteil in sich selbst stört und somit zum Gestörten wird, der alles zerstört, von dem er glaubt, dass es ihm nicht diene. Durch diese Veräußerlichung entstanden Krieg, Mord und Entzweiung.

Erkenne, das besagt: Das, was du mutwillig tötest, Menschen, Tiere und Pflanzen, das verschattest du in dir; du störst dein eigenes Leben und bleibst der Gestörte, der Ichmensch, der zerstörend auf seine Umwelt einwirkt.

Gabriele:

Blicken wir in unsere Welt: Es sind gar viele, die gar vieles stört. Das heißt: Wir sind gestört durch unsere Eingaben in das Kausalcomputersystem, weil wir nicht mehr das Sein sind, sondern das Mein und Mir.

Unser Gestörtsein zerstört auch, weil wir zur Substanz in allen Formen keine Kommunikation mehr haben, weil wir nur an uns selbst denken, immer nur: »Ich, ich, ich – ich bin mir selbst der Nächste.« Darin liegt die Störung; dadurch zerstören wir auch unsere Welt und wirken so auch auf unseren Erdplaneten, auf die Mutter Erde, ein.

Du schaust das Sein in allem einzig in dir. Deshalb brauchst du nicht den Umblick – du hast die Umsicht in dir selbst.

Gabriele:

Umblick und Umsicht heißt auch Weitsicht und Einblick in die Dinge.

Was im Himmel ist, das ist auch auf der Erde – nur abgewandt von Gott. Das Gesetz, Gott, ist selbstlose, unpersönliche Liebe; es schenkt und schenkt sich und gibt jedem gleich.

Hierzu erläuterte Gabriele,
die Lehrprophetin und Botschafterin Gottes:

Wir lernen mehr und mehr, die selbstlose, unpersönliche Liebe zu verstehen und zu erfassen.

Das Unpersönliche ist das Allgesetz, ist die Quelle und die Kraft, ist der Strom – wir nennen ihn auch den Ozean, in dem alle Wesen ihr Dasein haben, aus dem alle Wesen schöpfen und von dem alle Wesen leben; es ist der Ozean der unpersönlichen Liebe.

Die reinen Wesen brauchen nicht persönlich zu sein – sie haben alles; denn alle leben in ein und demselben Strom. Es ist für sie natürlich und selbstverständlich, unpersönlich zu sein; denn sie wollen nichts – sie besitzen alles, weil sie Erben allen Seins sind. Die lichtarme Seele will, weil sie nicht mehr ihr Erbe lebt; und deshalb will der Mensch alles für sich, weil sein menschliches Ich nicht mehr das göttliche Ich Bin ist.

Das Gesetz von Saat und Ernte entstand durch die Eigenliebe, durch die personenbezogene Liebe. Sie besagt: Der eine ist mir näher als der andere. Wer mir näher ist, bekommt mehr – der andere bekommt weniger. Das ist die personenbezogene Liebe, die Eigenliebe, die eigensüchtige Liebe.

Was im Himmel ist, das ist in abgewandelter Form auf der Erde. Deshalb sind die Erde, das materielle Universum und die Reinigungsebenen nur die Spiegel des ewigen Seins. Das Gesetz von Saat und Ernte ist als Spiegelbild zu betrachten.

Der Himmel ist das Sein, das Reine, das alldurchstrahlende Gesetz, Gott. Das Gesetz von Saat und Ernte ist des Menschen »Sein«, das aus dem Mein und Mir besteht, das aus dem niederen Ich hervorging und hervorgeht.

Das Reine ist das Sein, das Selbst, das Ich Bin, das unpersönliche Leben, das Gesetz, Gott. Die reinen Wesen sind das Reine, das Selbst, das Sein, das Unpersönliche, das Ich Bin, das Gesetz Gott. Ihr Empfinden, ihr Wort und ihre Handlung ist das Gesetz, Gott, das Selbst, das Sein, das Unpersönliche, das Reine. Sie, das Gesetz – denn ihr Ätherleib ist Gesetz –, empfinden und sprechen sich selbst, das Reine, das Sein, das Selbst, das Unpersönliche, das Gesetz, Gott.

Das Gesetz von Saat und Ernte kann global das Gesetz der Belastungen genannt werden. Es besteht aus den vielen Komponenten menschlichen Ichs, die zum Ichheitsgesetz der einzelnen Menschen wurden. Das Ichheitsgesetz jedes

Einzelnen besteht aus seinen gegensätzlichen Empfindungen, Gedanken, Worten und Handlungen. Das Ichheitsgesetz kann auch das Personengesetz genannt werden, weil es sich auf die Person bezieht, die ihr Ich aussendet und das gleiche Sendepotential wieder empfängt.

Wer sein Personengesetz geschaffen hat, der lebt darin und ruft es über seine Seele dort ab, wo es gespeichert ist, in den Gestirnen. Dein Nächster kann sich dein Ichheitsgesetz nicht aneignen, außer er schafft Gleiches oder Ähnliches durch gleiche oder ähnliche negative Empfindungen, Gedanken, Worte und Handlungen.

Gabriele:

Bewegen wir uns noch im Ichheitsgesetz, im Personengesetz, so ist das nicht wert, Leben genannt zu werden. In der Erkenntnis unserer Menschlichkeiten liegt jedoch die Chance, diese zu überwinden und abzulegen, um Schritt für Schritt das unpersönliche Leben wieder freizulegen.

Jeder Einzelne von uns ist auf Erden, um wieder göttlich zu werden. Die Göttlichkeit unseres Wesens ist das Absolute Gesetz, ist das Leben im ewigen Sein. Dieses Leben sollen wir anstreben. Durch die Lehren des Absoluten Gesetzes dürfen wir das Ziel erfahren, das Ziel unserer Wanderung: unser Leben, unser ewiges Sein, unser hohes Bewusstsein – das All-Sein in Gott, dem Unpersönlichen.

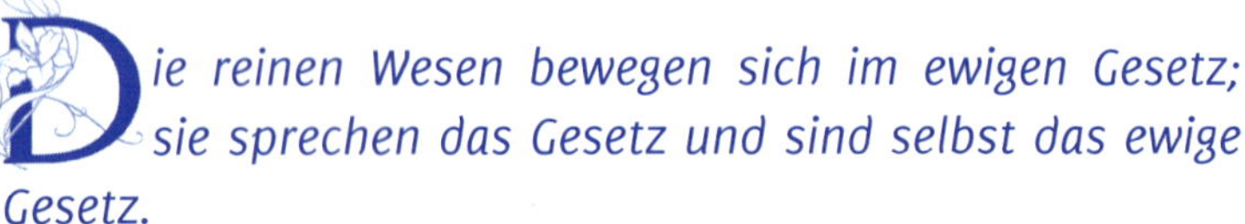

Die reinen Wesen bewegen sich im ewigen Gesetz; sie sprechen das Gesetz und sind selbst das ewige Gesetz.

Jeder belastete Mensch bewegt sich in seinem Ichheitsgesetz, in seiner kleinen Welt, die er mit seinem Ich, dem Mein und Mir, geschaffen hat. Er spricht seine kleine Welt, das, womit er sein Ichheitsgesetz aufgebaut hat; diesem entsprechend empfindet er sich selbst, denkt er sich selbst, spricht er sich selbst und handelt so, wie er empfindet, denkt und spricht. Er empfindet, denkt, spricht und handelt also entsprechend seinem niederen Selbst, seinem niederen Sein.

Das menschliche Selbst, das niedere Ich also, hat kein Auge, kein Ohr und keine Sinne für den Nächsten, nur für sich selbst.

Das menschliche Selbst findet keinen Einlass in das göttliche Selbst, in das Allerheiligste, und kann daher auch nicht seinen Nächsten erspüren, erkennen, durchschauen und erfahren, weil im veräußerlichten Menschen die Selbstlosigkeit noch nicht entfaltet ist.

Das menschliche Selbst, das niedere Ich, hat mit dem göttlichen Selbst, mit dem alldurchstrahlenden Ich Bin, nichts gemeinsam.

Der Reine spricht das Reine, das ewige Gesetz, Gott. Der Unreine spricht sein Unreines, sein Ichheitsgesetz, das niedere Selbst.

Jeder spricht sich also selbst: der Reine das absolute Selbst, das Ich Bin – der Unreine sein niederes Selbst, sein niederes Ich, das nur auf die Person bezogen ist.

Hierzu erläuterte Gabriele,
die Lehrprophetin und Botschafterin Gottes:

Welch eine arme Welt, die den armen – gleich lichtarmen – Seelen, den lichtarmen Menschen gleicht!

Würde die Menschheit die Gesetze Gottes erfüllen, dann wäre der Himmel Gottes auf Erden!

Gott sprach: »Ich mache einen neuen Himmel und eine neue Erde.« Zum neuen Himmel und zur neuen Erde gehören die neuen Menschen, Menschen in Gott. Der Innere Weg heißt, die Kleider des alten Adam abzulegen und sich in das Gewand des ewigen Gesetzes zu hüllen.

Wer die Lehren des Absoluten Gesetzes bei sich anwendet, der ist mit dabei, den Himmel auf die Erde zu holen.

Sei still.
In der inneren Stille wird dir bewusst, dass du ein Wesen aus Gott bist, das in Gott ist, denn der allewige Vater und du, Sein Kind, sind eins. Du, das reine Wesen, lebst im Allerheiligsten, in dir, im Selbst, denn du bist der Tempel Gottes, und der Allheilige wohnt in dir.

Hierzu erläuterte Gabriele,
die Lehrprophetin und Botschafterin Gottes:

Die innere Stille ist das ewige Gesetz, das sich in vollkommener Harmonie und Symphonie allen Lebensformen, allen Wesen mitteilt und allen Menschen, die eintauchen in diese Stille, in das Absolute Gesetz.

Der Mensch, der nichts anderes möchte, als Gott zu gefallen, beginnt, ganz allmählich ruhig zu werden. Das Drängen des menschlichen Ichs hört dann auf; denn wer sich nach Gott sehnt, wer einzig Gott gefallen möchte, wird Tag für Tag das Unlautere, das Menschliche, bereinigen und so ruhig werden. Erlangt der Mensch die innere Ruhe, so taucht er ganz allmählich in die innere Stille ein, in das ewige Gesetz, das sich unermüdlich dem mitteilt, der still geworden ist.

In unserem Inneren ist das Heiligtum Gottes. Gott wohnt in Seinem Heiligtum – also in uns. Das Innerste, das Heiligtum, wird von unserer Seele und unserem Menschen umschlossen. Infolgedessen sind wir der Tempel Gottes. In jedem von uns ist das Heiligtum, in welchem Gott wohnt.

Wenn uns dies bewusst wird, ja, wenn wir uns dies jeden Tag vergegenwärtigen und somit vorgeben, dann erwacht ganz allmählich die Sehnsucht, einzig Gott zu gefallen. Dann werden wir auch allmählich unseren Tempel reinigen und heiligen, indem wir nichts Negatives mehr zulassen. So noch Negatives, also Sündhaftes, in uns liegt, dann werden wir es rasch bereinigen, um einzig Gott, unserem Vater, zu gefallen, um wieder Sein Ebenbild zu werden.

Sei still.

In dir ist die Stille, und du bist in der Stille.

Bist du still geworden, dann hast du keine menschlichen Empfindungen, Gedanken, Worte, Regungen und Neigungen mehr; du bist durchdrungen von der Allstille, Gott.

Gabriele:

»Sei still. In dir ist die Stille, und du bist in der Stille.« Das ist Bewusstwerdung. Wer sich dessen bewusst wird, dass in jedem die Stille wohnt und dass der stille, lautere Mensch in der Stille, Gott, lebt, der wird neu geboren sein.

Er wird im Geiste geboren sein und mehr und mehr die Gesetze des Lebens, die Gesetze des Geistes, anwenden.

Ohne Bewusstwerdung kein Weg hin zur Stille. Deshalb heißt es für uns: Werde dir tagtäglich, stündlich und minütlich bewusst, dass du Substanz und Kraft bist, ein Wesen aus Gott. Sei still, und vertraue dich in jedem Augenblick Gott an. Dann wächst du auch hinein in das Innere Leben, weil dir bewusst wird, wo deine Fehler sind, was deine Fehler sind und wie du deine Fehler, also dein Sündhaftes, bereinigen kannst.

Gott ist die Allstille – die Allstrahlung. Gott ist gleichsam der Kristall der Unendlichkeit; denn die reinen Himmel sind der Kristall, und die, die sich in das Reine, Ewige begeben, sind wiederum der Kristall im Strom des Lebens.

Gott, unser Vater, ist komprimiertes Leben, ist komprimiertes Sein, der Kristall der Unendlichkeit. Da Er uns alles als Substanz gegeben hat, Kraft und Leben, sind wir wiederum Kristalle der Unendlichkeit, deren Facetten das ewige Leben ausstrahlen und in alle Reiche hineinstrahlen, weil der Kristall alle Schöpfungskräfte und alle Formen des Seins als Substanz birgt.

Dem Kristall ist nichts verschlossen. Er bewegt sich im Rhythmus des Alls; dementsprechend strahlt er die Facetten des ewigen Gesetzes aus. Jeder von uns ist in der Tiefe der Seele ein Kristall im ewigen Sein.

In dir entfalten sich geheiligte Empfindungen und Gedanken; du sprichst beseelende Worte und handelst unpersönlich für das große Ganze.

Gabriele:

Der Mensch, der das Ziel des Weges der Läuterung weitgehend erreicht hat, spricht, was der Kristall ihm zustrahlt. Er empfindet so, wie der Kristall empfindet. Er denkt so, wie es ihm der Kristall übermittelt.

Menschen, die sich täglich bemühen, diese geheiligten Empfindungen und Gedanken zu pflegen, tragen Verantwortungsbewusstsein und haben Sinnesbewusstsein. Dieses Verantwortungsbewusstsein wirkt sich nicht nur im Einzelnen selbst aus, sondern das Verantwortungsbewusstsein gereifter Menschen ist übergreifend; es überträgt sich auf die ganze Unendlichkeit.

Das Sinnesbewusstsein ist die Klarheit. Wohin der Gereifte blickt, schaut er das Licht; er schaut auch die Schatten und weiß, wie er zu helfen und zu geben vermag. Was er hört, hört er im Innersten; er hört die Stimme des Alls und vernimmt auch das Rauschen des menschlichen Ichs. Die Sinne, die gereinigt sind, sind in Gott und sind feinsten Antennen gleich, die in alles hineinzufühlen vermögen – sowohl in das reine Sein als auch in das menschliche Ich. Aus dem Sinnesbewusstsein und dem Verantwortungsbewusstsein heraus kann der Gereifte sich seinem Nächsten gesetzmäßig mitteilen. Er schaut die Tiefen im Nächsten, lotet sie aus und schaut auch auf und in die Schatten. Er ist der geistige Forscher, der alles erkennt.

Das wahre Selbst, das allumfassende, mächtige Ich Bin, teilt sich dir mit, und du bist der Glanz der Schönheit, du bist das Reine, das Edle und Feine, das Erhabene – weil du in dir, im ewigen Selbst, im Sein, wohnst und weil du bist, was der Himmel ist: Schönheit, Reinheit, der Adel, das Feine, das Erhabene, die Güte, die selbstlose Liebe.

Gabriele:

Aus all dem, was uns durch die Lehren des Herrn übermittelt wurde, in denen das ganze Sein schwingt, besteht unser reiner geistiger Leib. Jeder von uns wird wieder zu der inneren Schönheit, der inneren Reinheit, dem inneren Adel, dem Feinen und Erhabenen, der Güte und der selbstlosen Liebe finden.

Oft fällt es uns schwer, diesen hohen, absoluten Maßstab an uns anzulegen. Ein Bild könnte uns helfen, dass diese Aspekte ewigen Inneren Lebens für uns mehr greifbare Realität werden. Im Bild können wir uns das höchste Ideal vorgeben – und es zugleich in uns schaffen.

Das höchste Ideal ist das, was wir im ewigen Sein sind: Schönheit, Reinheit, Adel, Feinheit, Erhabenheit, Güte und selbstlose Liebe. Wir geben uns dies vor, sind es jedoch noch nicht. Wir werden es in uns schaffen, indem wir es uns immer wieder vornehmen.

Dieses höchste Bildnis ist unser wahres Sein. Wollen wir das, was es beinhaltet, erreichen, dann wird uns der Innere Helfer und Ratgeber, Christus, beistehen. Er zeigt uns jeden Tag unsere Schwächen, unsere Mängel, unser Sündhaftes, auf.

Um die Sehnsucht nach dieser Erhabenheit unseres wahren Wesens zu entfalten, sollten wir uns das vergegenwärtigen, dem wir zustreben. Wir richten uns bewusst auf das höchste Ideal, das Sein, aus, indem wir es uns vorgeben. Dabei sollten wir keinem negativen Gedanken Raum geben.

Denken wir negativ, dann sollten wir uns selbst sofort das Achtungszeichen setzen: »Halt! Ich möchte diesen negativen Gedanken nicht weiter bewegen.« Bitten wir Christus um Beistand, dann werden wir erkennen, was uns die negativen Gedanken – unser Sündhaftes also – mitteilen möchten. Sie wollen uns vielleicht sagen, dass wir einiges bereinigen sollen, dass wir unseren Nächsten um Vergebung bitten sollen. Tun wir dies so rasch wie möglich und geben wir uns sodann wieder unser Idealbild vor, dann haben wir diesen menschlichen Gedanken keinen weiteren Raum gewährt; dadurch konnten sich keine weiteren negativen Gedanken in unserem Oberbewusstsein festsetzen.

Je öfter wir negative Gedanken bewegen, umso mehr greifen sie in unser Leben ein und werden zu unserem Leben. Das bedeutet: Sie werden zu Programmen in unseren Gehirnzellen, die uns dann immer wieder belasten, die sich immer wieder regen, die uns auch immer wieder anregen, Gleiches und Ähnliches zu denken. Je öfter wir Gleiches und Ähnliches denken, desto mehr entfernen wir uns von unserem Idealbild, von unserem wahren Sein.

Geben wir dem Negativen Raum, so füllen wir uns mit Gegensätzlichem und erfassen nicht mehr, wer wir tief in unserer Seele sind: die Schönheit, das Unvergängliche, die ewige Jugend, der Himmel, die Reinheit, das ewige Gesetz, das alle Wesen in Gott eint, der innere Adel, das Feine, das Erhabene, die Güte und die selbstlose Liebe. Dann fühlen wir uns von den Worten »unser wahres Sein« weit entfernt, weil wir dem Negativen mehr und mehr Raum in unserem Leben gegeben haben. Wir haben uns mit Negativem gefüllt – nun füllt es uns aus. Wo wir hinsehen, wo wir hinhören, rufen wir dann nur noch unsere Gegensätzlichkeiten ab. Das hat zur Folge, dass unser Leben immer schwerer und immer dunkler wird.

Damit solches nicht geschehen kann, sollten wir bewusst dem Positiven, Göttlichen in unserem Denken und Leben Raum geben. Dazu kann es uns eine Hilfe sein, uns dieses höchste Idealbild, unser wahres Sein, bewusst zu machen.

Die Sonne der Liebe hat die Sprache des Lichtes. Die Sonne der Liebe leuchtet in dir und durch dich.

Dein Wesen ist der Glanz der Sonne, der selbstlosen Liebe.

Sei still, ganz still. Nichts und niemand regt sich in dir.

Die heilige Tempelordnung, die du bist, ist die strahlende, selbstlose Liebe, die Sonne der Gerechtigkeit, die Wonne deines Lebens, das Ich Bin.

Gabriele:

»Die Sonne der Liebe hat die Sprache des Lichtes.« Wir hörten von dem Kristall, der in allen Facetten das Gesetz, das Sein, ausstrahlt. Der Kristall mit seinen Facetten ist die Sonne der Liebe; denn das Gesetz Gottes ist Liebe. Wer zum Kristall in Gott geworden ist, ist schattenlos, denn die Unendlichkeit, das wahre Sein, kennt keine Schatten. Wer das Gesetz, das schattenlose, ewig strömende, strahlende Gesetz erfüllt, ist durchstrahlt und durchglüht von dem, was Gott ist: Liebe.

»Dein Wesen ist der Glanz der Sonne, der selbstlosen Liebe.« Diese Worte sagen uns: Wir sind formgewordenes All. Alle Gestirne sind als Essenz in uns und bilden unser wahres Sein.

»Sei still, ganz still. Nichts und niemand regt sich in dir.« Lassen wir diese Worte in unser Inneres schwingen. *»Sei still, ganz still. Nichts und niemand regt sich in dir.«*

Nichts und niemand kann dem Innersten etwas anhaben. Dort, in der Stille in uns, im Allerheiligsten, bei Gott, ist Geborgenheit, ist Sicherheit, ist Heimat.

Wir Menschen sehnen uns nach Geborgenheit; doch in dieser Welt werden wir sie niemals finden. Glauben wir, jetzt hätten wir Geborgenheit gefunden, so können wir sicher sein, dass sie in Kürze wieder schwindet. Wo gibt es Sicherheit? Wer kann uns Sicherheit bieten? Menschen? Güter? Geld, Macht und Ansehen? Wie schnell schwindet all dies dahin; dann ist auch unsere Sicherheit entschwunden. Dann stehen wir gleichsam als Bettler auf der Straße und fragen: »Wo ist die Sicherheit? Wo ist die Geborgenheit? Ich bin heimatlos.«

Geborgenheit, Sicherheit, Heimat kann nur bei Gott sein – nirgendwo sonst. Wir sind Wanderer hin zur inneren Sicherheit, zur inneren Geborgenheit, zu unserer wahren Heimat. Einerlei, was wir auf der Erde tun, wo immer wir auch den Halt im Menschlichen suchen – mit der Zeit erkennen wir: Nirgendwo gibt es einen Halt – nur in Gott. Wird uns dies bewusst, dann werden wir auch öfter unser Innerstes, das Heiligtum in uns, aufsuchen, in welchem Gott wohnt.

Was du auch zu tun und zu erfüllen gedenkst – das wahre Selbst in dir, das Sein, empfindet, denkt, spricht und handelt durch dich.

Hierzu erläuterte Gabriele,
die Lehrprophetin und Botschafterin Gottes:

»Das wahre Selbst, das Sein, empfindet, denkt, spricht, handelt durch dich« – es ist wieder der Kristall in uns. Es ist die Intelligenz, Gott, die um alle Dinge weiß, die alles ist.

Die Intelligenz, Gott, wohnt in uns; wir sind Erben dieser Intelligenz. Als reine Wesen sind wir selbst göttliche Intelligenz; daher ist diese allumfassende und alles durchdringende Intelligenz auch in dieser Daseinsform Mensch in uns. Weil wir jedoch dieses hohe Bewusstsein in uns abgedeckt, mit unserem Sündhaften überlagert, durch unsere Ichbezogenheit eingeengt haben, haben wir den Intellekt entwickelt, das kümmerliche Menschliche – statt des Göttlichen, das nicht mehr hinreichend wirksam werden kann. Der Intellekt ist die Verpolung der göttlichen Intelligenz, ein Ersatz.

Was der Intellekt schon alles angerichtet hat, sehen wir in dieser Welt. Sicher brauchen wir unsere Lebensprogramme – z.B. das Programm unseres Berufes, unserer

Sprache. Wir bedürfen dieser Programme, um zu leben – jedoch sind sie allein nicht dazu geeignet, die Welt zu verändern oder gar zu verbessern.

Der Intellekt greift immer mehr in das Schöpfungsgeschehen, in die Intelligenz Gottes ein. Was dabei herauskommt, erfahren wir: Zerstörung und Niedergang. Der Intellekt ist begrenzt, ist nur auf das Äußere, auf die Schale, bezogen; er kennt den Kern nicht. Er verändert immer nur die Schale, und jede dieser Veränderungen bringt weitere Veränderungen. Dadurch muss der Mensch leiden. Was hat er vom sogenannten Wohlstand? Dieser lebt kurz auf – dann geht es wieder bergab, weil der Intellekt nur an der Schale, an der Oberfläche, kratzt und die Intelligenz nicht zulässt.

Die Intelligenz Gottes hält es anders als der Intellekt. Das Ich des Menschen hat das Wollen; es will selbst schaffen; es will regieren – es will Gott sein. So hat das menschliche Ich einen Teil des göttlichen Ich Bin heruntertransformiert und diese Substanz verdichtet, verhärtet. Es ist unser menschliches Ich-Gesetz, die Schale, die wir allmählich aufweichen müssen, um wieder zum Inneren, dem Göttlichen, zu finden.

Dein erhabenes, selbstloses Empfinden und Denken ist das Sein, das Göttliche, das du bist.

Das wahre Sein ist einzig auf die Sache und die Angelegenheit bezogen und tritt mit dem Reinen in der Sache und in der Angelegenheit in Kommunikation. Das Reine in der Sache und in der Angelegenheit sagt dir in deinem Inneren, wie du die Sache und Angelegenheit in die Wege leiten sollst, wie du planen sollst, wie du jede Situation klären kannst, wie du Unordnung in Ordnung verwandeln kannst und wie du Unbereinigtes bereinigen kannst.

Gabriele:

Gott ist allgegenwärtig. In allem Negativen ist Gott. In jeder Angelegenheit, die auf uns zukommt, ist Gott die helfende Kraft. In unserer Planung ist Gott. In unserer Unordnung ist Gott die Ordnung. In unserem Unbereinigten ist Gott die bereinigende Kraft. Das heißt für uns: Wir dürfen uns in allem, was auf uns zukommt, Gott zuwenden. Wenden wir uns Ihm ehrlichen Herzens zu, dann wird Er uns helfen; denn Christus in uns ist der Innere Helfer und Ratgeber. Er ist unser Erlöser und Befreier.

In jeder Schwierigkeit ist die Lösung; in jedem Problem ist das Göttliche, ist die Hilfe, ist die Befreiung – doch wir müssen es lösen, mit der Hilfe des Geistes in uns. Mit jeder Schwierigkeit, mit jedem Problem können wir in unser Inneres zu Christus in uns gehen und Ihn um Hilfe bitten – Er wird uns helfen. Doch wir dürfen niemals sagen: »Herr, löse es so, wie ich es will« – sondern immer: »Dein Wille geschehe!« Er kennt die Wege. Er hilft uns so, wie es für uns gut ist.

Unser Ich drängt; es will die rasche Lösung. Wir könnten uns vornehmen, uns in Geduld zu üben, unser Menschliches zurücknehmen, um in Schwierigkeiten, Problemen und auch in unserer Planung Gott, Christus in uns, um Hilfe zu bitten. Wir sollten uns dann nicht mit dem Gedanken beschäftigen, ob es wohl eine Lösung gibt oder nicht. Denn diese Gedanken blockieren die innere Hilfe. Wir sollen bewusst leben, das heißt, wir sollen uns in jeder Situation Gottes Hilfe vergegenwärtigen und konzentriert unsere Arbeit verrichten.

Die Wachheit unseres Daseins bewirkt, dass wir die Lösung aus unserem Inneren empfangen. Plötzlich steigen Empfindungen, Gedanken empor, die uns die Lösung unseres Problems oder unserer Schwierigkeiten zeigen. Mitunter sind es nur feine Impulse. Oftmals ist es nicht gleich die Lösung selbst, sondern nur der Weg zur Lösung oder der erste Schritt dorthin. Vertrauen wir uns Christus an, dann wird Er uns auch weiterführen. Die Ansätze sagen uns: »Hab Vertrauen. Ich führe dich weiter, so dass du alles zu lösen vermagst.«

Wir sollten dann das Negative, das wir bei uns erkannt haben, nicht mehr vollziehen. Darin liegt das Bild, was wir statt dessen in Zukunft tun werden. Dieses in die Tat umzusetzen, ist dann der nächste Schritt zum gesetzmäßigen Leben.

In jeder Frage ist das Sein, die Antwort für dich.

In jeder Antwort ist das Sein – und eventuell wieder die Frage für dich.

In jedem Gespräch wirkt das Sein – du erfährst es in dir.

In jedem Wort ist das Sein – es spricht zu dir.

In allem, was du siehst und was dir begegnet, ist das Sein – es zeigt sich dir und spricht zu dir.

Gabriele:

Machen wir uns bewusst: In jeder Frage liegt zugleich auch die gesetzmäßige Antwort. Die Frage ist Energie, und in jeder menschlichen Energie ist die göttliche Energie, der Helfer, der immer gegenwärtig ist. Erschließen wir die Intelligenz, unser geistiges, göttliches Erbe, indem wir Ordnung machen in unserem Leben, den Willen Gottes erkennen und ihn mehr und mehr erfüllen, dann wachsen wir in die Selbstlosigkeit, in die Liebe Gottes und in Seine Weisheit hinein.

Weisheit ist die Intelligenz Gottes, Seine Tat.

Bist du in deinem Innersten, dann ist dein Tempel rein, und du stehst mit dem Reinen in Kommunikation.

Du hörst, was andere nicht hören;
du schaust, was andere nicht sehen;
du weißt, was andere nicht wissen;
du erkennst, was andere nicht erkennen;
du spürst, was andere nicht erspüren;
du riechst und schmeckst, was andere
nicht riechen und schmecken;
du nimmst wahr, was andere
nicht wahrnehmen –
weil du die Wahrheit bist,
die Stille des Tempels, die selbstlose Liebe,
das Gesetz, Gott.

Gabriele:

Ist unser göttliches Bewusstsein so weit erschlossen, dass es sich in alles hineinzufühlen und hineinzuempfinden vermag, dann ist die Seele weitgehend licht und das Göttliche in uns aktiv. Durch die Verwirklichung der ewigen Gesetze erweitert sich unser Bewusstsein. Es strahlt in die Unendlichkeit aus und auch in die Reiche des ewigen Seins hinein.

Kein Bereich im Himmel ist dem göttlichen Bewusstsein fremd. Ist es von uns wieder erschlossen, dann strahlt es und leuchtet alle Bereiche des Alls aus, weil das All in der Seele aktiv geworden ist. Der Mensch ist dann heimgekehrt. Er hat zu Gott, zum Ursprung, gefunden. Die Seele ist wieder rein und zum Kristall des Lebens geworden.

Wir müssen also wieder zu dem werden, was wir in unserem Innersten schon sind: reinste Substanz, edel und fein, das göttliche Gesetz, die selbstlose Liebe. Jeder von uns muss sich nach und nach entkleiden, das heißt, sein Menschliches ablegen, die Hüllen verwandeln – um dann im Kleide des ewigen Lebens, der selbstlosen Liebe, dazustehen. Wir sind also auf Erden, um wieder göttlich zu werden.

Erkenne:

Jede Sache, jede Angelegenheit, jede Schwierigkeit, jedes Problem, jede Situation, jedes Gespräch, ja, jedes Wort spricht sich selbst.

Das Sein in der Sache, in der Angelegenheit, im Problem, in der Schwierigkeit, in jeder Situation, in jeder Handlung und in jedem Gedanken spricht wiederum das mächtige Selbst, das Sein.

Gabriele:

Jedes Problem, jede Schwierigkeit hat drei Aspekte; nennen wir diese drei Aspekte die drei Zungen. Es ist das Oberbewusstsein, das Unterbewusstsein und das Geistbewusstsein. Das Oberbewusstsein ist das, was wir augenblicklich vom Verstand her erfassen. Im Unterbewusstsein liegt das, was wir ahnen; was an menschlichen Schwächen, Fehlern, an Unbereinigtem und Unverziehenem noch in uns liegt, was somit die Ursache für die Schwierigkeit oder das Problem sein könnte. Die dritte Zunge ist die Zunge der Wahrheit: Es ist das ewige Gesetz in allem; es ist die Lösung, die in jeder Schwierigkeit, in jedem Problem liegt. Nehmen wir die gesetzmäßige Lösung an und bereinigen wir unser Fehlverhalten mit Christus, dann ist es in unserer Seele gelöst, gleich gelöscht.

So spricht also jede Schwierigkeit und jedes Problem zu uns. Mit welcher Zunge? Das müssen wir selbst herausfinden. Wir erfahren es in unseren Gedanken. Zeigt sich ein Problem, dann fragen wir uns: Was denken wir? Was will es uns sagen? Zerpflücken wir jedoch das Problem und geben unserem Nächsten die Schuld, dann haben wir das Problem nicht erfasst und nicht gelöst. Wir sprechen mit der Zunge des Ober- oder des Unterbewusstseins und lassen nicht die Zunge der Wahrheit sprechen, welche die Lösung in allem ist, den Geist Gottes, durch den in der Seele alles gelöst wird.

Deshalb sollten wir alles, was auf uns zukommt, jegliche Unannehmlichkeit, kurz beleuchten: Was will uns die Angelegenheit, was will uns das Problem, die Schwierigkeit sagen? Bitten wir Christus, der in allem ist, um Hilfe und Beistand, dann werden wir mit der Zeit immer öfter und klarer erspüren, was die gesetzmäßige Lösung ist.

Bittet, und es wird euch gegeben. Suchet, und ihr werdet finden. Klopfet an, und es wird euch aufgetan. In jeder Situation, in allem, was auf uns zukommt, dürfen wir Christus anrufen. Bejahen wir Christus, das Sein, in allem, so wird uns Christus, das Sein, das ewige Gesetz, beistehen und helfen, so dass wir das Problem, die Angelegenheit, die Schwierigkeit, jegliche Situation gesetzmäßig zu lösen vermögen.

Wir sollten uns zur Aufgabe machen, uns immer wieder selbst anzusprechen: »Mensch, nimm dich zurück! Die Lösung in allem ist Christus.« Werden wir uns dessen bewusst, dann spüren wir mit der Zeit Seine Nähe; dann werden wir auch jedes Wort überdenken und das, was wir sagen wollen, in das Gesetz stellen – wiederum in der Bitte: Christus, steh uns bei! Nur auf diese Weise finden wir Zugang zu dem inneren Reich, zu unserem göttlichen Erbe!

So werden wir auch in dieser unruhigen Zeit, in der die Welt zerstörend und zersetzend auf die Menschheit und auf die Natur einwirkt, Christus finden. Wir brauchen Ihn. Ohne Ihn wird es in Zukunft nicht mehr gehen; denn das Für oder Wider, das Entweder – Oder, die Entscheidung für oder gegen Christus ist unausweichlich. Jeder Tag stellt uns vor die Entscheidung entweder – oder; für oder gegen Christus.

Die Hülle, das Menschliche, spricht sich selbst. Die Kraft in der Hülle, das Sein, spricht ebenfalls sich selbst; es ist das Ich Bin.

Wer zum Sein, zum selbstlosen Selbst, geworden ist, der steht mit dem Reinen in Kommunikation. Er schaut mit den Augen der Wahrheit; er klärt, ordnet, bereinigt, plant und spricht aus dem ewigen Sein, dem selbstlosen Selbst.

Gabriele:

Schon des Öfteren haben wir gehört: Jeder spricht sich selbst. Die reinen Wesen sprechen das ewige Gesetz; die unreinen Wesen, die Menschen, sprechen ihre Unreinheiten, ihr Personengesetz, das, was an Unreinem in ihrer Seele, in ihrem Gehirn und in den Gestirnen des Gesetzes von Ursache und Wirkung gespeichert ist.

Der Unreine hat mit seinem Unreinen Verbindung, steht also mit seinen Ursachen in Kommunikation. Der Reine steht mit dem ewigen Gesetz in Kommunikation. Der Unreine ist friedlos; er sucht beständig nach Bestätigung seines niederen Selbst. Der Reine ist friedvoll; er sucht nicht – er steht mit seinem wahren Selbst, dem Göttlichen in ihm, in beständiger Kommunikation.

Wir sind auf Erden, um rein zu werden. Gerade in der heutigen Zeit ist das vielen ein Anliegen. Viele spüren, dass ihnen diese Welt keinen Halt mehr bietet, dass sie in dieser Welt nicht mehr bestehen können. Viele erfassen, dass nur noch Einer zu helfen vermag; es ist Christus, unser Erlöser. Er hilft; Er kommt uns immer näher.

Machen wir Tag für Tag die Probe aufs Exempel. Rufen wir Ihn, Christus, in jeder Situation an mit der Bitte, uns beizustehen. Christus ist immer bei uns. Gehen wir aus dem Haus, aus der Wohnung – Christus geht mit uns. Gleich, was wir tun, bejahen wir, dass Er bei uns ist, dass Er uns beisteht. Bejahen wir es immer und immer wieder.

Fühlen und empfinden wir in unser Inneres hinein, indem wir ja zu Christus sagen, der das Licht unserer Seele und das Gesetz der Unendlichkeit ist – dann werden für uns die Tage lichter werden, und wir werden von Tag zu Tag freier. Wir spüren Mut und Kraft, um das Menschliche, das uns der Tag aufzeigt, zu bereinigen, weil wir Christus anrufen, weil wir in jeder Situation Ihn um Beistand und um Hilfe bitten. Durch diese innige Kommunikation mit dem Höchsten in uns werden wir sicherer und freudiger. Freudig und dankbar werden wir dann das Menschliche bereinigen. Auf diese Weise reifen wir mehr und mehr in unser geistiges Erbe hinein, in das Leben, das uns Sicherheit, Frieden, Freude, selbstlose Liebe und Dankbarkeit bringt.

Das niedere Ich kennt das Ich Bin nicht; doch das Ich Bin kennt das niedere Ich, weil das Ich Bin, das Sein, alles durchdringt.

Der Reine, der die Tempelordnung hält, wird sich bemühen, jede Situation aus dem Gesetz zu klären, jedes Gespräch gesetzmäßig zu führen, jede Sache, jede Angelegenheit, jedes Problem und jede Schwierigkeit aus dem Gesetz, Gott, zu lösen.

Gabriele:

Das könnte eine Aufgabe für uns sein.

Werden wir der Reine, der die Tempelordnung hält, der täglich mehr seine Gedanken überprüft! Wie wir gelesen haben, schaffen Gedanken und Worte Formen; sie verursachen Wirkungen. Auch der Gedanke, den wir – eventuell unbedacht und leichtfertig – denken, ist ein Sendepotential, gleichsam eine Aktion. Die Reaktion ist um vieles größer, weil zu unserem Gedanken auch noch das Potential der darin liegenden Gefühle und Empfindungen gehört.

Wenden wir uns in jeder Situation konsequent an Christus, bauen wir also auf Ihn und nutzen jeden Augenblick zu Bereinigung und Umkehr, so werden wir schon in wenigen Tagen spüren, wie der Strom der positiven Kraft uns erfasst, uns empor- und voranträgt.

Durch die konsequente Hinwendung zu Christus erfahren wir die innere Ruhe und die Stille und erleben daraus die Souveränität. Dadurch bekommen wir Abstand zu unserem menschlichen Ich und sehen es von einer höheren Warte. Das bewirkt, dass wir es rascher und leichter zu lösen vermögen.

Will das menschliche Ich die Sache, die Angelegenheit, die Schwierigkeit, das Problem, die Situation oder das Gespräch mit seinem niederen Ich lösen, dann bleibt es entweder ungelöst, oder es führt zum Chaos.

Gabriele:

Schauen wir in diese Welt, so erkennen wir, was der Intellekt vollbracht hat. Der Intellektuelle will alles selbst lösen. Das weltweite Chaos ist die Folge.

Deshalb: Kehren wir um! Lösen wir unser persönliches Chaos mit Christus auf, dann finden wir ganz allmählich zum Ich Bin, zu unserem göttlichen Erbe.

Wisse:

Das Sein in allem ist der redende Gott; Er spricht zu dir aus der Sache, aus der Angelegenheit, aus der Schwierigkeit, aus dem Problem, aus der Situation, aus der Handlung, aus jedem Gespräch.

Gabriele:

Machen wir uns bewusst: Gott, unser ewiger Vater in Christus, spricht unermüdlich zu uns. Jede Bewegung unseres Körpers, jedes Wort, jeder Gedanke könnte nicht sein, wenn die Kraft Gottes nicht wäre.

Wachen wir auf! Leben wir bewusster, und wir erfahren die Nähe Gottes, den ewig redenden Gott, denn das göttliche Gesetz ist ewig strömend, ewig gebend, sich ewig offenbarend.

Alles ist Bewusstsein. Das Reine ist Bewusstsein, und das Unreine ist Bewusstsein. Das Reine spricht im Allerheiligsten – in dir, zu dir und gleichzeitig aus dir.

Das Unreine spricht das Unreine; es spricht die Belastung, es spricht aus der Unordnung heraus. Es spricht die Unordnung, und so kann es in der Welt nur wieder Unordnung geben.

Gabriele:

Haben wir in der Welt auch die Unordnung – in unserem Innersten, in unserem Herzen ist die Ordnung. Versenken wir uns also in die heilige Ordnung, die in uns ist, und wir werden um uns Ordnung schaffen – in unseren Familien, in Partnerschaften und Ehen, am Arbeitsplatz, überall. Schaffen wir Ordnung, indem wir uns nicht mehr bekriegen, indem wir bereuen und uns gegenseitig vergeben und verstehen. Dann wird Friede sein. Der Innere Weg, der zum ewigen Leben, dem Frieden, führt, geht von außen nach innen.

Je mehr wir in unser Inneres, in das Reich des ewigen Seins, gelangen, das in uns ist, erspüren wir das Sein, die Himmel. Mit Worten ist der Himmel, unsere Heimat, nicht zu beschreiben. Würden wir uns vorstellen, die Wege wären aus Gold, alle Bauwerke wären feinstes Porzellan oder reinste Edelsteine und alles würde mächtiger strahlen als alle Sonnen und Gestirne zusammen – dann wäre das alles nur ein Abglanz unserer Heimat. Das ist die Herrlichkeit unseres Vaters, und das ist die Herrlichkeit unserer ewigen Heimat.

Es lohnt sich also, unsere innere Heimat zu erschließen, damit wir nach unserem Leibestod wieder dort, im ewigen Licht, sein können. Das ist unser aller Ziel. Das ist unser aller Weg. Christus steht uns bei. Oft sagt der Herr: »Ihr seid Kinder der Fülle.« Oder: »Ihr seid Königskinder.« Es sind Worte – doch was sie in der Tiefe bedeuten, können wir Menschen kaum erfassen.

Lassen wir es dennoch auf uns wirken; denn in unserer Seele strahlt es auf, wenn sie vom Licht unserer ewigen Heimat berührt wird.

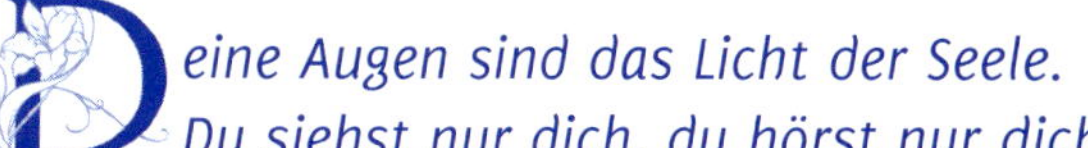

Deine Augen sind das Licht der Seele.
Du siehst nur dich, du hörst nur dich.

Mit deinen Gefühlen, Empfindungen, Gedanken, Worten und Taten zeichnest du das Bild deiner Seele.

Das Bild deiner Seele ist dein Bewusstsein.

Jeder Bewusstseinsstand nimmt das wahr, was seinem Stand entspricht. Das geht in ihn ein, das ist er, das strahlt er aus, und das gibt er auch gleichzeitig wieder.

Hierzu erläuterte Gabriele,
die Lehrprophetin und Botschafterin Gottes:

»Deine Augen sind das Licht der Seele.« Durch uns blicken Licht oder Schatten. Unsere Seele schaut durch unsere Augen. Auf diese Weise nimmt sie die irdische Welt wahr, in die sie sich eingeboren hat. Gemäß Licht oder Schatten sehen Seele und Mensch ihre Umwelt. Dementsprechend reagiert der Mensch.

Wir sehen, hören und registrieren, was unsere Sinne uns signalisieren. Gemäß unserer Wahrnehmung sind auch unsere Reaktionen. Je nach Licht oder Schatten unserer Seele reagieren wir entweder gesetzmäßig oder gesetzwidrig. Zwischen dem Entweder – Oder gibt es nichts!

Wir sehen, wir hören gemäß der Beschaffenheit unserer Seele. Nur so lange sehen und hören wir uns selbst, wie unsere Seele verschattet ist, solange sie mit der

Begrenzung unseres menschlichen Ichs durch unsere Augen blickt, durch unser Gehör hört und durch unsere weiteren Sinne agiert.

Alles ist Bewusstsein. Mit unserer augenblicklichen seelischen Verfassung, die entweder zum Licht oder zum Schatten neigt, nehmen wir unsere Umwelt wahr. So sehen wir sie, und so reagieren wir auch.

Was wir sehen und was wir hören, das bringen wir zum Ausdruck. Ist unser Ausdruck die Realität oder der Schein? Schaut durch unsere Augen das Licht der Seele, dann sprechen wir die Wahrheit, das Gesetz. Blicken durch unsere Augen die Schatten der Seele, unsere Entsprechungen, dann sehen wir nur, was unserem menschlichen Ich entspricht – darüber hinaus gibt es für uns nichts. Wir leben entweder in der Realität, dem Sein, oder aber in der Irrealität, im trügerischen Schein.

Was wir also sind, Sein oder Schein, das geht von uns aus. Was von uns ausgeht, geht wieder in uns ein; mehr können wir nicht erfassen. Das ist unser Bewusstseinsstand. Darüber hinaus nehmen wir nichts wahr. Deshalb heißt es für uns: Entwickle und entfalte dich auf dem Weg der geistigen Evolution.

So sind wir in die Tage gestellt, um Tag für Tag das von uns erkannte Menschliche zu bereinigen. Durch die Auflösung unseres Sündhaften erweitert sich unser Bewusstsein. Wir sehen mehr und schauen tiefer. Wir hören mehr und hören tiefer in die Gründe des Materialistischen hinein. Dadurch erfassen wir auch die tieferen Zusammenhänge von Licht und Schatten. Durch die Umwandlung unserer Schatten in Licht finden wir allmählich zum Ursprung unseres Lebens, zu Gott – zu unserem Sein als Wesen in Gott, zu unserem göttlichen Erbe.

Kann dein Nächster das gleiche Bild sehen, das du mit deiner Gefühls- und Gedankenwelt, mit deinen Worten und Handlungen gezeichnet hast?

Jeder sieht auch das, was du ihm beschreibst, wieder anders – ganz nach seinem bildhaften Bewusstsein.

Jeder Mensch sieht auch seine Umgebung anders, wiederum ganz nach den Bildern seines Bewusstseins, die er sich selbst vorgegeben hat.

Auch die Geräusche, die in deinem bildhaften Leben auftreten, hört jeder wieder anders.

Gabriele:

Dass dies so ist, können wir erfahren. Probieren wir es aus – zu Hause, in unseren Familien, in unseren Wohngemeinschaften, in unserem Freundeskreis:

Nehmen wir uns ein Bild vor. Jeder betrachtet ein und dasselbe Bild. Was der Einzelne aus dem Bild wahrnimmt, das notiert er; dazu seine Gefühle und Empfindungen. Wir werden feststellen: Jeder sieht etwas anderes; jeder wird anders empfinden und fühlen.

Auch ein gemeinsamer Urlaub kann uns im Nachhinein aufzeigen, dass jeder die Urlaubstage anders empfunden und die Landschaft anders gesehen hat. Diesbezüglich könnten wir uns ebenfalls testen und erfahren, dass es so ist. Wir notieren: Was hat der Einzelne wahrgenommen? Was hat er gesehen? Was gehört? Was hat er empfunden und gedacht? Beim Test werden wir erkennen: Jedem ist anderes aufgefallen, jeden hat etwas anderes bewegt. Warum ist das so? Weil keiner denselben Bewusstseinsstand hat wie sein Nächster. Gemäß unserem Bewusstseinsstand, dem Licht und den Schatten unserer Seele, nehmen wir unsere Umwelt wahr.

Auch Geräusche lassen in jedem Menschen Aspekte seiner Denkwelt aufleuchten und anklingen, die aus Farben, Formen und Tönen besteht. Machen wir wieder eine Übung: Jeder hört dieselbe Melodie. Was empfindet der Einzelne? Was denkt der Einzelne? Wie reagiert er? Jeder nimmt andere Resonanzen wahr, die wiederum unterschiedliche Gefühle, Empfindungen und Gedanken auslösen, gemäß dem Bewusstseinsstand des Einzelnen.

Machst du deinen Nächsten auf bestimmte Töne oder Farben oder Formen aufmerksam, dann wird er trotz deiner Beschreibung die Töne wieder anders wahrnehmen als du, und er wird die Farben und Formen wieder anders sehen als du.

Gabriele:

Wenn wir diese Gesetzmäßigkeiten hören, so müssten wir uns fragen: Was ist unser irdisches Leben? Ist es das ewige Leben, die Wahrheit, oder ist es Illusion?

Mit unseren Worten haben wir uns Begriffe geschaffen. Zum Beispiel ist die Farbe Rot für uns nun mal rot, weil jeder diesen Begriff so bejaht. Ist das, was wir mit dem Begriff »die Farbe Rot« bezeichnen, der Bewusstseinsinhalt, wirklich rot? Haben wir also dieser Farbe nur einen Namen gegeben?

Wie wird diese Farbe in anderen Kulturkreisen genannt? Wenn einer diesen Begriff prägt, dann sprechen ihn andere nach. Unsere menschlichen Begriffe sind also eine Übereinkunft nach dem Augenschein. Einer sagt »rot«, andere übernehmen den Begriff und halten ihn für die Realität. Vom Gesetz Gottes aus betrachtet muss das jedoch nicht so sein.

Dasselbe gilt für die Formen. Wir haben hierfür unsere Begriffe, die wir bejahen, und aufgrund der Bejahung glauben wir, dass das so ist. Nach dem Gesetz Gottes muss es jedoch nicht so sein.

Wir Menschen prägen einen Begriff für einen Bewusstseinsinhalt, weil wir diesen derzeit so und nicht anders begreifen. Wir bezeichnen ihn so, weil wir ihn so sehen, und wir sehen ihn so, weil wir – unsere Seele, unser Mensch – so gezeichnet ist.

Wir erkennen also, dass unsere Welt relativ ist und nicht absolut. Wir leben in der Welt der Begriffe, in der Welt der Illusionen, in der Welt unserer Programme.

Was wir uns einprogrammiert haben, das »begreifen«, das verstehen wir. Wir geben uns in Begriffen unsere Scheinrealität vor.

Wir sagen z.B., wir sind krank. Krankheit ist für uns ein Begriff. Nach dem Gesetz Gottes ist Krankheit nur das Ausfließen von Disharmonie. Das Wort, der Begriff »Krankheit« jedoch verbindet uns mit allen weiteren Begriffen, die in Verbindung mit dem Begriff »Krankheit« in unser Gehirn einprogrammiert wurden. Dadurch verstärken wir das, was wir »unsere Krankheit« nennen. Wir binden uns an diesen Begriff, an dieses Programm.

Vollzieht sich also das Ausfließen der Disharmonie, dann nennen wir diese Disharmonie »Krankheit«; wir prägen ihr den Stempel »Krankheit« auf. Diese Prägung bejahen wir, bauen sie dadurch aus und manifestieren sie in unserem Körper. Dann sprechen wir von »unserer Krankheit«. In Wirklichkeit wäre es ein Ausfließen unserer Disharmonie – eine Bewegung, in der die positive Kraft bereits aktiv ist, um heilend zu wirken. Mit unserem Begriff »Krankheit« binden wir die ausfließende Disharmonie in unserem Körper.

Im ewigen Gesetz Gottes gibt es keine Krankheit, weil es keine Begriffe, nicht die Illusion gibt, sondern einzig die Wahrheit, die Realität ist. Der Geist Gottes ist Wahrheit und nicht Illusion. In der Wahrheit stehen alle reinen Wesen und verstehen einander, weil sie das eine Gesetz leben – das Absolute Gesetz, das Gottesgesetz.

Wir Menschen leben unser Personengesetz, unser Persönliches, das für uns die Persönlichkeit bedeutet. Wir müssen uns jedoch ganz allmählich über unsere Persönlichkeit, über unser Ichgesetz, erheben, um die Wahrheit zu finden. Nach menschlichen Begriffen sind wir die Person; nach dem Gesetz Gottes ist unser ewiges Wesen manifestiertes Gesetz.

Solange wir in unserem Personengesetz leben, sprechen wir aneinander vorbei. Jeder spricht zwar seine Muttersprache – in Wirklichkeit spricht jedoch jeder seine eigene Sprache, denn jeder legt in sein Wort wieder eine ganz andere Sichtweise, einen ganz anderen Bewusstseinsinhalt, hinein. Deshalb spricht jeder seine Sprache trotz gleicher Muttersprache. Was wir also in unser Wort hineinlegen, entspricht unserem Bewusstseinsstand.

Wir erfassen nun, was menschliche Begrenzung bedeutet; es ist die Einengung auf unser menschliches Selbst, auf unser persönliches Denken, Fühlen und Wollen. Solange wir uns auf unsere Denkmuster, gleich Begriffe, beziehen, auf unsere Menschlichkeiten und Programme, leben wir in der Begrenzung – und die Begrenzung ist Illusion.

Deshalb heißt es: Heraus aus der Enge des menschlichen Ichs, heraus aus der Begrenzung, aus der Täuschung und Illusion! Wir müssen tiefer blicken; wir müssen hineinhören in die Worte; wir müssen das Äußere durchschauen, um in dessen Tiefe das ewige Sein, das Positive, das Göttliche, zu erfahren. Dann erst wird unser Leben interessant. Dann erst spüren wir, was Begrenzung bedeutet und was es heißt, im Unbegrenzten zu leben.

In jedem von uns ist das unbegrenzte Bewusstsein, das Göttliche. Das Unbegrenzte in uns weiß um alle Dinge, durchschaut alle Dinge und vernimmt in allem das Gesetzmäßige.

Das ist unser Leben im ewigen Sein. Dorthin geht unser Weg. Täglich müssen wir die Entscheidung treffen: Licht oder Dunkelheit. Der Weg ins Licht ist der Weg der Bewusstseinserweiterung.

Es ist möglich, dass dein Nächster sogar mehr Töne wahrnimmt als du oder mehr Farbnuancen sieht als du oder die Formen für ihn eine andere Gestalt haben, als du sie siehst.

Wer kann wem beweisen, dass er den richtigen Ton hört oder die richtige Farbe oder die richtige Form sieht? Kein Mensch kann dem anderen etwas beweisen, weil jeder anders sieht, fühlt, empfindet und denkt.

Gabriele:

Glauben wir an die Aussage des Herrn, dann stellt sich uns die Frage: Wer hat recht? Viele sagen: »Ich habe recht.« Doch jeder sieht und jeder hört etwas anderes; der eine nimmt mehr Töne wahr, der andere sieht wieder andere Farben. Wer hat also recht?

Können wir beweisen, dass wir mehr Töne hören als unsere Nächsten? Können wir beweisen, dass die Farbe Rot auch rot ist, dass jene Farbe Gelb ist? Können wir es beweisen? Wir können es aufgrund unserer Begriffe beweisen, weil wir den Begriff »Rot« in unserem Bewusstsein haben. Ob dies wirklich der Farbschwingung nach dem ewigen Gesetz entspricht, das sei dahingestellt.

Wir erkennen also: Alle Begriffe sind relativ. Und die Relativität der Begriffe ist niemals Wahrheit.

Viele Menschen sagen: »Ich kann es beweisen«, wenn sie ein Mensch bestohlen hat.

Kann der Mensch wahrlich beweisen, dass er bestohlen wurde – oder wurde ihm nur das wieder genommen, was er in einer Vorexistenz seinem Nächsten entwendet hat?

Beide, der Bestohlene und der entwendet hat, verstießen gegen das Gesetz Gottes, denn keiner von beiden sollte seinem Nächsten etwas entwenden und es sein Eigen nennen.

Du sagst, du kannst beweisen, dass dein Nächster gelogen hat. Hat dein Nächster tatsächlich gelogen – oder hat er nur das gesagt, was du in deiner Gefühls- oder Gedankenwelt bewegst und was du letztlich selbst bist?

Erkenne: Alles hat zwei Seiten – außer du bist göttlich; dann bist du die Wahrheit und lebst allbewusst.

Dann wirst du dich auch nicht erregen, sondern die Wahrheit sprechen, wirst alles klarstellen und es dann dabei belassen.

Gabriele:

Wir sehen oft nur die augenblickliche Situation und sagen: »Natürlich. Mir fehlt die Geldbörse, und mein Nächster hat die Geldbörse. Also hat er mich bestohlen.« Wer das Kausalgesetz kennt, wird sich mit dieser äußeren Sichtweise nicht zufriedengeben.

Werden wir bestohlen, so ist das die Ernte, der eine Saat, eine Ursache, zugrunde liegt. Wenden wir die Gesetzmäßigkeit »Was der Mensch sät, wird er ernten« auf uns selbst an, so erlangen wir im Aufwallen unserer Gefühle Kenntnis, welche Ursache zugrunde liegen kann; denn die Aufwallung unseres Gemüts wird durch Gefühle, Empfindungen und Gedanken herbeigeführt. Diese sind Aspekte einer ehemaligen Saat. Nun kommt es auf uns an: Wollen wir uns selbst betrachten und die Aspekte unserer Saat bereuen und bereinigen – oder gehen wir darüber hinweg? Dann säen wir weiter.

Diese Geschehnisse sind kleine Dinge im Gesetz von Ursache und Wirkung. So, wie es sich im Kleinen auswirkt, ist es auch im Großen. Im Gesetz von Ursache und Wirkung besteht auch die Kollektivschuld, z.B. dann, wenn eine Million Menschen an einem Geschehen beteiligt sind. Jeder hat seinen Anteil an dieser Kollektivschuld.

Wer als Mensch die Gnadenimpulse Gottes, die Mahnungen und Warnungen, überhört, weil er sich ganz der Welt und ihren Lockungen zugewandt hat, der muss den Anteil seiner Schuld, die er unter Umständen in einer Vorexistenz geschaffen hat, tragen. Diese Ursachen, die auf der Erde geschaffen wurden, sind magnetisch. Sie ziehen uns unter Umständen wieder zur Inkarnation und in jenes Land, in welchem die Ursachen wirksam werden – eventuell in Form von Kriegswirren oder Naturkatastrophen und anderem mehr.

Wir erleiden nach dem Gesetz von Saat und Ernte nur das, einzig nur das, was wir selbst verursacht haben – nichts darüber hinaus, kein Quantum mehr. Das ist die Gerechtigkeit des Gesetzes von Ursache und Wirkung und nicht das Recht.

Rechten wir, indem wir behaupten, der andere sei schuld, dann sind wir bestrebt, unser vermeintliches Recht durchzusetzen. Auf diese Weise verschließen wir uns der Selbsterkenntnis. Die Schuld bleibt, baut sich unter Umständen weiter auf und wird uns – sofern wir nicht rechtzeitig zur Einsicht gelangen – als Wirkung treffen.

Wer an seinem Nächsten etwas auszusetzen hat, das ihn längere Zeit bewegt, der kann sicher sein, dass er mit diesem Aussatz selbst befallen ist.

Mit dem, was du an deinem Nächsten auszusetzen hast, setzt du dich durch das Prinzip Senden und Empfangen jenen Kräften aus, die du mit deinen Gefühlen, Empfindungen, Gedanken und Worten gerufen hast.

Erkenne dich selbst und wandle dich, auf dass du verwandelt in die Stätten des Heils einzugehen vermagst.

Gabriele:

Diese Worte des Christus Gottes beziehen sich auf das Gesetz der Entsprechung, einen Aspekt des Kausalgesetzes. Wir erkennen uns in unserem Nächsten, wenn wir ihn abwerten, anklagen, verurteilen, ihm Fehler vorwerfen und zugleich uns über ihn ärgern.

Wer solches zum Anlass nimmt, bei sich selbst nach der Ursache zu forschen und diese zu bereinigen, baut seine Belastungen ab; er wandelt und verwandelt sich im Lichte des Christus Gottes und wird frei.

Ich gebe euch eine Übung zur Selbsterkenntnis:

Jeder betrachtet z.B. den gleichen Bereich einer Landschaft. Jeder sieht darin andere Aspekte. Was der eine sieht, das ist sein Bild und nicht das Bild seines Nächsten.

Im Landschaftsbild bewegt sich ein Tierlein. Jeder registriert das Tier – und doch sieht und empfindet es jeder anders.

Die Wahrnehmung des Einzelnen gehört zu seinem Bild und nicht zum Bild seines Nächsten.

Das Bild jedes Einzelnen ist das Bild seines Bewusstseinsstandes.

So, wie der Einzelne sieht und hört, fühlt, empfindet und denkt, so ist sein Bewusstseinsstand, mit dem er das Bild registriert, die Farben und Formen sieht und die Töne vernimmt.

Wer kann beweisen, dass das Tierlein so aussah, wie er es wahrnahm? Alles ist relativ, da jeder aus seiner Sicht, aus seiner derzeitigen Bewusstseinsstrahlung sieht, hört, riecht, schmeckt und tastet.

Da jeder Mensch einen anderen Bewusstseinsstand hat, nimmt er die Reflexe, die er Materie nennt, dementsprechend wahr.

Erkennet: Wer die vielen Aspekte, die zur Freiheit führen, beachtet, der bringt sich und auch seinem Nächsten den Frieden. Deshalb wirke niemals auf die Bewusstseinsstrahlung deines Nächsten ein, indem du glaubst, du müsstest entsprechend deinem Bewusstsein bei ihm in seiner Wohnung, in seinem Raum Ordnung machen.

Merke dir folgende Gesetzmäßigkeit:

Lasse deinem Nächsten sein Reich, das heißt, verändere du seine Bewusstseinsstrahlung nicht. Die Bewusstseinsstrahlung von dir und von deinem Nächsten wirkt sich auch in den Räumen aus, die du bewohnst oder die dein Nächster bewohnt. Lasse deinem Nächsten sein kleines Reich, denn so will er sich zu Hause fühlen. Beachtest du diese Gesetzmäßigkeit, dann freut er sich, wenn du ihn besuchst.

Betritt sein Zimmer nur dann, wenn du erwünscht bist, und lasse in seinem Zimmer alles so stehen, wie es dein Nächster aufgestellt hat, denn das ist die Perspektive seines Bewusstseins.

Setzt du dich auf einen Stuhl oder nimmst du einen Gegenstand, dann stelle den Stuhl wieder so hin, wie er stand, und lege oder stelle den Gegenstand wieder an seinen Platz – so, wie er vorher war.

Verändere nichts, auch wenn es dir anders besser gefallen würde und wenn du glaubst, dass es so, wie du es siehst, schöner wäre. Damit wirkst du in die Bewusst-

seinsstrahlung deines Nächsten ein und bringst mit deiner scheinbaren Ordnung in sein Leben, in seine Bewusstseinsstrahlung, Unordnung. Denn so, wie der Nächste es sieht, ist es für ihn gegenwärtig gut. Er will es von dir nicht verändert haben – außer, er bittet dich darum.

Wer diese Gesetzmäßigkeit beachtet, der achtet seinen Nächsten und auch sich selbst.

Auch in den kleinsten Dingen gilt folgende Gesetzmäßigkeit: Was du nicht willst, dass man dir tu, das füge auch keinem anderen zu.

Hierzu erläuterte Gabriele,
die Lehrprophetin und Botschafterin Gottes:

Alles ist Strahlung. Die Ausstattung unseres kleinen Reiches, die Anordnung der Gegenstände entsprechen unserem Bewusstsein. Wie wir einen Gegenstand hinstellen und anordnen, dementsprechend strahlt er uns an – das gleicht unserer Bewusstseinsstrahlung, woraus sich die Kommunikation mit dem Gegenstand ergibt. Das ist für unseren augenblicklichen Bewusstseinsstand die Strahlung von Harmonie und Frieden.

Haben wir bestimmte Gegenstände sehr gern, so stellen wir sie an einem bestimmten Ort in der Wohnung auf. Betreten wir nun diesen Raum, dann ist es möglich, dass unser Blick auf diesen Gegenstand fällt, der so steht, dass er uns erfreut. Er strahlt uns an, und eine eventuell depressive Stimmung lichtet sich; freundliche und freudige Schwingungen wirken auf uns ein und erfassen uns. So können wir uns in unserem kleinen Reich wieder aufbauen und positive Kräfte entfalten.

Wir gestalten also unser kleines Reich entsprechend unserem Bewusstseinsstand. Entsprechend unserer Bewusstseinsstrahlung haben wir die Farben und Formen in unserem Raum gewählt – so strahlen sie uns zu, und so erfreuen sie uns. Unser Nächster stattet seinen Raum, sein kleines Reich, wieder anders aus; er entscheidet sich für andere Farben und Formen als wir, gemäß seiner Bewusstseinsstrahlung.

Verändern wir nun die Ordnung in dem Raum unseres Nächsten, dann bringen wir unsere Bewusstseinsstrahlung hinein, die jedoch mit seinem Bewusstsein nicht übereinstimmt. Wir greifen also mit unseren menschlichen Vorstellungen in den Bereich unseres Nächsten ein. Das hat Disharmonie zur Folge.

Sprechen wir von unserem kleinen Reich, das, unserem Bewusstsein entsprechend, harmonisch und schön eingerichtet sein sollte, so hat dies nichts mit dem äußeren Reichtum, mit Prunk und Pracht, mit Ansehen und dergleichen zu tun. Jeder von uns hat eine Wohnung, in der Wohnung ein Zimmer oder zumindest im Zimmer einen Winkel, der ihm gehört, der seine Schwingung trägt, der ihm das Gefühl vermittelt, dort zu Haus zu sein. Diesen Ort, ob groß, ob klein, nennen wir »unser kleines Reich«.

Nach dem Gesetz Gottes soll jeder von uns so wohnen und so leben, wie es seinem Bewusstsein entspricht. Alles, was dem Bewusstseinsstand entgegensteht, steht auch dem Frieden entgegen. Und alles, was weit darüber hinaus ist, wie z.B. großer Reichtum, Prunk und dergleichen, ist ungesetzmäßig. Dadurch können wir nicht Kinder Gottes werden, sondern wollen Götter sein.

Auch den inneren Lebensbereich, den inneren Tempel unseres Nächsten sollten wir achten. Das heißt für uns: Schweige, und sei wachsam. Nimm deinen Nächsten in dir auf. Dann weißt du, wann du ihn ansprechen und was du zu ihm sagen kannst, denn dann erfasst du in deinem Bewusstsein, wo er augenblicklich ist.

Viele Menschen haben die Angewohnheit, ihren Nächsten, dem sie begegnen, unbedacht und unvermittelt anzusprechen. Sie reden alles heraus, was ihnen auf der Zunge liegt, ohne danach zu fragen, ob der Nächste es hören möchte. Wissen wir, wo er augenblicklich mit seinem Bewusstsein ist? Eventuell ist er gerade im inneren Gebet, in der tiefen Zwiesprache mit Gott im Inneren seines Tempels. Sprechen wir ihn unvermittelt an, dann stören wir ihn und drängen ihn aus seinem Inneren heraus.

Der wache Mensch, der seinen Nächsten wirklich im Inneren besuchen möchte, nimmt diesen zuerst bewusst an und auf. Er erspürt ihn in seinem Inneren und erwägt: Kann ich jetzt das Wort an ihn richten? Er weiß dann, wann und wie er seinen Nächsten ansprechen und was er ihm sagen kann.

Seid niemals neugierig. Blickt aus Neugierde nicht nach hinten, nach rechts und nach links, um zu sehen und zu hören; denn was ihr seht oder hört, dafür seid ihr verantwortlich.

Das Gesehene oder Gehörte regt euch zum Denken an – für jeden Gedanken seid ihr verantwortlich. Das Gesehene und Gehörte regt euch zum Reden und zum Handeln an – auch dafür seid ihr verantwortlich.

Der Reine wird sich nicht neugierig umsehen, wird keine Gedanken produzieren, wird nicht nach Worten suchen und auch nicht überlegen, wie, was und wann er handeln und wirken soll. Der Reine hat alles in sich und ist in allem, weil er die Wahrheit ist, die wiederum in allem ist.

Schaust du deinen Nächsten, dann schaust du das All, und du schaust den ewigen Vater in dir, und du schaust deinen Nächsten in dir – denn ihr seid das Ebenbild des ewig einzig heiligen Vaters, weil ihr in Ihm göttlich seid, Seine geschaffenen Kinder, die Er in Sich, durch Sich und im All schaut.

Hast du deinen Nächsten in dir geschaut, dann hast du deinen ewigen Vater geschaut; denn der Ewige und Sein reines Kind sind eins.

Da du deinen Nächsten als einen Teil von dir in dir kennst und schaust, kennst du auch den ewig Einen,

Heiligen, weil du Sein Ebenbild bist, das ewige Gesetz – das du kennst, weil du es bist, da du göttlich bist.

Der Reine ist das Auge des heiligen Tempels.
Der Schauende durchschaut alle und alles.

Hierzu erläuterte Gabriele,
die Lehrprophetin und Botschafterin Gottes

Durch die Neugierde lenken wir uns von unserer Tagesenergie ab, von dem, was uns der Tag sagen möchte. Wir leben dann nicht gegenwärtig und beachten nicht die Impulse, die uns auf das aufmerksam machen wollen, was hier und heute für uns zur Bereinigung ansteht.

Stattdessen sehen und erfahren wir Dinge, die in uns manches abrufen können, für das wir noch nicht reif sind, das wir also noch nicht beherrschen und daher auch noch nicht überwinden können. Wir sehen und hören vieles, was wir unter Umständen nicht zu verarbeiten vermögen, weil es nicht zu unserer Tagesenergie gehört. Wir machen uns jedoch Gedanken darüber, haben Vorstellungen; Emotionen wallen auf; wir werten und verwerfen unter Umständen unsere Nächsten. Da jede Empfindung, jedes Gefühl, jeder Gedanke, jedes Wort und jede Handlung Energie ist, so werden wir uns damit auch belasten; denn wohin wir senden, von dort empfangen wir.

Unsere Gedanken, die wir dem Nächsten zusenden, können auch in ihm einiges in Bewegung setzen, können

Negativpotential zur Unzeit wecken oder verstärken. Es ist möglich, dass auf diese Weise in ihm eine Ursache zu früh zur Wirkung gelangt, eine Belastung der Seele zu früh aufbricht, so dass er sie kaum zu bewältigen und zu bereinigen vermag. So trägt er unter Umständen schwer an diesem Komplex, baut eventuell weitere Schuld auf. An diesen Menschen – an diese Seele –, an den wir aufgrund unserer Neugierde Gedanken oder Empfindungen hingesandt haben, sind wir nun gebunden. Wir müssen ihm irgendwann einmal wieder begegnen, um zu bereinigen, was ansteht, und es wiedergutzumachen. Denn was wir säen, das werden wir ernten.

Die Neugierde verhindert nicht nur ein bewusstes, gegenwärtiges Leben; sie ist schon die Folge von Veräußerlichung. Mangelt es uns in der Seele an Energie, weil wir nicht zu uns stehen, weil wir die Tagesenergie nicht nützen, dann erwacht die Neugierde; wir sind dann ständig darauf bedacht, alles zu erspähen und zu erhorchen. Warum? Weil wir uns selbst nicht kennen. Wer sich täglich selbst findet in seinen Gedanken und täglich bereinigt, der erlangt geistige Energie, göttliche Lichtkraft; die Bewusstseinsstrahlung erhöht sich; er kann zu sich stehen, weil er sich selbst gefunden hat und wird nicht mehr begierig sein, Dinge zu erhorchen oder zu erspähen, in dem Glauben, er versäume etwas, in der Vorstellung, er müsse etwas erreichen und erleben.

Den Frieden, die Stille und die Erfüllung für unsere Seele können wir nicht erjagen, erspähen oder erhorchen. Wir finden uns nicht im Äußeren und finden so auch Gott nicht.

Jesus von Nazareth sprach zu Seinen Aposteln und Jüngern sinngemäß: Der Vater und Ich sind eins. Hast du Mich gesehen, dann hast du den Vater gesehen. – Seine Worte besagen: Hast du Mich in der Tiefe deiner Seele ergründet, dann hast du Meine Strahlung wahrgenommen und hast die Strahlung des Vaters erkannt und erspürt. – Der ewige Vater war nicht personifiziert in Jesus von Nazareth; der Christus in Jesus war jedoch das Ebenbild des Vaters, Sein Sohn – und wir sind als reine Wesen Söhne und Töchter Gottes und die Ebenbilder des ewigen Vaters.

Haben wir uns in unserem Nächsten gefunden, haben wir Ihn wahrlich in uns erkannt und geschaut, dann haben wir die Strahlung des ewig heiligen Vaters erspürt, weil die reine Seele eins ist mit dem ewigen Vater. Dann verstehen wir in der Tiefe die Worte Jesu: Der Vater und Ich sind eins. Hast du Mich geschaut, dann hast du den Vater geschaut; dann hast du also Seine Strahlung wahrgenommen und Mich als reines Wesen empfunden, als das Ebenbild des ewigen Vaters.

In Seinen großen kosmischen Lehren spricht Christus zu uns:

»Hast du deinen Nächsten in dir geschaut, dann hast du deinen ewigen Vater geschaut, denn der Ewige und Sein reines Kind sind eins.

Da du deinen Nächsten als einen Teil von dir in dir kennst und schaust, kennst du auch den ewig Einen, Heiligen, weil du Sein Ebenbild bist, das ewige Gesetz – das du kennst, weil du es bist, da du göttlich bist.«

Kennen wir das ewige Gesetz, dann leben wir auch das ewige Gesetz und leben im ewigen Gesetz. Dann ist die Seele göttlich und geeint mit Dem, der ewig ist: Gott, unser ewiger Vater. Dann sind wir bewusst in Ihm und mit Ihm in alle Ewigkeit, ewiglich vereint. Denn Er, der große All-Eine, hat uns geschaut; Er hat uns geschaffen, und so schaut Er uns in Sich selbst.

Deshalb finden wir auch wieder zurück zu Ihm als reine Wesen, weil Er uns nie aus Seinem Herzen gelassen hat und lässt. Er schaut uns als vollkommene Wesen. Das ist der große All-Magnet, der in die Astralebenen strahlt und zu uns auf diese Erde. Dieser All-Magnet, die Liebe Gottes, strahlt zu Menschen und Seelen und zieht uns wieder an.

Gott, unser Vater, entlässt uns nicht aus Seiner Liebe und Fürsorge, mögen wir, der Mensch, uns auch noch so sehr sträuben. Er gibt uns die Freiheit, zu leben, wie wir wollen. Doch irgendwann erwacht unsere Seele und auch der Mensch. Dann spüren wir den großen, mächtigen All-Magneten, die unendliche Liebe, die uns mehr und mehr anzieht. Durch Christus, unseren Erlöser, werden wir dann zu Ihm finden, zurück in Sein ewiges Vaterherz, von wo wir ausgegangen sind.

Lassen wir dieses Bewusstsein in uns zur Entfaltung kommen, auf dass es uns ganz erfasst und uns emporträgt!

Der große Liebe-Magnet, Gott, der All-Magnet, unser Vater, sendet durch alle Seelenreiche und auch zu den Menschen, zu dieser Erde. Dieser große Liebe-Allmagnet ruft und führt uns durch Christus, unseren Bruder und Erlöser, und durch Christus finden wir wieder zu Ihm, in Sein Herz, in die ewige Heimat, wo Friede und Glück sind – ewiges Sein.

Doch uns ist geboten: Erschließe zuerst das Reich Gottes in dir – und du wirst über das innere Reich, über das Reich Gottes in dir, wieder in das ewige Reich, in die ewige Heimat, finden; denn das innere Reich ist das Gesetz der Liebe in uns. Haben wir es erschlossen, dann sind wir in Gott und sind auch in Ihm und mit Ihm geeint.

Das Innerste ist die Stille, die sich selbst schaut und alles durchschaut. Die Stille ist das wahre Leben.

Deshalb sei still. Die Stille ist das allweise Wort, das Gesetz des Alls. Es offenbart sich als die Stille in der Stille. Es schaut sich selbst in der Stille als die Stille.

Alles ist das Gesetz, das die erhabene, unendliche Stille ist, die sich selbst spricht, das Ich Bin.

Hierzu erläuterte Gabriele,
die Lehrprophetin und Botschafterin Gottes:

Wir finden nur zur Stille, indem wir einwärts wandern. Auf dem Weg hinein zum Königreich des Inneren sind wir dann, wenn wir unsere Worte, unsere Handlungen, unsere Gedanken, unsere Empfindungen und unsere Gefühle kontrollieren.

Die innere Stille zeigt sich in unserer Gefühlswelt. Wie oft glauben wir, still zu sein – doch sind wir wirklich still? Wie sieht es in unserer Gefühlswelt aus? Ist dieser Bereich unseres Inneren schon geklärt? Signalisiert er den klaren Strom, das reine Sein? Ist in unseren Gefühlen Gottes Allmacht gegenwärtig? Oder sind unsere Gefühle noch geprägt von Sehnsüchten, von Wünschen, von Wollen?

Unsere Gefühle liegen tiefer als unsere Empfindungen und Gedanken; daher sind sie schwerer zu erfassen. Sind wir jedoch den Weg nach Innen gewissenhaft gegangen und gehen wir ihn weiterhin konsequent, dann gelangen wir zu unserer Gefühlswelt. Wir können dann auch mit unseren Gedanken und Empfindungen in die Gefühle eintauchen; denn dort spüren wir wesentlich deutlicher, was noch an Menschlichem in uns liegt.

In der Gefühlswelt vermögen wir sogar Aspekte zu erkennen, die noch nicht in unser Oberbewusstsein emporgestiegen sind, Aspekte, die noch als Karma in uns liegen, sich aber schon in den Gefühlen regen. Zwar werden wir nicht unsere gesamte Seelenschuld in unserer Welt der Gefühle erkennen, doch Teile davon werden wir ins Bewusstsein heben, bereinigen und somit tilgen können.

Die fundamentalen Aufgaben des Inneren Weges lauten: Ordne deine Gedanken! Zügle deine Rede! Meistere deine Sinne! Die fünf Sinne des Menschen sind nichts anderes als Umpolungen der fünf göttlich-atomaren Kräfte des ewigen Seins. Wir haben also das ewige Sein, das aus den Kräften der fünf geistigen Atomarten besteht, verpolt, verbogen, das Gesetzmäßige in sein Gegenteil verkehrt. Durch die Umkehrung der fünf göttlichen Sinne unserer Seele haben wir die menschliche Sinneswelt geprägt, die weitgehend mit unseren Gefühlen, Empfindungen, Gedanken, Worten und Handlungen übereinstimmt.

Ordnen wir unsere Gedanken, zügeln wir unsere Rede, meistern wir unsere Sinne, so tun wir den ersten Schritt, um im Oberbewusstsein still zu werden, so dass wir immer tiefer eintauchen – hin zur inneren Stille, in das Absolute Gesetz.

Wenden wir uns durch die Bereinigung unseres Fehlverhaltens mehr und mehr nach innen, dann zieht Ruhe in unsere Gedanken-, Empfindungs- und Gefühlswelt ein. Unsere Seele atmet mehr und mehr den Odem, der ihr über das sich erschließende geistige Bewusstsein zuströmt. Die Seelensinne, die geistigen Atomarten, richten sich dann zunehmend wieder auf den göttlichen Wesenskern, die Quelle des Lebens in uns, aus, so dass wir die innere Wahrnehmung erlangen. Der laute Mensch schweigt – in uns wird es still. Wir haben in unser inneres Selbst gefunden, welches das Ich Bin, die Stille, ist.

Die Tiefe unseres Wesens, die Stille, der Ozean, Gott, ist das ewige Gesetz. Diese Stille ist nicht das Schweigen, sondern ist harmonischer, ewiger, kosmischer All-Rhythmus – die Bewegung des ewigen Seins, die Sphärenklänge der Unendlichkeit.

Wollen wir wirklich still werden, also in die gesetzmäßige Stille eintauchen, in das strömende Allgesetz, das sich unermüdlich verschenkt und mitteilt, dann müssen wir von außen nach innen wandern, um sodann in unserer reinen Gefühlswelt zu leben, durch die das Absolute Gesetz über die gereinigte Empfindungs- und Gedankenwelt in unser Oberbewusstsein, in das Wort und in die Handlung fließt.

Die Gefühlsebene ist für unsere geistige Entwicklung von wesentlicher Bedeutung. Ist diese überlagert oder blockiert, dann gelangen wir nicht mehr in die tieferen

Schichten unseres Unbewussten und finden somit nicht mehr das, was noch an Menschlichem in uns liegt. Dann bleiben Selbsterkenntnis und Bereinigung oberflächlich, so dass wenig Belastung getilgt werden kann. Gerade in der Gefühlswelt offenbart sich Tieferes; dort zeigt sich, wo wir stehen und wer wir derzeit sind. Dort erfahren wir entweder unsere Verwirklichung, das Sein – oder aber unsere Nichtverwirklichung, unser Menschliches, unser Sein-, Haben- und Besitzenwollen.

Sind für uns auch unsere Gedanken leichter greifbar als unsere Gefühle – mit Gedanken können wir uns selbst täuschen, ebenfalls mit Worten und mit Handlungen. Unsere Gefühlswelt ist realistischer; sie lässt sich von uns nicht ohne weiteres täuschen. In den Gefühlen liegt das, was uns augenblicklich zeichnet – entweder unser wahres Sein oder unsere Menschlichkeiten.

»Deshalb sei still.« Diese Worte haben in allen Bewusstseinslagen Gültigkeit. Sie können uns zunächst einmal sagen: »Sei still, sorge dich nicht. Vertraue dich in jeder Situation Gott, deinem Vater, an.«

Weiter können sie zu uns sprechen: »Sei still. Lebe konzentriert und wachsam. Erfasse, was dir der Tag sagen möchte, auf dass du dein Menschliches bereinigen kannst, um immer tiefer zu finden, um mehr und mehr hineinzuwandern zu dem Strom der Stille.«

»Die Stille ist das allweise Wort, das Gesetz des Alls.« Die wahre Stille ist die ständige Kommunikation des formgewordenen Seins im Strom des Seins. Das ist die ununterbrochene Kommunikation der Geistwesen mit der Unendlichkeit. Das Gesetz Gottes *»offenbart sich als die Stille in der Stille.«* Die Stille ist die Symphonie des Alls, ist das Wort, das zu uns spricht, ist das Gesetz, das sich unermüdlich mitteilt. Wir erfahren es einzig in der Tiefe, im Seelengrund.

»Es schaut sich selbst in der Stille als die Stille.« Schauen heißt Bilder empfangen. Die reinen Wesen erleben alle Impulse als Bilder in der göttlichen Partikelstruktur ihres geistigen Leibes. Wo immer sie sich bewegen, wo sie gehen, wo sie stehen – der Impuls, der bei ihnen ankommt, ist absolut, ist also vollkommen und zeigt sich im vollkommenen Bild. So empfängt das Wesen der Himmel alle Botschaften bildhaft in der Partikelstruktur seines Geistleibes.

Die Sende- und Empfangsstation für Impulse ist bei uns Menschen das Gehirn. Was in unseren Gehirnzellen ankommt, das überträgt sich auf unseren Körper. Unser Körper ist ein Klangkörper. So, wie es in uns klingt, so schwingen wir, und so, wie wir schwingen, entsprechend geben wir uns im Denken, Reden und Handeln; so sind unsere Regungen, unsere Neigungen, unsere Gestik und unsere Mimik.

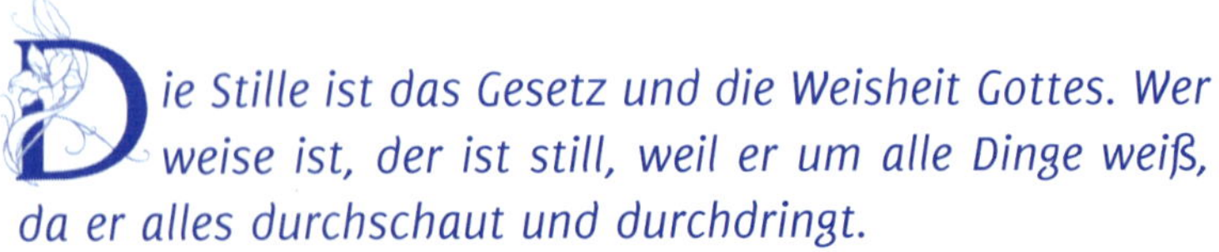

Die Stille ist das Gesetz und die Weisheit Gottes. Wer weise ist, der ist still, weil er um alle Dinge weiß, da er alles durchschaut und durchdringt.

Gabriele:

Das heißt für uns: Wir müssen wieder zum Göttlichen werden. Wir müssen einwärts wandern, um wieder einzutauchen in den ewigen Strom, in unser wahres Sein.

Wir brauchen uns in dieser Welt nicht zu fürchten. Wer sich als Kind Gottes erweist, indem er sich immer und immer wieder bemüht, Gottes Gesetze zu erkennen und täglich zu verwirklichen, der kann sicher sein, er geht an der Hand des Christus Gottes. Christus ruft uns, und Er weiß, dass wir noch unvollkommen sind. Die tägliche Anstrengung der konsequenten Verwirklichung macht uns freudig, glücklich und gibt uns die Sicherheit in Christus.

»Die Stille ist das Gesetz und die Weisheit Gottes.« Der Weise ist eingetaucht in das Gesetz; er weiß um alle Dinge, weil er alles durchschaut. Er lebt in der gereinigten Gefühlswelt, somit in der weitgehend reinen Seele und schöpft unermüdlich aus dem Quell im Innersten der Seele. Dieser Born des Lebens strömt durch die Seele, fließt in die Gefühlswelt des Menschen ein, steigt in die Empfindungswelt auf, zeigt sich in Gedanken und teilt sich in Worten mit.

Um Aufschluss darüber zu erhalten, wie es mit unserem Inneren bestellt ist, brauchen wir also nur unsere Worte und das, was in ihnen liegt, kritisch selbst zu betrachten.

Solange unsere Worte nicht selbstlos sind, sind unsere Gedanken nicht selbstlos, sind unsere Empfindungen nicht rein und somit auch nicht unsere Gefühlswelt. Es bedarf also der Reinigung und des Hineinwanderns von außen nach innen.

Erst dann vermögen wir alles zu durchdringen, wenn wir aus den Kräften des ewigen Seins zu schöpfen vermögen und in der weitgehend gereinigten Gefühlswelt leben. Die innere Quelle, das Innere Licht, durchstrahlt und durchströmt alles. Auch die Seele des Menschen, die im Sein lebt, durchstrahlt alles.

Viele werden sagen: »Das ist noch ein weiter Weg.« Doch machen wir uns bewusst: Wie nahe ist uns Gott! Gott ist die Weisheit; Er ist das Gesetz – und wir sind in Seinem Herzen göttlich. Bemühen wir uns tagtäglich, Gott näherzukommen, tun wir die Schritte, dann werden wir es Tag für Tag spüren, wie nahe uns Christus, wie nahe uns Gott, unser Vater, ist. Wir erkennen dann, dass das Absolute Gesetz, unser wahres Sein, gar nicht mehr so fern ist – es ist in jedem Gedanken.

Unsere Umkehr und Bereinigung lässt im Negativen das Positive, das Göttliche, emporsteigen. Sind wir z.B. neidisch, kehren wir um und bereinigen, tun wir es nicht mehr, setzen wir dem Negativen positive Kräfte, die

Kräfte des Friedens, entgegen und halten wir den Frieden mit unseren Nächsten, dann haben wir schon einen Aspekt oder einige Aspekte unseres wahren Seins, des ewigen Gesetzes, aus dem Dunkel des Menschlichen ins Licht gehoben. Das ist ein Schritt zur Verwirklichung des Absoluten Gesetzes, des ewigen Seins, auf dieser Erde.

Wir haben also keinen Abstand zum hehren Absoluten Gesetz. Es ist nicht fern – es ist uns ganz nah. Jeder Tag zeigt uns dies. Denn: In unseren Problemen und Schwierigkeiten, in allem Gegensätzlichen ist das Positive, das ewige Gesetz. Bereinigen wir unser Fehlverhalten mit Christus und tun wir das erkannte Negative nicht mehr, erfüllen wir dafür die Gesetzmäßigkeiten Inneren Lebens, dann erfahren wir die Nähe unseres göttlichen Erbes, Teile des ewigen Seins.

Fassen wir Mut! Jeder Tag ist ein großes Geschenk für uns. Das soll uns Hoffnung geben. Diese sollten wir täglich nähren, indem wir das Gute, das Gesetz Gottes, in allem bejahen und durch Verwirklichung entfalten. Dann werden die Tage lichter, weil wir erkennen: In Schwierigkeiten, in Leid oder in Freude ist das ewige Gesetz der Liebe; es ist überall gegenwärtig. Wenden wir es an, hoffnungsvoll und freudig – und wir kommen unserem wahren Sein näher. Die erwachte Seele sehnt sich danach, und wir Menschen sollen dieser inneren Sehnsucht folgen, indem wir das erkannte Menschliche tagtäglich ablegen.

Dabei können uns folgende Bewusstwerdungen eine Hilfe sein:

Sei still.

Denke, bevor du sprichst.

Kontrolliere deine Gedanken.

Schau in die Empfindungswelt hinein.

Welche Wunschbilder sind noch vorhanden?

Was sagen uns die Gefühle?

Sind unsere Worte mit unseren Gedanken in Übereinstimmung? Wenn nicht – warum nicht?

Sind unsere Worte mit unseren Empfindungen in Übereinstimmung?

Sind unsere Empfindungen, Gedanken und Worte mit unseren Gefühlen in Übereinstimmung?

Wollen wir unsere Gefühlswelt ergründen, dann müssen wir uns immer wieder sagen: Sei still – erlebe dich tiefer! Sei still, und sei ehrlich zu dir selbst. Schaue dich in deiner Gefühlswelt an!

Nehmen wir uns vor, immer wieder über die Aussage nachzudenken: Gott ist Liebe.

Die selbstlose Liebe straft nicht. Die selbstlose Liebe züchtigt nicht. Die selbstlose Liebe hilft unermüdlich, gibt uns Kraft und möchte uns herausführen aus unserer Menschlichkeit, aus dem Chaos unserer noch bestehenden menschlichen Gedanken, Empfindungen und Gefühle.

Schöpfen wir Hoffnung in Christus! Schöpfen wir Hoffnung in Gott, unserem Vater. Machen wir uns immer wieder bewusst: Wir sind nicht verlassen! Christus ist mit uns. Unser wahres Sein ist nicht weit entfernt. Verwirklichen wir die Gesetze Gottes, dann erleben wir Aspekte unseres göttlichen Erbes.

Das Absolute ist die Stille, ist die Tempelordnung, die du, der Reine, bist.

Hierzu erläuterte Gabriele,
die Lehrprophetin und Botschafterin Gottes:

Lauschen wir auf den Atem der Stille! Der Atem der Stille ist der Odem Gottes, der durch unsere Seele und durch unseren Leib strömt. Er ist das ewige Gesetz der Himmel – unser wahres Sein, unser göttliches Erbe.

Der Odem Gottes, das ewige Gesetz, vermag nur dann ungehindert durch unsere Seele und durch unseren Leib zu strömen, wenn wir die Hindernisse, unser menschliches Ich, hinwegräumen. So lange stockt immer wieder unser Atem, bis wir unsere Seele gereinigt haben. Ist unser inneres Wesen weitgehend geläutert, dann verläuft unser Leben ruhiger, weil es in den Bahnen inneren Seins fließt und wir uns in den Bahnen inneren Seins bewegen.

Solange unser Atem stockt, sind unsere Gefühle, Empfindungen, Gedanken, Worte und Handlungen noch unrein. Sind unser Fühlen, Empfinden, Denken, Sprechen und Handeln weitgehend in Übereinstimmung mit den göttlich-ewigen Gesetzen, dann durchströmt uns der Odem Gottes; die Kraft Gottes trägt uns; die Stille des Göttlichen erfüllt uns. Dann stockt unser Atem nicht mehr, er geht leicht und im fließenden Rhythmus; wir erregen uns nicht mehr, weil wir über den menschlichen Situationen stehen, über den Problemen und Schwierigkeiten.

Fliegen uns kurzzeitig Probleme und Schwierigkeiten an, kommt aus unseren Belastungen noch einiges zum Tragen, dann werden wir es so rasch wie möglich bereinigen, weil wir gelernt haben, mit Gottes Kraft, mit Gottes Odem, alles Menschliche anzugehen, zu bereinigen und nicht mehr zu tun. Alsbald kehren wir wieder ein in den Tempel des Inneren, in die Stille, in der wir sind, aus der wir empfangen, aus der wir geben. Das ist Leben im Bewusstsein des Ich Bin.

Wenn du weißt, wer du bist, und wenn du weißt, dass das Bewusstsein des Ich Bin das Leben ist, dann lebst du und wirst an nichts Anstoß nehmen. Du durchstößt auch nichts, weil du alles durchschaust und durchdringst, was für den Weltblick Dichte, Hindernis und Anstoß ist.

Gabriele:

Was nützt es, wenn wir nur Anstoß nehmen, wenn wir ständig bewerten, kritisieren und aufgebracht sind? Damit ändern wir nichts zum Guten. Wir müssen entschieden sein, wie wir es halten wollen. Haben wir uns für unser geistiges Leben entschieden, dann werden wir nicht mehr Anstoß an unserem Nächsten nehmen, weil wir die Dinge mehr und mehr unpersönlich betrachten können. Wir werden die Dinge, die sich in der Welt bewegen, das Menschliche, ansprechen, werden aufklären, uns jedoch nicht daran stoßen, sondern unseren Weg zum Reich des Inneren fortsetzen.

Wer an seinem Nächsten Anstoß nimmt und sich auf seinem Weg behindern lässt, der muss sich die Frage stellen: Habe ich mich an mir selbst gestoßen? Wurden meine Entsprechungen angestoßen? Was liegt bei mir zugrunde?

Der geistige Mensch gibt Aufklärung, bietet unter Umständen Hilfe an. Wird diese nicht angenommen, dann geht er weiter; denn jeder hat den freien Willen, so zu denken und zu leben, wie er möchte.

Wer bei Tag wirkt, der sieht die Ecken und Kanten und wird sich daran nicht anstoßen, denn er nützt das Licht des Tages.

Das Gleiche gilt für das ewige Licht. Wer im Licht wandelt, dem kann nichts geschehen. Denn wer die Gesetze des Geistes Gottes hält, für den wird immer das Licht der Liebe leuchten, ob er Seele oder Mensch ist.

Der Unruhige, der Laute, in welchem die Empfindungen und Gedanken tosen und toben, ist der Suchende, der nur auf die Oberfläche der Wahrheit sieht – auf die Dinge, Angelegenheiten und Worte – und dort die Lösung sucht. Damit gibt er sich selbst Rätsel auf, weil er die Erkenntnis erraten und erjagen möchte.

Gabriele:

Viele suchen nach Lösungen. Oft sagen wir, wir haben eine Lösung gefunden. Dennoch wäre zu fragen: Ist es auch die wahre Lösung, die den Kern des Problems trifft? Ist also mit unserer »Lösung« das Problem, die Schwierigkeit, die Disharmonie auch schon gelöst?

Gesetzmäßige Lösungen zu finden und dann auch die Angelegenheit entsprechend zu lösen, also zu bereinigen, das vermögen wir nur mit Christus. Irdisches – und auch geistiges – Wissen ermöglicht uns manches. Das Erfassen des Wesentlichen ist uns jedoch nur dann möglich, wenn wir durch tägliche Verwirklichung uns selbst mehr und mehr ergründet haben. Dann vermögen wir den Situationen und Gegebenheiten auf den Grund zu schauen. Solange wir nur auf die Oberfläche des Problems, der Schwierigkeit blicken, weil unser Bewusstseinslicht noch nicht weiter reicht, werden wir nicht in die Tiefen der Problematik eintauchen, um sie mit Christus, mit der Kraft des geistigen Bewusstseins, zu lösen.

Der Geist der Wahrheit hilft unermüdlich. Er ist immer für uns da, bereit, uns beizustehen und zu dienen. Christus ist die gegenwärtige Kraft.

Wir müssen die Bewusstheit erlernen, das heißt, wir müssen die Konzentration üben, um auf den Tag bezogen zu sein, auf die Situationen, die der Tag bringt, damit wir das lösen können, was der Tag uns aufzeigt.

Wer nicht weise ist, der ist auch nicht leise, also still, weil er so lange will, bis er sich selbst im Urgrund, in der Stille, gefunden hat – das, was er ist, das Selbst, die Weisheit und die Schönheit aus Gott, das allwissende Gesetz, Gott, die Weisheit, die gleich die Wahrheit ist.

Gabriele:

»Wer nicht weise ist, der ist auch nicht leise, also still.« Den Menschen, der nach außen gekehrt ist, spricht alles an, was die Außenwelt ihm zuspiegelt. Unablässig werden über Sinnesreize seine Gedanken-, Empfindungs- und Gefühlswelt in Bewegung gehalten und zu weiterem Senden von Menschlichem, zu Wünschen und Wollen angeregt.

Das drängende, ichbezogene, wollende Menschliche zieht uns immer wieder nach außen in die Welt der Sinnesreize, des Intellekts und der Täuschung. Es macht uns unruhig und bringt uns weitere Belastung, weitere Ursachen und weitere Wirkungen, weiteres Schicksal.

Deshalb gehen wir den Weg von außen nach innen. Wir bereinigen unser Menschliches und legen es ab, damit wir stille werden.

Die Stille ist Gott; sie ist tief im Seelengrund. Nur aus der Stille des Inneren wird das Heil für unser Leben geboren – nicht, indem wir es wollen.

Dein Nächster, der eine, ist dir, dem Reinen, ebenso nahe wie der andere, weil dir keiner fern und fremd sein kann, da Gott in dir ist und du in Gott bist und deine Nächsten in dir sind und ihr in Gott seid. Das ist Einheit. Der eine ist im anderen, und beide durchdringen einander und durchdringen alle – und alle die beiden. Das ist das All und das Gesetz der Liebe und Einheit.

Gabriele:

Durchdringt unsere Bewusstseinsstrahlung unseren Nächsten und die Naturreiche, dann vermag unser Nächster wiederum uns zu durchdringen, dann durchdringen uns auch die Naturreiche, weil wir transparent geworden sind.

Transparent werden wir nur, indem wir das Gesetz des Lebens erfüllen. Andernfalls bleiben wir Dichte und Abgegrenztheit.

Sagen wir von einem unserer Nächsten: »Dieser liegt mir weniger als der andere«, so werden wir niemals transparent werden. In dieser Aussage richten und urteilen wir; denn wir verwerfen den einen und bejahen den anderen. Vor Gottes Angesicht sind jedoch alle gleich. Streben wir nicht die Gleichheit an, dann werden wir auch niemals in die Einheit mit unseren Mitmenschen und mit dem kosmischen Sein finden und werden nicht die Geschwisterschaft, die Bruderschaft in Christus, erlangen.

Solange wir den Nächsten als fremd ansehen, weil wir ihn nicht kennen, sind wir uns selbst fremd; wir kennen uns selbst nicht. Erst dann, wenn wir uns selbst erfahren haben, werden wir unseren Bruder und unsere Schwester in uns erfahren und erleben. Dann erst kommen wir der Einheit in Gott näher.

Sprechen wir: »Der eine ist mir lieb, der andere ist mir weniger wert«, so binden wir uns an Menschen, weil wir den einen wertschätzen und den anderen abweisen. Das ist menschlich und steht dem Göttlichen entgegen. Im Gesetz Gottes gibt es keine Bindung, keine Gebundenheit. In Gott heißt es: Alles ist in allem, und alles durchstrahlt alles. Jedes einzelne Wesen durchdringt die ganze Unendlichkeit, und die ganze Unendlichkeit durchdringt das eine Wesen. Das ist Einheit in Gott, und darin liegt die Freiheit. Kein reines Wesen wird sagen: »Dies oder jenes kenne ich nicht. Dieser Ort ist mir bekannt.« oder: »Er ist mir fremd.« oder: »Diese Himmelsebene ist mir nicht vertraut.« Alles ist im Geistwesen, alles durchdringt das göttliche Wesen, und das göttliche Wesen durchdringt wiederum alles. Das ist die All-Kommunikation mit allem Sein. Das ist unser bewusstes Erbe, das Leben des reinen Wesens, das wir im Innersten sind. Dem müssen wir zustreben.

In dem Wort »müssen« liegt der Sinn: Früher oder später werden wir alle diesen Weg gehen, und es gibt keinen anderen Weg, da unsere Seele unsterblich ist. Ein jeder trägt die geistige Substanz des Lebens, den geistigen Leib – da er verschattet ist, nennen wir ihn Seele –, und dieser ist unsterblich.

Würde dir der eine näher sein als der andere, dann würdest du nach vorn, nach hinten, nach rechts, nach links, nach oben und nach unten sehen, um ihn zu sehen, weil du ihn in dir nicht schaust.

Gabriele:

Die Dichte ist ein Produkt des niederen Menschlichen. Sie entstand durch den Blick ins Äußere, durch das gegensätzliche Prinzip, durch unsere menschlichen Lebensäußerungen.

Unser menschlicher Wille schuf und schafft Formen. Wir wollen dieses und jenes; das ist immer verbunden mit menschlichen Gedanken, Empfindungen und Gefühlen – und schon schaffen wir Gedankenformen. Wollen, denken und empfinden wir weiter mit gleichen oder ähnlichen Inhalten, so verdichten sich diese Gedankenformen, sie nehmen immer deutlichere Kontur und Struktur an; mit der Zeit kristallisieren sie.

Auf diese Weise entstand unsere Welt. Blicken wir zurück in die vergangenen Zeitepochen – ihre Ausprägung entstand immer durch die Bildung bestimmter Formen. Eine Generation nach der anderen gab ihre Gedanken, ihre Gefühle, ihre Empfindungen an die nächste weiter. Daraus wurde die Dichte, die Vielfalt irdischer Lebensformen.

Das zeigt, wie sich der Dämon des Menschlichen und der Menschen bediente, um zu erreichen, was er wollte –

und weiterhin will. Der Widersacher wollte das materiell Formgewordene, das Dichte.

Der Gegenspieler Gottes wollte selbst schöpferisch sein; er wollte seine Formen schaffen. In den Himmeln besteht das formgewordene ewige reine Sein, unwandelbar, in fortwährender Evolution begriffen. Es sind die göttliche Natur, die göttlichen Bauwerke, die göttlichen Wesen – das gesamte reine Leben, das formgewordenes ewiges Sein ist. Der Gegenspieler Gottes fand für seinen Plan, ein eigenes Reich zu gründen, kein grundsätzlich neues Prinzip, auf dem er hätte das seine aufbauen können. Denn Gott ist alles in allem – es gibt nichts, das nicht doch im Göttlichen seinen Ursprung hätte. Deshalb wird alles Fallbedingte, alles Dichte, umgewandelt werden in reines, feinstoffliches, ewiges Sein und in die ewigen Himmel zurückkehren.

Der wider Gott ist, glaubte – und glaubt noch immer – an die Möglichkeit einer eigenen Schöpfung. Er nahm das Prinzip göttlichen Seins und sprach: »Ich schaffe meine Formen«, und er schuf sie durch die menschlichen Gedankenformen, die zur Dichte, zur Materie, wurden.

Es heißt sinngemäß: »Gott dachte, und es wurde.« Gott ist die fließende Urkraft; Er ist die Urempfindung. Er legt das Es Werde, Seinen heiligen Willen, in das strömende, fließende Gesetz. Daraus entstanden und entstehen die göttlichen Formen.

Der Widersacher bemächtigte sich jenes Teiles der Lebensenergie, die Gott Seinen gefallenen Kindern mit auf ihre Fallwege gab, und polte sie um. Er schuf selbst – so glaubte er. In Wirklichkeit missbrauchte er nur das, was als Leihgabe gegeben war: den Teil positiver Lebenskraft aus Gott.

Das reine Sein bleibt ewig. Die reine Energie, die Gott Seinen Kindern mitgab, wurde mehr und mehr heruntertransformiert, wurde die Dichte, die Materie mit ihren Formen. Infolgedessen sind auch wir, der Mensch, heruntertransformierte Energie, eine Gedankenform. So, wie wir fühlten, empfanden, dachten, sprachen und handelten, so haben wir uns geformt.

Vor Generationen wurde die Form des menschlichen Körpers über Gefühle, Empfindungen, Gedanken, Worte und Handlungen in die Sternenwelt, in den Kausalcomputer, eingegeben: Nach dem Prinzip Senden und Empfangen kam die Strahlung, sich verstärkend, zurück, und die belastete Seele umgab sich mehr und mehr mit dieser Gedankenstrahlung. Es entstand der Mensch – formgewordener Gedanke.

Im ewigen Sein schuf und schafft der Ewige aus dem ewigen Strom, dem Absoluten Gesetz, dem reinen, fließenden Sein, die göttlichen Wesen. »Es werde« – und es entstanden und entstehen die geistigen Wesen, reines, formgewordenes ewiges Gesetz, Substanz aus Seiner Kraft. Was sehen und schaffen die Ichheitskomponenten, die Menschlichkeiten, auf der Erde? Unreines, formgewordenes Individual-Gesetz. Wir erkennen: Der Widersacher polt alles um.

Sein Ziel jedoch, das Prinzip der Unendlichkeit, das ewige Gesetz der Himmel, zu Fall zu bringen und somit Gott zu besiegen, wird er nicht erreichen. Denn Gott ist absolut, das heißt vollkommen. Es gibt nichts, das größer als Gott wäre. Er ist nicht zu übertreffen, nicht zu besiegen. Er ist die allmächtige Kraft in allem, der positive Kern, der alles zur Vollendung führt.

Der Reine wünscht seinem Nächsten nur das, was er selbst ist: das ewige Gesetz, Gott, das Reine.

Der Unreine, der Unerleuchtete, wünscht seinem Nächsten oftmals das, was er selbst nicht besitzt: das Schöne, das Gute, das Friedvolle, das Glückliche – Facetten der ewigen Wahrheit, an deren Verwirklichung es ihm selbst noch mangelt. Das, was er wünscht, geht nicht in den Nächsten ein, weil es nicht von Kraft, Wahrheit und Liebe durchdrungen ist. Es sind seelenlose Wünsche, die zum Unreinen, Unerleuchteten, zurückkehren.

Hierzu erläuterte Gabriele,
die Lehrprophetin und Botschafterin Gottes:

Alles, was nicht verwirklicht ist, was nicht aus unserem Seelengrund strahlt, ist unbeseelt; es ist nicht von göttlicher Kraft erfüllt.

Wie oft wünschen wir unseren Nächsten Glück, Gesundheit, Zufriedenheit, Wohlergehen? Jedesmal, wenn wir unseren Nächsten dies alles wünschen, müssten wir uns fragen: Sind unsere Worte beseelt? Kommen sie aus dem tiefen Seelengrund? Sind wir selbst glücklich? Haben wir den inneren Frieden? Ergeht es uns selbst wahrlich wohl, sind wir also erfüllt von innerer Dynamik und Lebenskraft? Wenn ja, dann gehen unsere Wünsche in das Herz des Nächsten ein und bewegen seine Seele, so dass der Mensch zum Nachdenken angeregt wird und selbst das Glück verspürt, selbst den Frieden empfindet.

Sind unsere Worte hingegen unbeseelt, also nicht von der Verwirklichungskraft durchdrungen, dann gehen sie nicht in das Herz des Nächsten ein. Es sind Floskeln, Redewendungen; es ist Missbrauch des Wortes und Missbrauch des göttlichen Gesetzes. Denn Glück, Gesundheit, Friede sind Aspekte des ewigen Gesetzes. Diese Aussagen, ohne Verwirklichung gesprochen, kommen wieder auf uns zurück. Sie werden uns zum Bumerang, denn sie mahnen und fordern von uns das, was wir als Bejahung in die Atmosphäre eingegeben haben.

Es heißt für uns – für jeden Menschen – zu wachen und zu beten. Das bedeutet nichts anderes, als wach zu sein, um nicht weiter zu sündigen. Wir sollen also bewusst beten und die Gesetze Gottes mehr und mehr erfüllen, damit wir nicht in Versuchung fallen.

Die All-Einheit ist die Weisheit Gottes. Gott ist alles in allem, das Gesetz des Lebens.

In allem, was der Reine sagt, spricht er das Ganze an, das Große im Kleinsten und das Kleinste im Großen.

Gabriele:

»Die All-Einheit ist die Weisheit Gottes.« Das will uns sagen: Die All-Einheit ist die Verbundenheit mit allem Sein, mit allem Reinen. In allem, was uns begegnet, ist das Reine. Prüfen wir uns: Sind wir damit verbunden? Können wir es bejahen? Stehen wir weitgehend mit dem Reinen in Kommunikation – oder mit den äußeren Aspekten, dem Menschlichen?

Werden wir uns mehr und mehr bewusst: In allem ist das Reine, weil Gott alles in allem ist, das Gesetz des Lebens.

»In allem, was der Reine sagt, spricht er das Ganze an, das Große im Kleinsten und das Kleinste im Großen.«

Gott ist allgegenwärtig, also in allem das Ganze. Er ist unteilbar. Im Staubkorn, im Sandkorn, in dem Kleinsten, ist das ganze Gesetz enthalten. Einige bestimmte Aspekte Gottes sind im Staubkorn, im Sandkorn entfaltet. Deshalb strahlt es auch das Göttliche aus; es strahlt die in ihm entwickelte Facette des Ganzen aus. Doch sowohl im Staubkorn als auch im Sandkorn und in der kleinsten Mikrobe ist die ganze Schöpfung, das ganze Gesetz. Alle Geistwesen sprechen somit nicht nur Facetten des Gesetzes an, sondern immer das Ganze.

Wir Menschen achten oftmals das Kleine gering. Ein Geistwesen jedoch achtet das Kleinste ebenso wie das Große; das mächtige All ebenso wie jedes Geistwesen, jeden Menschen, jede Seele. Warum? Weil der große All-Eine, der unteilbare Gott, in allem das Ganze ist. Gott ist das Prinzip: Verbinde und sei. Der Widersacher hat sich sein Prinzip geschaffen: Trenne, binde und herrsche. Damit unterliegt er Gott.

Rufen wir es uns immer wieder ins Bewusstsein: In allem, auch im Kleinsten, ist das Größte, die Ganzheit – Gott! Gleich, was wir sehen, und sei es für uns noch so unscheinbar, denken wir daran: Im Kleinsten, im Unscheinbarsten, ist das Ganze, ist die gesamte Schöpfung, der Allgeist und somit die Vollkommenheit.

Machen wir uns dies immer wieder bewusst, dann erfahren wir zunehmend, wie reich wir im Innersten sind. Der innerste Reichtum ist das Reich Gottes, das Gesetz Gottes, das in uns ist. Dieses Gesetz, den inneren Reichtum, werden wir irgendwann erschließen; denn jeder von uns ist auf dem Weg. Wo er auch augenblicklich stehen mag, ob er noch die gesamte Wegstrecke vor sich hat oder schon einen Teil des Inneren Weges bewältigt hat – immer befindet er sich auf dem Weg, der heim, in das Reich Gottes, führt. Denn eine jede Seele findet durch Christus zurück ins Vaterhaus.

Es liegt einzig bei uns selbst: Wollen wir weitergehen, hin zum ewigen Vater? Oder wollen wir auf dem Weg zurückgehen, in die Dichte, in den Sumpf des menschlichen Ichs? Jeder Tag zeigt uns auf: Entweder vorwärts oder rückwärts, entweder für Gott oder gegen Gott; dazwischen gibt es nichts. Infolgedessen ist in jedem Augenblick die Entscheidung gefragt.

Sind wir uns also dessen bewusst: Gleich, was auf uns zukommt, immer treffen wir, bewusst oder unbewusst, die Entscheidung: für Gott oder gegen Gott, für das Licht oder für die Finsternis.

Um die weiteren Schritte zum Göttlichen hin tun zu können, bedarf es der tiefen Selbsterkenntnis.

Alles ist Farbe, Form und Klang. Auch unsere Seele und unser physischer Leib sind Klangkörper. So, wie wir klingen, so geben wir uns, so atmen wir; denn unsere Gefühle, Empfindungen, Gedanken, Worte und Handlungen bestimmen den Rhythmus unseres Lebens; sie bestimmen auch unsere Atmung.

Der Odem des Lebens, der Strom des Seins, der uns ganz durchströmen möchte, kennt keine Unterbrechung, keine Stockung. Sind wir in Harmonie mit dem Geist, dem Leben, so sind wir auch in Harmonie mit uns selbst, und unsere Worte und Gedanken sind gleich unseren Empfindungen und Gefühlen.

Stellen wir unsere Gedanken unseren Gefühlen und Empfindungen gegenüber! Sind sie in Übereinstimmung, dann ist es gut. Sagen uns unsere Empfindungen und Gefühle jedoch etwas anderes als unsere Gedanken, dann sollten wir ergründen, was in uns noch vorliegt.

Erfassen wir uns also als Klangkörper! Wir können unseren Klangkörper erkennen lernen, indem wir – gleichsam als Übung – das, was uns begegnet, bewusst wahrnehmen und unsere Reaktionen darauf zu unserer Selbsterkenntnis heranziehen. So können wir uns auch in ein Wort oder in mehrere Worte, die wir lesen oder hören, hineinempfinden. Wir spüren hinein, was uns die Worte sagen wollen. Die Gedanken, die uns kommen, prüfen wir daraufhin, ob sie mit unserem Handeln, unseren Empfindungen und unseren Gefühlen in Einklang sind. Ist dies nicht so, dann müssen wir sagen: In unseren Gedanken hat sich nur das Oberbewusstsein kundgetan, nicht jedoch die Gefühlsebene, die uns viel klarer sagt, wie es in uns, in der Tiefe unseres menschlichen Wesens, noch aussieht.

Lassen wir z.B. ein Wort des Christus Gottes aus Seinen großen kosmischen Lehren in uns hineinfallen. Lassen wir es in unserem Inneren nachschwingen. Der Gedanke, der aufsteigt, den wir uns auch kurz notieren können, will uns ganz persönlich etwas sagen.

Wir begnügen uns also nicht mit dem einen Gedanken, nicht mit seiner Worthülle, sondern wir schauen hinein. Ziehen wir den Gedanken, der aus einem Wort oder mehreren Worten bestehen kann, an uns heran, nehmen wir ihn in unser Inneres auf, dann splittet sich unser Gedankenwort wie von selbst auf, so dass wir einen oder weitere

Aspekte unseres Menschlichen erkennen, die heute zur Bereinigung anstehen.

Das Erforschen unserer inneren Landschaft ist vielfach von Entdeckerfreude begleitet. Was an Allzumenschlichem noch unerkannt, unbereinigt und ungelöst in uns liegt, wirkt wie ein Störsender; es kann die Quelle manchen Unbehagens, mancher Sorge, mancher Angst, manchen Fehlverhaltens sein. Haben wir nun gefunden, was uns bedrückte, ängstigte und quälte, dann wissen wir auch, was wir zu bereinigen, zu verzeihen, wiedergutzumachen haben, um frei zu sein. Das Freiwerden von einem Teil unseres Menschlichen ist zugleich ein Schritt zur inneren Reinheit.

Wer sich, seinem belastenden Menschlichen, tiefer auf den Grund gehen möchte, der wird bei den Antworten, die er für sich findet, nicht stehenbleiben. Er wird in die Worte, die ihm kamen, wiederum hineinblicken und wird herausarbeiten, warum dies und jenes noch in ihm vorliegt. Auf diese Frage werden wir wieder Antwort bekommen, denn in den Worten liegt für uns schon die Antwort.

So finden wir mehr und mehr zu der Wurzel unseres Übels, unseres Menschlichen, zur Wurzel der Enge, der Bedrückung, der Unfreiheit, um dann das Wurzelwerk zu bearbeiten. Auf diese Weise kommen wir vermehrt in die Gefühlsebene, um uns in diesen Tiefen unseres Menschlichen zu erforschen, so dass wir rascher bereinigen können, um dem heiligen Gesetz, Gott, unserem Vater, näher zu kommen.

Den Zugang zu immer tieferen Schichten erschließt uns das kleine Wörtchen „warum". Es ist die Frage nach unserer Motivation, nach dem, was an Impulsen aus der Gefühlsebene zu unserem Verhalten beigetragen hat.

Eines sollten wir beachten: Erkennen wir – z.B. durch diese Übung – einen Aspekt unseres niederen Menschlichen, so sollten wir ihn auch heute bearbeiten und ihn noch heute bereinigen.

Pflegen wir trotz besseren Wissens z.B. den Hochmut oder das Sein-Wollen weiter, stürzen wir uns in die laute Welt hinein, fahren wir fort wie bisher, dann belasten wir uns unter Umständen doppelt so schnell, denn wir tun es gegen unsere Einsicht und Erkenntnis.

Die Hilfe ist immer da. Gehen wir ernsthaft und ehrlich zu Christus, beten wir inniglich, dann steht Er uns auch jeden Augenblick bei, diese Misstöne unseres menschlichen Ichs abzubauen.

Gehen wir am Morgen, schon wenn wir erwachen, bevor wir aufstehen, ins innige Gebet. Noch bevor die menschlichen Gedanken kommen, sollten wir inniglich in uns hineinbeten und um Hilfe bitten – und uns wird Hilfe zuteil werden.

Unsere erwachte Seele spürt, dass sie auf dem Weg ist und dem ersehnten Ziel, dem Licht, der Freiheit, immer näher kommt. Ist z.B. vom Hochmut, vom Seinwollen noch einiges aktiv, dann ruft unsere Seele nach Demut,

Stille und Bescheidenheit. Denken wir immer daran: Unsere Seele ruft uns – und somit ruft uns Gott. Er ruft uns in den Worten, die uns besonders berühren, die ein warmes Echo in uns hervorrufen, die die Sehnsucht in uns erwecken.

Achten wir also darauf, wenn wir etwas hören oder lesen: Ein, zwei, drei Worte oder ein Satz bringen uns in Vibration, unser Klangkörper beginnt zu schwingen. Er hat Impulse aufgenommen, die gleichsam Klänge sind. Dadurch fängt unser Körper nun verstärkt zu schwingen, zu klingen an. Wir merken es, denn unser Atemrhythmus verändert sich. Wir spüren eine Bewegung in unserer Empfindungs- und Gefühlswelt.

Sind wir wachsam, halten wir diese Worte fest, um sie dann näher zu betrachten und sie der Gefühlswelt gegenüberzustellen, dann erfahren wir mehr – wir erfahren uns selbst.

Lernen wir die Sprache der Worte, und wir lernen uns besser kennen. So erspüren wir mit der Zeit auch, dass Worte als solche kaum eine Bedeutung haben – außer, wir lassen sie in uns zur Wirkung kommen, damit sie uns zeigen, was für uns zu erkennen ansteht oder wer wir noch sind.

»In allem, was der Reine sagt, spricht er das Ganze an, das Große im Kleinsten und das Kleinste im Großen.« Das bedeutet auch, dass der Geist Gottes, wenn Er sich

uns offenbart, niemals nur das Wort spricht, sondern in jedes Wort das ganze Gesetz hineinlegt. Z.B. liegen in den Worten »die Weisheit Gottes« die sieben Grundkräfte der Himmel von der Ordnung bis zur Barmherzigkeit; wir nennen sie schlicht die siebenmal sieben Energien. In Wirklichkeit sind es die unendlichen Ebenen des Seins – und das ganze Gesetz im Kleinsten.

Das heißt also: In jedes Wort, welches das reine Wesen spricht, legt es das ganze Gesetz hinein. Aus diesem Ganzen werden die entsprechenden Bewusstseinsfacetten aktiv und offenbaren sich. Gott ist unteilbar; deshalb liegt in allem, auch in jedem unpersönlichen, gesetzmäßigen Wort, das Ganze.

Das Wort der Himmel ist das Gesetz Gottes. Das Ganze, das Große, das Unendliche, das Gesetz, liegt – wie wir schon gehört haben – ebenso im Staubkorn wie in der mächtigen Urzentralsonne. Das ist Gott, das Leben. Es ist auch unser Leben.

Daraus ergibt sich für uns: Wir müssen das wahre Leben in uns wieder erschließen, denn es ist unser göttliches Erbe, unser ewiges Sein. Gewöhnen wir uns an, immer wieder in die Worte hineinzuempfinden, dann erspüren wir mit der Zeit die einzelnen Aspekte unserer Enge und spüren doch zugleich die Weite. Im Geiste ist die Weite die Unendlichkeit und somit das ewige Gesetz.

Vergegenwärtigen wir uns, dass wir in Gott große Wesen sind, weil uns Gott, der große, mächtige Geist, geschaffen hat, weil wir in Seinem Herzen als Seine Kinder leben. Ist uns dies bewusst, dann werden wir Abstand nehmen von dem engen, kleinlichen menschlichen Fühlen und Denken.

Gott ist die Unendlichkeit; Er ist die Größe – und wir dürfen in Gott göttlich sein, weil wir Seine Größe in uns tragen. Wir sind Kinder Gottes, Söhne und Töchter der Unendlichkeit, ausgestattet mit dem ganzen, ewigen, unendlichen Gesetz. Das ist unser geistiges Erbe. Gehen wir in diesem Bewusstsein, mit dieser Bejahung, durch unsere Tage, dann erleben wir sie anders, und wir erfahren uns anders; dann merken wir, welch ein Reichtum in uns liegt, und wir erkennen, wo wir heute ansetzen können, um ihn schrittweise zu erschließen.

Wer seinem Nächsten nur Facetten aus dem ewigen Gesetz zuspricht oder wünscht und so in sein Wort und in sein Tun nur Teile des ewigen Gesetzes hineinlegt, der bevorzugt auch nur Teile des ewigen Gesetzes und sagt von sich selbst aus, dass er unvollkommen ist.

Damit gibt er Zeugnis von sich selbst. Er bevorzugt bestimmte Menschen; andere hingegen lässt er unbeachtet. Das heißt, er macht bei sich selbst und bei seinen Nächsten Ausnahmen.

Die Sprache des Gesetzes ist das ganze Gesetz, da alles in allem ist, das Größte im Kleinsten und das Kleinste im Größten. Der Reine spricht immer das ganze Gesetz aus: Wünscht er seinem Mitmenschen die selbstlose Liebe, dann spricht er auch alle Facetten des ewigen Gesetzes an. Das ist die Sprache des Gesetzes.

Gabriele:

In allem ist das Ganze, auch im Kleinsten. Uns Menschen fällt es schwer, dies zu erfassen – und doch ist es so.

Fühlen wir uns in ein Sandkorn oder in ein Staubkorn hinein! Im Sandkorn und im Staubkorn ist das ganze Gesetz, und diese Bewusstheit ist in allen Dingen, im Kleinsten und im Großen.

Würde sich das Staubkorn darauf beschränken, nur das Staubkorn zu sein, würde es starr in diesem Bewusstsein verharren, so gäbe es im Staubkorn keine Evolution. Was das Staubkorn ausstrahlt, ist sein Bewusstsein, die entfaltete Bewusstseinsfacette aus dem Ganzen in ihm.

Wenn auch die verschiedenen Bewusstseinsaspekte des Lebens die entwickelten Facetten ausstrahlen, so ist doch in allem das Ganze enthalten – das ganze Gesetz. Daraus erfolgt die Evolution.

Hätte Gott in das Staubkorn, in das Sandkorn oder in Kleinstlebensformen nur eine, zwei oder drei Facetten des Lebens eingehaucht, so bliebe diese kleine Form immer unvollkommen; es gäbe für sie keine Evolution.

Atmet der Allgeist aus, dann erfolgt in den beatmeten Ebenen der Unendlichkeit die Evolution. In allen Formen der vom Allgeist beatmeten Ebenen wird das ganze Gesetz verstärkt aktiviert; daraus ergibt sich die Evolution, und eine weitere Bewusstseinsfacette wird aktiv.

Wäre im kleinsten Teilchen der Unendlichkeit nicht das ganze ewige Gesetz enthalten, sondern nur eine Bewusstseinsfacette, so könnte der Allgeist diesen Baustein nicht zur Evolution führen. Wäre das Unteilbare, Gott, teilbar, so würde es in einzelnen Bereichen des Alls einen Stillstand geben. Gott ist nicht Stillstand, sondern ewige Bewegung, ewige Evolution.

Die Facette – oder die Facetten – des Lebens, die das Staubkorn, das Sandkorn oder eine Mikrobe, die kleinste Lebensform also, ausstrahlt, ist in Gott und lebt in Gott. Das Staubkorn ist – es fragt nicht, wann es zur Weiterentwicklung kommt. Es weiß es. Es fragt nicht, weil es in Gott ruht, in dem Bewusstsein der Evolution.

Im Staubkorn liegen die Anlagen für ein vollkommenes göttliches Wesen.

Die geistige Evolution ist Entfaltung des Bewusstseins. Die eine Facette göttlichen Bewusstseins potenziert sich in einzelnen Schritten und Stufen – über die verschiedenen geistigen Mineralien und über die Pflanzen- und Tierarten. Über dieses große Geschehen vom Mineral- über das Pflanzen- und Tierreich entsteht das Naturwesen, das nach seiner Vollreife von Gott zur Kindschaft erhoben wird. Es wird dann zum ausgereiften Geistwesen.

Gott legte bei Seiner ersten Ausatmung, bei der ersten Formierung alles – bis hin zum vollkommenen Geistwesen – in diese erste Ausatmung hinein, einschließlich des Namens. Auch der geistige Name entwickelt sich. Die Kleinstlebensform, das kleinste, unscheinbarste geistige Mineral hat schon einen Namen, ein aktives Schwingungspotential, das ausstrahlt; es entfaltet sich über die Mineral-, die Pflanzen- und Tierwelt und weiter über die Naturwesen bis hin zum Geistwesen. Dann ist sein Name vollendet.

Alles, was im reinen Sein lebt, bewegt und entfaltet sich, nimmt zu an Bewusstsein, Licht, Strahlung und Kraft. Machen wir uns bewusst: Gott ist ewige Bewegung. Leben ist ständige Bewegung. Das All ist die Unendlichkeit. Nirgendwo gibt es im All eine Begrenzung, einen Stillstand. Das All kann sich unbegrenzt ausdehnen in alle Ewigkeit.

Wir können uns das als Menschen kaum vorstellen, weil wir immer an unsere Grenzen kommen. Bei Gott ist alles grenzenlos – unendlich. Das Wort »unendlich« müssen wir schlichtweg in uns schwingen lassen, denn vom Verstand her ist es nicht zu erfassen.

Die Unendlichkeit ist Gott. Er ist auch die Ewigkeit. Gott ist vollkommen. Er ist absolut. Gott ist das ewige Gesetz. Darüber hinaus gibt es nichts.

Die gesamte Evolution ist vorgegeben und ist in den zwei Ur-Teilchen, in dem Prinzip Positiv, Negativ – wir Menschen würden sagen: männlich, weiblich. Es ist das Ur-Prinzip des Lebens: Geben – Empfangen; Geben – Empfangen.

Die Aktivität der geistigen Lebensform ist die Bewegung im Kreislauf des Gebens und Empfangens. Stein, Pflanze, Tier – alles empfängt göttliche Lichtkraft, reine Energie. Jede Lebensform gibt auch, gemäß ihrem Bewusstseinsstand. Sie leuchtet, sie strahlt, sie bewegt sich; sie gibt im Gesetz Gottes, im großen Garten Gottes, des ewigen Seins – für das große Ganze.

Ist die Lebensform auch noch klein, umfasst sie eine einzige Facette – durch das Geben, gleich Wirken, entwickelt sich die vom Allgeist aktivierte Facette. Die Lebensform bleibt also nicht untätig und wartet, bis sich ihre Facetten ausgebildet haben. Gott, das Leben, ist das wirkende, schaffende Gesetz, die Aktivität. Denken wir an die Ameisen – sie schaffen, schaffen. Und dadurch entfalten sie selbst die in ihnen bereits aktivierte Facette. Ist die ganze Facette des Gesetzes, z.B. das Bewusstsein der Ameise, entfaltet, dann ergibt sich der nächste Schritt.

Dies kann uns Beispiel sein. Wir sind ebenfalls im Evolutionsprozess hin zum Vater: Sind wir träge und nachlässig, dann entfalten wir nicht die Schritte hin zum Gesetz Gottes – es bleibt der Stillstand, schließlich Rückschritt und Fall.

Ganz gleich, auf welchem Bewusstseinsstand wir derzeit stehen – aus unserer Aktivität, unserem selbstlosen Tätigsein, unserem Verwirklichen der göttlichen Gesetze, die uns der Tag vergegenwärtigt, ergibt sich die Energie zur Evolution, zum Erreichen des Nächsthöheren. Das ist Leben. Das ist das Prinzip Geben und Empfangen. So lebt und reift das kleinste Tierlein, so lebt und reift jede Lebensform. So hat es Gott angelegt.

Solange wir nicht aus dem Gesetz des Lebens geben und sprechen, ist auch bei uns Stillstand, weil wir nicht bereit sind, Gottes Licht, Gottes Odem, anzunehmen, um in die Evolution zu gelangen, hin in die Kindschaft Gottes.

Solange wir nicht die Prinzipien der Gleichheit, der Freiheit, der Einheit, der Brüderlichkeit und der Gerechtigkeit leben, mangelt es uns noch an der Geistigkeit. Aufgrund dessen machen wir immer wieder Ausnahmen, denn wir werden den einen annehmen und den anderen ablehnen. Wir werden den einen verstehen und dem anderen verständnislos gegenübertreten. Dann ist uns der eine mehr wert als der andere. Diese Handlungsweise ist menschlich und damit ungöttlich.

Solange wir in dieser Menschlichkeit leben, können wir nicht in das Gesetz Gottes gelangen. Wir kommen nur über unseren Nächsten zum ewigen Vater und mit unserem Nächsten und mit Christus ins ewige Sein. Es gibt keinen anderen Weg.

Es ist unmöglich, einen Baustein des Lebens abzulehnen und dennoch zu glauben, das Gesetz des Lebens zu erfüllen. Lehnen wir Tiere, Pflanzen und Mineralien ab, dann lehnen wir das Evolutionsgesetz ab; denn in Mineralien, Pflanzen und Tieren ist das Evolutionsgesetz. Sagen wir dazu nein, dann werden wir diese Facetten Inneren Lebens in unserem Seelengrund nicht ansprechen – ganz im Gegenteil, wir belasten unsere Seele. Je mehr Belastung auf uns liegt, umso mehr sprechen wir unser Personengesetz, unser niederes Ich.

Die Sprache des Gesetzes hingegen ist immer die Sprache des Ganzen, weil das Ganze immer Evolution ist. In diesem Bewusstsein leben alle reinen Wesen.

Wünscht der Reine seinem Mitmenschen den Frieden, dann spricht er wiederum das ganze Gesetz an. Das ist die Sprache des Gesetzes.

Gabriele:

Der Friede ist in allen Bereichen des Lebens. Friede ist im Prinzip der Ordnung, des Willens, der Weisheit, des Ernstes, der Geduld, Liebe und Barmherzigkeit. Friede ist Stille. Friede entströmt der Sanftmut, der Güte. Friede entströmt der selbstlosen Liebe. Friede entströmt einer selbstlosen Gabe.

Möchten wir unserem Nächsten tief aus unserem Inneren etwas schenken, so können wir dies in dem Bewusstsein tun: »In der Gabe Gottes, der Gabe, die ich jetzt schenke, sind alle sieben Grundkräfte Gottes enthalten, das ganze Gesetz.« Sprich und lebe so: »Vater, Du bist das ganze Gesetz in dieser Gabe – und so gebe ich es als Dein Kind weiter. Ich danke Dir, dass Du groß, unendlich groß bist und ich Dein Kind sein darf.«

Finden wir dieses hohe Bewusstsein des selbstlosen Gebens und Empfangens, dann wissen wir, was unser geistiges Erbe ist. Wir erleben uns selbst als unser Selbst in unseren Empfindungen und Gefühlen. Das wahre Selbst ist das ewige Gesetz – unsere ewige Heimat, unser Leben. Es ist in Ewigkeit. Alles andere vergeht.

Der Reine spricht immer das ganze Gesetz, auch dann, wenn er einem kranken Menschen Gesundheit wünscht:

Würde er dem Kranken nur eine Facette der Gesundheit wünschen – z.B. die Gesundheit eines erkrankten Organs –, dann spräche er auch nur den Teil des Gesetzes an, der von der Krankheit überschattet ist. Dabei ließe er die Wirksamkeit des ganzen ewigen Gesetzes außer Acht. Dadurch würde er unter Umständen die Wirksamkeit des ewigen Gesetzes im kranken Menschen verhindern.

Wer nur die physische Genesung seines Nächsten wünscht, der spricht die Krankheit selbst an, die er unter Umständen verstärkt, wenn der Kranke auf diese Aussage baut. Damit lässt er den Willen Gottes unbeachtet, der um Sein Kind weiß und es so führen möchte, dass es diesem zum Wohle seiner Seele gereicht.

Eigensüchtige Gedanken wirken nur auf die Oberfläche – also auf die Wirkung, das Symptom, die Krankheit – ein und verhindern, dass das ewige Gesetz wirksam werden kann.

Gabriele:

Wünschen wir also unserem Nächsten die Gesundheit, dann wünschen wir ihm, dass das ganze göttliche Gesetz in ihm aktiv wird und unseren Nächsten zu dem führt, was für seine Seele gut ist.

Wer nur die Oberfläche des Lebens, die Spiegelung, anspricht, z.B. indem er seinem Nächsten den Frieden wünscht und er selbst keinen Frieden hat, der spricht in seinem Nächsten nur den Unfrieden an, weil er selbst keine Kommunikation zum Frieden hat.

Gabriele:

Wir hören immer wieder: Die Materie ist Spiegelung, denn sie ist nicht von Gott geschaffen, sondern von uns Menschen gestaltet. Durch unser gegensätzliches Fühlen, Empfinden, Denken, Reden und Handeln entstand die Verdichtung. Die Verdichtung ist nur der Spiegel des Seins.

Auch wir Menschen sind Spiegelung; was in unserer Seele liegt, das strahlt nach außen, das zeichnet und prägt uns. Unsere Ausstrahlung entspricht also unserem Fühlen, Empfinden, Denken, Sprechen und Handeln.

Erkennen wir, dass alles Materielle, Verdichtete, nur Spiegelung ist, so wird uns zugleich bewusst: es kann nicht die Realität sein. Spiegelung ist nicht Wirklichkeit – es erscheint uns Menschen nur so, als wäre es wirklich. Es ist die Welt der Erscheinungsformen und des Scheins – nicht des Seins.

Das Gesetz Gottes ist alldurchstrahlend, alldurchdringend, denn im ewigen Sein gibt es keine Schatten. Solange es verschattete Menschen gibt, besteht auch die

Verdichtung und somit die Spiegelung, die wir als die Wirklichkeit betrachten.

Vom Beginn des Menschengeschlechtes an haben am Entstehen dieser Spiegelbilder, am Entstehen unserer Welt der Erscheinungsformen und Begriffe, alle Generationen mitgewirkt.

Wir wissen: Alles beruht auf dem Prinzip Senden und Empfangen. Auch unser Unbewusstes sendet und empfängt. Wünschen wir unserem Nächsten den Frieden, so müssten wir uns fragen, ob wir selbst den Frieden haben. Sind wir friedlos, dann strahlen wir einzig unseren Unfrieden aus. Ist derjenige, dem wir den »Frieden« gewünscht haben, ebenfalls friedlos, dann kann er – nach dem Prinzip Senden und Empfangen – nur den Unfrieden aufnehmen.

Unsere Worte können also »schal« sein. Im Inneren der Schale ist es oftmals anders gemeint, als es das äußere Wort besagt. Dann ist das Äußere nichts als Schein; es ist nicht gefüllt, nicht beseelt. Die Schale, das Wort, spricht vom Frieden – der Kern im Wort, das Innere, ist jedoch der Unfriede. Nicht die Schale ist von Bedeutung, sondern der Kern.

Die ganze Unendlichkeit ist Kommunikation. Wünschen wir unserem Nächsten nur scheinbar den Frieden, dann strahlen wir ihm in Wirklichkeit unseren Unfrieden zu. Durch das Prinzip der Kommunikation »Gleiches empfängt immer wieder Gleiches« können wir mit unserem Sendepotential den Unfrieden unseres Nächsten aktivieren, ihn unter Umständen zu negativen Gedanken oder zu einer Tätlichkeit anregen. Das bedeutet, dass wir in diesem Fall die Hauptschuldigen sind und uns entsprechend belasten, und unser Nächster verschuldet sich ebenfalls.

Dem Prinzip Senden und Empfangen, gleich Kommunikation, zufolge sind wir an unseren Nächsten, den wir zum Sündigen angeregt haben, gebunden. Durch unseren heuchlerischen Friedensgruß kann also unser Nächster noch unzufriedener und unglücklicher werden – und wir selbst ebenfalls.

Der wahre Weise braucht als Mensch die Sprache der Welt, um sich verständlich zu machen. Trotz der Begrenztheit der Worte wird er in Worten wie »Gesundheit« und »Friede« das Ganze, das allumfassende Gesetz, Gott, ansprechen. Dann wird auch das ewige Gesetz, Gott, walten, das jedem Menschen den freien Willen lässt und ihn so führt, dass es seiner Seele dient und nicht ausschließlich der Hülle, dem Menschen.

Gabriele:

Wir haben gelesen: *»Trotz der Begrenztheit der Worte wird der Weise in seinen Worten wie „Gesundheit" und „Friede" das Ganze, das allumfassende Gesetz, Gott, ansprechen«,* das in allem auch in jedem Wort – enthalten ist. »Herr, in meinem Nächsten und in allem geschieht ausschließlich Dein heiliger Wille« – in diesem Bewusstsein lebt der Weise, und so strahlt er in das ein, was er anspricht.

Wünschen wir unserem Nächsten z.B. Gesundheit, dann sollten wir das Wort beseelen in dem Bewusstsein: »Herr, in meinem Nächsten geschieht Dein heiliger Wille.« Von Bedeutung ist jedoch, dass wir das Positive, das Göttliche, das in jedem Menschen wohnt, in unserem Herzen bewegen; denn jeder Mensch und alles Sein ist ein Teil von uns. Nur auf diese Weise kann das ganze ewige Gesetz des Heils und des Heilens wirksam werden; und es wirkt so, wie es gut ist für die Seele unseres Nächsten.

Wer selbst krank ist und seinem Nächsten die Gesundheit wünscht, der spricht im Nächsten nur wieder die Krankheit an und eventuell jene Aspekte, die mit seiner eigenen Krankheit in Übereinstimmung sind; denn was von ihm ausgeht, geht wieder in ihn ein und eventuell auch in den Nächsten, in welchem gleiche oder ähnliche Krankheitssymptome liegen. Das geschieht nach dem Gesetz »Gleiches zieht zu Gleichem und verstärkt sich«.

Gabriele:

Wer also selbst krank ist und die Symptome der Krankheit nicht erforscht und bekämpft und seinem Nächsten die Gesundheit wünscht, der spricht im Nächsten nur wieder die Krankheit an und eventuell jene Aspekte, die mit seiner eigenen Krankheit in Übereinstimmung sind, weil sein Ober- und Unterbewusstsein mit den Gedanken von Krankheit gefüllt sind.

Unsere menschlichen Gefühle, Empfindungen, Gedanken, Worte und Handlungen, wozu auch unsere Krankheit, unsere Sorgen und Nöte gehören, sind unser Personenerbe – das also, was wir uns angeeignet haben. Das strahlen, gleich senden, wir aus. Wer hierfür empfänglich ist, der nimmt es auf und bewegt es in sich. Da keine Energie verlorengeht, so geht auch kein Gedanke und kein Wort verloren, denn alles ist Energie. Diese Negativenergie kann – entsprechend dem Plasmagesetz – in den Menschen eingehen, den wir ansenden und in dem Gleiches oder Ähnliches zugrunde liegt.

Der verschattete Mensch lebt in seinem Plasma. Das Plasma, das uns umgibt, ist unsere Aura, auch Korona genannt. Sie entspricht unserem derzeitigen Strahlungsbild. Unser Plasma, unsere Aura, strahlt nur das aus, was wir in unsere Seele eingegeben haben. Das schwingt in uns, geht von uns aus, und Entsprechendes ziehen wir an. Wir selbst geben uns also die Programme des Sündhaften, des Unfriedens, der Disharmonie und der Krankheit ein.

Über Senden und Empfangen stehen wir also beständig mit dem in Kommunikation, was wir in unserer Seele gespeichert haben. Nur das, was im Speicher liegt, ist unser menschliches Erkenntnispotential; darüber hinaus können wir weder denken noch sprechen – es sei denn, wir haben durch Selbstüberwindung und Bereinigung mit der umwandelnden Kraft des Christus Gottes schon Bereiche unseres geistigen Bewusstseins erschlossen.

Wünschen wir unserem Nächsten die Gesundheit und wir selbst sind krank – was liegt dann in unserem Speicher, Gesundheit oder Krankheit? Da Krankheit im Speicher liegt, strahlen wir dieses Bewusstsein »Krankheit« auch aus.

Verwenden wir das Wort »Gesundheit« und sind selbst nicht bemüht, die Ursachen, die zur Krankheit geführt haben, also unser Sündhaftes, unser Fehlverhalten, mit Christus zu bereinigen, dann ist das Wort »Gesundheit« nur die Schale. In dieser Schale wirken jedoch die Aspekte unserer Krankheit. Infolgedessen strahlen wir auch diese Merkmale aus und unserem Nächsten zu. Dadurch können wir unter Umständen in unserem Nächsten einiges berühren, gleich anrühren, das dann in ihm in Bewegung kommt. Es können gleiche oder ähnliche menschliche, also sündhafte, Aspekte sein, die ihm unter Umständen Schmerzen bereiten – dann, wenn in ihm Gleiches oder Ähnliches vorliegt, also die Voraussetzung für eine gleiche oder ähnliche Krankheit oder Unpässlichkeit vorhanden ist. Auf diese Weise können wir mit unserem Fehlverhalten sogar auf die Krankheit unseres Nächsten einwirken.

Wir wissen, dass jeder Gedanke und auch jedes Wort zur Verwirklichung drängt. Geben wir Aspekte aus unserer Krankheit weiter, indem wir diese unserem Nächsten zustrahlen, so will sich unser Wort oder unser Gedanke verwirklichen. Zum einen verwirklicht er sich in uns selbst, indem er die Aspekte der Krankheit in uns verstärkt. Zum anderen strahlt er in den Nächsten ein und verstärkt die Krankheit oder die Unpässlichkeit in ihm – dann, wenn unser Nächster dafür aufnahmebereit ist.

Sind wir jedoch bereits ernsthaft bestrebt, die Aspekte des Menschlichen, die unserer gesundheitlichen Störung zugrunde liegen, mit der Kraft des Christus Gottes zu bereinigen, dann geschieht in uns der Wille Gottes. In unserem Wunsch für die Gesundheit unseres Nächsten können wir nun ebenfalls bewusst den Willen Gottes, Sein Gesetz, ansprechen: »Herr, Dein Wille geschieht – in uns und in unserem Nächsten.« Dann wird das Gesetz Gottes in uns verstärkt wirksam und wird uns jene Aspekte aufzeigen, in welchen unser Denken und Handeln noch nicht dem göttlichen Willen entspricht.

Wer seinem Nächsten den Frieden wünscht und selbst friedlos ist, der kann in seinem Nächsten die friedlosen Aspekte verstärken, so dieser friedlos ist, weil Gleiches immer wieder Gleiches anregt und sich erfüllen möchte.

Wer seinem Nächsten die Liebe wünscht und selbst lieblos ist, der kann in seinem Nächsten, der selbst noch lieblos ist, die Lieblosigkeit noch verstärken, weil Gleiches immer wieder zu Gleichem zieht und sich erfüllen möchte – wiederum nach dem Gesetz »Gleiches zieht zu Gleichem und verstärkt sich«.

Gabriele:

Bevor wir reden, sollen wir denken. Worte können oftmals nicht mehr so rasch zurückgenommen werden wie Gedanken; denn gesprochene Worte gehen rascher in den Nächsten ein als Gedanken.

Obwohl Gedanken nicht gehört werden, werden sie doch vom Unterbewusstsein des Menschen und von seiner Seele registriert. Dem Adressaten werden sie nicht so rasch bewusst. Das heißt für uns: Wer seine negativen

Gedanken mit der Kraft des Christus Gottes rechtzeitig behebt, der hebt gleichsam die geschaffene Ursache auf – in seiner Seele und im Plasma sowie in der Seele und im Plasma seines Nächsten.

Gesprochene Worte hingegen können in einem Augenblick vieles an- und aufrühren. Wer sich dadurch verletzt fühlt und nicht vergibt, der trägt dies dem Verursacher nach und wird ihm unter Umständen eine lange Zeit nicht vergeben. Der Verursacher und der Getroffene sind dadurch aneinander gebunden.

Erkennet:

Jede Empfindung, jeder Gedanke, jedes Wort und jede Handlung sind Energie.

Was der Mensch sendet, kann dann beim Nächsten wirksam werden, wenn Gleiches oder Ähnliches in ihm zugrunde liegt. Gleiches und Ähnliches kommt wieder auf den Menschen zu, der gesendet hat; denn: Wer sendet, der empfängt.

Wer seinem Nächsten Gesundheit und Frieden wünscht und selbst an Seele und Leib erkrankt ist oder selbst den Unfrieden in sich trägt durch die Nichtverwirklichung der ewigen Gesetze, der nimmt Einfluss auf die Krankheit und den Unfrieden seines Nächsten und verstärkt diese, weil er seine Friedens und Genesungswünsche, die er seinem Nächsten zuspricht, in sich selbst nicht wirksam werden ließ.

Wünschst du deinem Nächsten, was du selbst noch nicht erfüllt hast, z.B. das Reine, Edle, Schöne und Gute, dann kommt es in seinem Inneren nicht an, weil es von dir nicht beseelt ist – oder die Oberfläche, der Schein, sein niederes Ich, nimmt es auf und fühlt sich geschmeichelt und geehrt, und so verstärkt sich sein niederes Selbst, das niedere Ich.

Wünsche deinem Nächsten nur das, was du in und an dir selbst besitzt, also das, was verwirklicht und somit beseelt ist, und sprich in allem das ganze ewige Gesetz an. Da alles in allem enthalten ist, so bejahe in den Wünschen für deinen Nächsten das ganze Gesetz, Gott. Blicke nicht nur auf die Oberfläche, auf das, was sich am Körper des

Nächsten oder in seiner Umwelt vollziehen soll. Bedenke, dass das Seelenheil ausschlaggebend ist und dass der reine geistige Leib wiederum das ganze Gesetz ist.

Was der Reine seinem Nächsten wünscht – das, was er selbst erfüllt –, das geht vom Innersten seines Tempels aus und geht auch in den Tempel des Nächsten ein. Er trägt gleichsam die Früchte des ewigen Gesetzes in den Tempel des Nächsten, weil er das ewige Gesetz seinem Nächsten als Gabe der Liebe bringt, die wiederum das Gesetz selbst ist.

Wünsche also deinem Nächsten keine Details aus dem ewigen Gesetz, sonst sprichst du in ihm und in dir nur Teile des ewigen Gesetzes an. Damit lässt du alle anderen Facetten des ewigen Gesetzes brach liegen. Das bedeutet, dass du dich mit einigen Facetten begnügen würdest und dadurch von deiner Unreinheit Zeugnis gibst und dem Unreinen Tür und Tor öffnest, um dich zu verführen.

Auch wenn du nur einen Bereich auf der Materie ansprichst, lege in diesen das Ganze hinein. Das ist wahres Leben, das ist Leben im ewigen Gesetz, Gott.

Gabriele:

Die Sprache des Seins ist das Gesetz, das lautet: Alles ist in allem enthalten. Die Vollkommenheit ist der Ausdruck Gottes.

Diese Sprechweise ist für uns gänzlich neu. Möchten wir uns diese Sprache aneignen, dann müssen wir vollkommen umdenken. Wer in dieses hohe Bewusstsein einkehren möchte, kann sich darin üben.

Üben wir, die Sprache des Gesetzes, die Sprache der Ganzheit, zu sprechen, dann werden wir von der hohen ewigen Gottesschwingung angehoben. Die Folge ist innere Sicherheit, Klarheit und Gottbewusstheit. Das »Wenn und Aber«, das »Es könnte sein«, »Vielleicht« oder »Jetzt noch nicht – eventuell später« werden von uns fallen, weil wir die Sprache des ewigen Gesetzes sprechen, weil wir in jedem Wort das ewige Gesetz, das Ganze, bejahen und danach streben, dieses zu erfüllen. Dann geschieht der Wille des Herrn und nicht unser Eigenwille.

Wir sollten unserem Nächsten nur das wünschen, was wir an Göttlichem verwirklicht haben, was also beseelt ist. Dann sprechen wir in allem das ganze ewige Gesetz an.

Wer sich in dieser kosmischen Sprache übt, der wird bei sich selbst sehr rasch erkennen, was er selbst noch zu verwirklichen hat. Wer das erkannte Negative ablegt und nicht mehr tut, der wird zum Meister der universellen, der kosmischen Sprache, die ein Ausdruck des erschlossenen geistigen Bewusstseins ist.

In allem, was wir denken, reden und tun, ist das ganze ewige Gesetz. Führen wir Gespräche, gleich welcher Art, auch Problemgespräche – immer sollten wir uns bewusst machen: In allem ist das ganze Gesetz, und das ganze

Gesetz möchte in allem wirksam sein gemäß dem ewigen freien Willen.

Wer sich in dieser universellen, gleich kosmischen Sprache übt, der wird in jedem Gespräch das ganze Gesetz ansprechen, das ihm dann auch beisteht, aus dem Gesetz Gottes zu denken und zu sprechen und in den Problemen die gesetzmäßige Lösung zu finden.

Erstellen wir einen Plan für den Tag, für die Woche, den Monat, dann sprechen wir im Plan das ganze ewige Gesetz an, indem wir unsere Planung dem ewigen, heiligen Willen Gottes übergeben. Dann wirkt das ewige Gesetz, weil wir den Willen Gottes wirken lassen. Wir dürfen jedoch nicht passiv bleiben, sondern sollten unsere Planung in unserem Innersten bewahren und durch unsere tägliche Tätigkeit aktivieren.

Ist unser irdisches Leben gesetzmäßige Aktivität, gleich gesetzmäßige Aktion, dann spüren wir im Alltag – und auch an unserem Körper – die Reaktion. Das zeigt sich in unserem Fühlen, Empfinden, Denken, Sprechen und Handeln, in unserer Planung, in jeglichem Tun.

Zusammenfassend sei gesagt:

Nach dem Prinzip Senden und Empfangen heißt es: Der Inhalt dessen, was wir fühlen, empfinden, denken, sprechen und tun, auch dessen, was wir unserem Nächsten wünschen, sind immer wir selbst. Wenn wir auch vieles verbrämen, es mit vielen schönen Worten verschleiern – der Inhalt des Verbrämten ist entscheidend, das sind wir selbst. Das Verbrämte ist nur die Schale – der Inhalt ist von Bedeutung. Was wir denken und fühlen, auch alle Geheimnisse, sind einzig wir selbst.

Wollen wir uns erkennen, dann sollen wir nicht auf die Schale blicken, sondern auf die Inhalte. Das zeigt uns, wer wir sind und was unser Plasma beinhaltet.

»Wahres Leben ist Leben im ewigen Gesetz, Gott.«

Das Gesetz, Gott, ist allgegenwärtiges, ewiges Sein. Das allgegenwärtige, ewige Gesetz Gott ist auch im Kausalgesetz, dem Gesetz von Saat und Ernte, enthalten. Dem Menschen obliegt die Aufgabe, sein Menschliches zu bereinigen und das göttliche Gesetz zu aktivieren durch dessen Verwirklichung.

Bestimmt nicht mehr das Menschliche unser Tun und Handeln, dann leben wir geistig; denken wir nicht mehr sündhaft, dann denken wir göttlich, denn es gibt nur die zwei Gesetze: das göttliche Gesetz und das Kausalgesetz.

Wollen wir nicht mehr im Kausalgesetz leben, verändern wir also unser Leben, denken wir um, dann wachsen wir sukzessive in das Absolute Gesetz hinein. Sind wir der Ansicht, das Absolute Gesetz sei schwer zu lernen, so sollten wir uns bewusst machen, dass wir es schon in uns tragen und dass es nur abgedeckt ist durch die Sünde. Es muss uns früher oder später wieder bewusst werden, und wir müssen es in uns wieder erwecken. Lernen im eigentlichen Sinne müssen wir es nicht, denn wir haben es schon in uns entwickelt – nämlich einst im reinen Sein, in unserer ewigen Heimat, als sich unser geistiger Körper nach den vielen Gesetzmäßigkeiten vom Mineral bis hin zur Kindschaft Gottes aufbaute und als wir lernten, die geistigen Kräfte in uns zu aktivieren.

Das ewige Gesetz haben wir also bereits in uns: das Edle, Reine, Schöne; es ist das Gesetz der selbstlosen Liebe. In uns ist die Freiheit; in uns ist die Güte; in uns sind Frieden, Dynamik und Freude. All diese Aspekte des göttlichen Gesetzes gehören zu unserem ewigen Wesen; sie sind in ihrer Gesamtheit unser geistiges Erbe. Um dieses wieder zu erschließen, um also in das Gesetz Gottes hineinzuwachsen, müssen wir uns aus dem Kausalgesetz, dem Gesetz von Saat und Ernte, herausbegeben.

Wird uns bewusst, dass in uns das göttliche, reine geistige Wesen ist, so werden wir auch danach streben, ihm wieder zum Durchbruch zu verhelfen. Hören oder lesen wir in den großen kosmischen Lehren des Jesus von Nazareth, so werden wir berührt vom Absoluten Gesetz; unser ewiges Wesen, unser göttliches Erbe, kommt ins Schwingen. Dann wird mehr und mehr der Wunsch in uns lebendig, unser wahres Sein wieder zu erwecken. Dann bereinigen wir täglich unser Menschliches, tun das Sündhafte nicht mehr und treten anstelle dessen unser göttliches Erbe an, indem wir mehr und mehr selbstlos werden, das heißt: Wir pflegen immer mehr selbstlose, edle Gefühle, Empfindungen, Gedanken und Worte; unsere Werke werden mehr und mehr göttlich.

Lerne das Schauen.
Der Neugierige sieht neugierig nach vorn, nach hinten, nach rechts und nach links, nach oben und nach unten – und sieht sich immer wieder selbst, denn die Neugierde ruft immer wieder nur das ab, was der Neugierige selbst ist. Das Gleiche ruft Gleiches, um mit ihm zu kommunizieren.

Hierzu erläuterte Gabriele,
die Lehrprophetin und Botschafterin Gottes:

Stellen wir uns selbst die Frage: Warum sind wir neugierig? Warum schauen wir uns z.B. nach Menschen um? Was denken wir, wenn wir uns nach bestimmten Menschen und Menschentypen umschauen? Das, was wir denken, das sind wir selbst. Haben wir negative Gedanken über unsere Nächsten, werten wir sie ab, oder erregen wir uns über sie – was wir ihnen zudenken, sind wir selbst; darin können wir uns erkennen.

Regt sich in uns der Neid, wollen wir unserem Nächsten etwas abschauen, dann fehlt es uns an geistigem Selbstbewusstsein; wir stehen nicht zu unserem wahren Selbst, weil wir nicht im Innersten unseres Tempels ruhen.

Zu uns selbst stehen bedeutet einkehren in den Tempel unseres Inneren, einkehren zu Gott. Denn je mehr positive Energie wir in Seele und Leib entfaltet haben, umso mehr können wir zu uns selbst stehen – zu unserem ewigen Selbst, dem Göttlichen in uns. Wir stehen mehr und mehr im Gesetz Gottes. Wir wissen um Seine Kraft, spüren Seine Kraft, die unsere Seele stark macht, die jede Körperzelle mit Energie versorgt, uns wach, dynamisch, klar und freudig sein lässt. Wir sind dann mehr und mehr mit der ewigen Kraft verbunden.

Das gibt innere Sicherheit und innere Selbständigkeit. Durch die stetige Verwirklichung unseres wahren Seins erschließen wir täglich mehr und mehr unser geistiges Erbe. Mit dieser göttlichen Kraft, unserem wahren Sein, leben wir bewusster.

Der Neugierige besitzt einiges nicht. Ihm mangelt es an Energie. Wer im Gesetz Gottes lebt, der besitzt alles. Er braucht nicht neugierig zu sein; er braucht keine Energie – er besitzt die ganze Energie des ewigen Seins.

Die Neugierde schaut nur auf sich selbst. Blicken wir neugierig nach vorn, nach hinten, nach rechts, nach links, nach oben und nach unten, so sehen wir immer wieder nur uns selbst. Unsere Gedanken sagen uns, wer wir sind. Die Neugierde spricht nicht die Sprache des Nächsten; wir sprechen uns selbst. Es ist unsere eigene Sprache, das, was jeder von uns in seinem Gehirn, in seiner Seele und in den Gestirnen gespeichert hat. Darüber hinaus ist uns keine Kommunikation möglich.

Neugier ist eine Gier, eine Form der Erwartung vom Nächsten, ein Heischen, ein Haben- und Nehmenwollen, ein Lauern, ein Abwägen, ein Taktieren. Das innere Wahrnehmen des Nächsten hingegen ist geradlinig und aufrichtig; es urteilt und taktiert nicht, es lauert und giert nicht, es will nichts erheischen, nichts an sich binden; es wird nichts nehmen, denn es empfängt.

Wer im Innersten seines Tempels lebt, der ist sich seiner Kindschaft Gottes bewusst, der er tagtäglich zustrebt. Bereinigen wir unsere Sünden, dann decken wir unser göttliches Erbe wieder auf, wodurch sich unser geistiges Bewusstsein allmählich öffnet und so durch Seele und Mensch strahlt.

Lerne, durch dich hindurchzuschauen, aus dem Tempel deines Inneren zu schauen, dann erkennst du in allem und auch in deinem Nächsten die Gesetzmäßigkeit – und in der Gesetzmäßigkeit das Ganze. Das ist das Leben im ewigen Gesetz, das ist die Sprache des Gesetzes.

Gabriele:

»Lerne, durch dich hindurchzuschauen, aus dem Tempel deines Inneren zu schauen« bedeutet für uns, dass wir zuerst in den Tempel unseres Inneren einkehren müssen. Ruhen wir in unserem Inneren, sind wir in unserem Inneren still, dann schauen wir mit den reinen Augen der

Seele und nehmen sowohl das Gesetzmäßige als auch das Ungesetzmäßige wahr. Wer im wahren Sein ruht, wird sich jedoch mit dem Ungesetzmäßigen nicht lange aufhalten, sondern es nur ansprechen, ohne sich damit zu identifizieren.

Gesetzmäßigkeiten sind Facetten des ewigen Gesetzes. Und doch enthält jede Facette das ganze Gesetz. In den Lehrstunden des Absoluten Gesetzes haben wir gehört, dass eine kleine Lebensform, z.B. das Sandkorn oder das Staubkorn, einige Facetten des Gesetzes ausstrahlt – das, was diese Lebensform schon entwickelt hat; es sind bestimmte Evolutionsgrade, die den Entwicklungsstand bilden.

Durch die Aktivität der Lebensform, ihr Ausstrahlen, baut sich im Ablauf des beständigen Ein- und Ausatmens des Allgeistes der geistige Leib auf. Ist der geistige Leib vollkommen, dann strahlt er alle Facetten des Absoluten Gesetzes aus, und das Absolute Gesetz, das ewige Sein, durchstrahlt den ganzen kosmischen, ewigen Leib. Das ist die Vollkommenheit, der alle Lebensformen zustreben. Der vollkommen aufgebaute geistige Leib ist der Geistkörper der Geistwesen. Weil in jeder Facette, in jeder sich aufbauenden geistigen Gesetzmäßigkeit, das ganze Gesetz enthalten ist, hat das Geistwesen die absolute Freiheit und auch die absolute Bewegungsfreiheit in der Unendlichkeit.

Das Absolute Gesetz ist die absolute Freiheit. Uns Menschen macht nur die Sünde unfrei; unser selbstgeschaffenes Gesetz, unser Ichgesetz, das Kausalgesetz. Bereinigen wir jedoch unsere erkannten Fehler, also Sünden, dann spüren wir allmählich die Leichtigkeit der Seele und des Leibes, weil Quäntchen um Quäntchen unserer Last, der Belastung, von uns abfallen. Diese Leichtigkeit ist ein Hauch der ewigen Freiheit.

Lerne das Hören. – Der Reine braucht nichts zu erhorchen; er weiß in sich, im Allerheiligsten seines Tempels, das, was von Bedeutung ist. Alles andere, was noch in der Schwebe liegt, ist noch nicht reif und noch nicht von Bedeutung.

Gabriele:

Haben wir das uneingeschränkte Vertrauen zu Gott?

Würden wir uns dem Ewigen ganz anvertrauen, dann würden wir mehr und mehr in unserem Inneren ruhen. Dann weicht jegliche Neugier von uns, denn im Innersten ist alles vorhanden. Was noch nicht reif ist, was wir durch die Verwirklichung der göttlichen Gebote noch nicht aufgedeckt haben, das wird uns dann offenbar, wenn wir die Gesetze des Lebens mehr und mehr verwirklichen.

»Der Reine braucht nichts zu erhorchen; er weiß in sich, im Allerheiligsten seines Tempels, das, was von Bedeutung ist.« Alles, was für uns wesentlich ist, werden

wir zur rechten Zeit erfahren. Voraussetzung ist, dass wir bewusst leben, dass unsere Gedanken also nicht da- und dorthin schweifen, dass wir uns nicht tagtäglich mit unserer Vergangenheit beschäftigen, sondern im Jetzt leben, im Tag, im Augenblick.

Bereinigen wir, was zur Bereinigung ansteht, so erweitert sich unser Bewusstsein, und wir erleben in uns selbst, in unserem Tempel, was für uns von Bedeutung ist. Wir erfahren uns selbst und erfahren somit das Sein in uns – die Ruhe und die Stille, die sich dann dem Reinen oder der rein werdenden Seele mehr und mehr offenbart.

Wer lauschen und erhorchen möchte, der erfährt nur sein niederes Ich, das ihn beunruhigt und ihn wieder zum gegensätzlichen Denken, Reden und Handeln – also zum gegensätzlichen Senden – anregt, damit er wiederum Gegensätzliches empfängt.

Lerne hören. Stelle niemals neugierige Fragen, denn sonst erhorchst du nur dich, dein niederes Selbst.

Gabriele:

Wir sollten also überlegen, bevor wir fragen, bevor wir reden. Stellen wir uns immer wieder die Frage: Was wollen wir eigentlich mit unserer Frage? Was wollen wir damit bewirken? Was wollen wir eigentlich hören? Ist es für uns von Bedeutung, oder ist es nur Neugierde?

Das Uns-selbst-Befragen hilft uns in vielen Situationen; denn wir erkennen uns rascher selbst. Haben wir uns selbst erkannt, dann können wir uns auch selbst die Antwort geben, insbesondere dann, wenn die Frage aus Neugierde gestellt wird oder um einen Menschen bloßzustellen oder ihn zu überführen. Dann wäre es besser, das Erkannte zu bereinigen und die Frage nicht auszusprechen; denn jedes Wort kann uns zum Verhängnis werden.

»Lerne hören« bedeutet, wir sollen nichts erhorchen wollen. Wer hört, der hört in die Worte, in die Sätze, in die Fragen, in die Situationen hinein und hört heraus, was dahintersteht. Das ist jedoch nur dem Menschen möglich, der mehr und mehr verwirklicht und einkehrt in Gottes Stille; denn nur durch die innere Stille sind wir aufnahmefähig und können das wahrnehmen, was das äußere Wort, die Schale, nicht zu sagen vermag oder nicht preisgeben möchte. Durchdringen wir die Schale, dann erfahren wir den Inhalt des Wortes – das, was dahintersteht, das Nicht-Ausgesprochene.

Höre aus allem, was zu dir gesprochen wird, die Gesetzmäßigkeit Gottes heraus, und erkenne in ihr wiederum das Ganze, und erfahre es gleichzeitig in dir, in deinem Tempel. In der Gesetzmäßigkeit ist das ganze Gesetz enthalten, so, wie im ganzen Gesetz die Gesetzmäßigkeit enthalten ist. Das ist das Leben im ewigen Gesetz, und das ist auch die Sprache des ewigen Gesetzes.

Gabriele:

Um zu lernen, in das Wort, in die Situation hineinzuhören, müssen wir uns darin üben. Der erste Schritt ist das Sich-selbst-Zurücknehmen. Sich-Zurücknehmen heißt, nicht gleich zu denken, wenn unser Nächster etwas sagt, uns nicht die Antworten zurechtzulegen, während er noch spricht. Denken wir sofort und legen uns eine Antwort zurecht, dann kommt sie aus dem Intellekt und niemals aus der Intelligenz, Gott. Die Antwort kommt dann nicht aus der Stille in uns, aus der ewigen Wahrheit – sie wird in uns nicht geboren, sondern entspricht dem in unserem Gehirn Gespeicherten, dem Intellekt.

»Höre aus allem, was zu dir gesprochen wird, die Gesetzmäßigkeit Gottes heraus, und erkenne in ihr wiederum das Ganze.« Wir sollten es uns zur Gewohnheit machen, uns zuerst zurückzunehmen, nicht gleich zu denken, nicht gleich reden zu wollen. Lassen wir das von

unserem Nächsten Gesprochene in unser Inneres fallen und vergegenwärtigen uns: In allem ist die Antwort und die Lösung. Dadurch schaffen wir Vertrauen zu Gott. In allem ist die Antwort und die Lösung, weil Gott in allem gegenwärtig ist. Bleiben wir weiterhin ruhend in unserem Innersten, dann steigen unter Umständen aus dem von uns schon erschlossenen geistigen Bewusstsein Perlen der ewigen Wahrheit auf. Es perlt gleichsam die Antwort aus dem Gesetz der Wahrheit empor.

Haben wir eine gesetzmäßige Antwort, spüren wir, dass das, was wir sagen wollen, unpersönlich ist, dann sollten wir in dem, was wir sagen, das ganze Gesetz bejahen. Auch wenn wir das kosmische Sein, das ewige Gesetz, noch nicht in allen Einzelheiten kennen, wir bejahen es und bejahen Gott, das Ganze, in dem, was wir sagen.

Über diese kleine Übung werden wir erfahren, was innere Stille bedeutet. Wir erleben mehr und mehr, dass Gott uns ganz nahe ist. Mit der Zeit verspüren wir, dass Er, der große Geist, unser Vater in Christus, uns beisteht und hilft – in jeder Situation, auch im Kleinsten, im Unscheinbarsten. Oft meinen wir, mit einer Bagatelle könnten wir nicht zu Gott, unserem Vater, kommen. Doch, wir dürfen uns mit allem an Ihn wenden, weil wir Seine Kinder sind und Er uns liebt.

Üben wir uns, das Gesprochene in uns aufzunehmen und die Perlen des Lebens kommen zu lassen, und bejahen wir die Ganzheit in unserer Antwort. Mit diesen Übungen erfahren wir, was die Sprache des ewigen Gesetzes ist. Dadurch erleben wir unser wahres Selbst, nicht unser intellektuelles, unser menschliches Selbst.

Das Angelernte ist der Intellekt, das menschliche Selbst die Speicherung im Gehirn. Das wahre Selbst ist die Tiefe unserer Seele. Wer tagtäglich mehr eintaucht in die Tiefen des Seins durch die Bereinigung des Menschlichen und durch die Verwirklichung der Gesetze des Lebens, der erfährt sein wahres Selbst, sich selbst als kosmisches Wesen, und erlebt die Gesetze des Lebens.

Wer das ewige Wort, das Sein, das Gesetz, in sich zu erhorchen trachtet, der ist noch nicht das Wort, das Sein, das ewige Gesetz. Und wer es – je nach Reifegrad seiner Seele – erhorcht, der erhorcht es nur und kennt es noch nicht, weil er noch nicht zum Gesetz Gottes geworden ist.

Gabriele:

»Wer das ewige Wort, das Sein, das Gesetz, in sich zu erhorchen trachtet, der ist noch nicht das Wort, das Sein.« Erhorchen heißt also, dass wir noch hinhören müssen, um es zu hören. Wir sind noch nicht im Strom Gottes; wir stehen noch am Rand und schauen in den Strom hinein. Wir horchen gleichsam in den Strom hinein, um zu erfahren, was uns unter Umständen der Strom, die Wahrheit, Gott, das ewige Gesetz, zu sagen hat.

Sprechen wir das Wort Gottes, dann brauchen wir nicht mehr zu fragen, wie das ewige Sein ist. Wir brauchen nicht mehr nach den Gesetzen des Lebens zu forschen – wir wissen, weil Gott durch uns in jeder Situation hindurchspricht. Wir brauchen dann nicht mehr um die Wahrheit zu ringen in der Frage: Was ist der Inhalt der Situation oder der Frage? Was will mir dies oder jenes sagen? – Wir wissen es, weil wir den Durchblick haben, da wir zum Wort Gottes geworden sind. Und Gottes Wort ist das ewige Gesetz der Liebe.

Wir sind auf Erden, um wieder göttlich zu werden, also um wieder das Wort Gottes zu sein, Sein Gesetz. Noch müssen viele sich um die unpersönliche Rede, die Antwort aus dem Inneren, bemühen. Sind wir jedoch zum Gesetz des Lebens geworden, dann steht dem Erleuchteten der Himmel offen; es gibt dann keine Fragen mehr, weil im Innersten alles beantwortet ist, weil das Gesetz Gottes um alles weiß und wir zum Gesetz Gottes geworden sind.

Liebe Mitmenschen, sagen wir nicht: »Das ist noch ein weiter Weg!« Gott ist uns nahe. In allem, was wir denken und tun, ist das ewige Gesetz. In jeder Situation will uns Gott helfen. Vertrauen wir uns Ihm an. Das Vertrauen wächst durch die Bereinigung unseres Menschlichen. Dann spüren wir Seine Nähe, die uns glücklich macht. Es ist Seine Gegenwart in Wort und Tat, in allem, was wir denken, reden und tun.

»Und wer es – je nach Reifegrad seiner Seele – erhorcht, der erhorcht es nur und kennt es noch nicht.« Das heißt also: Solange wir die Impulse unseres Inneren noch erhorchen müssen, uns noch bemühen müssen, die Wahrnehmung unseres Inneren zu erfassen, kennen wir unser wahres Selbst noch nicht. Dann sind weitere Schritte der Verwirklichung in die Erfüllung des göttlichen Gesetzes hinein zu tun, Schritte in die Selbstlosigkeit, in das unpersönliche, dienende Leben, um schließlich das Gesetz nicht mehr erhorchen zu müssen, sondern es selbst zu

sein. Wir müssen uns also vom Gottesgeist durchdringen lassen. Dann sind wir Sein Wort.

Ist der Weg zu Gott wirklich so schwer, wie so mancher meint? Bewegen wir das Hauptgebot, das Christus uns in Seinen Offenbarungen immer wieder ins Bewusstsein ruft, in unserem Herzen: Liebe Gott, deinen Vater, mit ganzem Herzen, mit deiner ganzen Seele, mit all deinen Kräften, und deinen Nächsten wie dich selbst. – Einfache Worte, doch es liegt der ganze Himmel darin! Nehmen wir uns das Hauptgebot zur Verwirklichung vor, dann werden wir sehr bald erkennen: Es ist gar nicht so schwer, sich Gott anzuvertrauen und das Absolute Gesetz anzunehmen und umzusetzen: Liebe Gott von ganzem Herzen, mit deiner ganzen Seele.

Immer dann, wenn Schwierigkeiten kommen, immer dann, wenn wir unseren Nächsten abwerten wollen, immer dann, wenn wir glauben, wir wüssten alles besser, immer dann, wenn wir unseren Nächsten von uns schieben wollen, machen wir es uns erneut bewusst: Liebe Gott, deinen Vater, von ganzem Herzen, mit deiner ganzen Seele, mit allen Kräften, und deinen Nächsten wie dich selbst.

Meinen wir es ehrlich, dann geht eine Vibration durch unsere Seele und durch unseren Körper; das bewirkt ein rasches Umdenken, ein Nach-innen-Gehen. Dann sprechen wir auch aus der Tiefe unseres Herzens die Bitte um Vergebung: »Vater, ich bitte Dich von ganzem Herzen um Vergebung, dass ich wieder in meine alte Gewohnheit gefallen bin.« Kommt diese Bitte tief aus unserer Seele, dann ist auch schon die Hilfe da. So finden wir rasch zu Dem, der uns unendlich liebt, zu Dem, der von unserer Seele unendlich geliebt wird.

Die erwachte Seele sehnt sich nach Gott. Oftmals lassen wir sie jedoch nicht zu Wort kommen. Wir unterdrücken die Sehnsucht der Seele mit unserem Intellekt, mit unserem Wenn und Aber oder mit dem Gedanken: »Ich darf keine Rührung zeigen; ich darf kein Gefühl haben; ich muss stark sein, muss mannhaft sein.« Lassen wir die innere Rührung zu! Lassen wir doch einmal das Gefühl sprechen, lassen wir Tränen zu – Tränen der Reue und der Beschämung über uns selbst. Dann erspüren wir, was uns die Seele zu sagen hat.

Und wer das ewige Sein dem Buchstaben nach erkennen und erfahren möchte, der liest oder hört an der Realität vorbei. Und wer nur das erhorcht, was sein Nächster als Wahrheit wiedergibt, der schafft bildhafte Vorstellungen aus dem, was er erhorcht. Das ist niemals die Realität des Lebens, sondern der Schein; es ist die Spiegelung des Gesetzes und nicht die Wahrheit selbst.

Gabriele:

»Und wer das ewige Sein dem Buchstaben nach erkennen und erfahren möchte, der liest oder hört an der Realität vorbei.« Warum? Weil er nur an der Oberfläche bleibt.

Stellen wir uns das Wort als Walnuss vor. Knabbern wir nur an der Schale, so erkennen wir den Kern nicht. Blicken wir also nur auf den Buchstaben, dann schauen wir nur auf die Schale und erfahren nicht den Kern, nicht die Realität, nicht den Inhalt des Wortes.

»Wer nur das erhorchen möchte, was sein Nächster als Wahrheit wiedergibt, der schafft bildhafte Vorstellungen aus dem, was er erhorcht.« Damit will Christus uns sagen: Hören wir das Gesetz nur an und richten wir uns nicht danach, indem wir täglich unser Allzumenschliches bereinigen und mehr und mehr nach den Gesetzen Gottes leben, dann schaffen wir uns Vorstellungen. Wir blicken nur auf die Schale, die uns täuscht. Das Leben ist der Kern. Diesen

erreichen wir nur, wenn wir die Schale knacken. Das ist uns nur möglich, wenn wir unser Sündhaftes bereinigen, das sich uns tagtäglich, jeden Augenblick, zeigt. Unsere fünf Sinne holen es herbei.

Können wir die Tiefe des Inhalts der Schale nicht ausloten, können wir nicht in den Kern hineinspüren, in die Tiefe unserer Seele, dann täuschen wir uns selbst, oder wir werden getäuscht. Deshalb sagt uns Christus in Seinen Offenbarungen immer wieder: Ihr sollt nicht nur Hörer Meines Wortes sein, sondern es verwirklichen, um selbstlos tätig zu sein.

Durch die Verwirklichung erfahren wir selbst unser göttliches Erbe, erfahren wir selbst das geistige Gesetz, unser wahres Sein. Dann müssen wir nicht mehr alles erhorchen, nicht mehr alles erfragen, uns keine Vorstellungen mehr machen – wir sind in das ewige Sein eingetaucht, um von dort, von der Quelle des Lebens, zu empfangen. Das ist der Wunsch des Christus Gottes. Deshalb gab Er uns in Wort und Schrift die großen kosmischen Lehren, das Absolute Gesetz, unser göttliches Erbe.

Wer also die Wahrheit nur erhorcht – ob in sich oder von außen, von Menschen dargelegt –, der ist noch nicht die Wahrheit selbst, das Sein. Wer nicht zur Wahrheit, dem Sein, geworden ist, der kennt sich nicht als Wesen der Wahrheit, weil er noch nicht zum Wesen der Wahrheit, zu seinem wahren Sein, gefunden hat.

Nur wer das ewige Wort, das Sein, das Gesetz, ist, der ist im Leben – und ist das Leben selbst, weil er die Essenz des heiligen Wortes, die Wahrheit, das Leben, ist.

Gabriele:

Hören oder lesen wir Worte aus der ewigen Wahrheit, so sollten wir uns angewöhnen, genau hinzuhören und das, was wir lesen, in unserem Inneren aufzunehmen. Das geschieht, indem wir nicht gleich denken, uns also über das Gehörte und Gelesene Gedanken machen, sondern wachsam sind und es in unserem Inneren aufnehmen. Was uns bewusst wird, das heißt, was sich im Inneren bewegt, das lassen wir ins Oberbewusstsein kommen; wir betrachten und notieren es, denn es hat uns etwas zu sagen. So lernen wir mehr und mehr die Sprache des Geistes. Wir lernen, uns zurückzunehmen, um das Gehörte im Inneren zu verarbeiten.

Schwingt in uns eine Aussage, ein Wort, besonders nach, klingt etwas in uns an, dann bejahen wir in dem, was uns bewegt, das ganze Gesetz, indem wir sagen: »Ja, in jeder Aussage liegt das ganze, ewige, machtvolle Gesetz.«

Bejahen wir tief in unserem Herzen die Ganzheit, das Leben, dann spüren wir, dass wir sofort in einen höheren Körperrhythmus, in eine höhere Schwingung, gelangen, weil Gott das Ganze ist, allgegenwärtig.

Wir dürfen das Gesetz Gottes, das Ganze, bejahen – wohl wissend, dass wir es noch nicht sind, dass wir es noch nicht ganz verwirklicht und erfüllt haben. Wir dürfen es bejahen.

Allein die Bejahung aus dem Herzen bringt uns die Resonanz und zeigt das allmächtige Sein auf, die Unendlichkeit. Wir erspüren einen Hauch der zeit- und raumlosen Wirklichkeit, dann, wenn sich das Herz, die Seele, auftut. Die erwachte Seele sehnt sich oft mehr nach Gott als der Mensch, da dieser schwerfälliger reagiert als unsere Seele. Dadurch besteht häufig eine Diskrepanz zwischen Seele und Mensch.

Das Wort der Himmel ist Sein Wort, das Wort Gottes, das ewige Gesetz. Wer zum Wort Gottes geworden ist, der ist zum Wesen in Gott geworden. Er schaut auch die Menschen, Dinge, Geschehnisse und Ereignisse im Bild der Himmel, der Wahrheit, im Ich Bin – und nicht mehr im Bild seiner kleinen Welt, im Gesichtskreis des »Ich will«.

Gabriele:

Lassen wir die Aussage des Christus Gottes: *»Das Wort der Himmel ist Sein Wort, das Wort Gottes, das ewige Gesetz«* in uns nachschwingen, so schwindet die Enge des Menschlichen. Was uns noch zuvor an Gedanken, Vorstellungen und Meinungen nahe war, tritt zurück; es wird unwichtig. Dies beruht darauf, dass wir nun nicht unser Menschliches ungehindert zulassen, sondern statt dessen das Gesprochene oder Gelesene in jenen Teilen unseres geistigen Bewusstseins aufnehmen, die wir erschlossen haben, die also durch unsere Seele und durch unseren Menschen schwingen. Damit treten wir dann in Kommunikation und erspüren die Weite und die Freiheit der Unendlichkeit. In diesem Abstand von dem Menschlichen schwingen Friede und innere Liebe mit. Dieser zarte Hauch ist die Antwort Gottes.

Wir erkennen darin die Nähe Gottes. Das ehrliche Bemühen, in das mächtige Gesetz hineinzuwachsen, führt uns in die Aspekte des inneren Gesetzes.

Denken wir also nicht sofort, sondern nehmen offen und vertrauensvoll auf, was wir lesen oder hören, und bejahen wir in allem das Göttliche, dann nehmen wir Abstand von unserem Menschlichen, von den Schwierigkeiten und Problemen. Wir werden klarer und können die bestehenden menschlichen Aspekte – das, was aktiv ist und zur Bereinigung ansteht – auch leichter und detaillierter erkennen. Wir werden um vieles ruhiger, reagieren gelassener und stehen so mehr über den Situationen.

Machen wir uns bewusst: Gott ist überall, und Er ist in allem. Er ist in uns, tief in unserer Seele. Er ist aber auch in jedem Wort, in jedem Gedanken, in jeder Empfindung, in jedem Augenblick; alles, was wir hören, was wir sehen, ist Gott. Er, der große Geist, lässt sich hören, und Er lässt sich schauen, wenn wir die Dinge im Licht des Gesetzes, im Licht der Wahrheit, betrachten.

Damit wir wieder zum Gesetz der Wahrheit werden, heißt es für uns zuerst: Nimm dich nicht zu wichtig, du niederes Ich; das Ich Bin ist das Größte! – Bejahen wir immer wieder das Größte, das Ich Bin, und üben uns, dieses mächtige Allgesetz zu verwirklichen, dann werden wir uns auch in jeder Schwierigkeit, in jedem Problem zurücknehmen und sagen: Halt! Nimm dich nicht so wichtig. Das Ich Bin ist das Größte; es ist in allem. Ich werde zur rechten Zeit erfahren, wie ich die jeweilige Situation oder das Problem nach den Geboten Gottes lösen kann.

Nehmen wir uns also zurück, indem wir nicht sogleich denken, sondern in uns aufnehmen, was uns gesagt wird, dann hören wir bewusster hin, und auch unsere Arbeit wird uns exakt und flüssig von der Hand gehen, weil wir gegenwärtig leben.

»Wer zum Wort Gottes geworden ist, der ist zum Wesen in Gott geworden.«

Sind wir zu dem Wesen in Gott, zum Kind Gottes, geworden, dann sind wir auch wieder bewusst der Sohn und die Tochter Gottes. Nehmen wir diese beiden Worte: »Sohn« und »Tochter«, und bejahen wir in diesen Worten das ganze göttliche Gesetz, so spüren wir augenblicklich eine Veränderung in und an uns. Daraus erwächst Achtung vor unserem innersten Wesen. Die Widersprüchlichkeiten des menschlichen Ichs nehmen Abstand von uns. Sind wir weitgehend wieder zum Wesen in Gott geworden, dann schauen wir, was hinter der Maske des menschlichen Ichs unserer Mitmenschen verborgen ist. Wer in dieses tiefe, innere Empfinden eingekehrt ist, wertet nicht mehr.

Obwohl wir noch nicht zum Gesetz geworden sind, obwohl noch einige Fehler, also Sünden, abgebaut werden müssen, hebt uns die Bejahung des Gesetzes Gottes im Wort »Sohn«, im Wort »Tochter« an, so dass wir unser Menschliches von einer höheren Warte aus betrachten können. Die Bejahung vom Herzen her sagt uns aber auch: Da wir ein Sohn oder eine Tochter Gottes sind, müssen wir uns auch entsprechend verhalten. Das bedeutet: Wir sollten nun mehr und mehr die Gesetzmäßigkeiten Gottes verwirklichen.

Erkenntnis verpflichtet. Die Erkenntnis bringt auch die Kraft mit, sie schrittweise in die Tat umzusetzen. Bejahen wir z.B. »Ich bin eine Tochter Gottes«, dann setzen wir inaktive Gegensätzlichkeiten in Gang, die uns erkennen lassen, was uns noch hindert, die Tochter Gottes zu sein. Bereinigen wir das nun aktive Sündhafte, dann erleben wir vermehrte Freiheit und die Bewusstheit, dass wir mächtige Wesen in Gott sind.

Dies wird sich nur dann einstellen, wenn wir nach dem Erkennen und Bereinigen die Konsequenz ziehen, dass wir das uns bewusst gewordene Sündhafte nicht mehr tun. Das bloße Verneinen des erkannten Negativen nützt uns nichts. Wir müssen das alte, negative Programm durch ein neues, positives Programm ersetzen, indem wir aus unserem Fehlverhalten die Gesetzmäßigkeit Gottes herausarbeiten und uns diese bewusst machen.

Viele haben die Erfahrung gemacht, dass es hilfreich ist, das Ungesetzmäßige und das daraus abgeleitete Gesetzmäßige Gottes zu notieren. Diese Notizen sollten wir bei uns tragen und uns dann vergegenwärtigen, wenn wir wieder in alte Gewohnheiten zurückfallen.

Was wir bereinigt haben, schwingt noch eine geraume Zeit in den Gehirnzellen nach. Immer wieder können wir uns die Gesetzmäßigkeiten selbst vorlesen, also uns selbst vorgeben, sie in unser Gehirn eingeben. Dies tun wir so lange, bis das alte Programm ausschwingt und das neue in unser Denken, Empfinden und in unsere Gefühlswelt eingeht und wir nicht mehr in unsere alten Programme zurückfallen. So wird sukzessive das Negative in positive Kraft umgewandelt; an die Stelle des gesetzwidrigen Denkens und Verhaltens tritt das Gesetzmäßige.

Das ist die Arbeit an uns selbst auf dem Inneren Weg; das sind die Schritte in ein Leben im ewigen Gesetz, die uns in unser Inneres und hin zu Gott führen. So reifen wir im Geiste und erschließen unser göttliches Erbe.

Zum reinen Wesen in Gott werden wir nicht von heute auf morgen und auch nicht allein durch die Bejahung des Absoluten Gesetzes. Doch bejahen wir das Gesetz Gottes, dann bejahen wir die höchste Kraft, die dann in uns verstärkt aktiv wird. Wir spüren sie so weit, wie sie durch unser erschlossenes Bewusstsein zu unserem Oberbewusstsein gelangen kann.

Wesen in Gott leben in der Einheit untereinander und mit allem Sein. In die Einheit zurück finden wir nur, wenn wir die positiven Aspekte unserer Nächsten in unserem Herzen bejahen, sie in unserer Seele erschließen – desgleichen die gesamten Naturreiche. Wir sind nicht in Übereinstimmung mit den göttlichen Prinzipien Gleichheit, Freiheit, Einheit und Brüderlichkeit, wenn wir dem einen gewogen sind, den anderen aber ablehnen und missachten. Ebenso ist es nicht miteinander zu vereinbaren, wenn wir den Nächsten lieben und schätzen, zugleich jedoch gegen die Natur handeln und zu dem Leid schweigen, das unseren Übernächsten, den Tieren, und der Natur angetan wird.

Erkennen wir auch hier wieder das große Schöpfungsleben, dessen Essenz in jedem von uns ist. Jedes Stäubchen, jedes kleinste Detail all dessen, was der mächtige Schöpfergeist hervorgebracht hat, müssen wir in uns wieder erschließen, in uns wieder zum Schwingen bringen, auf dass wir die Einheit mit Gott erlangen. So finden wir zurück zum großen Geschehen des Lebens, in das wir eingebunden bleiben, weil Gott, unser Vater, uns in Seinem Herzen bewahrt.

»Er schaut auch die Menschen, Dinge, Geschehnisse und Ereignisse im Bild der Himmel, der Wahrheit, im Ich Bin – und nicht mehr im Bild seiner kleinen Welt, im Gesichtskreis des "Ich will".«

Das ist für uns ein großer und mächtiger Satz.

Das Bild der Himmel, so sagt uns der Herr in Seinen großen kosmischen Lehren, ist die Wahrheit, das Ich Bin. Bejahen wir dies in uns – denn in unserem Innersten ist das Ich Bin, weil wir der Tempel des Heiligen Geistes sind –, dann gelangen wir allmählich zur Ruhe und gewinnen innere Sicherheit, die uns ganz allmählich die Probleme, die Dinge und Geschehnisse im Licht der Wahrheit erkennen lässt.

Das Leben in Gott gibt uns Sicherheit. Der Mensch, der nur auf das Äußere blickt, ist unstet und unsicher. Er lebt beständig in der Angst, sein Nächster könnte ihn hintergehen. Er ist immer argwöhnisch und misstrauisch und voller Zweifel. Die Auseinandersetzung mit der Angst und seiner eigenen Vorstellungswelt hält ihn beständig in Atem. So ist er eingefangen in seiner Angst, die ihm suggeriert »ich will« und »ich muss«. Wer mehr und mehr in Gott lebt, der lebt auch mehr und mehr in seinem Inneren, wo das Licht der Wahrheit wohnt. So lernt er das Schauen. Hat er das Schauen gelernt, dann bejaht er in allem das ganze Gesetz, das Ganze – und das Ganze, das ewige Gesetz, wird ihm auch helfen und dienen.

Solange wir auf unser Menschliches blicken, bewegen wir unsere Sorgen, Schwierigkeiten und Probleme, bleiben hektisch und kurzatmig.

Deshalb sollten wir uns als Daueraufgabe vornehmen: Nimm dich zurück! Reagiere nicht sofort. Lass das Gehörte in dir wirksam werden. Dann erst rede oder handle.

Bejahen wir in jeder Aussage, in jedem Wort das ganze Gesetz, das Innere Leben, so merken wir sehr rasch, dass wir ruhiger und tiefer atmen. Durch die ruhigere und tiefere Atmung spüren wir dann auch die Weite in uns, den Hauch von Freiheit.

Ähnliche Erfahrungen können wir machen, wenn wir dem »Ich will« den göttlichen Willen gegenüberstellen.

Das »Ich will« – der Mensch also – drängt immer. Er drängt und drängt und will und will – und zum Schluss kommt heraus: Jetzt muss ich es haben; jetzt muss ich mich durchsetzen; jetzt muss es so sein, wie ich will. Daraus ergeben sich Gier, Neid, Intoleranz, Herrschsucht und Feindschaft.

Bejahen wir, dass in und an uns Gottes Wille geschehen möge und überlassen wir uns Gottes Führung, dann werden wir im Augenblick der Übergabe an Gott ruhiger, und unser Atem geht tiefer.

Durch eine gesetzmäßige Verhaltensweise werden wir auch souverän. Wir schätzen Menschen und Situationen richtig ein, wissen, was zu tun und zu lassen ist; wir begegnen unseren Nächsten mit Achtung und sind unparteiisch. Wir stehen über den Dingen.

Ruhe und Souveränität bringen auch die Vertrautheit gegenüber Gott. Wir vertrauen uns Gott an, denn Gott weiß um alle Dinge. Er will für uns nur das Beste. Er ist uns ständig nahe. Er, das mächtige Gesetz, die Liebe und Gerechtigkeit, ist immer bei uns. Gott ist der innere Lauscher, der alles vernimmt.

Spricht das Herz des Kindes zum großen Vaterherzen, dann ziehen Einheit und Liebe in den Menschen, weil das Herz Gottes beständig gibt.

Jeder himmlische, selbstlose Gedanke und jedes himmlische, selbstlose Wort ist ein himmlisches Bild, das alles in sich birgt. Ähnlich, wie eine Körperzelle einen ganzen Menschen beinhaltet, so beinhaltet jede selbstlose Empfindung, jeder selbstlose Gedanke, jedes selbstlose Wort und jede selbstlose Handlung das ganze All als Essenz.

Der wahre Weise legt in alles, was er spricht, das Ganze hinein – auch dann, wenn er aus dem Ganzen nur eine Facette der Wahrheit mitteilt, indem er diese zum Leuchten bringt.

Gabriele:

In der göttlichen Welt gibt es die Sprache des Bildes. Empfängt das Geistwesen einen Impuls, so setzt sich dieser Impuls in ihm als ein vollkommenes, absolutes Bild um. Es ist das reine Bild, in dem sich das ganze Schöpfungsgeschehen auftut. Das innere Bild zeigt sich in der Partikelstruktur des Geistleibes, und das Geistwesen schaut im Bild alle Aspekte, auf die es ankommt.

Entsprechend ist es auch in unserer Welt, in unserem irdischen Dasein: Unsere Worte und unsere Gedanken sind die Sprache des Bildes. Diese Bilder sind nicht vollkommen, nicht absolut; sie entsprechen nicht der siebendimensionalen Welt Gottes – sie sind nur Reflexionen, heruntertransformiertes, umgewandeltes Licht. Sie sind also nicht das Sein, sondern nur der Schein und in vielen Fällen Täuschung.

Gott ist der Odem, das Leben. Immer wieder wird die Frage gestellt: Warum können wir den Geist Gottes nicht sehen? Ebenso stellt sich die Frage: Warum können wir die Luft nicht sehen? Wir bejahen sie und sehen sie doch nicht. Wir atmen die Luft und den Sauerstoff und nehmen dies für selbstverständlich, ohne dass wir die Luft und den Sauerstoff sehen. Wir sehen wohl, dass die Luft die Blätter bewegt, wir hören die Bäume rauschen. Doch sehen wir, wer die Blätter bewegt, wodurch die Blätter rauschen? Wir sagen einfach: »Es ist die Luft.« Geht es um den Odem Gottes, die ewig strömende Energie, dann zweifeln wir an dieser allmächtigen Gegenwart.

Verbinden wir uns mit dem Geist Gottes, indem wir unser Menschliches zurücknehmen und die mächtige Allgegenwart des All-Seins in uns bejahen, dann bewegt sich auch in uns der Geist des Lebens: Wir empfinden Ruhe und Stille; wir atmen tiefer.

Vergegenwärtigen wir uns noch einmal: Bewusstes Leben heißt, Gott, das Ganze, in allem zu bejahen. Wir vergessen es oft, deshalb sollten wir es üben. Nehmen wir es uns als Aufgabe vor, immer wieder Gott zu bejahen, in allem, was wir denken, reden und tun. Vergegenwärtigen wir in uns immer wieder folgende Aussage: »Ja, Herr, Du bist in allem. Dein Geist weht überall. In mir, in jeder

Situation bist Du, in jedem Problem, in jeder Aufgabe. Du bist in der Arbeit und mit mir am Arbeitsplatz. Du bist immer gegenwärtig.«

Bejahen wir also Gottes Gegenwart in allem – und es wird uns immer besser ergehen. Wir werden immer klarer, immer freier und zu dem Kind werden, das sich Gott, unser Vater, wünscht: das reine, freie, edle Wesen in Ihm.

Gott ist das Ganze und ist ungeteilt. Deshalb ist in dem, der das göttliche Wort ist, das Ganze wirksam. Er ist das eine Sein im Sein. Er ist nicht zweigeteilt wie der Mensch, der anders spricht, als er denkt, und anders empfindet, als er denkt und spricht.

Das ewige Gesetz wirkt und offenbart sich in dir selbst. Alles ist Gesetz. Du siehst es nicht im Äußeren; du erkennst und schaust es einzig in dir als das Ganze.

Gabriele:

Weil alles Gesetz ist im Himmel und auf Erden, in den Gestirnen, in der Natur, im Menschen und der Mensch selbst, so ist alles Leben, weil jeder Baustein Energie ist. Energie sendet und empfängt, und somit ist alles Leben. Das Leben ist Bewusstsein. Infolgedessen ist alles Bewusstsein, weil alles Leben ist.

Leben kann nur existieren durch Kommunikation. Infolgedessen kommuniziert immer wieder Gleiches mit Gleichem. Das Prinzip der Kommunikation beruht auf Senden und Empfangen. Alles sendet also, das Göttliche und das Ungöttliche. Jeder von uns ist ein Sender und Empfänger. Mit unseren fünf Sinnen, die unserem augenblicklichen Bewusstseinsstand entsprechen und deren Tätigkeit mit unserem Fühlen, Empfinden, Denken, Reden und Handeln verbunden ist, senden und empfangen wir.

Über unseren selbstgeschaffenen Frequenzbereich, der aus unseren fünf Sinnen besteht und aus unserem Fühlen, Empfinden, Denken, Sprechen und Tun, auch aus unseren Leidenschaften, Sehnsüchten und Wünschen, können wir nicht hinaussenden. Ausschließlich das, was wir senden, empfangen wir.

Durch dieses Senden und Empfangen von Menschlichem, von Ungöttlichem, baut sich unser Personengesetz auf, das Gesetz von Saat und Ernte. Bereinigen wir unser Sündhaftes, unser Personengesetz, dann gelangen wir allmählich in das Absolute Gesetz. Wir werden frei von unserem menschlichen Ich und nehmen ganz allmählich Kommunikation mit dem ewigen Gesetz auf, unserem göttlichen Erbe.

Alle Sendepotentiale unseres Kommunikationsnetzes beeinflussen sich gegenseitig. Unsere fünf Sinne nehmen Einfluss auf unser Gefühls-, Empfindungs- und Gedankenleben, so auch auf unsere Worte und Handlungen, auch auf unsere Regungen und Neigungen. Diese beeinflussen wiederum unsere fünf Sinne.

Wer in diesem persönlichen Kommunikationsnetz gefangen bleibt, der ist sein eigener Gefangener. Er sieht und hört nur sich selbst; er nimmt nur seine Duft- und Geschmacksfrequenzen wahr; er betastet nur das, was seinem Frequenzbereich entspricht. Er fühlt, empfindet, denkt, spricht und handelt ausschließlich nach seinen Eingaben.

Dieses Personen-Kommunikationsnetz, unser Eingesponnensein in unsere eigenen Frequenzen, können wir nur mit Christus auflösen, da Er unser Erlöser ist. Auflösen heißt, uns von unserem menschlichen Ich zu lösen und uns den göttlichen Gesetzen zuzuwenden, die unser wahres Erbe sind, die Kommunikation des Seins.

Lesen und hören wir die Sätze aus den großen kosmischen Lehren des Jesus von Nazareth und lassen wir das Gelesene und Gehörte gleichsam in uns hineinfließen, dann regt dieses »Sendepotential« unsere Gefühls-, Empfindungs- und Gedankenwelt, unsere Frequenzbereiche, an. Aus unserem eigenen Kommunikationsnetz nehmen wir dann Frequenzen wahr, in denen wir uns selbst erkennen können; denn wir empfangen nur das, was wir gespeichert haben, was wir letztlich sind. So erforschen wir unseren Bewusstseinsstand und erkennen, was zur Bereinigung ansteht.

Haben beispielsweise die Worte »Gott ist das Ganze« und: »Alles ist Gesetz« in uns nachgeschwungen und eine

Bewegung in uns hervorgerufen, dann fragen wir uns: Was will mir das sagen? Dann splittet unser Bewusstsein, an das wir die Frage gerichtet haben, den Komplex eventuell auf. Wir können weiter fragen:

Wo sind wir noch geteilt, wo sprechen wir mit geteilter Zunge? Warum sprechen wir mit geteilter Zunge? Wovor haben wir Angst? Unsere ehrlichen Antworten lassen uns hinter unsere Gedanken und Ängste schauen. Wir erfragen uns selbst, um zu erfahren, was diese Aspekte oder Sätze ausgelöst haben, was also in uns noch an Menschlichem zugrunde liegt.

Bewegen uns die Worte »Gott ist ungeteilt«, so zieht eventuell eine Situation oder eine Begebenheit an uns vorüber, die von Zerrissenheit gekennzeichnet war. Um hinter die Aspekte unserer Zerrissenheit zu kommen, hinterfragen wir uns: Warum waren wir heute so zerrissen? Was bewegte uns vor Stunden? Welche Schwierigkeiten oder Probleme lagen gestern vor? Was ist davon noch ungelöst und unbereinigt? Was beunruhigt uns? Möglicherweise signalisieren uns nun unsere Gefühle ein schlechtes Gewissen. Dann fragen wir weiter: Was haben wir versäumt? Was sollte schon längst getan werden? Vor was weichen wir aus, was haben wir beiseitegeschoben? Was drückt uns?

Durch das Hinterfragen kommen wir uns selbst auf die Schliche. Im Vagen, Diffusen, das sich eventuell nur in der Gefühls- und Empfindungswelt als Druck, als Unsicherheit, als Angst, Wehmut oder leises Grollen bemerkbar macht, wird ein Aspekt greifbar, ein weiterer tritt klar zutage, woraufhin eine noch tiefere Ursache erfasst – und somit bereinigt – werden kann. Es lohnt sich, konsequent weiterzufragen, um nach den Wurzeln zu forschen. Der oberflächliche Gedanke, die flüchtige Empfindung bringen noch keine Lösung und machen nicht frei.

Oft liegen ganze Komplexe von Menschlichem vor, die, weil sie unter Umständen jahrelang unbereinigt blieben, nicht mehr einfach zu entwirren sind. Dann gilt es, auf dem aufgezeigten Weg die eine Frequenz in unserem Kommunikationsnetz zu finden, die uns die Tagesenergie heute in die Hand gibt. Bringen wir diese eine Frequenz zum Schwingen, erkennen und bereinigen wir, dann erfahren wir unter Umständen weitere Frequenzen unseres Kommunikationsnetzes. Lichtet sich der Komplex unseres menschlichen Ichs, dann kommen wir zum Wurzelwerk unserer Belastungen. So können wir Schritt für Schritt frei werden durch Erkennen und Bereinigen mit der umwandelnden Kraft des Christus Gottes in uns.

Die physischen Augen nehmen nur Äußeres wahr und nicht das, was im Innersten, im reinen Sein, im Tempel Gottes, offenbar ist.

Die physischen Augen nehmen nur den Abglanz dessen wahr, was im Himmel ist.

Was Materie ist, ist Reflexion und nicht Absolutheit.

Der Schauende gewahrt Gott in allem, was ist – in jeder Blume, in jedem Strauch, in jedem Stein, in den Gestirnen, in den Menschen. Mit jedem Augenaufschlag, mit seinem Gehör, mit dem Geschmacks-, Geruchs- und Tastsinn begegnet er Gott.

Gabriele:

Die Materie ist Spiegelung, der Abglanz des reinen Seins. Nehmen wir den Abglanz als Realität, dann stehen wir nur mit dem Abglanz in Kommunikation, und wir erarbeiten uns nicht die Wahrnehmungsorgane des Inneren, die feinen Antennen der Seele. Dann sind wir damit beschäftigt, über unsere fünf menschlichen Sinne auf der Materie zu suchen, wo wir nur den Abglanz wahrnehmen.

Möchten wir der Sehnsucht unserer Seele nach dem Glanz des himmlischen Seins folgen, so sollten wir uns mit dem schalen Abglanz nicht zufriedengeben. Fragen wir uns, was uns noch am Materiellen, am Diesseitigen, am Schein, hält. Welche Aspekte des Menschlichen sind es? Was suchen wir noch, was möchten wir noch haben? Was soll uns die Materie noch bieten?

Die innere Wahrnehmung, den Zugang zum Glanz des ewigen Seins, erlangen wir nur, wenn wir uns nicht an den Abglanz binden.

Haben wir gefunden, wo eine solche Bindung – Wünsche, Anlehnung, Wollen und dergleichen – vorliegt, so steht die Entscheidung an: Suchen wir weiterhin die Erfüllung im Abglanz, im Schein – oder setzen wir uns klar das Ziel, täglich mehr in den Glanz zu gelangen? Unsere nächsten Schritte weisen es aus, welchen Kurs wir eingeschlagen haben. Sind wir weiterhin gesteuert von unserem Menschlichen – oder sind wir geführt und geleitet von Christus, der Macht und dem Licht der Unendlichkeit? Kraft unseres freien Willens entscheiden wir selbst.

Für den Schauenden ist Gott in allem gegenwärtig.

Wenn er seine Arbeit tut, ist Gott gegenwärtig. Wenn er ein Gespräch führt, ist Gott gegenwärtig. Wenn er da- und dorthin geht, ist Gott gegenwärtig.

Gabriele:

»Für den Schauenden ist Gott in allem gegenwärtig.« Als der Schauende sehen wir nicht da- und dorthin – wir lassen unser Bewusstsein, die Augen der Seele, schauen. Damit durchstrahlen wir unseren Nächsten und jede Situation und treten mit dem Innersten in unserem Nächsten und der Situation in Kommunikation. Das Innerste aller Dinge ist das Göttliche.

Haben wir unser göttliches Bewusstsein, unser geistiges Erbe, erschlossen, dann haben wir das Schauen gelernt, dann sind wir auch wieder zum Kind Gottes geworden. Weil Gott uns vollkommen schaut, sind wir in Ihm immer Sein vollkommenes Kind. Sein Herz, in dem Er uns als freies Kind bewahrt, ist der größte Magnet des Alls. Es zieht uns an, auch wenn wir durch unseren Eigenwillen schmerzhafte Wege gehen – Wege in die Finsternis. Auch wenn wir uns in der Finsternis lange Zeit aufhalten – irgendwann spüren wir die mächtige Strahlung dieses mächtigen Magneten, Gott, das Herz der Liebe, und wir finden heraus aus Schmach, Niederlage, Verzweiflung, Krankheit, Not, Hunger, Siechtum und vielem mehr.

Sein vollkommenes Kind, das Er so schaut, ist in Ihm und mit Ihm ewig eins. Doch – betrachten wir uns genau und fragen wir uns: Sind wir eins mit Ihm? Sind unsere Gefühle, Empfindungen und Gedanken eins mit dem Gesetz des Lebens? Dann können wir sagen: »Der Vater und ich sind eins«, weil unsere Gedanken Gottesgedanken sind, weil unsere Gefühle und Empfindungen göttlich sind, also selbstlos und somit gesetzmäßig.

Dann kann Gott durch uns wirken, und wir können Ihm und unseren Nächsten selbstlos dienen. Ohne Weisheit, ohne die Verbindung zum göttlichen Strom, ohne Kommunikation unseres Innersten mit dem Innersten unseres Nächsten, mit dem Innersten der Situation, der Schwierigkeit und dergleichen vermögen wir nicht gesetzmäßig zu geben, zu helfen und zu dienen. Die Aufgaben, die Gott in unserem Erdenleben für uns bereithält, erschließen sich uns erst, wenn wir uns für Gott, für das Innere Leben und für unsere Nächsten öffnen. Zuerst müssen wir also zum Kind Gottes werden und Ihm überlassen, wie wir Ihm dienen können.

Der erste Schritt hinein in ein tätiges Leben im Geiste Gottes ist immer, ein Kind zu werden. Das Kind gibt sich Ihm vertrauensvoll hin – es erwartet nichts. Es möchte schlichtweg nur Sein Kind sein. Es möchte nichts anderes, als im Schoß des ewigen Vaters ruhen und an Seiner Hand gehen. Hat es die Kommunikation zu Dem, den es über alles liebt, zu Gott, dann weiß Gott Sein Kind zu führen und stellt es an den Platz, wo es für das Kind gut ist.

Die Richtschnur für ein Leben in Gott, für ein Leben in Seinem Gesetz, finden wir in den Zehn Geboten und in den Lehren der Bergpredigt. Folgen wir diesen Gesetzmäßigkeiten, so werden wir zum Kind Gottes, und wir wachsen heran zu Seinem Sohn, Seiner Tochter und werden zu dem Schauenden, von dem der Herr in Seinen großen kosmischen Lehren spricht.

Ohne die Gemeinsamkeit mit Gott werden wir keine echte Geschwisterlichkeit und keine wahre Gemeinschaft mit Menschen pflegen können. Wo die Gemeinsamkeit mit Gott fehlt, da gibt es immer Streit, denn jeder möchte der Größte sein.

Zuerst sollten wir also die Gemeinsamkeit mit Gott anstreben. Wenn wir zum inneren Glück erwacht sind, dann werden wir auch in die echte Gemeinschaft mit Gleichgesinnten gelangen. Natürlich sollen wir die Gemeinsamkeit mit unseren Brüdern und Schwestern pflegen, aber der erste Schritt ist immer die Gemeinsamkeit mit Gott, denn nur dann gibt es unter Gleichgesinnten die Ausrichtung, die verbindet, und somit die richtige Kommunikation.

»Wenn er seine Arbeit tut, ist Gott gegenwärtig.« Mit Gott durch unsere Tage gehen heißt, auf Ihn ausgerichtet zu sein, wo immer wir sind, was immer wir tun. Gelingt es uns, Gott in die Arbeit mit einzubeziehen, dann geht sie uns leicht von der Hand.

Wir sollten uns angewöhnen, den Christus-Gottes-Geist bewusst in unser Leben einzubeziehen und die Verbindung mit Ihm zu halten, indem wir unser Innerstes ansprechen im Dank für die Ausrichtung, im Dank, dass es uns gut geht. Ist das Bewusstsein des Dankes in uns lebendig geworden, so werden wir, wenn wir in kritische Situationen zu geraten drohen, rechtzeitig Christus in uns anrufen und Ihn um Hilfe bitten. Er lässt nicht auf sich warten!

Der Schauende, der Gott Liebende, lebt im Bewusstsein des Dankes. Ist unsere Liebe zu Gott noch nicht so groß und noch nicht so stetig, dann hilft der Dank, uns in der Ausrichtung auf Gott zu festigen und uns im Bewusstsein der Gotteskindschaft zu verankern. Auch wenn wir erkennen, dass wir in einer Situation fern von Ihm sind durch unsere menschlichen Gedanken – wenden wir uns nicht vollends ab von Ihm! Vergegenwärtigen wir uns: Unser ewiger Vater bleibt uns zugewandt. Er ist für uns da; Er hilft uns, aus unserem Menschlichen wieder herauszufinden! Bringen wir die Größe auf, Gott dafür zu danken, dass Er uns aufzeigt, wo unser Menschliches ist, dann erwachen in uns der Mut und die Kraft, das Menschliche mit Christus anzugehen und es zu bereinigen.

Blicken wir nur auf unser Personengesetz, auf unser Problem und sprechen viel von unserem Problem, dann aktivieren wir nicht die innere Kraft, die Gotteskraft. Gott ist immer gegenwärtig. Sobald wir Ihn bitten oder Ihm von Herzen danken, dass wir einen negativen Aspekt erkannt haben, den wir mit Ihm, mit Seiner Hilfe, bereinigen möchten, dann sprechen wir auch das Göttliche in unserem Problem an. Damit stellen wir zu dem Göttlichen im Problem eine Kommunikation her. Das Göttliche wird dadurch verstärkt aktiv und weist uns die Wege, so dass wir das Problem oder die Schwierigkeit lösen können.

Der Dank enthält die Bejahung des Göttlichen in allem und bewirkt, dass das Positive geweckt wird, sich verstärkt und festigt.

»Wenn er ein Gespräch führt, ist Gott gegenwärtig.« Erinnern wir uns immer wieder daran, und üben wir uns darin, in die Bewusstheit der Gegenwart Gottes zu gelangen! Nehmen wir uns immer wieder zurück, bejahen die Gegenwart Gottes in allem und bitten Gott um Hilfe, und Er wird uns beistehen, wenn wir ernsthaft Seine Gesetze erfüllen wollen.

»Wenn er da- und dorthin geht, ist Gott gegenwärtig.« Gott ist also immer dabei. Wir können Ihm nicht entfliehen – Er ist in uns. Er ist in jeder Situation, in jedem Wort, in jeder Geste, in jeder Bewegung, in jedem Schritt. Und Gott ist immer das Positive, immer das Gute. Er möchte stets das Beste für uns.

Ist uns bewusst, dass Gott immer das Beste für uns möchte, dann werden wir uns Ihm auch mehr und mehr anvertrauen; wir werden Ihn um Hilfe, um Rat und Beistand bitten. Er erfüllt Seinem Kind die gesetzmäßige Bitte. Das bedeutet: Wollen wir Seine Gesetze erfüllen, so können wir sicher sein: Er wird uns leiten; Er wird uns helfen; Er wird uns dienen.

Diese Menschen haben den Stein des Weisen gefunden; sie lassen Gott durch sich wirken. Wer in allem, was er empfindet, denkt, redet und tut, mit Gott die Verbindung hält, der wandelt wahrlich im Lichte Gottes, und Gott tut durch ihn die Werke der Liebe.

Wahret in allem das Bewusstsein: Gott ist gegenwärtig; Gott ist in allem.

Habt ihr euch diese Gewissheit einverleibt, dann weichen von euch Einsamkeit, Verlassenheit und Trübsal; ihr werdet Gemeinsamkeit, inneres Glück und weitere Einsicht gewinnen.

Gabriele:

Ist unsere Seele angerührt von den hehren Worten des Absoluten Gesetzes, dann bringen die Gedanken, die sich als Resonanz in uns formulieren, oftmals höchste Weisheit zum Ausdruck. Dennoch müssen wir häufig erkennen, dass der Bewusstseinsstand unseres Menschen dem noch nicht entspricht. Warum ist das so? Weil oftmals die Sehnsucht der Seele die Worte prägt. Sie möchte schon längst im Licht, in höheren Regionen, in höheren Bereichen sein, während der Mensch sich immer noch mit dem Niederen identifiziert. So mischt sich oftmals in unserer Gedankenwelt die Sehnsucht der Seele mit dem menschlichen Ich. Deshalb müssen wir auch in unsere eigenen Worte hineinspüren, um unseren Bewusstseinsstand zu erfahren, um zu erkennen, was es noch zu bewältigen gibt, um dem Göttlichen in der Tat näher zu kommen.

»Wahret in allem das Bewusstsein: Gott ist gegenwärtig; Gott ist in allem.« Ist uns dies bewusst und durchdringt uns diese Bewusstheit, dann werden wir nicht mehr auf Menschen bauen und nicht mehr auf Menschen hoffen. Wir werden dann einzig auf Gott bauen. Von Ihm werden wir nie enttäuscht werden.

Wer auf Menschen baut, der wird enttäuscht. Wer auf Menschen seine Hoffnung setzt, der wird mit der Zeit hoffnungslos. Wer auf Gott baut, der empfängt.

Viele Menschen richten sich auf ihre Mitmenschen aus, erwarten von ihnen Bestätigung; sie möchten Anerkennung, Erfolg und möchten gut dastehen. Diese Wünsche sollten wir uns einmal genauer ansehen und uns fragen:

Was bringt uns die Anerkennung, der Erfolg, was bringt uns das Gut-Dastehen? Vielleicht bringt es uns Geld und Ansehen – doch fragen wir weiter: Geben uns Geld und Ansehen Sicherheit? Müssen wir nicht gleich wieder bangen, ob es uns nicht genommen wird? Auch mit Geld, Gut und Ansehen sind wir doch oftmals unzufrieden und unglücklich.

Spielen wir das alles einmal durch, stellen wir uns in die Situationen und Abläufe hinein, so spüren wir, wie es uns ergehen würde – und sicher auch schon ergangen ist. Dann stehen wir immer wieder vor der Frage: Was wollen wir denn eigentlich? Sind wir mit dem Ergebnis zufrieden? Bringt uns der Erfolg die Erfüllung? Oder, wenn wir gut dastehen wollen: Lobt uns heute ein Mensch – wissen wir denn, ob er nicht morgen schon wieder anders spricht oder ob er uns nur mit den Lippen lobt und ganz anders denkt?

Allzugern setzen wir uns diesen menschlichen Spielen aus. Und gelingt es dann nicht so, wie wir es uns wünschen, dann werden wir aggressiv oder depressiv. So geraten wir mehr und mehr in die Verstrickungen unserer Ursachen. Ereilt uns das Schicksal, dann wundern wir uns.

Gehen wir doch immer wieder den Weg der Selbsterkenntnis. Analysieren wir unsere Wünsche, unsere Erwartungen: Was bringt uns der Erfolg? Was bringt uns das Gut-Dastehen? Wo führt es hin? Was kommt unter dem Strich heraus? Es hat wohl noch keinen Menschen gegeben, der mit Recht von sich sagen konnte: »Ich bin dadurch wahrhaft glücklich, zufrieden und froh geworden.«

Durch Anerkennung, Lob, Erfolg, Ehren und Schmeicheleien hat auch noch niemand die Selbstlosigkeit erlangt. Die menschliche Energie, die uns zufließt, baut uns scheinbar auf; wir fühlen uns kurzzeitig belebt und angehoben. Doch nach dem kurzen Höhenflug geht es umso steiler bergab. Wir müssen erkennen: In Wirklichkeit bringt es uns nichts. Es führt immer ins Tal der Tränen und der Bitternis.

Erfolg bringt häufig auch Angst – z.B. die Angst, der weitere Erfolg könnte ausbleiben. Wenn wir »gut dastehen«, liegt in uns schon der Zweifel, ob man uns morgen auch noch mag, die Angst, wir könnten abgewertet werden. Was wäre denn so schlimm daran, einmal abgewertet zu werden? Der Mensch denkt heute so und morgen anders. Heute wertet er uns ab, morgen hat er vielleicht wieder ein gutes Wort – damit wir ihn aufwerten. Solange wir auf Menschen schauen und von Menschen etwas erwarten, sind wir immer die Unterlegenen.

Auf Gott zu bauen setzt das Vertrauen in Ihn voraus, dass wir uns Ihm anvertrauen können. Uns Gott anvertrauen heißt, unser menschliches Ich aufgeben. Auch wenn schwierige Situationen auf uns zukommen, Entscheidungen, bei denen wir unter Umständen kurzzeitig auf uns selbst gestellt sind – wir müssen vertrauen; wir müssen den Schritt tun, auch wenn wir nicht wissen, was anschließend kommt. Bauen wir auf Gott und sind uns sicher, dass Gott uns beisteht, dann haben wir den Schritt des Vertrauens getan.

Stehen wir vor der Entscheidung, etwas aufgeben zu müssen und nicht zu wissen, wie es weitergeht, dann heißt es, Gott, unserem Vater, blind zu vertrauen. Warum blind? Wüssten wir schon im Voraus, was Gott für uns tun wird – was wäre das für ein Vertrauen? Das wahre Vertrauen Gott gegenüber zeigt sich darin, dass wir uns Ihm uneingeschränkt anvertrauen, ohne zu wissen, was der nächste Schritt bringt. Wir trauen Gott. Ganz gleich, was geschieht, wir leben in dem Bewusstsein: Gott ist gegenwärtig. Er steht uns zur Seite. Er will das Beste für uns.

»Habt ihr euch diese Gewissheit einverleibt, dann weichen von euch Einsamkeit, Verlassenheit und Trübsal; ihr werdet Gemeinsamkeit, inneres Glück und weitere Einsicht gewinnen.« Diese Aussage aus den großen kosmischen Lehren des Jesus von Nazareth kann jedem von uns unendlich viel sagen. Wie oft glauben wir, wir wären einsam und verlassen? Wie oft sind wir trübselig und traurig? Was liegt dem zugrunde? Wir bauen auf Menschen. Wir setzen unsere Hoffnung auf Menschen.

Wer auf Menschen baut, wer auf Menschen hofft, der gerät mit der Zeit in Angst und Panik, weil er spürt: Menschen können das nicht geben, worauf er baut, worauf er hofft. Viele Menschen sind unzuverlässig. In dem Wort »unzuverlässig« liegt schon das Verlassen-Werden.

Deshalb sollte der Mensch, der den Weg zu Gott geht, sich ständig der Gegenwart Gottes bewusst sein. Wir sollten immer in der Bewusstheit leben, dass Gott in uns ist und dass wir mit Gott eins werden können. Dann werden wir uns auch nie verlassen fühlen, weil Gott uns nie verlässt.

Wer die Kommunikation mit dem Höchsten anstrebt, der taucht ein in den göttlichen Strom, in dem alle reinen Wesen leben. So ist er eingekehrt in die innere Heimat. Er wird dann mit den Menschen sein und auch für die Menschen sein, doch er wird nicht auf sie bauen und nicht auf sie hoffen.

Macht euch dies in jeder Situation bewusst: Gott ist immer gegenwärtig – Er ist immer dabei. Was ihr auch tut, wohin ihr geht, wo ihr steht, was ihr denkt – Gott ist dabei; Er ist gegenwärtig.

Gott ist bei jedem von euch – einerlei, wie ihr denkt, redet und handelt.

Steht ihr mitten in einer aufgebrachten Menge Menschen – Gott ist mit euch. Seid still, vertraut euch Ihm an; Er führt euch.

Gott ist in der Krankheit die Gesundheit, im Leid die Freude.

Gabriele:

Mit diesen Worten gibt uns unser Herr, Christus, Hoffnung, macht uns Mut und möchte uns die innere Stärke aufzeigen, die in der Bewusstheit liegt, dass Gott immer gegenwärtig ist.

Ist es unser Ziel, wieder göttlich zu werden, dann sollten wir uns tagtäglich bewusst machen: Gott ist gegenwärtig. Gott ist in jeder Bewegung. Gott ist in allem, was wir sehen, hören, riechen, schmecken und mit unserem Tastsinn erfassen.

Gott ist in jedem von uns. Das ganze All ist erfüllt von Seiner Kraft. Lassen wir Seine Kraft lebendig werden, indem wir die Tage nützen, indem wir unser Menschliches, unser Fehlverhalten, erkennen, es mit Christus bereinigen und nicht mehr tun, dann spüren wir sehr bald die Gegenwart Gottes. Die Furcht weicht – Stärke und Zuversicht treten an ihre Stelle. Stärke und Zuversicht motivieren, und aus der inneren Motivation heraus werden wir Tag für Tag die Schritte tun, die uns der Tag aufzeigt – und wir werden unserem Ziel, göttlich zu werden, immer näher kommen.

»Seid still, vertraut euch Ihm an; Er führt euch.« Sind wir aufgebracht, sind wir erregt, dann müssten wir zu uns selbst sprechen: »Sei still. Gott ist gegenwärtig.«

Werden wir nun still, so war die kurze Erregung nur ein Anflug von außen. Bleiben wir jedoch unruhig, dann wissen wir: »Herr, jetzt willst Du mir etwas sagen. Jetzt sprichst Du zu mir durch meine Fehler, durch meine Sünden. Du zeigst mir meine Fehler und meine Sünden auf, damit ich sie mit Dir bereinige.« Bereinigen wir sie mit Christus und nehmen wir uns fest vor, die erkannten Fehler nicht mehr zu tun, dann wissen wir sogleich, welche Gesetzmäßigkeit Gottes wir erfüllen werden, und wir werden wieder zu uns sagen: »Sei still, und vertraue dich Gott an.«

Gott ist in jedem von uns. Ist uns dies Tag für Tag bewusst?

Ist unser Herz erwacht, verspüren wir die Sehnsucht, unserem himmlischen Vater näher zu kommen, dann werden wir unser Ziel, unser göttliches Erbe, auch aktiv und konsequent anstreben.

Gott ist immer gegenwärtig. Wo wir stehen, wo wir gehen, auch in einer aufgebrachten Menschenmenge – Gott ist immer gegenwärtig. Wird uns dies bewusst, dann werden wir auch stiller, ruhiger, sicherer, weil wir uns immer wieder sagen: Wir haben einen mächtigen Begleiter in uns, den Geist Gottes, die unendliche Liebe.

Denkt daran: Gott ist immer gegenwärtig. Gott ist Liebe; Er liebt jeden von euch.

Belasst die Erkenntnis, dass Gott gegenwärtig ist, dass Gott, unser ewiger Vater, euch und Mich, ja alle liebt, nicht in eurem Wissen. Nur die Verwirklichung, das heißt das gelebte geistige Wissen bringt euch die Gewissheit und die Tatkraft im Geiste Gottes – das Leben im Sein.

Gabriele:

Jesus von Nazareth brachte es den Menschen Seiner Erdenzeit nahe, Christus sagte es uns in den kosmischen Lehren: Gott, unser ewiger Vater, liebt jeden von uns. Wie oft hören wir: »Ich bin einsam. Ich bin verlassen. Ich bin allein.« Im Äußeren mag es so scheinen, doch es ist nicht die geistige Realität. Wir sollten diese Gemütsaufwallungen nicht bejahen, denn sie sind nichts anderes als die Zeichnungen unseres Selbstmitleides. Geben wir uns ständig ein »Ich bin einsam. Ich bin allein. Ich bin verlassen«, so trennen wir uns dadurch immer mehr von unseren Nächsten und entfernen uns aus der großen Einheit.

Alles Reine lebt in der All-Einheit des mächtigen Schöpfergeistes. Die Natur ist in ständiger Kommunikation mit dem Göttlichen. Der alleinstehende Strauch, die alleinstehende Blume sind niemals einsam. Der Käfer, der allein am Wegesrand sitzt, das Pferd, das allein auf einer Wiese grast – sie sind nicht einsam. Ob eine Lebensform hier oder dort steht, immer ist sie in ständiger Kommunikation mit dem All, mit dem Strom des ewigen Schöpfergeistes. Wie weit die eine Lebensform von der anderen auch räumlich entfernt sein mag – alle sind auf das engste verbunden durch die Kommunikation der Schöpferliebe, weil in allem das Leben, Gott, ist.

Wer sich bemüht, in allem das Leben, Gott, zu bejahen und das Leben in Gott anzustreben, der tritt mehr und mehr in die positive Kommunikation mit den positiven Kräften im Nächsten und mit den Schöpferkräften der Natur; er fühlt sich hineingenommen in den großen Kosmos, in diesen mächtigen universellen Geist, in das Leben. Dann weichen Einsamkeit und Verlassenheit; die Seele öffnet sich wie eine wunderbare Rose im Sommer und verbreitet ihren Duft.

Die Rose fragt nicht: Wie betrachtet mich wohl die Nächste? Ob sie mich wohl sieht? Wie sie mich wohl wahrnimmt oder registriert? Die Rose blickt auch nicht neidisch auf die Lilie; und das Stiefmütterchen will nicht die Rose sein. Eine Frühlingsblume hat nicht den Wunsch, im Sommer zu blühen. Eine jede Lebensform fühlt sich in der Schöpferkraft und gibt gemäß ihrem Bewusstsein das weiter, was sie entwickelt hat. Das ist Leben im Geiste Gottes.

Machen wir uns also bewusst: Wir sind nie allein. Gott ist immer gegenwärtig. Denken wir um! Nehmen wir die Worte »einsam«, »allein«, »verlassen« nicht mehr in unseren Wortschatz auf, sondern üben wir uns in der Bewusstwerdung »Gott ist gegenwärtig. Er ist immer bei uns, weil Er in uns ist«. Dann verändert sich unser Blickfeld. Wir blicken tiefer und blicken weiter, und wir werden nicht mehr achtlos an unseren Mitmenschen vorbeigehen. Diese werden ihrerseits uns freundlich grüßen, uns ansprechen und eventuell auf uns zukommen.

Wir werden dann auch in der Ehe, in der Familie das tun, was Gott will. Wir werden dann ganz allmählich mit unserem Nächsten die Verbindung aufbauen und uns nicht mehr an ihn binden. Wir binden uns an unseren Nächsten auch durch die Worte »Ich bin einsam«, »Ich bin verlassen«. Lösen wir uns von diesen bindenden, gleich trennenden Worten, und machen wir die Erfahrung: Gott ist gegenwärtig. Gott ist gegenwärtig in der Familie, in der Ehe, im Beruf, im Betrieb. Dann weitet sich unser Blick, und wir nehmen mehr wahr. Wir erfassen auch unseren Nächsten als einen geistigen Teil unserer Seele.

Erinnern wir uns: Nicht unser Wissen bringt uns den geistigen Weitblick, sondern die Verwirklichung der ewigen Gesetze. Das ist gelebtes geistiges Wissen, das wir Tag für Tag durchführen sollen, um unserem Ziel, wieder göttlich zu werden, näher zu kommen. Aus der Verwirklichung wächst die Erfahrung und die Gewissheit, dass Gott Realität ist, dass Gott in uns ist und dass Gott gegenwärtig ist in allem, was wir denken, reden und tun. Das bewirkt innere Freude und Dynamik. Das ist Tatkraft für Gott und für den Nächsten. Das führt dazu, dass wir von unserem Mein und Mir, von unserem Bindenden, Abstand nehmen und zur Verbindung gelangen – zur Verbindung mit unseren Mitmenschen.

Das ist echtes Wachstum im Geiste Gottes. Wir werden ruhiger, friedvoller, sicherer, selbstloser und somit liebevoller; wir verstehen uns selbst und verstehen auch unseren Nächsten. Das ist der Weg hin zum Ziel, wieder göttlich zu werden.

Das Sein ist Gegenwart. Im Sein gibt es kein Gestern, kein Heute und kein Morgen. Die Materie ist Vergänglichkeit. Das Sein ist alles in allem. Dadurch verfeinert sich die Materie und wird zum Sein, weil Gott die Gegenwart in allem ist.

Die Gegenwart in allem ist das Unvergängliche, das Sein. Deshalb wird sich das Vergängliche, das Gestern, Heute und Morgen, in das Sein verwandeln, das ist.

Gabriele:

Gestern, heute und morgen sind Begriffe wie Zeit und Raum. Wir Menschen haben uns selbst Zeit und Raum geschaffen durch die Dichte. Solange unsere Körper Schatten werfen, können sie nicht durchstrahlt werden. Und solange alles, was sich auf der Erde und im Bereich der Materie befindet, Schatten wirft, gibt es die Begrenzung; wir nennen sie Zeit und Raum.

Die Zeit beinhaltet das Gestern, Heute und Morgen. Überwinden wir jedoch das Gestern, Heute und Morgen, belassen wir diese Worte nur noch als Begriffe in unserem Wortschatz, um uns im Erdenleben zu verständigen, dann tritt in unser Leben die Gegenwart ein, das Göttliche.

Solange wir uns an gestern, heute, morgen, an Zeit und Raum binden, trennen wir uns von unserem Nächsten. Wir sagen z.B.: »Unser Nächster ist weggefahren. Unser

Nächster ist weggegangen.« Diese Worte trennen uns. Wir sagen damit gleichsam, er hat uns verlassen und ist nun von uns getrennt; er ist fort und nicht mehr da. So signalisiert es unser Wortschatz, so signalisieren es unsere Begriffe in Zeit und Raum.

Haben wir jedoch das Positive unseres Nächsten in uns entwickelt, dann sagen wir zwar ebenfalls mit unserem Wortschatz: »Er ist weggegangen, er ist weggefahren«, doch unser Nächster bleibt uns in unserem Inneren nahe. Infolgedessen ist er nur äußerlich gegangen, in unserem Inneren jedoch ist er lebendig. Diese Bewusstheit bringt uns auch die Nähe zu Gott und zugleich die Nähe zu unserem Nächsten.

In unserer Sprache können wir das nicht ausdrücken. Daran erkennen wir, wie begrenzt die menschliche Sprache ist. Sie erfasst als Form nur das heruntertransformierte Göttliche, das Umgepolte. Doch wir kommen als Menschen nicht ohne die Worte aus. Sehen wir das Wort als Form, als Gefäß, das wir – entsprechend unseren Gedanken, unseren Empfindungen und Gefühlen – mit Sinn, mit Bewusstseinsinhalten, füllen. Nun kommt es darauf an: Was legen wir in unsere Worte hinein? Der Sinn im Wort ist von Bedeutung.

Fragt uns also unser Nächster: »Wo ist dein Bruder, deine Schwester?«, so antworten wir z.B.: »Er, sie ist weggegangen«. In dieses »Weggegangen« legen wir jedoch die Gegenwart Gottes und somit die Gegenwart des Göttlichen in unserem Bruder, in unserer Schwester hinein, in dem Bewusstsein, er oder sie ist in uns als lebendiger Teil unseres göttlichen Bewusstseins. Dann bleibt die Verbindung zu unserem Bruder, unserer Schwester, ungeachtet unserer Vorstellung von Zeit und Raum.

Ähnlich ist es im ewigen Sein, und so soll es auch unter den Menschen werden, die den Inneren Weg hin zum Königreich Gottes, hin zu ihrem göttlichen Erbe, gehen.

Ein vollkommenes Umdenken ist vonnöten. Wir behalten unsere Sprache als Verständigungsmittel bei – es kommt nur darauf an, was wir in diese Worte hineinlegen. Das ist unser derzeitiger Bewusstseinsstand.

»Die Materie ist Vergänglichkeit.« Wir erleben in dieser Zeit überall die gewaltigen Eruptionen auf der Erde und in der Erde. Viele fragen sich jetzt: Wie lange mag die Materie noch halten? Gott hat sie nicht geschaffen, sondern Er hat sie zugelassen aufgrund des Fehlverhaltens der Fallwesen. Uns obliegt nun die Aufgabe, in der Dichte uns über unser Menschliches als das Kind Gottes wiederzuerkennen und uns sukzessive zu verfeinern, um wieder zum Ebenbild Gottes zu werden.

So, wie sich der Einzelne verfeinert, trägt er dazu bei, auch die Erde zu verfeinern, sie in ihrer Schwingung anzuheben. Mag dieser Prozess auch noch Tausende von Jahren oder länger währen – was ist das im Geiste Gottes? Vielleicht weniger als ein Augenblick? Doch was durch das Fallgeschehen in die Tiefe gezogen wurde, das muss wieder mit in die Höhe genommen, also emportransformiert werden durch die Verfeinerung alles Belasteten und durch die Verfeinerung der materiellen Planeten und der Planeten der Reinigungsebenen.

Das liegt in den Worten des Christus Gottes, unseres Herrn, wenn Er in Seinen großen kosmischen Lehren spricht: *»Deshalb wird sich das Vergängliche, das Gestern, Heute und Morgen, in das Sein verwandeln, das ist.«* Diese Verwandlung müssen wir, muss die Menschheit, vornehmen und ebenso die Seelen in den Stätten der Reinigung, denn als Mensch trugen alle zu dieser Dichte bei. Unser nicht bereinigtes Sündhaftes, unseren Beitrag zu der Dichte, nehmen wir in die Seelenreiche mit. Dort muss dieser Teil auf mannigfache Art und Weise abgetragen werden, je nachdem, wie unser Beitrag beschaffen ist.

Das Sein ist ewige Gegenwart; es ist das Jetzt, das Heute. Heute also ist Gegenwart. In das Innere, in das Königreich, in unser wahres Sein, hineinzuwandern bedeutet, uns als das Wesen des wahren Seins zu ergründen, zu erkennen und das, was dem ewigen Sein entgegensteht, unser menschliches Ich, mit Christus zu bereinigen. Dies wird uns nur gelingen, wenn wir Tag für Tag wachsam sind, wenn wir unsere Gedanken nicht in die Vergangenheit oder in die Zukunft ziehen lassen. Wir sollten gegenwärtig leben, um unser Menschliches zu erkennen und zu bereinigen. Dann erlangen wir die Reinheitsgrade unserer

Seele. Je reiner unsere Seele wird, umso mehr Licht strahlt sie in unseren physischen Leib. Das ist geistige Evolution, unser Weg in die ewige Heimat.

Christus sprach sinngemäß: »In Meines Vaters Haus sind viele Wohnungen frei. Besitzet das Reich.« Das heißt: Er hält für uns unsere geistigen Wohnungen bereit, die wir einst verlassen haben. Dort werden wir als reine Wesen wieder sein, weil wir ewig leben und zurückkehren werden durch Christus, unseren Erlöser.

Die Schau des Reinen ist das Reine, das er ausschließlich in sich selbst, in seinem reinen Tempel, wahrnimmt. Dort leuchtet und offenbart sich beständig das allerheiligste, ewige Gesetz, Gott.

Hierzu erläuterte Gabriele,
die Lehrprophetin und Botschafterin Gottes:

Der Reine schaut das Reine in sich, weil alles Reine allgegenwärtige Kraft im Reinen ist. Das reine Wesen nimmt die göttlichen Formen und alle göttlichen Kräfte in sich wahr. Im reinen Wesen also offenbart sich das, was das göttliche Wesen ausstrahlt. Denn auch im reinen Sein lautet das Gesetz: Senden und Empfangen. Ähnlich ist es auch mit uns Menschen. Ist unsere Seele weitgehend rein, dann erfassen wir in uns, in unserem reinen Tempel, das Göttliche, das auch im Ungöttlichen aktiv ist. Das ist die Wahrnehmung der reinen Seele im Menschen.

Der Reine registriert auch das Unreine und spricht es an, sofern dies gesetzmäßig ist. Er entzündet sich jedoch nicht mehr an dem Unreinen, das heißt, er erregt sich nicht mehr am Menschlichen, weil er hierfür keinen Erreger in sich hat, also nichts, was diesem Negativen entspricht. Was der Mensch an Negativem gespeichert hat, ist das Potential, das er verstehen kann. Werden Aspekte dieses Potentials angeregt, dann erfasst er diese auch nur in sich, nämlich in seiner Speicherung, in seinem Gehirn. Vielfach nennen wir diese Speicherung den Intellekt.

Der Reine schaut, was der Unreine nicht sieht.

Gabriele:

Das Unreine kann das Reine nicht erkennen, weil der unreine Sehsinn nur Unreines sendet und die nach außen gekehrten Sinne nur Unreines empfangen. Der Reine schaut auch das Unreine, weil er über diesem steht.

Der Reine nimmt in sich ausschließlich die ewige Wahrheit wahr, weil er selbst zur Wahrheit, zum allumfassenden Gesetz, geworden ist, zum Ich Bin. Er lässt nichts Unreines im Tempel der Liebe zu.

Der Unreine hingegen nimmt nur das Unreine wahr, nämlich das, was er selbst ist – das Unreine.

Der Reine schaut und erkennt in sich das Reine, die Wahrheit. Er spricht die Sprache des Bildes, der Wahrheit, in sich, weil er selbst zur Wahrheit geworden ist. Das Wort Gottes ist das Gesetz, ist die Wahrheit, die sich als das lebendige Bild im Innersten der Seele offenbart. Wohin der Reine auch schaut – er schaut in sich einzig das Gesetzesbild, das Reine, und sieht außerhalb von sich die Spiegelung, das Unreine.

Gabriele:

Die göttlichen Wesen, die Seelen und die Menschen haben die Sprache des Bildes. Die reinen Wesen schauen das Reine in sich, die unreinen Seelen und Menschen das Unreine. Alles ist jedoch Bewegung; es ist bildhaftes Leben, in dem der Reine die Bewegung und das Wort des Reinen erfasst. Die unreine Seele und der unreine Mensch sehen die Bewegung und sich selbst – das Unreine.

Die bildhafte Schau ist gleichzeitig die Erkenntnisschau. Was du schaust, das durchschaust du, und das erkennst du – und so weißt du um alle Details. Das ist die Wahrheit, das bist du, das wahrhaftige, ewige Selbst.

Der wahre Weise, der Erleuchtete, ist das, was er spricht, das Gesetz.

Der Unerleuchtete, der das Schwarze vom Weißen nicht zu unterscheiden vermag, ist der Blinde, der sich mit dem Schein begnügt und das Sein in der Ferne glaubt.

Die wahre Schau ist die Erkenntnisschau. Du schaust und weißt und kannst es trotz alledem nicht beweisen, weil das Innerste, das Allerheiligste, sich nicht zu beweisen braucht, weil es ist.

Nur der Schein will sich beweisen, weil das, was in ihm ist – die ewigen Gesetzmäßigkeiten –, nicht offenbar ist.

Das Sein schaut, was der Schein nicht sieht, das heißt: Ich, das Sein, schaue, was du, der Abglanz, nicht siehst. Bist du jedoch das Sein, dann bist du in Ihm geeint, im All-Einen. Dann schaust du auch, was Ich schaue, und wir schauen, was der Schein nicht sieht.

Das geistige Auge schaut – das irdische Auge sieht. Beides kann nicht in Übereinstimmung gebracht werden, weil das geistige Auge das Gesetz der Himmel ist und das irdische Auge nur das Reflexionsauge, welches das Sein als Reflexion wiedergibt, die vielfache Verzerrung ist. Wer sich damit begnügt, ist der Tor, der das Tor zur Wahrheit noch nicht durchschritten hat.

Das Auge der Wahrheit ist Gott. Wer mit diesem Auge schaut, ist wahrhaftig und göttlich. Er bringt das Licht, das Auge Gottes, die Wahrheit, in diese Welt, das ewige Gesetz der Liebe.

Das Auge der Wahrheit ist das Licht und das Bild deines reinen geistigen Leibes, welcher das Ebenbild Gottes ist.

Das irdische Auge ist das Bild der Seele, des umhüllten geistigen Leibes. Es hat nur den Blick für das Umhüllte, das wiederum die Last und die Belastung der Seele ist.

Aus verschiedenen Perspektiven des Lebens unterwies Ich, Christus, als Jesus von Nazareth Meine Apostel und Jünger. Immer wieder zeigte Ich ihnen das Absolute Gesetz auf und erklärte ihnen das Gesetz von Saat und Ernte. Sinngemäß sprach Ich zu ihnen:

Das Meer der Unendlichkeit ist der Strom des Alls. Bewegt euch immer mehr im Meer der Unendlichkeit als die Sonne der Liebe und Gerechtigkeit. Dann werdet ihr das Leben sein und nicht mehr nach dem Leben fragen.

Hierzu erläuterte Gabriele,
die Lehrprophetin und Botschafterin Gottes:

»Das Meer der Unendlichkeit ist der Strom des Alls.« Es ist das ewige Gesetz, in dem wir uns mehr und mehr bewegen sollen, um wieder göttlich zu sein; denn wir sind auf Erden, um wieder göttlich zu werden. *»Dann«,* so heißt es in den großen kosmischen Lehren des Jesus von Nazareth, *»werdet ihr das Leben sein und nicht mehr nach dem Leben fragen.«*

Das Leben, das der Herr meint, ist das Absolute Gesetz, das ewige Sein. Es ist das absolute Leben.

Das menschliche Leben ist nicht absolut. Die Tage eines jeden Einzelnen sind unterschiedlich, entsprechend dem, was er in seinem Leben gefühlt, empfunden, gedacht und gesprochen hat. Genau betrachtet, ist jeder Tag eine andere Welt, ein anderes Leben. Haben wir darüber schon einmal nachgedacht?

Jeder unserer Tage ist ein anderes Leben – doch es ist nicht das Gottesleben. Es ist unser Gefühls-, Empfindungs- und Gedankenleben, das, was wir in unsere Seele und in die Gestirne eingegeben haben. Wir selbst gestalten unser menschliches Leben. So, wie wir es Tag für Tag gestalten, so kommt es auf uns zu.

Das ewige Sein ist nicht nur strömendes Licht, denn Gott ist nicht nur der Strom. Aus dem Strom hat der Ewige die geistigen Formen geschaffen, die Himmel mit ihren Welten, mit den Bauwerken, mit den Tieren, den Pflanzen – absolut, vollkommen, göttlich. Dem Geistwesen zeigt sich das formgewordene Sein in Bildern, in seinem Inneren. Auch wir Menschen nehmen die Erde und all das, was uns begegnet, auf, erfassen es dann in Bildern und sehen es schließlich in unserem Gehirn; denn dort spiegeln sich unsere Bilder.

Jeder Tag beinhaltet für uns andere Bilder, in denen wir uns bewegen. Das ist unser persönliches Leben, unser Ich-Leben, nicht aber das Leben und die Bewegung im Strom Gottes. Dieses jedoch sollen wir anstreben, wie der Herr uns sagt: *»Das Meer der Unendlichkeit ist der Strom des Alls. Bewegt euch immer mehr im Meer der Unendlichkeit als die Sonne der Liebe und Gerechtigkeit.«*

Wieder einmal erkennen wir: Es gibt nur ein Prinzip, es ist das göttliche. Wird es umgedreht, umgepolt, dann ist es das Ungöttliche; aber letzten Endes ist es doch ein Prinzip. Wir Menschen leben und bewegen uns in unseren Ich-Bildern, in unserem Personengesetz, in unserer Eigenliebe. Die göttliche Welt bewegt sich im ewigen Gesetz, in der Sonne der selbstlosen Liebe und Gerechtigkeit. Wir pochen auf unser Recht, indem wir sagen: »Ich habe recht«. Die Geschwister der ewigen Heimat, die geistige Welt, das ewige Sein, sind gerecht. Gerechtigkeit ist Offenheit; Recht ist verschlüsselt und Verschlossenheit.

Jeder, der auf sein Recht pocht, verschlüsselt sein Ich, weil er die Offenheit, die Gesetzmäßigkeit Gottes, nicht anwendet. So gestalten wir unser irdisches Dasein, und in diesem Gestalten kommt der Tag auf uns zu. Das Ich Bin führt, das niedere Ich steuert uns. Deshalb zeigt sich jeder Tag anders. Der eine Tag bringt Freude, der andere Tag bringt Traurigkeit, gemäß dem, was wir in unser Ober- und Unterbewusstsein, in unsere Seele und in die Gestirne eingegeben haben. Das ist der Steuerungsmechanismus, der im Tag wirkt. So stellt sich uns die Frage: Können wir auf die Steuerung Einfluss nehmen, z.B. auf unsere Traurigkeit?

Ein Beispiel: Wir sind traurig. Das Gesamtbild in uns ist also »Traurigkeit«. Das Traurigsein hat viele Aspekte, die sich in Bildern zeigen. Wir sind z.B. niedergeschlagen, mutlos, verzagt, besorgt und anderes mehr. Wir bewegen uns in unserer Traurigkeit.

»Traurigkeit« ist ein Sammelbegriff für die Summe vieler Gefühle, Empfindungen und Gedanken. Unsere Traurigkeit ist jedoch ganz auf uns und unseren Tag zugeschnitten. Wir sehen uns selbst im Bild, sehen, welche Aspekte von Traurigkeit uns heute erfasst haben, und wissen unter Umständen, warum wir traurig sind.

Kommt nun ein Freund mit einer kleinen Aufmerksamkeit oder macht uns Hoffnung, dann wandelt sich sofort das Bild. Wir freuen uns. Die Traurigkeit weicht, weil wir plötzlich anders empfinden und denken. Was ist geschehen?

Unser Nächster wandte sich uns zu und brachte uns etwas entgegen. Dieser kleine Anstoß von außen brachte in unserem Gemüt, in unserer Gefühls-, Empfindungs- und Gedankenwelt andere Aspekte zum Schwingen. Durch den Einfluss von außen hob sich unser Befinden an, und schon formierte sich ein neues Bild, ein Bild der Freude, in dem wir uns nun mit unseren Gefühlen, Empfindungen und Gedanken bewegen.

So gestalten sich für uns die Tage wechselhaft, je nachdem, was sie uns bringen und wie wir auf unseren Nächsten oder auf die verschiedenen Situationen reagieren.

Das ist dann »unser Leben«. Es ist unser Ich-Leben – immer letztlich ein unstetes Leben. Warum? Weil wir auf unsere Mitmenschen angewiesen sind. Das Bild unseres Tages, unseres Lebens, ist von unserem Nächsten abhängig, der uns Hoffnung macht, der uns eine kleine Aufmerksamkeit bringt, der uns hilft, der uns ein freundliches Wort oder ein aufmunterndes Lächeln schenkt und vieles mehr. Wir bestimmen unser Leben also nicht selbst, wir handeln nicht aus uns heraus, wir agieren nicht, sondern wir reagieren nur. So sind wir beständig in Erwartungshaltung, wie uns der Nächste entgegenkommen wird, was er uns sagen, was er uns geben wird, wie uns der Nächste wohl motiviert. Dadurch sind unsere Tage sehr wechselhaft, und wir kommen aus unserem selbstgeschaffenen Ich-Leben nur sehr schwer heraus.

Letztlich leben wir dann nicht unser Leben; es zieht und treibt uns einmal hier-, dann wieder dorthin. Wir werden gesteuert und manipuliert von unseren eigenen Schwächen und Menschlichkeiten.

Sind wir darauf ausgerichtet, von Menschen Energie zu erhalten, dann ruhen wir nicht in uns. Sobald wir in Erwartungshaltung gehen, sind wir wie Sauger; das Nervensystem verkrampft sich, weil wir unsere Sinne nach außen richten. Über ein verkrampftes Nervensystem kann der Liebestrom Gottes kaum fließen. Wir werden unruhig, wir sinken in der Schwingung ab, denn wir werden energiearm.

Erkennen wir dies, dann ergibt sich die Frage: Wie erlangen wir die innere Unabhängigkeit? Wo ist der Halt?

Denken wir um! Suchen wir nicht mehr die Orientierung beim Nächsten, wenn wir wieder einmal traurig sind. Nähren wir nicht weiter unser Menschliches, die Traurigkeit, das Selbstmitleid, sondern vergegenwärtigen wir uns die Nähe Gottes. Erstellen wir uns in der Trauer ein göttliches Bild: Dass uns der Strom der Liebe umgibt und durchdringt, dass Gott uns immer liebt, dass Er unser Vater ist, dass Er unsere ewige Heimat ist, dass Er die himmlischen Wohnungen freihält, bis wir zu Ihm zurückfinden. All das ist Hoffnung aus dem Geiste. Lassen wir uns von diesen inneren Eindrücken motivieren, dann werden wir mehr und mehr standfest.

Machen wir uns selbst ein kleines Geschenk! Jeder von uns hat kleinere Wünsche. Erfüllen wir uns einen kleinen Wunsch, wenn wir traurig sind, und sagen wir danke zu Gott, unserem Vater. Dann erwacht die innere Motivation. Und durch die innere Motivation, die aus dem Geiste Gottes, aus dem Geiste unseres Vaters, kommt, werden wir stark und standhaft. Wir werden sicherer, um unser Ich-Leben mit Christus zu verwandeln in das mächtige Leben des Ich Bin.

So finden wir auch ganz allmählich heraus aus unserem Persönlichen, aus dem Menschlichen, aus der Schwäche, aus unserer Sünde. Wir erstarken und freuen uns, wenn uns der Tag wieder etwas Gegensätzliches aufzeigt, weil wir wissen: Das Gegensätzliche ist da, auf dass wir es mit Christus besiegen.

Kommen Stunden, in denen es uns schwerfällt, umzukehren, so vergegenwärtigen wir uns dieses innere Bild der Hoffnung, der Liebe unseres Vaters, des Friedens und der Geborgenheit in Ihm. Es gibt viele Situationen am Tag, in denen wir uns dieses positive Bild erstellen können, um so rasch wie möglich aus der Situation, aus der Schwierigkeit herauszufinden. Durch dieses positive, gesetzmäßige Bild des Lebens – es ist gleichsam die Anrufung an Gott um Beistand und Hilfe – wird Er uns auch Beistand und Hilfe gewähren, und wir werden die Situation mit Ihm meistern. So erstarken wir in Ihm. Wir lehnen uns nicht an Menschen an, sondern rufen Gott an und finden Halt in Ihm.

So wünscht es sich der Herr von Seinen Menschenkindern. Wenden wir uns auf diese Weise immer wieder Ihm zu, dann werden wir sehr bald das mächtige Ich Bin erfahren, Sein Absolutes Gesetz, und den Strom, der uns durchströmt. Und wir werden uns immer mehr in diesem Strom bewegen, weil wir sicher geworden sind, dass Gott uns beisteht.

Solange sich der Mensch von Menschen bescheinen lässt, strahlt er nicht. Dann ist er auf den Schein seines Nächsten angewiesen. Ist der Mensch auf den Schein von Menschen angewiesen, dann kennt er den Glanz der ihm innewohnenden Sonne nicht.

Gabriele:

»Solange sich der Mensch von Menschen bescheinen lässt«, bedeutet: Baut er auf Menschen, erwartet er von Menschen dies und jenes – z.B. dass der Nächste ihm hilft, anstatt selbst anzupacken –, dann lässt er sich nur vom Nächsten bescheinen und strahlt selbst nicht. Er lässt sich vom Nächsten aufwerten und entwickelt selbst nicht die Werte Inneren Lebens. Warum ist das so? Weil er die Situationen nicht mit Christus meistert, sondern sich auf seine Nächsten stützt. Diese sollen ihn aufwerten. Diese sollen ihm dienen. Diese sollen ihm helfen und ihm das Leben, sein Ich-Leben, angenehm machen.

Wer sich also von Menschen bescheinen lässt, strahlt nicht – weil er nicht verwirklicht, weil er die Tage nicht nützt, um das göttliche Erbe anzutreten, um sich mehr und mehr im Strom des Lebens zu bewegen.

»Ist der Mensch auf den Schein von Menschen angewiesen, dann kennt er den Glanz der ihm innewohnenden Sonne nicht.« Der Herr will uns damit sagen: Dieser

Mensch richtet sich nicht auf Gott aus. Er bittet nicht Gott um Beistand, um Hilfe. Er spricht nicht zu Gott, seinem Vater. Er sieht nur auf Menschen und erwartet von Menschen. Daher kann die ihm innewohnende Sonne ihn nicht durchstrahlen und durchglühen. Der Mensch bewegt sich dann weiter in seinem Ich-Leben, Tag für Tag in seinen menschlichen Bildern, und kommt nicht heraus aus dem Schatten menschlichen Ichs hin zur Sonne der Gerechtigkeit.

Uns ist also geboten, die Tage zu nützen, uns täglich zu fragen: Bewege ich mich in meinem Ich-Leben, das ich mir durch mein Fühlen, Empfinden, Denken, Sprechen und Handeln selbst gezimmert habe? Will ich in diesen Bewegungen menschlichen Ichs bleiben? Dann kann ich nur eines erwarten: dass irgendwann das Schicksal kommt. Denn was wir säen, das ernten wir. Tag für Tag dürfen wir rechtzeitig unsere Saat erkennen, so dass wir nicht das Gegensätzliche zu ernten haben, sondern dass unsere Ernte die verwirklichte Frucht des Inneren Lebens ist, des Ich Bin.

Wir sind nicht verlassen, wir sind nicht verloren; wir sind niemals verstoßen oder verdammt. Denn Gott ist unser ewiger Vater, und Er liebt uns. Es gibt nichts Größeres als Gottes Liebe. Er ist die absolute, vollkommene, selbstlose Liebe. Diese absolute Liebe, die im ganzen Universum strahlt, die auch in jedem von uns ist, ist die einhüllende Liebe, die uns umsorgt, die uns frei machen möchte von

Sünde, von Angst, Verzweiflung, von Depressionen, von allem Menschlichen.

Machen wir uns tagtäglich bewusst, dass Gott, diese unendliche Liebe, unser Vater ist; dann werden wir uns auch der Kindschaft Gottes bewusst. Als bewusste Kinder des Allerhöchsten, Kinder dieser unendlichen Liebe, werden wir den Wunsch im Herzen verspüren, dieser ewigunendlichen Liebe, der Liebe Gottes, näherzukommen; denn die Liebe Gottes ist gleichsam unsere Wiege. Das Herz der Liebe hat uns geboren und in die Wiege der Liebe gelegt, in das mächtige All, in das ewige Gesetz der Liebe.

Mögen wir uns eventuell auch weit von Gott und unserem ureigenen ewigen Wesen entfernt haben – in Seinem Herzen sind wir Seine Kinder. Unbelastet, so, wie uns Gott aus Seinem Herzen geschaffen und in die Wiege des Alls, in die unendliche Liebe, in das Gesetz des Seins, gelegt hat, so sieht Er uns. Und so will Er uns wieder bei sich haben, in Seinem Herzen, im ewigen Gesetz der Liebe, in der ewigen Heimat.

Unsere Seele strebt heim. Im Erdenkleid, als Mensch, soll sich jeder Einzelne von uns mit der Kraft des Christus Gottes reinigen, die Erlöserflamme in sich nähren und wieder zur selbstlosen Liebe werden, um so die Eingeburt in das ewige Gesetz, Gott, in unsere Heimat, wieder zu erlangen. Dort werden wir sodann wieder in Frieden leben, in Freude, in Glück und in Einheit – in der selbstlosen Liebe, im ewigen Gesetz.

Wir stehen in einer besonderen Phase der Menschheitsgeschichte, in einer mächtigen Zeitenwende. Dies ist eine Zeit des Umbruchs. Im Bereich der höchsten materiellen Verdichtung, im Bereich der Erde, ist alles in Evolution; alles kommt in Schwingung; die niederen Kräfte werden sichtbar – jedoch auch die höchsten Kräfte, das Leben, Gott. In dieser Zeit des Umbruchs vom Dunkel zum Licht gab uns Christus das Gesetz des Lichts, das Absolute Gesetz. Er offenbarte es in der menschlichen Sprache, so weit, wie Menschen es zu fassen vermögen. Er schenkte uns den Einblick in unser wahres Sein.

Im Lichte des Absoluten Gesetzes erkennen wir klarer auch unsere menschlichen Belastungen und Gebundenheiten und sehen die Schritte, die uns aus dem Scheinleben des menschlichen Ichs herausführen.

Für jeden Einzelnen lautet das ewige Gesetz: Bleibe du das wahre Selbst. Dann bist du das wahre Selbst und erwartest nicht den Schein deines Nächsten, weil du, das wahre Selbst, selbst strahlst.

Nur der Schein begnügt sich mit dem Schein. Beide stehen dann im Zwielicht und sind der Ansicht, sie hätten das Höchste und das Größte, weil sie sich gegenseitig bescheinen.

Gabriele:

Das wahre Selbst ist die selbstlose Liebe, ist das ewige Gesetz, sind wir – jeder Einzelne von uns – im reinen Sein; denn Gott, unser ewiger Vater, schaute uns in Seinem Herzen und schuf uns als Wesen der Liebe, als das wahre Selbst, das Gesetz der Liebe.

Sind wir das wahre Selbst, sind wir also wieder zum Gesetz der unendlichen, ewigen Liebe geworden, dann strahlen wir die ewige Liebe aus und sind nicht auf den Schein der Liebe angewiesen, auf die umgewandelte selbstlose Liebe: die Eigenliebe. Dann lehnen wir uns nicht mehr an unseren Nächsten an. Wir stehen dann nicht mehr im Zwielicht menschlich-ichbezogener Kommunikation, die besagt: Gibst du mir, dann gebe ich dir.

Haben wir von der Ichbezogenheit zum Gottesleben, dem Ich Bin, gefunden, dann stehen wir im Gotteslicht und strahlen das Gotteslicht aus. Das bewirkt Standfestigkeit, Gottnähe und Kommunikation mit dem ewigen Sein. Wir werden uns dann nicht mehr gegenseitig bescheinen mit unserem Schein, dem niederen Ich. Wir wollen dann nicht mehr vor unserem Nächsten glänzen, weil wir Gottes Liebe und Weisheit ausstrahlen. Wir benötigen nicht mehr das Lob unseres Nächsten, seine Anerkennung, seinen menschlichen Zuspruch, denn wir sind. Wer ist, will nicht sein. Er will auch nicht haben, denn er besitzt die Fülle.

Dorthin führt unser Weg. Jeder von uns wird früher oder später diesen Weg gehen müssen – wenn nicht als Mensch, dann als Seele in den Stätten der Reinigung. Denn unser göttlicher Leib ist unsterblich, und der Erlöserfunke ist in jeder Seele der Weg, die Wahrheit und das Leben. Somit können wir einzig mit Christus zu unserem ewigen Vater gelangen – und jeder wird zu Ihm finden, weil der Ewige uns in Seinem großen Liebeherzen bewahrt.

Wie lange wir zum ewigen Sein wandern, das bestimmen wir selbst. Ob wir durch Leid, Trübsal, Angst, Sorge und Krankheit gehen oder ob wir den unmittelbaren Weg der Liebe beschreiten, indem wir unsere Sünden rechtzeitig erkennen, mit der Kraft des Herrn bereuen und nicht mehr tun, das bestimmen wiederum wir.

Im Nicht-mehr-Tun und in der Verwirklichung der Gesetzmäßigkeiten Gottes erschließt sich uns die unendliche Liebe. Tun wir das Sündhafte nicht mehr, dann beginnen wir, mehr und mehr Gott zu lieben, und stellen so die Kommunikation zu Gott, der Liebe, her. Das bedeutet:

Wir werden unsere Schicksale nicht zu durchleiden haben, denn wir wurden und werden rechtzeitig erinnert, bevor Leid, Sorgen und dergleichen über uns hereinbrechen.

Sind wir wachsam, gehen wir den Weg der Reue und der Bereinigung, dann fallen wir nicht in das Tal der Bitternis; Christus fängt uns rechtzeitig auf, weil wir den Weg der Reue und Bereinigung gehen und die Sünden nicht mehr tun. So wandern wir auf dem Weg der Liebe hinein in das kosmische Gesetz zu der Wiege, zur Geburtsstätte unseres Lebens, in das Reich Gottes.

Als Mensch sind wir oftmals auf den Menschen bezogen. Wir sprechen davon, dass wir zusammenstehen, Freunde sind, die einander helfen und beistehen. Doch schauen wir genauer hin, dann müssen wir uns fragen: Ist es das echte Zusammenstehen, die wahre Freundschaft und Hilfe? Sind wir ehrlich, dann müssen wir uns nicht selten eingestehen: Es ist nicht Freundschaft, sondern Kumpanei. Wir bescheinen uns gegenseitig und glauben so, das Höchste zu haben, weil wir uns gegenseitig bestätigen. Wir bejahen uns jedoch nicht in unserem geistigen Sein, sondern unser Ich kommuniziert mit dem Ich des Nächsten. So bestätigen und stärken wir gegenseitig unser menschliches Ich.

Das Sein, das göttliche Ich Bin, ist die Wahrheit. Unser menschliches Ich gehört dem Schein an und damit der Täuschung, der Lüge. Es hungert nach Bestätigungs- und Aufwertungsenergie. Um diese zu erlangen, lässt das Ich die wahren Werte, die Werte der Wahrheit, der Treue, der Redlichkeit, der Offenheit und Ehrlichkeit, außer Acht.

Wir empfinden es eventuell als eine geringfügige Abweichung von der Wahrhaftigkeit, wenn wir dem Nächsten Freundlichkeiten sagen, die nicht vom Herzen her beseelt sind, wenn wir ihm halbherzig zustimmen und ihm nach dem Munde reden. Doch was sich daraus ergeben kann, ist oftmals schwerwiegend.

Handeln wir so, dann täuschen und belügen wir nicht nur unseren Nächsten, sondern wir werden auch uns selbst, unserem ewigen Selbst, das die Wahrheit ist, untreu. Daraus erwachsen Bindung, Untreue und weiteres mehr.

Erkennet: Der Schein trügt, und wer darauf hereinfällt, kann zum Betrüger werden.

Deshalb umgebt euch nicht mit Trugbildern, mit dem Schein, sondern werdet zur Sonne der Liebe und Gerechtigkeit im Meer der Unendlichkeit.

Viele Seelen und Menschen bewegen sich hin in das Sein, doch wenige sind im Sein. Wer sich nur Gedanken um das Sein macht, der empfängt nur aus dem Schein und nicht aus der Quelle des Lebens, welches das Sein ist.

Gabriele:

Der Schein, der trügt und betrügt, ist also unser menschliches Ich, das sich immer darstellen möchte, das immer etwas erwartet, das sich immer so gibt, dass es – wiederum Menschliches – anzieht. Mit dem „Menschlichen" ist, wie gesagt, das Sündhafte gegen die Seele gemeint. Wer nur auf den Schein blickt, also auf das menschliche Ich, und sich mit dem menschlichen Ich beschäftigt, der wird niemals zur Wahrheit finden. Wer sich auf den Schein stützt, auf das menschliche Ich, das trügerisch ist, kann zum Betrüger werden, weil das Ich der Wahrheit entgegensteht.

Wer im Schein, in der Schwäche, steht, weil er auf Menschen bezogen ist und mit ihrem Menschlichen kommuniziert, der wird auch schwach werden, wenn die Versuchung an ihn herantritt. Er kann zum Verräter werden.

»Deshalb umgebt euch nicht mit Trugbildern, mit dem Schein ...« – das heißt, mit dem Trügerischen, indem wir dem menschlichen Ich Glauben schenken und das aussprechen, was unter Umständen nicht der Wahrheit entspricht –, *»... sondern werdet zur Sonne der Liebe und Gerechtigkeit im Meer der Unendlichkeit.«* Das heißt für uns, das ewige Gesetz anzustreben, die Sonne der Liebe und der Gerechtigkeit. Dann tauchen wir in das Meer der Unendlichkeit ein und bewegen uns im Herzen Gottes, im Gesetz der Liebe.

Menschen, die einige Schritte auf dem Weg zur Liebe getan haben, werden nicht auf den Schein blicken; sie werden im Schein immer das Sein suchen, und sie werden es mit der Hilfe des Christus Gottes finden. Sie werden dem menschlichen Ich nicht zum Munde sprechen, sondern sie werden aus dem Schein das Sein, das Gesetz des Lebens, finden und das Gesetz des Lebens aussprechen. So gehen sie niemals in die Irre und werden niemals zu Betrügern.

Wenn uns auch der Nächste mit dem menschlichen Ich betrügen möchte, wenn er uns etwas vormachen möchte, wenn er uns in die Irre führen möchte – wer auf dem Weg zur Liebe einige Schritte getan hat, der wird sich vom Schein nicht blenden und fehlleiten lassen; er wird im Schein das Sein erfassen, und was er ausspricht, wird das Gesetz des

Lebens sein. Er wird sich nicht beirren lassen, sondern in sich selbst die Sicherheit und Standfestigkeit haben.

Deshalb ist unser Weg der Weg der Liebe, um wieder zur Sonne der Liebe und Gerechtigkeit zu werden, um einzutauchen in das Meer der Unendlichkeit.

»Viele Seelen und Menschen bewegen sich hin in das Sein«, sie befinden sich also auf dem Weg hin zum Sein, hin zum ewigen Gesetz, *»doch wenige sind im Sein.«* Wenige also, so spricht der Herr, Christus, sind derzeit bereits eingetaucht in das Meer der unendlichen Liebe, in das ewige Gesetz.

»Wer sich nur Gedanken um das Sein macht, der empfängt nur aus dem Schein und nicht aus der Quelle des Lebens, welches das Sein ist.« Sprechen wir nur über das ewige Gesetz und erfüllen es nicht, dann bleiben wir der Schein. Dann strahlen wir unsere eigenen Trugbilder aus, indem wir vorgeben, wir wären dem Gesetz, Gott, nahe oder wir würden im Gesetz, Gott, leben. So sprechen wir nur vom Gesetz, haben jedoch das, was wir aussprechen, noch nicht verwirklicht. Wer nur von der ewigen Liebe spricht und sie nicht verwirklicht, der ist nicht in der ewigen Liebe. Er wahrt und er spricht nur den Schein.

Der Schein hat vielerlei Erscheinungsformen. Ist uns noch wichtig, was unser Nächster oder unsere Nächsten von uns denken, dann ist es letztlich immer noch unser

Bestreben, den Nächsten hinters Licht zu führen, ihn zu täuschen.

Entdecken wir dies an uns, so sollten wir das, was uns als Erkenntnis, als Gedanke gekommen ist – z.B. die Worte »Mir ist immer noch wichtig, was andere denken« – kurze Zeit in uns wirken, in uns nachschwingen lassen; dann erfahren wir in uns selbst einige Aspekte unseres menschlichen Ichs. Sie werden uns in dieser Aussage bewusst, denn damit haben wir uns selbst angesprochen.

Das erkannte Menschliche können wir nun mit Christus bereinigen und nicht mehr tun. Der nächste Schritt ist, dass wir uns fragen: »Da ich nun dies und jenes nicht mehr tun will und nicht mehr tun werde – was will ich stattdessen tun?« In der ernsthaften Frage liegt die Antwort; es sind einige Gesetzmäßigkeiten des Lebens. Dieses Positive notieren wir uns auf; wir geben es uns in unsere Gehirnzellen ein und leben danach.

Auf diese Weise denken wir um. Wir schaffen uns über das Erkennen unseres Negativen und die Entscheidung, fortan stattdessen das Positive, Gottgewollte, zu tun, ein neues, positives Programm, das uns Stütze ist und uns frei macht.

Wird uns bewusst, dass wir andere von diesem und jenem überzeugen wollen, so sind wir ebenfalls einer menschlichen Schwäche, einem Aspekt unseres Scheins, auf der Spur.

Wollen wir überzeugen, dann ruhen wir nicht in Gottes Liebe, wir stehen nicht in der Erfüllung Seines Willens, denn dann wollen wir – der Mensch – etwas. Bedenken wir: Gott will uns niemals überzeugen, weil Er von Seiner Liebe überzeugt ist. Er ist die Liebe. Wir hingegen sind, wenn wir überzeugen wollen, nicht das Gesetz der Liebe. Folglich wollen wir unseren Nächsten etwas beweisen, das wir uns selbst noch nicht bewiesen, das heißt, das wir selbst noch nicht verwirklicht haben.

Um unsere Schwächen und Mängel zu erforschen und zu erfassen, können wir uns fragen: Wo liegt meine Unsicherheit? Wovon bin ich noch nicht überzeugt?

Heischen wir von unserem Nächsten Mitleid, so liegt ebenfalls eine menschliche Schwäche vor, ein Energiemangel, den unser Nächster uns auffüllen soll. Auch derjenige, der uns auf unser Betteln um menschliche Energie hin die erwünschte Ermutigungs-, Bestätigungs-, Zustimmungs- oder Mitleidsenergie spendet, handelt ungesetzmäßig. Beide binden sich dadurch aneinander. Jeder Austausch menschlicher Energie führt zu Bindung.

Ist hingegen einer unserer Nächsten in Not und bedarf der Hilfe, so werden wir ihm beistehen und helfen, so weit es uns möglich ist, wenn der Nächste dies möchte. Das echte Mitfühlen mit dem Nächsten, das uns Kraft und Weisheit zu wahrer Hilfe verleiht, ist ein Aspekt der göttlichen Barmherzigkeit.

Zur *»Sonne der Liebe und Gerechtigkeit im Meer der Unendlichkeit«* werden wir, indem wir tagtäglich unsere Schatten erkennen, die Aspekte unseres Sündhaften, um sie mit der Kraft des Christus Gottes aufzulösen, damit die Sonne der Liebe uns mehr und mehr zu durchglühen vermag. So erlangen wir aus unseren Schwächen durch die Sonne der Liebe die innere Stärke.

Wer dem Schein angehört, der trägt viele Masken. Je nach Gelegenheit setzt er die entsprechende Maske auf.

Wer in der Scheinwelt lebt und seine Masken hat, kennt sich nicht und auch nicht den, der gleiche und ähnliche Masken trägt wie er selbst. Beide sprechen nur von ihren Masken, von dem Schein, und finden nicht die Realität.

Der Maskenbildner ist einsam und allein, denn er kümmert sich nicht um seine Nächsten; er denkt nur an sich und will seine Maske wahren.

Gabriele:

Wir wissen: Worte sind Symbole. Gefühle, Empfindungen, Gedanken und Worte bringen Bilder hervor, denn unsere Sprache ist die Sprache des Bildes. Worte, ob gehört oder gelesen, wirken auf uns. Lesen wir mit unserer vollen Aufmerksamkeit oder hören wir Worte und sind zugleich mit unseren Gedanken beim Gehörsinn, dann ist auch unser Bewusstsein gegenwärtig und empfindet mit, was gesprochen wird. Daraus ergeben sich in uns Bilder.

Diese Bilder sind von Bedeutung für jeden von uns; sie können ausschlaggebend sein für unser derzeitiges irdisches Leben. Sie sagen uns, wie wir heute denken oder wie wir in der Vergangenheit gefühlt, empfunden und gedacht haben. Jeder von uns hat andere Bilder, weil jeder von uns anders denkt. Jeder von uns hat auch in der Vergangenheit anders gefühlt, empfunden, gedacht und gesprochen, und daraus ergeben sich die unterschiedlichen Bilder.

Unser irdisches Leben wird interessant, sobald wir unsere Bilder beobachten, wir also in unsere Worte oder Gedanken hineinschauen, denn wir sehen darin uns selbst. Wir erleben uns selbst in unserem Fühlen, Empfinden, Denken, Sprechen und Handeln. Wir sehen auch unsere Nächsten, mit denen wir in Frieden oder in Feindschaft leben. So können wir uns selbst erkennen.

Worte strahlen aus, was sie enthalten. Sie stoßen das an, was in uns gespeichert ist an Lichtem und an Verschattetem. Nehmen wir die Worte: *»Wer dem Schein angehört, der trägt viele Masken.«* Gerade die Worte »Schein« und »Masken« können in uns viele, viele Bilder in Erscheinung treten lassen.

Was ist Schein? Der Schein tritt im Zusammenleben der Menschen oft in Form von Scheinheiligkeit auf: Wir sprechen z.B. süß, bejahend, verbindend, wohlwollend und liebevoll – doch wie sieht es in unseren Gedanken aus, in unseren Gefühlen und Empfindungen? Eventuell werten wir unseren Nächsten ab, senden ihm unter Umständen missgünstige oder gar feindselige Empfindungen und Gedanken zu. Unsere Worte klingen jedoch nach Freundschaft, Verbindung und ähnlichem mehr. Wir sind also scheinheilig, wenn wir anders reden, als wir denken. Daraus ergeben sich unsere Masken.

Empfindungen und Gedanken sind schöpferisch, daher prägen sie unser Äußeres – unsere Mimik, unsere Gestik, unser ganzes Verhalten. Das sind wir als Mensch, das zeichnet uns, das ist unsere Ausstrahlung. So geben wir uns, so ist unser Erscheinungsbild, und dementsprechend handeln wir auch – doch oftmals nur, wenn wir allein sind und uns unbeobachtet fühlen.

Im Umgang mit unseren Mitmenschen verhalten wir uns häufig anders. Um unsere negativen, abwertenden Gefühle, Empfindungen und Gedanken zu verbergen, legen wir die Masken scheinbar positiver Worte, scheinbar positiven Gehabes, scheinbar positiver Gesten darüber. Das ist dann die Maske.

Der Mensch hat Masken vielerlei Art. Je nachdem, was wir tun oder mit wem wir sprechen, verhalten wir uns anders, gemäß dem, was wir an Gefühlen, Empfindungen, Gedanken, Worten und Handlungen in unsere Seele, in das Oberbewusstsein und das Unterbewusstsein eingegeben haben. Entweder verhalten wir uns aufrichtig, klar, souverän und selbstlos, weil wir diese Aspekte göttlichgesetzmäßigen Lebens durch Verwirklichung in uns wieder freigelegt haben, oder wir verhalten uns scheinheilig, indem wir vorgeben, diese geistigen Werte zu besitzen.

Unter dieser Maske verbergen wir, was uns als Mensch eventuell noch prägt: das Neidische, das Abwertende, das Herrschsüchtige.

Die Scheinheiligkeit hat also die verschiedensten Masken, die wir je nach Gelegenheit aufsetzen. Immer dann, wenn wir uns anders geben, als wir sind, anders, als wir fühlen und denken, haben wir eine Maske aufgesetzt. Und wie oft handeln wir so? Erst wenn wir beginnen, unsere Gedanken und unsere Gefühle zu kontrollieren, werden wir feststellen, wie fern oder wie nahe wir der Wahrhaftigkeit sind.

So sind wir uns unserer eigenen Maskenhaftigkeit nicht bewusst. Wir blicken auf die Oberfläche der Dinge und gehen uns selbst nicht auf den Grund. Wer sich also mit Masken begnügt, der kennt sich nicht und kennt auch seinen Nächsten nicht. Er kontrolliert sich nicht, er erforscht nicht, was hinter seiner Maske des Scheins abläuft.

Hinter dem Versteckspiel mit den Masken steht immer das unersättliche, gierige Ich, der Egoismus, der besagt: Alles nur für mich! Unser Ego will immer, und es will immer mehr. Dies kann nur auf Kosten unseres Nächsten geschehen, denn im Gesetz Gottes ist die Gleichheit. Der Mensch will Anerkennung, Reichtum, Aufwertung, eine gute Position im Beruf und vieles andere. Weil er nur für sich etwas gewinnen möchte, schaut er auch nur auf die Masken seines Nächsten, beobachtet genau, wie dieser reagiert, wie dieser wiederum seine Maske bildet, sich also ihm gegenüber verhält. Er blickt nur auf die Masken seiner Mitmenschen und wägt ab, welche Maske er aufsetzen muss, um bei seinen Mitmenschen das zu erreichen, was er sich zum Ziel gesetzt hat. So sind beide Maskenbildner, und keiner kümmert sich um den Nächsten; sie haben nur den eigenen Vorteil im Sinn.

Wer in dieser Scheinwelt gefangen ist, bleibt einsam. Nur mit sich selbst beschäftigt, auf seinen eigenen Vorteil bedacht, bewegt er sich nicht in die Einheit mit dem Nächsten. Im Gegenteil: Durch seine Masken, durch Argwohn und Täuschung hält er sich von seinem Nächsten getrennt und baut zugleich Bindungen, also Schuld, auf. Der geschicktere Maskenbildner herrscht sodann.

Weil der Mensch nur an sich denkt, ist er gegen seinen Nächsten; er wird skrupellos und feindselig. Er lebt im satanischen Prinzip »Trenne, binde, herrsche«.

Alles Ungöttliche ist unser menschliches Erbe; wir selbst haben es uns angeeignet. Das menschliche Erbe des Einzelnen besteht aus seinem menschlichen Fühlen, Empfinden, Denken, Sprechen und Handeln. Daraus kann sich unter Umständen äußerer Reichtum, Ansehen und anderes mehr ergeben.

Es ist jedoch nicht der Sinn und Zweck unseres Erdenlebens, unser Irdisches zu vermehren und damit unter Umständen auch unsere Sündenlast. Wir sollten danach streben, unser göttliches Erbe zu erlangen, indem wir unsere Masken erkennen, sie mit Christus nach und nach ablegen und die Prinzipien des Inneren Lebens aktivieren:

Gleichheit, Freiheit, Einheit, Brüderlichkeit und Gerechtigkeit, die zugleich die Prinzipien unseres göttlichen Erbes sind.

Wer aus der Maskenhaftigkeit in das bewusste Leben gelangen möchte, in seine eigene Mitte, die sein ursprüngliches Wesen ist, hin zu Christus, der in uns wohnt, der beginnt, die Masken zu erkennen; er beginnt, das Menschliche, das Sündhafte, zu bereinigen und nicht mehr zu tun. Bereinigen wir unser Allzumenschliches Schritt für Schritt mit Christus, unserem Erlöser, dann wird Er uns auch auf mannigfache Weise erkennen lassen, was wir oder wie wir leben sollen. Er zeigt uns dann Aspekte unseres göttlichen Erbes auf, z.B. den Aspekt der Freiheit, der besagt: Zwinge deinen Nächsten nicht, das zu tun, was du nicht tun möchtest. Zwinge deinen Nächsten nicht, dass er sich an dich bindet und das tut, was du willst, auf dass es dir wohlergehe. Erkenne das göttliche Gebot: Was du von deinem Nächsten erwartest, das tue du zuerst. Daraus ergibt sich die Freiheit.

So erfahren wir auf mannigfache Weise die Impulse aus der Mitte, von Christus. Wir erfahren sie dann, wenn wir bereit sind, unsere Masken abzulegen und die Gesetze des Lebens anzunehmen, das heißt, schrittweise unser göttliches Erbe wiederzuerlangen. Denn wir sollen wieder vollkommen werden – so, wie Gott uns als Seine Kinder geschaffen hat, und so, wie Er uns in Seinem Herzen schaut.

Machen wir uns immer wieder bewusst: Um die Maske abzulegen, ist zuerst die Selbsterkenntnis notwendig und der Vollzug der Wende vom Ungöttlichen hin zum Positiven, dem Göttlichen. Es bedeutet, das Negative loszulassen und Halt im Positiven zu gewinnen. Mit noch einmal anderen Worten: Wir ändern uns also Punkt für Punkt – schrittweise.

Würden wir einfach unsere Masken abnehmen, also im Äußeren unser Verhalten korrigieren, so würden wir uns nicht verändern. Immer wieder würden wir die gleichen Masken aufsetzen.

Würden wir einfach das erkannte Menschliche beiseitelegen – wer wären wir dann? Unsere Masken durchdringen uns, denn sie sind unser Leben. Unser Fühlen, Empfinden, Denken, Sprechen und Handeln – das sind wir! Wir sollen unser Menschliches nicht einfach ersatzlos streichen, es nicht wegdrücken wollen – wir sollen es umwandeln, dieses Energiepotential aus dem Dunkel ins Licht heben.

Deshalb heißt es: Erkenne dich selbst. Bereinige. Tue es nicht mehr, und erfülle statt dessen die daraus hervorgehenden göttlichen Gesetzmäßigkeiten. Das Erfüllen der Gesetzmäßigkeiten Gottes füllt uns wieder auf; es füllt uns mit Göttlichem, so wie wir zuvor gefüllt waren mit dem Menschlichen. Aus dem Gefäß fließt der Schein, und das Sein baut sich auf.

Unsere Masken sind auch Programme, die kommunizieren. Leben ist Kommunikation. Ohne Kommunikation können wir nicht leben. Es gilt, die menschliche Kommunikation mit dem Schein allmählich durch die Kommunikation mit dem Göttlichen, mit dem Sein, zu ersetzen.

Dies geschieht durch Umwandlung, durch Umdenken, durch Umprogrammieren.

Tag für Tag, jeden Augenblick können wir die Erfahrung machen, dass wir in der Bildkommunikation leben. Jeden Augenblick können wir uns in unseren Bildern erfahren. Wir können uns in unsere Bilder – in die Bilder unserer Gefühle, Gedanken, unserer Worte und Handlungen – hineinempfinden.

Gerade im Jenseits, wenn wir als Seele in den Seelenreichen leben, kommen die von uns geschaffenen Bilder ganz real auf uns zu. Ja, wir leben und erleben uns gleichsam in unserem eigenen Spielfilm. Im Jenseits spüren wir am eigenen Seelenkörper, was wir unserem Nächsten zugedacht und zugesprochen, was wir ihm angetan haben und vieles mehr. Erkennen wir auf Erden als Menschen die große Gnade, in unsere Filmspule hineinschauen zu können, um unser menschliches Ich zu bereinigen, bevor wir es körpernah erleben müssen!

Ein Rat: Leben wir bewusst! Beschäftigen wir uns nicht immer wieder mit unserer Vergangenheit oder mit dem, was unser Nächster sagt und tut! Leben wir also in der Gegenwart und sind wir zur Selbsterkenntnis bereit, so wird uns nach und nach bewusst, was wir an Menschlichem geschaffen haben. Was wir tagtäglich bereinigen, das müssen wir nicht erleiden.

Wer jedoch in der Innenwelt, in Mir, dem Christus, lebt, der hat die Klar- und Weitsicht. Er bedarf nicht mehr der Masken, weil er alles durchschaut und durch das Licht der Wahrheit alles erkennt. Das ist das Wesen im Strom des Seins, das personifizierte Sein, der Mikrokosmos im Makrokosmos.

Gabriele:

Dort wollen wir hin. Wir wollen in den Strom des Seins. Dies können wir uns als Aufgabe nehmen. In allem, was auf uns zukommt – ob wir menschliche oder göttliche Aspekte finden –, bejahen wir: Wir wollen in den Strom des Seins.

Wir alle dürfen gleichsam als Zielbild das Absolute bejahen: Ich bin im Strom des Seins. – Dann fühlen wir die Weichheit, die Wärme und Zartheit des Stromes; dann fühlen wir die Geborgenheit im Vater, die unendliche Liebe, die uns durchglüht.

Alles, was du siehst, das dich erregt, ist dein Spiegel; es prägt deinen Menschen. Gehst du nicht den Weg der Selbsterkenntnis, dann nimmst du nur noch die Reflexionen deines niederen Ichs und des niederen Ichs deines Nächsten wahr. Hältst du es weiterhin so, dann verstrickst du dich immer mehr in das Mein und Dein; du trennst dann zwischen dir und deinem Nächsten. Das ist das Gesetz des menschlichen Ichs. Es lautet: »Trenne, binde, herrsche«.

Hierzu erläuterte Gabriele,
die Lehrprophetin und Botschafterin Gottes:

Alles, was uns erregt, will uns also etwas sagen. Wir erregen uns, weil wir durch ein bestimmtes Sendepotential getroffen sind. Sehen, hören wir etwas oder erinnern wir uns an etwas, das uns stärker bewegt, sind wir also erfasst von Aufregung, Verdrießlichkeit, Entrüstung, Ärger oder Zorn, oder denken wir immer wieder an eine Angelegenheit, dann sollten wir uns fragen: *Was* hat uns erregt? Das zu erkennen ist für uns von Bedeutung, denn eben dies sind wir selbst.

Gehen wir vom ewigen Gesetz aus, von unserem göttlichen Erbe: Als reine Wesen erregen wir uns weder über Menschliches noch über das Göttliche. Gott erregt sich nicht an unserem Sündhaften, weil Er vollkommen ist. Erregen wir uns an dem Sündhaften unserer Nächsten oder an einer Aussage – sei sie gesetzmäßig oder ungesetzmäßig –, dann liegt bei uns selbst einiges zugrunde. In uns wurde Menschliches, Sündhaftes, angestoßen, das in unserer Seele liegt und darauf wartet, erkannt und bereinigt, also getilgt zu werden. Diese Sünden prägen uns. Sie prägen unsere menschliche Persönlichkeit mit all den Aspekten unseres Ichs; sie prägen unsere Gesichtszüge und unseren menschlichen Körper.

Unlängst wurde an die göttliche Welt die Frage gestellt: Erkennen die reinen Wesen uns, die wir nun Menschen sind? Die Antwort lautete sinngemäß: Wir blicken auf das Unbelastbare im Menschen, auf das Innerste, das Reine im Zentrum der Seele; darin erkennen wir euch. Würden wir nur auf die Hülle, den Menschen, schauen, so würden wir euch nicht erkennen.

Das zeigt uns: Wir haben uns selbst verunstaltet durch unser Sündhaftes. Unsere Sünden zeichnen uns. Über unsere Gefühle, Empfindungen, Gedanken, Worte und Handlungen zeichnen wir unseren Körper, und so verhalten wir uns auch; so sprechen wir, so handeln wir, so leben wir mit unserem Nächsten. Unser Verhalten ist also jeden Augenblick auch unser Spiegel.

Betrachten wir uns in diesem Spiegel nicht und bereinigen unser Menschliches nicht, dann sehen wir nur auf unser niederes Ich und auch auf das niedere Ich unseres Nächsten, nehmen also nur das Sündhafte wahr, das uns immer aufs Neue erregt. Dadurch schaffen wir wiederum Ursachen, Sünden; denn die Erregung bringt viele Gedanken hervor, die uns belasten. Deshalb sind uns die Tage, die Stunden, die Minuten, die Augenblicke gegeben, um uns selbst zu betrachten – dann, wenn wir uns erregen oder wenn wir erkennen, dass uns immer wieder gleiche und ähnliche Gedanken bewegen.

Jeder Tag birgt die Chance, dass wir uns in den vielen Augenblicken selbst anschauen, wie wir sind. Wir, der Mensch, sind nichts anderes als der Spiegel, der Ausdruck unserer Seele mit ihren lichten Seiten und ihren Schattenseiten. So können wir davon ausgehen, dass wir am Morgen nicht erwachen würden, hätte uns der Tag nicht einiges zu sagen. Unsere Seele wartet darauf, dass wir ihre Schatten ausfindig machen und sie mit der Kraft des Christus Gottes in uns bereinigen.

Wird uns ein Fehlverhalten, eine Sünde, bewusst, dann gehen wir den Weg der Reue, der Vergebung und der Wiedergutmachung. Wesentlich ist dabei die Reue, dass wir also unsere Lieblosigkeit gegenüber unserem Nächsten in unserer eigenen Gefühlswelt schmerzlich verspüren. Bitten wir Christus um Kraft zur Reue, so gibt Er uns auch die Kraft, von Herzen zu bereuen. Wir bereuen, bitten um Vergebung, vergeben selbst und machen wieder gut, was wiedergutzumachen ist. Kurz: Wir bereinigen.

Tun wir das, was bereinigt wurde, nicht mehr – was geschieht dann in unserer Seele? Sündhafte Aspekte werden umgewandelt in Licht. Das wirkt sich auch am Körper aus, denn der Körper ist die Zeichnung unserer Seele. Der

Mensch wird mit der Zeit weicher, sensitiver; das harte, starre Ich wandelt sich in Selbstlosigkeit und Feinfühligkeit – Aspekte der Güte. Der Ausdruck der Sprache wird feiner und die Handlungsweise bedachter. Daraus ergeben sich mehr und mehr der Gemeinschaftssinn und die Brüderlichkeit, auch Geschwisterlichkeit genannt.

Zuerst müssen wir uns also durch die Reue aufweichen. Die Reue bereitet die Seele auf, damit das Sündhafte weichen und das Gesetzmäßige, das Lichtvolle, sich entfalten kann. Aus der echten Reue ergibt sich der starke Wille und die Kraft, das, was wir an Menschlichem erkannt haben, nicht mehr zu tun. Da alles in allem enthalten ist, ergeben sich daraus Gesetzmäßigkeiten Gottes, die wir fortan erfüllen. Gesetzmäßigkeiten Gottes sind Aspekte aus dem ewigen Gesetz. Wird uns keine Gesetzmäßigkeit Gottes bewusst, dann rufen wir uns die Zehn Gebote und die Bergpredigt, so wie sie uns der Herr lehrt, ins Bewusstsein. Daraus können wir eine oder mehrere Gesetzmäßigkeiten Inneren Lebens ableiten, die wir dann täglich erfüllen. So reifen wir in unser göttliches Erbe hinein. Es ist das Ziel unseres Erdenlebens, im Erdenkörper wieder in den Ursprung, in unsere innere Heimat, einzugehen, unser ewiges Erbe zu erschließen.

Blicken wir – statt auf uns selbst – auf unseren Nächsten, dann beginnen wir zu werten. Wir werten unseren Nächsten ab, um unser menschliches Ich hochzustilisieren. Im Werten distanzieren wir uns von unserem Bruder, unserer Schwester: Das bist du, und ich bin ich. Und weiter: Dies ist mein, und das ist dein. Wir trennen uns also von unserem Nächsten und binden uns an unsere Anschauungen. Ist unser menschliches Ich stärker als das Ego unseres Nächsten, dann versuchen wir, ihn zu beherrschen. So wirkt das Prinzip des Satanischen: »Trenne, binde und herrsche«.

Machen wir uns bewusst: Streben wir Herrschaft und Macht an, dann werden wir, auf die Dauer gesehen, keinen Gewinn davon haben. Wohl kann es eine geraume Zeit gutgehen, schlussendlich werden wir jedoch die Unterlegenen sein, denn Macht dient nur zur Durchsetzung des menschlichen Ichs. Einst werden wir selbst darunter leiden.

Das göttliche Prinzip lautet: »Verbinde, und sei.« Das besagt: Verbinde dich mit deinem Nächsten in der selbstlosen, göttlichen Liebe. Erkenne, dass die positiven Kräfte in ihm ein Teil von dir sind – und sei in Gott, sei in deinem Inneren; sei dort zu Hause und schöpfe mehr und mehr aus der Quelle der unendlichen Liebe.

Aus dem göttlichen »Verbinde und sei« ergibt sich der Gleichklang der Kräfte, die Gleichheit. Daraus ergibt sich die Einheit, weil wir für und mit unserem Nächsten sind. Zugleich entsteht Freiheit, denn wir machen unseren Nächsten nicht von uns abhängig und binden uns auch nicht an ihn. Die Einheit in Gott ist das Leben der Gemeinschaft, das gleich Brüderlichkeit, Geschwisterlichkeit ist. Dann gibt es kein Oben und Unten.

Wer den Grundprinzipien Inneren Lebens in seinem Leben Raum geben möchte, der beginnt mit der Gleichheit. Gleichheit besagt: Wir alle sind Brüder und Schwestern, Kinder eines Vaters. Beziehen wir diese Aspekte der Wahrheit in unser Leben mit ein, so ergeben sich Freiheit, Einheit und Brüderlichkeit. Dann erwacht auch die Gerechtigkeit. Wir werden nicht mehr rechten und richten, sondern wägen, um immer gerecht zu sein, so, wie es Gott will.

Das Wägen ist das innere Erfassen, das Erfassen des Wesentlichen. Der geistige Mensch wägt ab, indem er der Angelegenheit, der Situation oder Schwierigkeit auf den Grund geht. Er schaut hinter die Fassade des Menschlichen und erfasst in der Situation das Positive, den Kern, die göttliche Gesetzmäßigkeit, auf der sich aufbauen lässt. Von den eventuell schillernden, vom Menschlichen geprägten äußeren Gegebenheiten lässt er sich nicht täuschen; er vermag sie richtig einzuordnen. So findet er in allen Fragen die Antwort, in allen Schwierigkeiten die Lösung. Damit wird er seinen Mitmenschen gerecht. Er vermag zu raten und zu helfen im Sinne der göttlichen Gerechtigkeit, des göttlichen Gesetzes. Die Fähigkeit dazu erwirbt er sich nur dadurch, dass er zu sich selbst gerecht ist, sich also tagtäglich selbst erkennt und sein Menschliches überwindet.

Einzig das Gesetz Gottes ist die Gerechtigkeit. Alle menschlichen Gesetzmäßigkeiten, wie wir sie in der Welt kennen, nennen wir das Recht. Solange wir auf unser Recht pochen, pochen wir immer auf unser Ich. Lassen wir die Gerechtigkeit Gottes walten, dann wägen wir ab, und jedem wird Gerechtigkeit widerfahren.

Tauchen wir mehr und mehr in dieses Bewusstsein ein, dann werden wir nicht mehr entsprechend dem Wort »Recht« urteilen und richten: »Was ich sage, ist richtig.« Wir werden uns in das Bewusstsein Gottes eingebären, um die Gerechtigkeit zu erlangen, um gerecht zu sein gegenüber unseren Mitmenschen und nicht zuletzt gegenüber uns selbst. Denn nur aus der Gerechtigkeit auch uns selbst gegenüber erlangen wir Achtung vor unserem wahren Leben und Achtung vor unseren Mitmenschen.

Das göttliche Gesetz lautet: »Verbinde und sei.« Das heißt, wer in der Verbindung mit dem Innersten lebt, der ist mit allen Menschen und Wesen und mit allen Lebensformen verbunden. Er bildet mit ihnen die Einheit in Gott, die keine Unterschiede kennt, da alles in allem enthalten ist, das Gesetz des Lebens.

Gabriele:

Die Verbindung mit dem Innersten, mit Christus in uns, erlangen wir nur, indem wir die Berge unseres menschlichen Ichs, also unsere Sünden, abtragen, um in das Licht einzutauchen, das Christus in uns ist. Die Verbindung mit dem Innersten ist die Verbindung mit der Quelle, in der alle Seinsformen leben. In dieser Quelle – wir sprechen auch vom »Strom« – leben Mineralien, Pflanzen, Tiere, alle Wesen, alle Seelen und Menschen. Nichts und niemand ist ausgeschlossen, denn Gott verstößt keinen Menschen, keine Seele, keine Lebensform.

Der Ursprung der Quelle ist das Herz Gottes. Die Quelle selbst, der Strom, ist das ewig strömende Gesetz, Gott. Gott, unser Vater, schaut uns immer in der Quelle, im Strom, in Seinem Herzen. Wir jedoch verließen diese unsere ewige innere Heimat, indem wir gegen das göttliche Gesetz handelten. Dadurch begaben wir uns hinaus ans trockene Land und dürsten nun nach den Wassern des Lebens. Wir sitzen gleichsam »auf dem Trockenen«, weil wir uns von unserem Innersten, aus dem Bewusstsein des Ich Bin, losgesagt haben durch die Sünde. So wurden wir hart und sind gegen uns selbst, weil wir gegen unseren Nächsten sind, weil wir gegen die Schöpfungsformen Gottes sind, z.B. gegen Tiere, Pflanzen, Mineralien und Steine.

Machen wir uns immer wieder bewusst: Sind wir gegen das Leben, Gott, dann sind wir zugleich gegen uns selbst. Denn was wir unseren Nächsten antun – auch unseren Übernächsten, den Lebensformen der Natur –, das tun wir uns selbst an. Wir versündigen uns also gegenüber unseren Nächsten, gegenüber unseren Übernächsten und gegen uns selbst. Dadurch trennen wir und herrschen. Öffnen wir uns durch ein Leben nach den Gesetzen der

Liebe und des Friedens für die Quelle, dann leben wir für und mit unserem Nächsten. Wir stellen dann gleichsam die Verbindung im Innersten her, und dort – im Strom, in der Quelle – ist alles Sein, sind die Naturreiche, alle Wesen des Lichtes, alle positiven Kräfte der Menschen und Seelen.

Verstoßen wir gegen einen Menschen, so treten wir aus der Quelle. Verstoßen wir gegen ein Tier, so treten wir ebenfalls aus der Quelle. Wir trennen uns gleichsam von Gott, um über den einen Menschen, das eine Tier zu herrschen.

»Lebe in Verbindung mit dem Innersten« heißt: Tritt in Kommunikation mit dem Reinen, dem Unbelastbaren, in allen Lebensformen, in Tieren, Pflanzen, Mineralien, im Menschen, ja in allem, was uns umgibt. Das ist Leben im Geiste Gottes. Solange wir dieses Leben nicht anstreben, in diesem Leben nicht sind, fühlen wir uns immer als sogenannte Einzelgänger. Warum? Weil wir nicht für und mit unserem Nächsten sind.

Geben wir also unserem menschlichen Wollen, unserem niederen Ich, Raum, dann liefern wir uns unserem menschlichen Ich aus. Das bedeutet für uns: Wir verlassen den Ort der Fülle, die Oase, die Quelle des Inneren, und gehen hinaus in die Wüste. Was folgt daraus? Dann bestimmt uns unser niederes Ich, und unter Umständen bestimmen uns über unser Ego weitere niedere Kräfte. Diese sind darauf bedacht, uns immer mehr in die Wüste zu führen, weg vom Wasser des Lebens, weg vom Brot des

Heils. Sie verführen uns, indem sie unsere Wünsche und Vorstellungen anregen. Sie flößen uns Argumente für Abwertung, Feindschaft und Streit ein. Sie lenken uns immer auf unsere Nächsten hin mit der Begründung, der Nächste sei schuld, der Kollege, die Kollegin, der Partner, die Partnerin, die Kinder, die Eltern. Alle sind schuld, so lautet die Beeinflussung durch die Finsternis, alle – nur wir selbst nicht. Daraus entstehen Streit und Kampf. Im Streit, im Kampf wird viel göttliche Lebensenergie heruntertransformiert zu immer noch mehr Negativenergie. Diese nimmt die Finsternis in Empfang; davon lebt sie.

So müssen wir uns fragen: Sind wir auch solche Produzenten von Negativenergie? Täglich sollten wir uns kontrollieren: Wie leben wir? Leben wir in Streit, in Zank, in Feindschaft? Leben wir in der Wüste unseres Ichs und fühlen uns sogar noch wohl, dann sind wir die Spender jener niederen Energien, von denen die Hierarchie des Dunklen lebt und die sie verwendet, um zu verführen und zu verderben.

Damit wir den Weg heraus aus dem Pfuhl des Allzumenschlichen hin ins Licht finden, gab uns Christus die großen kosmischen Lehren. Er hilft uns, umzudenken. Er hilft uns, in unser Innerstes zu finden, zu Ihm.

Wer möchte nicht in sich ruhen, im sicheren Hort des Inneren zu Hause sein? Doch wir dürfen nicht glauben, dass wir dort Wohnung nehmen können, indem wir schlichtweg den Entschluss fassen: »Jetzt schalte ich um. Ab jetzt bin ich in meinem Inneren.« Liegt vor der Tür eines Hauses viel Geröll, dann müssen wir dieses erst hinwegschaffen, um dann das Haus betreten zu können. So ist es auch mit unserem Leben. Zunächst heißt es: Erkenne dich selbst und bereinige, was an Geröll vor dem Innersten liegt, vor dem Altar der Liebe. Bereinigen wir mit Christus und tun wir das Sündhafte nicht mehr, so finden wir Schritt für Schritt in unser Inneres, zu Christus, unserem Erlöser und Führer.

Was also ist zu tun? Nichts anderes, als unsere Vergangenheit zu bereinigen, um bewusst in der Gegenwart, im Tag, zu leben. Dann erfahren wir uns jeden Tag selbst und erkennen daraus, was zur Bereinigung ansteht, um wieder in die Mitte, in den Strom, in die Quelle, zu finden, um eins zu werden mit Christus, eins zu werden mit Gott, unserem ewigen Vater.

In die Mitte zu finden heißt, für und mit unseren Nächsten zu sein. In der Mitte zu sein heißt, im Strom zu sein. Dann sind wir aus der Wüste Welt zurückgekehrt; unsere trockene Seele empfing wieder das Wasser des Lebens.

Nur aufgrund unserer eigenen freien Entscheidung, die Gesetze Gottes zu erfüllen, kommen wir mit Christus der Quelle, dem ewigen Sein, immer näher.

Das ist das Ziel jedes Menschen, ob er es derzeit annimmt oder nicht. Irgendwann dämmert im Menschen oder in der Seele die Bewusstwerdung hervor, dass das Ziel des Daseins der Heimgang in das Herz Gottes, in unsere Mitte, ist. Damit wir diesen Weg finden, wurde Christus unser Erlöser, unser Wegbereiter ins Vaterhaus. Durch Christus ist keine Seele und kein Mensch verloren. Er stärkt und beflügelt, Er führt und leitet uns – wenn wir im Tag mit Ihm leben, wenn wir also erkennen, bereinigen und nicht mehr tun. Wir müssen uns jedoch fragen: Wann kann uns Christus an Seine Hand nehmen und zum Vater führen? Dann, wenn wir bereit sind. Er wird uns zu nichts zwingen.

Das Gesetz von Ursache und Wirkung, das der Widersacher schuf – »Trenne, binde und herrsche« –, ist das personenbezogene Gesetz, das Ichheitsgesetz, das nur sich, das niedere Ich, kennt.

Gabriele:

Das personenbezogene Gesetz, das Ichheitsgesetz, ist unser persönliches Gesetz. Jeder Einzelne von uns, also die Person, hat dieses sich selbst geschaffen. Wir schufen es mit den menschlichen Schöpfungsprinzipien, unseren Gefühlen, Empfindungen, Gedanken, Worten und Handlungen. Diese fünf Prinzipien – Fühlen, Empfinden, Denken, Sprechen und Handeln –, die verpolt, also aus dem Göttlichen heruntertransformiert wurden in das Menschliche, sind jene Schöpfungsprinzipien oder Schöpfungseigenschaften, mit denen wir unsere persönlichen Gesetzmäßigkeiten schaffen. Diese bestehen aus den Aspekten unseres niederen Ichs – aus all dem Negativen, Lieblosen, das unser Ego prägt.

So können wir sagen: Mit jedem Verstoß gegen das göttliche Gesetz baut ein jeder von uns an seinem eigenen, von ihm selbst geschaffenen Gesetz. Die Gesamtheit aller Personengesetze der einzelnen Menschen und Seelen ist das Gesetz von Saat und Ernte. Aufgrund dessen erlebt jeder seine Eingabe, also sein persönliches Gesetz – niemals jedoch die persönlichen Gesetzmäßigkeiten eines anderen. Was also der Mensch durch sein Leben und Wirken schafft, gleichsam sät, das erntet er. So schafft jeder Einzelne sein Schicksal selbst.

Der Widersacher will die Trennung und die Bindung. Menschen sollen sich an Menschen und Dinge binden, Besitz und Eigentum schaffen, um so wiederum das Trennende herbeizuführen, das heißt das Mein und das Dein. Wer sich am meisten Eigentum angeeignet hat, der herrscht über jene, die weniger besitzen.

Gabriele:

Dadurch, dass wir Menschen uns an Menschen, an Besitz und Eigentum binden, hinterlassen wir Spuren, die Manifestationen von Gesetzmäßigkeiten unseres persönlichen Gesetzes. Da alles Energie ist und alles auf Kommunikation beruht, stehen wir mit den Menschen, an die wir uns gebunden haben, oder mit Besitz und Eigentum, mit dem wir verwachsen sind, in Kommunikation. Scheidet unser physischer Leib hin, dann bleibt die Seele weiterhin in Kommunikation mit diesen ihren Hinterlassenschaften, ihren persönlichen Gesetzmäßigkeiten. Löst sie diese Bindungen in den Reinigungsebenen, wo sie nach dem Leibestod sein wird, nicht, dann ist es möglich, dass sie sich an diesen Orten, wo sie einst als Mensch ihre Spuren hinterlassen hat, wieder einverleibt, um das aufzuarbeiten, was sie noch bindet.

In Gott, im ewigen Gesetz, gibt es keinen persönlichen Besitz und kein persönliches Eigentum, kein Wesen, das sich an ein anderes Wesen bindet. In Gott sind alle gleich und sind Erben des großen Ganzen. Jedem Wesen gehört die Unendlichkeit als Essenz, als Licht und Kraft. Nur das Menschliche des Menschen – seine Sünden – schafft die Trennung und das Mein und Dein.

Türmen sich die Sünden in der Seele, dann lösen sich Seele und Mensch aus der Einheit und Gleichheit, sie trennen sich ab von dem ewigen Strom des Lebens, Gott. Sie verarmen an Licht und Weisheit und gieren nach Besitz und Eigentum, sie unterscheiden in Mein und Dein. Sie trennen durch Worte und Begriffe; sie trennen – »hier wir, dort die anderen« – im Fühlen, Empfinden, Denken, Sprechen und Handeln.

Daraus ergeben sich die Herrschsucht und die Gier. Wer mehr besitzt, herrscht über den anderen, ist also sein Gott. Damit stellt er sich über seine Mitmenschen und letzten Endes über Gott, denn in jedem Menschen wohnt Gott. Wer sich über den Wohnort Gottes stellt, über den Menschen, der stellt sich über Gott.

Der Satan nahm das Schwert und teilte die Einheit der Erde in die Vielheit. Mit den Stücken, den Ländern, schuf er die Herrschaft und die Herrschaften, die Reichen, welche aus den Stücken ihre Reiche machten.

Das ist die Teilung, die vom Satanischen kommt. Ich Bin jedoch gekommen, um die Einheit wieder aufzurichten durch das Gesetz der Liebe, das alle und alles eint.

Gabriele:

Ein Großteil der sogenannten Christen und viele Andersgläubige haben ihre heiligen Schriften nur als Schmuckstücke und zur Repräsentation in ihren Bücherregalen stehen, selten aus innerem Antrieb lesen sie hin und wieder daraus. Die Botschaft, welche die Schriften beinhalten, wurde gelehrt, doch nicht gelebt. So wurde nicht verwirklicht, was die großen Gottespropheten und vor allem Jesus von Nazareth gelehrt haben.

Weil es mit der sogenannten Christenheit – aber auch mit allen Andersgläubigen – durch den Kampf um Mein und Dein mit Ethik, Sitte und Moral immer mehr bergab geht, kam der Sohn Gottes, der Christus Gottes, wieder zu uns Menschen – nicht als Mensch, sondern als der Prophetische Geist. Er kam, um abermals das Gesetz der Liebe zu lehren und die Menschen zu bewegen, es zu leben – um es also wieder aufzurichten, so, wie Er es auch als Jesus von Nazareth tat.

Christus, der Sohn Gottes, der nicht mehr Mensch ist, lehrt nun durch das Prophetische Wort, was Er als Jesus verkündete, und macht wahr, was Er uns vor zweitausend Jahren versprach: uns in alle Wahrheit zu führen. In dieser materialistischen Welt, die dem Abgrund zusteuert, richtet Er wieder in willigen Menschen das Gesetz der ewigen Liebe auf. Das Gesetz Gottes eint die Menschen in der Bruder- gleich Geschwisterschaft. Er, der Christus-Gottes-Geist, führt die Menschen, die Ihm folgen, indem sie die ewigen Gesetze annehmen, sich hineinversenken und danach leben, in die Neue Zeit, in die Zeit des Christus.

Grenzen begrenzen und führen zur Verhärtung. Bleiben Grenzen lange Zeit bestehen, dann glauben die Völker, sie seien durch die Grenzen voneinander getrennt. Sie sprechen dann von verschiedenen Mentalitäten, die wenig Gemeinsames haben. Aus dieser Einstellung erwacht die Gleich-

gültigkeit und die Feindseligkeit gegenüber dem Nächsten, der nach den ewigen Gesetzen ein Teil jeder Seele ist.

Hat der Widersacher die Trennung unter den Menschen herbeigeführt, dann herrscht er und schafft weitere äußere Möglichkeiten der Bindung wie z.B. die Bindung des Menschen an Glaubenssätze, Riten, Dogmen und Kulte, gleichzeitig auch an Obrigkeiten, an Untergebene, an den Mann oder die Frau, an Kinder oder an Sachwerte, an Geld und Gut. Daraus ergibt sich das Kausalgesetz, in dem jeder ichbezogene Mensch und jede ichbezogene Seele ihr Dasein hat, bis sie sich aus dem Strudel des menschlichen Ichs herausbegeben und das Göttliche anstreben, das verbindet und das ist.

Diese Welt und der Erdplanet erscheinen im Göttlichen spiegelbildlich, denn Welt und Erde wurden ins Gegenteil verkehrt.

Hierzu erläuterte Gabriele,
die Lehrprophetin und Botschafterin Gottes:

Der Erdplanet ist die Erde als solche. Die Welt ist das, was der Mensch auf der Erde errichtet hat. Erde und Welt sind nur Spiegelungen des ewigen Seins. Sie sind nicht das ewige Sein, weil der Mensch mit seinem Personengesetz, mit der Abkehr von Gott, alles verkehrt hat. Somit ist alles, was wir sehen, nur die Spiegelung des Seins, die vom Licht abgekehrte Seite – nicht jedoch das Licht selbst.

Das Erbe Gottes an Seine Kinder ist so zu erklären:

Das, was Mein ist, das ist auch dein, es ist für dich und ist für jedes Kind gleich viel, nämlich alles aus allem, aus Dem, der ist.

Der Widersacher polte diese göttliche Gesetzmäßigkeit um und spricht: Mir gehört das Meine und das Deine. – Durch diese Umpolung glaubt der Widersacher, sich alles einverleiben zu können und über alles und alle der Herr zu sein. Er will die Macht für sich allein und Gott bezwingen, denn er selbst will Gott sein.

Der materialistische, der auf sich bezogene Mensch ist der Ansicht, er sei der Herrscher der Welt und des Alls. Weil er nur eine kleine Perspektive des Lebens sieht und diese noch umhüllt ist von seinem menschlichen Ich, glaubt er, ein Gott zu sein. Dieser Götterglaube verleiht ihm den Hochmut, zu denken, er könne die Schöpfung weiterentwickeln, ganz nach seinem Bild und Maß. In Wirklichkeit führt er sich selbst in den Abgrund und zerstört die Materie und seinen irdischen Leib.

In der Zahl acht liegt die Gottheit, in der Verachtung der Widersacher, der das heilige Sein, die Acht, umgepolt hat und daraus die Verachtung machte. Auf diese Weise schuf er sein Fallgesetz, das ihn selbst zu Fall bringen wird.

Gabriele:

Das symbolische Zeichen acht ist die Gottheit selbst, der Ursprung aller Dinge und allen Seins. Aus dem Ursprung, aus der Gottheit, entstanden und entstehen die Schöpfungen in allen sieben Grundreichen der Unendlichkeit. Der Widersacher verachtet dieses absolute Schöpfungsprinzip, die Gottheit, denn er will selbst schöpferisch sein und seine Schöpfung nach seinem Bild und seinem Maße schöpfen. Er schuf damit sein Fallgesetz, das Gesetz von Saat und Ernte. Er wird seinem Gesetz selbst unterliegen, denn wer Hass sät, wird Hass ernten. Wer den Nächsten tötet, wird selbst getötet werden. Wer den anderen missachtet, wird missachtet werden. Und wer glaubt, alles nach seinem Bild und Maß gestalten zu können, der zerstört die ganze Materie.

Wir leben in der Endzeit. Wer das Treiben auf der Erde genau betrachtet, der weiß: Der Gegenspieler Gottes geht in die Falle. Diese schnappt zu, und er kann nicht mehr wirken. Er hat sein eigenes Schöpfungspotential ausgeschöpft, und nun wirkt der Geist, der ewige Schöpfergott, und schafft Himmel und Erde neu, nach Seinem ewigen Bild, dem ewigen Gesetz. Das heißt: Die Reinigungsebenen und die Materie werden ganz allmählich verfeinert und umgewandelt und wieder dem ewigen Himmel angeglichen, von wo aus der Fall entstand.

Wer seinen Nächsten nicht achtet, der ehrt weder den ewigen Vater noch Mich. Seine Gebete bleiben unfruchtbar, weil die darin verkapselte Frucht nicht zur Reife gelangt.

Wer sich von Menschen ehren lässt, der ehrt Gott nicht.

Hierzu erläuterte Gabriele,
die Lehrprophetin und Botschafterin Gottes:

Jeder unserer Nächsten ist der Tempel Gottes, in dem der Geist des ewigen Vaters wohnt. Wer diesen Tempel nicht achtet, wer ihn verschmäht, ihn ausraubt und ausbeutet, der will auch das Allerheiligste zerstören, Gott im Tempel. Er stellt sich somit über Gott als der Über-Gott. Da er seinen Nächsten als den Tempel Gottes nicht achtet, achtet er auch seinen eigenen Tempel nicht.

Wer also seinem Nächsten keine Achtung erweist, der verachtet Gott in diesem und in sich selbst. Ein solcher Mensch ist immer darauf bedacht, sich von anderen ehren zu lassen. Wer darauf Wert legt, geehrt zu werden, der gibt Gott nicht die Ehre.

Der Widersacher führt die Seele und den Menschen in die Welt der Sinne. Er verführt sie mit dem Schein ihrer Nächsten. Er zeigt ihnen das, was andere besitzen und haben, ihr Mein und ihr Mir, und macht sie habgierig und neidisch. Auf diese Weise führt er sie vom Innersten, dem Sein, der Fülle in Gott, hinweg – hin in die Außenwelt, zu dem Schein.

Wer sich vom Schein blenden lässt, wird wie der, welcher schon geblendet ist: habgierig, neidisch und raffgierig. Dann giert er mit allen ihm zur Verfügung stehenden Waffen, um das zu erreichen, was der Schein des Nächsten ihm zustrahlt: äußeren Glanz durch Ansehen, Mittel und Möglichkeiten, die sich im Geld und Vermögen widerspiegeln.

Auf diese Weise tritt der Mensch immer mehr aus der inneren Fülle und verarmt an innerer Kraft und Geistigkeit. Er schult seinen Verstand und erhebt ihn zum Intellekt, um ein Intellektueller zu werden, der Wissen über den Schein besitzt, über das Blendwerk – und dabei das Sein, sein wahres Selbst, die Realität des Lebens, nicht mehr kennt, sondern nur sich selbst, seine kleine Welt, in welcher er herrscht, regiert und seinen Nächsten an sich und seine Ansichten bindet, an die auch er selbst gebunden ist.

Gabriele:

Zur Erkenntnis: Der Schein ist das Trügerische im Menschen und in seinem Wort. Er spricht anders, als er denkt. Seine Gedanken sind also seinem Wort gegenüber gegensätzlich. Er redet eventuell verbindlich, und zugleich denkt er abwertend, neidisch, habgierig und rachgierig. Das ist die gespaltene Zunge, mit der viele reden.

Das ewige Sein ist das ewige Gesetz. Es ist geradlinig, aufrecht. Es ist die selbstlose, ewig gebende Liebe. Es ist die Wahrheit. Wer die Wahrheit spricht, dessen Gedanken, Empfindungen und Gefühle sind ebenso wahrheitstreu wie das Wort. Das ist dann das Wort Gottes in der Seele und durch den Menschen.

Wehe jenen, die den Verstand gebrauchen, um Menschen zu vergöttern. Unmerklich schafft ein solcher Mensch Götzen. Diesen hängt er in dieser Welt an – und nach seinem Leibestode hängt er an ihnen.

Gabriele:

Wer Menschen mehr gehorcht als Gott, dem ewigen Gesetz der Liebe, der stellt Menschen über Gott. Dadurch ist er an sie gebunden. Er wird ihnen in dieser Welt anhängen und ebenfalls nach seinem Leibestod als Seele. Was der Mensch an sich gebunden hat oder was ihn an andere bindet, das wird Gott nicht trennen; denn jeder besitzt den freien Willen, zu denken und zu tun, wie ihm beliebt. Das ist dann sein Personengesetz, das in diesem irdischen Dasein oder im Seelenreich auf ihn zukommt. Es ist das Gesetz von Saat und Ernte.

Der Habgierige, Ichbezogene, der sich im Glanz des Scheins aufwertet, will immer der Größte und der Beste sein und über alles und alle herrschen.

Die Herrschsucht hat wiederum die Blüten der Angst, ein anderer könnte größer sein, mehr Glanz, mehr Ansehen und Reichtum erlangen. Von der Angst gehetzt, glaubt er, seine Augen und Ohren überall haben zu müssen, um nicht übervorteilt zu werden. Tritt ein Rivale auf, dann wird er bekämpft. Hat dieser Fähigkeiten, die er nicht besitzt, dann wachsen gleichzeitig der Neid und die Feindseligkeit und nicht zuletzt die Kampfeswut, das Bestreben, ihn auszuschalten.

Die Angst und die Kampfeswut bringen die Neugierde. Der Ich-Mensch will alles sehen, erhorchen, um alles zu wissen, um sich vor Gefahren zu schützen, die von seinen Nächsten auf ihn zukommen könnten, die mehr Ansehen haben, besser, klüger und reicher scheinen. Das führt dazu, dass er sich beständig orientieren muss. Die Neugierde drängt ihn, nach vorn, nach hinten, nach oben, nach unten, nach rechts und nach links zu sehen, um alles zu sehen und zu erhorchen. Dabei sieht und hört er nur sich selbst; denn das, was ihn treibt, sein menschlich Ich, treibt ihm wieder Gleiches und Ähnliches zu.

Der ichbezogene Mensch sieht sich in jeder Situation selbst. Er hört sich in jeder Situation selbst. Er begegnet nur sich selbst – wiederum Menschen, die ähnlich sind wie er selbst. Er und sein Nächster sprechen die gleiche Sprache, sich selbst. Was dabei herauskommt, sind wiederum nur sie selbst. Damit binden sie sich aneinander. Womit sie sich gebunden haben, das werden sie wieder gemeinsam bereinigen, bis sie das Rad der Wiederverkörperung und die Seelenreiche verlassen können.

Gabriele:

Wir lesen, dass jeder Mensch nur sich selbst spricht und nur sich selbst hört. Das geschieht deshalb, weil jeder Mensch in seinem Plasma lebt, das seine Aura oder auch seine Atmosphäre genannt wird. Die Atmosphäre des Menschen besteht aus seinem Lebensfilm. Einen Teil dieses Lebensfilmes brachte die Seele mit in die Inkarnation.

Sobald der junge Mensch zwischen Gut und Böse unterscheiden kann, bereinigt er seinen mitgebrachten Lebensfilm, oder er baut weiter darauf auf, indem er die Filmspule mit den unzähligen Tages-, Stunden-, Minuten- und Sekundenbildern vergrößert. In der Mitte der Filmspule ist der Mensch und des Menschen Seele. Alles, was sich um den Menschen herum gebildet hat, ist der Lebensfilm; es ist seine Atmosphäre, das Personengesetz, auch Plasma oder Aura genannt.

Mit diesem seinem Lebensfilm steht der Mensch beständig in Kommunikation. Wenn er gefragt wird, dann kann er nur aus dem Repertoire dieser seiner eigenen Atmosphäre, seines eigenen Lebensfilmes abrufen und somit nur das weitergeben, was er gespeichert hat.

Deshalb spricht jeder sich selbst. Das geschieht so lange, bis der Mensch durch die tägliche Erkenntnis seines Fehlverhaltens und dessen Bereinigung seine sogenannte Filmspule abgearbeitet hat. So er diese Sünden nicht mehr tut, fallen von ihm allmählich die Bilder seiner Filmspule ab. Sie wandeln sich mit der Kraft des Christus Gottes in positive, göttliche Energien um. Mit diesen positiven, göttlichen Energien sendet der Mensch und des Menschen Seele in das ewige Sein und steht somit mit dem ewigen Gesetz in Kommunikation. Dann ist es ihm möglich, seinem Mitmenschen auf Fragen und Situationen eine göttliche, gesetzmäßige Antwort zu geben, weil er seinen Nächsten gemäß dessen geistigem Bewusstseinsstand verstehen und seine Worte und Situationen ergründen kann. Er spricht dann nicht mehr sein niederes Selbst, sein menschliches Ich, sein eigenes Repertoire der Filmspule, sondern das ewige göttliche Gesetz, das um alle Dinge weiß, das alles erschaut und erfasst.

Deshalb übe dich, o Mensch, in der Selbstlosigkeit und lerne, dich als Wesen in Gott zu erkennen.

Sieh dich nicht in der Neugierde um, sonst siehst du dich selbst, dein Ich, mit dem du dann wieder zu kämpfen und zu ringen hast.

Belausche nicht die Gespräche deiner Nächsten; höre nicht hin, wenn zwei sich unterhalten, sonst hörst du nur dein eigenes Ich – außer sie beziehen dich in ihr Gespräch mit ein.

Was der Mensch hört, dafür trägt er Verantwortung.

Bist du im Innersten deines Tempels zu Hause, dann wirst du das Wort der Wahrheit sprechen, das ist von Ewigkeit zu Ewigkeit, das Leben.

Gabriele:

Wir haben gelesen, dass der Lebensfilm jedes Einzelnen ihn auch umgibt. In diesem Lebensfilm, in seiner Atmosphäre, in seinem Plasma, atmet er und bewegt er sich. Einerlei, wohin sein Gehörsinn strebt – er hört sich selbst, weil er durch sein Plasma, durch seinen Lebensfilm, nach außen hört. Was an sein Ohr klingt, ist das Echo aus seinem Lebensfilm. Er hört nur sich selbst, denn jeder kann nur das hören, was er in seinen Lebensfilm eingegeben hat.

Das Gleiche gilt bezüglich des Sehorgans. Der Mensch sieht durch seinen Lebensfilm in seine Umwelt. Dementsprechend ist auch seine Umwelt geprägt. Wer es nicht glaubt, der erprobe es. Fragen wir einen unserer Mitmenschen, wie er z.B. eine bestimmte Landschaft sieht, welche Aspekte er an einem Menschen sieht. Fragen wir ihn auch, wie die Speisen schmecken, denn auch der Geruchs- und Geschmackssinn entspricht wieder dem Plasma des Einzelnen. Stellen wir dieselbe Frage an einen anderen unserer Mitmenschen, so werden wir auch andere Antworten erhalten.

Das Gleiche gilt für den Tastsinn. Jeder kann den gleichen Gegenstand betasten und empfindet und fühlt doch anders. Jeder hat auch einen anderen Atemrhythmus. Dieser entspricht wieder seinem Lebensfilm, also seiner Atmosphäre, seinem Plasma, das ihn umgibt. Jeder bewegt sich anders als sein Nächster; jeder hat eine andere Gangart – entsprechend seinem Lebensfilm.

Daraus folgt: Wer seinen Nächsten neugierig betrachtet, der erlebt sich selbst in seinen Gedanken und Gefühlen. Wer die Gespräche seines Nächsten belauscht, der hört aus den Gesprächen nur das heraus, was in seinem eigenen Plasma ist.

Wir leben also in unserer eigenen, trügerischen Ich-Welt und wissen gar nicht, dass wir uns selbst betrügen und dadurch selbst die Betrogenen sind. Solange wir unter dem Druck unserer eigenen Ursachen leben, also in unserer Filmspule, stehen wir mit Gott nicht bewusst in Verbindung.

Deshalb heißt der Weg: Bereinige dein erkanntes menschliches Ich, dein Sündhaftes; tue es nicht mehr. Kehre ein in den Tempel, der du bist, und erfülle Schritt für Schritt die Gesetze Gottes. Dann gelangst du allmählich in das Innerste deines Tempels.

Das Wort Gottes ist der Strom des Alls. Das menschliche Wort ist nur das Ufer. Deshalb sprecht nur Wesentliches und füllt es mit der Kraft der Verwirklichung, mit der Kraft Gottes. Dann gelangt ihr in den Strom des Alls.

Das Wort, das ihr sprecht, hat nur so weit Wert und Kraft, wie ihr das, was ihr aussprecht, verwirklicht habt. Denn nur das geht in den Menschen ein, was ihr erfüllt, also verwirklicht habt, und nicht das, was ihr aus eurem Intellekt schöpft. Dieses Wort ist leer, ist gleichsam hohl und kennt nicht die Tiefe des Alls, die Ich Bin.

Hierzu erläuterte Gabriele,
die Lehrprophetin und Botschafterin Gottes:

Das menschliche Wort ist nicht das Wort Gottes. Auch darüber belehrte Jesus von Nazareth jene unter Seinen Aposteln und Jüngern, die es fassen konnten. Stellen wir uns die Frage: Können wir es fassen?

Wer sind wir als Mensch? Sind wir noch der selbstbewusste Mensch, der auf sein Menschliches so stolz ist? Oder sind wir der seines ewigen Selbst bewusste Mensch, der täglich mehr in das Bewusstsein seiner Kindschaft Gottes hineinreift, indem er mehr und mehr und immer freudiger den Willen des ewigen Vaters erfüllt?

Streben wir der Bewusstheit zu, dass wir Kinder Gottes sind, dann sollten wir uns als Kinder Gottes verhalten. Wir können uns als Kinder Gottes erweisen, indem wir uns Tag für Tag prüfen, ob unsere Worte, unsere Gedanken, Gefühle und Empfindungen dem göttlichen Strom, dem göttlichen Gesetz, entsprechen. Machen wir uns diese Mühe, uns täglich selbst zu fragen, dann werden wir zu Forschern; wir erforschen unser menschliches Ich, um es mit Christus zu bereinigen und das erkannte Sündhafte nicht mehr zu tun. Dann geben wir uns mehr und mehr dem ewigen Strom, Gott, hin und werden so zu Kindern Gottes, weil wir Seinen heiligen Willen erfüllen.

Die Kinder Gottes sind im Strom, im Gesetz; sie sind durchdrungen vom Gesetz – ja, der ganze geistige, göttliche Leib ist das Gesetz, komprimiertes, ewiges Gesetz. Sie leben im Strom, im Gesetz, erfüllen das Gesetz und erweisen sich so als Kinder der Unendlichkeit, als Kinder des ewigen Vaters. Unsere Aufgabe als Menschen ist es, wieder die Kinder zu werden, die den Willen Gottes erfüllen.

Uns obliegt also die Aufgabe, uns Tag für Tag, jede Stunde und jede Minute selbst zu fragen: Sind wir die Kinder Gottes? Ist uns bewusst, was wir gedacht, gesprochen und getan haben? Entsprach und entspricht alles, was von uns ausging und ausgeht, dem ewigen Gesetz? Haben wir uns also als Kinder der selbstlosen Liebe erwiesen? Sind wir im Strom der unendlichen Liebe?

Lassen wir das, was in diesen wenigen Worten liegt, in uns hineinfallen, dann spüren wir: es ist nichts anderes als unser Weg.

Vergegenwärtigen wir uns: Wir sind Menschen, weil wir die Kindschaft Gottes abgelehnt haben oder noch ablehnen. Wir halten es eventuell für möglich, dass es einen Gott gibt, dessen Kinder wir sind, doch in unseren Gedanken, Worten und Taten sind wir der Mensch mit seinen Vorstellungen und Meinungen, seinen Wünschen, seinen Urteilen und Vorurteilen. Leben wir also nach dem Diktat unseres Ichs, dann ist unser Ego unser Gott, unser Götze. Dann will der Mensch selbst Gott sein. Ja, wollen wir nicht sogar größer sein als Gott, wenn wir z.B. sagen: »Das ist meine Meinung. So will ich es sehen, und so will ich es haben«?

Eine Meinung ist menschlich. Sprechen wir eine Meinung aus, dann besagt dies, dass wir nicht wissen, was wir sagen. Wir meinen nur, dass es so sein könnte, und wissen es nicht. Dennoch machen wir diese unsere Meinung zum Maß, zum Gesetz in unserem Leben: »Wie ich meine, so soll es geschehen und nicht anders.« Damit stellen wir uns über die Intelligenz, Gott; wir sagen damit: »Ich, der Mensch, weiß es besser als Du.« – So lehnen wir die Kindschaft Gottes ab und begeben uns mehr und mehr außerhalb des ewigen Stromes, außerhalb des ewigen Gesetzes.

Nehmen wir die Kindschaft an, dann beugen wir uns vor dem großen Geist und erforschen uns selbst, immer in der Frage: Ist das, was ich gedacht und gesprochen habe, der Wille des ewigen Vaters? Bin ich damit Sein Kind – oder einzig der Mensch, der sich über Gott stellt? Bin ich ein Götze, oder was bin ich? Diese Fragen sollten wir uns tagtäglich stellen, denn viele Schritte sind zu tun vom Ich-Menschen hin zum bewussten Kind Gottes, auf dem Weg hinein in den ewigen Strom, in das ewige Gesetz.

Blicken wir also zurück: Wie war unsere vergangene Woche? Wie haben wir es in den vergangenen Stunden des Tages gehalten? Haben wir unsere Worte in den heiligen Strom gestellt? Haben wir uns erforscht, oder haben wir die kostbaren Tage, die Tagesenergien, verstreichen lassen? Haben wir wirklich gelebt, oder wurden wir gelebt? Haben wir in Gott gelebt? Oder wurden wir gesteuert von unseren Meinungen, Vorstellungen, von unserem Intellekt? Gehörten wir mit unserem Fühlen, Denken, Reden und Tun dem Sein an oder dem Schein?

Leben wir im Schein, dann haben wir uns eine Fassade zugelegt, etwas Äußeres, das trügerisch ist, das nicht so ist, wie wir wirklich sind. Dann scheinen wir eventuell aufrecht und aufrichtig – doch hinter dem Schein sind wir unter Umständen falsch, unlauter, hinterhältig. Der Schein trügt. Und hinter dem Schein ist wiederum Schein, hinter der Fassade süßer Worte eine saure oder gar arglistige Gesinnung.

Unser Ich besteht aus Masken, aus Fassaden, aus Schein. Erkennen wir dies, dann sollten wir daran gehen, Schritt für Schritt unsere Masken, unsere Fassade abzunehmen und uns anzusehen, wie wir sind. Wem wollen wir etwas vortäuschen? Gott? Er sieht in unser Herz. Er sieht alles. Wollen wir unserem Nächsten etwas vorspielen? Was haben wir davon? Glaubt unser Mitmensch an das, was wir sagen, dann sind wir, sofern es Schein ist, an ihn gebunden und vergrößern so unsere Sündenlast.

Haben wir uns erkannt, packen wir an und bereinigen, dann sollten wir nicht versäumen, uns unseren neuen, positiven Kurs klar vorzugeben. Wir entscheiden für uns selbst: So wollen wir es künftig halten in unserem Denken, Reden und Tun. Eine positive Vorgabe für unser Leben – sofern sie gesetzmäßig ist, also dem Willen des Vaters entspricht – hilft uns immer wieder, rasch aus der menschlichen Situation herauszukommen, wenn das alte Programm sich wieder einschleichen möchte.

»Das Wort Gottes ist der Strom des Alls.« In diesem einen Satz sagt uns Christus, was Allgegenwart ist. Lassen wir diese Worte noch einmal in uns nachschwingen:

»Das Wort Gottes ist der Strom des Alls.« Sein heiliges Wort strömt durch die Unendlichkeit und ist somit immer gegenwärtig. Es ist gegenwärtig in jeder Seele, in jedem Menschen, in der Natur, in jedem Tier, in jeder Pflanze. Es ist gegenwärtig in jedem Gefühl, in jeder Empfindung, in jedem Gedanken, in jedem Wort. In jeder Bewegung unseres Körpers, in jeder Regung unseres Gemüts, in unserem Wollen, in Wünschen und Sehnsüchten – überall ist Gott

gegenwärtig, denn der Strom der Unendlichkeit ist in allem und durchströmt alles.

Warum vermögen wir den Strom des Alls so wenig zu erfassen? Weil wir uns zu oft und zu lange am Ufer des Stromes aufhalten, weil wir uns mit unseren menschlichen Programmen zu lange beschäftigen – mit dem, was wir uns an Sündhaftem aufgeladen haben, mit dem also, was in unserer Seele gespeichert ist, was unsere Gehirnzellen und unsere Körperzellen prägt.

Bewegen wir unsere menschlichen Programme und bewegen sie uns, so haben wir Kommunikation mit dem Menschlichen, das uns eigen ist. Wir haben es nicht nur in unsere Seele, in unser Gehirn und in jede unserer Körperzellen eingegeben, sondern auch in die Gestirne des materiellen Universums und in die Gestirne der Reinigungsebenen. Mit all diesen Sendestationen unseres Ichs stehen wir in Kommunikation. Doch diese Kommunikation hat nichts mit dem göttlichen Strom, dem ewigen Gesetz, zu tun, sondern mit unseren menschlichen, sündhaften Gesetzmäßigkeiten. Solange wir ständig mit unserem Menschlichen in Kommunikation stehen, gelangen wir nicht in den Strom; wir erleben ihn selten oder gar nicht, und wir erfassen ihn auch nicht. Wir wenden uns vom Strom ab und aktivieren nicht die göttliche Kraft. Letztlich kehren wir auf diese Weise Gott den Rücken und sagen zu Ihm, Er solle warten, bis wir wollen. Gott wahrt das Prinzip der Freiheit. Wer Ihn nicht annehmen möchte, dem wird er sich nicht aufdrängen. Auf diese Weise stellen wir uns gegen und über Gott.

Leben wir noch nicht in unserer Mitte, sind wir nach außen gerichtet, bezogen auf unseren Menschen, arbeiten wir noch vorwiegend mit unserem Intellekt, dann stehen wir in Kommunikation mit unserem Sündhaften und stehen nicht unmittelbar in Kommunikation mit Gott. Wohl steht das Innerste unserer Seele unaufhörlich mit dem ewigen Strom in Verbindung, weil sich der unbelastbare Wesenskern immer im Strom befindet, unser wahres Sein, die Göttlichkeit in uns. Der ewige Strom kann jedoch nicht alle Partikel der Seele und nicht alle Zellen des Körpers vollkommen durchströmen, solange wir in uns einen Widerstand gegen Ihn aufbauen.

Wir Menschen sprechen sehr viel. Unsere Worte verwirklichen sich jedoch vielfach anders, als wir wollen. Wir sprechen z.B. von Gesundheit und haben doch Angst vor Leid, Not und Krankheit. Was verwirklicht sich? Es verwirklicht sich das, womit wir unsere Worte gefüllt haben: unsere Gefühle, das, wovor wir uns ängstigen. Wir wollen die äußere Freude, erfahren jedoch das innere und auch das äußere Leid. Warum? Weil wir uns nicht in Gott erfreuen, sondern der äußeren Freude huldigen, unseren Wünschen, unseren Sehnsüchten, unseren Leidenschaften. Das ist die Freude, die zum Leid wird.

»Das Wort, das ihr sprecht, hat nur so weit Wert und Kraft, wie ihr das, was ihr aussprecht, verwirklicht habt.« Haben wir das, was wir sagen, verwirklicht, dann ist das Wort ein Teil Gottes; es ist göttlich. Und dieses Wort,

das sich an uns und um uns verwirklicht, bringt uns die innere Freude und die Sicherheit in Gott. Sie führt uns zur Kindschaft Gottes.

Viel wird von Frieden gesprochen – und doch gibt es keinen Frieden. Je mehr die Menschen von Frieden reden, umso häufiger führen sie Krieg. Warum? Weil das Wort nicht beseelt ist; es ist nicht durchdrungen von der Kraft der Verwirklichung, nicht durchdrungen vom Strom; es ist einfach aus unserem Intellekt gesprochen. Die den Frieden im Munde führen, glauben oftmals selbst nicht an den Frieden und haben auch nicht den Frieden. Sie sind in ihren Gefühlen und Empfindungen kriegerisch und sind dadurch zum Kampf gerüstet. Der Kampf bringt wieder das Leid. Das Wort »Friede« ist nur die Fassade – dahinter steht die Kampfesstimmung.

»Nur das geht in den Menschen ein, was ihr erfüllt, also verwirklicht habt.« Unser inneres und äußeres Leben bleibt niemals auf uns selbst beschränkt. Wie wir sind, so strahlen wir aus. Mit jedem Gefühl, mit jeder Empfindung, jedem Gedanken und jedem Wort senden wir Energien aus, die das hervorzubringen trachten, was in ihnen liegt. Sie verwirklichen sich.

»Dieses Wort ist leer, ist gleichsam hohl und kennt nicht die Tiefe des Alls, die Ich Bin.« Das Wort, das nur Fassade, nur Schein ist, hat keine Kraft und keinen aktiven göttlichen Inhalt. Es ist also vom Strom der Liebe nicht

durchdrungen; es ist nicht gefüllt, weil der Mensch nicht erfüllt ist.

Das menschliche Wort, ohne Verwirklichung gesprochen, kann uns zum Verhängnis werden, denn wir werden damit unseren Nächsten nicht gerecht, geben ihnen aus dem Schein, statt aus dem Sein. Solche Worte sind Täuschung. Daraus erwächst Bindung und Schuld, von denen wir nur durch Erkennen und Bereinigen wieder frei werden. Frei werden wir jedoch nur, wenn uns der Nächste, ob Seele, ob Mensch, auch vergibt.

Der göttliche Strom ist immer gegenwärtig, ob wir ihn erfahren oder ob wir uns durch die Barrieren unseres menschlichen Ichs, unseres Sündhaften, von ihm abgeschnitten haben. Sind wir auf dem Weg, sind wir aktiv bestrebt, dem Göttlichen, dem Strom des Seins, näherzukommen, dann erfahren wir die Geschenke aus der Gnade und Liebe unseres Vaters. Obwohl wir vielfach noch der Mensch sind, der mit seinen Menschlichkeiten ringt, dürfen wir doch immer wieder eintauchen in den Strom. Das lässt Gott, unser Vater, zu, damit wir erleben und erfahren, was es heißt, in Ihm zu leben.

Haben wir von Herzen etwas bereinigt, von Herzen bereut und Vergebung erlangt, dann z.B. spüren wir diesen Strom. Wir spüren die Befreiung. Wir spüren in der Seele die Hoffnung, die Zuversicht, und spüren, wie uns der Geist Gottes mehr durchströmt. Daraus erwächst auch die Sehnsucht, Gott, unserem Vater, immer rascher näherzukommen.

Sobald wir Vergebung erlangt haben, wandelt sich durch Christus eine Belastung, ein Schatten unserer Seele, um in Licht. Dann spüren wir, was es heißt: Der Strom Gottes durchströmt uns. Sind wir sodann unachtsam, dann steigen wir wieder heraus aus dem Strom ans Ufer und denken über unser Menschliches weiter nach. Im selben Augenblick senden wir wieder und empfangen nur wieder uns selbst – unser menschliches Ich, das wir eingegeben haben. Damit ist das Sündhafte gegen die Seele gemeint.

Bewegen wir uns längere Zeit in unserem Menschlichen, ohne es zu lösen, denken wir immer wieder über unser menschliches Ich nach, dann ist es möglich, dass die sogenannten Einspritzungen, die Beeinflussungen vom Widersacher, erfolgen. Wir belasten uns immer mehr und werden von unserem Verwirklichungsleben, von dem Inneren Weg, den wir gehen sollen und wofür wir Mensch geworden sind, abgedrängt.

Wir sollten uns bewusst hüten, die bereits umgewandelten negativen Kommunikationen wieder zu entfachen, die uns wieder in ähnliche Situationen verstricken wollen. Das bedeutet, dass wir uns Tag für Tag bemühen, das erkannte Negative nicht mehr zu tun, sondern das Positive, Gesetzmäßige aufzubauen, für das wir uns entschieden haben. Denn innere Stabilität gewinnen wir einzig durch Konsequenz.

Zum Kind Gottes werden wir nur über den täglichen Kampf mit unserem menschlichen Ich, das unser Götze ist. Fragen wir uns also immer wieder: Sind wir Kinder Gottes? Erfüllen wir den Willen unseres himmlischen Vaters? Haben wir unsere Worte beseelt? Was steckt hinter unseren Worten? Sind wir Fassade, also Schein – oder Sein? Kann Christus, der Strom der Liebe, durch unsere Seele und durch unseren Körper leuchten?

Stellen wir uns immer wieder dieselben Fragen und erforschen so uns selbst, dann werden wir allmählich sensitiv. Wir gebieten uns selbst Einhalt – dann, wenn wir immer noch dem Menschlichen zugeneigt sind. Wir sagen uns: Jetzt ist Schluss! So darf es nicht weitergehen. – Dieser Entschluss ist schon die Hilfe für ein höheres Leben.

Vergegenwärtigen wir uns noch einmal die Worte des Christus Gottes, die Aussage: *» ... die Tiefe des Alls, die Ich Bin.«*

Wer oder was ist dieses »Ich Bin«? »Ich Bin« ist der mächtige Geist des Alls, das Gesetz der Unendlichkeit. »Ich Bin« ist der Strom, der alles durchströmt und alles durchdringt, der alles durchatmet. »Ich Bin« ist die beständige Gegenwart, ist Gott. Gott ist das Leben. Es gibt kein anderes Leben außer dem Leben, Gott.

Sprechen wir Menschen von unserem »Leben«, dann sprechen wir von der heruntertransformierten Energie Gottes, von unserem Ich-Leben – außer, wir leben im Gesetz Gottes. Leben wir selbst im Strom, im göttlichen Sein, dann sprechen wir zu Recht von »Leben«; alles andere hingegen ist energetisch heruntertransformiertes Leben.

Machen wir uns bewusst: Wir haben einen Teil göttlicher Energien, göttlichen Lebens, genommen und dieses heruntertransformiert, umgewandelt in unser menschliches Leben. Auch als Mensch sprechen wir des Öfteren die Worte »ich bin«, doch dieses »ich bin« beziehen wir auf unsere Menschlichkeit, also auf die heruntertransformierten Energien, indem wir z.B. sagen: »Ich bin ein Mensch mit meinen Fehlern« oder: »Ich bin heute zerstreut« oder: »Ich bin enttäuscht« und anderes mehr. Dieses menschliche Leben, das in unseren menschlichen Gedanken, in unseren menschlichen Gefühlen und Empfindungen zum Ausdruck kommt, ist nicht das ewige Ich Bin.

Das auf die niedere Stufe unseres Menschlichen heruntertransformierte Leben muss jeder von uns umwandeln, hochtransformieren in das mächtige, ewige Ich Bin, von dem wir ausgegangen sind. Wir sind auf der Erde – jeder Einzelne von uns –, um das vermenschlichte Leben, unser Schein-Leben, die heruntertransformierten Energien, wieder umzuwandeln und hochzutransformieren in unser wahres Sein, in das ewige Leben.

Wir haben gehört: Gott ist der Strom des Lebens, der alles Sein durchströmt, durchatmet und so mit dem Odem der Unendlichkeit, mit hoher, reiner Lebenskraft, versorgt. Gott beatmet jede Lebensform, den Stein, die Pflanze, das Tier, jedes Wesen und auch jeden Partikel unserer Seele. So können wir sagen: Gott ist der Atem oder der Odem der

Seele. Das Leben, Gott, durchströmt die Seele und atmet in der Seele.

Der Atem der Seele ist ein vollkommen anderer Atem als unser menschlicher Atem, die Atmung unseres Körpers. Die Seele, die sich mehr und mehr Gott zuwendet, atmet im unendlichen Rhythmus des Alls, atmet in den Äonen der Ewigkeit. Dies ist nicht die kurze Atmung des Menschen, sondern eine Atmung, die wir uns als Mensch nicht vorstellen können, weil unsere Gehirnzellen nur die Inhalte unseres menschlichen, eingeschränkten Bewusstseins zu erfassen vermögen. Der Atem des Inneren Lebens, der Atem des Geistwesens, ist dem siebendimensionalen Leben des reinen Seins angeschlossen.

Unser menschlicher Atemrhythmus entspricht unseren Gefühlen, Empfindungen, Gedanken, Worten und Handlungen. Mit diesen fünf Kräften steuern wir unsere Atmung. Jede Regung unseres Körpers bewirkt eine andere Atmung. Jedes Gefühl bringt einen veränderten Atemrhythmus, so auch jede Empfindung, jeder Gedanke, jedes Wort. Dies hat zur Folge, dass jeder von uns seine spezifisch eigene Luft atmet. Die Zusammensetzung unserer spezifisch eigenen Atemluft entspricht unserem individuell unterschiedlichen Fühlen, Empfinden, Denken, Sprechen und Handeln.

In allen Lebensbereichen gilt das Prinzip Senden und Empfangen – woraus folgt: Gleiches zieht Gleiches an. So ziehen wir aufgrund unseres Fühlens, Empfindens, Denkens, Sprechens und Handelns aus der Luft jene Partikel, jene Substanzen an, die speziell unserem Atemrhythmus, unserem physischen Lebensrhythmus, entsprechen.

Sind wir der Ansicht, dass wir alle die gleiche Luft atmen, den Sauerstoff, so ist dies eine, geistig gesehen, begrenzte Sichtweise. Die Luft enthält weit mehr als jene Bestandteile, die wir in unseren Schulbüchern aufgezählt finden. Es sind auch nicht nur die Verunreinigungen und sonstigen Beimischungen der irdischen Atmosphäre. Die Luft ist ein komplex zusammengesetzter Träger von Schwingungen unterschiedlichster Art. Auch der Mensch ist ein Schwingungskomplex. Das Schwingungsgefüge des einen gleicht nicht dem des anderen. Daher zieht jeder von uns andere Substanzen an – gemäß seinem Fühlen, Empfinden, Denken, Sprechen und Handeln. Das ist seine eigene kleine Ichwelt und entsprechend auch sein Atem, die Atmosphäre, die ihn umgibt.

Das heißt also: In unserem Plasma, in unserer selbstgeschaffenen Atmosphäre, in der Aura, die uns umgibt, sind all die Substanzen, die wir atmen. Da die Ich-Hülle, das Plasma, eines jeden unterschiedlich ist, atmet kein Einziger von uns dieselben Substanzen.

Machen wir es uns noch einmal bewusst: Gemäß unserem Fühlen, Denken, Sprechen und Handeln ziehen wir die Substanzen aus der Luft, die allen zum Atmen zur Verfügung steht, heraus und ziehen sie in unseren Körper ein. Diese Substanzen, die wir in unseren Körper hineinnehmen, gleichsam hineinatmen, bestimmen wiederum unsere Gefühle, unsere Empfindungen und Gedanken. Entsprechend sind dann auch wieder die Substanzen, die wir ausatmen, die wir also von uns geben. Diesen Kreislauf nennen wir unsere Atmung. Dieser Kreislauf umfasst unsere kleine Ich-Welt und ist nichts anderes als das, was wir »Leben« nennen.

Wir können es bei unzähligen Gelegenheiten an uns selbst erfahren, wenn wir uns beobachten. Halten wir in der Situation inne, und beobachten wir uns: In dem Augenblick, da wir denken und der Gedanke in uns aktiver wird, verändert sich die Atmung. Gefühle wirken ebenfalls auf unsere Atmung ein. Die feinsten Vibrationen der Gefühle und Empfindungen ziehen aus der Luft wieder die entsprechenden Stoffe an. Diese Stoffe gehen in unsere Aura, in unser Plasma, ein; sie ziehen durch unseren Körper und regen wiederum unser Nervensystem und unser Gemüt an. So schaffen wir unsere kleine Welt, in der wir leben und in der wir atmen.

Wir erkennen auch hier die Richtigkeit der Aussage: Wir sind das, was wir fühlen, empfinden, denken, reden und tun. Das ist unsere menschliche, enge Welt, unser Kokon; das ist unser Ich-Gesetz; das ist auch unser Atem. Das also sind wir als Mensch. Wird uns dies bewusst, so sollten wir uns einmal die Frage stellen: Lohnt es sich, diese kleine Welt so wichtig zu nehmen, daran so festzuhalten und unter Umständen gar stolz darauf zu sein?

Unser menschliches Leben verläuft in Bahnen, wir könnten auch sagen: in Rhythmen. Es sind enge Bahnen, kurze Rhythmen. Im engen Kreislauf des Menschlichen befinden wir uns nicht im großen und weiten Strom des Göttlichen. Wir drehen uns in unserem Menschlichen um uns selbst, um unser menschliches Selbst. Wir wirken auf unsere Seele ein – die Seele wirkt auf uns ein. Wir wirken auf die Luft ein, die Luft wirkt ebenso auf uns ein. Wir wirken gleichsam auf unser Plasma ein, das Plasma wiederum auf uns. Und je mehr wir uns durch diesen engen Rhythmus belasten, umso tiefer fallen wir in niedere Rhythmen, umso rascher atmen wir. Wir werden hektisch.

Dieses Drehen im engen menschlichen Kreislauf ist nicht das Leben. Tun wir nicht die Schritte heraus aus diesem Gefangensein, wählen wir bewusst dieses Scheinleben, dann leben wir in Wirklichkeit gar nicht, sondern wir vegetieren dahin. Einen solchen Zustand nennen wir den geistigen Tod.

Unser irdisches Leben stellt uns die Aufgabe, höhere Rhythmen zu erlangen, indem wir unser Plasma, unsere Aura, die aus unseren menschlichen Gefühlen, Empfindungen, Gedanken, Worten und Handlungen besteht, verändern, verfeinern, um feinere Stoffe aus der Luft anzuziehen, um harmonischer zu werden, einen höheren Rhythmus zu erlangen, einen ausgewogenen Atem. Das heißt für uns: tagtäglich das zu erkennen, was uns hinabziehen möchte – unser Sündhaftes.

Das Sündhafte zu bereinigen und nicht mehr zu tun bedeutet, in Harmonie zu gelangen. Gelangen wir in höhere Rhythmen, dann ziehen wir feinere Stoffe aus der Luft an, dann atmen wir tiefer, werden ruhiger und sind besonnener.

Christus möchte, dass uns dies alles bewusst wird. Er möchte uns unser Ziel zeigen, das Leben, das mächtige Ich Bin, in welchem wir zu Hause sind. Er möchte uns herausführen aus der Enge unserer kleinen Welt. Er möchte uns hinführen zu dem unendlich-ewigen Strom, der unsere lichter werdende Seele beatmet. Er möchte uns hinführen zu den sieben Dimensionen ewigen Seins.

Wir können die sieben Dimensionen mit unserem Gehirn nicht begreifen, doch wir können sie erahnen und erspüren. Der erste Schritt ist, sie zunächst einmal zu bejahen. In der Bejahung liegt das tiefe Vertrauen: Gott ist da; Er weiß uns zu führen. In dem Vertrauen liegt des weiteren die Erkenntnis, dass diese irdische Welt niemals unsere Welt ist, die Welt und das Leben des Wesens, das wir in Wahrheit und ewiglich sind. Dann erkennen wir auch, dass diese Welt des Äußeren, des Menschlichen, eine geschaffene Welt ist – geschaffen durch unzählige Generationen von Menschen, die wir, jeder Einzelne, ob Seele oder Mensch, wieder umwandeln müssen. Die heruntertransformierten Lebensenergien müssen wieder hochtransformiert werden zu dem mächtigen Ich Bin.

Damit wir erkennen, wo es hingeht, damit wir es – auch im Mensch-Sein – ein klein wenig erspüren und erfassen, gab uns Christus »Die großen kosmischen Lehren des Jesus von Nazareth«.

Es genügt nicht, die Gesetze des Alls, die Gottesgesetze, zu bejahen und von ihnen zu künden. Nur wer sie verwirklicht, der bringt gute Taten.

Ihr müsst das, was ihr lehrt, erst selbst verwirklicht haben; das ist das beste Vorbild. Diese Worte und Taten gehen in die Seele des Menschen ein, weil sie Substanz und Kraft beinhalten.

Gabriele:

Es genügt also nicht, immer wieder in dem Buch »Die großen kosmischen Lehren des Jesus von Nazareth« zu lesen. Es genügt nicht, davon zu künden, zu sagen: »Ich weiß – ich habe es gelesen.«

Wenn wir auch noch so viel in diesem Buch lesen, es wird uns nichts bringen; es bringt uns nicht das Absolute Gesetz und führt uns nicht in das Absolute Gesetz – einzig die tägliche Verwirklichung dessen, was wir erkannt haben, gibt uns den geistigen Auftrieb. Und Verwirklichung heißt nichts anderes als: Wir erkennen unser Sündhaftes, das uns der Tag in vielen Situationen zuspiegelt. Wir bereuen, bitten um Vergebung, vergeben und machen es wieder gut. So bereinigen wir und tun es nicht mehr. Dann werden wir in dem Buch »Die großen kosmischen Lehren« Gesetzmäßigkeiten des Inneren Lebens finden, unser wahres Sein. Danach streben wir. Das leben wir. So finden wir – Schritt für Schritt – in das Leben, in das Ich Bin.

»Ihr müsst das, was ihr lehrt, erst selbst verwirklicht haben. Das ist das beste Vorbild.« Es gäbe in Ehe und Partnerschaft, in den Familien, am Arbeitsplatz, wo immer wir uns befinden, weniger Streit und Zank, wenn wir Vorbilder wären. Vorbilder bewirken manches, ohne auf die Mitmenschen einzuwirken. Wohlwollen und Eintracht kehren ein, wenn wir unseren Nächsten nicht bestimmen und ihm die Gesetze des Lebens nicht aufzwingen wollen. Leben wir sie vor, dann zieht zuerst einmal Friede in unsere eigene Seele ein und dann auch Friede in Ehe, Partnerschaft, am Arbeitsplatz, in alle Lebenssituationen. Dann reden wir nicht von dem, was wir nur gelesen oder gehört haben, sondern wir strahlen es aus. Wir wissen dann, wann es Zeit ist zu schweigen, und spüren ebenso, wann die Zeit gekommen ist, da wir einige Tropfen des Lebens weitergeben können. Wir geben dann aus unserem Leben weiter, das zu einem Teil des ewigen Gesetzes geworden ist.

Dann sprechen wir nicht nur ein Wort, das wir gehört oder gelesen haben, sondern *das* Wort, weil wir selbst zum Wort geworden sind.

Es nützt nichts, vom Lichte zu reden und nicht das Licht zu sein.

Wer nur vom Licht redet, der ist leer, weil er geteilt ist. Er möchte Gott dienen und glaubt, es genüge, dem Buchstaben nach zu dienen. Das ist jedoch nicht das Dienen, sondern das Dienern. Er lehrt ein Wort, jedoch nicht d a s Wort, weil der Buchstabe tötet, das Licht im Buchstaben jedoch lebendig macht.

Gabriele:

Erkennen wir den Unterschied: ein Wort und das Wort. Es kann ein und dasselbe Wort, gesprochen oder geschrieben, sein – und dennoch kann es »ein Wort« sein oder »das Wort«. Es kommt darauf an: Sprechen wir nur vom Leben, dann ist es »ein Wort«, oder es sind nur »Worte«. Füllen wir hingegen die Worte mit Leben, dann ist es »das Wort«. Das Wort ist das Wort Gottes in uns und durch uns. Erst dann, wenn der Mensch schweigt, redet Gott. Solange wir unser menschliches Ich darstellen, erlauben wir Gott nicht, zu reden. Wir zwingen Ihn in uns zum Schweigen, weil ja wir, das menschliche Ich, reden wollen.

Wir fragen uns oftmals: Ist unser Wort gefüllt mit dem Leben, mit dem Licht Gottes? Oder ist es nur ein Wort, ein leeres, ein hohles Wort?

Wir sollten es an unserem Atemrhythmus ablesen. Geht unser Atem schnell, atmen wir kurz, dann merken wir, dass in uns eine Erregung abläuft. Daran können wir schon erkennen, dass unser Wort nicht beseelt ist; es ist ein Wort und nicht das Wort. Denn unsere Unruhe ist das Ich. Die tiefe Ruhe, die Harmonie der Seele und des Leibes ist das Ich Bin.

Bei einer Meditation, die uns in die Stille, in unser Inneres, führt, können wir uns selbst sehr gut erfahren. Stellen wir uns auf die Meditation ein, öffnen wir uns für die Meditation, dann merken wir, dass der Atem ruhiger wird. In dem Augenblick jedoch, da von uns, dem Menschen, ein Gedanke einfließt, werden wir unruhig: Der Körper zuckt, wir atmen unter Umständen schon flacher; Sammlung, Konzentration, das Eingehülltsein schwinden; wir können der Meditation eventuell nicht mehr folgen.

Diese Gedanken, die als Störenfriede wirken, kommen aus unserem Unterbewusstsein. Sie zeigen an, dass wir einen menschlichen Gedanken zu lange in uns bewegt, ihn nicht richtig bereinigt oder ihn gar verdrängt haben. Lassen wir etwas, das uns kurzzeitig bewegt, länger anstehen, erledigen wir es nicht sogleich, indem wir es bereinigen und dann sagen: »Es ist bereinigt – ich übergebe es Christus und denke nicht mehr darüber nach«, dann geht es schon ins Unterbewusstsein. Dann ist dies nicht aufgehoben, sondern nur aufgeschoben. Wohin? Ins Unterbewusstsein, und von dort geht es nach einer geraumen Zeit in die Seelenhüllen. Werden wir ruhiger, z.B. in der Meditation, dann können sich aus dem Unterbewusstsein solche und ähnliche Gedanken erheben. Wir werden sie dann erfassen und bearbeiten.

Wir sehen, wie wesentlich es ist, dass wir auf unser Unterbewusstsein achten, indem wir Impulse unserer Gefühls-, Empfindungs- und Gedankenwelt beachten, die uns signalisieren, dass etwas bereinigt werden möchte. Nur wenn wir dies umgehend, also sofort, tun, werden wir zur Stille unseres Gemütes und unseres Bewusstseins gelangen, also in die Harmonie und den Frieden mit uns selbst.

Auch der unterbewusste Teil unseres Menschen, unseres Egos, muss zur Ruhe kommen. Denn: Erst dann, wenn der Mensch schweigt, redet Gott. Ist das menschliche Ich weitgehend überwunden, dann ist die Seele weitgehend eins mit Gott, und Gott füllt unsere Worte.

Die negativen Aspekte in unserer Ausdrucksweise tarnen sich oft. Z.B. verwenden wir häufig das Wort »hoffentlich« und meinen, mit dem Hoffen einen positiven Impuls zu setzen. Doch schauen wir hinein, so erkennen wir, dass in dem Wort »hoffentlich« der Zweifel liegt, also das Menschliche. Kontrollieren wir des öfteren unsere Worte, dann wird uns deutlich: Unsere menschliche Sprache ist die Sprache des Zweifels. Wir sprechen selten absolut. Immer heißt es: »wenn«, »aber«, »vielleicht«, »hoffentlich«; »Es wird wohl klappen«; »Es könnte doch das und jenes passieren« und vieles andere mehr. Da unsere Sprache die Sprache des Zweifels ist, ist sie satanisch.

Denken oder sagen wir z.B. »Hoffentlich geht unser Nächster den Inneren Weg«, dann wird das unserem Nächsten keine Hilfe auf seinem Wege sein! In dem »Hoffentlich« liegt mancherlei Negatives. Wir setzen z.B. in unserer Gefühls- und Empfindungswelt unseren Nächsten unter Druck. Wir drängen ihn. Dann müssen wir uns selbst fragen: Warum tun wir das?

Eventuell legen wir in unseren Nächsten deshalb die Unsicherheit, den Zweifel, weil wir selbst auf dem Weg zu Gott nachlässig sind? Gehen wir diesen Weg konsequent, Tag für Tag, dann haben wir die Kraft zu sagen: Unser Nächster geht den Weg zu Gott! Dann ist es von zweitrangiger Bedeutung, wann dies sein wird. Ob er ihn heute geht, morgen, in Jahren oder in den Stätten der Reinigung – wir müssen es Christus überlassen und letzten Endes auch unserem Nächsten, denn er hat den freien Willen. Wir bejahen schlicht: Er geht den Weg zum Herrn.

Gott, unser Vater, ist absolut und kennt keinen Zweifel. Was wäre, wenn Er denken würde: »Hoffentlich gehen Meine Menschenkinder auch den Weg. Hoffentlich verwirklichen sie die Gebote.« Ob Er uns dann überhaupt einen Propheten oder eine Prophetin geschickt hätte? Doch Er ist und bleibt der Absolute.

Der Zweifel macht alles zunichte. Das weiß auch der Gegenspieler Gottes. Die raffiniertesten Argumente des Widersachers, der uns verführen und vom Weg zu Gott abbringen möchte, säen und bestärken den Zweifel in uns. Im Zweifel liegt schon die Schwäche.

Gott, der Absolute, Ewige, All-Eine, beugt sich hinunter zu Seinen Erdenkindern. Wohl ist das Wort Gottes durch Prophetenmund das Wort, die Sprache der Menschen. Doch Er füllt das Wort mit Seinem Geist. Er spricht durch Prophetenmund, so dass wir Ihn verstehen. Er lässt sich also auf unsere Niedrigkeit herunter und nimmt unser menschliches Wort, damit Er uns ansprechen kann. In unser Wort legt Er Sein Absolutes Gesetz hinein, Sich selbst. Deshalb hören wir immer wieder: Erfasst den Sinn des Wortes! Der Sinn im Wort ist das Göttliche.

Gott spricht nicht von »hoffentlich«, Er hat keine Erwartung an uns. Er ist und gibt. Er dient. Darin liegt das »Verbinde und sei«.

Mit unserem menschlichen Wollen dienen wir unserem Nächsten nicht. Wir stellen uns über ihn und stellen uns über Gott. Dienen wir nicht, dann dienern wir, wir reden dem Nächsten zum Munde, um mit süßen Worten zu erreichen, was wir – für uns – wollen.

Wer dienert, ist nicht er selbst; er verstellt sich, um sein Wollen durchzusetzen, also zu herrschen. Damit trennt er sich von seinem Nächsten, und der Nächste, der das Dienern zulässt, lehnt sich ebenfalls an den, der dienert, an, weil es seiner menschlichen Eitelkeit schmeichelt. So sind beide aneinander gebunden. Wir erkennen das satanische Prinzip »Trenne, binde und herrsche«.

Jede Anlehnung an Menschen bringt irgendwann einmal die Auflehnung, also: Streit. Erkennen wir also: Dienen oder dienern wir?

Reden wir unserem Nächsten zum Munde, dann merken wir, wenn wir wachsam sind, eine Erregung in uns. Wir wollen ihm von unserem Ich, von unserem Menschlichen her etwas sagen; letztlich wollen wir, dass er uns anerkennt. Wird also in dieser Situation der Atem kürzer, wird der Mensch unruhig, so erkennen wir daran, dass wir dienern. Das Einzige, was dann zu tun bleibt, ist, diese Erkenntnis näher zu beleuchten, das Menschliche also zu bereinigen und es nicht mehr zu tun. Dann gelangen wir mehr und mehr in die höheren Rhythmen des Lebens; wir kommen in Harmonie.

Entdecken wir also, dass wir uns in Abhängigkeit von Menschen begeben, dass wir dienern, so sollten wir uns fragen: Warum dienern wir? Welche Erwartung, welche Schwäche liegt in uns vor? Was also wollen wir erreichen? Was wollen wir verdecken?

Haben wir das Wollen hinter uns gelassen, dann sind wir gelassen und in Harmonie.

Die Harmonie, Gott, dient; sie gibt, ohne zu fragen, ohne überzeugen zu wollen. Gott gibt in Seinem Wort auch Ratschläge. Diese Ratschläge sind jedoch nichts Zwingendes, sondern sie sind erfüllt vom Leben. Sie sind eine Gabe. Ob wir sie annehmen oder nicht, das überlässt Gott uns. Das ist Dienen.

Uns im Dienern zu erkennen und unser Menschliches zu bereinigen, führt uns zum Dienen.

Nur der kann das Licht finden und den Buchstaben beleben, der einwärts wandert und zum Lichte wird.

Gabriele:

Einwärts wandern heißt, das Sündhafte, das uns jeder Tag aufzeigt, also unsere Fehler und Schwächen, zu bereinigen und nicht mehr zu tun. Dadurch wandern wir in unser Inneres hinein, in das Königreich des Inneren, zum Licht der Wahrheit. Dann werden unsere Worte beseelt sein, unsere Gefühle, Empfindungen und Gedanken licht. Nur auf diese Weise finden wir zum Licht und werden wieder das Licht, weil wir unser göttliches Erbe antreten, das unser wahres Sein ist.

Wer nur von der Weisheit spricht und nicht weise ist, der ist in der Welt und lebt mit der Welt und ist für die Welt. Er ist also geteilt; er spricht die Weisheit dem Buchstaben nach und ist doch in der Welt. Er will weise sein und ist es nicht. Dadurch täuscht er sich selbst und täuscht anderen das vor, was er nicht ist: weise.

Gabriele:

»Wer nur von der Weisheit spricht und nicht weise ist, der ist in der Welt und lebt mit der Welt und ist für die Welt.«

Christus will uns damit sagen: Die Weisheit ist Gott; der Intellekt ist der Mensch, die menschlichen Programme sind die Welt. Wer die Weisheit Gottes ergründen will und sein Erbe, die ewige Weisheit, erlangen möchte, der muss sein menschliches Ich, den Intellekt, der sich vielfach darstellt, ablegen und die ewige Weisheit anerkennen, die in der Welt ist, jedoch nicht mit der Welt, die in allem ist, was wir sehen, hören, riechen, schmecken und tasten. Wer die ewige Weisheit finden möchte, der muss den Weg zur Weisheit gehen, indem er sein Sündhaftes bereinigt, das gegen die Weisheit spricht, und seinen aufgeblähten Intellekt ablegt, der sich nur darstellen möchte.

Wer also ewige Weisheit erlangen möchte, der muss sein kleines Ich hingeben, um das große Ich Bin zu erlangen. Dann spricht er nicht nur von der Weisheit, dem ewigen Gesetz – dann *ist* er weise.

Viele nennen die Bibel das Buch der Wahrheit. Die Bibel wird dem Buchstaben nach gelesen. Deshalb blieb sie bis zum heutigen Tag nur das Buch, die Bibel. Die Welt hat sich durch den Buchstaben der Bibel nicht verändert. Ganz im Gegenteil. Sie steht am Abgrund und wird in den Abgrund fallen.

So zeigt uns die Bibel wohl viel Weisheit auf, doch wer diese nur lehrt und nicht danach handelt, der ist mit der Welt; er ist mit all dem und für all das, was gegen die ewige Weisheit ist. Er nimmt die Bibel und liest aus der Bibel und ist doch nicht weise. Gesteht er nicht offen ein, dass er nur von der Weisheit kündet und nicht weise ist, dann täuscht er sich selbst, indem er glaubt, er wäre weise, und täuscht auch anderen das vor, was er nicht ist: weise.

Wer von der guten und liebevollen Gesinnung nur spricht, der hat nur Worte über die liebevolle Gesinnung, bringt jedoch das Gute, das Wertvolle, nicht in diese Welt.

Wer verwirklicht, der bringt geistige Werte und geistige Taten in diese Welt. Er ist der Herzdenker, der aus dem Licht des Lebens gibt. Er lebt gerecht, denn er weiß: Gott schaut in das Herz eines jeden.

Die im Geiste Gottes Erwachten sehen die Unerwachten. Sie erleben sie in ihrem Verhalten, in ihrem Denken und Reden. Sie versuchen ihnen zu helfen, sofern diese es wünschen.

Die im Geiste Erwachten kennen die Unerwachten, verstehen sie und werden ihnen so weit behilflich sein, wie es gut für ihre Seele ist.

Hierzu erläuterte Gabriele,
die Lehrprophetin und Botschafterin Gottes:

Der Erwachte ist der Mensch, der ganz allmählich in den unendlichen Strom der Liebe eintaucht und zum Gesetz der Liebe wird. Es ist der Erleuchtete, der mit den geistigen Augen schaut, der tiefer schaut, der im Herzen der Seele alles erfasst, das Gesetzmäßige und das Ungesetzmäßige.

Der Erwachte, der mit den geistigen Augen schaut, ruht in seinem Inneren und teilt sich auch aus seinem Inneren mit, aus dem Göttlichen in ihm, das er weitgehend erschlossen hat.

Das Göttliche urteilt und richtet nicht. Deshalb nimmt der Erwachte die Gesamtstrahlung seines Nächsten auf, auch die Gesamtstrahlung jedes Problems, alles dessen, was auf ihn zukommt. Das Göttliche in ihm sortiert Göttliches und Ungöttliches und teilt sich dem Erwachten mit.

Der Erwachte erkennt sodann an der Ausstrahlung, an den Reaktionen, am gesamten Verhalten seiner Mitmenschen, wen er vor sich hat, und weiß auch, wie er sich verhalten muss. Das Göttliche in ihm offenbart dem Erwachten, was der Mensch, der vor ihm steht, selbst nicht erkennt.

Die Klarheit des göttlichen Bewusstseins ist der mächtige See, in dem sich der Unerwachte nur spiegelt. Aus dieser Spiegelung seines Nächsten entnimmt der Erwachte, was den Unerwachten zeichnet, und auch, was er ihm sagen und wie er ihm helfen könnte, sofern dieser es wünscht. Ob er es wünscht, das teilt das Göttliche ebenfalls dem Erwachten, der im Strom der Liebe lebt, mit.

Die Unerwachten jedoch erkennen nicht die Erwachten; für sie sind sie in vielen Fällen Scharlatane und Besserwisser, oder sie reihen sie in das Bewusstsein ein, das ihrem Wesen entspricht.

Die Unerwachten, die sich einzig nach der Materie orientieren, sehen im geistig Erwachten, im Göttlichen, entweder einen Störenfried oder einen Sonderling, den sie nicht zu ergründen vermögen.

Gabriele:

Im Wortschatz der Menschen finden wir das Wort »unheimlich«. Für den Intellektuellen, den Unerwachten, ist der Erwachte, der Weise, unheimlich. Der Weltbezogene hört die Worte des Erwachten und kann sie auf sich selbst nicht anwenden, weil sein Bewusstsein nicht in die Tiefe der Worte des Weisen einzutauchen vermag. Dann spricht der Weltbezogene: »Dieser Mensch ist eine Provokation! Er spricht Dinge aus, die nicht in diese Welt passen. Er gibt Hinweise, die inakzeptabel sind.«

Für den Unerwachten ist der Erwachte also eine Provokation, weil er ihn nicht versteht, oder etwas Unheimliches, das man nicht beachten darf, oder er ist ein Sonderling, weil er nicht mit den Wölfen heult, von denen es viele in dieser Welt gibt.

Versteht der Intellektuelle nicht, was der Weise sagt, dann glaubt er, er würde von ihm provoziert, das heißt auf den Arm genommen werden. Deshalb wendet er sich schlichtweg von ihm ab mit dem unheilvollen Wort: »Provokation«. In Wirklichkeit sprach Gott durch den Weisen zu Seinem Kind und wollte es auf den Weg der Weisheit führen. Bleibt der Intellektuelle überheblich, dann stellt er sich auch über Gott und möchte deshalb von Gott keinen Hinweis und keine Hilfe.

Die täglich mit einem Erwachten zusammenleben, sehen nur auf den Menschen und erfassen nicht, was aus ihm herausstrahlt.

Gabriele:

Der Erwachte, der im Strom der göttlichen Weisheit lebt, hat keinen Grund, sich darzustellen. Er lebt im mächtigen Ich Bin und bleibt der Mensch unter seinen Mitmenschen. Der Erwachte, der Mensch, ist jedoch nicht menschlich; er ist Mensch, weil er in das Fleisch eingehüllt ist.

Der Mensch, der noch sein Menschliches lebt, sieht mit seinem menschlichen Bewusstsein den Menschen, der jedoch nicht menschlich spricht. Der Menschliche sieht das Menschliche des Menschen; er erfasst nur das, was er selbst ist: menschlich – und glaubt, den Erwachten, den Menschen, mit seinem Maß des Menschlichen messen zu können.

Wenn ein Unerwachter einen Unerwachten lehren und leiten möchte, dann bleiben beide unerwacht, weil sie nur leere, gleichsam hohle Worte sprechen, in denen nicht das Feuer der Liebe lodert, das sie hell und sehend macht. Beide sind die Blinden, die in die Grube fallen werden.

Daher wachet und betet, und lasst eure Worte lichtvoll, ja göttlich werden, auf dass ihr lebet in Mir, dem Christus, und eins seid mit Mir, dem Christus; denn der Ewige hat Mich zu den Menschen gesandt, um ihnen das Licht und das Heil zu verkünden und zu bringen.

Wer seinen inneren Tempel verwüstet hat, der baut immer größere und prunkvollere Wohnstätten. Dadurch ging die Bewusstheit der Gegenwart Gottes und die Sicht des wahren Lebens verloren. Ich Bin gekommen, den inneren Tempel wieder aufzurichten und Gottes heiliges Wirken sichtbar werden zu lassen.

Mit Meiner Kraft Bin Ich wieder unter den Menschen, um ihnen erneut das Licht und das Heil zu verkünden. Wohl denen, die Mich im Herzen finden. Sie brauchen keine äußeren Tempel mehr – sie sind selbst zum Tempel des Heils geworden.

Gabriele:

»*Wer seinen inneren Tempel verwüstet hat, der baut immer größere und prunkvollere Wohnstätten.*« Der innere Tempel ist die lichte Seele, die in Gott ruht. Infolgedessen ist der Mensch der Tempel Gottes, in dem Gott wohnt.

Wer Tag für Tag sündigt, seinen Nächsten missachtet, ihn verwirft, ihm Böses antut in Gedanken, Worten und Werken, der hat den inneren Tempel belastet, also zur Wüste gemacht, weil er der Wüste Welt angehört und alles missachtet, was nicht sein Wohlergehen fördert.

Auf diese Weise hat der Mensch seinen Tempel verwüstet und missachtet sein wahres Leben. Er lebt im Schein, das er Leben nennt, das ihn aber zur gegebenen Zeit heimsuchen wird, auf dass er erkennt, dass der Ewige inwendig in jedem Menschen wohnt.

Wer den Schritt getan hat, sich selbst als den Tempel Gottes zu achten, der wird diesen reinigen und rein halten. Er wird dann auch erkennen, dass er keine prunkvollen Gotteshäuser braucht, keine äußeren »Wohnstätten« des Heiligen Geistes. Er weiß, dass er selbst die Wohnstätte Gottes ist, weil Gott in ihm wohnt.

Jesus, der Nazarener, lehrte die Tempelordnung und dass Gott in jedem Menschen wohnt. Er wollte den inneren Tempel aufrichten und nicht Tempel aus Stein erbauen. Jesus sprach sinngemäß: »Brecht diesen Tempel ab, und in drei Tagen will Ich ihn aufrichten.« Damit deutete Jesus auf den Tempel des Inneren hin und auf die Auferstehung des Lebens in Ihm und durch Ihn.

Christus, der Erlöser aller Menschen und Seelen, ist mit Seiner Kraft wieder bei uns. Er lehrt uns den Weg zum Herzen der Unendlichkeit, auf dass wir unseren Tempel reinigen und aufrichten mit der Kraft, die in uns ist: der Christus Gottes.

Ich Bin die Freiheit. Lasset euch weder an Dogmen noch an Satzungen binden.

Machet euch bewusst: Im Himmel gibt es weder Dogmen, Satzungen, Zeremonien noch Obrigkeiten und Untergebene. Im Himmel seid ihr untereinander alle gleich – Brüder und Schwestern. Wer dieses Ziel nicht anstrebt oder von diesem Ziel sich abbringen lässt, der ist ein Tor und gleichsam ein geistig Toter.

Der Erwachte trachtet danach, nach innen zu gelangen, zum Reich des Lebens – der Unerwachte strebt nach außen, nach den Dingen, die sich in der materialistischen Welt widerspiegeln und die den regieren, der mit dieser Welt ist.

Lasst euch niemals in Institutionen einbinden und von Pharisäern und Schriftgelehrten belehren. Sie haben nicht die Schlüssel zum Reiche Gottes, da sie selbst nicht in das Leben eingetreten sind. Infolgedessen lassen sie auch die nicht hinein, die hineinwollen; denn sie kennen nicht das Schloss, weil sie nicht im Tragen des Schlüssels geübt sind, der Ich Bin, Christus.

Der Reine schaut durch alles hindurch. Sein schauendes Auge ist die Wahrnehmung seines göttlichen Bewusstseins. Alles, was sich in seinem göttlichen Bewusstsein vollzieht, ist die Wahrheit; alles andere ist nur Spiegel, Abglanz der Wahrheit, Reflexion, Schein der Wahrheit.

Hierzu erläuterte Gabriele,
die Lehrprophetin und Botschafterin Gottes:

Die Wahrnehmung des göttlichen Bewusstseins im Reinen ist die Kommunikation mit dem Göttlichen in allen Seinsformen, denn alle Seinsformen tragen in sich das göttliche Bewusstsein. Das göttliche Bewusstsein ist die Wahrheit, die Ewigkeit, und unvergänglich.

Alles, was außerhalb des göttlichen Bewusstseins ist, ist Umhüllung. Diese ist wiederum Spiegelung und somit nur Abglanz der Wahrheit, also Reflexion, Schein.

Wie du redest und was du sagst, ist deine Sprache – auch dein Gesicht und dein Körper.

Gabriele:

Wir könnten den menschlichen Körper mit einer Knetmasse vergleichen. Unsere Gefühle, Empfindungen, Gedanken, Worte und Handlungen kneten die Masse und bringen sie in die Form, die ihnen entspricht. Das bedeutet: Wir bringen uns selbst in die Form. Wir sind selbst der Gestalter unseres Körpers. Wir sind selbst die Gestik, die Mimik, das gesamte Verhalten. Wir reagieren entsprechend unseren Gefühlen, Empfindungen, Gedanken, Worten und Handlungen.

Spricht unser Nächster uns an, dann sendet er unser Sendepotential, unsere im Gehirn gespeicherten Programme, an. Dementsprechend ist dann auch unsere Reaktion, ist unser Verhalten und unsere Antwort. Wir könnten also sagen: Unterhalten sich zwei Menschen, dann ist das Telepathie; denn jeder wirkt mit seinen Worten auf die Programmwelt des anderen ein. Dementsprechend reagiert dieser.

Haben wir keine Negativprogramme, kann der Geist Gottes uns durchströmen, sind wir also ganz auf Gott ausgerichtet, dann haben wir keine menschlichen Reaktionen und auch keine Gegenreaktionen. Wir bleiben ruhig und geben aus dem Strom, der uns durchströmt, aus dem Göttlichen, die Antwort.

Sowohl dein Inneres als auch dein Äußeres – dein Wort, dein Verhalten – spricht sich selbst. Der Erfüllte spricht das Selbst, da er das Selbst im Allvater-Sein ist. Der Weltbezogene spricht sein niederes Selbst; er spricht die Sprache seines Ichs – das, was er selbst ist. Der Weltbezogene ist der Weltumhangene, der sich mit dem begnügt, was er sieht, mit den Reflexionen seiner kleinen Welt, die seine eigene Spiegelung sind.

Gabriele:

Das Allvater-Sein ist das Leben der reinen Kinder Gottes. Sie sind das Selbst, das Sein, weil sie ewig gegenwärtig im Vater-Mutter-Bewusstsein leben, im All-vater-Sein.

Das ewige Selbst ist das Gesetz Gottes, das unvergänglich ist. Jedes reine Wesen ist das verkörperte ewige Gesetz, das Selbst. Der weltbezogene Mensch ist sein niederes Selbst, geformt aus dem, was er in seinen Inkarnationen gefühlt, empfunden, gesprochen, gedacht und getan hat.

Das niedere Selbst ist die Sünde. Hat der Mensch seine Sünden nicht bereinigt, weder in zurückliegenden Inkarnationen noch in dieser, dann ist er der Sündige. Das ist sein Selbst, denn es gehört ihm an. Es ist das niedere Selbst; es ist das Potential, aus dem er schöpft. Und diese Schöpfungen äußern sich in seinem gesamten Verhalten.

Der Weltbezogene kennt das ewige Selbst nicht, nur sein niederes Selbst, sein Ich. Er begnügt sich mit den Spiegelungen des ewigen Selbst, weil er nichts anderes kennt als nur sich selbst. So sieht er sich, so hört er sich, so riecht er sich, so schmeckt und tastet er sich; so fühlt er, so redet er, so handelt er.

Was du, der Reine, das Licht im Urlicht, sprichst, ist Substanz und Kraft, da es aus dem Allerheiligsten gesprochen ist, aus dir, dem Sein. Das ist die Sprache Gottes in dir und durch dich.

Sprich die Sprache des wahren Selbst, und du bist göttlich. Die Sprache des wahren Selbst ist das gotterfüllte Wort. Es fließt aus dem Innersten deines Tempels.

Gabriele:

Zur Reinheit gelangt der Mensch, wenn er täglich das bereinigt, was der Tag ihm an Sündhaftem aufzeigt. Reinigung der Seele heißt also: Bereinigung des Menschlichen. Wer dies tut, der erfüllt auch bewusst das Gesetz des Lebens. Hat er seine Seele weitgehend gereinigt, dann schöpft er aus dem Urlicht. Dann sind seine Worte erfüllt von Licht und Kraft. Dann spricht das wahre Selbst, Gott, durch ihn, weil seine Worte Substanz und Kraft aus Gott sind.

Das ewige Wort fließt im Innersten deines Tempels. Bist du eingekehrt, dann bist du im Strom, der das Wort, Gott, ist.

Das Göttliche verteidigt sich nicht. Es debattiert auch nicht, da es ist. Das Ist schaut und durchschaut alles und kennt das Innerste des Menschen und auch sein Äußeres. Wer das ewige Gesetz kennt, weil er es ist, der wird nicht debattieren.

Gabriele:

Das göttliche Gesetz verteidigt sich deshalb nicht, weil es die Schöpfung selbst ist und alle Details in der Schöpfung. Das Göttliche braucht nicht über die Wahrheit zu debattieren. Es ist die Wahrheit. Nur der debattiert über die Wahrheit, der nicht zur Wahrheit gefunden hat und sie daher auch nicht kennt.

Das Innerste ist das Unpersönliche, welches das Persönliche unpersönlich anspricht, aufklärt und Unwahres richtigstellt.

Kläre deinen Nächsten auf, wenn Unrichtiges zugrunde liegt, doch dringe niemals in ihn ein; dränge ihn nicht, das zu denken und zu tun, was Wahrheit ist. Redet der Uneinsichtige trotz Aufklärung oder wider besseres Wissen weiter, dann redet er sich selbst um Kopf und Hals.

Gabriele:

Gott ist unpersönliches Leben. Das bedeutet: Gott ist nicht parteiisch. Er bevorzugt nicht eines Seiner Kinder und lehnt das andere ab. Er liebt alle gleich, weil Er, Gott, das Prinzip der Gleichheit ist.

Gott spricht zu den Menschen und klärt sie über ihr Verhalten auf. Jesus hat uns solches vorgelebt. Doch Er bedrängt Seine Kinder nicht. Deshalb sollen auch wir unsere Nächsten nicht bedrängen, sondern immer wieder aufklären und richtigstellen.

Christus sprach: *»Redet der Uneinsichtige trotz Aufklärung oder wider besseres Wissen weiter, dann redet er sich selbst um Kopf und Hals.«* Das bedeutet für uns Menschen, dass wir bewusst Ursachen setzen und die Wirkungen am eigenen Leib erfahren werden.

Du, der wahre Weise, schweige. Hast du Unrichtiges richtiggestellt, hast du Unwahres aus dem Licht der Wahrheit beleuchtet und wirst du trotz allem abgelehnt, dann schweige, denn du kennst den wahren Retter, Gott – und den Richter, der nur von sich selbst spricht. Es ist der Mensch, der durch Uneinsichtigkeit, durch Rache und Habgier sich selbst dem Gesetz von Saat und Ernte ausliefert, indem er in den Acker seines Lebens das eingibt, was ihn selbst richtet. Es ist sein kleines, niederes Selbst, sein Ichheitsgesetz.

Das, was du außerhalb des Allerheiligsten sprichst, ist nicht immer die Sprache deines persönlichen Ichs, denn nicht immer sind deine Gedanken und Worte auch d e i n e Gedanken und d e i n e Worte. Wenn du jahre-, jahrzehntelang das sogenannte gedankenlose Wort sprichst, dann redest d u wohl, doch ein anderer spricht durch dich. Das ist dann Fremdbestimmung über deine Sinneswelt, in welcher du dann auch lebst. Der Programmierer, der oder das, was dich bestimmt, wirkt durch dich auch bestimmend auf andere ein. Wer dies zulässt, der ist der Sünde Knecht und ein Sünder.

Gabriele:

Wir leben in der Welt der Sünde. Wer täglich seine Sünden nicht bereinigt, der wird weiter sündigen und stellt sich so anderen Sündern zur Verfügung, die mit ihrem sündhaften Sendepotential sein Senden aktivieren und so Zugang zu seinem irdischen Dasein erhalten. Dann wird er gelebt. Durch ihn wird gedacht und gesprochen. Das ist dann nicht sein Gedanke und nicht sein Wort, sondern es ist die Wunschwelt einer oder einiger Seelen. Das ist dann Fremdbestimmung. Dadurch hat der Mensch sein eigenes irdisches Leben verwirkt und unsichtbaren Kräften sein irdisches Dasein zur Verfügung gestellt, die dann durch ihn leben und ihn bestimmen.

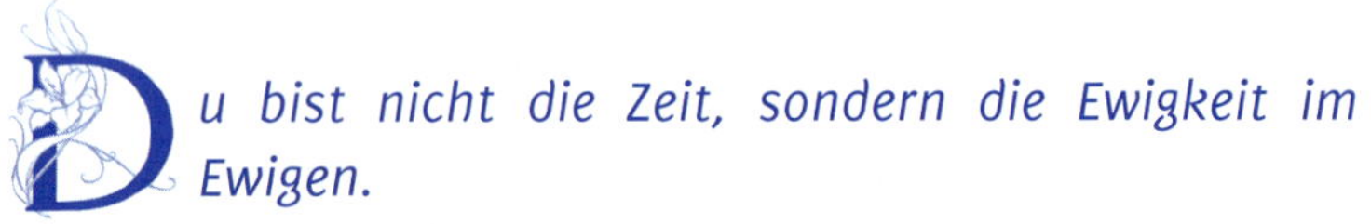

Du bist nicht die Zeit, sondern die Ewigkeit im Ewigen.

Hierzu erläuterte Gabriele,
die Lehrprophetin und Botschafterin Gottes:

Das Denken in der Begrenzung des Menschlichen schuf die Einengung des Bewusstseins. Das eingeengte Bewusstsein ist unser Leben in Raum und Zeit.

Durch die Zeit, die wir uns gegeben haben – mit den Begriffen heute, morgen, übermorgen, Tage, Wochen, Monate, Jahre –, glauben wir, dass unser Leben vergeht. Doch das ist menschliche Anschauung, nicht die Wirklichkeit. Unser Leben vergeht nicht; wir sind ewig, weil der Ewige uns geschaffen hat.

Wir sollten das Denken, dass wir nur eine geraume Zeit lang leben, nicht als Maß unseres Seins nehmen. Wohl brauchen wir das irdische Maß der Zeit, um uns unser Leben, unser Tun, einzuteilen, um unsere Arbeit zu planen, damit unser irdisches Leben in geordneten Bahnen verläuft. Doch unser Bewusstsein sollte sein: Wir sind ewiges Leben.

Nehmen wir unsere Hülle nicht mehr so wichtig, sondern werden uns täglich mehr des Lebens unserer Seele bewusst, dann geht es auch unserer Hülle, dem Menschen, gut.

Gedenken wir täglich unserer Seele, dann spüren wir sehr bald, was Ewigkeit heißt. Wir atmen tiefer und ruhiger;

wir werden gelassener. Wir planen unsere irdische Zeit, unser irdisches Dasein in der Hülle, und arbeiten gut. Wir stellen unsere Planung in Gottes Willen und wirken Tag für Tag – ähnlich wie die Geistwesen, bewusst mit der Kraft aus Gott, selbstlos, in Gott, für den Nächsten, für das große Ganze. Wir bereinigen, was uns der Tag aufzeigt. Dann erleben wir den Hauch der Ewigkeit, weil der Ewige in uns atmet. Wir werden stiller, ruhiger, besonnener. Das Vertrauen Gott gegenüber wächst, und wir trauen es Ihm zu, dass Er uns zu führen vermag.

Halten wir es so, dann wollen nicht wir unser Leben bestimmen. Wir erstellen unseren Tages-, Wochen- und Monatsplan und geben ihn in Gottes Willen, damit Er uns Tag für Tag zu führen vermag. Wir legen die Hände nicht in den Schoß, sondern wir tun unser Tagwerk, immer in dem Bewusstsein: Gott führt uns.

In der ersten Zeit ist es eventuell noch nicht ganz einfach, weil wir noch nicht spüren, was Gottes Wille und was unser Wille ist. Stellen wir jedoch immer wieder unsere Planung in die Zehn Gebote, in die Bergpredigt, also in das Gesetz Gottes, bitten wir immer wieder Ihn, den großen Geist, um Beistand, um Hilfe, dann wird es in uns klarer; unser Bewusstsein ordnet und reinigt sich; es pulsieren nicht mehr so viele unnütze und drängende Gedanken durch unser Gehirn. Dann spüren wir, dass der Ewige uns beatmet und dass Er uns führt.

Die materielle Hülle, unser menschlicher Körper, ist nichts als das Kleid, das Gefährt unserer Seele für dieses Erdenleben. Es kommt für einen jeden von uns der Tag, da diese Hülle von unserem ewigen Leib abfällt; denn nicht das materielle Kleid lebt in alle Ewigkeit, sondern der geistige Leib in uns.

Deshalb ist der Leib der Ewigkeit von Bedeutung, und wir sollten dafür sorgen, dass dieser rein wird und – dann, wenn der physische Körper hinscheidet – in die Ewigkeit eingeht.

Leben wir mehr und mehr in dem Bewusstsein »Wir sind Wesen der Ewigkeit, weil der Ewige das Leben in uns ist«, dann nehmen wir unser Menschliches nicht mehr so wichtig, dann sind wir auch bereit, das Menschliche zu bereinigen und nicht mehr zu tun.

Wir sollten es uns zur Aufgabe machen, uns, den ichbezogenen Menschen, nicht mehr so wichtig zu nehmen. Dann identifizieren wir uns mehr mit unserem ewigen Wesen, dem Leben unserer Seele, und gehen mit der Kraft des Ich Bin – von der höheren Warte aus – unser Menschliches an, um es mit Christus zu überwinden.

Du bist jedoch Mensch im Ablauf von Tag und Nacht, welcher Zeit genannt wird. Deshalb plane deine Zeit mit Gott, bringe den Zeitablauf in deine Planung ein und deinen Plan in das Allgesetz, das in dir ist. Bringe alles in den inneren Tempel und übergib es der Tempelordnung.

Gabriele:

Die Tempelordnung ist Gott; denn Gott ist die Ordnung; in Ihm ist alles wohlgeordnet. Ordnen wir unser Leben, dann werden wir auch unsere Gedanken ordnen. Unser Menschliches, das Negative, das Ich-Leben, zeigt sich am deutlichsten in unserer Gedankenwelt. Haben wir diese geordnet und auf Gott ausgerichtet, dann wandern wir Schritt für Schritt in das Reich des Inneren hinein. Seele und Leib werden dann mehr und mehr eins; sie werden zum Tempel der Liebe Gottes, weil wir das Gesetz der Liebe erfüllen.

Dann sei still und wachsam zugleich, denn der Allheilige in dir ordnet und gibt vor. Der Allheilige, der dein Wort und dein Tun ist, bewegt sich in deinem Innersten und spiegelt dir, dem Menschen, den schrittweisen Ablauf deines Planes zu. Er bringt ihn auch in den Zeitablauf ein.

Gabriele:

Haben wir diese Sätze besonnen gelesen, dann müssten wir uns sagen: Wie begrenzt sind wir! Wie sehr beschränken, wie sehr begrenzen wir uns selbst! Gott ist der unbegrenzte Strom, das Leben. Gott in uns möchte uns in jeder Situation helfen, in unserer Planung, in unserem Denken, in unserem Fühlen, in unserem Tun. Er ist immer bereit, uns beizustehen. Es fragt sich nur – wollen wir Seine Hilfe annehmen? Wollen wir nicht, dann zwingt Er uns nicht, weil Er uns die Freiheit gegeben hat.

Was ist Freiheit?

Gott ist Freiheit. Er zwingt Seine Kinder zu nichts. Die Liebe kann keinen Zwang ausüben. Die Liebe schenkt sich – sie schenkt sich selbst.

Die unendliche Liebe Gottes ist das himmlische Gesetz, unser göttliches Erbe. Die Prinzipien unseres göttlichen Erbes lauten Gleichheit, Freiheit, Einheit, Brüderlichkeit und Gerechtigkeit.

Aus dem Prinzip der Gleichheit geht also die Freiheit hervor.

Vor Gottes Angesicht sind wir alle gleich. So hat Er uns, Seine Kinder, geschaffen. Er, der große Geist, Gott, unser Vater, hat nichts für sich behalten. Er hat uns Seine ganze Liebe geschenkt, das ewige Gesetz. Jeder geistige Leib ist in seiner Struktur das ewige Gesetz der Liebe. So hat uns Gott geschaffen, und so leben die Geistwesen im Strom der Liebe. Sie erfüllen das Gesetz der Liebe. Keines ist größer; alle sind gleich.

Die Geistwesen haben verschiedene Mentalitäten und verschiedene Fähigkeiten, entsprechend der Himmelsebene, in der sie als Wesen des Lichtes leben. Wie die Grundkraft der Ordnung, so haben auch die Geistwesen der Himmelsebene der Ordnung eine bestimmte Mentalität. Ebenso haben der Wille, der Ernst, die Geduld, auch Güte genannt, jeweils ihre Mentalitäten, aus denen sich die Fähigkeiten ergeben.

Mit ihren Fähigkeiten wirken die Geistwesen im ewigen Sein. Sie wirken nach dem Gesetz der Liebe, weil sie selbst komprimiertes Gesetz der Liebe sind. Sie sind vollkommen frei; sie brauchen keine Entscheidungen zu treffen – sie sind entschieden, Gottes Willen zu erfüllen; ja, sie sind selbst der Wille Gottes. Denn auch der Wille ist eine Grundkraft im Gesetz der Liebe, das ihr Leben ist.

Da Gott, das göttliche Gesetz, das Gesetz der Liebe, in allem ist, ist alles Energie, denn das Gesetz der Liebe ist Energie. Mit dieser Energie wirken die Geistwesen, und mit dieser Energie leben sie. Es ist das Leben.

Das Leben, die Gottesenergie, ist ausnahmslos in allem gegenwärtig – auch in jedem Atom der Materie. Denn Gott hat den Fallkindern, die nicht göttlich sein wollten, sondern Gott selbst, auch Sich selbst mitgegeben: In jedem Atom, in jedem Stein, in jedem Grashalm, in jedem Tier, in jedem Partikel unserer Seele, in jeder Zelle unseres Leibes, in jedem Stern, in jeder Sonne – überall ist Gott, das Leben, die Liebe.

Wir, Menschen und Seelen, haben nun die Freiheit, diese Liebe Gottes anzunehmen oder sie weiterhin abzulehnen – so wie es die Fallwesen hielten: Gott selbst sein zu wollen.

Alles ist Gesetz. Das Gesetz ist der Kreislauf des Gebens – gleich Sendens und Empfangens. So, wie die Geistwesen im Strom der Liebe wirken, im Gesetz, und das Gesetz Gottes bleiben, so kommt das Gesetz der Liebe auch wieder auf sie zu, durchströmt sie und erhält sie im ewigen Sein, weil Gott unvergänglich ist.

Die Fallwesen wandten sich gegen Gott und Sein Gesetz der selbstlos gebenden Liebe. Da jedoch alles Gesetz ist, wirkt das Prinzip Senden und Empfangen auch im Fallbereich. Dort schafft jeder sein Gesetz, sein Ich-Gesetz, das nicht das Gesetz Gottes ist und auch nicht dem Willen Gottes entspricht.

Fragen wir uns: Bestimmt uns Gott, negativ zu denken? Bestimmt es Gott, dass wir gegen Ihn handeln? Ist es Gottes Wille, dass wir gegen Ihn fühlen und empfinden? Bestimmt uns Gott, gegen unseren Nächsten zu sein?

Wessen Wille ist ein solches Handeln? Wer bestimmt es? Letzten Endes wir selbst. Wir bestimmen es selbst aus einem einzigen Fallgedanken, dem Gedanken: »ich will!« Aus diesem einen Fallgedanken – »ich will!« – entstand unser Wollen, entstand das »Gegen Gott«.

Gott lässt uns die Freiheit, gegen Ihn oder für Ihn zu sein. Doch jeder bestimmt damit selbst sein Leben nach dem Prinzip Senden und Empfangen.

Gott sendet und empfängt. Es ist das ewig dynamische Prinzip des Lebens, das zyklische Ein- und Ausatmen. Gott atmet Energie aus. Die Geistwesen wirken und schaffen, wodurch sich die Energie vermehrt. Gott atmet Energie ein, diese potenziert sich in der Urzentralsonne, und Er atmet wieder aus. In diesem Prinzip leben die Geistwesen.

Auch wir Menschen atmen. Wir atmen aus – wir senden –, und wir atmen ein – wir empfangen. *Was* atmen wir aus?

Gott lässt uns die Freiheit. Wir atmen – wir senden – unsere Gedanken aus und holen sie aufgrund des Prinzips Senden und Empfangen wieder zurück. Jeder sündhafte Gedanke ist also ein Bumerang, ob wir es wollen oder nicht.

Das Prinzip Senden und Empfangen besteht sowohl im ewigen Sein, im Reinen, als auch in den Bereichen des Falls, im Gesetz von Saat und Ernte, im Kausalgesetz. Der ewige Rhythmus des Seins, das Ein- und Ausatmen des ewigen Geistes, das Senden und Empfangen, ist das Leben, das ständig Bewegung ist. So ist es im Kleinsten, so ist es auch in jedem oder mit jedem von uns.

Was wir also an Gefühlen, Empfindungen, Gedanken, Worten und Handlungen ausatmen, kommt wieder auf uns zurück. Sind diese unsere Gefühle und Empfindungen, Gedanken, Worte und Handlungen negativ – entspringen sie also dem eigensüchtigen »ich will!«, dem der kurze Atem des Menschen entspricht, das »Mein, einzig mein« –, dann ziehen wir Gleiches wieder an, nämlich das Unsrige – das, was wir ausgeatmet, also ausgesandt haben.

Sind dem Menschen diese Zusammenhänge und Gesetzmäßigkeiten unbekannt oder möchte er sie für sich nicht annehmen, dann klagt er: »Warum lässt Gott zu, dass ich krank bin, dass ich leide, dass ich hungere, dass ich darbe, dass ich dieses Schicksal erleiden muss?« Machen wir uns bewusst: Das ist nicht Gott! Denn Gott ist die Freiheit. Er zwingt uns zu nichts. Im ewigen Sein gab Er uns als reinen Wesen die Freiheit, und so hält Er es – auch dann, wenn wir gegen Ihn sind.

Gottes Gesetz, das Senden und Empfangen, ist unveränderbar. Weichen *wir* vom göttlichen Gesetz ab, ändern wir uns also, indem wir gegen Gott sind, so bleibt das Gesetz: Was der Mensch sät, also sendet, das erntet, das empfängt er. Der Mensch sät, und der Mensch empfängt – nicht jedoch Gott.

Wir selbst also bekommen die Wirkungen unserer eigenen Ursachen zu spüren. Haben wir z.B. Anlass zu sagen

»Mein Nächster liebt mich nicht. Mein Nächster ist gegen mich« oder: »Mein Nächster tut nicht, was ich will«, so müssten wir uns jeweils selbst fragen: Was liegt bei mir zugrunde? Insbesondere dann, wenn wir uns dabei erregen. Erregen wir uns, dann will uns das sagen, dass bei uns Gleiches oder Ähnliches vorliegt. Erregen wir uns nicht, dann werden wir nach dem Gesetz des Lebens aufklären. Wir werden hinweisen, Positiv und Negativ gegenüberstellen, das Negative ansprechen – aber wir werden uns nicht erregen.

Gott erregt sich nicht, wenn wir gegen Ihn sind. Er ist immer gleichbleibend, weil Er vollkommen ist. Er sendet unaufhörlich Sein Gesetz, Seine unendliche Liebe, aus. Er sieht uns im Herzen vollkommen – so, wie Er uns geschaut und geschaffen hat; und so strahlt Er Seine Liebe uns zu.

Machen wir uns erneut bewusst: Gott ist Freiheit. Er zwingt uns zu nichts. Deshalb sollten auch wir Menschen auf unsere Mitmenschen keinen Zwang ausüben, weder im Kleinen noch im Großen. Dies gilt auch, wenn es um den Glauben geht – es darf keinen Zwang geben. Jeder soll sich frei entscheiden, wie er Gott zustreben möchte und ob er es möchte. So hält es Gott mit uns. Er lässt uns frei entscheiden, doch Sein Wille ist, dass wir wieder Seinen Willen erfüllen und wieder bei Ihm sind.

Daran sollten wir öfter einmal denken: Gott wünscht sich von ganzem Herzen, dass wir uns nicht quälen, dass wir nicht leiden, sondern dass wir bei Ihm sind, im Licht, in der Liebe. Gott, unser Vater, sandte Seinen Sohn, damit wir den Weg zur Liebe kennen, damit wir zur Liebe hinfinden. Und wohin wies uns Jesus, der Christus? Er sprach: »Das Reich Gottes ist inwendig in euch.«

Dass das Reich Gottes inwendig in uns ist und nicht gebunden ist an äußere Orte, äußere Gegebenheiten und Bedingungen, bedeutet für uns: Jeder von uns hat die Freiheit, jeden Tag das innere Reich wachsen und werden zu lassen. Dann brauchen wir keine äußeren Formen, keine Riten, keine äußere Religion – wir brauchen die Gemeinschaft von Brüdern und Schwestern, in der jeder Einzelne spricht: »Ich gehe in mein Herz. Ich erschließe Tag für Tag das Reich Gottes in mir, um nach dem Leibestode wieder bewusst im Reich Gottes als Wesen des Lichtes zu sein.« Darin liegt die Freiheit.

In diesem Geist der Freiheit steht auch das Universelle Leben. Universelles Leben heißt Leben in Gott. Ebenso ist es auch mit den Offenbarungen unseres Bruders und Erlösers, Christus. Gott lässt uns die Freiheit. Daher ist im Universellen Leben Freiheit. Gott zwingt uns zu keinem Ritual. Gott zwingt uns zu keinen Dogmen. Er will, dass wir frei sind, uns frei entscheiden. Freiheit ist Leben in Gott. So können wir sagen: Universelles Leben ist Freiheit.

Leben wir so, dann kommen wir zusammen als freie Menschen im Geiste der Liebe, die die Gemeinschaft suchen und in der Gemeinschaft erblühen, weil Gemeinschaft gleich Einheit ist. Einheit ist Freiheit. Freiheit und Einheit machen stark im Herzen und stark in der Liebe zu Gott und für den Nächsten.

Urchristentum heißt: Gemeinschaft, Einheit. Aus dem Urstrom kam der Sohn und brachte uns das Leben, die Erlösung. Der Sohn Gottes ist unser Erlöser. Deshalb nennen wir Ihn Christus. Weil die wahre Lehre, das Gesetz der Liebe, das uns Christus vorgelebt und gelehrt hat, aus dem Urstrom kommt, nennen wir uns Ur-Christen.

Urchristen sind freie Menschen. Sie suchen die Gemeinschaft, doch sie binden sich an keinen Menschen. Urchristen sind Menschen, die einander mehr und mehr selbstlos – also ohne Wertung – lieben. Selbstlose Liebe heißt: Ich stelle meinen Mitmenschen weder höher, noch erniedrige ich ihn; mein Nächster ist ein Teil meines ewigen Lebens.

In einer wahren Gemeinschaft ist das Gemeinwohl. Gemeinwohl heißt: Wohl für alle. Das Gemeinwohl ist auf wahrer Geschwisterlichkeit und Selbstlosigkeit aufgebaut. Bewahrt jedes Geschwister den Teil seines Nächsten, der in ihm ist, im Herzen und aktiviert ihn in dem Bewusstsein: In meinem Nächsten ist Gott, in mir ist Gott; wir sind in Gott eins – dann wird jeder Sorge tragen, dass es dem Nächsten gut geht. Das ist aktives Urchristentum. Das ist das Gemeinwohl, das Wohl aller.

Wie im Himmel, so auch auf Erden. Ist uns dies bewusst und wird es uns tagtäglich mehr bewusst, dann erwacht die Sehnsucht nach unserem göttlichen Erbe, nach dem ewigen Gesetz. Die Sehnsucht nach Gott erinnert uns immer wieder, unser Ichgesetz, unser Personengesetz, das einengende Gesetz von »ich«, von »mein« und »mir«, in dem der Nächste keinen Raum und keinen Platz hat, abzulegen. Dann legen wir das »Mein-Wohl« ab und wachsen hinein in das Gemeinwohl.

Das Gemeinwohl ist auch das gemeinsame Wohl, an dem jeder Einzelne teilhat. Jeder setzt seine Kräfte für das gemeinsame Wohl ein.

Kein Geistwesen wird sagen: »Der andere soll's machen. Ich ruhe mich jetzt aus; der Nächste kann es eventuell besser.« Jedes Wesen in Gott tut alles im Absoluten Gesetz. Es ruht sich nicht auf Kosten der Energie des Nächsten aus. Entsprechend seinen Fähigkeiten wirkt es im großen Ganzen für das Wohl aller.

Wie im Himmel, so auch auf Erden. Universelles Leben heißt Freiheit – Freiheit im Geiste Gottes. Universelles Leben heißt: Erschließe das Reich Gottes in dir, und du findest zur freien Gemeinschaft von Brüdern und Schwestern, die einzig Gott die Ehre geben. Sie geben Gott die Ehre, indem sie täglich Gott mehr durch sich wirken lassen, durch ihre selbstlosen Gefühle, Empfindungen, Gedanken, Worte und Werke.

Streben wir dies Tag für Tag an, so finden wir mehr und mehr in unser göttliches Erbe, in das Absolute Gesetz, das unser wahres Leben ist, das uns frei macht, das uns glücklich macht, das uns eint.

Leben im Gesetz Gottes heißt Leben im Willen Gottes. Wir senden in Gedanken, Worten und Taten aus, was Gottes Wille ist, und Gottes Wille, Sein Gesetz, kommt wieder auf uns zurück. Dann sind wir im Strom des Lebens; das Gute, die Güte Gottes, bestimmt auch unser irdisches Dasein.

Wollen wir jedoch, dass das geschieht, was wir wollen, dann senden wir unser persönliches Gesetz aus, und Entsprechendes empfangen wir wieder. Von Bedeutung ist dabei, was *in* unseren Worten liegt oder *in* unseren Gedanken, nicht das, was wir – vielleicht mit schönen Worten – vorgeben. Was darin liegt, das zeichnet uns, das kommt auf uns zurück, und in vielen Fällen überfällt es uns.

Werden wir uns der Güte und Liebe Gottes bewusst, dann müssten wir jeden Tag sagen: Weg von der Begrenztheit, hin zur Unbegrenztheit, zu unserem *Leben*, zu Gott. Denn Gott in uns, der Christus Gottes, will helfen, will dienen, will uns führen, will uns leiten, will durch uns planen, durch uns arbeiten, durch uns denken, reden und tun. Sobald Ihm dies möglich ist, geht es uns gut. Dann sind unsere Tage heller und auch glücklicher. Das Wir wird dann zur Gemeinschaft, zum Wohl für alle.

Dann sprichst du zur rechten Zeit das gehaltvolle Wort, das göttlich ist, und du tust zur rechten Zeit das, was zu tun ist, was wiederum göttlich ist. Dann verläuft dein Tagwerk nach dem Willen des Allheiligen, der in dir ist, in dem du bist.

Gabriele:

Spüren wir hinein in die Worte des ewigen Gesetzes, dann spüren wir eventuell einen Hauch der ewigen Heimat. Wir sollten diese feine Regung in unserem Inneren in uns bewahren und nicht sogleich von der lauten, harten Schwingung veräußerlichten Lebens übertönen lassen. Werden wir von diesem Hauch aus der ewigen Heimat berührt, lassen wir ihn in uns bewusst weiterschwingen! Nehmen wir ihn mit hinein in unser tägliches Leben, indem wir uns des Öfteren vergegenwärtigen:

Gott, der All-Eine, der uns liebt – Er atmet in mir. Gott, der All-Eine, steht mir bei in jeder Situation. Er wünscht sich, dass wir wieder bewusst in Seinem Herzen sind als reine Wesen. Und streben wir tagtäglich die Reinheit an, bereinigen wir tagtäglich das, was uns der Tag an Menschlichem aufzeigt, dann verläuft unser Tagwerk nach dem Willen des Allheiligen, der in jedem von uns ist. Dann spüren wir die Freiheit, weil wir mehr und mehr in die Einheit mit unserem Nächsten und mit Gott kommen.

Gerade in dieser Zeit, die im Äußeren so turbulent ist, werden viele Menschen in ihrem Inneren berührt durch den Geist des Lebens, der sich offenbart, der lehrt, der auf mancherlei Weise wirkt und Seine Kraft verstärkt in die Materie und in alle Menschenherzen strömen lässt. Hier und dort erwacht die Sehnsucht nach Gott. Wir sollten diesen zarten, feinen Strom nicht sogleich wieder versickern lassen.

Besonders dann, wenn die Schwingung angehoben ist, sollten wir unsere eigenen sehnsuchtsvollen Gedanken notieren und diese hin und wieder lesen, sie im Alltag öfter denken, öfter aussprechen, sie zu Gott hinsprechen. Wohl weiß Er um alles. Doch wenn wir uns an Ihn wenden, wenn wir unsere Gefühle der innigen Liebe zu Ihm hinsprechen oder hindenken, dann treten wir mit Ihm in Kommunikation. Was wir – aus dem Strahl Seiner Gnade – empfangen, schwingt in unser Inneres ein. Es hebt uns an – unser Alltag wird lichter.

In dem Augenblick, da wir uns zurücknehmen und diese feinen Regungen, Bewegungen und Gedanken der Liebe und der Dankbarkeit von Herzen denken oder vor uns hinsprechen, zu Ihm, zu Gott, unserem Vater, zu Christus, unserem Erlöser, hebt sich unser Bewusstsein an; wir bekommen wieder mehr Energie, und alles geht leichter.

Eine Hilfe für uns alle!

Bringt der Alltag viele Turbulenzen und schwingen diese in unser Inneres ein, dann sollen wir uns rechtzeitig wenige Minuten zurückziehen und zu Ihm als Sein Kind kommen. Er, der große Geist, weiß um alles; doch wenn wir zu Ihm reden, dann erleichtern wir unsere Seele und unser Gemüt. Wir schaffen wieder die Verbindung zu Gott, unserem ewigen Vater, wenn wir von Herzen sinngemäß sprechen:

Vater, Du weißt, dass ich Dich liebe. Ich fühle, dass ich Dein Kind bin, und ich weiß, Du bist in mir, und Du stärkst mich.

Sprechen wir in diesem Bewusstsein des Kindes zum Vater einige Minuten von Herzen, verweilen wir in dieser Gnadenschwingung, dann baut sich wieder Verbindung zu Gott, dem Leben, auf, und die Stille des Seins zieht wieder in Seele und Leib ein.

Als Jesus von Nazareth war Ich mit Meinen Aposteln und Jüngern viel unterwegs. Auf den Wegen und Pfaden von einem zum anderen Ort lehrte Ich sie Folgendes:

Wenn ihr geht, dann geht aufrecht; wenn ihr steht, dann steht aufrecht; wenn ihr sitzt, dann sitzt aufrecht.

Jeder von euch ist das Sein im Strom des Seins.

Jede harmonische Bewegung ist der Rhythmus des Stromes, der Rhythmus des Alls.

Der Strom kennt keine Biegung, keine Krümmung, er weicht vor nichts und vor niemandem zurück; er strömt gleichbleibend durch das All und durchströmt alle und alles.

Geht ihr mit großen Schritten durch diese Welt, dann geht ihr gebeugt; eure Blicke sind auf die Erde, den Boden gerichtet, von wo ihr das aufnehmt, was am Boden haftet. Alles Schwere, Belastete kriecht am Boden und belastet wieder jene, die ihre Blicke und Gedanken ausschließlich auf den Boden richten.

Hierzu erläuterte Gabriele,
die Lehrprophetin und Botschafterin Gottes:

Ein Beispiel zum besseren Verständnis: Legen wir eine zarte Feder in die Hand und blasen sie von uns, dann fällt sie nicht wie ein Stein zu Boden. Die Leichtigkeit, mit der sie schwebt, können wir eine lange Zeit beobachten.

Dabei sind unsere Blicke nicht auf den Boden gerichtet, sondern in die Weite. Fällt dann die Feder zu Boden und belastet sich nicht mit dem Schmutz der Erde, dann wird der Wind sie wieder aufwärts tragen, und wir sehen sie wieder fliegen.

Sind unsere Gefühle, Empfindungen und Gedanken göttlich, dann werden sie niemals am Boden haften, sondern sie steigen auf und gehen in die göttlichen Welten. Sie gehen auch als Lichtkraft in unsere Seele ein und sind über die Seele mit dem Leben verbunden, das Gott ist.

Das Bild der Feder will uns sagen: Wir sollen leicht und beschwingt werden, indem wir das, was uns schwer und bedrückt macht, mit Christus bereinigen und nicht mehr tun, unsere Sünden. Dann werden wir nicht mehr gebeugt gehen, mit der Bürde der Sünde beladen, sondern unsere Blicke werden sich immer wieder in die Höhe und in die Weite richten, ähnlich dem Flug einer Feder. Wir nehmen dann nur den Boden gewahr, um zu kontrollieren, wohin wir unsere Füße setzen. Wir sehen dann in die Weite und himmelwärts. Unsere Augen und unser Bewusstsein werden sich immer wieder erheben, so, wie die reine Feder, die der Wind immer wieder himmelwärts treibt.

Erkennet: Ein schwerer Gang ist gleichsam ein Kriechgang. Solche Menschen sehen nur sich selbst und das, was sie wieder selbst sind – das, was ihnen vom Boden her zustrahlt.

Gabriele:

Wir wissen um die Schwerkraft: Alles Schwere fällt unmittelbar zu Boden. Alles, was leichter ist, schwebt eine geraume Zeit lang, bevor es zu Boden fällt.

Ist unsere Seele schwer belastet, dann fühlen wir diese Schwere. Wir können sie nicht definieren und nicht ohne weiteres ergründen, doch wir spüren die Belastung. Diese übt einen Druck auf unseren Körper und auf unsere Sinne aus. Dadurch werden wir träge, also nachlässig mit uns selbst und im Verhalten zu unseren Mitmenschen. Infolgedessen senken wir das Haupt; unsere Blicke haften immer wieder am Boden. Unsere Schritte werden größer, und ganz allmählich krümmt sich der Rücken. Lustlos und schwerfällig gehen wir dann des Weges, ohne unsere Nächsten zu beachten und das, was um uns und über uns ist. Das ist dann der Kriechgang, der unsere Blicke auf den Boden bannt, weil alles Schwere, Belastende wie ein Stein hinabfällt und liegenbleibt. So haften auch die schweren Gedanken auf dem Boden und an Gegenständen, die sich am Boden befinden.

Das Bodennahe ist von niederer Schwingung. Von dort strahlt negatives Energiepotential wieder dem zu, der es durch seine Haltung und durch die Belastung seiner Seele abruft.

Unsere Augen, unsere Ohren und auch die weiteren Sinnesorgane sind Antennen zu unserer Umwelt. Über unsere Sinne kommt das auf uns zu, was unseren aktiven Sünden entspricht, denn Gleiches zieht immer wieder Gleiches an.

Daher gehet aufrecht; dann erlangt ihr den Weitblick und den Einblick und den Überblick; dann seid ihr mehr und mehr mit den kosmischen Kräften verbunden. Diese zeigen euch auch auf, was noch zu bereinigen ist, damit ihr mit der Zeit kosmisch schaut, kosmisch hört, kosmisch empfindet, denkt, sprecht und handelt.

Gabriele:

Die kosmischen Kräfte sind Gotteskräfte, welche die ganze Unendlichkeit durchströmen. Sie sind die allgegenwärtigen Kräfte in Menschen, Tieren, Pflanzen, Steinen und Gestirnen. Sie sind das Gesetz der Himmel, der strömende Lichtäther, der, manifestiert, den geistigen Leib der reinen Geistwesen bildet.

Wollen wir mit den kosmischen Kräften, mit der ewigen Gegenwart, Gott, in Verbindung gelangen, dann müssen wir mit Christus unser Sündhaftes bereinigen. Christus in uns wandelt dann die negativen Energien, das Sündhafte, um in positive, kosmische Kräfte. Durch diese reinen Energien, das Göttliche in uns, stehen wir in Kommunikation mit den reinen, kosmischen Kräften, die den Strom der unendlichen Liebe, Gott, bilden, den Strom des Seins. Diese reinen, göttlichen Energien berühren uns dann immer mehr und zeigen uns rechtzeitig unser Menschliches, unser Sündhaftes, auf, damit wir es mit Christus bereinigen, bevor unsere Ursachen, unsere Sünden, in und an unserem Leib und in unserer Umgebung wirksam werden.

Je mehr wir an Sündhaftem bereinigen – und dies können wir jeden Tag, jede Stunde, ja jede Minute tun –, wird unsere Seele lichter, leichter und freier. Wir treten immer mehr in Kommunikation mit den reinen, kosmischen Kräften; wir kommen Gott näher. Je mehr sich die Seele reinigt, desto feiner und reiner empfinden, denken, sprechen und handeln wir. So erschließen wir in uns schrittweise das kosmische Leben.

Wenn ihr steht, dann steht aufrecht. Lehnt euch nicht an Gegenstände und Dinge an. Wer sich an Gegenstände und Dinge anlehnt, der wird auch von diesen Gegenständen und Dingen angesendet; ihr nehmt dann das auf, was an den Gegenständen und Dingen haftet.

Wer sich an Gegenstände und Dinge anlehnt, der lehnt sich auch an seinen Nächsten an und nimmt von diesem, was dieser an Menschlichkeit ausstrahlt.

Gabriele:

Alles ist Energie. Da alles Energie ist, ist alles Gesetz.

Es gibt das Absolute Gesetz Gottes; es ist die Allgegenwart, das Leben in allem, im Großen und im Kleinsten. Das Absolute Gesetz ist universell, die lichte, hohe Strahlung des Seins. Solange wir als Menschen noch mit unserem Ich behaftet sind, leben wir noch in unserem Ichgesetz, in unseren individuellen Gesetzmäßigkeiten der Sünde.

Wir gestalten unser Leben gemäß unserem Fühlen, Empfinden, Denken, Sprechen und Handeln. Diese Energien, die von uns ausgehen, gehen auch wieder in uns ein. Sie befreien unsere Seele oder belasten sie, je nachdem, welche Gesetzmäßigkeiten wir fühlen, empfinden, denken, sprechen und handeln – entweder göttliche oder ungöttliche.

Was in unserer Seele liegt – Göttliches oder Ungöttliches –, das strahlen wir aus, das ist auch der Magnetismus, mit dem wir Göttliches oder Ungöttliches anziehen. Jeder Mensch ist also ein Strahlenkörper, gleichsam ein Energiekörper. Seine Energien überträgt er den Gegenständen, die er betastet oder an die er hinatmet – denn der Atem ist ebenfalls Energie und trägt die Partikel dessen, was uns durchstrahlt. Sogar durch intensives Hindenken laden wir Gegenstände mit der entsprechenden Schwingung auf.

Was wir betastet haben, das strahlt auch einige Aspekte unseres täglichen Verhaltens aus – sowohl das Positive als auch das Negative, je nachdem, wie wir fühlen, denken, sprechen oder handeln.

Hat einer unserer Nächsten einen ähnlichen Strahlenkörper, einen ähnlichen Energiekörper wie wir und lehnt sich an Gegenstände an, an die wir uns angelehnt haben, oder nimmt Gegenstände in die Hand, die wir schon in der Hand hatten oder die wir angehaucht haben, dann kann sein Magnetismus Teile von dem anziehen, was wir hinterlassen haben, und gleichzeitig kann unser Nächster wieder einen Teil seiner Strahlung zurücklassen. So ist die ganze Welt ein einziges Strahlenbild aller Menschen.

Wollen wir uns nicht mit den negativen Energien der Gegenstände und Dinge infizieren, dann müssen wir unser Sündhaftes mit Christus bereinigen und nicht mehr tun. Dadurch werden wir immer weniger Gegensätzliches magnetisch anziehen, das uns unter anderem bedrängt, das zu denken und zu tun, was wir aufgenommen haben. Unser Magnetismus für Negatives wird immer schwächer, je mehr göttliche Gesetzmäßigkeiten wir verwirklichen.

Wird also unsere Seele lichter, dann werden wir aufrichtiger und dadurch gerechter. Wir werden uns dann immer weniger an Gegenstände und Dinge anlehnen, weil wir gelernt haben, geradlinig zu denken, aufrecht zu stehen und auch für unser persönliches Leben geradezustehen. Dann werden wir uns nicht mehr an unsere Mitmenschen anlehnen, weil wir wissen, was wir wollen: die Gesetze Gottes erfüllen, und das auch tun.

Lehnst du dich an deinen Nächsten an, und dein Nächster lehnt sich an dich an, dann werdet ihr mit der Zeit beide müde und euer überdrüssig werden, weil die Energien, die ihr euch gegenseitig übertragt und entzieht, bald verbraucht sind. Was dann?

Die Folgen sind Streit, Zank, Zwietracht und Uneinigkeit. Seid ihr einander überdrüssig, dann sucht sich jeder ein nächstes Opfer, an das er sich wieder anlehnt – und eventuell das Opfer wieder an ihn. Dann erfolgt wieder das Gleiche wie das, was vorher war.

Gabriele:

Leben im Geiste Gottes heißt, auf Gott zu bauen, uns Gott anzuvertrauen und mit unserem Nächsten und für unseren Nächsten zu sein.

Wir sollen also unseren Nächsten nicht dahingehend benützen, dass wir von ihm fordern und verlangen, was wir nicht haben und er uns auch nicht geben kann. Bauen wir auf Gott und vertrauen wir uns Ihm an, dann bekommen wir, was wir benötigen, und sind dann auch für und mit unserem Nächsten. An die Stelle von Streit, Zank und Zwietracht tritt Einigkeit. Überdruss verwandelt sich in Gemeinsamkeit. Anstatt den Nächsten abzulehnen, um uns einem anderen zuzuwenden, werden wir ihm treu bleiben, so dass wir den Kreislauf auflösen, der uns immer wieder in weitere Versuchung und weitere Sünde, in weitere Enttäuschung und weiteren Überdruss führen würde.

Steht also aufrecht; lehnt euch an nichts und an niemanden an. Dann werdet ihr ganz allmählich zur kosmischen Antenne, die in die Himmel ragt und von den Himmeln empfängt.

Wenn ihr sitzt, dann sitzt aufrecht. Euer Rückgrat ist nicht gekrümmt; es ist senkrecht und zeigt euch, dass ihr aufrecht sitzen sollt, um vom Strom des Seins zu empfangen.

Ihr habt gehört: Der Strom des Seins, das Gesetz, kennt keine Biegung und Krümmung. Auch ein gesundes Rückgrat kennt weder Biegung noch Krümmung.

Liegt ihr im Stuhl, dann liegt ihr gleichsam auf dem Boden und empfangt die Schwingungen, die am Boden entlangkriechen.

Verschränkt ihr die Arme und Beine, dann blockiert ihr den Strom des Seins in und an euch, oder ihr lenkt ihn von euch ab und zieht andere Kräfte an.

Gabriele:

Wir Menschen haben viele Angewohnheiten. Die äußere Haltung gibt uns stets einen Hinweis auf die innere Haltung. Sitzen wir nicht aufrecht, sondern nachlässig, indem wir uns in den Stuhl hineinlegen – wir würden sagen: hineinlümmeln –, so zeigt dies, dass wir im Inneren ebenfalls nachlässig sind. Wir geben unserem Sündhaften nach, indem wir sündhafte Empfindungen, Gedanken und Worte pflegen. Damit stehen wir dann wieder mit den am Boden entlangkriechenden negativen Energien in Kommunikation.

Wir haben gelesen und gehört, dass wir eine kosmische Antenne sein sollen, die in die Himmel ragt und von den Himmeln empfängt. Denken wir an unsere Fernsehantenne. Sie ist auf den Sender ausgerichtet. Wie ist es, wenn wir sie verbiegen oder ihre Ausrichtung verändern? Dann werden wir einen schlechten Empfang haben oder keinen. Ähnlich ist es mit unserer Körperhaltung. Unsere Körperhaltung drückt das aus, was wir fühlen, denken, sprechen und handeln. Wir senden. Was wir senden, ist unser Bild. Gemäß unserer Ausstrahlungen empfangen wir wieder, was wir aussenden. Infolgedessen ist jeder sein Sender und sein Empfänger, gemäß seinem seelischen Energiepotential.

Wisset: Der Mensch soll eine kosmische Antenne sein. Wer Knoten in seine Antenne macht oder sie verbiegt, der kann weder die Kräfte noch das Heil des Alls empfangen. Einzig die Kräfte des Alls stärken und bewegen den Menschen, machen ihn frei und gesund. Sie schenken ihm Weitblick und Einblick und den Überblick.

Wer diese Gesetzmäßigkeiten nicht annimmt und lebt, der wird engstirnig und intellektuell. Mit der Zeit eignet er sich das an, was seine Nächsten, die ebenfalls auf der menschlichen Bahn sind, ihm vormachen.

Wenn ihr euch niederlegt, dann legt euch nieder, um zu ruhen. Ruhet bewusst, und legt euch waagerecht, und seid euch bewusst, dass ihr ruht, dann werdet ihr die Stille des Alls wahrnehmen.

Stützt ihr beim Sprechen, beim Speisen oder anderweitig das Haupt auf eure Hände, dann werdet ihr nur euer niederes Selbst sprechen und die Speisen verschlingen wie ein Raubtier, das auf Beute aus ist. Dann erzieht ihr euch zum Nimmersatt, der nach Genüssen trachtet und den körperlichen Genuss pflegt, die Körperlichkeit, weil er durch sein undiszipliniertes Verhalten, durch die verbogene Antenne entsprechende Kräfte, also Sender, empfängt.

Der Strom des Seins ist harmonische, rhythmische Bewegung. Deshalb bewegt euch harmonisch. Harmonische Bewegungen sind die Melodien des Alls.

Wisset: Jeder Körper ist Klang, ist Melodie. So, wie er klingt, so ist der Mensch.

Jede hektische Bewegung ist eine Verbiegung der Antenne, die wiederum der Mensch selbst ist. Dann wird sich der Mensch anlehnen, im Stuhl halb liegen, seine Arme und Beine verschränken und sein Haupt auf seine Hände stützen.

Harmonische Bewegungen sind dynamische Bewegungen. Sie bewirken Flexibilität im Denken, Reden und Handeln.

Wisset: Der aufrechte Mensch ist gleichsam der Aufgerichtete, der die kosmischen Klänge in seinem Denken, Reden und Tun ausstrahlt, dessen Gestik und Mimik die kosmischen Symphonien zum Ausdruck bringen.

Sitzt also aufrecht, und stellt beide Füße auf den Boden; dann leitet ihr Spannungen ab und nehmt harmonische Schwingungen auf.

Wisset: Jeder von euch ist das komprimierte All, und das All ist das Sein – es ist die ewige Heimat, das Lichtmeer, Gott. Deshalb verhaltet euch als Menschen so, dass ihr in die Himmel sendet und von den Himmeln empfangt.

Lebst du im Strom des Alls, dann bist du die Essenz des Alls. Dann lebst du in der Fülle und bist die Fülle. Kein Mensch und nichts kann dich enttäuschen, weil du nichts erwartest, da du die Fülle bist.

Erkennet: Das All und der Allstrom senden unaufhörlich. Betrachtet Sträucher, Blumen, Tiere und Steine – sie sind. Sie haben ihre Antennen in das All gerichtet.

Tiere, Pflanzen, Sträucher und Bäume lehnen sich nicht an ihresgleichen an, außer der Mensch greift in den kosmischen Ablauf ein. Wenn Bäume zu dicht beieinander stehen, dann können sie sich nicht entfalten. Ähnlich ist es beim Menschen, wenn er sich an Menschen, Gegenstände und Dinge anlehnt.

Entfaltet euch: Lehnt euch an nichts und an niemanden an.

Der veredelte Mensch ist der weise Mensch, der in seinem Inneren ruht.

Der veredelte, weise Mensch lacht nicht von der Kehle her, er lächelt vom Herzen her.

Erkennet: Eine Kultur kann einem Menschen oder einem Land nicht übergestülpt werden. Kultur muss aus dem Menschen heraus wachsen. Wo keine Kultur ist, dort gibt es viel Kult.

Das Du Bin Ich, und das Ich bist du.
Deshalb merke dir Folgendes:
Du bist das Feine und Schöne.
Du bist das Edle und Reine.
Du bist im Du, das ewig ist, das Erhabene.

Gabriele:

Gott ist das Reine in allem. Alles Reine ist Sein ewiges Gesetz, das Ich Bin. Das Ich Bin, das ewige Gesetz, ist strömendes, ewiges Licht, ewige alldurchströmende und allerhaltende Energie.

Aus dieser allerhaltenden Energie, dem strömenden Licht, nahm Er die Substanz und formte daraus Seine Söhne und Seine Töchter. Du bist das reine Wesen, formgewordenes ewiges Gesetz, ewiges Licht – das Du. Weil du formgewordenes Gesetz bist, lebst du im ewig strömenden Gesetz, dem ewigen Licht, im Ich Bin. Du also bist ein Teil des ewigen strömenden Gesetzes, Gott.

Du, die Substanz, das Allgesetz, beinhaltest alle Aspekte des ewig strömenden Gesetzes. Deshalb bist du im Ich, dem Ich Bin, und in deinem Nächsten, und dieser ist in dir, weil alle reinen Wesen aus dem einen Strom sind: aus Gott, dem Ich Bin.

Deshalb: *»Das Du Bin Ich, und das Ich bist du.«* Das Reine ist das Feine und Schöne, das Edle und das Erhabene. Das bist du im Ich Bin, in Gott.

Diese Darlegung gilt für jeden von uns, denn jeder ist das Du im Ich Bin und auch das Du im Du, das heißt im Nächsten. Sind wir wieder Wesen des Lichtes, dann sind wir ewiges Gesetz und wirken im ewigen Gesetz. Dann beten wir einzig den Erhabenen an, weil wir selbst erhaben sind.

Der Erhabene ist der Eine.

Du im Du, dem Erhabenen, bist das Erhabene, das um alle Dinge weiß, weil der Erhabene der Vater ist – die Größe, die Macht und das All selbst.

Er ist die Kultur und das Kulturelle, denn Er ist Schöpfer, Gott, Träger, Beweger, Geber – das Sein.

Er ist Schönheit, Glanz, Fülle.

Er ist dein Vater – du, Sein Kind, das Erbe.

Du bist im Lichtmeer, Gott, das Licht; deshalb brauchst du dich an nichts und an niemandem festhalten.

Gabriele:

Unser göttliches Erbe ist das ewige Gesetz, ist unser komprimierter, reiner geistiger Leib, ist das, was in allem ist: das Reine. Haben wir unser göttliches Erbe wieder erschlossen, dann leben wir im Gesetz, im Lichtmeer, Gott. Wir leben in der Fülle aus Gott und brauchen uns an nichts und an niemandem mehr festhalten, um eventuell das zu bekommen, was wir nicht besitzen.

Wer Liebe sucht, der hat sie nicht.

Wer Frieden sucht, der hat ihn nicht.

Wer Heimat sucht, der hat sie nicht erschlossen.

Wer Reichtum sucht, der ist in das Reich des Inneren nicht eingekehrt.

Wer Harmonie sucht, der lebt in der Disharmonie, in seiner Sünde. Wer Menschen braucht, die ihm seine Wünsche erfüllen, dessen Seele ist arm an geistiger Kraft.

Du, der Reine, bist die Aufrichtigkeit und der Aufrechte. Du lehnst dich weder an Menschen noch an Dinge und Gegenstände an. Du beziehst deine Kraft ausschließlich vom Allerheiligsten in dir selbst, das du, das Selbst in dir, dem Selbst, bist.

Hierzu erläuterte Gabriele,
die Lehrprophetin und Botschafterin Gottes:

Menschen, die sich da und dort anlehnen, die immer eine Stütze und einen Stab brauchen, die also nicht geradestehen können, denen Gegenstände, Dinge und auch Menschen dienen sollen, weil ihnen selbst das Dienen schwer fällt, lehnen sich an alles an, von dem sie glauben, es sei standfester als sie selbst.

Das besagt, dass solchen Menschen die Standfestigkeit fehlt; sie sind von Menschen und Dingen abhängig. Abhängigkeit wird zur Unaufrichtigkeit, weil der Abhängige dem nach dem Munde spricht, von dem er sich abhängig gemacht hat oder abhängig machen möchte.

Solche Menschen sind wie die Fahne im Wind, die sich so dreht, wie gerade der Wind weht. Ähnlich ist der unsichere Mensch, der Unentschiedene, der immer darauf bedacht ist, eine Möglichkeit zu finden, um sich dort anzulehnen, wo er Kraft bekommt. Diese menschliche Unsicherheit führt auch zur Unstetigkeit. Solche Menschen sind auf die Meinung anderer angewiesen.

Lehne dich also nicht an Menschen an, sonst wirst du abhängig und unaufrichtig. Wer sich an Menschen anlehnt, der lehnt auch Menschen ab. Der Abhängige wird zum Anhängsel seiner Nächsten. Wenn diese ihn dann nicht mehr tragen, ist er einsam.

Lehne oder halte dich nicht an Dingen oder Gegenständen an, denn das sagt von dir, dass du dich gegenüber deinen Nächsten auflehnst. Es deutet auch auf die Aufwallung deines Gemütes hin.

Gabriele:

Wer sich also an Menschen, Dinge und Gegenstände anlehnt, der lehnt sich auch gegen seinen Nächsten auf, weil seine Schwäche immer wieder einen stärkeren Pol sucht. Ist der stärkere Pol, z.B. ein Mensch, nicht bereit, Krücke zu sein, dann zeigt sich im Schwächling die Aufwallung seines Gemüts, weil er von seinem Nächsten nicht bekommt, was er selbst nicht besitzt: Stärke.

Wisse: Jeder Mensch strahlt seine Schwingungsgrade aus. Auch Dinge und Gegenstände strahlen das aus, was an ihnen haftet. Lehnst du dich an, dann rufst du von Menschen, Dingen und Gegenständen das ab, was dich bewogen hat, dich anzulehnen, oder was die Aufwallung deines Gemütes hervorgerufen hat.

Ich wiederhole: An Menschen, Dingen und Gegenständen haften unzählige Schwingungen, die in den einschwingen und den bestürmen, der Gleiches oder Ähnliches in und an sich hat. Dadurch werden deine Entsprechungen, deine auflehnende Haltung und deine Gemütswallungen verstärkt.

Lehne dich an nichts und an niemanden an, sondern sei standhaft, aufrichtig und geradlinig, dann wirst oder bist du das Ich Bin, die Aufrichtigkeit, die Gerechtigkeit, das Allgesetz.

Gabriele:

Das geistige Gesetz lautet: Gleiches zieht Gleiches an. Strahlt von Menschen und Gegenständen das ab, was in und an uns selbst aktiv ist, dann stellen wir zu der Abstrahlung unserer Mitmenschen oder zu Dingen und Gegenständen eine Kommunikation her. So fließt von uns zum anderen Pol unsere Schwingung, und von jenem Pol zu uns dessen Schwingung.

Werden wir von unserem Gegenüber, von Menschen, Dingen oder Gegenständen, zu entsprechendem negativen Denken angeregt, weil Gleiches in uns aktiv ist, dann können wir unsere Entsprechung, unser Sündhaftes, verstärken, das heißt, uns weiter belasten. Das ist das Gesetz: Gleiches zieht Gleiches an, oder: Gleiches zieht zu Gleichem. Reines zieht Reines, Unreines zieht Unreines an. Jeder bestimmt selbst, welche Kommunikation er aufbaut.

Unsere Ausrichtung ist von Bedeutung. Worauf wir ausgerichtet sind, das wird verstärkt in uns aktiv.

Sind wir auf die Erfüllung unserer ichbezogenen Wünsche ausgerichtet, so hinterlassen wir unsere Spuren, unsere Strahlung auch an Gegenständen; so ziehen wir Kräfte an und Menschen, die unserer Ausstrahlung entsprechen. Sind wir auf Gott ausgerichtet und somit auf die Erfüllung Seines heiligen Gesetzes, dann werden wir auch im Materiellen die Melodie des Feinen, Reinen, Guten empfangen, weil wir unserer inneren Antenne eine entsprechende Ausrichtung gegeben haben. Dann wird auch Feines, Reines, Edles von uns ausgehen und in Dingen und Menschen das Lichte, Reine erwecken und verstärken.

Ruhe in dir. Was du auch tust, das tue ganz, in voller Konzentration, auf die Angelegenheit und Sache bezogen.

Gabriele:

»Ruhe in dir« heißt: Nimm das Menschliche, das, was du siehst, was dir zugetragen wird, nicht so wichtig. Erkenne in allem, was du erfährst, in jeder Situation und in jedem Problem, die göttliche Gesetzmäßigkeit, und wende sie bei dir selbst an. Dann findest du immer wieder zur inneren Ruhe, wenn äußere Dinge dich in die Disharmonie gezogen haben.

Suchst du in allem die Gesetzmäßigkeit Gottes, dann wirst du sie auch finden. So du danach lebst, wird der ruhende Pol in dir, Gott, dir immer beistehen. Denn in allem, was wir denken, reden und tun, ist die Gesetzmäßigkeit Gottes, weil Gott allgegenwärtig ist. In jeder Tätigkeit ist Gott. In jeder schriftlichen Arbeit ist Gott. In jeder handwerklichen Tätigkeit ist Gott, weil Gott alles in allem ist.

Der Weise, der im gereinigten Tempel lebt, hält auch bei schriftlicher Arbeit die Tempelordnung. Jetzt schreibt er. Seine Empfindungen und Gedanken sind beim Verfassen seines Schriftstückes. Aus seinem Innersten, dem Allerheiligsten, in dem er lebt und aus dem er gibt, wirkt er auf das Äußere ein, auf jeden Buchstaben und auf jedes Wort. Dadurch verleiht er dem Geschriebenen die Kraft und durchdringt es mit dem ewigen Gesetz, Gott.

Was du auch tust, halte in allem die Tempelordnung.

Jetzt gehst du da- und dorthin, und du bist bei dir, weil du in dir bist.

Jetzt arbeitest du an der Werkbank, und du bist beim Werkstück und somit in und bei dir.

Du sprichst mit deinem Nächsten, du bist bei dir und in dir und sprichst im Wort das Gesetz.

Was du tust, das tust du ganz.

Gabriele:

»Halte die Tempelordnung« besagt, dass wir jeden Tag unser Menschliches bereinigen sollen – das, was uns der Tag aufzeigt. Durch die konsequente Bereinigung unseres Menschlichen erlangen wir auch die Konzentration. Wir sind also bei der Sache und somit bei der Arbeit. Wir sind dann auch wir selbst und werden nicht von anderen Kräften gesteuert. Das ist die Tempelordnung; denn wer

konsequent sein Menschliches, sein Sündhaftes, das er täglich erkennen darf, bereinigt und nicht mehr tut, der ruht im Meer, in Gott, und lebt bewusst in seinem Tempel.

Der Mensch, der zum Inneren Leben gefunden hat, ruht in Gott, der in ihm wohnt. Dabei hält er die Tempelordnung. Er lässt also nichts Sündhaftes zu. Er holt Sündhaftes aus seiner Seele durch die Tagesenergie, bereinigt dieses und hält so mehr und mehr die Ordnung in seinem Tempel. Durch die Tempelordnung wird er alles Gesetzmäßige, das, was er tut, auch mit allen Kräften seines Bewusstseins ausführen, weil seine Empfindungen und Gedanken bei der Ausführung sind. So können wir sagen: Was er tut, das tut er ganz.

Hältst du einen Gegenstand in der einen Hand, dann sollst du keinen anderen in der anderen Hand halten, außer beide Gegenstände sind aufeinander abgestimmt und stehen nicht im Gegensatz zueinander. Hältst du zum Beispiel in der einen Hand das Werkstück und in der anderen Hand das Werkzeug, mit welchem du das Werkstück bearbeitest, so sind beide Instrumente aufeinander abgestimmt, weil eines dem anderen dient.

Wenn du ein Schriftstück verfasst, dann halte ausschließlich das Schreibgerät in deiner Hand. Würdest du z.B. in der anderen Hand einen Maßstab halten oder einen Gegenstand zum Entfernen des Geschriebenen, dann wirst du unkonzentriert, und deine Aufmerksamkeit ist zweigeteilt, weil diese beiden nicht aufeinander abgestimmten Schwingungen in dir Unaufmerksamkeit und Dissonanzen hervorrufen.

Hältst du in der anderen Hand einen Maßstab, dann wirst du z.B. des Öfteren Aussagen unterstreichen, die nicht unterstrichen werden sollten, oder du unterstreichst das, was du selbst noch oder noch nicht bist. Damit verleihst du deinem menschlichen Ich Ausdruck und Nachdruck, weil du dich selbst, dein Ich, unterstreichst. Hast du in der einen Hand das Schreibgerät und in der anderen den Gegenstand zum Entfernen des Geschriebenen, dann wirst du dich des Öfteren verschreiben und es dann wieder auslöschen.

Erkenne dich in allem, und gib dich, dein niederes Ich, auf, dann gewinnst du das Ich Bin, das Sein, das alles ist, das um alles weiß und das alles durchschaut, das alles hört, das durch dich spricht.

Erkenne immer wieder: Das Reine vollzieht sich ausschließlich im Innersten der Seele, im Reinen – das Unreine ausschließlich im Äußeren, in der Welt der Sinne.

Gabriele:

Ein Zeichner hat Zeichengeräte in den Händen, das, was er für die Zeichnung braucht. Die Geräte kommunizieren miteinander und mit dem Zeichner, auch mit seinem

Bewusstsein und mit seinem gedanklichen Konzept. Ist die Kommunikation positiv, dann wirkt das eine auf das andere konstruktiv ein. Wir könnten sagen: Die Geräte untereinander und die Geräte mit dem Zeichner befruchten sich gegenseitig und helfen ihm, die Zeichnung deutlich und klar zu Papier zu bringen.

Ein Maler braucht Papier oder Leinwand, dazu Pinsel, Farbe und was noch dazugehört. Sind diese Gerätschaften aufeinander abgestimmt, dann inspirieren sie den Maler; sein Bild wird ausdrucksvoll, und die Farben sind aufeinander abgestimmt. Hätte der Maler in der einen Hand den Pinsel, in der anderen Hand einen Meißel – wie würde wohl sein Bild werden? Die Farben wären hart, und das Bild hätte unter Umständen eine unangenehme Schärfe.

Wir erkennen also: Gleiches kommuniziert mit Gleichem und befruchtet sich gegenseitig. Ungleiches beeinflusst sich negativ.

Erkenne: Der Verstand des Menschen ist nicht das Herz der Seele. Wer aus dem Verstand spricht, der spricht aus den menschlichen Programmen, weil er nicht im Innersten zu Hause ist, im Sein, das um alle Dinge weiß, das alles schaut, das alles hört, das sich selbst spricht.

Worte, aus dem Verstand gesprochen, gehen nur wieder in den Verstand ein. Sie beinhalten keine Kraft; deshalb sind sie begrenzt und auf die Materie bezogen, wo sie auch wirksam werden.

Hierzu erläuterte Gabriele,
die Lehrprophetin und Botschafterin Gottes:

In dieser Gesetzmäßigkeit Inneren Lebens, die uns Christus offenbarte, erkennen wir, dass jeder Mensch einem Computer gleicht, der sich selbst programmiert hat. Wir programmieren uns mit unseren Gefühlen, Empfindungen, Gedanken, Worten und Werken. Diese Programme sind uns, dem Computer, eigen.

Nur das, was wir gespeichert haben und speichern, können wir wiedergeben – darüber hinaus nichts. Der Verstand ist die Speicherquelle menschlichen Ichs. Was also der Verstand gespeichert hat, ist das Ausdruckspotential des Menschen. Unser geistiger Leib hingegen besteht aus dem gesamten Gesetz Gottes; er gibt das Gesetz Gottes und strahlt es auch aus.

Reinigen wir unsere Seele und stellen unsere Lernprogramme – das, was wir uns an Fähigkeiten angeeignet haben – Gott, dem ewigen Gesetz, zur Verfügung, dann sind die gereinigten Gehirnzellen das Instrument, durch das Gott wirkt. Das ist dann der Herzensdenker, der von Gott geführt ist. Alles andere ist menschliches Verstandesbewusstsein, eine Speicherung des menschlichen Ichs, die wir »unser Leben« nennen.

So wie im Wandel der Zeiten sich das Denken und Leben der Menschheit wandelt, so ist es auch mit dem Wort, das vom Verstand geprägt ist. Es spricht sich von Zeitepoche zu Zeitepoche immer wieder selbst, nur mit anderen Worten und Begriffen.

Das menschliche, niedere Selbst vergeht, weil es einzig im Verstand geboren und von dort ausgehend gesprochen wird.

Die Oberfläche ist der Verstand, der auch wieder oberflächlich reagiert. Der Verstand ist also nur die Oberfläche des Sees, nicht der Grund. An der Oberfläche ist nur Spiegelung und nicht die Wahrheit.

Gabriele:

In dieser Aussage des Christus Gottes erkennen wir den Ablauf der Wiederverkörperung. Die Zeiten ändern sich, das Leben und die Anschauungen der Menschen wandeln sich. Deshalb hat auch jede Zeitepoche ihre Wortschöpfungen und Begriffe. Die Menschen jedoch sprechen immer wieder ihr menschliches Selbst; sie sprechen aus dem, was ihre Seelen mitgebracht haben, was also in der Seele liegt und aktiv ist. Sie verwenden hierfür nur andere Worte und Begriffe als in ihren Vorinkarnationen, weil jene Zeiten der Vorinkarnationen eben andere Wortschöpfungen und andere Begriffe hatten.

Das menschliche Selbst, das vom Verstand her gesprochen wird, wandelt sich in das gebende Selbst, wenn der Mensch sein Sündhaftes bereinigt und nicht mehr tut.

Der Verstand ist das, was wir in die Gehirnzellen eingegeben haben. Der Verstand ist mit einem See zu vergleichen, auf dessen Oberfläche der Oberflächliche blickt und die Tiefe nicht ergründet, weil er nur auf die Peripherie seines Bewusstseins, auf seinen Verstand, blickt. Der Verstand ist also nur die Spiegelung dessen, was in der Tiefe liegt. Es ist nicht die Wahrheit, sondern die Oberfläche der Wahrheit, die Spiegelung. Gebrauchen wir nur unseren Verstand, statt das Leben in der Tiefe zu erfassen, so führt das zwangsläufig zur Oberflächlichkeit.

Das Wort des Innersten ist das Ich Bin, das Wort des ewigen Gesetzes. Es wurde nicht wie das Verstandeswort geboren. Das Wort Gottes ist von Ewigkeit zu Ewigkeit, und wer es spricht, der ist von Ewigkeit zu Ewigkeit.

Gabriele:

In jedem Menschen wohnt eine Seele. In ihr ist das Ewige, das Ich Bin. Das Ewige, das Ich Bin, ist der Ewige, das Wort Gottes, das ewige Gesetz.

Im Wort Gottes »Es Werde« wurde in den nach geistigen Gesetzen sich formenden ewigen geistigen Leib vom Ewigen das ewige Gesetz eingehaucht, die Sprache des ewigen Seins. Das Wort Gottes, das eingehauchte ewige Gesetz, ist von Ewigkeit zu Ewigkeit, und die Wesen des Lichts sind von Ewigkeit zu Ewigkeit, weil sie Gesetz aus Seinem Gesetz sind.

Das Gehirn des Menschen ist die Geburtsstätte des Verstandeswortes, denn was der Mensch in seine Gehirnzellen eingibt, das prägt ihn; so denkt er, und so spricht er. Das ist nicht die Ewigkeit, sondern die Vergänglichkeit. In den Phasen, bis die Vergänglichkeit vergangen ist, müssen unter Umständen Mensch und Seele viel Leid und Qualen erdulden, je nachdem, was der Mensch in seine Gehirnzellen eingegeben hat und eingibt. Denn das Sündhafte fällt dann in die Seele; es geht von der Seele aus in die Gestirne des materiellen Kosmos und in die Gestirne der Reinigungsebenen ein und kommt im rhythmischen Kreislauf immer wieder, bis der Mensch es löscht. Dies geschieht durch die umwandelnde Kraft des Christus Gottes über den Weg der Reue, der Bitte um Vergebung, der Vergebung, der Wiedergutmachung und des Nicht-mehr-Tuns. Der Mensch erfüllt Schritt für Schritt die Gesetze Gottes und tritt so nach und nach wieder sein göttliches Erbe an. Damit löst er für sich den Kreislauf der Wiederverkörperung auf, und seine Seele geht als reines Wesen wieder ein in das ewige Gesetz, in dem es lebt von Ewigkeit zu Ewigkeit.

Der wahre Weise, der Erleuchtete, spricht das Ich Bin. Es ist das ewige Gesetz, das Wort, das im Innersten der Seele sich selbst ewig spricht.

Der Gotterfüllte spricht niemals das Verstandeswort, weil er im Innersten, im Selbst, das er spricht, zu Hause ist.

Lass das Wort zuerst in dir werden, bevor du es aussprichst.

Ob du denkst oder sprichst, beides sind Energien, die nicht verlorengehen.

Gabriele:

»Lass das Wort zuerst in dir werden, bevor du es aussprichst. Ob du denkst oder sprichst, beides sind Energien, die nicht verlorengehen.«

Diese Worte Gottes besagen, dass wir für jeden Gedanken und für jedes Wort selbst verantwortlich sind, weil wir selbst diese Energien produziert haben durch unser Fühlen, Empfinden und Denken, durch unser Sprechen, durch unser Handeln. Diese Energien gehören also zu uns; sie sind gleichsam unsere persönlichen Gesetzmäßigkeiten, weil jede Energie Bewusstsein und somit eine Gesetzmäßigkeit ist, die nicht verlorengeht.

Durch dieses unser Fühlen, Denken, Sprechen und Handeln schaffen wir unser persönliches Gesetz, das auf uns, die Person, bezogen ist, weil es von uns ausging. Mit unserem Personengesetz ziehen wir wieder das an, was wir ausgesandt haben. Leid kommt als Leid zurück, Hass kommt als Hass zurück, Neid als Neid, Streit und Zank als Streit und Zank, Gottes Liebe als Gottes Liebe, Gottes Friede als Gottes Friede, göttliche Einheit und Gemeinsamkeit kommt als göttliche Einheit und Gemeinsamkeit zu uns zurück.

Was wir schaffen, das senden wir aus und empfangen es wieder. Deshalb sollten wir bewusst und bedacht leben und uns immer wieder fragen: Was habe ich in den vergangenen Augenblicken, in den vergangenen Stunden, am vergangenen Tag produziert: Negatives, also Sündhaftes, oder habe ich Göttliches entfaltet und wiedergegeben?

Was im Innersten, im geheiligten Tempel, empfunden wird, das ist gleichzeitig auch das Wort. Das Innerste bringt gute Früchte, weil die Empfindung, die den Gedanken gebiert und das Wort hervorbringt, die göttliche Frucht ist, das Licht und die Kraft, die in diese Welt kommen durch den Geist Christi, der die Finsternis besiegt.

Wer mit der Kraft Christi sich selbst besiegt hat, der schaut, was ist, und spricht das Sein, die Gegenwart, Gott. Der äußere Mensch hingegen spricht aus der menschlichen Vergangenheit und Zukunft, denn die Gegenwart dieser Welt ist nur ein Hauch, der, kaum erfasst, schon zerronnen ist.

Gabriele:

»Was im Innersten, im geheiligten Tempel, empfunden wird, das ist gleichzeitig auch das Wort.« Das Wort ist Gott, und Gott ist das Wort. Dies wiederum bedeutet: Gott ist unvergängliches Gesetz.

Wer das Wort Gottes spricht, der heiligt seinen Tempel, denn er hat ihn gereinigt vom Unrat der Sünde. Das Wort Gottes ist die Frucht, und wer zur Frucht gefunden hat, der bringt gute Früchte, weil seine Empfindungen, Gedanken und Worte göttlich sind, also Früchte des Lebens.

Wer sich mit der Kraft des Christus Gottes selbst besiegt hat, der ergründet das Wort der Menschen, weil er tiefer blickt. Er lässt sich vom Blendwerk nicht blenden, weil er in seinem gereinigten Tempel lebt und das Wort der ewigen Gegenwart spricht, das Gott ist. – Gott ist, und die gereinigte Seele, das reine Wesen in Gott, ist göttlich.

Der Gottmensch, der im Innersten zu Hause ist, schaut im Werdenden das Ist, weil im Innersten alles gegenwärtig und schon vollzogen ist. Der Gottmensch lebt und wirkt aus der Gegenwart Gottes. Was für den Außenmenschen erst im Werden ist, das ist für den Gottmenschen im Innersten schon vollzogen.

Wer im Innersten lebt, der schaut im Innersten auch, was sich in der Außenwelt vollzieht und vollziehen wird und wie es sich gestaltet. Mit seinen göttlichen Empfindungen begleitet er die Schritte, die im Äußeren noch getan werden müssen, die im Innersten jedoch schon getan sind. In das Werden legt er das Ganze hinein, so dass es auch im Äußeren werde, wie es schon im Innersten ist.

Was der Innenmensch im Innersten bewahrt und bewegt, das wird sich auch im Äußeren, in der Welt der Sinne, realisieren, weil es im Innersten schon ist und auch bewahrt bleibt und bewegt wird.

Gabriele:

Gott ist in allem gegenwärtig. Auch in der Sünde ist Gott, das Reine, gegenwärtig. Wenn Menschen, ja ganze Völker Ursachen schaffen und diese auch zur Wirkung kommen, wie z.B. in Kriegen, in Katastrophen oder wenn sich Einzelne bekriegen in Streit und Zank, so ist Gott, das Gute, immer gegenwärtig. Wenn es auch so scheint, als würde alles Negative, also Sündhafte, bleiben, alles Kriegerische und Zänkische, so weiß der Gottmensch, der im Innersten, in Gott, zu Hause ist, dass dieses Negative sich einst zum Guten wendet, denn im Gesetz von Ursache und Wirkung ist alles schon beschlossen, weil Gott ewig ist und das Sündhafte nicht bestehen kann.

Was immer sich auch im Äußeren vollzog oder vollzieht, wie immer es sich auch zu gestalten scheint – Gott, das Reine, kennt den Ausgang, und dieser kann im Werden menschlicher Abläufe nur göttlich sein, weil Gott der Sieger ist und einst das Göttliche überall walten wird, denn Gott, der mächtige Schöpfergeist, hat es so eingerichtet.

Der Gottmensch – der Mensch, der in Gott lebt – weiß darum und bejaht die ewige Gegenwart Gottes, Seinen heiligen Ratschluss. Diesen göttlichen Ratschluss lässt der Gottmensch in alle Situationen und Geschehnisse der Zeit einfließen. Er bejaht das Sein und nicht den Schein.

Die Sprache des Seins ist unpersönlich. Das Unpersönliche erwartet nichts; es möchte nichts; es spricht sich selbst, das ewige Selbst. Das ewige Selbst ist die Unendlichkeit und die ewige Fülle. Das reine Wesen ist das formgewordene Selbst, die formgewordene Fülle.

Bist du das Selbst, dann bist du das Wort des Selbst, das in dir spricht und das als Klang und Ton nach außen in die Welt dringt und sich dort spricht und an das Ohr der Welt und in das Ohr des Seins im Menschen schwingt und in seiner Seele klingt. So wird sich auch in der Welt vieles zum Wohle des Ganzen verändern.

Hierzu erläuterte Gabriele,
die Lehrprophetin und Botschafterin Gottes:

Gott ist das ewige Wort, das ewige Gesetz; es ist Harmonie, Farbe und Form. Wer das Wort Gottes spricht, der ist das Gottesgesetz und ist eins mit Gott und ist somit im Strom der Unendlichkeit.

Gott ist unveränderlich, denn Er ist unpersönlich. Er erwartet nichts von Seinen Kindern. Er ist alles in allem, und jedes Kind besitzt als Essenz alles und ist somit in allem und im All-Einen.

In der Tiefe unserer Seele sind wir formgewordenes Gesetz. Darüber lagern unsere Sünden. Wir sind wieder Mensch geworden, um die Sünden zu tilgen, die wir uns in Vorinkarnationen auferlegt haben. Wir sind also einverleibt, um uns als Kinder Gottes zu finden, indem wir unser Menschliches bereinigen und in den göttlichen Strom eingehen, von dem wir ausgegangen sind. Wir sind auf Erden, um wieder göttlich zu werden.

Lass das, was du laut sprichst, aus dir strömen und durch dich fließen; es formuliert sich selbst in dir, weil es das Selbst ist. Das ist das Ich Bin, das Wort des Seins, das Leben und der Gehalt des Lebens. Es ist das Absolute, das nie vergeht, auch wenn sich die Zeiten wandeln und diese vergehen.

Gabriele:

Gott ist das ewige Wort in allen Lebensformen. Alles, was wir sehen – Tiere, Pflanzen, Steine und Gestirne –, ist Offenbarung Gottes. Gott spricht also durch die Naturreiche und durch die Gestirne; Gott spricht in der Seele jedes Menschen. Reinigt der Mensch seine Seele, so wird er allmählich zum Wort Gottes, denn Gott spricht dann durch die gereinigte Seele. Das heißt, das ewige Gesetz strömt durch die Seele und durch den Menschen. Der Mensch spricht dann auch das Gesetz, weil Seele und Mensch durch die Erfüllung der Gesetze Gottes in Gott leben.

Das Wort, welches das Sein ist, das Ich Bin, das ewige Gesetz, das im Strom des Alls ist, fällt nicht auf dich zurück wie das schale, energiearme Wort des Verstandes. Das Wort, das Sein, bleibt im Strom des Seins und durchströmt dich, das formgewordene Sein, und auch Mich, das formgewordene Sein, und alles, was sich im Strom des Seins befindet und dort sein Dasein hat.

Sprich also das Wort, das Sein, in dir.

Lerne, alles in deinem Innersten zu bewegen, es im Innersten zu empfangen und aus dem Innersten zu sprechen; dann sprichst du die Sprache des Seins.

Alles, was ewig währt, vollzieht sich im Innersten der Seele. Das ist die Wahrheit, das ist die Beständigkeit, das ist das Leben, das ist der Strom, das Selbst, das Ich Bin. Es ist das Leben und die Substanz des Lebens in dir.

Wer seinen Nächsten der Unwahrheit und der Lüge bezichtigt, ohne diese Aussage beweisen zu können, der gibt von sich selbst Zeugnis, dass er am Rande des Stromes steht und mit Steinen auf jene wirft – und sich dadurch selbst steinigt; denn sein Nächster, den er bezichtigt, ist in seinem Innersten ein Teil von ihm.

Hierzu erläuterte Gabriele,
die Lehrprophetin und Botschafterin Gottes:

Gott ist die Gerechtigkeit, und die Gerechtigkeit trägt in sich die Gleichheit; die Gerechtigkeit ist die Waage, die alles genau wägt und jedem sein Maß zuteilt. Deshalb sprich nur die Wahrheit, kläre auf und stelle richtig. Und so du einen deiner Nächsten der Lüge bezichtigst, weil er dich öffentlich diskriminierte, dann kannst du ihn ermahnen und erklären, dass er die Unwahrheit spricht. Spricht er weiterhin die Unwahrheit – und das alles in der Öffentlichkeit –, dann sprich auch du von der Unwahrheit, die gleich Lüge ist. Denn es steht sinngemäß geschrieben: Wenn du etwas gegen deinen Bruder vorzubringen hast, dann gehe zuerst zu deinem Bruder, um es mit ihm unter vier Augen zu bereinigen. Ist eine Bereinigung nicht möglich und dein Nächster spricht in der Öffentlichkeit weiter die Unwahrheit gegen dich, dann tut er dies, symbolisch gesprochen, in der Gemeinde. Und so, wie er in der »Gemeinde« spricht, also in der Öffentlichkeit, so kannst auch du zur »Gemeinde« gehen, in die Öffentlichkeit.

Wer nur am Ufer des Stromes steht, der glaubt, dass dieses die Realität sei, weil er den Strom nicht kennt. Wer sich so verhält, der gibt selbst Zeugnis von dem, was er noch ist.

Gabriele:

Wer am Ufer des Stromes steht, der baut auf sein Verstandeswissen, auf seinen Intellekt, auf das, was er sich in dieser Welt angeeignet hat. Daran glaubt er; das ist für ihn Realität, und daran hält er sich fest, bis er daran abgleitet und erkennen muss, dass ihn sein Verstandesdenken nicht durch Krankheit, Not und Schicksal zu tragen vermag, sondern einzig Gott, der ewige Strom.

Wer sich im Hinabgleiten in das Tal der Tränen und Bitternis erkennt, wer also seine Sünden erkennt, sie bereut und diese nicht mehr tut, begibt sich allmählich vom Ufer in den Strom und wird eins mit Gott. Dabei fallen von ihm die Sünden ab, die seine Krankheiten, Leiden und Schicksalsschläge sind. Wer jedoch weiter sündigt, der gibt nur Zeugnis von dem, was er ist: ein sündhafter, ichbezogener Mensch.

Wer das Wort, das Ich Bin, spricht, schaut die Wahrheit und die Unwahrheit. Er klärt auf, stellt richtig und geht dann seines Weges, denn er weiß: Wer sich ändert und sich Gott weiht, geht den Weg, der zur Freiheit führt. Wer sich jedoch nicht ändert, der geht auf dem steinigen Weg ins Leid, um über das Leid, das gleich die Sünde ist, zur Wahrheit zu erwachen, um dann in die Wahrheit eingehen zu können.

Wenn ihr des Suchens nach der Wahrheit nicht leid werdet, dann werdet ihr euch finden, indem ihr eure Fehler und Schwächen erkennt und sie rechtzeitig bereinigt, bevor das Leid über euch kommt. Deshalb werdet des Suchens niemals leid, sonst müsst ihr euer Sündhaftes erleiden.

Wer sich selbst nicht anschauen möchte, schaut immer auf seine Nächsten. Er ist der Ansicht, er sei der Gute und der Nächste der Schlechte. Aus diesem Verhalten geht der Besserwisser hervor, welcher der Ansicht ist, die Abläufe des Alls lenken zu können, da er sich selbst allklug dünkt.

Erkennet: Der Tor weiß alles besser. Kommt der Nächste mit seiner Torheit zu ihm, dann streiten sich zwei Törichte. Beiden fehlt die Weisheit.

Der Gegensatz zur Wahrheit ist die Torheit; damit beschäftigen sich gar viele.

Geht die Seele als Tor in die Welten, die sie sich mit ihrer Torheit selbst bestimmt hat, dann ist rings um sie nur Torheit, weil sie in ihren Scheinbildern der Torheit lebt. Selbst wenn der ehemalige Mensch um die Gesetze Gottes weiß und sie nicht erfüllt hat, bleibt er der Tor und der Sklave der Sklaverei, der Torheit, die er gelebt und mit der er sich umgeben hat.

Hierzu erläuterte Gabriele,
die Lehrprophetin und Botschafterin Gottes:

Das göttliche Prinzip lautet: Gleiches zieht Gleiches an. Reines zieht Reines an, Unreines wiederum Unreines. Ein Tor wird entsprechend seinen Torheiten wieder die entsprechenden Törichten anziehen, und so umgibt er sich mit Törichten, ebenso, wie er selbst ist.

Wer sich mit seinem irdischen Dasein nicht auseinandersetzt, der hat auch keine Beziehung zur geistigen Welt.

Hierzu erläuterte Gabriele,
die Lehrprophetin und Botschafterin Gottes:

Was wollen uns diese Worte unseres Herrn, Christus, sagen? Wir müssen uns mit uns selbst auseinandersetzen, mit unseren Gedanken, mit unseren Gefühlen, mit all dem, was wir sagen und tun, denn das zeigt uns auf, wer und was wir noch sind.

Meistens setzen wir uns mit unseren Nächsten auseinander, anstatt mit uns selbst. Blicken wir stets auf uns selbst, auf unsere Gedanken, auf das, was wir tun, auf unsere Regungen und Neigungen, dann haben wir keine Zeit, unseren Nächsten zu beäugen.

Das Reine, das Feine, das Edle und Gute ist noch umhüllt von der Schale des Menschlichen, des Unreinen, Groben, Unedlen und Unguten. Sprengen wir nach und nach die Schale unseres Ichs, so tritt das Innere, das Geistig-Göttliche, zutage, das lichte Wesen, das mit dem reinen Sein, der göttlichen, der geistigen Welt, in Verbindung steht. Erwecken wir in uns die Lichtkräfte unseres ewigen Wesens nicht, dann bewegen uns die Kommunikationen zu unserem eigenen Sündhaften, dem Irdischen, Menschlichen. Wir haben dann keine Beziehung zur geistigen Welt.

Wer den Weg zum Königreich des Inneren nicht wandelt, wer sich also nicht verfeinert in Empfindungen, Gedanken, Worten und Werken, der bleibt dem Diesseits, dem Leben in der Zeit, verhaftet.

Gabriele:

Den Weg zum Königreich des Inneren zu wandeln heißt, bewusst Tag für Tag unser Menschliches – also das Sündhafte gegen die Seele – zu erfassen, um es zu durchlichten.

Sehen wir uns selbst nicht als Tempel Gottes, wollen wir unseren Tempel nicht reinigen, blicken wir immer wieder auf andere Tempel, unsere Mitmenschen, um eventuell diese mit unseren Gedanken, Worten und Werken zu beschmutzen, dann können wir auch unsere Empfindungen, Gedanken, Worte und Werke nicht verfeinern.

Wir verfeinern unsere Seele und sogar unsere Körperschwingung, indem wir unsere Sünden erkennen, bereinigen und nicht mehr tun. Dann erlangt die Seele eine feinere Schwingung, weil sich die Seele mehr und mehr Gott zuwendet. Diese feine Schwingung strahlt dann in unseren physischen Leib und prägt uns. Dann werden unsere Gedanken, Empfindungen, Worte und Werke feiner, das heißt reiner, selbstloser, edler, gütiger. Wir sind dann *für* unseren Nächsten und nicht mehr gegen ihn.

Das »Diesseits« ist das Diesseitige. Es ist das eingeengte, heruntertransformierte Leben, in dem wir Not, Bedrängnis, Angst, Sorge, Einsamkeit, Leid und schließlich den Tod erfahren und erleiden.

Wir sollen uns nicht mit allen Fasern unseres Denkens und Fühlens an das Diesseits klammern, sondern wir sollen unser Menschliches bereinigen. Binden wir uns durch unser ichbezogenes Fühlen, Denken und Streben an das Diesseits, so sündigen wir und schaffen im Diesseits Ursachen, Belastungen der Seele, die wie Magneten wirken. Diese Ursachen, diese Magneten, ziehen uns immer wieder an jene Orte, wo wir unsere Ursachen, die Belastungen, geschaffen haben. Sind wir dann hingeschieden, ist unsere Seele in den Reinigungsebenen und werden durch die Einstrahlung der Gestirne die Belastungen aktiv, dann werden die Ursachen, die wir auf der Erde gesetzt haben, uns unter Umständen wieder ins Fleisch, in eine weitere Inkarnation, ziehen. Der Magnet unserer Schuld ist es, der uns immer wieder an den Ort unserer Taten zieht.

Ob er lebt oder stirbt, ob er wacht oder schläft – weder dieses Erdendasein noch der Tod lehren ihn etwas Neues, weil er der alte, der sündhafte Mensch geblieben ist, trotz besseren Wissens.

Gabriele:

Viele streben nach Wissen – auch nach geistigem Wissen –, und vielen ist viel Wissen zugänglich. Dennoch sind nicht viele Gott nahe, und sehr wenige leben in Gott. Warum? Wissen allein macht nicht glücklich, und geistiges Wissen allein macht nicht weise.

Selbst wenn wir Bücher voller Weisheiten in unseren Regalen zu Hause stehen haben, wenn wir auch hin und wieder in diese Bücher voller Weisheiten und somit Wahrheiten hineinblicken, wenn wir uns ganze Absätze vornehmen und diese auswendig lernen – es nützt uns nichts. Ganz im Gegenteil. Je mehr geistiges Wissen wir haben, umso mehr verpflichten wir uns vor Gott, dieses Wissen zu verwirklichen.

Gerade in dieser Zeit ist uns allen viel göttliches Wissen gegeben. Das göttliche Wissen, das göttliche Gesetz, ist uns gegeben, um es zu erfüllen, auf dass wir weise werden und den Weg heraus finden aus unserem Wissen, aus unserem intellektuellen Denken und Streben – aus unseren menschlichen Zwangsvorstellungen.

Die Aneignung von Wissen um göttlich-geistige Gesetzmäßigkeiten bringt uns nicht die geistige Höherentwicklung. Nichts wird uns verändern, wenn wir die alten bleiben wollen. Auch der Tod, der Wechsel der Daseinsebene, macht unsere Seele nicht lichter, unser Bewusstsein nicht weiter. Ohne die Arbeit an uns selbst werden wir nicht besser; wir lernen nichts dazu.

Aufgrund des freien Willens bestimmen wir selbst, wie lange wir uns von unserem eigenen Sündhaften im Kreis herumführen lassen wollen. So werden wir immer wieder fallen und liegenbleiben – bis wir Christus in unserem Herzen aufnehmen und die Zehn Gebote und die Lehren der Bergpredigt, die Er uns brachte und vorlebte, erfüllen.

Es geht also darum, die Gesetze Gottes zu erfüllen, und nicht darum, sie zu hören. Das Wissen um die Gesetze Gottes ist die Voraussetzung dafür, sie verwirklichen zu können. Wer göttliches Wissen, das ewige Gesetz, nur im Munde führt, der wertet sich selbst damit auf, missbraucht es zu seinem Eigennutz. Dies ist ein Verstoß gegen das zweite Gebot, es ist der Missbrauch des Namens Gottes, der Missbrauch des Göttlichen.

Kein Mensch kann vor sich selbst entfliehen. Jeder muss sich selbst ansehen und das abtragen, was er sich aufgetragen hat. Die Aufgabe, die ihm das Leben stellt, ist sein Leben.

Eines Tages wird ihm die Aufgabe gestellt, das abzutragen, was er sich auferlegt hat.

Gabriele:

»Kein Mensch kann vor sich selbst entfliehen.«

Ist uns das bewusst?

Viele sagen: »Ich nehme mir das Leben, um diesem irdischen Dasein zu entfliehen.« Das ist nicht möglich. Wir können nicht dem entkommen, das in uns ist. Wir nehmen es immer wieder mit.

Unsere Ursachen sind Energiepotentiale, die in unserer Seele liegen und früher oder später zur Wirkung und zur Auswirkung kommen – ob wir dann als Mensch im Erdenkleid sind oder als Seele in den Seelenreichen. Die Wirkungen sind ähnlich auf der materiellen Ebene und auf den Ebenen der Reinigungsbereiche.

Wir nehmen also unser Menschliches, unser Sündhaftes, mit; wir können ihm nicht entfliehen. Doch das schmerz- und leidvolle Erfahren dessen, was wir einst verursacht haben, das Abtragen, muss nicht sein – wenn wir rechtzeitig uns selbst in den Augenblicken unserer Erdentage erkennen und mit Christus die Schuld bereinigen.

Deshalb muss sich jeder selbst ansehen. Das Licht, die Energie des Tages bringt jedem viele Augenblicke. Der Tag öffnet unsere Augen, er öffnet unsere Sinne. Über unsere Augen und über unsere weiteren Sinne zeigt uns der Tag, was wir erkennen und bereinigen sollen. Tun wir es nicht, dann heißt es Abtragung dessen, was wir anderen angetan und so unserer Seele aufgelastet haben.

Die Aufgabe, die uns das Leben stellt, ist unser menschliches Leben. Das, was der Tag aufzeigt, was er uns persönlich zeigt, ist unser Leben. Es besteht aus unserem Fühlen, Empfinden, Denken, Reden und Tun. Nützen wir die Tage nicht, schieben wir die Lernaufgaben unbeachtet beiseite, dann wird eines Tages die Aufgabe für uns lauten, das abzutragen, was wir uns auferlegt haben. Dann bricht unausweichlich die Abtragung dessen herein, was unsere Seele schon längst trägt, was wir längst hätten bereinigen sollen. Die Wolken zeigen sich rechtzeitig am Horizont unseres Lebens. Lösen wir sie nicht rechtzeitig auf, dann ergießt sich ihr Inhalt über uns. Dann stehen wir, bildlich gesprochen, im Regen und werden nass.

Was du selbst in die Gestirne, den mächtigen Speicher, eingibst, das liegt ständig auf der Lauer, über dich hereinzubrechen. Du selbst bist dir also selbst die Gefahr.

Gabriele:

Viele von uns wissen: Die Sünde geht zuerst in die Gehirnzellen. Sie bleibt dann eine gewisse Zeit in den Gehirnzellen und mahnt uns, das Vorgefallene rechtzeitig zu bereinigen. Bereinigen wir es nicht, dann geht das Sündhafte, das, was von uns ausging, in die Seele und über die Seele in die Speichersterne. Der Speicher unserer Sünden, unserer Schuld, sind also die Seele und die Sternenwelt – die Gestirne der Reinigungsebenen und die materiellen Gestirne.

Was wir in unsere Seele und in die Gestirne eingegeben haben, gehört zu uns. Wir stehen fortwährend mit unseren Eingaben in Verbindung und stehen mit ihnen in Kommunikation. Und was wir eingegeben haben, liegt ständig auf der Lauer, über uns herzufallen. Hat die Konstellation der Gestirne die entsprechende Strahlung, dann bricht das Menschliche, unsere Sünden, über uns herein. Wir erfahren die Wirkung unserer Ursachen, unser selbstgeschaffenes Schicksal.

Solange das Energiepotential unseres Sündhaften noch auf der Lauer liegt, kommen die Mahnimpulse. Bricht es herein, dann müssen wir es abtragen. Doch auch in der Abtragung ist wieder die Gnade Gottes: zu erkennen, zu bereinigen und nicht mehr zu tun.

»Du selbst bist dir also selbst die Gefahr.« Mit unseren Worten gesprochen: Wir leben jeden Augenblick gefährlich, solange wir uns im Gesetz von Saat und Ernte befinden.

Gerade in dieser Zeit haben viele Menschen Angst. Was ist Angst? Wir spüren, es könnte etwas kommen, das wir fürchten, etwas Unschönes, Ungutes. Was liegt zugrunde? Sind es nicht in vielen Fällen unsere eigenen Sünden, unsere Eingaben, die sich anschicken, aktiv zu werden? Das Schicksal klopft bei uns an, bevor es eintritt.

Letztlich kann uns also niemand unsere Angst nehmen, es gibt keine Hilfe von außen, denn in unserer Angst liegt unser Schuldbewusstsein. In uns liegen die Ursachen – in uns ist die Hilfe zu finden: Christus.

Wenn ihr des Suchens nach eurem wahren Selbst nicht leid werdet, dann seid ihr willig zu lernen. Wer willig ist zu lernen, der wird sich selbst erkennen und in der Selbsterkenntnis sein wahres Sein finden. Er wird verwirklichen – und somit erfüllt sein.

Hierzu erläuterte Gabriele,
die Lehrprophetin und Botschafterin Gottes:

Das Sein in Gott, den Frieden unserer Seele, erlangen wir also, wenn wir guten Willens sind und diesen in die Tat umsetzen durch die Arbeit an uns selbst. Wollen wir selbst – gleichsam aus eigener Kraft – unser Menschliches bereinigen, dann wird es anstrengend. Wir ermüden und verlieren eventuell den Mut. Wenden wir uns jedoch immer wieder Christus zu, vertrauen wir uns Ihm an und bauen auf Ihn, dann gibt Er uns so viel Kraft, dass wir es auch freudig tun. Dann ist das Bereinigen eine Leichtigkeit.

»Wer willig ist zu lernen, der wird sich selbst erkennen und in der Selbsterkenntnis sein wahres Sein finden. Er wird verwirklichen – und somit erfüllt sein.« Erfüllt sein heißt, unsere Seele füllt sich mit Licht, weil wir das Sündhafte, das Menschliche, erkennen und nicht mehr tun. Die dunklen Flecken der Seele wandeln sich um in Licht. Dadurch erwacht in uns die Erfüllung; wir sind erfüllt von

Dem, der unsere Seele mit Licht und Kraft füllt. Wir spüren mehr und mehr die Nähe Gottes, Seine Liebe.

Die Liebe Gottes ist das Leben unserer Seele und das innere Glück des erfüllten Menschen, Seines bewussten Kindes.

Gehen wir schon in der Bewusstheit der Liebe Gottes durch unsere Erdentage? Oder schwingt in uns noch die Frage: »Liebt mich Gott wirklich?» Das bedeutet: »Jetzt muss ich es noch glauben, dass Er mich liebt, denn so wird es mir gesagt; noch weiß ich es nicht.« Unser Glaube ist dann nur passiv.

Sobald wir beginnen, zu fragen, können wir schon berührt und geführt werden. Die Seele regt sich, Sehnsucht und ein Forschen erwacht. Wir fragen uns: Wie können wir erfühlen, dass Gott ein liebender Vater ist? Als Kind möchten wir spüren, dass Gott uns liebt. Wir möchten Seine Nähe fühlen.

Bleiben wir passiv im Glauben, dann wird es beim bloßen Glauben bleiben, und in unserem Herzen wird weiterhin die bange Frage pochen: »Gibt es einen Gott der Liebe? Ob Er mich wirklich liebt?« Doch in diesem vagen Glauben, der von Zweifeln durchzogen ist, müssen wir nicht verbleiben. Christus weist uns des öfteren auf den aktiven Glauben hin. Der aktive Glaube besagt: Du sollst nicht nur von deinem Nächsten hören, dass Gott dich liebt, dass Gott dir nahe ist, sondern du sollst es selbst erfahren. Du sollst Gott selbst spüren. Es ist der aktive Glaube, der bewirkt, dass wir Ihn, Gott, unseren Vater, jeden Tag mehr spüren, Seine Liebe mehr fühlen können – nämlich dann, wenn wir bereit sind, Ihn zu lieben.

Und worin zeigt, worin erweist sich die Liebe des Kindes zu seinem Vater? Sie beginnt mit der Bereitschaft des Kindes, das hinwegzuschaffen, was der Liebe Gottes entgegensteht. Dies geschieht, indem das Kind die Sünden, die es verursacht hat, Schritt für Schritt erkennt, bereut, mit der Kraft des Christus Gottes bereinigt und nicht mehr tut. Das Nicht-mehr-Tun heißt zugleich: Wir erfüllen stattdessen Gesetzmäßigkeiten Gottes, wie sie zum Beispiel in den Zehn Geboten oder in der Bergpredigt dargelegt sind. Tun wir diesen Schritt der Verwirklichung, dann spüren wir selbst in uns die Liebe Gottes, denn es geht uns vom Herzen, von der Seele her immer besser.

In uns wird es leichter und lichter, weil unsere Seele aufatmet. Unsere Seele freut sich und ist glücklich, dass der Mensch bereinigt und das Sündhafte nicht mehr tut. Dann wandelt Christus in der Seele das Negative, die Sünde, in Positives, in Lichtkraft Gottes, um. Das ist die Berührung Gottes, das Glück der Seele.

Diese Freude der Seele erfahren wir Menschen, indem wir plötzlich danken können, denn wir spüren, dass unsere Gedanken und unsere Empfindungen lichter werden. Wir erfahren Gott, die unendliche Liebe und das Glück unserer Seele, indem wir erleben: Wir gehen nicht mehr zerstreut durch den Tag, sondern wir sind bewusst und klar. Wir sind wachsam und spüren die Regung unserer Seele, die uns mahnt: Achte auf das, was die Situationen, die Augenblicke deines Lebens dir sagen wollen. Bereinige, was dir heute der Tag aufzeigt! – Tun wir es, dann erhält unsere Seele wieder Licht und Kraft aus Gott. So spüren wir mehr und mehr die Nähe Gottes, die Liebe, die uns berührt.

Das ist die eigene Erfahrung, dass Gott uns liebt, der lebendige, aktive Glaube, der Seele und Mensch glücklich macht und erfüllt. Dann sind wir nicht mehr auf den bloßen Glauben angewiesen, dass der Vater uns liebt – wir wissen es! Die Freude unserer Seele, die Dankbarkeit in unserem erfüllten Herzen sagen es uns. Der aktive Glaube führt also zur Gewissheit und Schritt für Schritt zur Einigung mit Dem, der uns liebt und der für uns das Beste möchte.

Die stärkste Kraft auf unserem Weg zu Gott, zu unserem wahren Sein, ist die Liebe zu Gott und die Sehnsucht nach unserer wahren Heimat.

Wir könnten uns als Aufgabe mitnehmen, jeden Tag öfter an Gott, unseren Vater, zu denken. Es können ganz einfache Gedanken sein. Machen wir uns z.B. bewusst, dass Gott, unser Vater, uns liebt und dass Er für uns das Beste möchte. Wir können in jedem Augenblick zu Ihm kommen, uns Ihm zuwenden und zu Ihm sprechen. Er wendet sich niemals von uns ab.

Gerade dann, wenn wir glauben, wir sündigen wieder, sei es in unseren Gedanken, sei es mit Worten oder mit Handlungen, sollten wir uns nicht auch noch trotzig gleichsam in eine Ecke stellen und Ihm den Rücken kehren. Wenden wir uns doch Ihm zu und sagen zu Ihm z.B.: »Vater, Du möchtest das Beste für mich. Also will ich mich auch so erweisen, dass Du mich führen und leiten kannst.« Machen wir uns dies in der Situation der Sünde bewusst, dann werden wir auch nicht weiter sündigen, sondern rasch – und eventuell sogar freudig – umkehren, die erkannte Sünde bereinigen und nicht mehr tun.

Denken wir also öfter an Gott, unseren Vater, und stellen wir uns ganz konkret vor, dass Er uns liebt, dass Er uns einhüllt, dass Er für uns das Beste möchte. Dann wird es uns immer mehr ein Bedürfnis sein, uns Ihm mehr und mehr hinzugeben und unsere Tage zu nützen, damit das Gute, die Güte und Seine unendliche Liebe, in uns wirksam werden kann.

Sind Seele und Mensch nicht gewillt zu lernen, sich also durch Verwirklichung in Gott zu finden, dann wird das Leben der Seele und des Menschen härter und schwerer.

Gabriele:

Fehlt der gute Wille zu erkennen und zu bereinigen, so wird sich dies früher oder später in unserem Leben auswirken. Die Schwere des Lebens, aber auch die Härte des irdischen Daseins kommen von der Seele her. Je schwerwiegender die Sünden sind, umso belasteter kann der Mensch sein – dann, wenn seine Sünden am Körper aktiv werden oder schon aktiv sind.

Wir gestalten selbst unser Leben, schaffen selbst unsere Lebensbedingungen, denn jeder ist selbst sein Gesetz. Mit unserem Fühlen, Empfinden, Denken, Sprechen und Handeln schaffen wir unsere menschlichen Gesetzmäßigkeiten.

Im ewigen Sein leben die Geistwesen das Gesetz der Liebe, der Einheit und des Verbundenseins. Das geht von ihnen aus – und es kommt auf sie das wieder zu, was sie ausstrahlen und somit aussenden: das absolute, ewige Gesetz der Liebe, des Friedens, der Harmonie, der Freude, das wahre Sein.

Auf uns Menschen kommt das zu, was wir aussenden. Senden wir unser Menschliches, unsere Sünden, aus und hören wir nicht auf die göttlichen Impulse, die uns tagtäglich gegeben werden, um das, was wir ausgesandt haben, zu bereinigen, dann wird unser persönliches Leben härter und schwerer. Irgendwann schlägt dann das Schicksal zu – es ist nichts anderes als das, was wir ausgesandt haben.

Wir sehen, das Prinzip ist immer dasselbe, im Himmel wie auch auf Erden: Senden und Empfangen. Durch unsere Weigerung, rechtzeitig zu bereinigen, haben wir unsere eigenen Gesetzmäßigkeiten herausgefordert. Brechen die Wirkungen über uns herein, dann heißt es: Auge um Auge, Zahn um Zahn. Oftmals sagt dann der Mensch: »Dieser hartherzige Gott!«

Wir Urchristen und die vielen Christusfreunde in aller Welt wissen, dass es anders ist. Nicht Gott ist der Verursacher unseres Schicksals, sondern es ist unsere eigene Hartherzigkeit und Lieblosigkeit, es sind unsere unbereinigten Sünden. Gott ist die Liebe, die uns immer wieder ermahnt, uns immer wieder aufrichtet, die uns immer wieder den Weg weist und uns beisteht, unser Menschliches zu erkennen und zu bereinigen. Sie hilft uns auch, wenn wir es nicht mehr tun wollen. Sie stärkt das Gesetzmäßige, das Göttliche, das wir uns vorgenommen haben.

Jeder Einzelne von uns erfährt täglich vielfach Gottes Hilfe. Machen wir uns dies bewusst und handeln nach unserer Erkenntnis, so wird es bald heller, lichter und friedvoller in uns und um uns werden. Allerdings dürfen wir nicht sagen: Die anderen sind es; sie sollen beginnen. Jeder muss selbst den ersten Schritt tun, damit Gottes Liebe wirksam werden kann. Wer das Licht der Liebe in sich entzündet, der ist es, der dann das Licht in die Welt trägt.

So ihr leidet, erspürt im Leid, weshalb ihr leidet. Lasst die Empfindungen und die Gedanken des Leides kommen, denn sie sprechen ihre Sprache. Und so ihr nicht ermüdet, das ewige Gesetz zu erfüllen, werdet ihr im Leid reifen und dem Licht näherkommen, das euch den Frieden und die Stille bringt.

Gabriele:

»So ihr leidet, erspürt im Leid, weshalb ihr leidet.« Wer Leid und Leiden annimmt in dem Bewusstsein: »Dies – und unter Umständen weit mehr – habe ich selbst verursacht«, der wird bereinigen und es aufrecht tragen. Doch wie oft jammern und klagen wir: Der Nächste ist schuld. Deshalb sagt uns Christus:

»Lasst die Empfindungen und die Gedanken des Leides kommen, denn sie sprechen ihre Sprache. Und so ihr nicht ermüdet, das ewige Gesetz zu erfüllen, werdet ihr im Leide reifen und dem Licht näherkommen, das euch den Frieden und die Stille bringt.«

Im Leid werden wir nur dann reifen und dem Licht näherkommen, wenn wir die aktiven Sünden bereinigen, die sich in Leid, Krankheit und Not zeigen. Bereinigen wir unsere Sünden nicht, dann werden wir weiter sündigen, und unsere Leiden und Krankheiten werden nicht von uns ziehen; sie bleiben bei uns und kommen dann wieder, wenn die Sterne sie wieder aktivieren – in dieser irdischen

Daseinsform oder in einem anderen irdischen Leben oder wenn wir als Seele in den Stätten der Reinigung sind.

Wir selbst bestimmen, wie wir leben, was wir uns auferlegen und wie wir dies abtragen.

Der Mensch sollte über den Weg seines irdischen Lebens nicht weheklagen und seinen Lebensweg nicht verurteilen.

Wer sich anmaßt, seinen Lebensweg zu kennen, der maßt sich auch an, Kompetenz über die Schöpfung zu haben.

Gabriele:

Jeder Mensch bestimmt selbst seinen Lebensweg. Was dieser mit sich bringt, das hat sich der Einzelne selbst auferlegt. Das Weheklagen über seinen Lebensweg ändert diesen nicht.

Auf unserem Lebensweg können wir vieles zum Guten verändern, wenn wir uns ändern, indem wir die Tage nützen, an jedem Tag unser Sündhaftes erkennen, bereinigen und nicht mehr tun. Jeder Tag ist ein Schritt auf dem Lebensweg, und jeder Schritt ist für jeden anders, weil jeder einen anderen Lebensweg hat gemäß seinem Fühlen, Empfinden, Denken, Sprechen und Handeln.

Kein Mensch kann seinen Lebensweg kennen, weil keiner seine Zukunft kennt. Und wer glaubt, seine Zukunft zu kennen, der maßt sich an, Schöpfer zu sein. Einzig der ewige Schöpfer, Gott, kennt den Lebensweg jedes Seiner Kinder, denn jedes Kind ist Seine Schöpfung.

Alle Wege, die der Geist lehrt, führen zu dem einen Ziel: dass Seele und Mensch zum Sein finden, das Gott ist.

Die Hoffnung und die Sehnsucht nach Gott erweckt die Erfüllung der Hoffnung. Wo die Hoffnung, das Sehnen nach dieser Erfüllung ist, dort ist Gottes Walten.

Ich, Christus, gebe euch Lehren zur Selbsterkenntnis, auf dass ihr immer wieder darauf zurückgreifen könnt, wenn ihr lau werdet:

Entscheidet euch in jeder Situation für Gott, dann entzieht ihr euch der Finsternis.

Ist der Mensch einmal warm, dann wieder kalt, dann ist er unentschieden und dient der Finsternis. Wer sich für die Welt entscheidet, der entscheidet sich für den Rausch des Ichs. Dann inspiriert ihn die Welt, und es inspirieren ihn jene, die der Welt angehören.

Mit dem Menschen macht die Finsternis ein Spiel: Sie beeinflusst ihn – einmal für, dann gegen Gott. Damit will sie Gott verhöhnen. Dieses Spiel treibt sie mit dem Menschen so lange, bis dieser sich entschieden hat.

Hierzu erläuterte Gabriele,
die Lehrprophetin und Botschafterin Gottes:

Viele Menschen haben die Angewohnheit, dass sie himmelhochjauchzend sind, wenn sie Gesetzmäßigkeiten Gottes hören, und dem Ewigen, Gott, unserem Vater, versprechen, diese Seine Gesetzmäßigkeiten, gleich Gebote, zu halten. Sie bemühen sich dann einige Tage oder einige Wochen. Tritt daraufhin keine Veränderung in ihrem Leben ein, so lassen sie die Gebote Gottes, die Gesetzmäßigkeiten, fallen und begehen die alten Sünden, reihen sich also erneut in die Kausalkette des alten Adams ein. Plötzlich erinnern sie sich wieder an die Gebote Gottes und beginnen aufs Neue einige Tage, zu erfüllen. Dann werden die guten Vorsätze wieder der Kausalkette des alten Adams geopfert.

Das ist der Unentschiedene, der trotz vieler Anläufe, Schritt für Schritt die Gebote Gottes zu erfüllen, der Finsternis dient.

Weitere Lehren zur Selbsterkenntnis: Verlange von dir immer das Äußerste, nicht das Naheliegende; dann lernst du das Kräftepotential deiner Seele kennen.

Hierzu erläuterte Gabriele,
die Lehrprophetin und Botschafterin Gottes:

In jedem Menschen liegt um vieles mehr, als er zu fassen vermag. Deshalb sollten wir uns niemals mit dem Naheliegenden zufriedengeben, mit dem, was uns geläufig ist, mit dem, was wir schon können. Mag es für unseren Menschen auch bequem sein, sich in dem Rahmen zu bewegen und tätig zu sein, wo es ihm leicht fällt, wo uns eventuell die Routine die einzelnen Arbeitsschritte nahelegt – in uns liegen jedoch noch so viele Möglichkeiten, weitere Anlagen, Talente und Fähigkeiten, die darauf warten, entfaltet zu werden.

Aus dem, was wir können, sollen wir den nächsten Schritt heraus wagen – es ist zunächst für uns der Schritt ins Ungewisse. Stellen wir unser Können und auch das, was noch verborgen in uns liegt, in den Dienst des Allmächtigen, dann erlangen wir innere Größe. Dann verlangen wir von uns auch das Äußerste, das Bestmögliche, das, was weit über unser bisheriges Können und über den bisherigen Horizont unseres Bewusstseins hinausgeht.

Ermahne dich immer wieder selbst, indem du dich immer wieder selbst ansprichst, wie du es mit dir halten möchtest.

Sprichst du dich also selbst an, dann weißt du, wie du es mit dir halten möchtest. Tue dies – dann erwacht in dir das ewige Selbst, das du in der Ewigkeit als Wesen der Ewigkeit bist.

Gabriele:

Unser Tagwerk kann vielfältig sein. Die Vielfalt stellt uns immer wieder vor Aufgaben, die wir im Hinblick auf unser Können betrachten werden. Jede Aufgabe mahnt uns auch, uns selbst anzusprechen in der Frage, ob wir sie erfüllen wollen, warum wir sie erfüllen wollen, ob wir daraus Nutzen ziehen wollen oder ob wir sie mit der Kraft des Herrn ausführen wollen. Wir ergründen also die einzelnen Facetten unserer Motivation, erkennen uns selbst und entscheiden uns, wie wir es halten wollen.

Fragen wir uns in jeder Situation und in jeder Aufgabenstellung selbst, wie wir es halten wollen, und blicken wir auch in unsere Unterkommunikationen, in unsere Gefühle und Empfindungen, dann wissen wir, welchen Grad der Selbstlosigkeit wir erlangt haben und wie es mit unserer inneren Hingabe an das Innere Leben steht. Wir erkennen, wie weit wir bereit sind, den Willen des Ewigen zu erfüllen und nach dem Gesetz Gottes zu handeln. Dann wissen wir, auf welcher Sprosse der Himmelsleiter wir stehen.

Die Seele im Menschen ist nur Gast auf Erden. Die Seele ist Mensch geworden, um den inneren Schatz zu entwickeln und Gutes zu tun. Das Gute kommt durch Menschen – ebenso das Böse.

Hierzu erläuterte Gabriele,
die Lehrprophetin und Botschafterin Gottes:

Unser geistiger Leib, den wir Seele nennen, ist kein Teil der Materie, und die Materie ist auch kein Teil des geistigen Leibes.

Die göttliche Essenz der Materie ist ein Teil unseres geistigen Leibes. So ist uns geboten, unsere Seele zu reinigen und auch jenen Teil der Materie, an dem wir durch unser Verhalten gegenüber der Erde und gegenüber den Naturreichen schuldig geworden sind.

Unser geistiger Leib kehrt wieder in das ewige Sein zurück; der irdische Leib bleibt auf der Erde und wird sich in Geistsubstanz umwandeln, so dass diese dann wieder in unserem geistigen Leib aktiv ist.

Jeder von uns hat auch mit einem Quantum an Ursachen zur Dichte dieses Erdplaneten beigetragen. Dieses Quantum Materie müssen wir wieder umwandeln, also in höhere Schwingung bringen, so dass auch die Erde wieder feinstofflich wird und der geistige Planet in die ewigen Himmel eingeht, von wo wir als reine Wesen ausgingen und wo auch der geistige Teilplanet seinen Ursprung hat.

Der gute Mensch, der in Mir, dem Christus, lebt, bringt gute Früchte. Der lasterhafte Mensch, der sich dem Dunklen verschrieben hat, bringt Dunkles in die Welt.

Wohl jenen, die Gutes bringen, durch die das Gute in die Welt kommt. Wehe jenen, durch die das Dunkle in die Welt kommt. Die einen gehen zum Licht – die anderen leiden in der Finsternis.

Wisset und erspüret in euren Herzen: Je mehr ihr Gott liebt, umso mehr wird euch Gott auch geben. Je freudiger ihr die Gaben der Liebe austeilt, umso mehr werdet ihr von Gott empfangen. Nur der Selbstlose empfängt, weil er selbstlos weitergibt. Wer selbstlos gibt, der schöpft aus dem ewigen Sein, aus der unendlichen Stille, die Gott ist. Dadurch wird er stiller und gottbewusster, denn er weiß: Gott gibt dem, der die Gaben aus dem Schatz seiner Verwirklichung selbstlos weitergibt.

Gabriele:

Gott ist die Sonne, das Kraftfeld der Unendlichkeit.

Gott ist ewig gebende Liebe. Wenden wir uns von der Sonne, der gebenden Liebe, ab, indem wir uns gegen das Licht, gegen die Sonne, versündigen, dann verschatten wir unsere Seelen und wenden uns von Gott, dem Licht, ab. Wir bewegen uns dann im Schattendasein, in unserer eigenen Schattenwelt.

Jeder Schatten beruht auf Eigenliebe, die nur für sich verlangt, um das niedere Ich zu stärken. So ist der Ichbezogene bestrebt, seine Schatten zu mehren.

Je mehr wir uns vom Licht abwenden, umso größer und dichter werden auch die Schatten. Wir blicken dann nur noch auf unsere Schatten und führen unser persönliches Schattenleben. Wir lieben dann nur noch uns selbst; der Nächste wird uns dabei immer gleichgültiger. So entfernen wir uns selbst von der Sonne und halten uns in lichtarmen Regionen auf. Ist uns dann dunkel und kalt, so fragen wir: Warum scheint für mich die Sonne nicht? Wo ist sie?

Erst dann, wenn wir umkehren, uns also der Sonne zuwenden, wenden wir uns auch von unseren Schatten ab. Gehen wir den Weg ins Licht, dann bereinigen wir die Schatten, die hinter uns stehen und mit uns gehen. Je mehr von den Schatten wir bereinigen, umso kleiner werden diese. Stehen wir dann wieder im Licht Gottes, in der unendlichen, ewigen Sonne der Liebe, dann haben sich die Schatten umgewandelt, und wir sind Licht aus Seinem Licht. Das ist der Weg ins Licht, in das ewige Leben.

Je näher wir dem Licht kommen, umso selbstloser werden wir auch werden. Die selbstlose Liebe, die Gottesliebe, wächst in uns und erfüllt uns mehr und mehr. Ein gotterfülltes Herz wird immer mehr selbstlos lieben und aus dem Schatz des Lebens umso mehr empfangen.

Ich, Christus, Bin der Schlüssel zur Selbstlosigkeit, der Schlüssel zum Sein. Ich, Christus, Bin der Schlüssel zum Tor des Lebens. Alle Erleuchteten gehen durch Mich in das ewige Sein, denn Ich Bin das Licht der Seele, die Wahrheit und das Leben.

Gabriele:

Christus ist also der Weg, die Wahrheit und das Leben. Christus ist das Licht unserer Seelen, das uns auf dem Weg zum ewigen Vater leuchtet, heim in das ewige Sein. Jesus, der Christus, welcher unser Erlöser wurde, ist auch der Löser alles Sündhaften. Wer sich also von seinen Sünden lösen möchte, der geht zu Christus, dem Erlöser, und bittet Ihn um Beistand und Hilfe. Dann geht er den Weg der Herzensreue. Er bittet seine Nächsten um Vergebung und vergibt auch dem, der sich an ihm versündigt hat.

Vieles muss auch noch durch die Tat gutgemacht werden. Dann soll diese getan werden. Daraus ergibt sich das Nicht-mehr-Tun dieser Sünde und die schrittweise Erfüllung der göttlichen Gesetze, die wir als Essenz in den Zehn Geboten und in der Bergpredigt finden.

So, wie Ich allen diene, Seelen, Menschen, Tieren, Pflanzen und Steinen, so sollt auch ihr allen selbstlos dienen, die um euch sind – Menschen, Tieren, Pflanzen und Steinen.

Hierzu erläuterte Gabriele,
die Lehrprophetin und Botschafterin Gottes:

Tag für Tag können wir erkennen, wie weit das selbstlose Dienen schon zu unserem Leben geworden ist. Beobachten wir uns selbst.

Blicken wir in die Natur: Der ewige Geist dient jedem Blümchen, jedem Tierlein; Er dient jedem Stein. Und wir? Nehmen wir den Stein und werfen ihn achtlos fort – oder achten und betrachten wir ihn? Reißen wir das Blümlein ab, oder beugen wir uns hinunter und danken ihm in unseren Empfindungen, dass es uns zustrahlt? Wie ist es mit den Tieren? Zertreten wir das Tierlein mutwillig, oder machen wir einen Bogen um das Tier und lassen es laufen? Oder nehmen wir es von dem Ort, wo es sich befindet, hinweg und setzen es an eine andere Stelle, etwas beiseite, damit ihm nichts geschieht?

Wir können uns in unserem Verhalten gegenüber unseren Übernächsten erkennen. Dazu gehören neben den Tieren auch die Pflanzen und die Steine. Wir verhalten uns der Natur gegenüber so, wie wir uns unserem Nächsten gegenüber verhalten. Aus den Lebensformen der Natur in

Wald und Feld wird uns nur wenig Kraft zuströmen, wenn wir gegen unseren Nächsten sind. Wir können niemals mit Recht sagen: »ich liebe die Tiere«, wenn wir zugleich das Innere des Menschen verachten, indem wir unsere Mitmenschen für unsere Zwecke missbrauchen. Diese Liebe dem Tier gegenüber ist dann Eigenliebe, also Selbstsucht. Wir wollen, dass uns das Tier Freude bereitet.

Es soll umgekehrt sein! Wir sollen es sein, die zum Nächsten und Übernächsten, zu den Formen der Natur, das Licht der Liebe und Selbstlosigkeit tragen. Erkennen und verhalten wir uns als die Kinder des ewigen Lichtes! Die Kräfte unserer lichten Empfindungen und Gedanken, die positiven Energien der Dankbarkeit und inneren Freude strömen von uns zur Natur. Bringen wir dem Tier die Freude! Bringen wir den Pflanzen und auch den Mineralien die Kommunikation des Lebens! Dann erleben wir Gottes Fülle, und wir merken, dass Gottes Leben – der Geist und die Liebe – überall waltet, überall ist.

Wo immer wir gehen, wo wir auch stehen, wo wir hinsehen und hinhören – überall ist Gott. Er ist in allem. Treten wir mit Ihm in Kommunikation, indem wir unser Herz zu Ihm sprechen lassen, zu Gott, unserem Vater, zu Christus, unserem Erlöser. Dann vernehmen wir auch Seine Stimme, die feinen Klänge der unendlichen Schöpferliebe, aus Pflanzen, Tieren und Steinen.

Die selbstlos dienende Liebe ist die innere Hingabe. Sie durchglüht das Herz und erfreut die Seele und durchpulst jedes selbstlose Wort und jede selbstlose Tat. Sie macht die Seele leicht und frei und den Gang beschwingt, weil Seele und Mensch das Gesetz des Alls verkörpern.

Gabriele:

Wir erkennen, es geht immer um das Innere. Alles Äußere ist gleichsam Schall und Rauch – deshalb: die innere Hingabe. Nicht das bloße äußere Hinwenden zum Nächsten, zur Natur, sondern die *Hingabe*.

In dem Wort Hingabe erleben wir Gott. Gott gibt sich jedem hin. Gott dient jedem. Er vergibt sich nichts, denn Er, der Große, dient. Das selbstlose Dienen ist nicht das Dienern, sondern das Geben. Wer wahrhaft dient, der gibt die geistigen Gaben des Lebens. Das ist Hingabe.

Innere Hingabe ist die innere Hinwendung zum Inneren Leben. Nicht das Äußere, nicht die Hülle, der Mensch, spricht die Sprache Gottes, sondern das Innerste. Haben wir unser Inneres weitgehend erschlossen, sind wir Gott nahe, dann leben wir auch gottbewusst mit allem und für alles, das uns umgibt.

Was ihr tut, das tuet aus dem Geiste, denn nur die selbstlosen Werke sind in und mit Gott getan.

Glaubt ihr, dass euer Werk noch so gut sei – dann prüft euch, ob ihr es aus dem Geiste, also selbstlos, getan habt. Habt ihr es mit dem Blick auf euer menschliches Ich und auf euer Wohl getan, dann kann es sich zu Gegenteiligem auswirken. Früher oder später werdet ihr darunter zu leiden haben.

Hierzu erläuterte Gabriele,
die Lehrprophetin und Botschafterin Gottes:

Alle äußeren Werke sind auf uns, auf unser Ich, bezogen. Die inneren Werke in der Hingabe zum Geist des Lebens sind die Werke für den Nächsten, die Werke der Liebe.

Gott zeigt sich vielfältig im Leben der Natur. Wir hören Ihn im Ruf der Vögel. Wir verspüren Ihn im Duft der Blüten und der Blumen. Wir sehen Ihn im Aufkeimen des Lebens. Wir erleben Ihn, wenn die Sonnenstrahlen die Steine anleuchten. In der Nacht erfahren wir Gott in den Gestirnen. Wir erleben Ihn im Regentropfen und in den Wolken. Der große Schöpfergeist ist gegenwärtig. Und was wir in der Natur erspüren, das Leben in seiner Vielfalt, all das ist als Essenz unser göttliches Erbe. Das sind wir im eigenen Sein, in der ewigen Heimat.

Deshalb lebet aus dem Geiste, und seid eingedenk des Inneren Lichtes, das euer Helfer und Ratgeber ist, Christus: Ich in euch, ihr in Mir; Ich in dir, du in Mir.

Gabriele:

»Ich in euch, ihr in Mir; Ich in dir, du in Mir.« Lassen wir die Worte des Herrn in uns hineinschwingen, bewegen wir sie in unserem inneren Bewusstsein, so erkennen wir in diesem einen Satz die unendliche Größe des universellen Geistes, des Lebens, des universellen Seins.

Der wahre Weise lebt in Gott, und Gott lebt durch ihn. Was er gibt, das gibt nicht er – Gott gibt es durch ihn. Was er tut, das tut nicht er – Gott tut es durch ihn.

Er spricht; doch nicht er spricht – Gott spricht durch ihn. Er arbeitet, doch nicht er arbeitet, weil Gott durch ihn arbeitet.

Der wahre Weise lebt in der Welt für die göttliche Welt und ist nur Transformator der selbstlosen Liebe, der inneren Kraft – er ist selbstloses Geben. Deshalb ist nicht er es, der spricht und handelt, sondern Gott ist es durch ihn.

Hierzu erläuterte Gabriele,
die Lehrprophetin und Botschafterin Gottes:

Diese Worte des Christus Gottes zeigen uns das Ziel unserer Erdenwanderung auf, das auch das Ziel der Seele in den Stätten der Reinigung ist.

Es gibt nur ein Ziel: Es ist die Einswerdung mit Gott. Deshalb sind wir Menschen. Deshalb leben wir als Seelen in den Stätten der Reinigung. Deshalb kommen wir wieder zur Inkarnation und werden ein weiteres Mal Mensch.

Das Rad des Kommens und Gehens dreht sich für jeden Einzelnen so lange, bis er in der Welt zu leben vermag, ohne mit dieser Welt zu sein. Dann erst hören die Inkarnationen auf. Dann erst geht die Seele schrittweise in das ewige Licht ein und wird eins mit dem Allmächtigen, von wo einst das reine Wesen – du als das Wesen aus Gott – ausgegangen ist.

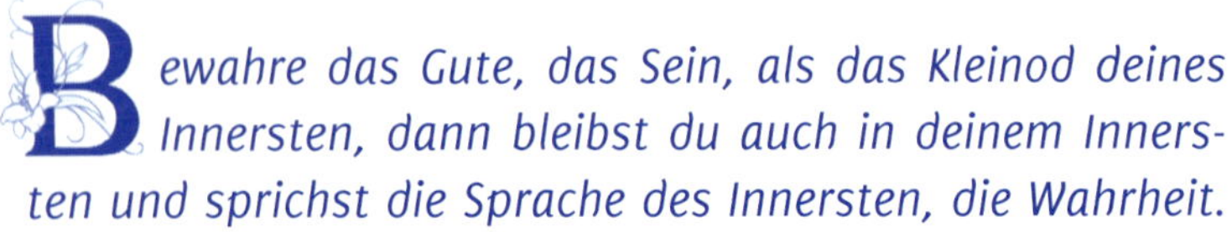

Bewahre das Gute, das Sein, als das Kleinod deines Innersten, dann bleibst du auch in deinem Innersten und sprichst die Sprache des Innersten, die Wahrheit.

Hierzu erläuterte Gabriele,
die Lehrprophetin und Botschafterin Gottes:

Wir bewahren das Göttliche in uns als das Kleinod unseres Innersten, indem wir uns des Göttlichen, unseres ewigen Erbes, mehr und mehr bewusst sind und Gott in unserem Leben die Ehre geben. Wer sich immer wieder auf das Göttliche in sich selbst und auch in seinen Mitmenschen besinnt, der strebt täglich danach, die ewigen Gesetze, das Kleinod seines Innersten, zu erfüllen. Dadurch wird er allmählich zur Wahrheit und gibt aus der Wahrheit, weil er das Kleinod nicht nur schätzt und achtet, sondern es in seinem irdischen Dasein zur Quelle der Kraft werden lässt.

Wer nur vom Menschen, das heißt, vom Menschlichen, gezeugt wurde, der wird auch als Seele immer wieder zu den Menschen zurückkehren und vom Menschen, dem Menschlichen, geboren werden und die Sprache der Menschen sprechen – bis er der Eingeburt zustrebt, Gott, der einmaligen Geburtsstätte, die das Sein ist. Dann wird er zu Gott zurückkehren und ewig in Ihm, dem Strom des Seins, leben. Dann wird er auch die Sprache des Seins sprechen, weil er wieder das formgewordene Sein ist, in dem er sich bewegt.

Gabriele:

Wird ein Körper durch die Lust der Körperlichkeit gezeugt, dann wurde der Körper nicht aus Liebe zum Partner, zur Partnerin und zum werdenden Körper gezeugt. Solche Menschen ziehen auch nach Lüsten verlangende Seelen an.

Legen die Eltern ihre körperlichen Lüste nicht ab, dann wird es auch das Kind im Erwachsenenalter sehr schwer haben, die von ihm mitgebrachten Sinneslüste zu erkennen und auch zu bereinigen. Oftmals werden dann Eltern und Kinder mit den Lüsten in die Seelenreiche eingehen und unter Umständen ihre Lüste wieder mit in ein neues Erdenkleid bringen, und sie werden, von ihren Leidenschaften getrieben, keine Ruhe und auch sich selbst nicht finden. So dreht sich das Rad der Einverleibung für sie so lange, bis sie der Eingeburt in den Geist Gottes zustreben und eingehen in die Geburtsstätte des Geistwesens, die das Sein ist.

Sprich die Sprache des Seins!

Nichts ist außerhalb von dir. Es ist nicht die Blume, das Gras, die Pflanze, der Stein, das Mineral – du bist das Sein, die Blume, das Gras, die Pflanze, der Stein und das Mineral, weil du als Essenz in allem bist und alles als Essenz in dir ist.

Gabriele:

Alles ist in allem. So hat es Gott, der Ewige, angelegt. So hat Er das mächtige, ewige Gesetz der Kommunikation geschaffen. Alles ist miteinander verbunden, weil alles als Essenz in allem ist.

Einerlei, wo du gehst, wo du stehst, wo du bist – gehöre dem ewigen Tempel an! Halte die Tempelordnung; dann wirst du auch gerecht sein und Gerechtigkeit erlangen.

Gabriele:

Der ewige Tempel ist Gottes Unendlichkeit, in dem alle reinen Wesen leben und ihr Dasein haben. Jeder von uns ist der Tempel Gottes, denn in jedem von uns wohnt die Kraft des Allheiligen.

Uns Menschen ist geboten, unsere Tempel von unlauteren Gedanken, Gefühlen, Worten und Handlungen, von Sinneslüsten und Begierden zu reinigen, so dass wir dann die Tempelordnung halten, also das Gesetz des ewigen, mächtigen Tempels der Unendlichkeit erfüllen. Dann sind wir gerecht und werden Gerechtigkeit erlangen – wenn auch nicht sogleich, da Gottes Mühlen gleichsam langsam mahlen. Denn im Gesetz von Saat und Ernte setzen die Wirkungen nicht von heute auf morgen ein, sondern im Rhythmus, den Menschen selbst vorgegeben haben durch ihre gegensätzlichen Eingaben.

Gott ist gerecht, und wer auf Gott baut, wird auch Gerechtigkeit erlangen.

Merke dir: Was du in deinem Innersten, in deinem wahren Sein, nicht wahrnimmst, das hast du auch in deinem Innersten noch nicht erschlossen.

Was in dir nicht lebendig ist, das erfasst und schaust du auch nicht. Ist dein Nächster nicht in dir lebendig, dann hast du auch keinen Zugang zu deinem Nächsten und auch keine Kommunikation mit Gott.

Gabriele:

Die Wahrnehmung des Innersten, des wahren Seins, erlangen wir nur dann, wenn wir unseren Tempel von dem Unrat der Sünde reinigen und die bereinigten Sünden nicht mehr tun. Durch die Bereinigung unseres Sündhaften erleben wir uns selbst, zugleich wird das, was wir getan und vollzogen haben, um die erkannten Sünden nicht mehr zu tun, zu unserer Erfahrung.

All das, was wir bereinigt haben, was oftmals durch Leid und Schmerz behoben wurde, ist nun für jeden von uns das positive Erinnerungspotential, das wir auch Hilfs- oder Erfahrungspotential nennen.

Durch die innere Kommunikation, durch die Wahrnehmung mit dem Innersten in Verbindung mit dem Erinnerungs-, gleich Hilfspotential, können wir unsere Mitmenschen erfassen und auch hinter ihre Masken schauen, also das erkennen, was sie vorgeben, um ihr wahres Fühlen und Denken, ihr wahres Gesicht, zu verbergen.

Erst wenn wir unser niederes Selbst überwunden haben, wird auch das Positive unseres Nächsten in uns lebendig. Auf diese Weise haben wir Zugang zu unserem Nächsten und zugleich Kommunikation, also Wahrnehmung mit dem wahren Sein. Wer diesen Weg nicht geht, der spricht nur sein niederes Selbst. Er sieht nur sein niederes Selbst und hat weder Zugang zu seinem Nächsten noch Zugang zu Gott.

Prüfe dich selbst: Wie du sprichst, zeigt, ob du in dir bist oder ob du nur aus deinem Ich, der Oberfläche, sprichst.

Speise in Gott. So, wie der Bissen und der Trank in dich eingehen, so wirken sie in dir und strahlen auch wieder von dir aus.

Wer den Bissen und den Trank heiligt, der hält das Bewusstsein der Speise und des Trankes lebendig. Es geht dann als Essenz und Kraft in die Seele ein. Die Speise und der Trank stärken dann nicht nur den Leib, sondern Seele und Leib.

Begleite mit deinem Bewusstsein jeden Bissen und jeden Schluck des Getränkes auf dem Weg in den Körper.

Die Empfindungen, Gedanken und Worte, die du den Speisen und Getränken auf deren Weg in den Organismus mitgibst, wirken entsprechend in Seele und Leib.

Hierzu erläuterte Gabriele,
die Lehrprophetin und Botschafterin Gottes:

In allem ist Gott die unendliche Kraft. Gott ist also allgegenwärtiges Leben. Bevor wir unsere Speisen und Getränke zu uns nehmen, sollen wir unser Herz zu Gott erheben und für Seine Gaben danken. Unser Dank an Gott soll uns beim Essen und Trinken geleiten, dann wird das Göttliche in der Speise aktiv und wird zum Gesundbrunnen für Seele und Leib.

So du wahrlich dein Herz zu Gott erhoben und Ihm für die Speisen und Getränke gedankt hast, dann wirst du auch nach dem Mahl wieder danken und Ihm die weiteren Stunden weihen, indem du mit Gott das tust, was angezeigt ist.

Alles ist Energie; auch die Speise und der Trank sind Energie. Wie du empfindest und denkst – mit diesen Kräften magnetisierst du die Nahrung und das Getränk; das gibst du ihnen auch auf den Weg in deinen Körper mit.

Bleibe also auch bei der Nahrungsaufnahme im Innersten deines Tempels, denn auch die Speise und der Trank gehören zur Tempelordnung, zum Tempelgesetz.

Jeder Bewusstseinsaspekt ist gleich der Bewusstseinsstand. Er hat das Ganze in sich und spricht sich auch selbst entsprechend dem Bewusstseinsgrad.

Auch die Früchte und das Getränk – jede Speise – sind Bewusstsein und sprechen die Sprache ihres Bewusstseinsgrades. Das heißt, sie stehen mit dem Strom, in dem sie sich bewegen und ihr Dasein haben, in Kommunikation.

So, wie du, der Mensch, es mit der Nahrung und dem Getränk hältst, so wirkt es sich auch in und an dir aus. Alles ist Schwingung, die sich in und an dir bemerkbar macht und dich auch prägt.

Gabriele:

Die göttliche Kommunikation ist das Allbewusstsein, denn alles ist in allem; alles ist göttlich und ist Kommunikation. Aus jedem Bewusstseinsstand spricht Gott entsprechend dem Bewusstseinsgrad. Infolgedessen spricht Gott aus unzähligen Mündern. Es sind also unzählige Kommunikationen, die von uns Menschen kaum zu ergründen sind.

So, wie wir uns auf die göttliche Kommunikation einstimmen oder uns von der göttlichen Kommunikation lossagen, so verläuft unser Leben. Unser irdisches Leben zeigt sich in unserem Fühlen, Denken, Sprechen und Handeln, in unseren Essens- und Trinkgewohnheiten, in unserem ganzen Verhalten – in unserem irdischen Heim und außerhalb unserer Wohnung und unseres Hauses.

Meine Worte sind Geist und Leben, Licht und Wahrheit. Der geistig Reifende, der dem Lichte, Mir, zustrebt, wird sensitiver, durchlässiger für das Innere Leben.

Gabriele:

»Sensitiver, durchlässiger für das Innere Leben« zu werden bedeutet, dass der Mensch, der tagtäglich seine Sünden erkennt, bereinigt und nicht mehr tut, in das göttliche Bewusstsein hineinreift. Seine Seele wird lichter und der Mensch aufnahmebereit für das Innere Leben.

Sensitiv zu werden heißt also: Die Seele nimmt an Licht und Kraft zu, weil der Mensch seine Sünden bereinigt und nicht mehr tut. Dadurch strahlt immer mehr Licht durch die Seele und durch den Menschen, der hierfür durchlässiger geworden ist. Er erfasst im Oberbewusstsein, was das Innere Licht ihm zuspiegelt.

In der Erkenntnis des Lebens wird er keine tote Nahrung mehr zu sich nehmen. Er wird auch nicht mehr völlern und große Mengen Nahrung verzehren.

Der geistig Reifende lebt von innen nach außen. Dementsprechend wird er auch seine Nahrung wählen, so dass sein physischer Leib das bekommt, was er zum Leben braucht, jedoch nicht darüber hinaus.

Der geistige Mensch wird nicht üppig leben. Er wird seinem Körper das geben, was er braucht. Er füllt ihn nicht.

Gabriele:

In den Worten *»Er füllt ihn nicht«* liegt eine wichtige Gesetzmäßigkeit Gottes für uns Menschen. Diese lautet: Was der Körper nicht zu verwerten, also für den physischen Leib nicht aufzuschließen vermag, weil die Nahrungsmenge zu üppig ist, ist vergeudete Lebensenergie.

Wird über das Maß des Erforderlichen hinaus Nahrung aufgenommen, so wird diese dann wohl verarbeitet, aber nicht für die Organe, für das Blut, für die Zellen des Körpers aufgeschlossen; sie geht zur Ausscheidung. Für diesen Teil der Nahrung muss der Mensch Rechenschaft ablegen. Das ist Missbrauch der Natur.

Ein geistiger Mensch, der schrittweise die Gesetze Gottes erfüllt, steht auch mit den Organen seines Körpers in Kommunikation, die ihm übermitteln, was sie benötigen. Das führt der Reifende auch seinem Körper zu. Er völlert nicht; er füllt ihn nicht.

Erkennet: Viele glauben, wenn sie fasten und sich kasteien, dann würden sie rascher Gott näherkommen. Das ist ein Irrtum des Verstandes.

Das geistige Wachstum geht nicht mit einer Ernährungsweise mit Fasten oder Kasteiung einher; auch bestimmte Gebetsweisen sind nicht erforderlich. Wichtig ist, dass der Mensch aus dem Geiste lebt; denn dann ordnet sich alles von selbst, es bedarf keiner Regeln – es bedarf eines konsequenten Lebens, indem der Mensch mehr und mehr nach innen zur Quelle des Lebens wandert, um aus der Quelle des Seins zu schöpfen.

Gabriele:

Viele Menschen sind der Ansicht, um Gott näherzukommen, müsse der Körper leichter sein. Deshalb wird in so manchen Ernährungsweisen das Fasten angeraten, um eventuell dadurch göttliche Impulse aufnehmen zu können. Das ist ein Irrtum und ist Irreführung.

Nicht durch das Fasten finden wir zu Gott, sondern durch die Selbsterkenntnis, zu der uns jeder Tag führt, denn jeder Tag lässt uns Teile unseres eigenen Sündhaften, unserer eigenen sündhaften Programme, unserer Eingaben in die Seele, bewusst werden.

Wer täglich von seinem Sündhaften das bereinigt, was er gegenwärtig erkennen darf, der wird seine Seele und auch seinen Körper reinigen und dem Körper wie auch seiner Seele Nahrung geben. Er wird Schritt für Schritt die Verwirklichung und Erfüllung der Zehn Gebote und der Bergpredigt anstreben, und seine Nahrung wird naturbewusst sein. Seinem Körper wird er das geben, was dieser signalisiert und letztlich braucht.

Weder durch Fasten noch durch die Kasteiung findet der Mensch zu Gott, sondern in der rechten geistigen Haltung.

Es geht nicht um das leibliche Wohl, sondern um die geistige Haltung, um euer Tun oder Nichttun.

Prüft also, ob das, was ihr tun wollt, eurem Innersten entspricht und eurem geistigen Wachstum dient. Seid also aufrichtig zu euch selbst. Tut nichts, was der ewigen Wahrheit, dem ewigen Sein, entgegensteht, denn vor Gott ist nichts verborgen. Eines Tages wird das von euch Verdeckte offenbar, und ihr werdet selbst schauen, ob euer Denken und Tun redlich und ehrlich war.

Solange ihr eure Blicke auf irdische Dinge lenkt, seid ihr nicht in das Reich Gottes eingekehrt und baut auf ein äußeres Reich, das irreal ist.

Solltet ihr um die Gesundung des Leibes bitten, dann kann äußeres Fasten nur dann heilsam sein, wenn ihr gleichzeitig eure menschlichen Gedanken, das, was ihr an Menschlichem erkannt habt, ablegt und so frei werdet für die Einstrahlung des Lichtes.

Wenn du das Allerheiligste in allem würdigst, indem du es in dir als Schatz und Leben bewahrst und es auch durch dich wirken lässt, dann wirst du im Allerheiligsten am Tisch des Herrn sitzen und speisen.

Bleibe also in jeder Situation, in allem, was du tust – auch bei der Nahrungsaufnahme – im Innersten deines Tempels; denn der Tempel deines Innersten ist mit der Essenz aller deiner Nächsten und mit der Essenz der Naturreiche erbaut.

Gabriele:

Christus offenbarte uns in Seinem Offenbarungswerk »Die großen kosmischen Lehren des Jesus von Nazareth«: *»Solange ihr eure Blicke auf irdische Dinge lenkt, seid ihr nicht in das Reich Gottes eingekehrt und baut auf ein äußeres Reich, das irreal ist.«*

Das heißt für uns: Solange wir an irdischen Dingen hängen und unser Sinnen und Trachten davon gefangen ist, sind wir auf den äußeren Schatz bezogen, weil dort unser Sinnen und Trachten, unser Herz, ist. Wir bauen auf das äußere Reich, weil unser Herz an diesen äußeren Schätzen hängt.

Das innere Reich ist jedoch der innere Schatz. Es ist Gottes

Wort, Gottes Hilfe, die Erfüllung der Zehn Gebote und der Bergpredigt. Wer zuerst nach dem Reich Gottes trachtet, dessen Herz erschließt den inneren Schatz. Diesem

Menschen wird es an nichts mangeln. Wer jedoch nach äußeren Schätzen giert, dessen Herz hängt auch an dem äußeren Reichtum. Er verschließt für sich selbst das Reich des Inneren.

Das Äußere vergeht. Deshalb ist es nicht real. Das Innere bleibt, weil es die Schöpfung Gottes ist.

Unser göttliches Erbe ist die Essenz der ganzen Schöpfung Gottes. Unser göttlicher Leib, den wir in belastetem Zustand Seele nennen, besteht also aus den unzähligen Kräften, den Bausteinen des Seins. Gottes ewiges Schöpfungswerk beinhaltet geistige Mineralien, Pflanzen und Tiere. Mit all diesen Bewusstseinskräften ist unser Geistleib aufgebaut.

In jedem von uns ist also die Essenz der Unendlichkeit; das ist unser göttliches Erbe. Da jeder Mensch die Essenz des ewigen Seins in sich trägt und der Mensch selbst ein Produkt der Natur ist – wieder aus der Schöpfungskraft –, ist jeder Mensch der Tempel Gottes. Weil in jedem Menschen dasselbe göttliche Erbe ist, sind alle Menschen miteinander als Kinder und somit als Söhne und Töchter Gottes verbunden. So kann jeder zu jedem sagen: »Das Ewige, das du in dir trägst, das trage auch ich in mir. Das Reine, das ich in mir trage, das trägst auch du in dir.« Das ist das geistige Erbe, die Essenz der Unendlichkeit.

Das Göttliche in deinem Nächsten und jede Kraft im Mineral, im Stein, in der Pflanze, im Tier ist ein Baustein deines inneren Tempels, in welchem der Allheilige wohnt.

Fehlt ein Baustein deines Tempels, dann bist du entweder mit Menschen oder mit Bereichen der Natur uneins. Dann ist auch dein Tempel unvollkommen. Das bedeutet, dass du nicht im Gesetz Gottes und auch nicht das Gesetz Gottes bist. Dann kannst du auch das Allerheiligste in dir nicht betreten, um dort Wohnung zu nehmen.

Dann wirst du auch nicht am Tisch des Herrn sitzen, sondern am Tisch der Menschen, die – so wie du – unbedacht das Leben, die Gaben aus Gott, zu sich nehmen. Dann bist du heimatlos und ein irrendes Schaf, das sich auch in die Irre führen lässt, da es blind ist und oftmals blindgehalten wird, weil es Blinden anhängt, die es in einen Tempel führen, der von Menschenhänden erbaut ist.

Bist du jedoch bereit, deinen inneren Tempel zu errichten, zu reinigen und auszubauen durch ein Leben in Gott, dann wirst du dich auch aufrichten und klarsehen.

In dem Maße, wie du deinen inneren Tempel vervollkommnest, wirst du auch die Tempelordnung halten und in den inneren Tempel Einlass finden.

Ist dein Tempel vollkommen, dann bist auch du eins mit allen Menschen und Wesen, mit allem Sein. Dann bist du auch eins mit dem All und seinen Gesetzen und wohnst auch im Allerheiligsten, weil du im All bist und es in dir, und ihr seid von Ewigkeit zu Ewigkeit.

Das Reich Gottes ist das innere Reich. Du kannst es nur mit den inneren Augen wahrnehmen und nur mit den inneren Ohren das hören, was die inneren Gesetze dir sagen.

Du kannst das wahre Sein, dein Erbe, nur im Inneren hören. Es spricht zu dir und spricht mit dir, weil Ich das »Ich Bin« Bin, und das Ich Bin du bist. Deshalb bist du Ich, und Ich Bin du, und wo du bist, Bin Ich, und wo Ich Bin, da bist du, weil alle und alles in dir ist – du und Ich als Einheit in allem.

Du und Ich, die Verschmelzung beider im Ich Bin, kannst du nur im Innersten deines Tempels, im Allerheiligsten, erfahren, in welchem alles ist – das Du im Ich und das Ich im Du. Nichts ist, wo nicht Du und Ich als Einheit sind, weil Gott das Du und das Ich ist, das Bewusstsein der Einheit. Gott ist das Du; du bist das göttliche Wesen. Hast du das begriffen, dann suchst du deinen Nächsten nicht – du rufst nicht nach ihm. Er ist da – in dir! Wo du auch bist, er ist mit dir, weil er in dir ist – das Du und das Ich verschmolzen im Du, im Gesetz, Gott, dem Ich Bin in dir.

Gabriele:

Wir können mit dem ewigen Sein, unserem göttlichen Erbe, mit Gott, dem Ich Bin, nur verschmelzen, wenn wir unseren Tempel gereinigt haben; denn dann sind unsere geläuterten fünf Sinne im Allerheiligsten und erleben dort, was menschliche Augen nicht sehen und menschliche Ohren nicht hören, das Ich Bin. Dann ist das Du die Seele in Gott, und das Ich Bin durchdringt das Du, die Seele in Gott, und durchdringt auch die lichte Hülle, den geläuterten Menschen.

Sind das Ich Bin und das Du verschmolzen, dann haben Seele und Mensch zur Einheit in Gott gefunden und sind auch mit allen Menschen, mit allen Wesen und den Naturreichen in Harmonie. Das ist die Verschmelzung mit dem Göttlichen und somit die Erfüllung des göttlichen Erbes, des göttlichen Gesetzes. Das ist das Leben im Ich Bin.

Der so mit Gott und allem Sein Geeinte hat auch seinen Nächsten in sich gefunden. Er ruft ihn nicht, um ihn bei sich zu haben. Das Göttliche im Menschen ist mit dem Göttlichen in seinem Nächsten verbunden und wählt den Zeitpunkt der äußeren Zusammenkunft.

Das Du Gottes ist die Dualität. In Gott werden zwei eins. Alle Zahlen münden in das Eine, in das Eins-Sein, weil Gott alle und alles eint und alle Wesen Ebenbilder des Einen sind, Gottes.

Gabriele:

Christus spricht: *»Das Du Gottes ist die Dualität.«* Er spricht: *»In Gott werden zwei eins.«* Dualität heißt: Ein weibliches und ein männliches Prinzip vereinen sich in dem Einen und sind eins in der Erfüllung der ewigen Gesetze, die als Ganzes wiederum Gott sind.

Es bestehen also die zwei Wesen, weiblich und männlich, die sich in der Mentalitätsgleichung vereint haben und die Dualität bilden – zwei, die eins in Gott sind. Es ist die Verschmelzung zwischen dem göttlichen männlichen und dem göttlichen weiblichen Prinzip. In Polungen ausgedrückt: das göttlich Gebende, das Positiv, und das göttlich Empfangende, das Negativ, vereinen sich, wobei Positiv und Negativ als Energiegleichung gesehen werden, die sich einschwingen in die All-Familie Gott und sich in allem ergänzen.

Wesen in Gott sind Ebenbilder des Vaters, der sich selbst aus Seinem allgegenwärtigen, ewigen Gesetzesstrom der Liebe die Form gab, die Vaterform, die sichtbar leuchtende, ewige, reine Gestalt, die Gottpersonifizierung, gleich Wesenheit, welche die allumfassende, ewige Kraft, das strömende allgegenwärtige Gesetz der Liebe, verkörpert. Die göttlichen Wesen sind Verkörperungen aus dem ewigen Gesetz, die wiederum im ewigen Gesetz leben, da sie göttliches, komprimiertes ewiges Gesetz im göttlichen, ewigen strömenden Gesetz der Liebe sind.

Uns Menschen ist geboten, unseren geistigen Leib, den wir Seele nennen, zu erheben und wieder die reinen Wesen zu sein, also Ebenbilder des personifizierten ewigen göttlichen Stroms, des Vaters, die wiederum im Strom des ewigen Seins, der Liebe, eins mit dem Vater sind. Der Vater personifiziert die allgegenwärtige Kraft des Vater-Mutter-Stromes, die auch als Vater-Mutter-Gesetz der Liebe bezeichnet werden kann.

Du bist Mein Gedanke, der Allvater-Gedanke, das Gesetz. Das Mein ist dein; denn der Ewige, der Ich Bin, und du sind eins.

Du, der Reine, sprichst das Selbst, weil du das Selbst bist. Du sprichst dich daher selbst und sprichst auch in allem und in allen das Selbst an, dich im Nächsten und in allen Dingen, Geschehnissen und Ereignissen.

Das Wort des Reinen ist das Selbst, das in allem ist. Das Gesetz spricht sich selbst und bringt sich wieder selbst hervor, weil alles in allem ist – es ist immer das Ganze.

Du sprichst in allem das Ganze an und in jeder Facette der Wahrheit wieder das Ganze. Die entsprechende Bewusstseinsstrahlung, die Facette, antwortet dir in dir, und du vernimmst auch wieder das Ganze in dir.

Gabriele:

Gott kennt keine Halbheiten. Gott ist immer das Ganze. Sein Wort enthält Sein ganzes Gesetz. Die reinen Wesen, die Ebenbilder Gottes, sind das Ganze und sprechen in jedem Wort das Ganze.

Der Klang des Wortes ist die Symphonie der Himmel. Aus der Symphonie empfindet das angesprochene Wesen das heraus, was es dann nach dem Gesetz der Ganzheit vollbringt. Jeder Evolutionsstand, z.B. eine Form aus dem Reich der Mineralien, Pflanzen und Tiere, nimmt wohl die Ganzheitsstrahlung auf, da in der Lebensform die Ganzheitsstrahlung, das Ganze, Gott, enthalten ist. Aus dem Ganzen entnimmt sie das, was ihrem Bewusstseinsstand entspricht, und strahlt im Tun und Verhalten gleichsam die Evolutionsantwort wieder aus.

Jeder spricht das Ganze und bewegt sich im Ganzen und gibt doch Antwort gemäß seinem Bewusstseinsstand.

Du brauchst nicht nach dem Bewusstseinsstand zu fragen. Sprich immer das Ganze an, weil im Kleinsten das Große und im Großen das Kleinste ist.

Wohin der Gedanke des Gesetzes strahlt, dort strahlt er wieder das Gesetz an.

Was der Gesetzesgedanke beinhaltet, das ist schon in dir erfüllt, weil das ewige Gesetz gleich Erfüllung ist.

Gabriele:

Der Ewige und die göttlichen Wesen geben nichts von sich, was nicht in ihnen ist. Sie sprechen nicht, was sein soll – sie sprechen, was ist, denn sie sind die Erfüllung des ewigen Gesetzes.

Der Gesetzesgedanke kann nicht zerstört oder abgelenkt werden. Beim Aussenden hat er sich schon in dir erfüllt.

In der Außenwelt erfüllt sich der Gesetzesgedanke nach dem Gesetz des freien Willens dann, wenn er Zugang in das Herz des Menschen findet.

Der Gedanke des Gesetzes kennt jedoch keine Hindernisse. Er durchstrahlt jede Verdichtung und jedes Hindernis und wartet, bis er empfangen wird. Er geht den Weg der Erfüllung auch im Äußeren, weil er ein Teil des ewigen Gesetzes ist, das sich im Innersten des Menschen befindet.

Der Gesetzesgedanke kennt keine Zeit; er ist das Gesetz und zeitlos. Der Weg zum Menschen nach außen kann für den Menschen eine Verzögerung bedeuten, weil der Gesetzesgedanke den Augenblick zur Handlung kennt und sich so lange als erfüllt im Aurafeld des Menschen aufhält, bis er Zugang findet.

In der gesetzmäßigen Empfindung und im gesetzmäßigen Gedanken ist kein Rückschlag, keine Auflösung der Empfindung oder des Gedankens, weil sie das ewige Gesetz, die Allkraft, sind.

Ich, Christus, lehrte als Jesus von Nazareth einige Apostel und Jünger, die es fassen konnten, die ewigen Heiligen Gesetze. Trotz ihres geistigen Wissens musste Ich sie immer wieder vor dem Fall in das Menschliche, in die Irr-Realität, auffangen und ihnen immer wieder den heiligen Gedanken – das ewige Selbst – näherbringen, den sie immer wieder aus ihrem Innersten ließen, weil ihnen das Blendwerk, die Irr-Realität, der menschliche Gedanke, näher schien.

Gabriele:

Wir Menschen haben die Angewohnheit, uns immer wieder mit unserem Menschlichen, den sündhaften Gedanken, zu identifizieren. Denn: Solange wir sündigen, überlagern wir das ewige Sein. Die Überlagerung, die Sünden, sind uns dann in der Strahlungsintensität näher, weil sie uns beherrschen und uns nicht die Freiheit des Denkens lassen. Sie zwingen uns, so zu denken, wie wir diese Energien durch unser Sündigen geschaffen und angezogen haben.

Damit wir von den Zwängen durch unsere eigenen Sünden frei werden, sollten wir immer wieder Christus anrufen, um die Irrealität der Sünde, die Begrenzung und Begrenztheit ist, mit der Hilfe des Christus Gottes zu erkennen, zu bereinigen und nicht mehr zu tun. Dann lösen wir uns von diesen unseren Eingaben. Wir lösen uns von den Überlagerungen der Sünde, so dass das Licht des Ewigen selbst uns mehr und mehr durchglüht und wir zum Gedanken des ewigen Selbst, des ewigen Seins, werden. Dann ist uns Gott näher, weil die Sünden in Sein Licht umgewandelt sind.

Sinngemäß sprach Ich zu ihnen:

Das heilige Wort, das die Kraft Gottes ist und das in euch geboren wurde, kann nur von euch mit dem menschlichen Ich umhüllt werden – das sich im Ober- und Unterbewusstsein aufbaut –, wenn ihr es nicht als das wahre Selbst in euch bewahrt, wenn ihr es trotz besseren Wissens aus eurem Innersten entlasst durch Zweifel, Ängste oder durch Ungeduld.

Der Kern der menschlichen Gedanken und Worte ist das Wort Gottes. Es bleibt göttlich. Die Umhüllung jedoch richtet sich gegen euch und wird euch zur Belastung.

Gabriele:

So mancher Mensch hat die Angewohnheit, den anderen die Schuld für sein Fehlverhalten zu geben. Damit sagt er Folgendes aus:

Er behauptet, das menschliche Ich, also das Sündhafte des anderen, umhüllte in ihm, dem Urteilenden, das

Göttliche. Das Negativpotential seines Nächsten würde sich dann im vermeintlichen Opfer, in seinem Ober- und Unterbewusstsein, aufbauen. Infolgedessen, so meint der Betroffene, könne er das wahre Selbst nicht im Herzen bewahren, weil er sich durch die Zweifel, Ängste und Ungeduld, die vom anderen in ihn einsuggeriert wurden, vom Innersten abgewendet hat.

Wer annimmt, dass es so wäre, müsste über sich persönlich nachdenken in der Frage, wo seine persönliche Schwäche liegt, dass ein anderer ihm Zweifel, Ängste und Ungeduld einzusuggerieren vermag. Nicht der andere ist der allein Schuldige, sondern er ist mit schuldig, ja er – das vermeintliche Opfer – trägt sogar die Hauptschuld, denn die Schwäche, die er nicht erkennt und somit nicht erkennen möchte und die sich somit nicht in geistige Stärke umwandelt, bildet den Magneten für die Suggestion.

Gottes Wort spricht: *»Der Kern der menschlichen Gedanken und Worte ist das Wort Gottes ... Die Umhüllung jedoch richtet sich gegen euch und wird euch zur Belastung.«*

Das heißt: Unsere Sünden und auch die Projektionen von unserem Nächsten, die wir bei uns zulassen, tragen zur Umhüllung des göttlichen Kernes in uns bei. Auf diese Weise hüllen wir mehr und mehr den Kern des Guten, Gott, ein und leben unsere Belastungen, die sich auch wieder gegen uns richten.

Jede Gesetzesempfindung und jeder Gesetzesgedanke geht von der ewigen Kraft, Gott, und der Kommunikation mit Gott aus. Wenn sie auch vom menschlichen Ich umhüllt sind, so bleibt der Kern, das Leben, doch in Gott.

Das Gesetz, Gott, ist: Senden und Empfangen. Das ewige Gesetz sendet sich selbst und empfängt sich selbst. Daher geht keine Energie verloren. Das ewige Gesetz spricht sich also selbst, und die Antwort ist wieder das Gesetz, das Selbst, weil alles Sein Gesetz ist und alle reinen Lebensformen das Gesetz sind und sie alle im fließenden Gesetz ihr Dasein haben.

Ich lehrte Meine Apostel und Jünger das Gesetz:
Gott ist das Allgesetz.

Das Allgesetz, Gott, besteht aus unzähligen Bewusstseinsfacetten, welche Bewusstseinsgrade sind. Es sind die geistigen Lebensformen – Mineralien, Pflanzen, Tiere und Naturwesen –, die vom Schöpfergott, dem Geist der Evolution, zu den nächsthöheren Bewusstseinsgraden geführt werden. Auch die verschiedenen geistigen Fähigkeiten und die Mentalität sind vom Schöpfergott als Anlagen in den Lebensformen enthalten, so auch ihre geistigen Namen.

Der Ewige führt alle Seinsformen zur Vollendung. Deshalb ist alles in allem enthalten.

Jeder Bewusstseinsgrad beinhaltet das ganze Allgesetz. Die unterschiedlichen Bewusstseinsgrade stehen wieder in Kommunikation mit gleichen oder ähnlichen Bewusstseinsgraden. Trotz alledem gilt für die Lebensformen: In allem ist wiederum alles enthalten, jedoch ist noch nicht jeder Aspekt allumfassend offenbar.

In jedem von euch ist jedoch alles offenbar, weil euer geistiger Leib alle Seinsformen als das Gesetz erschlossen hat. Deshalb lernt, in euch alles in allem wahrzunehmen, zu schauen, und alles in jedem Bewusstseinsaspekt anzusprechen.

Hierzu erläuterte Gabriele,
die Lehrprophetin und Botschafterin Gottes:

Das heißt für uns Menschen, wir sollen beständig in der Gegenwart leben und uns keine Vorstellungen machen, was in der Zukunft wohl sein könnte und wie wir es in der Zukunft sehen und halten wollen. Wir können nicht wissen, was in der nächsten Minute, ja im nächsten Augenblick geschieht. Deshalb ist es auch irreal, für unser menschliches Dasein die Zukunft zu planen. Wesentlich ist eine Planung für unsere Tätigkeit, die wir sodann in die Hand Gottes legen. Unser irdisches Leben hingegen sollen wir nicht verplanen und dieses in die Zukunft stellen. Der Augenblick ist von Bedeutung und somit das Leben in der Gegenwart.

Haben wir gelernt, in der Gegenwart zu leben, dann werden wir alles, was uns begegnet, was wir sehen, hören, riechen, schmecken und tasten, in unserem Innersten bewegen, in der Bewusstheit: Gott zeigt sich durch die Umhüllung. Gott spricht durch das Wort des Nächsten. Gott ist der Duft des Alls: ich rieche. Gott ist der Geschmack der Früchte und des Getränks: ich schmecke. Ich betaste Äußeres und zugleich Göttliches. – Das ist gegenwärtiges Leben, das keinen Raum kennt, in welchem es über die äußere Form, über unangenehme Worte, Gerüche und Geschmacksnuancen nachdenkt, auch nicht über das, was es betastet. Das, was der Mensch sieht, hört, riecht, schmeckt und tastet, ist ihm dann wohl bewusst. Er verhält sich entsprechend, doch er wertet und verurteilt nicht. Das ist Leben in der Gegenwart, und das ist für uns Menschen göttliches Leben.

Jeden Einzelnen spreche Ich an: Warum möchtest du in die Ferne schauen, wenn doch das Ewige, das, was du in der Ferne glaubst, in dir ist?

Warum willst du mit deinem Bruder sprechen, wenn er doch als Kraft und Licht in dir ist?

Hast du ihm Wesentliches mitzuteilen, sprich ihn in dir an. Dadurch stellst du eine bewusste Kommunikation zu deinem Nächsten her, und so es für ihn von Bedeutung ist, wird er es empfangen – dann, wenn er auch dich in sich als Kraft und Licht trägt. Ist dein Bruder mit dir verbunden, dann wird er sich in dir melden, oder du wirst ihm begegnen und mit ihm einen Gesprächstermin vereinbaren.

Doch alles erfolgt zuerst in dir; das ist das ewige Gesetz, nicht das Kausalgesetz.

Ich wiederhole: Voraussetzung für eine göttliche Kommunikation ist, dass du die göttliche Essenz deines Bruders oder deiner Schwester in dir erschlossen hast – und umgekehrt, dass dein ewiger geistiger Lebensteil in ihm wirksam ist.

Ich lehrte Meine Apostel und Jünger: Wollt ihr das erjagen, was in der Ferne ist, dann werdet ihr gehetzt und gejagt werden, weil ihr im Äußeren lebt, in und mit der Welt, die nur Schein ist, also Abglanz der Realität. Es kann kurzzeitig angenehmes Weltliches auf euch zukommen – oder ihr werdet sofort mit dem Unangenehmen zu ringen haben, mit dem, was ihr gesät habt. Eventuell werdet ihr unter die alte Saat neue Saat mischen, neue Ursachen, und auch dadurch Ereignisse und Kräfte an euch ziehen, die nicht dem Gesetz Gottes, der heiligen Tempelordnung, entsprechen.

Dann werdet ihr nur euer menschliches Selbst sprechen und euch in eurer Menschlichkeit darstellen. Ihr werdet nicht das ewige Wort, welches das ewige Gesetz ist, das unpersönliche Leben, Gott, sprechen, weil ihr persönlich seid.

Alles, was euch unter Druck und Zwang setzt, was euch keinen Ausweg lässt, das ist persönlich. Das Persönliche will immer die Bestätigung – ob es sich in der Nähe oder aus der Ferne darstellt. Es kann nicht den gesetzmäßigen Ablauf nehmen, weil das Persönliche ausschließlich auf die Person bezogen ist und nicht auf das unpersönliche, kosmische All-Sein.

Die Person, das menschliche Ich, ist das menschliche Selbst, das sich selbst sieht und daher auch nur auf das irdische Leben und auf die Person Bezug nimmt, auf das

Vergängliche, das nur im Begriff der Jahre Bestand hat. Das vergängliche, menschliche Selbst drängt, um die Jahre zu nützen, in welchen es sich bestätigen kann. Da es nicht die Einheit und die Unendlichkeit ist, drängt es in die Ferne, drängt in die Nähe, drängt nach rechts und nach links, nach oben und nach unten und engt sich damit immer mehr ein, weil es alles auf sich, die Person, bezieht.

Jede Einengung führt zur Eingrenzung, zur Enge und zur Begrenzung und dann zur Explosion. Jeder Begrenzte schlägt um sich. Was ausbricht, sind die Ausgeburten: Streit, Krieg und Plünderung.

Alle diese Aspekte sind Explosionen des menschlichen Ichs, des menschlichen Selbst, das immer mehr für sich fordert. Dafür ziehen oftmals ganze Heere in den Krieg, Menschen, die gleichen oder ähnlichen Begrenzungen unterliegen und sich von ihresgleichen bevormunden lassen. Sie wählen dann ihre Führer, die ganze Völker beherrschen.

Das niedere Ich ist unersättlich. Es möchte besitzen und haben, bis der Ich-Mensch hinscheidet. Auf ähnliche Weise geht es dann in den Seelenreichen weiter oder in erneuten Einverleibungen. Daher hütet euch, auf dass ihr nicht dem geistigen Tod verfallet.

Immer wieder höre Ich euch vom Tod reden.

Was ist für euch der Tod? Für viele ist er das Ende. Doch der Tod ist nichts anderes als der Übergang in eine andere Daseinsform, in welcher ihr in gleicher Weise lebt, wie ihr als Mensch gelebt habt.

Der Tod wird nichts von euch nehmen – er wird euch auch nichts geben. Die Seele, die den Leib verlässt, ist dieselbe, die im Menschen war und die der Mensch widerspiegelte. Nach dem Leibestod erlangt ihr deshalb nicht die Auferstehung.

Nur der geht in das Licht ein, der dem Lichte zuwandert, der einwärts wandert. So, wie die Seele des Kindes aus dem inneren Reich in die Lebensschule Erde eintritt, so soll der ältere Mensch von der Erdenschule in das Innere hineingewachsen sein durch Verwirklichung und Gottnähe.

Wer das innere Reich, das Reich Gottes, erschließt, der wird zum Tempel des Heils und erlangt im eigenen Tempel, im Tempel aus Fleisch und Bein, schon die Auferstehung; dann braucht ihr den Tod nicht zu schmecken. Wer jedoch geistig tot ist, der ist auch als Seele tot. Die geistig Toten werden nach dem physischen Tod nicht auferstehen. Sie bleiben geistig tot, denn so, wie der Baum fällt, so bleibt er liegen.

Gabriele:

Die geistig Toten sind jene Menschen, die ihr Menschliches, also ihr Sündhaftes, pflegen, die sich nicht um ihr geistiges Leben kümmern in der Frage, ob sie mit dieser Gedanken-, gleich Wertstrahlung, die ja auch die Seele prägt, in die Himmel eingehen können. Der geistig Tote ist der geistig Unerwachte, dessen Seele auch nach dem Leibestod das ist, was der Mensch war: unerwacht, nur auf die Sünde bezogen.

Der geistig Erwachende ist täglich bestrebt, in allem, was er denkt, redet und tut, nach den Geboten Gottes zu fragen und im Laufe seines Lebens so zu denken, zu reden und zu handeln, wie Gott es will.

Lebt er danach, so wird er zum geistig Erwachten, dessen Seele schon im Menschen auferstanden ist, weil sie rein wurde und in Gott lebt. Eine solche Seele ist eine lichte, gottbewusste Seele, die in Christus auferstanden ist und durch Christus in das Vaterhaus eingeht.

Darum erlangt die Erkenntnis: Im Fleische sollt ihr zur Kindschaft Gottes erwachen, und im Fleische sollt ihr die Auferstehung erlangen, denn die Seele im Menschen ist in der Lebensschule Erde, um wieder zu dem zu werden, was sie im Vater ist: göttlich.

Wisset: Die geistig Toten schauen nur auf den Buchstaben und erfassen den Sinn nicht. Deshalb prüft, zu wem ihr redet und was ihr sagt, denn ihr sollt die Perlen nicht in die Gruft werfen, sondern denen bringen, die erwachen wollen.

Gabriele:

Christus offenbarte, dass wir im Fleisch zur Kindschaft Gottes erwachen und im Fleisch die Auferstehung erlangen sollen, weil wir Menschen in der Lebensschule Erde sind, um wieder zu dem zu werden, was wir im Vater sind.

Da die ganze Unendlichkeit als Kraft und Licht in uns ist, das heißt unser geistiger Leib die Essenz der Unendlichkeit ist, so ist alles in allem, weil Gott allgegenwärtig ist. Der Himmel besteht aus sieben Grundkräften, die wieder als Kraft und Licht in den anderen enthalten sind. Infolgedessen besteht unsere Seele aus sieben mal sieben Lichtkräften der Liebe. In jeder Seele sind als Essenz die sieben mal sieben Kräfte Gottes enthalten.

Um zur Kindschaft zu gelangen, müssen wir die ersten vier der Grundkräfte Gottes weitgehend erschlossen haben; es sind: die Ordnung, der Wille, die Weisheit und der Ernst. Haben wir die vier Grundkräfte, die im Geiste Wesenheiten, also Schöpfungsenergien, genannt werden, in uns erschlossen, dann reifen wir in die drei Kindschaftseigenschaften Gottes hinein: Güte, Liebe und Sanftmut.

Taucht die Seele im Menschen in die drei Kindschaftseigenschaften ein, weil sie die vier Wesenheiten Gottes, die vier Grundkräfte, weitgehend erfüllt hat, dann ist sie durch die Kraft des Christus Gottes auferstanden und geht den unmittelbaren Weg zum Herzen des ewigen Vaters. Die geläuterte und weitgehend entfaltete Seele im Menschen hat Christus erlebt und erlebt Christus. Sie hat Ihn, den Erlöser, gefunden. Diese Seele im Menschen ist durch die erlösende Kraft auferstanden und steht im Licht der Kindschaft Gottes. Sie ist die erwachte Seele, die den Himmel schaut. Der Mensch ist friedvoll und gottbewusst; er ist für seine Mitmenschen und steht in der Erfüllung der Zehn Gebote und der Bergpredigt.

Wer Mich als Mensch nicht gefunden hat, der wird Mich auch nach seinem Leibestod nicht finden. Denn wer nur im Menschlichen gelebt hat, der wird auch als Seele nur weltbezogen leben und wieder das Fleisch suchen, das für ihn das Leben ist.

Deshalb erkennet: Leben ist Gott, und wer Gott in sich nicht gefunden hat, der hat auch Mich, den Christus Gottes, nicht gefunden. Er wird nach seinem Leibestode durch die Pforte des Todes gehen und wird geistig tot bleiben – bis er sich selbst erkennt und sich in Mir findet.

Wer Mich erkennt, der kennt das All. Er ist im All, und das All ist in ihm. Wer Mich nicht erkennt, der ist auf die Erde bezogen und sammelt äußere Schätze und Reichtümer, weil er des Inneren nicht gewahr wird, weil er nicht auf das große Ganze bezogen ist. Weil er Mich nicht kennt, deshalb kennt er sich nicht und auch nicht das All, das Ich Bin.

Gabriele:

Das All, als Ganzes erfasst, ist die Unendlichkeit und das Erbe aller reinen Wesen. Wer täglich sein göttliches Erbe erschließt, indem er seine Sünden erkennt, bereinigt und nicht mehr tut und Schritt für Schritt die Gebote Gottes hält, der sammelt Schätze des Reiches Gottes, weil er das innere Reich, das Reich Gottes, das inwendig in ihm ist, erschließt. Sein Bewusstsein ist auf das All bezogen, und nicht nur weltbezogen. Er sammelt die Schätze des Himmels und begnügt sich auf Erden mit dem, was ihm Gott geschenkt hat. Diese Gaben Gottes bedeuten jedoch nicht ein Leben in Armut, sondern die Mitte des Lebens:

Der Mensch besitzt, was er benötigt, und darüber hinaus. Er sammelt keine äußeren Schätze und Reichtümer, weil er den inneren Schatz gehoben hat, sein göttliches Erbe, welches das All ist und das große Ich Bin.

Wer sein göttliches Erbe nicht gefunden hat, der kennt sein wahres Wesen nicht und kennt auch seinen Nächsten nicht. Dieser ist ihm fremd. Als Seele wird er im All ein Fremdling sein, weil er das All, sein göttliches Erbe, nicht erschlossen hat und somit auch nicht das mächtige, allgegenwärtige Ich Bin.

Die unzähligen Kräfte des Alls sind als Essenz in dir, denn du, o Mensch, bist der Mikrokosmos im Makrokosmos; du bist das Erbe der Unendlichkeit. In dir ist alles geeint; und was ist, das ist ewig. Was ewig ist, ist in dir.

Nur was im Innersten deiner Seele ist, ist dein, und was dein ist, das ist ewig. Das Äußere ist Schein und vergänglich. Du kannst es nicht mitnehmen; du musst es hier und dort lassen.

Erkenne, dass alle Dichte vergänglich ist – und was vergänglich ist, das vergeht. So wird auch die Materie vergehen, weil die Dichte nicht ewig und nicht Ewigkeit ist.

Ihr glaubt, ihr müsstet der Welt entfliehen, um sie zu überwinden. Ich sage euch: Durch die Weltflucht werdet ihr euch nicht überwinden; ihr werdet nicht erkennen, wer ihr seid, denn ihr habt die Spiegel eurer Welt verloren.

Solange ihr in der Welt die Welt nicht überwindet, die noch an euch haftet, seid ihr von der Welt her verwundbar. Ihr müsst euch aller Spiegelung entledigen und so werden, wie euch Gott schaut, wie ihr also wart von Anbeginn – und wieder sein werdet durch Mich, den Christus: Wesen des Lichtes.

Gabriele:

Als »Weltflucht« bezeichnet der sich offenbarende Christus Gottes das Verhalten des Eremiten, der vor der Welt flieht, der in die Einsamkeit geht, um Gott nahe zu kommen.

Gott, der Ewige, hat uns in diese Welt an den Platz gestellt, wo wir das erkennen können, was wir in diesem Leben als unsere Sünden erkennen und bereinigen sollen. Was uns begegnet und uns erregt, das ist unser Spiegel und auch unser Spiegelbild. Denn so, wie wir aufgrund der Situationen, aufgrund von Begebenheiten mit Menschen reagieren, wie wir reden und handeln, das sind wir selbst.

In der Welt begegnen wir uns vielfach selbst, nämlich immer dann, wenn wir uns über das erregen, was uns die Welt jeden Augenblick zuspiegelt. Ein Eremit kann seine tägliche Spiegelung nicht erkennen und ergründen, weil er dem Spiegel, der Welt also, entsagt hat. Wir Menschen sollen an dem Platz, wo wir hingestellt sind, der Sünde entsagen, die wir im Tag erkennen. Was uns tagtäglich erregt, ist unser eigenes Spiegelbild, unsere Spiegelung. Dieser sollen wir uns entledigen, um wieder göttlich zu werden, wie uns Jesus sinngemäß geboten hat, als Er sprach: *»Ihr sollt also vollkommen sein, wie es auch euer himmlischer Vater ist.«*

Denn die Welt der verkörperten Wesen, der Menschen, ist zugleich die Welt der entkörperten Wesen, der Seelen. Beide Welten durchdringen einander. Sie sind Aufenthaltsorte für Menschen und Seelen, in denen Menschen und

Seelen durch Werden und Wachsen reifen und so dem ewigen Reich näherkommen, um in den Strom, Gott, einzutauchen, der ewig ist.

Die geistig Erwachten reifen in die Ewigkeit hinein – die geistig Toten begnügen sich mit der Spiegelung.

Diese Welt ist der Schadstoff für die Seele und den Leib. Wer sich diesen einverleibt, der erkrankt.

Jede Krankheit ist die Wirkung einer oder mehrerer Ursachen. Sie kann auch eine Kollektivkrankheit sein, aufgrund einer Kollektivschuld, dann, wenn mehrere Menschen aus dem gleichen Motiv sich an ihren Mitmenschen versündigt haben. Vergeben ihnen diese Menschen nicht, dann dauert ihre Krankheit an, oft über Inkarnationen oder im Seelenreich.

Die Krankheit ist das Bild deiner Seele. Sie ist der Spiegel, in dem du deine Gefühls-, Empfindungs- und Gedankenwelt erkennen kannst.

Wohl den Seelen, die Fleisch angenommen haben, um in der Erdenschule göttlich zu werden.

Wehe jenen Seelen, die Fleisch angenommen haben, um erneut der Leibeslust zu frönen.

Die Seele im Menschen ist in der Lebensschule Erde, um wieder göttlich zu werden.

Was ändert sich, wenn die Seele ihre sterbliche Hülle abstreift?

Was ändert sich, wenn eine Blume hinwelkt?

Was ändert sich, wenn die Jahreszeiten schwinden?

Gehen sie und kommen nie wieder?

Oder ist im Schwinden nicht das Sein und schon wieder das Werden, das sich einkleidet in ein noch schöneres und viel üppigeres Gewand?

Der Mensch nennt den Herbst, das Schon-wieder-Werden in der Natur, das sich neu und üppiger Gestaltende: das Vergängliche.

Es gibt jedoch keine Vergänglichkeit – nur den Wandel und die Wandlung.

Kann im Wandel und in der Wandlung die Zeit bestehen?

Zeit ist Vergänglichkeit. Was vergeht?

Was ist Raum, wenn das Bewusstsein grenzenlos ist?

Was ist Raum, wenn der Mensch eine Sende- und Empfangsstation ist?

Was ist Raum, wenn die Naturreiche kosmisch sind?

Was sind also Zeit und Raum?

In Gott gibt es keine Zeit, in Ihm ist nichts verloren. In Gott gibt es nicht das Nicht-begreifen-Können; dieses gehört der Zeit an.

Gott ist Gegenwart: Alles ist in dem Einen, und der Eine ist in allem; Er schenkt sich in der einen Strahlung, die Er ist, Gott. Deshalb kann Gott nur Einheit sein.

Die Vielheit ist die Zeit und ist der, der sie bestimmt und der jene Menschen bestimmt, die nach Menge und Masse streben und die im Dasein das Maß aller Dinge, Gott, verloren haben.

Vergeht der Begriff Zeit, dann fallen die Grenzen und die Begrenztheit. Dann wird Gottes Walten sichtbar. Das Sein tritt dann in das Leben der erfüllten Menschen – und sie leben: Der Tod ist dann gebrochen, weil die Zeit gefallen ist.

Hierzu erläuterte Gabriele,
die Lehrprophetin und Botschafterin Gottes:

Unsere »Zeit« haben wir durch unzählige Aspekte von Allzumenschlichem, also Sündhaftem, geschaffen. Weil wir das Sündhafte in der Gegenwart nicht bereinigen, geht es zurück in die Vergangenheit und wird zur Belastung. Unbereinigtes hat im Rhythmus der kosmischen Uhr seine Wirkungen zur Folge – unsere Zukunft. So entstand durch die Vielfalt unserer Eingaben das Gestern, Heute, Morgen, auch der Vormittag, Nachmittag und Abend. Wir schufen uns sogar die Stunden, Minuten und Sekunden, die wiederum unser Maß, unsere Zeiteinteilung, sind.

In unserem Lebensrhythmus Vergangenheit, Gegenwart und Zukunft liegt unsere Vielfalt, die unzähligen Eingaben, die uns prägen und bestimmen, die unser menschliches Lebensvolumen sind. Solange wir uns von unseren sündhaften Eingaben bestimmen, gleichsam treiben lassen, bestimmen uns oftmals andere, weil wir dann das Maß aller Dinge, Gott, unsere Mitte, verloren haben, da wir uns mit unserem Fühlen, Denken, Sprechen und Tun nicht an den Zehn Geboten und der Bergpredigt orientieren, sondern in die Tage hineinleben, ohne zu wissen, wer wir sind. Vielfach erkennen wir nicht mehr, dass wir nicht mehr wir selbst sind.

Tritt in unser irdisches Dasein der Tod ein, das heißt, scheiden wir hin, dann fällt der Begriff »Zeit«, also Vergangenheit, Gegenwart und Zukunft – Gestern, Heute und Morgen; es fallen die Stunden, Minuten und Sekunden. Es fallen die Grenzen und die Begrenztheit durch den Begriff »Zeit«. Dann erleben wir unsere Eingaben, die Vielfalt – oder wir erfahren Gottes Walten, dann, wenn unser irdisches Dasein ausgefüllt war mit der Erfüllung der Zehn Gebote und der Bergpredigt.

*ch, Christus, sprach als Jesus sinngemäß weitere Worte zu Meinen Aposteln und Jüngern:*

Viele Menschen haften mit allen Fasern ihres irdischen Daseins am irdischen Leben. Sie sind sich nicht bewusst, dass sie schon bei der Geburt das Sterbekleid angezogen haben und der Schleier des Todes über ihnen liegt.

Ihr jedoch sollt euch bewusstmachen, dass jeder von euch stirbt und jeder auf eine andere Art und Weise. Deshalb solltet ihr zu eurem Sterben eine Beziehung herstellen, auf dass ihr vom sogenannten Tod nicht überrascht werdet.

Über jedem Menschen liegt der Schleier des Todes, den der Mensch nur dann anheben kann, wenn er geistig erwacht ist – oder er wird ihm erst dann hinweggenommen werden, wenn er gestorben ist.

Hierzu erläuterte Gabriele,
die Lehrprophetin und Botschafterin Gottes:

Zu unserem Sterben eine Beziehung herstellen heißt: Wir sollen uns in jeder Situation bewusst werden, dass wir auf Erden sind, um unser Sündhaftes zu bereinigen und nicht mehr zu tun.

Bereinigen wir unsere Sünden, dann stirbt das sündhafte Ich, und die Seele ersteht im Licht der Gottheit. Dann werden wir zum Sterben und zu dem sogenannten Tod eine Beziehung herstellen, weil wir ihn nicht mehr fürchten. Bereinigen wir täglich das Sündhafte, was uns der Tag aufzeigt, und tun wir diese Sünde nicht mehr, dann erweitert sich unser göttliches Bewusstsein, und der Schleier der Unwissenheit, der Angst vor dem Tod, fällt; er wird gleichsam hinweggenommen, weil wir im Angesicht des göttlichen Lebens leben.

Wird jedoch der Schleier von unserer Seele erst nach unserem Tod hinweggenommen werden, dann wissen wir oftmals nicht, ob wir gestorben sind oder noch als Mensch im Zeitlichen stehen. Wir kennen dann als Seele unsere Umgebung nicht, weil wir jeden Tag mehr gesündigt haben, anstatt unsere Sünden zu erkennen und zu bereinigen.

Die Angst vor dem Tod ist die Dunkelheit der Seele im Jenseits, die nicht weiß, wo sie ist.

Setzt euch also mit der Tatsache auseinander, dass jeder Mensch stirbt. Was ist nach dem sogenannten Tod?

Jedem Einzelnen stelle Ich die Frage: Wie willst du sterben? Das Wie gibt euch die Antwort in der Frage: Wie habe ich gelebt? – oder in der Frage: Wie will ich leben?

Das irdische Leben jedes Menschen zeigt ihm sein Sterben auf und hebt, je nachdem, wie der Mensch gelebt hat, den Schleier des Todes an. Das irdische Leben jedes Einzelnen ist der Maßstab für das, was sich für ihn hinter dem Schleier des Todes verbirgt.

Der Mensch selbst bestimmt, ob er sich außerhalb des Rades der Wiederverkörperung befindet oder am Rad der Wiederverkörperung haftet.

Meine Apostel und Jünger fragten Mich: »Wie sollen wir uns vorbereiten?« Ich sprach zu ihnen:

Erkennet: Jeder von euch ist das Heute und das Morgen; jeder ist ein Teil von jedem Augenblick, von jeder Sekunde, von jeder Minute und von jeder Stunde. Jeder von euch ist ein Teil eines Tages, ein Teil einer Woche, eines Monats und eines Jahres.

Jeder Mensch ist dadurch der Miterbauer dessen, was er Zeit nennt. Sind die Aspekte für diese Welt, die im Augenblick, in der Sekunde, in der Minute, in der Stunde, im Tag, im Monat und im Jahr wirksam sind, abgelaufen, dann ist er nicht mehr Mensch, sondern Seele.

Den Rhythmus des menschlichen Ichs behält jedoch die Seele bei, bis sie das wahre Sein gefunden hat, das ewig ist. Finden könnt ihr es nur auf dem Weg der Verwirklichung.

Meine Apostel und Jünger sprachen: »Lehre uns weiter! Wie können wir die Tiefen unseres menschlichen Ichs ausloten, um rascher frei zu werden, damit wir Gott, dem Ewigen, näherkommen?«

Ich erklärte ihnen sinngemäß: Die fünf Sinne des Menschen sind mit Antennen zu vergleichen. Wer diese Antennen zu wenig benützt, um zu erkennen und zu spüren, wer er ist, und um zu fühlen, wer er noch sein könnte, der findet nicht in sein Inneres und kann sich auch selbst nicht finden.

Erkennet: Über die fünf Sinne schafft der Mensch seine Programme. Sie befinden sich im Ober- und im Unterbewusstsein und auch in der Seele. Diese Programme bestehen aus Gefühlen, Empfindungen, Gedanken, Worten und Handlungen. Deshalb kann der Mensch je nach dem Grad der Ehrlichkeit an seinen Gedanken ablesen, wer er ist. Geht er mit seinen Gedanken auf die Welt seines Empfindens, dann erfährt er, wer er noch ist.

Nimmt der Mensch die feineren Antennen, die gleich Fühler sind, und taucht damit in seine Gefühlswelt ein, dann spürt er weitere menschliche Züge – oder er erfährt die Weisheit der Seele, das, was er schon an Göttlichem erschlossen hat.

Gabriele:

Die »feineren Antennen« stehen symbolisch für das innere Hören. Mit dem feineren »Hören« fühlen wir in unsere Gefühlswelt hinein.

Alles, die ganze Unendlichkeit, verläuft in Zyklen und Rhythmen. So sind auch unsere Gefühle, Empfindungen, Gedanken, Worte und Handlungen Zyklen und Rhythmen, die wir selbst bestimmt haben, wiederum durch unsere Welt des Fühlens, Empfindens, Denkens, Sprechens und Tuns. Auch die himmlischen Ebenen mit ihren unzähligen göttlichen Sonnensystemen kreisen in zyklisch-rhythmischen Bahnen um die Urzentralsonne. Erfüllen wir mehr und mehr die Gebote Gottes, dann gelangen Seele und Mensch in immer feinere und höhere rhythmisch-harmonische Klänge. Diese rhythmischen und harmonischen Klänge bilden die feinen Antennen, gleichsam Fühler, auch das innere Hören genannt, die sowohl in die Gefühls- als auch in die Gedankenwelt hineinzufühlen vermögen, aber auch in die Worte und Taten der Menschen. Mit diesen feinen Antennen lernen wir zum einen die tieferen Schichten unserer Gefühlswelt kennen und zum anderen auch die tiefen Beweggründe unserer Mitmenschen.

Die Fülle aus Gott ist das Leben. Wer in der Fülle Gottes lebt, der ist und bleibt erfüllt. Er braucht nicht um das Morgen zu sorgen – er ist das All und ist die Fülle der Allstrahlung, die durch ihn strömt, aus der er schöpft, weil er in ihr lebt.

Die Fülle, Gott, kennt kein Darben; sie ist und gibt und ist der Reichtum, das All, in welchem das Wesen des Alls lebt und als Essenz ist. Wer die Fülle aus Gott empfangen möchte, der muss der Welt entsagen. Er wird wohl in der Welt leben und in der Welt wirken, jedoch nicht mit der Welt sein.

Wer die Fülle verschmäht, da er sich mit den Gaben der Welt füllt, der wird darben, auch wenn er augenblicklich im Äußeren noch reich scheint.

Hierzu erläuterte Gabriele,
die Lehrprophetin und Botschafterin Gottes:

Die Fülle aus Gott erlangen wir, wenn wir Schritt für Schritt die Gebote des Herrn erfüllen. Dadurch reinigen wir unsere Seele und auch unseren Leib von dem Unrat der Sünde. Dann wird unsere Seele wieder göttlich und ist im Gesetz Gottes, das die Fülle ist.

Ein solcher Mensch kennt keine Angst, denn er weiß um Gottes Gerechtigkeit. Ein solcher Mensch ist ein Friedensstifter, weil er den Frieden in sich trägt. Ein solcher

Mensch schlichtet Streitigkeiten und Unstimmigkeiten und bringt Harmonie in den Streit, so dass beide Streitenden ihre Fehler erkennen, sie bereinigen und so zu der Harmonie finden, in welcher der Gotterfüllte lebt, in der Allharmonie. Ein solcher Mensch liebt seine Nächsten, nicht jedoch ihre Sünden. Er liebt das Reine im Nächsten und ist mit dem Reinen eins. So es möglich ist, spricht er das Unreine an, auf dass sein Nächster es bewegt und bereinigt, sofern dieser möchte.

Wer in der Fülle lebt, der steht mit Gott in Kommunikation, und Gott offenbart sich der reinen Seele und offenbart sich im gereinigten Bewusstsein des Menschen.

Wenn ihr Gott um irdische Gaben bittet, dann seid ihr Kleingläubige und erkennt eure Gotteskindschaft nicht, den Strom des Alls, aus dem ihr hervorgegangen seid und in dem ihr lebt.

Bittet um die geistigen Gaben, um das Wachwerden im Geiste des Lebens, auf dass sich euer himmlisches Erbe erschließt. Bittet ihr um das, was euch aus dem Geiste eigen, ja gegeben ist, dann werdet ihr auch das Irdische erlangen, das, was ihr benötigt – und darüber hinaus; denn Gott lässt kein Kind darben.

Der Mensch ist es, der nach äußeren Dingen sinnt und trachtet. Dadurch verarmt er, weil er sein wahres Erbe vernachlässigt.

Durch eure Sorgen um morgen, durch euer Selbstbefragen, ob ihr krank bleibt oder krank werdet oder wann ihr wieder gesund werdet, hindert ihr Gott, den allmächtigen Geist, in euch und durch euch zu wirken, und ihr hindert Mich, den Inneren Arzt und Heiler, euch über eure Seele Linderung und Heilung zu bringen.

Diese menschlichen Gedanken, Wünsche und Sehnsüchte entfernen euch immer mehr von Gott und führen euch in eine lichtarme Zeit, in ein Land, das schon arm ist – so arm, wie ihr geworden seid. Dann erlebt ihr in der Zukunft eure Gegenwart.

Wisset: Jeder von euch trägt das Erbe des Alls in sich und ist somit Besitzer der Unendlichkeit.

Wer sich äußeres Besitztum aneignet, wer auf Erden Besitzer von Grund und Boden ist, den er hütet und sein Eigen nennt, der wird so lange wiederkehren, bis er erkannt hat, dass sein wahres Besitztum der Himmel ist. Lasst die Erde und das Erdenleben nur zur Brücke werden, über die ihr hinübergeht. Schafft euch jedoch dort kein großes Eigentum – denn sonst schafft ihr wieder euren Platz für die nächste Einverleibung.

Erkennt Mich in euch – dann habt ihr Mich als euren Bruder geschaut; dann werdet ihr den Himmel schauen; denn in jedem von uns ist das ganze Sein als Kraft und Licht; in jedem von uns ist die Unendlichkeit, ist das Erbe, ist unser geistiges Eigentum. Wir sind als Kraft und Licht eins, weil Ich in euch Bin und ihr in Mir seid.

So ist es in der ganzen Unendlichkeit: Alles ist in allem. Das ist der innere Reichtum – das ist unser wahres Sein; das ist unser Besitztum; es ist unser Eigentum.

Ich sage euch, wenn euch einer um den Rock bittet, dann gebt ihm den Mantel dazu. Wehe jedoch jenen, die einen Rock und einen Mantel besitzen und täuschend um einen zweiten Rock oder Mantel für sich bitten. Wehe denen, die sich selbst helfen könnten und dennoch nehmen. Sie werden zur Rechenschaft gezogen werden – dann, wenn über sie ihr eigenes Gericht von Saat und Ernte kommt.

Daher verwirklicht die Heiligen Gesetze, auf dass ihr Schauende – gleich Wahrnehmende – werdet und ihr das Für und Wider im Menschen erkennt.

Gabriele:

Die Worte des Herrn lauten: *»Wehe jedoch jenen, die einen Rock und einen Mantel besitzen und täuschend um einen zweiten Rock oder Mantel für sich bitten.«*

Wer einen Rock und einen Mantel besitzt, der sollte seine Mitmenschen nicht täuschen, indem er vorgibt, er besäße weder Rock noch Mantel. Ist dir ein Rock und ein Mantel gegeben, dann danke Gott dafür und mache dich auf, um Arbeit zu finden, auf dass du dir dann selbst den zweiten Rock und den zweiten Mantel erwerben kannst. Denn der, der keinen Rock und keinen Mantel besitzt, sollte den Rock und den Mantel erhalten, den du täuschend erbeten hast.

Der Christus Gottes lehrt uns weiter: *»Wehe denen, die sich selbst helfen könnten und dennoch nehmen.«*

Die Trägheit des Menschen geht aus der Welt seiner Gedanken hervor.

Will ein Mensch aufgrund seiner Trägheit nicht arbeiten, um sich selbst aus seiner Not herauszuhelfen, dann verstößt er gegen das Gesetz der Nächstenliebe, denn dem soll geholfen werden, der sich selbst nicht helfen kann, einerlei, aus welchen Gründen. Wer andere täuscht oder aufgrund seiner Trägheit von anderen nimmt, wird dann, wenn für ihn die Ursachen gereift sind und zur Wirkung kommen, entsprechend dem Gesetz von Saat und Ernte sein eigenes Gericht erfahren.

Gott ist die Fülle. Wer an seinen Wünschen, Sehnsüchten und Leidenschaften haftet, der ist verhüllt; er trägt die Kleider seiner Wünsche und Leidenschaften – und somit kennt er nicht das Sein, das Leben, das der Geist Gottes ist. Er vertraut sich der Welt an und nicht dem Ewigen, der in ihm wohnt.

Deshalb lernt, aus dem Geiste des Lebens zu schöpfen, indem ihr euch mit allen Sorgen und Wünschen Gott anvertraut; Er, der All-Eine, kennt euch und weiß euch zu führen.

Wer aus dem Geiste des Lebens schöpft, der lebt in Mir, dem Christus, und schöpft aus dem Geiste der Liebe und gibt aus dem Geiste der Liebe. Er wird kein Sonderling sein, sondern ein geistig reicher Mensch. Er wird auf dieser Erde leben, jedoch nicht mit dieser Welt sein.

Ein Mensch des Geistes wird seine Arbeit erfüllen und das Beste geben. Er ist jedoch nicht nur Bürger der materiellen Welt – er ist vielmehr der Bürger des Reiches Gottes, weil er in Gott lebt und aus der Quelle, Gott, schöpft.

Nehmt diese Meine Worte als Heil und als Lebenskraft in euer irdisches Dasein auf. Dann werdet ihr als Mensch die Werke der Liebe tun, und ihr werdet mitten in der Welt stehen und eure Pflichten mit Gott erfüllen.

Gebt das Beste! Das könnt ihr nur, wenn ihr geeint seid mit dem Besten, dem Sein. Gebt euch niemals mit Mittelmäßigem, ja Fehlerhaftem, zufrieden – gebt das Beste.

Hierzu erläuterte Gabriele,
die Lehrprophetin und Botschafterin Gottes:

Das Beste zu geben heißt, dem Nächsten nicht nur materielle Hilfe und materielle Güter zu geben, am Arbeitsplatz nicht nur die Arbeit gut auszufüllen, sondern es heißt, die göttliche Kraft in alles hineinzulegen, in die materiellen Güter, in unsere Arbeit, in unsere Gespräche, in jegliche Handlungsweise. Dann halten wir das rechte Maß im Geben – in der materiellen Hilfe für unsere Nächsten, in der Arbeit, in den Gesprächen, in allem, was wir tun.

Bemüht euch jeden Augenblick, aus den Werken der Liebe zu schöpfen und damit eure Arbeit, euer Denken und Tun zu durchdringen; dann seid ihr das Sein im Strom des Seins, und ihr schöpft aus dem All, welches das Gesetz, Gott, ist.

Gedenkt Meiner Worte: Es kommt nicht auf das Äußere an, sondern einzig auf das Innere, auf das, was der Tempel beinhaltet, die Fülle, Gott. Daher reinigt euren Tempel, auf dass ihr in das Allerheiligste Einlass findet.

Seid niemals ungehalten; sonst werdet ihr vom Zeitlichen gehalten werden, von Dingen und Ereignissen, die dem Vergänglichen angehören.

Wer in Gott lebt, der lebt in der Fülle, im ewigen Gesetz, Gott. Er wird niemals nach dem Wie und Warum fragen, weil er das Sein ist, das um alle Dinge weiß.

Der Ungehaltene gibt von sich selbst Zeugnis, da er noch in den äußeren Dingen seinen Halt sucht.

Ein ungehaltener Mensch ist immer ein Suchender und dadurch ein Haltloser, weil er in der Welt Sicherheit und Halt sucht. Die Materie bietet dem Menschen auf Dauer weder Sicherheit noch Halt, weil die Materie nur Schein und nicht das Sein ist.

Deshalb übt euch, in jeder Situation die innere Ruhe zu wahren, auf dass ihr die Dinge und Geschehnisse im Lichte der Wahrheit erkennt.

Gott weiß um jeden Einzelnen. Er kennt Sein Kind und hilft ihm.

Hierzu erläuterte Gabriele,
die Lehrprophetin und Botschafterin Gottes:

Die innere Ruhe zu wahren, also Haltung anzunehmen, heißt, sich im Reden und Handeln zurückzunehmen, sich zuerst selbst zu fragen: »Warum will ich das sagen, und weshalb will ich das tun? Entspricht meine Rede- und Handlungsweise den Geboten Gottes, oder will ich nur mein menschlich Ich darstellen? Was will ich damit für mich?«

Wer sich also nicht zurücknehmen möchte, der ist ungehalten und haltlos. Jeder Haltlose ist eine Gefahr für sich selbst und für seine Umwelt.

Wer zu schauen gelernt hat, der klagt seinen Nächsten nicht an, weil er ihn kennt. Nur der geistig Blinde klagt seinen Nächsten an, weil er sich selbst und seinen Nächsten nicht kennt.

Hierzu erläuterte Gabriele,
die Lehrprophetin und Botschafterin Gottes:

Christus offenbarte: *»Wer zu schauen gelernt hat, der klagt seinen Nächsten nicht an, weil er ihn kennt.«* Das bedeutet: Wer schrittweise sein göttliches Bewusstsein erschließt, indem er sein Sündhaftes bereinigt und nicht mehr tut, der tritt mit dem All-Weisen, dem Geist der Wahrheit, in Kommunikation. Der Geist der Wahrheit strömt dann über des Menschen gereinigte Sinne und steht dem Menschen bei, alles in rechter Weise zu erkennen, zu schauen und zu erfühlen. Wer mit dem All-Weisen, Gott, in Kommunikation steht, der wird seine Mitmenschen auch nicht abwerten und verwerfen. Er versteht sie, weil er sie kennt und somit durchschaut. Einem solchen Menschen gibt Gott. Ein solcher Mensch schaut in die tiefen Gründe des göttlichen und des menschlichen Seins und weiß, dass Gott keine Geheimnisse hat.

Wirst du angeklagt, dann stelle richtig und weise allgemein auf das Falsche und die Unterstellung hin, doch nenne niemals den Namen des Anklägers; das wäre persönlich. Bleibe unpersönlich, denn wenn du ihn mit seinem Namen ansprichst und er dir nicht rechtzeitig vergibt, dann ist es möglich – es kommt auf die Ursache an –, dass du in einem anderen Erdenleben seinen Namen trägst. Sein Name, den du dann trägst, ruft die Ursachen ab, die euch aneinander binden. Durch die Ausstrahlung kann sodann die Seele oder der Mensch angezogen werden, den du einst namentlich angeklagt hast. Du und dein Nächster werden durch das Gesetz von Saat und Ernte zusammengeführt, um das zu bereinigen, was nun, in einer anderen Einverleibung, wirksam wird.

Gabriele:

Hält sich der Ankläger bedeckt, dann sollen auch wir seinen Namen nicht aufdecken. Tritt der Ankläger jedoch in die Öffentlichkeit, dann hat er seinen Namen selbst preisgegeben. Dann kann auch von dem Angeklagten dessen Name genannt werden. Dann hat nicht der Angeklagte den Namen des Anklägers aufgedeckt, sondern dieser selbst hat sich mit seinem Namen ausgewiesen.

Deshalb bleibe bei der goldenen Regel:

Schweige. Rede nur, wenn es wesentlich und gesetzmäßig ist.

Deshalb sei niemals ungehalten. Nimm dich zurück, und bleibe in jeder Situation unpersönlich.

Merke dir: Rede nur dann von dir, wenn du Aufklärung geben und einen Sachverhalt klarstellen oder wenn du mit deiner Selbsterkenntnis und deren Bemeisterung deinem Nächsten dienen und helfen kannst. Ansonsten sprich niemals von dir persönlich, denn alles, was du von dir sprichst, das sprichst du gleichzeitig wieder an dich hin. Es bleibt an dir haften und verstärkt deinen Ichkomplex.

Ich wiederhole: Bleibe in jeder Situation unpersönlich, dann findest du zur inneren Stille und verweilst im Tempel Gottes.

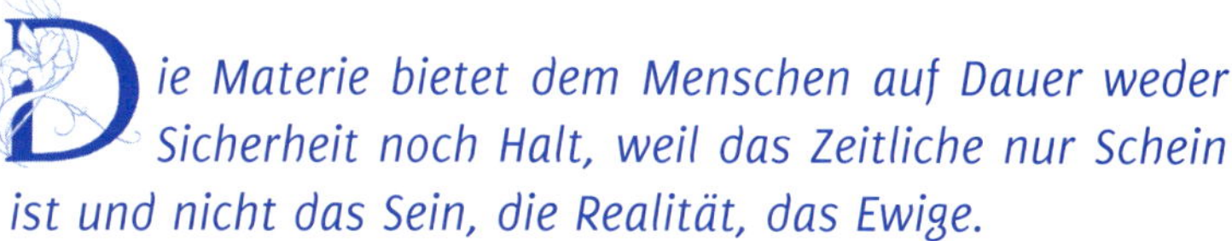

Die Materie bietet dem Menschen auf Dauer weder Sicherheit noch Halt, weil das Zeitliche nur Schein ist und nicht das Sein, die Realität, das Ewige.

Das Licht strahlt die Dinge und Ereignisse, die sich auf der Materie zeigen, an und lässt sie dich sehen. Willst du dich jedoch am Strahl des Lichtes festhalten, dann wirst du fallen. Deshalb lerne, dich im Strahl des Lichtes zu bewegen.

Hierzu erläuterte Gabriele,
die Lehrprophetin und Botschafterin Gottes:

»Am Strahl des Lichtes festhalten« heißt, sich nur mit den göttlichen Worten zu begnügen und die Worte Gottes, die das Gesetz des Lebens sind, nicht zu erfüllen. Sich im Strahl des Lichtes zu bewegen heißt, Gottes Gebote zu erfüllen, auf dass wir mehr und mehr zum Gesetz der Liebe werden und uns so im strahlenden Licht der Liebe bewegen.

Lehne dich niemals an die Materie an; bejahe nicht ausschließlich das Äußere, den Schein, sonst wirst du früher oder später an dem abgleiten, woran du dich angelehnt hast – denn jede Anlehnung führt zur Bindung, und jede Bindung ist Trennung von der Verbindung.

Gabriele:

An die Materie anlehnen bedeutet, ausschließlich von dieser zu nehmen, sich auf diese zu beziehen und auf diese zu bauen. Auf diese Weise binden wir uns an die Materie und verlieren die Verbindung zu Gott, die Kommunikation zum Göttlichen. Das ist dann die Trennung von Gott und nicht die Verbindung mit dem Göttlichen durch das Göttliche.

Die Bindung ist gegenständlich; sie wird angestrahlt; die Verbindung ist Gemeinsamkeit und ist durchstrahlt.

Schaust und hörst du nur auf das Äußere, dann bist du veräußerlicht, und dein Geschmacks-, Geruchs-, und Tastsinn wird so sein, wie dein Seh- und Gehörsinn ist.

Du bestimmst dein Leben in der Zeit oder in der Ewigkeit, weil du die Gesetzmäßigkeit der Freiheit besitzt und kannst dich somit entscheiden – für das Göttliche oder das Ungöttliche. Das Göttliche durchstrahlt dich; das Gegensätzliche strahlt dich nur an. Du entscheidest, wer du bist, was du bist – und letzten Endes, was du willst.

Du bist im Licht das Licht; deshalb brauchst du dich an nichts und an niemandem festhalten.

Du bist die Freiheit in der Freiheit Gottes.

Du bist die Weisheit in der Weisheit Gottes.

Die Weisheit Gottes weiß um alle Dinge; deshalb wirst du, der Weise, dich weder an Menschen binden noch an Menschliches klammern und dein Eigen nennen.

Du bist auch nicht mehr das Persönliche in der Person; du bist Mensch und deshalb Person – jedoch nicht mehr persönlich.

Gabriele:

Wer im Lichte Gottes wandelt, der erlangt die Freiheit und die Weisheit aus Gott und die göttliche Liebe, die sein Erbe ist. Das Unpersönliche ist das Immer-sich-Schenkende, das nichts erwartet. Da es nichts erwartet, wird dieser

Mensch im rechten Maß das empfangen, was ihm gebührt.

Das Persönliche ist das Sündhafte, das Ich, das Mein und Mir, das sich ausschließlich auf die eigene Person bezieht. Ein persönlich denkender Mensch vergisst den Menschen an seiner Seite oder gedenkt seiner nur, wenn er ihn für sich haben und von ihm das haben möchte, was er nicht besitzt, wonach also sein Persönliches drängt.

Weise sein heißt, gottbewusst zu leben, nicht auf die Sünde einzugehen, sondern auf das Göttliche im Menschen, das unpersönlich ist. Das Unpersönliche ist die Gleichheit, da Gott jedem gleich gibt. Das Persönliche ist die Ungleichheit; es nimmt gemäß seinem Ego, seiner Sünde.

Wollen wir göttlich werden, dann müssen wir als Ziel die göttliche Liebe und Weisheit anstreben, die unpersönlich ist.

Du, der Weise, bist allbewusst, weil du bewusst in Gott lebst und dir alle Dinge – alles, was ist – bewusst sind, da du alles durchschaust. Der Weise hat den Durchblick und den Einblick in die Dinge, die ihn umgeben und die auf ihn zukommen.

Der in Gott Ruhende und aus dem ewigen Gesetz Schöpfende spricht selten von sich. Er ist unpersönlich, denn er ist der Durchschauende und das Erfassbare und das Wort des Alls selbst. Der Weise spricht nur dann von sich, wenn er damit Wegweiser sein kann, jedoch nicht, um sich mitzuteilen.

Spricht der Mensch sein persönliches Ich, dann spricht er sein niederes Selbst, das er aus sich herausspricht und das er gleichzeitig wieder an sich hinspricht, weil das menschliche Ich nicht göttlich ist und somit zu ihm, der noch ungöttlich ist, gehört.

Hierzu erläuterte Gabriele,
die Lehrprophetin und Botschafterin Gottes:

Solange wir Menschen das Göttliche in unserem Nächsten nicht akzeptieren, werden wir nur von Gott sprechen und ihn auch nur als den Vater aller Kinder bejahen, jedoch nicht Kinder *sein*. Jesus sprach sinngemäß: So ihr nicht werdet wie die kleinen Kinder, könnt ihr nicht in das Reich Gottes eingehen. – Das Kind gibt sich dem Vater und der Mutter hin, um an deren Hand zu gehen. Solange sich der Mensch nicht dem allwissenden Gott anvertraut und sich durch die schrittweise Erfüllung der Zehn Gebote von Ihm führen lässt, ist er auch nicht das bewusste Kind, der bewusste Sohn und die bewusste Tochter Gottes. Dann neigt sich der Mensch vor der Sünde und beugt sich vor dem

Sünder, der ihm seine Weisungen aufoktroyiert, die er dann auch erfüllt, um so zu werden wie der, der ihn bestimmt.

Wer sich vom niederen Ich, von der Sünde, bestimmen lässt, der sündigt auch selbst, um auf der Leiter des irdischen Erfolges emporzuklettern, um das zu sein, was sich im Zeitlichen Herr und Meister nennt. Dann spricht er nur aus seiner Sünde, dem Ego, und das, was er spricht, geht als Energie wieder in ihn ein, denn es kommt nicht von Gott, sondern aus der Sünde, und diese zieht wieder Sündhaftes an.

Wir sollten uns des Öfteren bewusst machen: Es gehen weder Gedanken noch Worte und Taten verloren. Die Sünde, die vom Sünder ausgeht, geht wieder in den Sünder ein. Das Licht, das vom lichter werdenden Menschen ausgeht, geht in das Herz des Nächsten ein. Es bringt Hoffnung und Kraft und geht auch wieder in den ein, von dem es ausging, so dass dieser ebenfalls vermehrte Kraft empfängt, um lichter zu werden.

Das Licht spricht nicht von sich, denn es leuchtet alles aus und weiß um alles. Es ist die Weisheit Gottes, und es ist der Weise, der das Licht Gottes entfaltet hat. Der Schatten kann nicht leuchten; er ist dunkel und kann nur wieder Dunkles bringen. Da der Schatten nach Energie heischt, will er sich selbst bestätigen. Schatten ziehen nur Schatten an, und beide Schatten bestätigen nur sich selbst. Licht zieht Licht an, und beide Lichter vereinen sich und gehen ein in die All-Weisheit, Gott.

Das Ungöttliche, das menschliche Ich, das von dir ausgeht, geht wieder in dich ein. Dadurch erweiterst und verstärkst du deinen Ichkomplex, das Ungöttliche, in dir und schaffst damit immer größere Seelenfelder, in welche deine Ich-Saat eingeht und wo sie aufgeht.

Deshalb überlege, bevor du sprichst, was du sagen möchtest, denn jedes Wort ist Energie, das sein Echo hat. Bleibe also in jeder Situation unpersönlich; dann findest du zur inneren Stille und verweilst als der Weise im Tempel Gottes, der heiligen Stille.

Gabriele:

Alles, was persönlich ist, bezieht sich auf die Person, auf ihr Denken, Reden und Tun. Da das Denken, Reden und Tun der Menschen vielfach doppelbödig ist, so ist eine Seite der Schein und die andere Seite die Wertung. Das heißt, der Mensch redet gütig und denkt gehässig. Er denkt freundlich und empfindet unfreundlich. Er wahrt den Schein der selbstlosen Tat und erwartet Anerkennung und Lob. Wird die Erwartung nicht erfüllt, dann erfolgt die Abwertung des Nächsten. Das ist das Persönliche, was aus der Person kommt. Das ist die Ichbezogenheit, die stets nehmen möchte. Daraus erwachsen Neid, Geiz und Hartherzigkeit.

Das Unpersönliche ist das Göttliche, denn Gott wertet und urteilt nicht. Er ist Liebe, Friede und Harmonie, die

Sonne der Gerechtigkeit. Gott strahlt ewig Sein Gesetz der Liebe, des Friedens und der Harmonie aus. Ob die Person, der Mensch, es annehmen möchte oder nicht, ob der Mensch gegen oder für Gott ist, ob er ein Sünder oder ein geläuterter Mensch ist – Gott gibt jedem gleich.

Ein Beispiel zum besseren Verständnis: Die Sonne, welche die Erde bescheint, gibt ihre Strahlen der Erde. Sie strahlt alles an und fragt nicht, ob dieses oder jenes, der eine oder der andere weniger oder mehr des Sonnenlichtes bedarf. Das ist das unpersönliche Strahlen. Aus dem Ewigen strömen ewiglich die unpersönlichen Strahlen der Liebe, des Friedens und der Harmonie. Wenden wir uns von der Liebe Gottes ab, um unsere Eigenliebe aufzubauen, zu fördern, um damit zu leben, dann ist das unser Persönliches, unser Eigenes, unser Ego.

Ist die Sonne dafür verantwortlich, wenn wir in den Schatten gehen und somit weniger Sonnenlicht empfangen? Ist Gott, die ewig strahlende, unpersönliche Liebe, dafür verantwortlich, wenn wir unsere Eigenliebe aufbauen, also unser Ego, und dieses bevorzugen?

Was also unserem Ego entspricht, das ist das Persönliche, weil es von der Person geschaffen ist durch entsprechendes Fühlen, Empfinden Denken, Sprechen und Handeln. Gott, das Göttliche, ist unpersönlich, weil Gott allen und allem gleich gibt und nicht auf die Person bezogen.

Der wahre Weise ist kein Eremit; er lebt in der Welt, jedoch nicht mit dieser Welt. Da er Mensch ist, hat er sich verpflichtet, dem Kaiser das zu geben, was dem Kaiser gebührt, und er wird Gott geben, was Gott gebührt. Wer die irdischen Gesetze hält, die dem Göttlichen nicht entgegenstehen, der kann auch den Kaiser in die Pflicht nehmen, damit dieser ihm das gibt, was ihm als Mensch gebührt.

In vielen Wiederholungen lehrte Ich, Christus, als Jesus Meine Apostel und Jünger das Gesetz Gottes und das Gesetz von Saat und Ernte. Trotz alledem sprachen sie immer wieder über unwesentliche Dinge und von sich selbst, um sich darzustellen. Immer wieder sprach Ich sie an und machte sie auf das Unwesentliche, das Persönliche, aufmerksam:

Wenn ihr von euch selbst sprecht, so sprecht ihr nur das aus, was ihr selbst noch seid. Wem wollt ihr damit helfen?

Alles, was nicht verwirklicht ist, das ist leer, gleichsam hohl und nicht gefüllt von Kraft und Weisheit. Habt ihr wenig verwirklicht, so seid ihr auch nicht erfüllt von Kraft und Weisheit, sondern gefüllt vom menschlichen Ich, das seine Trugbilder hat.

Auf leere, gleichsam hohle Worte fällt wieder der herein, der selbst leer und hohl ist; denn er sieht nur auf das Wort und auf den, der spricht, weil er sich selbst nicht hört und sich auch selbst nicht sieht. Unter Umständen wählt er euch als Führer und ist dann der Verführte. Beide sind dann die Blinden, die in die Grube ihres Ichs fallen und dort aneinandergekettet sind, weil der Blinde sich auf den Blinden verlassen hat.

Deshalb entleert zuerst euer Gefäß von eurem Menschlichen, reinigt also zuerst eure Becher und Schüsseln, eure Seelenpartikel und Körperzellen, also euren Tempel aus Fleisch und Bein, so dass ihr in das Allerheiligste Zugang *findet, von wo aus ihr euren Nächsten das zu geben vermögt, was sie benötigen, und ihnen den selbstlosen Dienst anbieten könnt, womit ihr ihnen zum geistigen Aufstieg verhelft.*

In allem, was auf euch zukommt, schaut zuerst auf das Innerste im Menschen. Erfüllt also an jedem, der zu euch kommt, das ewige Gesetz, und sei es nur durch ein selbstloses Wort, durch eine selbstlose Geste oder eine selbstlose Handreichung. Diese kleinen, selbstlosen Dienste sind für sein Seelenheil und für sein geistiges Leben wertvoller, als wenn ihr ihm im Äußeren vieles schenkt und ihm unter Umständen dadurch zu Ansehen, Reichtum und Macht verhelft. Diese Erdenlast könnte ihn zu einem tieferen Absturz verleiten.

Aus dem Gesetz Gottes das Kleinste, selbstlos gereicht, ist das Größte; es dient der Seele und verleiht ihr Kraft. Durch den selbstlosen, kleinsten Dienst werdet auch ihr in der Stille, in der Geborgenheit Gottes, bleiben, in Seiner Fülle, weil ihr unpersönlich gegeben habt.

Hierzu erläuterte Gabriele,
die Lehrprophetin und Botschafterin Gottes:

Christus, der große Geist im ewigen Vater, offenbarte uns: *»In allem, was auf euch zukommt, schaut zuerst auf das Innerste des Menschen.«*

Wir Menschen haben die Angewohnheit, nur das Äußere unseres Nächsten auf uns wirken zu lassen. Wir wissen, das Innere prägt das Äußere, und das Äußere gibt Ausdruck vom Inneren, vom geistigen Bewusstseinsstand des Menschen. Trotzdem sollten wir nicht ausschließlich auf das Äußere blicken, sondern uns vergegenwärtigen, dass das Unbelastbare, das Göttliche im Mitmenschen ein Teil unseres wahren Wesens ist. Werden wir uns dessen bewusst, dann stellt sich uns auch die Frage: Wie wollen wir unserem wahren Selbst im Nächsten begegnen? Wollen wir es abwerten, indem wir den Menschen abqualifizieren, oder wollen wir mit dem Unbelastbaren in unserem Nächsten, das auch ein Teil unseres wahren Selbst ist, friedvoll, liebevoll und somit bewusst kommunizieren? Kommunizieren heißt auch, die Kommunikation zu halten, indem wir die inneren Werte unseres Nächsten als einen Teil von uns in uns aufnehmen.

Wird uns dies bewusst, und halten wir es so in jeder Begegnung mit unseren Mitmenschen, in den Gesprächen und an unserem Arbeitsplatz, dann lernen wir, unseren Nächsten zu verstehen. Wir werden ihm in seinem wahren Selbst, das auch ein Teil von uns selbst ist, nach dem Gebot der Güte, Liebe und Barmherzigkeit begegnen. Je nachdem, wie unser Nächster auf uns zukommt, geben wir ihm eine kleine Gabe der Liebe, eine herzliche Handreichung, ein gotterfülltes Wort, eine selbstlose Geste, oder wir können ihm einen größeren selbstlosen Dienst erweisen. Es kommt ganz auf die Situation und auf das

Wollen unseres Nächsten an. Lassen wir nicht nur das Äußere unseres Nächsten zu uns sprechen, blicken wir also tiefer, dann spüren wir, was unser Nächster braucht. Was in sein Herz fällt, schlägt Wurzeln in ihm und vergrößert zugleich auch unseren Wurzelballen.

Gott schenkt sich – doch jeder kann von dem, was Gott als Ganzes ausgießt, nur so viel empfangen, wie er in sein geistiges Bewusstsein aufzunehmen vermag. Glaubt er, dass er mehr nehmen müsse, um für sich Kapital zu gewinnen, dann wird er es verlieren – und auch das, was er sich mühselig erarbeitet hat. Denn wer mit dem Göttlichen, der Wahrheit, äußeres Ansehen erstrebt und Geschäfte macht, der wird sich selbst verlieren und all das, was er für sein Persönliches erworben hat. Daher prüfet, was ihr denkt, und überlegt, bevor ihr redet und handelt.

Wahret die Stille, die weder menschliche Empfindung noch menschlicher Gedanke ist.

Sei still. Vertraue dich Gott an – ja, traue Ihm, und du empfängst vom Strom des Lebens das, was du gegenwärtig sagen und vollbringen sollst.

In allem, was Gott dir einhaucht, ist das Maß und das Quantum. Du empfängst also nur so viel, wie du gegenwärtig geben und sprechen sollst.

Sei still, und wisse: Du wirst geführt. Das Du deiner Seele weiß um alles; es kennt alles – es ist in allem.

Als Jesus von Nazareth erinnerte Ich immer wieder Meine Apostel und Jünger, dass dies alles nur denen gegeben ist, die ihr Ich hingeben, die nicht mehr das Persönliche in der Person sind, sondern das Sein, das wahre Selbst.

Wer in Gott lebt, der lebt in der Fülle und schöpft aus der Fülle, weil er im Ursprung lebt, der Gott ist, und er, das Wesen, göttlich ist.

Als Jesus sprach Ich sinngemäß zu Meinen Aposteln und Jüngern:

Eure Empfindungen, Gedanken und Worte sind die Werkzeuge eures Körpers. Sie sind eure Vorarbeiter; ihr seid durch die Tat nur die Handlanger, die Nacharbeiter eurer Empfindungen, Gedanken und Worte. Eure Empfindungen, Gedanken und Worte gehen eurem Tun und euren Taten voraus.

Ohne eure Vorarbeiter, eure Empfindungen, Gedanken und Worte könnt ihr nichts vollbringen. Euer Empfinden, Denken und Reden bereitet für euch also das vor, was ihr dann ausführt – entweder persönlich, mit eurem Verstand, wenn eure Vorarbeiter persönlich waren, oder mit eurem Herzen, wenn eure Vorarbeiter unpersönlich, also göttlich waren.

Wie es dir heute, in dieser Einverleibung, ergeht, das hast du dir in deinen Vorexistenzen erworben durch deine Vorarbeiter, deine Empfindungen, Gedanken und Worte, und dann durch deine Nacharbeit, durch deine Taten. Deine Arbeit, deinen Müßiggang, deine Sorgen, deine Probleme, deine Schicksalsschläge und Schwierigkeiten, deine Leiden und deine Freuden, deine Gesundheit und deine Krankheit hast du dir schon in Vorexistenzen geschaffen. Nichts kann auf dich zukommen, was du nicht schon vorher eingegeben hast.

Was du also in Vorexistenzen eingegeben hast, das hast du für diese und eventuell für weitere Einverleibungen vorgegeben. In deinen weiteren Erdenleben wirst du dann wieder Gleiches und Ähnliches empfinden, denken, sprechen und tun. Kein anderer kann dich sprechen; jeder spricht sich selbst, das, was er in Vorexistenzen oder in dieser Einverleibung vorgegeben, das heißt sich einverleibt hat.

Jede menschliche Empfindung und jeder menschliche Gedanke, jedes menschliche Wort und jede menschliche Handlung ist gleichsam eine Einverleibung: Der Mensch verleibt seine Menschlichkeit seiner Seele ein. Damit prägt er seinen gegenwärtigen und eventuell seinen zukünftigen Erdenleib.

Was du gestern, also in vergangenen Erdenleben, warst, das bist du heute wieder – außer, Seele und Mensch haben es mit der Kraft des ewigen Gesetzes rechtzeitig bereinigt.

In diesem Kreislauf können sich Seele und Mensch unter Umständen jahrtausendelang befinden. Sie kommen immer wieder und sind immer wieder dieselben. Sie bestimmen heute ihr Morgen. Sie kommen immer wieder mit anderen Gesichtern und anderen Körpern, mit anderen Vor- und Zunamen, und in Wirklichkeit sind sie die Gleichen, weil sie wieder Gleiches empfinden, denken, sprechen und tun wie gestern. Ihr Gesicht, ihr Körper, ihr

Vor- und Zuname entsprechen ihren gestrigen, der Ausstrahlung ihrer Vorexistenzen.

Was den Menschen heute ausweist, sein heutiges Denken, Reden und Tun, das sollte er heute erkennen, bereinigen und erfüllen. Wer es nicht heute erfüllt, wer also die Tagesenergie, die ihm sein Denken und Tun aufzeigt, nicht nützt, der wird auch die Erdenschule nicht erfolgreich absolvieren. Ein solcher Mensch gibt heute schon wieder vor, was er morgen sein wird.

Jeder Mensch setzt sich jeden Morgen sich selbst aus, denn was dieser Tag ihm heute bringt und wie er es mit dem Heute hält, so wird sein Tag morgen sein und so sein irdisches Leben. Denn der Tag jedes einzelnen Menschen ist sein Leben, ist das, was er selbst in die Gestirne eingegeben hat.

Jeder Mensch kann heute an sich selbst ablesen, wer oder was er morgen sein wird. So, wie er morgen – also in einer weiteren Einverleibung – empfindet, denkt, spricht und handelt, so hat er heute – in dieser Einverleibung – empfunden, gedacht, gesprochen und gehandelt. Seine Tätigkeit von heute kann seine Tätigkeit von morgen sein.

Was der Mensch mit seiner Niedrigkeit schafft, seine Werke, sind nicht die Werke der Ewigkeit. Diese vergehen – und mit seinen Werken sein niederes Selbst.

Hierzu erläuterte Gabriele,
die Lehrprophetin und Prophetin Gottes:

»Jeder Mensch setzt sich jeden Morgen sich selbst aus.« Wenn der Mensch am Morgen erwacht, dann hat die Seele eine kleine Reinkarnation vorgenommen. Die Energie, Gott, ist durch die Wiedereinverleibung der Seele in die menschliche Hülle zurückgekehrt, um dem Menschen seinen Tag zu schenken, den Tag, wie ihn sich der Mensch in diesem Erdendasein oder in Vorexistenzen vorgegeben hat. Jeder Mensch setzt sich also am Morgen schon dem aus, was ihm der Tag bringt. Er kann den Tag nicht verändern, außer er ändert sich, indem er sein Menschliches, sein Sündhaftes, erkennt, bereut, bereinigt und nicht mehr tut. Auf diese Weise wird seine Zukunft lichter und der Weg der Seele zu Gott frei.

Wer seine eigenen Eingaben, das also, was ihm der Tag an Sündhaftem zuspielt, verstärkt, indem er Gleiches oder Ähnliches wieder tut, der kann am Heute sein Morgen ablesen. Denn was er heute an Sündhaftem empfindet, denkt, spricht und handelt, das wird sich im Morgen, also in der Zukunft, widerspiegeln.

Durch den Kreislauf von Geburt und Tod entstand das Rad der Wiederverkörperung. Der Mensch gibt immer wieder das in seine Seele ein, was von ihr ausgeht, womit er sie einst programmiert hat. Die entsprechenden Gestirne haben die jeweiligen Programme aufgenommen, wodurch ein mächtiges Kausalkommunikationsnetz entstand. Dieses Kausalkommunikationsnetz ist das Gesetz von Ursache und Wirkung, das wiederum das Rad der Wiederverkörperung bildet.

Hierzu erläuterte Gabriele,
die Lehrprophetin und Botschafterin Gottes:

Christus offenbarte uns: *»Durch den Kreislauf von Geburt und Tod entstand das Rad der Wiederverkörperung.«* Unsere Seele erfährt nicht nur eine Verkörperung, sondern oftmals sehr viele Tode und Geburten, denn: So, wie der Baum fällt, so bleibt er liegen. Aus der noch bestehenden Wurzel kommt dann dieselbe Art hervor. Ähnlich ist es mit unserem Leben. Mit dem Tod hört das Leben nicht auf. Der Tod ist nur die Entkörperung der Seele. Hat der Mensch sein irdisches Dasein nicht genutzt, hat er also seine Seele mit den Sünden, den Gegensätzen des Göttlichen, belastet, dann hat er auch mit seinen Gedanken und Wünschen irdische Bestimmungsorte aufgebaut, wo er in seinen nächsten Verkörperungen, also Geburten, wieder sein wird, wenn er als Seele in den Stätten der

Reinigung das nicht bereinigt und tilgt, was seinen Geistleib prägt: die Sünde.

Das Rad der Wiederverkörperung, das Gesetz von Saat und Ernte, besteht aus unzähligen Sonnensystemen grobstofflicher und feinstofflicher Art. Nach dem Leibestod wird die Seele magnetisch von jener Ebene und von dem Planeten angezogen, der von ihr Programme gespeichert hat, die aktiv sind und die zur Bereinigung anstehen. Das Rad der Wiederverkörperung – mit seinen Reinigungsebenen, die feinstofflicher Art sind, und der grobstofflichen Materie – ist ein großer Speicher, der jede nichtbereinigte Ursache jeder einzelnen Seele und jedes Menschen registriert hat und diese wieder auf Seele und Mensch zurückstrahlt.

Die Seele, die im Jenseits von ihrer Seelenschuld wenig oder nichts bereinigt hat, bringt in ihr weiteres Erdenleben wieder das mit, was ihr noch anhaftet. Sie ist dann als Mensch das, was sie als Seele und als Mensch in ihren Vorexistenzen war. Jeder Mensch kann an seinem Denken, Reden und Verhalten selbst ablesen, wer er einst war und eventuell heute noch ist und morgen sein wird.

Das Hinein- und Herausschlüpfen aus dem Fleisch erfolgt so lange, bis der Mensch die Lebensschule Erde erfolgreich durchlaufen hat und seine Seele mit den geistig-göttlichen Gaben und Werten nun höhere Welten aufzusuchen vermag, die außerhalb des Rades der Wiederverkörperung existieren.

Dann hat der Kreislauf von Geburt und Tod ein Ende. Das Geistwesen, die gereinigte Seele, kehrt wieder zurück zu seinem Ursprung, zu Gott, seinem Vater, in das ewige Gesetz, weil es wieder zum ewigen Gesetz, zum wahren Selbst, geworden ist, das es dann wieder spricht, weil es das Gesetz ist.

Diese und weitere Gesetzmäßigkeiten gab Ich als Jesus von Nazareth Meinen Aposteln und Jüngern auf ihrem Lebensweg über die Erde mit und gebe sie als Christus allen Menschen, auf dass sie den Weg zum Inneren Leben wandeln, auf dem Ich, Christus, sie begleite.

Alles ist Bewusstsein. Somit bist auch du Bewusstsein. Du, das Bewusstsein, setzt dich aus deinen Bewusstseinsaspekten zusammen, aus deinen Empfindungen, Gedanken, Worten und Handlungen; das bist du. Wohin deine Empfindungen, Gedanken und Worte ziehen, dort bist du, weil du Bewusstsein bist. Deine Vorarbeiter, dein Empfinden, Denken und Reden, und deine Nacharbeiter, deine Handlungen, sind Bewusstsein.

Mit deinen Empfindungen, Gedanken und Worten sendest du dich selbst aus, denn dein Empfinden, Denken und Reden bist du selbst, das Bewusstsein. Da alles Bewusstsein ist, so wirst du, das Bewusstsein, dort sein, wohin du, der Mensch, sendest.

Hierzu erläuterte Gabriele,
die Lehrprophetin und Botschafterin Gottes:

Viele Menschen haben bis zum heutigen Tage noch nicht begriffen, dass ihr Körper Energie ist, der aus ihren Gefühlen, Empfindungen, Gedanken, Worten und Handlungen besteht. Das Fluidum des Menschen ist das Bewusstsein, das wiederum Energie ist. Hält sich der Mensch an einem Ort auf und weilen seine Gefühle und Gedanken woanders, so ist ein Großteil seines Fluidums, seines Bewusstseins, dort. Der Körper ist also hier, ein Großteil des Bewusstseins hingegen ist da und dort. Das bedeutet: Wir senden uns selbst aus, sind wohl hülsenhaft anwesend, doch nicht innenhaftig. Wird das Hülsenbewusstsein angesprochen, dann kann es auf eine Frage vielfach keine Antwort geben, außer es holt sein Fluidum in Sekundenschnelle zurück, um zu hören und auf die Frage einzugehen.

Wohin du sendest, dort bist du; dort baust du deinen Magnetismus auf – von dort wirst du einst angezogen werden.

Sendest du einen menschlichen Gedanken aus, dann ist dein Körper wohl hier, doch ein Teil deines Bewusstseins ist dort; es ist der Teil, der in deinem Empfinden, Denken und Sprechen liegt. Dadurch bist du mehrfach geteilt: in hier, wo dein Körper ist, in dort, wo deine Empfindungen sind, und in dort, wo deine Gedanken und Worte hinziehen. Du kannst also mehrfach geteilt sein, denn dein Empfinden kann z.B. bei deinem Nächsten sein, deine Gedanken z.B. am Arbeitsplatz und deine Worte bei deinem Nächsten, mit dem du sprichst.

Dieses Mehrfach-Geteiltsein kann zu schweren Störungen im Menschen führen. Sogenannte Gleichgewichtsstörungen können auftreten; dein Nervensystem kann dadurch zerrüttet werden; weitere Ursachen und die entsprechenden Wirkungen können die Folge sein. Dadurch kann der Mensch nicht mehr klar und logisch denken, und seine Handlungen sind dann Halbheiten.

Gabriele:

Das Mehrfach-Geteiltsein, von dem der Christus Gottes in Seinem Offenbarungswort spricht, kann zur Zerrüttung des Gemütes führen.

Ein Gemütskranker lässt sich vielfach gehen und lässt oftmals alles um sich geschehen, weil ihm infolge seiner Lethargie alles gleichgültig ist. Er kann aber auch hin und wieder aufbrausen und dann Dinge tun, die absonderlich sein können. Wird er diesbezüglich angesprochen, so fällt er entweder in die Lethargie zurück oder geht zum entsprechenden Angriff über. Diese Schwankungen des Gemüts können zu Gleichgewichtsstörungen führen, weil dadurch häufig auch das Nervensystem in Mitleidenschaft gezogen wird.

Durch die Schwankungen des Gemüts sind auch die Lebensrhythmen – denn das Leben besteht aus Zyklen und Rhythmen – gestört. Diese disharmonischen Rhythmen bewirken, dass vielfach total entgegengesetzte Gedankenströme freigesetzt werden, so dass der Mensch jeder Logik bar ist. Die Sätze, die er spricht, sind unausgewogen. Mitten im Satz hört er auf zu sprechen und beginnt wieder ein anderes Thema. Er fängt eine Arbeit an, vollendet sie jedoch nicht, weil ihn während dieser Erfüllung andere Vorstellungen und Wünsche drängen, denen er Gehör schenkt und nachgeht.

Erkenne: Bist du gespalten durch das gleichzeitige Aussenden von menschlichen Empfindungen, Gedanken und Worten, so bist du also hier und dort; du bist gleichzeitig an diesen und jenen Orten. Durch dieses gleichzeitige mehrfache Senden, das menschlich ist, also persönlich, errichtest du sogenannte Erdenstationen. In den weiteren Inkarnationen wirst du – gleichsam magnetisch – dorthin gezogen und wirst die Orte aufsuchen, die du mit deinen Empfindungen, Gedanken und Worten magnetisiert hast, um dort das zu bereinigen, was du in deinen Vorexistenzen verursacht hast, wohin du also gesendet hast.

Willst du ergründen, wo du morgen, in einer anderen Einverleibung, sein wirst, dann prüfe im Heute deine Empfindungen, Gedanken, Worte und Werke. Und willst du ergründen, mit wem du morgen auf engstem Raum zusammensein wirst, dann prüfe dein Empfinden, Denken, Reden und Handeln gegenüber deinem Nächsten – prüfe also, was dich an deinen Nächsten bindet und was deinen Nächsten an dich bindet.

Wer nicht am Tempel des Inneren baut, sondern im Äußeren lebt, der lebt da und dort und schafft gegenwärtig als Mensch wieder seine irdischen Bestimmungsorte und Stationen für seine nächsten Menschwerdungen, wo er dann wohnen oder die er dann bereisen muss, um das zu beheben, was er in seinen Vorexistenzen geschaffen hat.

Das alles und weit darüber hinaus lehrte Ich als Jesus Meine Jünger und lehre es nun als Christus alle Menschen, die guten Willens sind.

Wer im Innersten seines Tempels Wohnung genommen hat, der wird die Tempelordnung halten, die lautet: Was du tust, das tue ganz.

Wer im Innersten, im Allerheiligsten, in Gott, lebt, der ist auf die Sache, die Angelegenheit und auf die Situation bezogen. Seine Empfindungen, Gedanken und Worte entströmen dem heiligen Tempel; sie sind das ewige Gesetz. Gesetzmäßiges Empfinden, Denken und Reden sind heilige Kräfte, die sich im allgegenwärtigen Strom bewegen und Zugang und Eingang in Menschen, Dinge, Angelegenheiten und Situationen finden.

Der Gotterfüllte, der im Allerheiligsten wohnt, von wo aus er selbstlose Empfindungen, Gedanken und Worte sendet, der bleibt trotz äußerer Bewegung, trotz der Wogen des Weltenmeeres, im Innersten seines Tempels, weil er in Gott, in der Fülle, lebt und nicht geteilt, sondern geeint ist in Gott, im Strom des Lebens, im Sein.

Selbstlose, gotterfüllte Empfindungen, Gedanken, Worte und Handlungen sind im ewigen Strom und wirken aus dem ewigen Strom und bringen auch wieder Ewiges, Gesetzmäßiges, in den Strom Gottes ein, weil alles, was rein ist, wieder in das Reine zurückkehrt. Wann und wie das Gotterfüllte in den ewigen Strom zurückkehrt, das überlässt der wahre Weise dem Ewigen.

Was der Weise vollbringt, das erfüllt er für das ewige Gesetz, den ewigen Strom, in dem er lebt.

Alle äußeren, also heruntertransformierten Energien müssen umgewandelt und in den Strom Gottes zurückgebracht werden, wo sie ihren Ursprung haben.

Hierzu erläuterte Gabriele,
die Lehrprophetin und Botschafterin Gottes:

Heruntertransformierte Energien sind abgeleitete und umgewandelte göttliche Energien, die nicht mehr göttlich, sondern sündhaft schwingen, nicht mehr hoch, sondern niedrig. Sündigen wir, dann bauen wir zum einen auf schon bestehenden gleichen Sünden auf, das heißt, wir vermehren die niederen Energien, zum anderen nehmen wir das göttliche Wort, die hohen Energien, für unsere niederen Zwecke der Aufwertung, des Wissens und des Geldgewinns. So transformieren wir die hohen Energien in die Niedrigkeit der Sünde herab, wandeln sie in Sünde um und belasten uns damit. Das sind dann die heruntertransformierten Energien.

Gotterfüllte Empfindungen, Gedanken und Worte sind das Einheitsbewusstsein, weil sie das Gesetz im Strom des Seins sind. Menschliche Empfindungen, Gedanken und Worte hingegen sind Einzelgänger, die sich wieder gleichgesinnten Empfindungen, Gedanken und Worten zugesellen, von wo aus sie dann wieder auf den Absender zurückkommen. Bevor sie jedoch den Absender aufsuchen, haben sie sich vervielfacht. Sie vervielfachen sich, indem die Empfänger Gleiches und Ähnliches denken, das ebenfalls zurückstrahlt. Als Komplex kommen sie dann auf den Absender zurück und wirken auch als Komplex auf den Absender ein. Das bedeutet, dass es mit ihm, dem Menschen, dann um vieles schlimmer wird, als es vorher war.

Solche Einzelgänger sind Störenfriede, es sind die bohrenden Gedanken, die den Absender bestimmen wollen. Sie drängen sich auf, weil sie des Absenders Energien benötigen, um weiterhin aktiv zu bleiben und sich weiter zu aktivieren. Wer diese bohrenden Gedanken aufnimmt, der denkt Gleiches und Ähnliches. Damit bestärkt er den bohrenden Komplex, wodurch der Mensch gleichzeitig zu dem wird, was er gedacht hat und denkt.

Wer sein Leben nicht heiligt, der verliert es und wird es, je nach Belastung der Seele, eventuell durch mehrere fleischliche Eingeburten zurückgewinnen müssen – wenn er dann durch seine eigene Hölle geht, durch seine eigenen Qualen und Leiden, durch das, was er in sich selbst eingegeben hat.

Gabriele:

Christus offenbarte uns, dass wir dann, wenn wir bohrende Gedanken durch gleiche oder ähnliche Gedanken bestärken, den Gedankenkomplex vergrößern. Dieser sündhafte Komplex wirkt dann auf uns ein und macht uns zu seinem Inhalt. Dann sind wir das, was wir gedacht, gesprochen und getan haben: Neidisch, gehässig, zänkisch, eifersüchtig, kriegerisch, aggressiv, fordernd, rücksichtslos und vieles mehr.

Daher nützt die Tage und Stunden, denn ihr wisst nicht, wann die Seele abgerufen wird und was sie dann zu tragen und eventuell wieder mitzubringen hat.

Wollt ihr erahnen, was eure Seele trägt, so könnt ihr ein oder mehrere Segmente eures seelischen Ichs ergründen, wenn ihr den Maßstab der Zehn Gebote an euer Empfinden, Denken, Reden und Tun anlegt.

Der Mensch selbst ist ein untrügliches Zeichen entweder des Ich Bin oder seines menschlichen Ichs. Er kann sich nur vor jenen verbergen, vor denen er sich verstellen kann – die selbst so sind, wie er ist, die selbst bunt schillern und sich mit vielen Worten und Gesten schmücken, um die Aufmerksamkeit auf sich zu lenken.

Die Maske eines solchen Menschen ist mit einem Kartenhaus zu vergleichen. Ein Windstoß des Nicht-beachtet-Werdens – und das Kartenhaus fällt in sich zusammen. Was übrigbleibt, ist dann das zersetzende, das beißende Ich, das plötzlich eine andere Sprache spricht; denn dann sind die Masken gefallen, und der Mensch benimmt sich so, wie er ist: enttäuscht und resigniert, weil er nicht mehr beachtet wird, weil sein Ich nicht mehr aufgewertet wird, weil er nicht mehr der Mittelpunkt ist.

Hast du etwas zu verbergen, willst du dich also verbergen, dann suchst du einen sicheren Ort. Du machst ihn zu deiner Wahlheimat und nennst ihn Verborgenheit, in welcher du, das niedere Sein, glaubst, verborgen zu sein.

Das Verborgensein in der Verborgenheit ist jedoch offenbar, weil den Gestirnen nichts verborgen ist. Du, der du dich verbergen möchtest, hast in die Gestirne das, was du vor der Welt verbergen möchtest, eingegeben. Damit stehst du mit diesen auch in beständiger Kommunikation, einerlei, wo du bist.

Vor wem oder vor was willst du dich verbergen? Die Gestirne, in welche du das eingegeben hast, was du bist, treffen dich zur rechten Zeit – ob du dich da oder dort verborgen hältst. Es gibt keinen Ort, wo du dich vor dir selbst zu verbergen vermagst; denn das, was du in Empfindungen, Gedanken, Worten und Taten eingegeben hast, das bist du; das trägst du auch mit dir.

Hierzu erläuterte Gabriele,
die Lehrprophetin und Botschafterin Gottes:

Als sicherer Ort, um unser Sündhaftes, unser Menschliches, zu verbergen, dient uns vielfach unser Unterbewusstsein. Wir verdrängen oftmals unsere niederen Neigungen und gierenden Wünsche und drücken sie ins Unterbewusstsein. Darüber legen wir dann den Schein der

Ausgewogenheit, der Verbindlichkeit, viele »gute« Worte, die den Unerleuchteten täuschen. Der Getäuschte glaubt dann vielfach dem Schönredner und ist so an diese seine Trugbilder gebunden, bis er sich davon frei macht und den Weg geht, der ihm vorgezeigt ist. Dieser Weg ist mit seinen Empfindungen, Gedanken, Worten und Handlungen gepflastert, in denen er sich dann selbst erkennen kann. Durch die Bereinigung mit der Hilfe des Christus Gottes findet er dann zu sich selbst und wird frei von dem, was er verdrängte und beschönigte, von dem, was das Unterbewusstsein gespeichert hat.

Der Erleuchtete erkennt den, der verdrängt hat und beschönigt, denn jeder Mensch zeichnet sich selbst und gibt Zeugnis von den Speicherungen in seinem Ober- und Unterbewusstsein und von den Eingaben in seine Seele. Deshalb sollen wir unser Sündhaftes nicht verbergen, sondern es mit Christus bereinigen und nicht mehr tun. Wer es so hält, der kann von seiner noch bestehenden Sünde sprechen, weil er diesen Komplex bearbeitet, ihn also mit der Hilfe des Christus schrittweise aufarbeitet und das, was bereinigt ist, nicht mehr tut. Er ist dann wohl noch Sünder, hat aber bereits den Blick der Klarheit, das Gehör des Erwachten, das sensible Gefühl für Gerüche und Geschmacksnuancen und einen ausgewogenen Tastsinn.

Lerne, dich selbst in deinen Empfindungen und Gedanken zu sehen und in deinen Worten zu hören und in deinen Werken zu erkennen.

Hierzu erläuterte Gabriele,
die Lehrprophetin und Botschafterin Gottes:

Uns selbst erkennen zu lernen heißt, unsere Gefühle und unser Gewissen zu prüfen. Halten wir inne und kontrollieren unsere Gedanken sowie die daraus sich ergebenden Verhaltensweisen, die Bewegungen unseres Körpers, die Reaktion unserer Füße, Hände und Arme, dann spüren wir, ob unsere Gedanken sündhaft oder göttlich sind.

Sündhafte Gedanken, auch Empfindungen machen uns unruhig. Wir verschränken unsere Beine und unsere Arme; wir spielen mit den Gegenständen, die vor uns liegen, unsere Finger sind also beständig in Bewegung. Auch bewegen wir laufend unsere Beine und Füße. Sind diese übereinandergeschlagen, dann wippen wir mit einem Fuß oder bewegen die Zehen. Stehen die Füße auf dem Boden, dann bewegen wir die Füße; wir scharren am Boden, wippen mit den Füßen oder bewegen die Zehen. Stehen wir, dann treten wir von einem Fuß auf den anderen und lehnen uns an den einen, dann wieder an den anderen Gegenstand an. Sitzen wir, dann rutschen wir im Stuhl hin und her, sind also ruhelos. Das Gleiche erleben wir, wenn wir unsere Rede beobachten und uns bei unseren

Handlungen, bei den Arbeiten, Gesprächen oder anderen Dingen selbst zusehen. Dann erleben wir uns selbst und wissen, wer wir sind. Dann sind wir das Spiegelbild dessen, wie es im Inneren um uns bestellt ist, sind also unser eigener Spiegel. Darin erkennen uns all jene, die tiefer blicken.

Du selbst bist dir dann Spiegel und wirst immer weniger in den Spiegel deines Nächsten sehen, weil du mit der Bereinigung deines menschlichen Ichs genügend zu tun hast. Überwinde, was du an dir selbst erkennst, dann wirst du dich zum Göttlichen hin entfalten – so, wie die Blume, wenn die wärmenden Strahlen der Sonne sie berühren.

Wer sich dem Inneren Licht öffnet, der gewinnt innere Schönheit, weil seine Seele die Reinheit erlangt. Schönheit gleich Reinheit ist ein Attribut des wahren Seins. Wahre Schönheit und Reinheit können nicht nachgeahmt werden, weil das innere Kleid kosmisch strahlende Liebe ist.

Ist der physische Leib vom Glanz des Inneren durchstrahlt, dann ist der Mensch tugendhaft und selbstlos. Er gewinnt innere Anmut, welche dann die Zierde seines Äußeren ist. Der Schmuck des geistig gereiften Menschen besteht aus kostbaren Edelsteinen: aus den selbstlosen Gedanken, Worten und Werken.

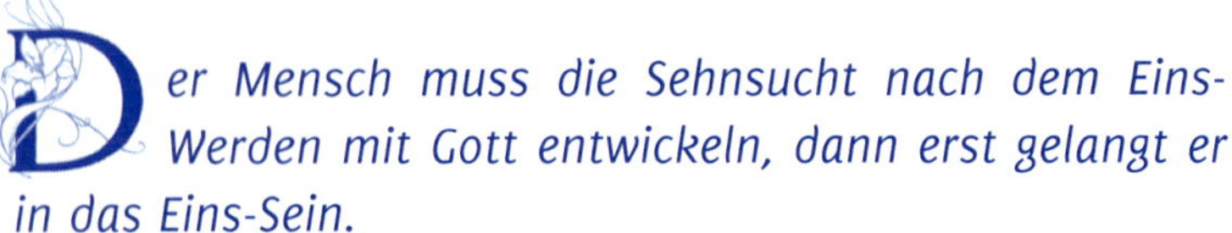

Der Mensch muss die Sehnsucht nach dem Eins-Werden mit Gott entwickeln, dann erst gelangt er in das Eins-Sein.

Hierzu erläuterte Gabriele,
die Lehrprophetin und Botschafterin Gottes:

Die Sehnsucht nach Gott entfaltet der Mensch einzig dadurch, dass er die Schritte der Verwirklichung tut, also täglich sein eigenes Sündhaftes erkennt, bereut, bereinigt und nicht mehr tut. Auf diese Weise wandert er dem Inneren Licht zu, wodurch auch die Seele immer lichter und gottbewusster wird. Die gottbewusste Seele und der gottzustrebende Mensch fühlen dann, was es heißt, von Gott getrennt zu sein, und sehnen sich nach dem Einswerden mit Gott.

An dem Tag, an welchem du vollkommen in Mir lebst, bist du zur Wahrheit erhoben, und du bist die Wahrheit.

Die Wahrheit braucht nicht zu fragen; sie braucht nicht mehr zu suchen; sie weiß um alle Dinge, weil sie die Wahrheit ist.

Bist du zur Wahrheit erhoben, dann bist du göttlich.

Der wahre Weise weiß um alle Dinge, weil er in alle Dinge des Lebens Einblick hat, da er zur Wahrheit geworden ist.

Der Erleuchtete bedarf keiner Erklärungen; er lebt das ewige Gesetz und ist das ewige Gesetz der Liebe. Daran, dass er so ist, wie er ist, aufrichtig, ehrlich, selbstlos liebend, wird er erkannt – nicht an vielen Worten der Liebe.

Der Mensch im Lichte der Wahrheit spricht eine andere Sprache. Was er sagt, ist vom Licht der Wahrheit durchdrungen und somit selbstlos. Der Wahrhaftige kennt nicht die Selbstdarstellung – er ist.

Wer nur das Äußere sieht, der ist geblendet von den Trugbildern dieser Welt und hält das Blendwerk für die Realität und glaubt von sich selbst, ein Realist zu sein, weil er nur an das glaubt, was seine Augen reflektieren: den Schein des Seins.

Der Schauende hingegen, der den Blick nach innen wendet, erfasst das Sein, die Wahrheit, und sieht das Äußere, den Schein.

Der Schauende schaut dich in sich als einen Teil von sich selbst. Er sieht auch dein Äußeres und sieht, wie du bist, und erkennt dich in deiner Welt des Scheins. Er weiß, woher du kommst und wohin du gehst, weil ihm dein schillerndes Gehäuse, das nur nach äußerem Glanz trachtet, offenbar ist.

Das wahre Sein ist das innere Leuchten. Es bedarf nicht vieler Worte – es strahlt. Es sucht auch nicht nach dem Öl für seine Lampe – es ist, weil es das Wahre, Schöne, das Ewige und die Ewigkeit ist, das Licht, das nie erlischt, weil es göttlich ist. Das bist du im Lichte der Wahrheit.

Die Wahrheit prahlt nicht; sie ist. Sie strahlt und strahlt alle Seelen, Menschen und Wesen an, alles Sein.

Wer sich nach der Wahrheit sehnt, der empfängt, je nach seiner geistigen Reife, Funken aus dem Licht der

Wahrheit. Je mehr Funken er zu empfangen vermag, desto intensiver und weitreichender wird sein Seelenlicht. Es leuchtet ihm auf dem Weg einwärts zu Gott, auf dass er dem Ewigen immer näherkomme. Das Licht der Wahrheit füllt die Empfindungen, Gedanken, Worte und Werke des gottzustrebenden Menschen mit Licht, so dass sein Denken, Reden und Tun wahrheitsgetreu ist.

Menschen im Geiste der Wahrheit benötigen nicht mehr das Streichholz des Nächsten, die kleine Flamme der Aufwertung und Anerkennung, mit der sich so viele Menschen immer noch verführen lassen. Wer dieses Flämmchens bedarf, der begnügt sich mit diesem kurzen Aufleuchten. Damit wird er entzündet – und damit entzündet er wieder Gleichgesinnte.

Was bringt dem Menschen dieses kurz aufleuchtende Flämmchen? Wie lange brennt ein Streichholz? Es flackert auf und ist sogleich wieder abgebrannt.

Ähnlich ist es mit dem menschlichen Ich. Es flackert auf und leuchtet kurze Zeit; dann bricht es in sich zusammen. Es ist wieder dunkel in dem, der sich mit der Aufwertung und Anerkennung begnügt – bis ein anderer kommt und ihm für kurze Zeit wieder das Flämmchen der Aufwertung und Anerkennung entzündet.

Dieses Heischen nach dem Flämmchen der Aufwertung und Anerkennung erfolgt so lange, bis sich die Seele in Mir, dem Christus, entfaltet hat und Licht aus Meinem Lichte geworden ist. Dann hat sich die Seele an Mir entzündet und leuchtet in Gott ewiglich. Wer sich an Meinem Licht entzündet, der wird wieder selbsttätig leuchtend – so, wie er als reines Wesen war und als reines Wesen wieder sein wird: selbsttätig leuchtend ewiglich.

Wie arm ist doch der »Streichholzüberbringer« und wie arm derjenige, der sich am Streichholz entzünden muss, um kurz aufzuleuchten, um sich kurz darstellen zu können, um sich also kurz ins Licht zu rücken! Beide, der Überbringer und der, der sich entzünden lässt, sind lichtlose, noch arme Seelen, geistig Tote, die sich selbst bedauern und betrauern und sich kurzzeitig am Flämmchen der Aufwertung und Anerkennung erfreuen.

Wer so denkt und handelt und vom Nächsten das Flämmchen erwartet, der lebt nicht. Wer nicht lebt, der kennt sich selbst nicht und kennt seinen Nächsten nicht und hat auch kein Auge für das Wahre und Schöne. Er spricht vom Sein und meint sein Ich. Er spricht vom Selbst und meint sich selbst. Er handelt einzig für sich selbst und gibt sein Letztes her, um gesehen zu werden.

Der verdunkelte, der blinde Mensch, sieht nur sein niederes Selbst und schaut nicht sein wahres Selbst. Er bleibt so lange ein Blinder, bis er weiß, wer er ist, und bis er lebt, was er ist – göttlich.

Solange der Mensch nicht aus der Wahrheit schöpft, will er sich selbst beweisen. Ist er zur Wahrheit geworden, dann ist er die Wahrheit und das wahre Sein, das Leben in Mir, das unpersönlich ist.

Wer zum wahren Sein, zum wahren Selbst, geworden ist, der braucht sich nicht zu beweisen und braucht sich nicht seinem Nächsten zu beweisen, weil er das wahre Selbst, das wahre Sein, ist.

Die Wahrheit muss sich nicht beweisen – sie ist.

Wer aus der Wahrheit ist, der ist die Wahrheit; er braucht auch nicht nach der Wahrheit zu fragen.

Der Wahre vollbringt an seinem Nächsten nur Gutes, und nur dann, wenn dieser es erbittet. Der Wahrhaftige bleibt dem Nächsten immer treu und gut – auch dann, wenn dieser ihn und seine Hilfe verneint.

Hierzu erläuterte Gabriele,
die Lehrprophetin und Botschafterin Gottes:

Christus offenbarte uns: *»Der Wahre vollbringt an seinem Nächsten nur Gutes, und nur dann, wenn dieser es erbittet.«* Damit zeigte uns der Christus-Gottes-Geist die Gesetzmäßigkeit der Freiheit auf. Seine Worte bedeuten: Wir sollen unseren Nächsten zu nichts zwingen, auch dann nicht, wenn wir glauben, dass unsere Hilfe gut für ihn wäre. Der Gotterfüllte ist immer bereit, zu helfen und zu dienen, so weit, wie es ihm möglich ist. Das wird er auch seinem Nächsten, der Hilfe benötigen würde, übermitteln, indem er es ihn wissen lässt, mit Worten wie: »Ich bin jederzeit bereit, dir zu helfen. Wenn du die Hilfe möchtest, komme auf mich zu. Wie und wann, ist ganz dir überlassen.« Auf diese Weise wahrt der Weise die Freiheit seines Nächsten und somit die Gesetzmäßigkeit Gottes, die Freiheit.

Auch wenn unser Nächster uns ablehnt – der wahre Weise bleibt ihm im Herzen treu und bleibt bereit, ihm zu dienen und zu helfen, wenn dieser es möchte.

Ist die Seele im Menschen zum Ich Bin, der Wahrheit, dem Gesetz des Alls, geworden, dann begegnet sie auch immer wieder dem Ich Bin, weil sie im Strom des Ich Bin lebt und das Auge des Ich Bin ist.

Das Ich Bin ist das wahre Selbst; es begegnet sich immer wieder selbst, da es göttlich ist und alles Göttliche in allem enthalten ist. Du bist der Träger des wahren Selbst, des Göttlichen, des All-Lebens.

Gabriele:

Dem großen, mächtigen, allgegenwärtigen Ich Bin zu begegnen, heißt, in Gott, dem Ich Bin, zu leben, Seine heiligen Gesetze zu erfüllen, so dass das Auge, das Gehör, der Geschmacks-, Geruchs- und Tastsinn zu feinen Wahrnehmungsorganen werden, durch die der Strom, das mächtige Ich Bin, fließt. Dann schaut das geistige Auge das Ich Bin im Nächsten. Dann hört das geistige Ohr das Ich Bin aus den Worten des Nächsten. Dann riechen und schmecken die verfeinerten Sinne das Göttliche im Geruch und im Geschmack, und der durchglühte Tastsinn greift nicht wahllos, sondern bewusst geführt vom Strom Gottes. Auf diese Weise erlebt der wahre Weise immer wieder das Ich Bin in allem, was er sieht, hört, riecht, schmeckt und betastet.

Er sieht und hört auch das Gegensätzliche. Mit diesem identifiziert er sich nicht, ist jedoch jederzeit hilfsbereit, wenn sein Nächster sein Sündhaftes erkennen, bereuen und bereinigen möchte.

Das Ich Bin ist das wahre Selbst, ist das Sein, ist die Wahrheit, ist das Gesetz des Alls. Das Ich Bin ist alles in allem; deshalb ist es das Selbst. So du wieder göttlich bist, bist du das Selbst, das Sein, die Wahrheit, das Gesetz der Liebe, weil du der Erbe der Unendlichkeit bist und das Ebenbild deines ewigen Vaters.

So, wie im Himmel, so auch auf Erden: Das Göttliche begegnet immer wieder dem Göttlichen – sich selbst. Das menschliche Selbst, das niedere Ich, begegnet immer wieder sich selbst, dem niederen Ich.

Meine Apostel und Jünger fragten Mich, wie sie von Bindungen und Anerkennungsstreben frei werden können:

Ihr werdet von Bindungen und Anerkennungsstreben dann frei werden, wenn ihr euren Mitmenschen die Freiheit lasst und euch auf euch selbst besinnt, um durch Verwirklichung und Erfüllung der Gesetze Gottes die bewusste Sohn- oder Tochterschaft Gottes zu erlangen, denn in Gott leben alle Wesen frei. Sie sind an nichts und an niemanden gebunden. Sie sind reich, da sie das Gesetz Gottes erfüllen.

Erfüllen Seele und Mensch das Gesetz Gottes nicht, dann verarmen sie und binden sich an Menschen und Dinge, die sie umgeben und die auf sie zukommen.

Wer sich vom Alltagsgeschehen und von Menschen steuern lässt, der hat sein Lebensruder aus der Hand gegeben und hat keine Unterscheidungsgabe. Solche Menschen trennen sich von dem einen und binden sich an den anderen.

Gabriele:

Wer sein Lebensruder aus der Hand gibt, der überlässt anderen sein Lebensschiff, die es dann in die Richtung lenken, die ihrem Sinnen und Trachten entspricht. Wer sich also auf dem Ozean seines Lebens treiben lässt oder anderen sein Lebensruder überlässt, der weiß in Bälde nicht mehr, ob das, was er denkt, spricht und tut, er selbst ist oder ob es vom Steuermann kommt, dem er sein Lebensschiff überlassen hat.

Beachtet folgenden einfachen Grundsatz:

Baue auf Gott, den Ewigen. Erwarte nichts von deinem Nächsten, dann bist du nicht enttäuscht.

Ihr sollt mit nichts und mit niemandem Vergleiche anstellen. Gleiches setzt Gleiches voraus.

Erkennet, das Innere Licht, der Christus in euch, der Ich Bin, ist unvergleichbar.

Wer im Lichte der Wahrheit erwacht ist, der vergleicht nicht mehr – er ist.

Viele Menschen sind in das Dunkel gehüllt, weil sie ganz im Äußeren aufgehen. Sie gehen an ihren Nächsten gedankenlos vorbei und wissen nicht, dass sie an Gott vorbeigehen.

Dunkel und somit blind, wie sie sind, vergehen sie sich an den höchsten Lebenskräften, an dem Gesetz des Heils. Sie wissen nicht um ihr Innerstes, um den kostbaren Schatz, den Edelstein, der gleich Gott ist, aus dem heraus sie geistig geboren sind und dadurch göttlich wurden.

Darum lernt, im Licht, im ewigen Sein, zu wandeln. Bewahrt euer Leben, indem ihr aus dem Leben schöpft. Gehet in die Stille, werdet stille und wirkt aus der Stille. Das ist die wahre Tat; das ist Gotterfülltsein.

Hierzu erläuterte Gabriele,
die Lehrprophetin und Botschafterin Gottes:

Jeder Tag ist der Lehrmeister für den Menschen. Jeder Tag lehrt uns, indem er uns Aspekte unseres Für und Wider aufzeigt. Das Für ist die positive Seite unseres Lebens, das Göttliche. Das Wider ist die negative Seite unseres Daseins, es sind unsere Sünden. Die Sünde ist der Schatten, das Göttliche ist das Licht.

Wollen wir im Licht, im ewigen Sein, wandeln, dann sollten wir auf die Stimme des Tages hören, die über unser Nervensystem, über unsere Aktionen und Reaktionen, unseren physischen Leib anspricht. Erregen wir uns, dann hat unser Tag unser Negatives angesprochen. Wollen wir aus dieser Schattenseite herausfinden, dann sollten wir mit der Hilfe des Christus Gottes die Wurzel unserer Erregung finden, dieses Sündhafte bereinigen und nicht mehr tun. Auf diese Weise treten wir aus dem Schatten, dem Negativen, heraus und wandeln mehr und mehr auf der lichten Seite, im Positiven, im Für.

Der Tag also belehrt uns. Lernen wir daraus, dann werden wir sensitiver und fühlen mit der Zeit sehr rasch, ob sich heute Schatten auftun oder ob sich uns das Licht, die lichte Seite unseres Lebens, zeigt.

Was der Mensch ausstrahlt, das zieht er an, und nur das sieht er. Jeder sieht sich im Nächsten selbst, der Göttliche und der Ungöttliche.

Was der Mensch denkt, dem begegnet er, denn Gleiches zieht immer wieder Gleiches an und sieht auch Gleiches.

Du siehst dich selbst in deinem Nächsten.

Das, was du siehst und worüber du dich erregst, das bist du, der Mensch. Deine physischen Augen reflektieren nur dich selbst und das, was um dich ist und was dich erregt – und das bist wiederum du.

Der wahre Schauende, das wahre Selbst, schaut und sieht gleichzeitig, weil das geistige Auge alles durchschaut und überschaut.

Der wahre Schauende hat den Blick für das wahre Sein. Er schaut in die Tiefen des Lebens und schaut sich darin selbst und seinen Nächsten und alles Sein, weil das geistige Auge alles wahrnimmt, da es gleichzeitig das Auge des ewigen Gesetzes ist: das wahre Sein, das wahre Selbst.

Der wahrhaft Schauende urteilt nicht, weil er der Weise ist, der in die Tiefen des Lebens schaut und alles durchschaut. Wer jedoch nur auf die Oberfläche des Lebens blickt, der urteilt, weil er die Tiefen des Lebens noch nicht ergründet hat.

Der Schauende kennt keine Begriffe, weil er nichts begreifen muss – er ist.

Der Schauende hat keine Meinung, weil er weise ist.

Wer ist, der ist im Sein, und das Sein weiß um alle Dinge, weil Es es selbst ist, sich selbst schaut und sich selbst wahrnimmt, das Gesetz des Alls, das alles in allem ist.

Hierzu erläuterte Gabriele,
die Lehrprophetin und Botschafterin Gottes:

Weise sein lässt Wissen sein.

Wer nur weiß, der durchschaut die Hintergründe des irdischen Daseins nicht. Er blickt nur auf die Oberfläche, er sieht nur den Spiegel und schaut nicht hindurch, erfasst also nicht, was sich hinter dem Spiegel, hinter der aufgebauten egoistischen Fassade, vollzieht. Der Weise durchforscht die Hintergründe. Er blickt durch die Fassade, gleichsam durch den Spiegel, hindurch und schaut so die verborgensten Dinge. Er urteilt nicht, weil er selbst durch all die Tiefen und Höhen gegangen ist und die Schwere dieser Wanderung kennt. Daraus ergibt sich das Verständnis und das Verstehen. Aus diesem heraus vermag er seinem Nächsten beizustehen, der einen Teil der Wanderung noch vor sich hat.

Wer jedoch nur wissend ist, der ist den Weg der Höhen und Tiefen noch nicht gegangen. Er spricht von der Wanderschaft und wandert nicht. Er hat seine Vorurteile und Urteile. Das ist der Unterschied zwischen »weise sein« oder nur »wissend sein«.

Der Weise lässt das Wissen sein, lässt es also hinter sich, weil er über das Wissen zur Weisheit gelangt ist.

Da in allem alles ist, Gott, ist auch alles Gott – in der Seele des Menschen und in jeder Zelle des physischen Leibes. Empfindet, denkt, spricht und handelt der Mensch gegen das Sein, das Gesetz, Gott, so handelt er gegen sich selbst.

Wer gegen seinen Nächsten ist, der ist auch gegen sich selbst, weil im Nächsten Gott ist und Gott in ihm selbst ist – alles in allem.

Wertest du deinen Nächsten ab, so wertest du dich selbst ab. Beschimpfst du deinen Nächsten, dann beschimpfst du dich selbst. Handelst du gegen deinen Nächsten, dann handelst du auch gegen dich.

Hierzu erläuterte Gabriele,
die Lehrprophetin und Botschafterin Gottes:

Gott ist in allem als Ganzes, also unteilbar und somit die Unendlichkeit als Essenz und Kraft. Gott, die Allgegenwart, das Reine, das Ewige, der Unendliche, ist auch im Negativen die positive Kraft, die uns beisteht, die Hülle, das Sündhafte, aufzulösen, also umzuwandeln, so dass einzig nur noch das Ich Bin strahlt.

Erkenne: Wenn in dir die Allkraft, Gott, ist, dann ist auch in deinem Nächsten die Allkraft, Gott.

Du, das Sein, das Wesen in Gott, bist die Essenz der Unendlichkeit, da auch in deinem Bruder, in deiner Schwester die Essenz der Unendlichkeit ist. Du handelst gegen dich, wenn du gegen deinen Bruder bist.

Wer also gegen seinen Nächsten ist, der ist auch gegen sich selbst.

Der Gegenpol ist der Widersacher, der gegen Gott ist. So bist du auch gegen Gott, wenn du Seine Gesetze missachtest. Auf diese Weise schaffst du dir dein eigenes menschliches Gesetz – das bist du, in dem lebst du, und das wirkt auch auf dich ein.

Zu Gott zurückkehren zu wollen, heißt, zu den Menschen zurückzukehren, sie zu achten und sie selbstlos lieben zu lernen. Das ist Rückkehr zur Einheit, weil Gott alles eint.

In Ihm bist du und bin ich. In Ihm sind alle Menschen und Wesen, die Gestirne und die Reiche der Tiere, Pflanzen und Steine.

Du bist mein,
ich bin dein,
in diesem Bewusstsein bewegt sich
das ewige Sein.
Ich bin in allem,
du bist in allem;
alles, was ist,
bist du und bin ich.

Es gibt nichts in der Reinheit, was nicht in mir ist.
Es gibt nichts in der Reinheit, was nicht in dir ist.

Wir sind eins im Strom des Einen,
der ewig ist,
der dich und mich beschützt,
aus dem ich bin
und du bist –
denn wir sind göttlich.

Er ist das Heil und die Geborgenheit.
Er ist die Liebe und das Geborgensein.

Aus Ihm bin ich,
aus Ihm bist du.
Uns verbindet das, was ist,
der Ewige und die Ewigkeit;
denn du und ich
sind göttlich ewiglich.

Ist dir dein Nächster nah, dann bist du Gott nah. Ist dir dein Nächster fern, dann bist du Gott fern. In jedem Augenblick bestimmst du selbst, wie nah oder fern dir Gott ist.

Hast du gelernt, in die Seele jedes Menschen hineinzuspüren, dann erlebst du in dir selbst den Seelengrund deines Nächsten und weißt, wessen Seele und Mensch bedürfen. Nur dadurch, dass du dich in deinen Nächsten hineinversetzt, kannst du diesen verstehen und mit ihm eins werden.

Gabriele:

In unserer dreidimensionalen Welt ist unser Blick begrenzt. »Dreidimensional« besagt, dass wir uns im Dasein von Zeit und Raum befinden, in Grenzen leben, die wir uns selbst gegeben haben, durch unser ichbezogenes Fühlen, Empfinden, Denken, Reden und Handeln. Letztlich blicken wir ausschließlich nur auf das Äußere. Ob wir nach oben oder nach unten oder nach rechts oder links, nach hinten oder vorne blicken – wir sehen immer nur das Äußere und letztlich die Wände, unsere Begrenzungen, unsere sündhaften Eingaben. Sie sind unsere Welt, in der wir unser Dasein haben.

Die Seele – und vor allem der Seelengrund – ist überdimensional. Sie kennt weder Zeit noch Raum. Sie ist nicht an Hindernisse, an Gegenstände, an Wände gebunden. Nichts und niemand kann sie aufhalten, außer sie ist belastet durch die Sünde, die der Mensch infolge seiner selbstgeschaffenen Begrenztheit mehr und mehr begeht.

Jeder Mensch hat sich mehr oder weniger in die dreidimensionale Welt eingefügt. Er ist somit eine Fuge im Gefüge. Dieses Fugenleben bejaht er und baut es weiter aus, indem er Zeit und Raum als den Maßstab seines Lebens anerkennt. In dem Augenblick jedoch, in dem der Mensch sich sagt: »Ich bin nun einmal Mensch und bewege mich in diesem Gefüge Zeit und Raum, aber ich werde dieses nicht als mein Leben bejahen, denn Gott ist überdimensional«, wird sich sein irdisches Leben wohl weiter in Zeit und Raum, im Dreidimensionalen, abspielen, aber er wird es nicht als unabdingbar ansehen. Durch die tägliche Bereinigung seiner von ihm selbst erkannten Sünden, die er dann im Alltagsleben nicht mehr tut, erweitert er sein Bewusstsein und deckt zunehmend sein göttliches Sein auf.

Je mehr das göttliche Bewusstsein des Menschen zu strahlen beginnt, umso tiefer empfindet er. Das ist dann die Wahrnehmung seiner Seele, die nicht nur auf die Mauern und Gegenstände blickt, die nicht nur die Fassade des menschlichen Ichs sieht, sondern die in Kommunikation mit dem Seelengrund des Nächsten zu treten vermag, um dessen tiefere Wesenszüge zu empfinden. Gleiches kommuniziert immer mit Gleichem: die Oberfläche mit der Oberfläche, die Oberflächlichkeit mit der Oberflächlichkeit, der Seelengrund mit dem Seelengrund und somit das Göttliche mit dem Göttlichen.

Über die eigene Erfahrung in Bezug auf »Erkenne deine Sünden, bereue, bereinige sie und tue sie nicht mehr« aktiviert der Mensch das göttliche Bewusstsein, das in alle Dinge hineinzuspüren vermag, auch in den Seelengrund des Nächsten.

Hast du deinen Bruder, deine Schwester in dir erfahren und geschaut, dann hast du gleichsam Gott geschaut; denn Gott ist das Göttliche in dir und in deinem Nächsten.

Machst du deinen Bruder nieder – sei es in Gedanken oder mit dem Schwert –, dann machst du dich gleichsam selbst nieder; denn die positive Seite deines Bruders, das Göttliche, ist in dir.

Bist du gegen deinen Bruder, dann bist du also gegen den Teil deines Bruders in dir.

Was du heute zerstörst, das musst du morgen wieder aufbauen.

Ich, Christus, lehrte als Jesus Meine Apostel und Jünger das Schauen, das gleichzeitig Wahrnehmung ist, denn die Sinne der Seele und die Sinne des Menschen sind Wahrnehmungsorgane.

Wer seine menschlichen Sinne vergeistigt hat, der schaut und hört das innerste Sein, sein wahres Selbst, und sein Geruchs-, Geschmacks- und Tastsinn wird nur auf das ausgerichtet sein, was göttlich ist.

Die Schau ist die Wahrnehmung des Seins im Strom des Seins. Wollt ihr euch im rechten Schauen, in der göttlichen Wahrnehmung, üben, um das Auge der Wahrheit zu öffnen, welches das Sein ist, dann bejaht – zuerst noch blind – das Sein, das in allem, was ihr seht, ist.

Auf diese Weise erfahrt ihr in euch, dass das Sein keine Unterschiede kennt. Es hat jedoch die Unterscheidungsgabe und schaut und erfasst die verschiedenen Bewusstseinsgrade der Evolutionsstufen, die zur Vollendung hinreifen.

Macht keine Unterschiede zwischen euren Nächsten; denn wenn einer eurer Nächsten euch näher ist als der andere, dann verwerft ihr den anderen und dünkt euch höher als der, der euch letztlich ebenbürtig ist, der andere. Solange ihr Unterschiede macht, werdet ihr nicht die Unterscheidungsgabe erlangen und daher auch in eurem Denken und Tun unterschiedlich reagieren, weil ihr nicht das Ganze in allem schaut und auch nicht wahrzunehmen vermögt.

Bejaht in allem das Ganze, dann werdet ihr die Tempelordnung halten und werdet auch die Bewusstseinsgrade schauen lernen und die Unterscheidungsgabe erlangen und die Sprache des Gesetzes erlernen, die nicht die Sprache der Menschen ist.

Hierzu erläuterte Gabriele,
die Lehrprophetin und Botschafterin Gottes:

»Bejaht in allem das Ganze« heißt: Gott ist unteilbar. In allem, auch im kleinsten Baustein, ist Gott das Ganze, das ewige Gesetz. Wenn in einer Lebensform auch nur eine Facette des Ganzen leuchtet, weil diese der Bewusstseinsstand der Form ist, so ist doch Gott, das Ganze, in dieser Form enthalten. Sie steht in der Evolution, bis sich alle Facetten des ewigen Gesetzes, Gott, entfaltet haben und die Form, die dann zum Geistwesen wurde, göttlich ist.

Weil Gott in allem das Ganze ist und unsere Seele die Essenz des Ganzen ist, sollten wir in allem das Ganze bejahen. Dadurch bejahen auch wir uns als das göttliche Wesen in Gott.

Die Sprache des Gesetzes ist das erschlossene göttliche Bewusstsein, der Stein des Weisen, der alle Facetten der Wahrheit in die Unendlichkeit strahlt und somit alles weiß, weil er das Gesetz, das All ist.

Das Auge des Gesetzes ist zugleich das Ohr des Gesetzes: Was du schaust, das hörst du auch.

Wer schaut, der hört, registriert und reagiert zugleich. Was er schaut, das registriert er auch, und was er hört, das vernimmt er auch.

Er schaut das Sein, weil er das Sein ist, und hört das Sein, weil er das Sein spricht, welches das Leben ist.

Wer die Wahrheit ist, der sieht auch seinen Nächsten, wie er ist. Er hört das, was sein Nächster nicht spricht, und so dieser spricht, vernimmt er aus dem, was der Nächste sagt, wer dieser ist.

Der Schauende durchschaut alles, weil er den Durchblick hat. Dein Augenlicht ist das Licht deines Ichs oder des Ich Bin.

Gabriele:

»Du schaust das Sein« heißt: Du fühlst das Leben, das auch zu dir spricht. Schauen und Hören ist immer ein Ganzes, weil Gott ewige Offenbarung ist. Würdest du nur schauen und nicht hören, so würdest du nur die Materie wahrnehmen, sie also nur sehen. Blickt der Mensch nur auf die Hülle des Seins, auf die Materie, dann glaubt er

vielfach, dass Lebensformen wie Pflanzen und Tiere nur eine Sache seien.

Wer jedoch die Lebensform mit den Augen des Lebens schaut, der fühlt und hört sie zugleich, weil Gott nicht stumm ist, sondern beständiges Licht und Offenbarung. Das Gleiche gilt auch für den Nächsten. Wer nur auf den Menschen blickt, der sieht ihn wohl, doch versteht ihn nicht. So dieser zu ihm spricht, wird er ihn auch in seinen Worten nicht verstehen.

Der wahre Weise sieht und schaut den Menschen. Er empfindet ihn gleichsam als Energie, die sich ihm mitteilt. Der Weise weiß: Alles ist Offenbarungsenergie. Das Göttliche spricht sich selbst und offenbart sich dem Göttlichen. Das Menschliche, das Sündhafte, spricht sich selbst und offenbart sich dem Sündhaften – und offenbart sich auch dem Göttlichen, das die Unterscheidungsgabe hat zwischen Gottesoffenbarung und Offenbarung der Sünde.

Was du siehst und dich erregt, das hast du angezogen.

Was du erhorchst, das dich erregt, das hast du angezogen.

Was du sprichst, das bist du, und mit Gleichsprechenden bist du auch zusammen.

Das Reflexionslicht deines physischen Auges, deines physischen Gehörs, deines physischen Wortes und deiner physischen Wünsche und Leidenschaften ist das Licht deines Ichs. Mit diesen Reflexen deines menschlichen Ichs ziehst du einzig die Menschen an, die dir gleich oder ähnlich sind. Mit den Menschen, die gleich oder ähnlich reflektieren wie du, bist du einer Gesinnung. Sie ist menschlich und hat keinen Zugang in die Himmel.

Gabriele:

Gott ist, und da Er weise ist, weiß Er um alle Dinge. Er weiß auch, dass alles Sündhafte sich in Seinem Licht wandeln wird, da Er nicht auf die Sünde blickt, sondern auf das Vollkommene in der Seele jedes Menschen. Er schaut das Göttliche, das Er ist, Gott, die Allgegenwart, in jedem Menschen, in allem Sein. Die Form aus Gott ist somit göttlich.

Gott erregt sich nicht über das Unvollkommene, weil Er nur Vollkommenes schaut. Nur der Unvollkommene erregt sich am Unvollkommenen, weil er mit den Augen der Unvollkommenheit sieht, mit dem Gehör der Unvollkommenheit hört und mit den weiteren Sinnen der Unvollkommenheit auf seine Nächsten reagiert. Wirkt der Nächste auf ihn ein, so erregt sich der Unvollkommene, weil sein Nächster die Unvollkommenheit angesprochen hat, die Entsprechung, die wieder die Projektion auf andere ist. Jede Entsprechung reflektiert ihren Inhalt in Gedanken, Worten und Handlungen.

Der wahre Weise reflektiert nicht; er durchdringt alles, weil er das ewige Gesetz ist, das alles durchdringt.

Das Reine durchdringt das Reine, es macht keine Unterschiede; rein ist rein. Es durchdringt das All und alle Reinen.

Das göttliche Prinzip – Senden und Empfangen – durchzieht das All.

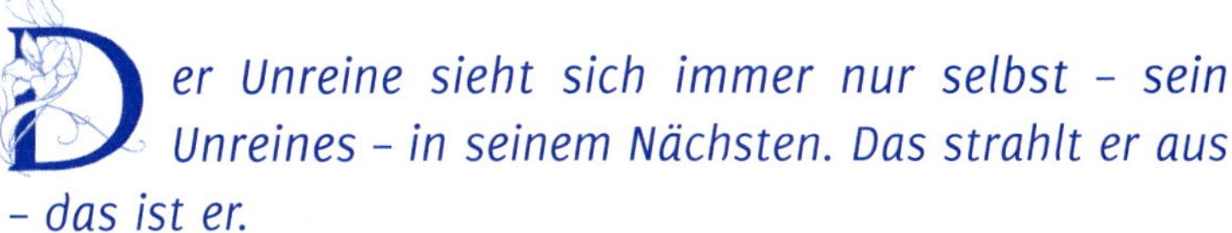

Der Unreine sieht sich immer nur selbst – sein Unreines – in seinem Nächsten. Das strahlt er aus – das ist er.

Wer sich, sein niederes Ich, bejaht, der versteht nur sich, sein niederes Ich. Damit steht er auf der menschlichen Ebene.

Gabriele:

Wer sein menschliches Ich als das Untadelige und Absolute ansieht, der dreht sich nur um seine eigenen Belange und hat auch keinen Zugang zu seinem Nächsten. Er hält nur Freundschaft mit denen, die ihn in seinem Ich, in seinem Sündhaften, bestärken und ihn dadurch erfreuen. Diese nennt er seine Freunde.

Wer ist, der braucht nicht zu verstehen, weil er weise ist. Er ist die göttliche Essenz in seinem Nächsten, und sein Nächster ist wieder die göttliche Essenz in ihm. Beide durchstrahlen einander, und beide durchstrahlen das All und das All die beiden, und die beiden und das All alles Sein, das formgewordene Sein, die Geistwesen und geistigen Naturreiche. Und alles formgewordene Sein durchstrahlt wieder die beiden, da alles in allem enthalten ist. Es bestehen also keine Unterschiede, nur die Unterscheidungsgabe der Bewusstseinsgrade.

So wie oben, so unten.
Es gibt nur ein Gesetzesprinzip: Was du sendest, das empfängst du.

Nichts, was ewig ist, ist außerhalb von dir. Was der Himmel ist, das ewige Gesetz, das ist in dir; das bist du, das Selbst – und das umgibt dich auch, weil alles in allem enthalten ist und in allem das Sein, das Gesetz, wirkt.

Was auf Erden ist – die Dichte, die Materie –, entstand durch das umgepolte Prinzip »Senden und Empfangen«, durch das niedere Ich, das sich selbst prägt durch das Empfinden, Denken und Sprechen des Einzelnen. Was der Mensch sich an Menschlichem angeeignet hat, ist ungöttlich. Das belastet seine Seele und seinen Leib; das strahlt er aus. Durch das Ungöttliche entstand die Dichte, die Materie, die nur Spiegelung ist.

Das göttliche Prinzip ist das Reine – das ungöttliche Prinzip ist das Unreine, woraus die Materie hervorging. Das göttliche Prinzip kann das umgepolte, das ungöttliche, das menschliche Prinzip durchstrahlen – das Ungöttliche, das Menschliche, jedoch nicht das Göttliche.

Hierzu erläuterte Gabriele,
die Lehrprophetin und Botschafterin Gottes:

Jeder Mensch hat seine persönliche Welt, die aus seinen Vorstellungen besteht, die Bilder sind. Denn alle

Gefühle, Gedanken, Worte und Handlungen bauen sich als Bilder auf, die sich dann in der Aura des Menschen befinden, den Menschen umgeben und auf den Menschen einwirken. Auf diese Weise lebt der Mensch in seiner Welt, in den Bildern, die er sich selbst geschaffen hat. Wer in seiner Bilderwelt lebt, lebt wie in einem geschlossenen Raum, denn er hat keinen Zugang zu der Bilderwelt des Nächsten und ist somit ein Abgegrenzter und ein Begrenzter, der sich nur mit seiner eigenen Welt beschäftigt, mit seinen eigenen Projektionen.

Wer einen solchen Menschen nachahmt, schafft Reproduktionen. Wer es ihm gleich tun möchte, wird niemals derselbe sein können. Eine Reproduktion ist etwas Nachgemachtes, das noch weniger Wert hat als die Produktion des Sündhaften. Der Produzent und der Reproduzent binden sich aneinander, weil Gleiches immer wieder Gleiches anzieht.

Weil das Göttliche in der Materie ist und die Materie durchstrahlt, werden mit der Zeit die Spiegel, die als ganzes die Materie bilden, blind; denn früher oder später wird sich jeder Spiegel im absoluten Prinzip wandeln, weil der Geist die Materie durchdringt und auf Dauer kein Schatten bestehen kann.

Dann ist alles wieder das Sein im Strom des Seins.

Die Reinen, die im reinen Prinzip, im Strom des Seins, leben und das Sein, das Absolute, das reine Prinzip, verkörpern, sprechen die Sprache des Urempfindens, die sich in ihnen selbst ausdrückt, weil sie selbst das Wort der Wahrheit sind, das in ihnen offenbar wird.

Sendet der Reine, dann empfängt der Reine in sich selbst das Wort des Reinen, weil sein Nächster – und die Sprache seines Nächsten – göttlich ist und wiederum ein Teil des Empfangenden. Im göttlichen Wort ist das ganze Gesetz enthalten, weil alles in allem das Ganze ist.

Das unreine Prinzip ist das menschliche Ich; es ist das, was außerhalb ist; es ist die Dichte, das menschliche Sein, das menschliche Empfinden, Denken, Reden und Handeln – das wiederum der selbst ist, der es aussendet und auch auf seinen Nächsten projiziert. Dann hört er auch nur die Sprache seines Nächsten, die wieder seine Sprache ist, weil Gleiches Gleiches anzieht.

Deine Empfindungen, Gedanken und Worte sind ein Teil von dir. So, wie du sie aussendest, so verhalten sie sich auch dir gegenüber, so kommen sie wieder zu dir zurück.

Wie du also sendest, so empfängst du, und so wirst du dich auch gegenüber deinem Nächsten verhalten: positiv, göttlich – oder ungöttlich, menschlich.

Deine menschlichen Empfindungen, Gedanken, Worte und Werke prägen dir den Stempel auf, der du selbst bist.

Deine Lebenswelt, die sich aus der Summe deines Empfindens, Denkens, Redens und Handelns zusammensetzt, aus der auch deine Sehnsüchte, Leidenschaften und Wünsche hervorgehen, zwingt dich immer wieder, Gleiches und Ähnliches zu empfinden, zu denken, zu sprechen und zu tun. So lange bist du die Spirale deines Ichs, bis du dich aus diesem Kreisel herausbegibst und dem Verführer widersagst – der du selbst bist, der dein menschliches Ich ist.

Der Verführer ist deine kleine, ichbezogene Denkwelt, die aus unzähligen Fäden und Seilen deines menschlichen Ichs besteht, die dich immer wieder einfangen und an das binden, was du empfindest, denkst, sprichst und tust. Nur mit Mir, Christus, kannst du die Fesseln deines menschlichen Ichs lösen, um in das ewige Prinzip zu finden, in das ewige Gesetz, Gott, das sich selbst spricht, da es nur ein Prinzip gibt: Senden und Empfangen.

Erkenne und erfahre dich als das Prinzip Gott; dann durchschaust du die Schliche und die Falschheit des Widersachers. Denn über deine menschlichen Gefühle und Gedanken schleicht er sich bei dir ein, um deinen Tempel zu verwüsten.

Deshalb lerne Folgendes, und nimm es dir zu Herzen: Dein Gedanke bist du. Womit du deinen Gedanken ausstattest, das bewirkt er in dieser Welt, an und in dir und in deiner Umgebung.

Wollt ihr euch in eurem Gedanken erkennen, dann legt diesen Gedanken euch selbst zur Betrachtung vor. Betrachtet ihn aufmerksam; dann werdet ihr verwundert sein, wie viele Inhalte er in sich birgt.

Gabriele:

Jeder Mensch, der eine mehr, der andere weniger – es kommt auf die Belastung oder Nichtbelastung seiner Seele an –, hat in sich eine Antenne, die auch als Seismograph bezeichnet werden kann. Es ist die Gefühlsebene, die in der Nähe der Seele schwingt.

Einen Gedanken zu betrachten heißt, sich diesen vorzulegen, ihn also im Bewusstsein zu behalten, mit der Bitte an den Christus Gottes, dass Er uns beisteht, die Wurzel unseres Gedankens, also die Denkinhalte des Gedankens oder der Gedanken, zu finden. Ist unsere Seele nicht allzu schwer belastet, sind wir, der Mensch, moralisch und ethisch entwickelt, dann ist auch unsere Gefühlsebene, die Antenne oder der Seismograph, feiner auf das Göttliche einjustiert. Das Göttliche in der Seele, der Christus Gottes, wird uns dann über unsere Gefühle beistehen. Er wird also unseren Gefühlsseismographen anregen, der dann unseren Gedanken oder unsere Gedanken wie ein Buch aufblättert, so dass wir Blatt für Blatt zu der Wurzel unseres Gedankens finden. Das heißt, dass wir jedes Blatt betrachten können, um zu erkennen, wie sich unser Gedanke bzw. die Gedanken aufgebaut haben. Wir werden dann vielfach erleben, dass es am Beginn unter Umständen nur eine unscheinbare Begebenheit war, die wir persönlich durch unsere Empfindungen und Gedanken auf- und ausgebaut haben, so dass sie zu einem Gedankenkomplex wurden, der uns dann immer und immer wieder belastet und uns oftmals das Leben schwermacht.

Blättern wir also im Buch dieser unserer Gedanken, dann sollten wir uns auch in deren Inhalte hineinspüren, ob nicht da und dort enthalten ist, dass wir uns für unsere Aussage oder für unsere Handlung bei einem unserer Nächsten entschuldigen sollten. Kommen wir zur Wurzel, dann erkennen wir die Angewohnheiten, die Fehlhaltungen, die wir ebenfalls angehen sollten, um nicht mehr die gleiche Art hervorzubringen. Das ist die tiefe Betrachtung eines Gedankens oder eines Gedankenkomplexes.

Ich, Christus, lehrte als Jesus Meine Apostel und Jünger weiter: Euer irdischer Leib ist ein Gedankenkörper. Was ihr in Vorexistenzen empfunden, gedacht, gesprochen und getan habt und das von euch nicht bereinigt wurde, mit dem seid ihr heute ausgestattet.

Eure Körperzellen und Körperorgane, die sich schon im Mutterleib bilden, werden von der Seele geprägt, die sich darauf vorbereitet, das Haus zu beziehen. Das, was ihr in diesem Erdenleben bereinigen sollt, das prägt vor der Geburt euren Körper. Wollt ihr erfahren, was ihr mitgebracht habt und was aus jenem Leben ist, dann lest euer Lebensbild: die Skala eurer menschlichen Empfindungen, Gedanken, Worte, Werke, Wünsche, Leidenschaften und Sehnsüchte.

Erkennet: Die Seele bringt also ihre Prägung mit und prägt auch schon im Mutterleib ihren Körper. Obwohl die Gehirnzellen des Kindes noch ohne Speicherung sind, so ist doch das, was der Mensch in diesem Leben erfährt, schon im Körper, in den Körperzellen, gespeichert.

Die Seele, die sich zur Einverleibung vorbereitet, gibt schon bei der Befruchtung in die erste Zellteilung ihr Mitgebrachtes ein – das, was für sie in diesem Erdenleben von Bedeutung ist. Sie bestimmt also schon im Mutterleib ihren Körper.

Die lichte Seele gibt die feine Struktur des Menschen vor, die edlen Züge, die sich erst in späteren Jahren bemerkbar machen können, wenn der Körper wächst und *der Mensch das Feine der Seele gefördert hat. So, wie die Struktur des Körpers ist, so schwingt auch der Mensch; so strahlt er auch; so ist er auch; so verhält er sich auch.*

Eine belastete Seele gibt eine gröbere Struktur vor, die auch schon in jungen Erdenjahren erkennbar ist, oftmals dann, wenn das Erdenkleid in die Entwicklungsphase der Pubertät eintritt. Nicht immer ist dabei die Körperfülle von Bedeutung, insbesondere nicht in der Entwicklungsphase der Pubertät.

Es gibt jedoch keine Zufälle; so ist es auch kein Zufall, dass der eine eine feinere Struktur, der andere eine gröbere Struktur hat; der eine feingliedriger, der andere schwerer ist; der eine arm und der andere reich ist; der eine krank, der andere gesund geboren wird.

Die wenigsten Menschen denken darüber nach, warum es so ist, wie es ist. Für die meisten ist es wichtig, dass es ihnen gut geht. Der Nächste, der am Wegrand bettelt, der krank daniederliegt oder der von seinen Mitmenschen misshandelt und verachtet wird, interessiert die wenigsten Menschen – ebenso verhält sich die Masse der Menschen der Tier- und Pflanzenwelt gegenüber.

Gabriele:

Viele Menschen drehen sich um ihre eigene Achse, die ausschließlich aus ihren Denkmustern geschmiedet ist. Diese Denkachse ist ihr Maßstab, und damit messen und wägen sie, was ihnen begegnet. Wer nicht so ist wie sie, wird abgewertet, und was zu haben ist, wird mitgenommen. Das nennen sie dann ihr Eigentum. Auf diese Weise wurde und wird die Erde ausgebeutet. Jeder versucht, seine persönliche Achse zu verfestigen, indem er ihr alles hinträgt, was er sein Eigentum nennt. Das wird dann immer wieder zu seinem Maßstab, mit dem er seine Umwelt misst.

Wie kann der Mensch seine Nächsten am Wegesrand verstehen, wenn er nur zu sich selbst, zu seinem Maßstab, eine Beziehung hat? Wie kann er die Erde mit ihren Pflanzen, Mineralien und Tieren verstehen, wenn er sich nur um seine Achse dreht, und nur das sein Maßstab ist?

Wer sein eigener Horizont ist, der sieht nicht darüber hinaus und lässt sich immer wieder aufs Neue von der Sonne seines Egos bescheinen. Das alles fällt unter das Gesetz: Was der Mensch sät, das wird er ernten.

Auch das Desinteresse fällt unter das Gesetz »Was du säst, wirst du ernten«. Wer sieht, dass Menschen Menschen misshandeln oder töten; wer sieht, dass Menschen Tiere misshandeln und töten und die Natur schänden; wer sieht, dass Menschen bewusst gegen die Gebote Inneren Lebens verstoßen, und die Augen verschließt, also nicht widerspricht – der ist nicht besser als der Täter. Die Ausstrahlung seiner Seele, sein Verhalten und seine Körperform sagen dann ebenfalls aus, wer er ist.

Obwohl die Erde selbst und alles auf der Erde Materie ist, weisen die Strukturen der einzelnen Menschen und all der anderen Formen des Lebens erhebliche Unterschiede auf. Jeder Mensch bringt also seinen Seelenausweis mit. Die Struktur seines Körpers weist ihn insofern aus, als der Mensch sich dann so gibt, wie er beschaffen ist: fein, edel, verständnisvoll – oder derb, grob und intolerant.

»An den Früchten sollt ihr sie erkennen«, heißt unter anderem auch: Der Mensch zeigt, wer er ist – an dem, was er sagt, wie er es sagt, was er tut und wie er es ausführt, wie er sich kleidet und mit wem oder womit er sich umgibt.

Er offenbart in allem entweder Attribute des Ich Bin, des inneren Wesens – oder Attribute der belasteten Seele.

Wer über einen seiner Mitmenschen in Gedanken urteilt, weil er der Ansicht ist, er sei besser als sein Nächster, der ist eher noch schlimmer. Was er in seinen Gedanken verbergen möchte, das trägt er durch seine Attribute zur Schau und stellt für den wahren Weisen sichtbar sein Falschsein dar. Der eine redet süß und denkt sauer und zeigt sich so als der Verschlagene, der seine eigenen Schläge bekommt. Menschen, die von der Falschheit geprägt sind, schleichen umher, sind listig, wollen alles erhorchen, um sich dann über ihre Mitmenschen zu erheben, indem sie über sie süß – gleich sauer – reden und deren Leben und Dasein herabwürdigen.

Der Aufrichtige, der alles klar und unpersönlich anspricht, ist nicht der Stolze, der Überhebliche. Aufrechte Menschen sind aufrichtige, klare Menschen, die Weitblick haben.

Aufgerichtete, sich zur Schau stellende Menschen, Menschen also, die sich künstlich eine Würde auferlegen, sind unklare Menschen, die ihre Enge dadurch verbergen, dass sie viel von sich reden, gütig und geschäftig tun. Es sind die Herrschsüchtigen und Eifersüchtigen, die wenig Innenleben haben – jedoch umso mehr äußeren Schein.

Die nach außen gekehrten Menschen suchen den äußeren Glanz und schaffen für sich das, was die Masse der Menschen nicht hat: den Reichtum. Es sind die Menschen mit grober Struktur, die sich dann auch verkleiden und *sich in Purpur, Gold, Samt und Seide hüllen, um das zu verhüllen, was sie sind: grob, herrschsüchtig, eifersüchtig, neidisch und intolerant.*

Einerlei, womit der Mensch sich zu verbergen trachtet – der Ausweis des Menschen ist immer sein Denken, Reden und Tun; auch dann, wenn er sich intellektuell gibt und mit Wissen prahlt und sich mit Worten schmückt, die dem feinen Menschen nicht eigen sind, weil er fein ist und sich auch so gibt – edel. Die Worte des Edlen beinhalten den Glanz des Inneren, da auch sein Empfinden und Denken den Glanz der lichten Welten trägt.

Das und Weiteres lehrte Ich Meine Apostel und Jünger. Immer wieder ging jedoch das Mahnwort voraus: Wer über seine Nächsten urteilt und sie verurteilt, der ist schlimmer als derjenige, über welchen geurteilt wurde.

Die Lehren aus dem Absoluten Gesetz und aus dem Kausalgesetz und weitere bildhafte Weisungen gab Ich Meinen Aposteln und Jüngern mit auf ihren Lebensweg – zur Selbsterkenntnis und zur Erkenntnis. Denn wer sich selbst erkennt und das Erkannte bereinigt, der erlangt die Unterscheidungsgabe zwischen Gut und Böse.

Einige Meiner Apostel und Jünger unterrichtete Ich im Aussenden von Empfindungen, Gedanken und Worten. Gleichzeitig wies Ich sie auf die Gefahren hin, die im Umgang mit Empfindungs-, Gedanken- und Wortenergien liegen, also im Senden und Empfangen.

In der Jetztzeit [1991] vernehmen und lesen viele Menschen Mein Wort, das Ich, der Christus Gottes, Bin und durch Mein Instrument gebe. Alle, die Mich durch Mein Instrument hören oder Meine Worte lesen, mache Ich ebenfalls auf die Gefahren aufmerksam, die im Senden und Empfangen von Empfindungen, Gedanken und Worten wirksam sind.

Jede Empfindung, jeder Gedanke und jedes Wort ist ein Sender, der sich seinen entsprechenden Empfänger sucht, um sich zu verwirklichen.

Das, was der Mensch sendet, wird den Empfänger finden, der aus gleichem oder ähnlichem Gedankengut besteht. Da jeder Empfänger auch den Sender beinhaltet, wird dieser durch den Sendenden angestoßen und sendet wieder Gleiches oder Ähnliches zurück. Durch diesen gedanklichen Austausch entsteht ein immer größerer Sendekomplex, ein Programm, das dann auch von der Seele als Belastung, als Ursache, aufgenommen wird. Daraus ergeben sich die Schicksalsschläge, Krankheiten und Nöte – die dem entsprechen, woraus der Komplex oder die Komplexe, das Belastende oder die Belastungen, besteht.

Der Widersacher ist bestrebt, den Menschen so zu lenken, dass dieser unermüdlich gegensätzlich denkt und infolgedessen auch Gegensätzliches empfängt. Dadurch bauen sich im Gehirn des Menschen und in seiner Seele Kommunikationsfelder auf, die er sodann auch selbst benützt. Über die Negativkommunikationen, die – solange die Seele belastet ist – auch zu seinem Sendepotential gehören, erfolgen dann sogenannte Einspritzungen, das heißt, der Widersacher lässt in die fließenden Negativprogramme des Menschen seine Wünsche und seinen Willen einfließen.

Wer dies zulässt, dessen Leben wird sich mehr und mehr zum Negativen hin wandeln. Zuletzt wird er nicht mehr erkennen, ob es seine eigenen Negativprogramme sind oder die des Widersachers oder die von Seelen, die sich an ihn hängen, um über den Menschen sich das zu erfüllen, was sie einst im irdischen Dasein, in ihren Einverleibungen, nicht vermochten.

Ihr habt gehört: Alle Wesen und alles Sein sind durch Kommunikation miteinander verbunden. Das Prinzip der Kommunikation lautet: Senden und Empfangen.

Was das Geistwesen sendet, das ist als vollkommenes Bild dort zu sehen, wohin es gesendet hat, z.B. im Geistwesen, das empfängt.

Jeder kosmische Impuls ist das Gesetz, das sich als vollkommenes Bild offenbart. Jeder kosmische Impuls ist das gelebte Gesetz und ist daher von Licht und Kraft durchdrungen. Der Impuls, den das Geistwesen sendet, verfehlt *niemals den Empfänger, weil der Impuls, das Bild, das Ich Bin ist, das Leben.*

Im umgepolten, im satanischen Prinzip erfolgt Ähnliches: Das ausgesandte menschliche Ich ist ebenfalls ein Bild. Je mehr dieser Impuls, das menschliche Bild, vom Sender gelebt wird, umso intensiver ist es vom Sendenden durchdrungen. Je mehr es vom Sendenden gelebt wird, umso rascher kommt es auf ihn zurück.

Das Gesetz lautet: Was du sendest, kommt von dir und ist von dir gelebt.

Das umgepolte Prinzip besagt: Was du denkst und sprichst, musst du in dir nachvollziehen; du musst es in dir bildhaft erleben, dann kommt es umso rascher auf dich zu. – Wer dieses von den Dämonen eingegebene umgepolte Prinzip ausführt, hat es zu tragen.

Wohin der Mensch sendet, von dort empfängt er die Antwort. Für das Senden außerhalb des ewigen Seins müssen Seele oder Mensch die entsprechenden Gegenleistungen erbringen.

Hierzu erläuterte Gabriele,
die Lehrprophetin und Botschafterin Gottes:

Im ewigen Sein ist jedes gesetzmäßige Sendepotential sofort offenbar, weil Sender und Empfänger das Gesetz Gottes sind. In dieser Welt ist das umgepolte Prinzip, sündhaftes Senden und sündhaftes Empfangen, nicht sofort offenbar, weil der Mensch im Rhythmus von Saat und Ernte lebt. Was er heute an Negativem sät, das geht unter Umständen erst in vielen Jahren auf und gelangt zur Ernte. Deshalb fühlen sich viele Menschen im Recht und glauben, was sie denken, sprechen und handeln, sei richtig, da sie nicht sofort die Wirkungen erfahren.

Die Wirkungen nicht so rasch erfahren zu müssen heißt, in einer Spanne der Gnade zu leben, die es uns ermöglicht, unser Sündhaftes, die Saat, rechtzeitig zu erkennen, zu bereinigen, damit es keine Wirkungen, keine Ernte gibt.

Erkennet und erfasset: Die Seele, die zur Einverleibung geht, baut schon im Mutterleib ihren werdenden Körper auf. Schon die Organe und die Körperfunktionen bilden die Magneten für die materielle Strahlung. Ist das Kind geboren, dann empfängt der Säugling von der Seele über die Organe und Körperfunktionen die Seelenstrahlung. Dadurch tritt die Seele mit dem Körper in unmittelbare Verbindung.

Solange das Kind zwischen Gut und Böse noch nicht zu unterscheiden vermag, tragen die Eltern die Verantwortung für ihr Kind. So, wie sie es mit dem Säugling halten, wie sie mit ihm umgehen, was sie zu ihm sprechen oder worüber sie sich in seiner Anwesenheit unterhalten – das nimmt der Säugling zuerst über die Organe und die

Körperfunktionen auf. Im weiteren Verlauf der Verwurzelung der Seele im Körper geht dann die Prägung der Körperfunktionen in die Gehirnzellen des Kindes ein.

Erkennet: Gleiches zieht Gleiches an. Es ist kein Zufall, dass ein Kind gerade in die Familie kommt, in die es sich nun eingeboren hat. Deshalb kann eine gute oder weniger gute Entwicklung des Kindes nicht einzig auf die Eltern bezogen werden, sondern auf das gesamte Energievolumen der Familie. Denn wenn Seelen als Menschen, also in ihrer Einverleibung, eine Familie bilden, dann haben alle Familienmitglieder die Aufgabe, ihre Familiensendestation zu überprüfen und daraus das zu machen, was dem Einzelnen dazu verhilft, ein Mensch des Geistes zu werden.

Die Familie – also alle Familienmitglieder – bildet die Geburtsstätte, entweder für das Positive oder das Negative, das Für und Wider, das sich dann auf die nächsten Einverleibungen der einzelnen Seele überträgt. Wo die Seele nach dieser Einverleibung sein wird, das entscheidet jeder Mensch selbst. Denn jeder ist für das verantwortlich, was er als Seele aus den Seelenreichen mitgebracht hat, und dafür, wie er sich als Mensch in diesem Erdendasein verhält.

Was also die Seele beinhaltet, Licht oder Schatten, das hat sich der Mensch selbst auferlegt. Die Glieder der Familie haben Gleiches oder Ähnliches miteinander abzutragen oder miteinander zu tragen. Deshalb sollte die Familie die Keimzelle für das Gute, Reine, Schöne und Edle sein.

Wer seine Sende- und Empfangsstation kontrolliert, wird erfassen, was er sendet. Derjenige weiß dann auch, was er empfängt. Was er empfängt, das ist er heute, und das wird er in der Zukunft sein – entweder Licht und Freiheit oder Dunkelheit und Gebundenheit, woraus wieder Leid, Krankheit und Not hervorgehen.

Der Widersacher möchte, dass der Mensch unermüdlich gegensätzlich sendet, um ihn – nach dem Gesetz »Was du säst, also sendest, das wirst du ernten, also empfangen« – an sich und an das Rad der Wiederverkörperung zu binden. Durch das bindende Verhalten des Menschen bindet er auch die Schwächeren an sich und zieht sie gleichsam wieder herab, das heißt über das Rad der Wiederverkörperung zu weiteren Einverleibungen. Dann ist es möglich, dass sich die derzeitige Familie in einer anderen Einverleibung wieder zusammenfindet, nur in einer anderen Zusammensetzung – der Vater oder die Mutter können nun die Kinder des ehemaligen Kindes sein.

Wer sich selbst nicht erkennt, der kennt auch sein Gegenüber nicht; er wird dadurch zweigeteilt sein – einmal für Gott, dann wieder gegen Gott. So bleibt er ein schwankend Rohr im Wind, dem der Blick für die Wahrheit verschlossen ist.

Die Zwei- oder Mehrfach-Geteilten rufen »Herr, Herr«, und sind doch nicht bei Mir. Sie wollen einmal Mir angehören, dann wieder der Welt. Das sind die Lauen, die vom

Licht der Wahrheit sprechen, jedoch nicht im Licht der Wahrheit leben und das Licht der Wahrheit nicht kennen. Sie reden vom Himmelreich und sind ihm doch fern, weil sie in der Gottferne leben. Sie sind einmal warm, dann wieder kalt; auf sie ist kein Verlass, denn sie richten sich nach dem Wandel der Zeit und nach denen, die ebenfalls wie sie sind: einmal warm, dann wieder kalt.

Die Zwei- oder Mehrfach-Geteilten haben noch wenig Licht in ihren Seelen. Sie bleiben so lange an das Rad des Kommens und Gehens gebunden, bis sie die Einheit mit allen Lebensformen erlangt haben und somit eins mit Gott und allen Wesen und Menschen sind.

Sei du das Selbst in jedem Empfinden, in jedem Gedanken und in jedem Wort und in allem, was du tust. Dann brauchst du dich nicht an deine Nächsten anzulehnen; du bist eins und in der Einheit die Einheit, weil du alles bist, was ewig ist.

Hierzu erläuterte Gabriele,
die Lehrprophetin und Botschafterin Gottes:

Gottes Wort, das ewige, heilige Gesetz der Liebe, ist das wahre, ewige Selbst. Wer sein Oberbewusstsein und Unterbewusstsein gereinigt hat, so dass dieses eins ist mit dem Ewigen, dem Selbst, dessen Empfindungen, Gedanken, Worte und Werke sind göttlich, weil der Göttliche, Gott, sich durch die Empfindungen, Gedanken, Worte und Werke des Menschen offenbart.

Des Menschen Wesen ist dann göttlich, weil er den Willen Gottes tut. Das ist dem Menschen wahrlich möglich, weil Jesus ihm diese Möglichkeit ins Herz gelegt hat. Die sinngemäßen Worte des Jesus von Nazareth lauten: »Ihr sollt also vollkommen sein, wie es auch euer himmlischer Vater ist.«

Die Vollkommenheit ist die reine Seele, die das Selbst ist und im Selbst lebt, in Gott.

Nur der sorgt sich um morgen, der sich des wahren Selbst in seinem Empfinden, Denken, Sprechen und Handeln nicht bewusst ist. Du musst das Sein, das Selbst, in deinem Empfinden, Denken, Sprechen und Handeln entfalten, auf dass du dann die Sprache des Seins, des Selbst, zu sprechen vermagst. Dann empfindest, denkst, sprichst und handelst du dich selbst, weil du das wahre Selbst, das Sein, das allumfassende Gesetz, bist.

Du, das wahre Selbst, die Einheit in Gott, bist dann wieder als Ganzes in jeder Empfindung, in jedem Gedanken, in jedem Wort und in jeder Handlung.

Denn das Gesetz, Gott, ist unteilbar – es ist alles in allem. So, wie du das Sein, das Selbst, bist – alles in allem und in allem alles –, so bist du auch in jeder Empfindung, in jedem Wort und in jeder Handlung alles. Du selbst bist als Essenz in dem, was von dir ausgeht.

Sendest du dich, das wahre Sein, das wahre Selbst, das Gesetz, Gott, dann stehst du in Kommunikation mit dem wahren Sein, mit dem Selbst, mit dem Gesetz.

Gabriele:

Die Kommunikation mit dem wahren Sein, dem ewigen Selbst, ist die Kommunikation mit dem Ganzen. Das heißt: Jeder göttliche Impuls ist die Essenz der Unendlichkeit, des allumfassenden, ewigen Gesetzes, des gesamten Himmels. In jedem menschlichen Sendepotential ist wiederum die Essenz der Unendlichkeit.

Der Reine sendet also immer das ganze Gesetz aus und lässt einige Facetten des Gesetzes intensiver leuchten. Das ist dann die Frage im Impuls, worauf auf gleichem Wege die Antwort erfolgt.

Wo du, das wahre Sein, hinsendest, dort baut sich die Strahlung deines Selbst als Bild und Form auf, auch in der materiellen Welt, auf der Erde. Mit der Zeit kommt das zur Auswirkung, was du, das Selbst, im Strahlungsbild und in der Strahlungsform aufgebaut hast. Was dann auf dich und deine Umgebung zurückstrahlt und was dadurch auf der Erde manifest wird, ist wieder das ewige Gesetz, das Selbst, das Sein.

Dein wahres Selbst ist deine göttliche Mentalität, sind deine göttlichen Fähigkeiten, bist du als Wesen in Gott selbst. Was du bist und was du aussendest, das realisiert sich; denn jede Empfindung, jeder Gedanke und jedes Wort reift, um sich zu erfüllen. Das ist das Gesetz Senden und Empfangen.

Auf der Erde kann sich also sowohl das Positive, das Göttliche, aufbauen, als auch das Gegensätzliche, das

Dunkle. Du bestimmst es, denn du bist der Bestimmende für dich selbst und für deine Umgebung – und du selbst trägst zum Aufbau des Lichtes oder zum Niedergang der materialistischen Welt bei.

Erkenne also, was Senden und Empfangen bedeutet: Im Sende- und Empfangspotential liegt gleichzeitig die Verantwortung für dich selbst. Was du sendest, das wirst du auch empfangen. Was aus dem Innersten fließt, geht wieder in das Innerste ein und baut sich auch als Licht und Kraft im Äußeren auf.

Keine Sendung verfehlt ihr Ziel, weil sie zielbewusst ausgesandt wurde. In jeder Sendung liegt innewohnend das Ziel.

Die ganze Unendlichkeit ist auf dem Vater-Mutter-Prinzip aufgebaut, auf Polarität und Dualität, auf Senden und Empfangen, auf den positiven und negativen Polen. Dieses Prinzip baut sich auch in den Evolutionsstufen der Mineralien, Pflanzen und Tiere auf, bis hin zum vollendeten Geistwesen.

Hierzu erläuterte Gabriele,
die Lehrprophetin und Botschafterin Gottes:

Was Christus uns in Seinen großen kosmischen Lehren offenbarte, bedeutet: Die Geburt des geistigen Leibes vollzieht sich in Evolutionsschritten, gleich Evolutionsstufen; denn jeder Geistkörper besteht aus den unzähligen Kräften der Mineralien, Pflanzen und Tiere. Über das Mineral, die Pflanze und das Tier baut sich also die Kommunikation des geistigen Leibes für die ganze Schöpfung, für alle Reiche des Seins, auf. Hat der geistige Leib alle Evolutionsstufen erschlossen und somit alle Schöpfungskräfte in sich vereint, dann ist er so weit vollendet, dass er zum Geistwesen, zum Geistkind, erhoben werden kann. Dies geschieht über das Vater-Mutter-Prinzip, über die Dualität zweier göttlicher Wesen. Das Geistkind aktiviert noch einmal alle Gesetzesstufen der Unendlichkeit und ist dann ein ausgereiftes Geistwesen, das eins ist mit der Unendlichkeit, weil es die Essenz der Unendlichkeit ist, mit der es in Kommunikation steht.

Der Fall hat sich das göttliche Prinzip zu eigen gemacht und es auf sich angewandt. Er nahm folgende Umpolung vor: Aus dem göttlichen »Verbinde und sei« wurde »Trenne, binde und herrsche«.

Das bedeutet, dass der Fallgedanke ebenfalls die Fähigkeit hat, sich selbst zu verwirklichen, also das zu bewirken, was ihm vorgegeben ist. Die Vorgabe kommt wieder auf den Sendenden zurück durch das Prinzip Senden und Empfangen.

Das umgepolte Prinzip besteht so lange, wie Menschen hierfür Empfangsstationen sind, also Empfänger, die wieder Gleiches und Ähnliches senden.

Ich, Christus, kam als Jesus zu den Menschen, um sie das Gesetz Gottes zu lehren und vorzuleben: Verbinde und sei.

Ich Bin der Christus, der sich offenbarende Geist, der wiederum lehrt: Verbinde und sei.

Durch willige Menschen Bin Ich, Christus, der Umgestalter des Fallgesetzes, des Trenne-, binde- und herrsche-Gesetzes.

Ich wandle alles Gegensätzliche zum Göttlichen um. Die niederen Energien werden hochtransformiert, wodurch sich das Fallgesetz – Trenne, binde und herrsche – auflöst und alles wieder das Sein ist, das reine, ewige Gesetz: Verbinde und sei.

Der Mensch im Wandel vom Gegensätzlichen zum Göttlichen, vom „ich will“ zum Es Werde, wird in seiner Struktur immer feiner. Er erhebt sich zum wahren Sein, das keinen Gedanken hat.

Jeder Gedanke ist Gegenwart, Vergangenheit und Zukunft in einem und ist getragen von der erhaltenden Energie, dem Geistbewusstsein.

Die Gegenwart ist das Oberbewusstsein. Die Vergangenheit und die Zukunft sind das Unterbewusstsein. Das Geistbewusstsein ist das Leben, ist die erhaltende Energie, die durch die Umwandlung wieder zur fließenden Gotteskraft wird.

Gabriele:

Solange der Mensch ein belastetes Unterbewusstsein hat, wird er auch im Oberbewusstsein, also bewusst, sündigen. Das sündhafte Unterbewusstsein regt ihn immer wieder zur Sünde an, weil sowohl das Ober- als auch das Unterbewusstsein vom Gegenspieler Gottes beeinflusst werden können, solange dieses durch die Sünde mit ihm in Kommunikation steht. Wer sein Unterbewusstsein reinigt, der lebt bewusst und zielstrebig nach dem Willen Gottes.

Das Unterbewusstsein zu reinigen heißt, die täglich erkannten Sünden zu bereinigen, zu bereuen und nicht mehr zu tun. Dann werden viele der Sünden zu Erinnerungen, die uns helfen, unserem Nächsten gegenüber tolerant, verständnisvoll und wohlwollend zu sein. Reinigt sich das Unterbewusstsein, dann reinigt sich auch das Oberbewusstsein, und das Geistbewusstsein gewinnt die Oberhand.

Wer in Mir, dem Christus, lebt, durch den lebe Ich. Er ist weise geworden und bedarf nicht mehr der Meinung seiner Nächsten, weil er alles durchschaut und um alle Dinge weiß. Er ist dann auch kein Meinungsbildner mehr, denn: Wer meint, der weiß nicht. Der wahre Weise weiß und meint nicht.

Der Mensch, der zur Unpersönlichkeit erwacht ist, hat den Stein des Weisen gefunden. Aus allem, was gesprochen wird, hört er die Gesetzmäßigkeit heraus – und erkennt darin wiederum das Ganze, weil das Ewige, die Wahrheit, sich immer ganz mitteilt.

Hierzu erläuterte Gabriele,
die Lehrprophetin und Botschafterin Gottes:

Das Unpersönliche hat mit der Person nichts gemeinsam. Das Unpersönliche ist der Seelengrund, ist das Göttliche im Menschen, das keinen Unterschied macht zwischen dem einen und dem anderen. Das Unpersönliche gibt, ohne zu erwarten. Nur das Persönliche, das, was auf die Person zugeschnitten ist, personenbezogene Gefühle, Gedanken, Wünsche und das Ego, lehnen den einen ab und bevorzugen den anderen. Von dem einen erwarten sie, und dem anderen geben sie.

Das Unpersönliche jedoch, das Göttliche im Seelengrund jedes Einzelnen, bejaht immer das Gute im Menschen und fördert in ihm das Gute, übersieht jedoch nicht das Bösartige.

Die Person hat also mit dem Unpersönlichen nichts gemeinsam. Das Unpersönliche ist in der Person, der Hülle, und ist das Göttliche.

Hat die Person zum Urgrund, zum Seelengrund, gefunden, dann hat sie den Stein des Weisen entdeckt und gehoben. Dann weiß der Mensch nicht nur, er ist weise geworden, weil er in allem das Göttliche erkennt und auch die Lösung in allen Problemen und Schwierigkeiten findet, die wieder dem Gesetz, Gott, entspricht.

Jede Lösung aus der Sicht des Seelengrundes, das Erkennen der Wahrheit, beinhaltet immer das ganze ewige Gesetz. Die Aspekte für die Lösung oder für ein wahres, bewusstes Gespräch leuchten aus dem Ganzen heraus und beleuchten es im Sinne des ewigen Gesetzes, so dass die Lösung, das gute Gespräch und vieles mehr an die Oberfläche kommt, also zutage tritt.

Um das zu erreichen, bedarf es, den Dschungel des Egos zu roden, um zum Stein des Weisen, zum Unpersönlichen, zum Göttlichen, zum Seelengrund, zu gelangen. Das heißt: Die Person hat das Göttliche, das Unpersönliche, den Stein des Weisen, im Seelengrund gefunden. Die Person, der Mensch, lebt dann auch edel und gut, also moralisch und ethisch nach den Gesetzen der Liebe und Gerechtigkeit.

Da alles in allem enthalten ist, solltet ihr Folgendes beachten, um zur Erkenntnis der All-Einheit zu gelangen:

Was du säst, darin Bin auch Ich.
Wohin du gehst, dort Bin auch Ich.
Was du also säst, wo du also säst –
in allem Bin Ich.
Wohin du auch gehst – Ich gehe mit.

Das Du Bin Ich, weil in allem Ich Bin;
und das Ich bist du, weil Ich in allem Bin.

Du bist hier und dort, und Ich Bin hier
und dort.
Es gibt also keinen Ort,
wo Ich nicht Bin und wo du nicht bist.
Deshalb finde dich in Mir,
und Ich Bin das Du in dir.
Wohin du denkst – dort Bin Ich,
was du sprichst – darin Bin Ich.

Zu wem du auch sprichst, es beinhaltet Mich, das Selbst, das Ich Bin – das auch du bist, das in deinem Nächsten ist und das in allen Dingen, Geschehnissen und Ereignissen ist.

Das ist das Gesetz. So dachten und denken, so lebten und leben die Propheten Gottes.

Gabriele:

Das wahre Selbst ist Gott, das Ich Bin, das in allen Dingen der Materie ist, in jedem Menschen, in allen materiellen Gestirnen, aber auch in allen Formen und Seelen der Reinigungsebenen. Das wahre Selbst, das Ich Bin, ist unteilbar. Deshalb ist auch im Kleinsten das Größte, das ganze göttliche Gesetz der Unendlichkeit.

Alles ist Energie. Die Quelle der Energie ist immer Gott. Der Mensch hat Aspekte des ewigen Gesetzes genommen, wie z.B. die Ordnung des ewigen Selbst, und machte daraus die Unordnung. Er nahm Aspekte aus dem Strom des göttlichen Willens und machte daraus seinen Eigenwillen, der so zu einem Aspekt des menschlichen Egos wurde. Deshalb ist in allem, was gebunden ist, Gott der Kern, die Quelle, das Leben, das ganze Gesetz. In jedem Gefühl, in jedem Wort, in jeder Handlung des Menschen ist komprimiert das ganze ewige Gesetz. Auch wenn wir Aspekte zu unserem Ego-Selbst machten, bleibt doch in allem und in allen Gott immer das Ganze. Unter den von uns umgewandelten Aspekten, die wir zu unserem Ego-Selbst heruntertransformierten, ist immer wieder Gott, das Ganze. Jedes Wort, das wir sprechen, beinhaltet Gott, das Ganze. In jedem Gedanken, den wir denken, ist Gott das Ganze.

Machen wir uns den Unterschied: »Gott ist« und »Gott ist in« erneut bewusst. Gott ist das Sein, das Selbst, und alle, die im Sein, im Selbst, leben, alle Wesen der

Himmel und auch alle reinen göttlichen Formen, sind göttlich. Wer sich durch die Sünde außerhalb des göttlichen Selbst stellt, der ummantelt mit seinen Sünden das ewige Gesetz, das Selbst. Deshalb heißt es: Gott ist im Menschen, Gott ist im Gedanken – und nicht: Gott ist der Gedanke, Gott ist das Wort, Gott ist die Handlung.

Der zur Vollendung Strebende wird erkennen: Gott ist in allen und in allem, was grobstofflich und was feinerstofflich ist, wie z.B. die Reinigungsebenen mit ihren Seelen. Sprechen, denken und handeln wir, so ist immer Gott in jedem Aspekt das Ganze.

Merkt euch: Ihr könnt nicht zwei Herren dienen. Ebenso könnt ihr auch nicht zwei Menschen unterschiedlich lieben. Wer dies tut, der wird den einen annehmen und den anderen verschmähen.

Deshalb heißt das Gebot des Lebens: Liebe alle und alles gleich. Das ist das unpersönliche Leben; das ist der Himmel, der auf die Erde kommt.

Der Geeinte ist das Selbst, ist das Einssein, ist zum Licht geworden, ist der Göttliche, weil er im Strom, in Gott, lebt. Er lebt in Mir, und Ich lebe durch ihn, und wir kennen uns, weil wir Gott kennen, da wir göttlich sind.

Hierzu erläuterte Gabriele,
die Lehrprophetin und Botschafterin Gottes:

Wir haben gelesen, das Gebot des Lebens heißt: *»Liebe alle und alles gleich.«*

Die Liebe Gottes ist der Ursprung der Quelle. Sie strömt in die Unendlichkeit und gibt allen und allem gleich viel. Die Liebe Gottes macht also, wie schon beschrieben, keine Unterschiede. Sie achtet nicht auf die Person – sie gibt.

Nicht jeder Mensch nimmt die Gottesliebe an und auf. Wer sich von ihr abwendet, der sündigt und baut so seinen Keller, der vielfach ein Bunker ist. In diesem fühlt sich der Mensch dann durchaus wohl. Das ist dann sein Leben und seine Lebensqualität. Trotz alledem strahlt die innere Sonne mit ihrer ganzen Lichtfülle Seele und Mensch an.

Wer sich jedoch im Keller, gleich Bunker, befindet, der hat sich in den Schatten begeben; er hat sich von Gott abgewendet gleich dem Erdteil, der sich am Abend von der irdischen Sonne abwendet. Die Nacht ist dann das Kellergleich Bunkerleben. Das ist des Menschen persönliches Dasein.

Wer auf den Geist Gottes sät, der wird auch vom Geist Gottes ernten. Wer auf den Menschen und auf die menschlichen Taten sät, der wird auch nur vom Menschen und nur Menschliches ernten. Das eine ist ewig – das andere vergänglich.

Hierzu erläuterte Gabriele,
die Lehrprophetin und Botschafterin Gottes:

Gott ist ewig und die Ewigkeit. Wer auf Gott sät, auf die Ewigkeit, der lebt auch mehr und mehr in und mit dem Ewigen, denn seine Saat ist der Glaube und das Vertrauen zu Gott. Im Glauben und im Vertrauen erfüllt dann der Mensch immer mehr die Gebote Gottes und die Bergpredigt Jesu. Das ist die gute Saat, die er in den Acker der Ewigkeit einbringt. Die Frucht, die er dann selber ist, ist göttlich. Alles Göttliche ist vom Ewigen für die Ewigkeit.

Wer auf den Menschen sät, der baut auf den Menschen. Er glaubt an das Allzumenschliche und vertraut auf das Allzumenschliche, auf die Sünde des Nächsten. Wer auf die Sünde des Nächsten baut, ist ein Sünder, der weitersündigt, weil er die Mauer der Sünde nicht durchschaut, die des Menschen, der sich mit seinem Ego vor ihm aufpflanzt, und sich selbst als Stab und Stütze anbietet.

Wer auf das Ego sät, der nimmt die Meinungen anderer an, und andere nehmen seine Meinungen auf. Beide sind dann aneinander gebunden, weil einer dem anderen seine ungöttliche Saat übertragen hat.

Alles Ungöttliche ist vergänglich, weil es eine schlechte Saat ist, die einem vergänglichen Acker, dem Menschen selbst, angehört.

Der Mensch und die Materie sind nur Projektionen des Inneren. So, wie der Mensch denkt, so ist er. Das ist die Projektion seiner Empfindungs- und Gedankenwelt, seiner Worte und Handlungen.

Deshalb kann sich niemals der Schein gegen das Sein erheben, niemals der Schatten gegen das Licht. Der Schatten wird am Licht zerbrechen.

Der Geist unseres ewigen Vaters ist die einzige Realität, die einzige Wirklichkeit, die ist und regiert ewiglich.

An diesem heiligen, ewigen Bewusstsein, Gott, wird die Materie zerschellen und alle zerbrechen, die sich an die Materie binden.

Hierzu erläuterte Gabriele,
die Lehrprophetin und Botschafterin Gottes:

Vergegenwärtigen wir uns die Tiefe der Worte: »Gott ist.« In diesen beiden Worten besteht weder Vergangenheit noch Zukunft, sondern Gegenwart. Was keine Vergangenheit und keine Zukunft hat, was also ist, das ist vollkommen, somit unzerstörbar und dadurch auch unumstößlich. Was für den Menschen heute real ist, geht allmählich in die Vergangenheit ein und wird irreal, denn es wird für den Menschen nebensächlich. Was für den Menschen heute ist, kann auch sein Zukunftsbild sein, das niemals in dem Maße erreicht werden kann, wie es – z.B. als Wunschbild – in die Zukunft projiziert wurde.

Entweder verändert sich das Zukunftsbild, oder es hebt sich auf, weil der Mensch sein irdisches Leben nicht bestimmen kann, also nicht in die Zukunft zu projizieren vermag. Für jeden Menschen wird sein Menschliches heute entweder Vergangenheit oder Zukunft. Es trägt dann nur noch einen Schatten des Heute.

Gott ist, und das Ist bleibt Gegenwart. Das »Ist« ist unumstößlich, weil es weder Vergangenheit noch Zukunft kennt. Es ist festgeschrieben in allem und in allen, ähnlich den Zehn Geboten, die in Stein gemeißelt wurden.

Der Mensch kann weder seine Vergangenheit noch seine Zukunft regieren. Nur über seine kurze Gegenwart, über das Heute, hat er kurzzeitig die Regentschaft. In den nächsten Minuten und Stunden schwindet diese, weil ihr Inhalt dann der Vergangenheit oder der Zukunft angehört. Da aber Gott ist und immer die Gegenwart ist, ist Er immer das Ganze in allen und in allem. Er ist das Leben und ist der Regent des Reinen. Das Unreine schwindet, weil es – durch Vergangenheit und Zukunft – keine Wirklichkeit hat. Nur die ewige Gegenwart, die in allen und in allem gegenwärtig, unantastbar und unveränderlich ist, ist die Wirklichkeit, die Realität – die Regentschaft, die ewig regiert.

Als Jesus von Nazareth lehrte Ich die Meinen: Die Zeit wird kommen, in welcher immer mehr Menschen in das Licht der Wahrheit eintauchen, das Ich Bin. Sie werden im Ich Bin leben, in Mir, dem Christus, und auf dieser Erde das Innere Licht und das Innere Leben verkörpern, das Ich Bin.

Ich Bin der Weg, die Wahrheit und das Leben. Ich komme zu den Meinen und bringe ihnen das Ich Bin. Doch Ich werde nicht mehr im Fleische kommen; Ich werde im Geiste unter ihnen sein – unter denen, die das Licht, das Ich Bin, tragen.

Hierzu erläuterte Gabriele,
die Lehrprophetin und Botschafterin Gottes:

In das Licht, in die Wahrheit, in das Ich Bin, einzutauchen heißt, jeden Tag die Gesetze Gottes, die Zehn Gebote und die Bergpredigt, zu erfüllen auf dem schlichten und einfachen Weg, den uns Jesus, der Christus, gelehrt und vorgelebt hat. Er lautet: Erkenne täglich Aspekte deines Sündhaften, bereue und bereinige sie, und tue diese nicht mehr. Anstelle dieser Sünden erfülle mehr und mehr die Gebote Gottes, Gesetzmäßigkeiten des ewigen Lebens.

Auf diese Weise, die der Weg in die ewige Wahrheit ist, beginnen Seele und Mensch, in Christus zu leben. Es sind die Menschen, die das Innere Leben, welches der Christus

Gottes ist, verkörpern, indem sie den Willen Gottes tun. Ist dann der Tag und die Stunde der Wiederkunft des Christus Gottes gekommen, dann wird Er auch unter denen sein, die das Licht des Ich Bin tragen, es gleichsam verkörpern.

Ich, Christus, kam in Jesus in diese Welt, um den Menschen zu dienen, nicht ihrem Menschlichen. Das Gleiche gilt für alle wahren Propheten. Sie kamen in diese Welt, um den Menschen zu dienen, nicht ihrem Menschlichen.

Wer die ewigen Gesetze hält, der wird es ebenso halten, wie Ich es gehalten habe und alle Propheten. Wir kamen in diese Welt, um den Menschen zu dienen, nicht ihrem Menschlichen.

Hierzu erläuterte Gabriele,
die Lehrprophetin und Botschafterin Gottes:

Der große Geist, der Christus Gottes in Jesus von Nazareth, und alle, die dem Ewigen dienten und dienen, kamen und kommen in diese Welt, um dem Menschen, der Person, zu dienen, den Menschen die Gesetzmäßigkeiten der Liebe und des Friedens zu verkünden, damit sie diese Schritt für Schritt halten und so Gott, dem ewigen und geliebten Vater, näherkommen.

Sie dienten und dienen nicht dem Menschlichen des Menschen, das heißt, sie dienen nicht dem Sündhaften des Menschen, dem Ego, auf dass es der Mensch vermehre. Sie kamen und kommen in diese Welt, um das Gute im Menschen zu fördern, ihn zu lehren, die Liebe und den Frieden Gottes zu verstehen und im Alltag anzuwenden, auf dass sich der Mensch zum geistigen Menschen erhebt und nicht der allzumenschliche Mensch bleibt.

In der Sprache des Geistes Gottes ist der Mensch die Person, welche die Seele umhüllt. Das Menschliche ist das Allzumenschliche, das Sündhafte, das die Seele belastet und den Menschen prägt.

Der Christus Gottes möchte, dass der Mensch sich zum geistigen Menschen erhebt. In diesem Bewusstsein diente Jesus den Menschen, und in demselben Bewusstsein dienten und dienen der Menschheit alle Diener und Dienerinnen des Ewigen.

Durch Meine Erlösertat wird sich das niedere Ich auflösen und alles, was dieses hervorgebracht hat.

Das Blatt hat sich gewendet. Nicht die Schöpfung Gottes löst sich auf – wie es der Feind des Guten zum Ziel hatte: die Auflösung der göttlichen Schöpfung, um Gott selbst zu sein. Das menschliche Ich löst sich auf und alles, was dieses hervorbrachte und hervorbringt.

Möge sich das Blatt in jedem von euch wenden: Löst das menschliche, das niedere Ich auf – dann findet ihr zum Ich Bin, in dem Ich, Christus, lebe und Bin.

Der Christus-Gottes-Geist, der im Vater lebt, muss in der Seele des Menschen zum vollen Erblühen kommen.

Gabriele:

Jesus von Nazareth sprach sinngemäß: Der Vater und Ich sind eins. Damit meinte Er den allumfassenden und allgegenwärtigen, ewigen Strom der Liebe und des Friedens, das absolute, vollkommene Gesetz der Himmel. Der Strom ist der eine Geist, der alle Reiche und alles Sein durchströmt, der in der ganzen Schöpfung aktiv ist, der in den materiellen Naturreichen wirkt und der auch in der Seele jedes Menschen sowie in jeder Zelle des physischen Leibes wohnt.

Wir haben gelesen: Gott ist. Jedes Geistwesen, alle reinen Seinsformen sind das Gesetz der Liebe und des

Friedens, unumhüllt, rein und klar wie der edelste und feinste Kristall. Gott ist. Er wird von dem reinen Sein nicht umhüllt, denn alles, was rein ist, ist das komprimierte, strahlende, ewige Gesetz, gleich einem feinen, allstrahlenden Kristall.

Jeder Mensch und jede Seele ist auf der Wanderung hin zum Ewigen, der ist. Solange Seele und Mensch belastet sind, also die Seele vom Sündhaften geprägt ist, ist Gott, das Ich Bin, in der Seele, weil Gott die Seele nicht vollkommen zu durchstrahlen vermag, weil der freie Wille gesündigt hat und sich der Eigenwille, die Sünde, der Schatten, über das Licht legte. Jede Seele und jeder Mensch ist also auf der Wanderung, um Gott, dem Ich Bin, näherzukommen und einzutauchen in den Strom, den Heiligen Geist, der ist ewiglich.

Ist die Seele wieder göttlich, ist sie zum Gesetz der Liebe und des Friedens geworden, dann ist sie der allstrahlende Kristall – schattenlos. Das heißt, dann ist die Seele wieder voll im Geiste Gottes erblüht und ist das reine Geistwesen, der Allkristall, im Heiligen Geist, im göttlichen Strom der komprimierte Strom, das göttliche Gesetz selbst, die göttliche Form, schattenlos, ewiglich in der Ewigkeit.

Sobald die Seele in die Vollkommenheit eintaucht, in den Strom des ewigen Seins, wird auch der Mensch die Wahrheit kennen und sie in Gedanken, Worten und Werken zum Ausdruck bringen, weil er dann aus dem Bewusstsein der Vollkommenheit, dem ewigen Sein, schöpft.

Haben Seele und Mensch den Christus-Gottes-Geist, der im Vater lebt und in jeder Seele wohnt, noch nicht entwickelt, dann wird der Mensch die ewigen Gesetze nicht verstehen, welche die Wahrheit sind. Gleichwohl ist der Geist der lebendige Quell in jeder Seele und in jedem Menschen. Trotz Dunkelheit und Ignoranz des menschlichen Ichs bleibt der Heilige Geist in Seele und Mensch.

Wer Mich, Christus, nur annimmt und in seinem Herzen nicht aufnimmt, der hat sich zum Richter über sich selbst gemacht.

Gabriele:

Viele Menschen glauben, wenn sie sich Christ nennen, dann müsse dies im Alltag ausreichen. So mancher Kirchenchrist ist der Meinung, der Glaube genüge; er wäre für seine Sünden nicht verantwortlich, insbesondere dann nicht, wenn er sie in der Stunde des Todes bereut und sich so in die Hände des Geistes Gottes übergibt.

Wer dies glaubt, der hat Christus nur angenommen. Jesus sprach jedoch in der Bergpredigt vom Tun Seiner Lehre: Wer diese Meine Worte hört und danach handelt, ist wie ein kluger Mann, der sein Haus auf Fels baute.

Wer sich dieser Aussage des Jesus, des Christus Gottes, bewusst wird, der erkennt, dass der Glaube allein nicht genügt. Die Worte des Herrn vom Tun Seiner Lehre besagen: Wir sollen uns täglich mit allem, was wir denken, reden und tun, an den Zehn Geboten und der Bergpredigt orientieren, also diese göttlichen Gesetzmäßigkeiten halten. Wer also dies tut und somit Seine Lehre hält, der hat den Christus Gottes nicht nur im gedanklichen Glaubensakt angenommen, sondern in seinem Herzen aufgenommen, was besagt: Er reinigt seine Seele und läutert seinen Menschen mit der Hilfe des Christus Gottes – denn in jedem Menschen und in jeder Seele wohnt Sein Geist.

Je mehr sich die Seele von der Sünde befreit, der Mensch sich also mit der ihm innewohnenden Kraft der Erlösung von der Sünde löst, umso mehr strahlt der Christus Gottes durch die Seele und durch den physischen Leib. Infolge dieser Gott-Christus-Ausrichtung erfüllt der Mensch immer mehr den Willen des Ewigen. Er hat also den Christus Gottes aufgenommen, weil er tut, was Gott will.

Wer Mich, Christus, liebt, der liebt auch seine Nächsten. Wer Mich, Christus, nicht liebt, der liebt auch nicht den Vater und auch nicht Seine Kinder, die Menschen, die untereinander Brüder und Schwestern sind.

Gabriele:

Das Gesetz der Liebe ist Gott, und Gott ist die Liebe. Der Christus Gottes in Jesus verkörperte das ewige Gesetz der Liebe. Er lehrte uns das Hauptgebot, die Liebe: Liebe Gott von ganzem Herzen, mit deiner ganzen Seele, mit all deinen Kräften, und deinen Nächsten wie dich selbst.

Das bedeutet: Wer diesem Hauptgebot der Gottes- und Nächstenliebe nicht zustrebt, der bleibt in der Eigenliebe und gedenkt nur seines niederen Ichs. Mit diesem seinem niederen Ich wertet er und schätzt er die Nächsten mehr oder weniger ein und ab. Damit distanziert er sich von seinen Mitmenschen und stempelt seine Nächsten ab als »die anderen«, also »die Fremden«.

Im Geiste Gottes sind jedoch alle Menschen Brüder und Schwestern, weil wir alle einen Vater haben. Ob wir diesen Gott Jehova, Allah oder anders nennen – es ist immer die eine, große All-Liebe, der eine Vater, und alle Menschen sind Seine Kinder. In diesem Vater-Kind-Bewusstsein sind wir untereinander alle Brüder und Schwestern.

Gott, der Ewige, liebt alle Seine Kinder gleich. Er macht keine Unterschiede zwischen dem göttlichen Wesen und dem Sünder. Solange wir Menschen Unterschiede machen, indem wir den einen lieben und den anderen verwerfen, lieben wir beide nicht. Was wir Liebe nennen, ist dann nur unsere selbstsüchtige Liebe, die sich einzig auf uns selbst bezieht, die einzig nur an sich denkt und den Nächsten für sich gewinnen möchte, auf dass er der egoistischen Liebe unseres niederen Ichs dient. Solange wir den einen scheinbar lieben und den anderen verachten, verschmähen, gleichsam links liegen lassen, lieben wir auch den Christus Gottes und Gott, unseren Vater, nicht.

Den Nächsten so zu lieben, wie uns Gott geboten hat, heißt: sich zuerst des höchsten Liebegebotes bewusst zu werden, diesem zuzustreben, sich also selbst von der Ego-Liebe mehr und mehr zu reinigen, um so allmählich in das große Liebe-Gesetz einzutauchen.

Das bewirkt, dass wir dann auch immer weniger Unterschiede machen zwischen dem einen und dem anderen. Erst dann beginnen wir, unsere Mitmenschen zu lieben, sie also nicht mehr abzuwerten, ihnen nicht mehr unseren Ego-Stempel aufdrücken zu wollen, sie in ihren Entscheidungen frei lassen, damit auch sie sich frei entscheiden können – und sei es durch eine Fehlentscheidung, die sie erkennen, bereuen, bereinigen und nicht mehr tun.

Wer also Unterschiede macht zwischen dem einen und dem anderen, der liebt Gott nicht und bewegt sich auch nicht hin zum Gesetz der Liebe, zum höchsten Gebot:

Liebe Gott von ganzem Herzen, mit deiner ganzen Seele, mit all deinen Kräften, und deinen Nächsten wie dich selbst.

Die Liebe ist das Gesetz des Lebens. Wer selbstlos liebt, der lebt. Wer nicht selbstlos liebt, der lebt nicht; er hat sich unter die geistig Toten begeben.

Jeder, der zur selbstlosen Liebe strebt, erkennt die Stimme der Liebe durch Menschen und durch alle Dinge, denn Gott ist alles in allem, das Gesetz, die Stimme der Liebe.

Bleibt in Meiner Liebe, denn Meine Liebe ist die Liebe des Vater-Mutter-Gottes.

Wer die Gebote der selbstlosen Liebe hält, der bleibt in Meiner Liebe und ist in der Liebe des ewigen Vaters.

Wahrlich, wahrlich, Ich sage euch: Wer diese Meine Worte hört und liest und den Sinn erfasst und vollbringt, was Ich ihm geboten habe, der ist wahrlich ein weiser Mann, der auf Mich, den Felsen Christus, baut.

Weitere Bücher

Die Zehn Gebote GOTTES & Die Bergpredigt des Jesus von Nazareth

Die Zehn Gebote Gottes und die Bergpredigt des Jesus von Nazareth haben nichts mit Religion zu tun. Sie sind Auszüge aus dem ewigen Gesetz der Gottes- und Nächstenliebe – und für jeden Menschen gegeben, unabhängig von Kultur oder Nationalität. Entdecken Sie auch für Ihr Leben das Angebot Gottes, des Freien Geistes, für uns alle – die Zehn Gebote Gottes und die Lehren der Bergpredigt –, und erfahren Sie, wie diese schlichten Lebensanweisungen unser Leben zum Positiven verändern können. Sie sind der Weg zur Freiheit und zum Frieden unter uns Menschen und auch mit der ganzen Schöpfung, mit der Natur und den Tieren.

Lesen Sie die Auslegungen zu den Zehn Geboten Gottes, erklärt mit den Worten der heutigen Zeit, und vertiefen Sie sich in die Erklärungen, die Christus selbst zu den Lehren der Bergpredigt offenbarte – gegeben durch Gabriele, die Prophetin und Botschafterin Gottes in unserer Zeit.

212 S., geb., Leineneinband. ISBN 978-3-89201-802-5

204 S., Taschenbuch. ISBN 978-3-96446-256-5

320 S., Miniformat kart., ISBN 978-3-96446-316-6

Das ist Mein Wort
A *und* Ω

Das Evangelium Jesu

Die Christus-Offenbarung, welche inzwischen die wahren Christen in aller Welt kennen

Aufbauend auf dem „Evangelium Jesu", einem bestehenden außerbiblischen Evangeliumstext, offenbarte Christus selbst – erklärend, berichtigend und vertiefend – durch Gabriele, die Prophetin und Botschafterin des Ewigen Reiches, die Tatsachen über Sein Leben und Seine Lehre als Jesus von Nazareth.

Aus dem Inhalt: Kindheit und Jugend Jesu • Die Verfälschung der Lehre des Jesus von Nazareth in den vergangenen 2000 Jahren • Sinn und Zweck des Erdenlebens • Jesus lehrte über das Gesetz von Ursache und Wirkung • Voraussetzungen für die Heilung des Leibes • Jesus lehrt über die Ehe • Die Bergpredigt • Vom Wesen Gottes • Gott zürnt und straft nicht • Die Lehre der „ewigen Verdammnis" ist eine Verhöhnung Gottes • Jesus entlarvt Schriftgelehrte und Pharisäer als Heuchler • Jesus liebte die Tiere und setzte sich immer für sie ein • Über Tod, Reinkarnation und Leben • Die wahre Bedeutung der Erlösertat Christi ... und vieles andere mehr.

1080 S., geb., Halbleinen. Inkl. Audio-CD mit dem Ewigen Wort aus dem Reich Gottes: „Der Ruf des Christus Gottes" und „Die Erscheinung", gegeben durch Gabriele. ISBN 978-3-89201-960-2

Auch als E-Book

Taschenbuchausgabe (ohne CD):
1051 S., kart. ISBN 978-3-96446-275-6

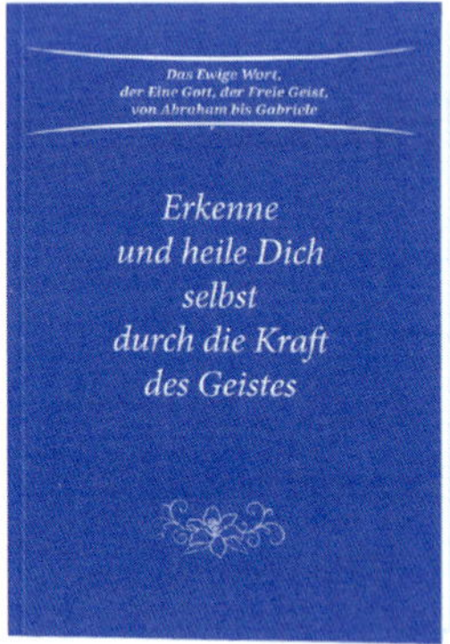

Erkenne und heile Dich selbst durch die Kraft des Geistes

Der Mensch ist ein Energiefeld des Geistes. Somit kann jeder Mensch die absolut positive Kraft des Gottesgeistes in seinem Leben aktivieren – insbesondere auch bei Krankheit oder zur Gesunderhaltung. Wie? Das erklärt diese umfassende Offenbarung aus dem Ewigen Reich, gegeben durch die Prophetin und Botschafterin Gottes, Gabriele.

Dieses Buch macht uns mit dem großen Inneren Arzt und Heiler vertraut, der immer bereit ist, uns beizustehen. Wir finden Zugang zu unserer Seele und lernen die sieben Bewusstseinszentren kennen, die Schaltstellen der geistig-göttlichen Lebenskraft, die Verbindung zwischen Seele und Körper.

Darüber hinaus erhalten wir praktische Hinweise und Empfehlungen bei bestimmten Erkrankungen, und wir lernen den rechten Umgang mit Medikamenten und Heilkräutern. Wir lernen über die Ganzheitsheilung sowie über die Wirkung von verschiedenartigen Duftstoffen, Farben und Tönen. Und vieles andere mehr.

428 Seiten, geb., Leinenumschlag. ISBN 978-3-96446-125-4

Das Leben und Sterben, um weiterzuleben

Jeder stirbt für sich allein

Gibt es ein Weiterleben nach dem irdischen Leben? Was kann uns die Angst vor dem Sterben und dem Tod nehmen? Wie finden wir zu einem bewussten Leben, zu Sicherheit, Gelassenheit und innerer Standfestigkeit?

Gabriele erläutert in diesem Buch wesentliche Aspekte zum Leben und Sterben wie beispielsweise: was beim Sterben geschieht, und wie die Seele im Jenseits weiterlebt, oder wie man die Organtransplantation aus geistiger Sicht beurteilen kann.

Des Weiteren erhalten wir detaillierte Aufklärung über: Das Erdendasein, ein Abschnitt des Lebens, den der Mensch positiv nützen und gestalten kann • Der Vorgang des Sterbens; die Abkoppelung unserer unsterblichen Seele vom physischen Leib • Aufbau der feinerstofflichen Seele und des physischen Körpers • Der Kreislauf der Natur zeigt uns die Evolutionsabläufe im Lebensweg des Menschen. Leben kennt keinen Stillstand • Der Weg jeder Seele ist die Rückkehr ins Vaterhaus. Die entkörperte Seele befindet sich in einem anderen Aggregatzustand ... u.v.a.m.

196 S., geb., Leinen, ISBN 978-3-96446-036-3. Auch als E-Book
220 S., Taschenbuch, ISBN 978-3-96446-255-8

Gabriele-Verlag Das Wort
Max-Braun-Str. 2, 97828 Marktheidenfeld
Deutschland
Tel. 0049 (0)9391/504-135, Fax 09391/504-133

www.gabriele-verlag.com